금융 대체 데이터

투자자, 트레이더, 리스크 매니저를 위한 안내서

금융 대체 데이터

이기홍 옮김　알렉산더 데네브·사이드 아멘 지음

i!i
에이콘

 에이콘출판의 기틀을 마련하신 故 정완재 선생님 (1935-2004)

내 모든 사랑, 나탈리에게
— 알렉산더

기도와 바바에게
인생과 시간, 그리고 정신에 있어서
당신들이 걸었던 길은
영원한 나의 가이드입니다.
— 사이드

"대체 데이터는 오늘날 투자 운용업계에서 가장 뜨거운 주제다. 글로벌 경제성장을 실시간으로 예측하는 데 사용하든, 분기별 보고서에서 제공하는 것보다 더 세분화된 회사의 내막을 분석하는 데 사용하든, 주식 시장의 행동을 더 잘 이해하기 위해 사용하든, 대체 데이터는 자산 운용 부문의 모든 사람이 포착해야 할 사항이다. 알렉산더 데네브와 사이드 아멘은 심지어 여전히 파이썬을 피하는 것이 가장 좋은 것이라고 생각하는 사람들에게도 기술적, 이론적 함정이 많은 난해한 주제를 안내할 것이다."

– 로빈 위글즈워스^{Robin Wigglesworth}

「파이낸셜 타임스」 글로벌 금융 특파원

"대체 데이터에 대해 시의적절하고 포괄적이며 접근하기 쉬운 토론을 만들어준 저자들에게 축하를 전한다. 우리가 21세기로 더 나아가면서, 이 책은 빠르게 이 주제에 대해 필수로 참고해야 할 연구가 될 것이다."

– 데이비드 핸드^{David Hand}

런던 임페리얼 칼리지 교수

"지난 10년 동안 대체 데이터는 일시적 정보 독점 추구의 중심이 됐다. 그러나 빈번한 사용에도 불구하고 가치를 추출하는 데 필요한 엔드 투 엔드 파이프라인에 대해서는 거의 쓰이지 않았다. 이 책은 머신러닝 방법과 데이터 소스에 대한 실용적인 개요뿐만 아니라 결과에 매핑되는 모델과 함께 데이터 수집, 준비 및 전처리에 많은 중요성을 부여해 부족한 부분들을 채운다. 저자들은 방법론만을 고려하는 것이 아니라 통찰력 있는 사례 연구와 실제 사례를 제공하고 비용 편익 분석의 중요성을 강조한다. 대체 데이터에서 가치를 추출하기 위해 합리적인 통찰력과 깊은 개념적 이해를 제공하고 있으며, 이들은 이러한 기술을 거래의 핵심에 성공적으로 포함시키려면 필수적이다."

– 스티븐 로버츠 Stephen Roberts

영국 옥스퍼드대학교 머신러닝 교수 겸 옥스퍼드-맨 계량금융연구소 소장

"진정한 투자의 초과 성과는 데이터와 머신러닝과 슈퍼컴퓨팅의 삼자로부터 나온다. 알렉산더 데네브와 사이드 아멘은 대체 데이터에 대한 최초의 종합적인 설명서를 저술했으며, 이는 정형화된 데이터셋에 의해서 포착되지 않는 알파의 소스를 밝힌다. 이 책의 내용에 익숙하지 않은 자산 운용사들은 투자자들에게 부과하는 수수료를 벌지 못하고 있을 것이다."

– 마르코스 로페즈 데 프라도 Marcos Lopes de Prado

코넬대학 교수 겸 True Positive Technologies LP CIO

"알렉산더와 사이드는 중요한 주제에 대해 중요한 책을 저술했다. 나는 매일 대체 데이터에 간여하고 있지만, 여전히 책에 있는 관점을 즐기고, 많은 것을 배웠다. 대체 데이터의 힘을 활용하고 함정을 피하고자 하는 모든 사람에게 이 책을 적극 추천한다."

– 젠스 노르빅 Jens Nordvig

Extante Data 창립자 겸 CEO

| 옮긴이 소개 |

이기홍(keerhee@gmail.com)

카네기멜론대학교에서 석사 학위를 받았고, 피츠버그대학교의 Finance Ph.D, CFA, FRM이자 금융, 투자, 경제 분석 전문가다. 삼성생명, HSBC, 새마을금고중앙회, 한국투자공사 등과 같은 국내 유수의 금융기관, 금융 공기업에서 자산 운용 포트폴리오 매니저로 근무했으며 현재 딥러닝과 강화 학습을 금융에 접목시켜 이를 전파하고 저변을 확대하는 것을 보람으로 삼고 있다. 저서로는 『엑셀 VBA로 쉽게 배우는 금융공학 프로그래밍』(한빛미디어, 2009)이 있으며, 번역서로는 『포트폴리오 성공 운용』(미래에셋투자교육연구소, 2010), 『딥러닝 부트캠프 with 케라스』(길벗, 2017), 『프로그래머를 위한 기초 해석학』(길벗, 2018)과 에이콘출판사에서 펴낸 『실용 최적화 알고리듬』(2020), 『초과 수익을 찾아서 2/e』(2020), 『자산 운용을 위한 금융 머신러닝』(2021), 『존 헐의 비즈니스 금융 머신러닝 2/e』(2021), 『퀀트 투자를 위한 머신러닝 • 딥러닝 알고리듬 트레이딩 2/e』(2021), 『자동머신러닝』(2021), 『금융 머신러닝』(2022), 『퇴직 연금 전략』(2022), 『A/B 테스트』(2022), 『행동경제학 강의 노트 3/e』(2022), 『실전 알고리듬 트레이딩 레벨업』(2022), 『양자경제와 금융』(2022) 등이 있다. 누구나 자유롭게 머신러닝과 딥러닝을 자신의 연구나 업무에 적용해 활용하는 그날이 오기를 바라며 매진하고 있다.

이 책은 대체 데이터의 활용에 대해서 엔드 투 엔드 투자 프로세스의 관점에서 저술한 첫 번째 책이다. 무엇보다도 머신러닝 및 딥러닝의 인공지능 기법이 발전함에 따라 대체 데이터로부터 가치를 용이하게 추출할 수 있게 됐다는 점을 주목하고, 이들을 적극 활용하는 방법을 추구한다. 우선 근본적으로 데이터의 가치에 대한 체계적인 접근을 통해 데이터를 사용할 때 고려해야 할 사항을 일깨우며, 모바일 폰 데이터, 인공위성 이미지, 위치 데이터 및 텍스트 데이터 등의 다양한 형태의 대체 데이터의 소개 및 머신러닝과 딥러닝을 통한 실제 사용 사례를 소개해 독자들이 대체 데이터를 실제로 어떻게 사용하는지 실감할 수 있도록 하고 있다. 팩터 투자의 한 요소로 가치가 있다는 것을 강조하면서 기존의 투자 체계와의 통합을 동시에 추구한다. 전통적인 데이터 과학의 고려 사항인 결측 데이터와 이상치에 대한 심도 있는 분석부터 최근 각광을 받고 있는 나우캐스팅에 관한 구체적인 접근법에 이르기까지 상세하게 보여주고 있어 실무적으로도 부족함이 없어 보인다.

이 책은 향후 머신러닝, 데이터 과학, 계량 금융, 자산 운용 및 규제기관 각 분야의 최전선에서 실무를 담당하는 사람들에게 훌륭한 참고서 역할을 하리라 믿는다. 아울러 기존에 번역했던 머신러닝과 딥러닝의 많은 기법을 알고리듬 트레이딩에 적용한 스테판 젠슨의 책 『머신러닝 알고리듬 트레이딩』(에이콘, 2021), 통계학과 머신러닝 핵심을 자산 운용에 접목함으로써 금융 머신러닝의 레벨을 업그레이드시킨 마르코스 로페즈 데 프라도의 저서들(『자산 운용을 위한 금융 머신러닝』(2021), 『실전 금융 머신러닝 완벽 분석』(2018))과 **최첨단** 금융머신 기법을 통해 신세대 금융의 길을 개척한 매튜 딕슨, 핼퍼린 이고르 및 폴 빌로콘의 저서 『금융 머신러닝』(2022)을 참고하기를 바란다.

이 책의 번역을 수락해주신 에이콘출판사 권성준 사장님에게 깊이 감사를 드린다.

| 감사의 글 |

이 책에 대한 제안을 하고 오류를 수정함으로써 우리를 도와준 친구들과 동료들에게 감사하고 싶다.

우선 마르코스 로페즈 데 프라도Marcos Lopez de Prado 박사는 아이디어를 주었다. 케이트 라브리넨코Kate Lavrinenko에 감사를 드린다. 그가 없었으면 이상치에 대한 장을 쓰는 것이 불가능했을 것이다. 전체 책을 교정하고 유용하며 철저한 피드백을 제공한 데이브 피터슨Dave Peterson, 자동차 기본 데이터와 결측 데이터 장에 대해 우리와 함께 작업한 헨리 소스키Henry Sorsky에게 많은 장을 교정하고 실수를 지적한 것에 대해서도 감사드리고 싶다. 우리가 활용했던 대체 데이터의 위험에 대한 연구를 위한 더그 댄네밀러Doug Dannemillerr, 데이터 벤더 장에 대해 공헌한 마이크 테일러Mike Taylor, 데이터 경매에 대한 아이디어를 준 조지 프라도Jorge Prado에 감사드린다.

또한 집필 과정에서 도움을 주신 폴 빌로콘Paul Bilokon과 매튜 딕슨Matthew Dixon[1]에게 감사를 표하고 싶다. Wiley 출판사와 특히 빌 팔콘Bill Falloon에게 우리의 제안을 받아들인 열정에 대해, 그리고 에이미 핸디Amy Handy의 엄격하고 건설적인 검토 과정에 매우 감사한다. 끝으로 가족들에게 감사를 전한다. 가족들의 지속적인 지원이 없었다면 이 책의 출간은 불가능했을 것이다.

---

1 옮긴이가 번역한 『금융 머신러닝』(에이콘, 2022)의 저자들을 말한다. - 옮긴이

| 지은이 소개 |

알렉산더 데네브 Alexander Denev

금융, 금융 모델링 및 머신러닝 분야에서 15년 이상의 경력을 보유하고 있으며, 현재 딜로이트 LLP의 금융 서비스 부문Financial Services, Risk Advisory 책임자를 맡고 있다. 전에는 IHS 마킷IHS Markit에서 Quantitative Research & Advanced Analytics를 이끌었으며, 분석 모델 개발을 위한 센터를 설립하고 유지했다.

또한 스코틀랜드 왕립 은행Royal Bank of Scotland, 소시에테 제네랄Societe General, 유럽 투자 은행 European Investment Bank, 유럽 투자 펀드European Investment Fund에서 일했으며 유럽 금융 안정 기구European Financial Stability Facility와 유럽 안정 메커니즘European Stability Mechanism의 금융공학 작업에도 참여했다.

이탈리아 로마대학교에서 인공지능을 전공하고 물리학 석사 학위를 취득했으며 영국 옥스퍼드대학교에서 수학 금융 학위를 취득했다. 스트레스 테스트와 시나리오 분석에서 자산 배분에 이르는 주제에 관한 여러 논문과 책을 썼다.

사이드 아멘^{Saeed Amem}

Cuemacro의 창업자다. 15년 동안 주요 투자 은행, 리먼 브라더스, 노무라 등 시스템 트레이딩 전략과 계량 지수를 개발했다.

Cuemacro를 통해 시스템 트레이딩 분야의 고객들을 위한 연구를 상담하고 출판한다. 깃허브^{GitHub}에서 거래 전략을 개발하기 위한 인기 있는 라이브러리 중 하나인 finmarketpy를 포함해 많은 인기 있는 오픈 소스 파이썬 라이브러리를 개발했다. 고객들은 주요 퀀트 펀드를 포함했다.

또한 블룸버그와 레이븐팩^{RavenPack}을 포함한 데이터 회사의 대체 데이터셋에 대한 수많은 연구 프로젝트를 수행했다. 또한 퀀트 싱크탱크인 탈레시안^{Thalesian}의 공동 설립자이며, 런던 퀸메리대학의 객원 강사다.

임페리얼 칼리지 런던에서 수학과 컴퓨터 과학에서 1등급 우등 석사 학위를 받고 졸업했다.

차례

1장   대체 데이터: 현황   31

7장   결측 데이터: 배경   217

8장   결측 데이터: 사례 연구   239

9장 이상치(이상 징후) 281

| 들어가며 |

데이터는 점점 더 많은 양으로 우리 세계에 스며든다. 이 사실만으로는 데이터가 유용해질 수 없다. 만약 데이터에 우리의 이해를 도울 수 있는 정보가 없다면, 데이터는 무익할 것이다. 데이터가 유용하려면 통찰력이 있어야 하며 적절한 방식으로 처리돼야 한다. 빅데이터 시대 이전에, 세계에 대한 우리의 이해를 조명하기 위해 정형화된 데이터셋에서 평균, 표준편차, 상관관계와 같은 통계량이 계산됐다. 모델은 선형 회귀와 같은 유명한 방법을 통해 출력을 얻기 위해 종종 잘 '이해된' 작은 수의 입력변수로 추정^{calibrate}됐다.

그러나 빅데이터(따라서 대체 데이터)를 해석하는 데는 많은 어려움이 따른다. 빅데이터는 양^{volume}, 속도^{velocity} 및 다양성^{variety}과 같은 속성 및 기타 추가적인 V들로 특징지어지며, 이 책에서 논의될 것이다. 데이터셋이 잘 정형화되고 관련 특성들이 추출되지 않는 한 통계량을 계산하는 것은 불가능하다. 예측과 관련해, 빅데이터에서 도출되는 입력변수는 엄청나게 많고, 전통적인 통계 방법은 과적합되기 쉽다. 더욱이 오늘날에는 이 데이터에 대한 통계량 계산이나 모델 구축이 우리의 고빈도 세계에서 항상 변화하는 데이터의 특성을 설명하기 위해 때때로 빈번하게 그리고 역동적인 방식으로 수행돼야 한다.

기술과 방법론의 발전 덕분에 빅데이터를 이해하고 더 나아가 대체 데이터를 이해하는 것은 다루기 쉬운 문제가 됐다. 지저분하고 방대한 양의 데이터에서 특성을 추출하는 것은 최근 인공지능과 머신러닝의 발전 덕분에 이제 가능하다. 클라우드 인프라는 유연하고 강력한 컴퓨팅을 통해 이러한 데이터 흐름을 관리하고 모델을 빠르고 효율적으로 훈련할 수 있다. 오늘날 사용되는 대부분의 프로그래밍 언어는 오픈 소스이며 파이썬과 같은 많은 언어들은 머신러닝과 데이터 과학 분야에서 더 많은 수의 라이브러리를 가지고 있어 기술 스택을 개발해 대규모 데이터셋을 고속으로 더 쉬워졌다.

이 책을 쓰기로 결정했을 때 이 분야의 책 시장에 갭이 있다는 것을 느꼈다. 이러한 갭은 데이터, 특히 대체 데이터의 중요성이 점점 커지고 있는 것과 상충돼 보였다. 우리는 데이터가 풍부하고 많은 데이터셋이 비교적 저렴한 비용으로 액세스하고 사용할 수 있는 세상에 살고 있다. 따라서 데이터를 수익성 있게 사용하는 방법에 대한 과제를 해결하기 위해 자세한 책을 쓸 가치가 있다고 여겼다. 그러나 대체 데이터의 세계와 그 사용 사례가 가까운 미래에 바뀔 것이라는 것을 인정한다. 그러다 보니 우리가 이 책으로 닦은 길도 변할 수 있다. 특히 '대체 데이터'라는 레이블이 곧 주류가 될 수 있기 때문에 더 이상 사용되지 않을 수 있다. 대체 데이터는 단순히 '데이터'가 될 수 있다. 대체 데이터를 사용할 수 있도록 하기 위해 오늘날 위대한 기술적 및 방법론적 위업으로 보일 수 있는 것은 곧 사소한 연습이 될 수 있다. 우리가 상상조차 할 수 없었던 출처의 새로운 데이터셋이 등장하기 시작할 수 있고 양자 컴퓨팅은 우리가 데이터를 바라보는 방식에 혁명을 일으킬 수 있다.

우리는 투자 커뮤니티에서 이 책을 목표로 하기로 결정했다. 물론 애플리케이션은 다른 곳, 실제로 어디에서나 찾아볼 수 있다. 금융 영역에 머무름으로써, 이를테면 신용 결정이나 보험 가격 결정과 같은 영역도 논의할 수 있었다. 우리는 투자자가 직면할 수 있는 질문에 집중하기로 결정했고, 이 책에서 이러한 특정 애플리케이션에 대해 논의하지 않을 것이다. 물론 향후 판본에 이러한 애플리케이션 추가를 고려할 수 있다.

집필 당시에 세상은 코로나19로 고통받고 있었다. 의사결정권자가 올바른 판단을 내리는 것이 매우 중요한 세상이며, 나아가 이러한 결정은 적시에 이뤄져야 한다. 지연되거나 잘못된 의사결정은 현재 환경에서 치명적인 결과를 초래할 수 있다. 사람들의 도보 트래픽을 추적하는 데이터 스트림에 대한 액세스를 갖는 것은 질병의 확산을 억제하는 데 매우 중요할 수 있다. 위성 또는 항공 이미지를 사용하면 대중 집회를 식별하고 공공 안전을 위해 이를 분산시키는 데 도움이 될 수 있다. 자산 운용사의 관점에서 볼 때 공식적인 거시경제 수치와 회사 재무제표가 발표되기 전에 나우캐스트를 만드는 것은 더 나은 투사 설성을 낳는다. 경제의 상태를 알기 위해 몇 달을 기다리는 것만으로는 더 이상 충분하지 않다. 투자자들은 그러한 점을 매우 높은 빈도로 추정할 수 있기를 원한다. 최근 기술과 인공지능의 발전은 이 모든 것을 가능하게 한다.

자, 이제 대체 데이터를 통한 여정을 시작하겠다. 여러분이 이 책을 즐기기를 바란다!

대체 데이터의 소개와 이론

CHAPTER

01

대체 데이터: 현황

1.1 서론

금융 분야에서 대체 데이터 주제는 상당한 화제가 되고 있다. 이 책에서 우리는 금융 시장에 대한 이해를 높이고 수익을 개선하고 위험을 더 잘 관리하기 위해 대체 데이터를 어떻게 사용할 수 있는지를 보여주면서 이 주제를 자세히 논의하고자 한다.

이 책은 비전통적인 접근법을 통해 우수한 수익을 추구하는 투자자들을 대상으로 한다. 이러한 방법은 금융 시장에서 널리 이용 가능한 데이터에만 의존하는 근본적fundamental 분석 또는 계량(퀀트) 방법과는 다르다. 또한 표준 및 널리 사용되는 데이터셋에 아직 존재하지 않는 정보를 사용해 부정적인 영향을 미칠 수 있는 이벤트의 초기 신호를 식별하려는 위험 관리자를 목표로 한다.[1]

현재 업계에서는 표준화된 데이터 소스 외에도 대체 데이터가 투자 프로세스에 어떤 가치를 더할 수 있는지 의견이 엇갈리고 있다. 언론에는 헤지펀드와 헤지펀드를 시도했지만 가치를 추출하지 못한 은행들에 대한 뉴스가 있다(예: Risk, 2019 참조). 그러나 대체 데이터에서 예측 신호의 부재는 잠재적 실패의 구성 요소 중 하나일 뿐이라는 점을 강조해

---

1 대체 데이터의 많은 애플리케이션이 오늘날 보험 및 신용 시장에서 발견되고 있다(예: Turner, 2008; Turner, 2011; Financial Times, 2017). 우리가 검토할 대체 데이터 일반성이 해당 사례에도 적용 가능하지만, 여기서 명시적으로 다루지 않는다.

야 한다. 사실 우리는 실제적인 예를 검토해 많은 경우 대체 데이터에서 유용한 신호가 얻어질 수 있다는 것을 독자들에게 확신시키려고 노력할 것이다. 동시에 우리는 신호를 추출하고 성공적으로 사용하기 위한 전략이 알고리듬, 프로세스, 기술 및 신중한 비용 편익 분석의 조합인 이유도 설명할 것이다. 이러한 측면을 올바른 방법으로 처리하지 않으면 대체 데이터에서 사용 가능한 통찰력을 추출하지 못할 수 있다. 따라서 많은 다른 미묘한 이슈들이 작동한다는 것을 감안할 때, 특히 (나중에 자세히 설명하겠지만) 이들의 동적인 성격을 감안할 때, 데이터셋에 신호가 존재하는 증거가 우월한 투자 전략으로부터 혜택을 누리기 위한 충분조건이 되지는 않는다.

이 책에서 또한 이미 주목한 목적을 위해 대체 데이터를 이용할 수 있도록 하는 데 사용될 수 있는 기법에 대해 자세히 논의할 것이다. 이러한 기법은 오늘날 머신러닝^{ML} 및 인공지능^{AI} 분야에 속하는 기법들이다. 그러나 우리는 이러한 "정밀함"을 모든 용어에 적용함으로써 불필요하게 복잡하다는 인상을 주고 싶지는 않다. 따라서 우리는 금융계가 이미 익숙한 선형 및 로지스틱 회귀 분석과 같은 더 단순하고 전통적인 기법[2]도 포함할 것이다. 실제로 많은 경우 금융에서 대체 데이터셋에서 신호를 추출할 때 더 간단한 기법이 매우 유용할 수 있다. 그럼에도 불구하고, 이 책은 머신러닝 교과서가 아니기 때문에 사용할 각 기법의 세부 사항을 탐구하지 않을 것이고, 간결한 소개만 제공할 것이다. 필요한 경우 적절한 교과서를 독자들에게 참조할 것이다.

또한 이 책은 대체 데이터의 실제 구현의 기초가 되는 기술과 인프라에 대한 교과서가 아니다. 물론 데이터 공학을 포함하는 이러한 주제는 여전히 매우 중요하다. 실제로 데이터의 신호로 확인된 모든 것이 실생활에서 유용하게 사용될 수 있도록 하기 위해 필요하다. 그러나 이들을 세밀하게 다루는 데 필요한 다양성과 깊은 전문 지식을 고려할 때, 우리는 이 주제들이 그들 스스로 책 한 권의 가치가 있다고 생각한다. 그럼에도 불구하고 신호를 추출하기 위해 실제로 사용하는 방법론이 종종 기술적 한계에 의해 제한된다는 것을 강조해야 한다. 빠른 속도로 작업해 거의 실시간으로 결과를 제공하는 알고리듬이 필요한가 아니면 지연 시간을 좀 감수해도 되는가? 따라서 우리가 선택한 알고리듬의 유형은

---

2 실제로 대부분의 ML/AI 교과서는 이들 단순한 기법에서 시작한다.

다음과 같은 기술적 제약에 의해 매우 많이 결정될 것이다. 비록 이 책이 엄밀히 말하면, 기술적이지는 않을지라도, 이러한 중요한 측면을 전체적으로 암시할 것이다.

이 책에서는 금융 내에서 서로 다른 대체 데이터 소스를 서로 다른 목적에 어떻게 수익성 있게 사용할 수 있는지를 보여주는 실제 사례 연구를 살펴볼 것이다. 이러한 사례 연구는 다양한 데이터 소스를 다룰 것이며, 각 사례에 대해 기본적 산업 데이터로부터의 주식 수익률 예측 또는 서베이 지수로부터의 경제 변수 예측과 같은 특정 문제를 해결하는 방법을 자세히 탐구할 것이다. 사례 연구는 자체적으로 수행되며, 다양한 자산 클래스에 걸쳐 실제 애플리케이션에 나타날 수 있는 다양한 상황을 대표한다.

마지막으로, 이 책은 저술의 순간에 존재하는 모든 대체 데이터 출처의 카탈로그가 아닐 것이다. 동적 환경에서 이러한 데이터셋의 수와 다양성이 매일 증가하기 때문에 우리는 이것이 헛된 것으로 생각한다. 우리가 볼 때, 더 중요한 것은 어떻게 가용 데이터를 유용하게 만들 것인가에 대한 프로세스와 기법이다. 그렇게 함으로 데이터셋을 통한 여과기에 나타나는 일상적인 문제, 모든 실제 애플리케이션이 수반하는 잘못된 스텝 및 실수를 조사함으로써 상당히 실용적이 될 것이다.

이 책은 다음과 같이 구성돼 있다. 1부에서는 대체 데이터, 프로세스 및 이를 투자 전략에서 활용할 수 있도록 하는 기술에 대한 일반적인 소개를 하겠다. 1장에서는 대체 데이터를 정의하고 분류법을 만든다. 2장에서는 데이터셋의 가격을 결정하는 방법에 대한 미묘한 문제를 논의한다. 이 문제는 현재 업계에서 활발하게 논의되고 있는 것이다. 3장에서는 대체 데이터, 특히 법적 위험과 관련된 위험에 대해 설명하고, 대체 데이터 전략을 구현할 때 직면하는 기술적 문제의 세부 사항도 자세히 설명한다. 4장에서는 대체 데이터 이해에 관련될 수 있는 많은 머신러닝 및 구조 기법을 소개한다. 다시 한 번 우리는 독자들이 그 기법들에 대해 더 깊이 이해할 수 있도록 적절한 문헌을 참조할 것이다.

5장에서는 대체 데이터 신호 기반 전략의 구현과 테스트 이면의 프로세스를 검토한다. 문제에 대해 빨리 실패하는fail-fast 접근법을 추천한다. 데이터셋이 많고 더 확산되는 세상에서, 우리는 이것이 가장 좋은 방법이라고 생각한다.

2부는 6장에서의 팩터 투자 설명과 대체 데이터가 이 프레임워크에 통합될 수 있는 방법에 대한 논의로 시작해 실제 사용 사례에 초점을 맞출 것이다. 사용 사례 중 하나는 투자 전략과 직접 관련이 없지만 프로젝트의 시작 시점에 다른 작업을 시도하기 전에 처리해야 하는 문제(즉, 7장과 8장의 결측 데이터^{missing data})이다. 우리는 또한 데이터에서 이상치^{outlier}라는 또 다른 문제를 다룬다(9장 참조). 그런 다음 주식 및 FX와 같은 공개 시장을 포함한 다양한 자산 클래스에서 다양한 유형의 대체 데이터셋을 기반으로 투자 전략 및 경제 예측에 대한 사용 사례를 검토할 것이다. 또한 공개 정보가 부족하기 때문에 일반적으로 시장이 더 불투명한 사모 시장^{private markets}을 이해하기 위한 대체 데이터의 적용 가능성(20장 참조)도 살펴본다. 우리가 논의할 대체 데이터셋에는 자동차 공급망 데이터(10장 참조), 위성 이미지(13장 참조), 머신 판독 가능 뉴스(15장 참조) 등이 포함된다. 아울러 다양한 자산 클래스에 대한 거래 전략과 함께 사용 사례를 설명한다.

이 여정을 시작하기 전에 금융 커뮤니티에서 '대체 데이터'가 무엇을 의미하는지, 왜 그것이 그렇게 뜨거운 화두로 여겨지는지 조금 더 관찰해보자.

1.2 대체 데이터란 무엇인가?

정보가 이점을 제공할 수 있다는 것은 널리 알려져 있다. 따라서 금융 실무자들은 역사적으로 가능한 한 많은 데이터를 수집하려고 노력해왔다. 그러나 이러한 정보의 특성은 시간이 지남에 따라, 특히 빅데이터 혁명이 시작된 이후 변화했다.[3] 시장 가격 및 대차대조표 정보와 같은 "표준" 소스로부터 다른 소스, 특히 금융적으로 엄격하게 말하지 않는 소스들을 포함하도록 진화됐다. 예를 들어 위성 사진, 소셜 미디어, 선박 이동과 사물인터넷^{IoT, Internet-of-Things}을 포함한다. 이들 "비표준적" 소스로부터의 데이터가 "대체 데이터^{alternative data}"라는 레이블이 붙는다.

---

3 이 혁명이 시작된 정확한 날짜는 없으며, 확실히 순간적인 사건이 아니었다. 『늦어서 고마워』(21세기북스, 2017)에서 토마스 프리드먼(Thomas Friedman)은 시작 연도를 2007년으로 정했다. 그해는 계산 능력, 소프트웨어, 센서, 연결성의 주요한 발전이 일어난 해이기 때문이다. 빅데이터라는 용어는 1990년대부터 생겨났으며, 이 말의 아버지는 당시 실리콘 그래픽스의 수석 과학자였던 존 매쉬(John Mashey)이다.

실제로 대체 데이터는 다음에 열거된 몇 가지 특성을 가지고 있다. 다음 특성 중 적어도 하나를 가지고 있다.

- 시장 참여자가 덜 자주 사용하는 데이터
- 수집 비용이 더 많이 들고, 따라서 구매 비용이 더 많이 드는 경향이 있다.
- 일반적으로 금융 시장 외부에서 얻어진다.
- 사용 히스토리가 더 짧다.
- 사용하기가 더 어렵다.

이 리스트에서 대체 데이터를 구성하는 것이 그것이 프로세스에 얼마만큼 내포되는지 뿐만 아니라, 얼마나 광범위하게 사용 가능한지에 따라 시간이 지남에 따라 크게 달라질 수 있다는 점을 주목해야 한다. 오늘날 대부분의 금융 시장 데이터는 수십 년 전보다 훨씬 더 상품화되고 더 널리 이용 가능하다. 따라서 일반적으로 대체alternative라는 레이블이 붙지 않는다. 예를 들어 주식 종가에 대한 일일 시계열은 많은 출처에서 쉽게 접근할 수 있으며, 이는 대체적이지 않은 것으로 간주된다. 이와는 대조적으로 매우 높은 빈도의 FX 데이터는 비록 금융 데이터이기는 하지만 훨씬 더 비싸고, 전문화된 틈새시장 데이터다. 또한 쉽게 구할 수 없는 포괄적인 FX 거래량 및 플로우 데이터에서도 마찬가지다. 따라서 이러한 시장 파생 데이터셋은 대체 데이터로 고려될 수 있다. 데이터셋의 비용과 가용성은 자산 클래스와 빈도와 같은 여러 요인에 의해 크게 좌우된다. 따라서 이러한 요인들이 "대체"라는 레이블을 붙여야 하는지 여부를 결정한다. 물론 명확한 정의는 가능하지 않으며 "대체"와 "비대체" 사이의 선은 다소 모호하다. 또한 가까운 장래에 우리가 "대체"라고 생각하는 것이 더 표준화되고 주류화될 가능성이 있다. 따라서 "대체"라는 레이블이 없어질 수 있으며 단순히 데이터라고 언급될 수 있다.

최근 몇 년 동안 대체 데이터 환경이 크게 확대됐다. 한 가지 주요 이유는 데이터를 생성하는 장치와 프로세스가 급증했기 때문이다. 더 나아가 이러한 데이터의 대부분은 수동 프로세스를 필요로 하는 대신 자동으로 기록될 수 있다. 데이터 저장 비용 또한 낮아지고 있기 때문에 이 데이터를 디스크에 장기간 기록하는 것이 더욱 실현 가능하다. 데이터를 수집하거나 생성 및 판매하는 것이 주된 목적이 아닌 프로세스에서 생성되는 데이터인 "배기가스 데이터exhaust data"[4]도 전 세계에 넘쳐난다. 이런 의미에서 데이터는 "부산물"이다. 금융 시장에서 배기가스 데이터의 가장 확실한 예는 시장 데이터다. 트레이더는 거래소 및 장외거래를 통해 서로 거래한다. 고객이 호가를 게시하거나 상대방과 어떤 가격에서 거래를 할 때마다 데이터 포인트가 생성된다. 이 데이터는 거래 활동의 배기가스로 존재한다. 시장 데이터의 배포 개념은 거의 새로운 것이 아니며, 오랫동안 시장의 중요한 부분이었고 거래소 및 거래 장소 수익의 중요한 부분이다.

그러나 일반적으로 활용되지 않는 다른 유형의 배기가스 데이터도 있다. 대규모 뉴스 와이어 회사(뉴스 배포 회사)들을 예로 들 수 있다. 기자들은 그들의 일상적인 사업의 일부로서 독자들에게 알리기 위해 계속해서 뉴스 기사를 쓴다. 이는 디스크에 저장되고, 정형화될 수 있는 대량의 텍스트를 매일 생성한다. 만약 구글, 페이스북, 트위터와 같은 회사들을 생각한다면, 그들의 사용자들은 그들의 검색, 게시물, 그리고 좋아요의 측면에서 엄청난 양의 데이터를 생성한다. 사용자 활동의 부산물인 이 배기가스 데이터는 사용자를 대상으로 한 광고 대상을 제공해 수익을 창출한다. 또한 우리는 휴대폰을 사용할 때마다 배기가스 데이터를 생성해 위치 기록을 작성하고 웹에 디지털 발자국digital footprint을 남긴다.

이러한 데이터를 생산하고 기록하는 기업은 점점 더 조직 외부에서 데이터를 수익화하는 방법을 생각하기 시작했다. 그러나 대부분의 배기가스 데이터는 활용도가 낮고 수익화되지 않는다. 레니Laney(2017)는 이것을 "다크 데이터dark data"라고 부른다. 이들은 내부적이며, 보통 보관소에 보관돼 있어서 일반적으로 접근할 수 없으며, 분석을 위해 충분히 정형화되지 않았다. 아카이브된 이메일, 프로젝트 통신 등이 될 수 있다. 일단 이러한 데이터가 정형화되면, 그것은 또한 내부 통찰력 생성과 외부 수익 창출에 더 유용할 것이다.

---

4   일상생활의 부산물로 나온 핵심적이지 않은 데이터를 말한다. – 옮긴이

1.3 대체 데이터의 세분화

이미 언급한 바와 같이 우리는 모든 대체 데이터의 출처를 기술하지는 않겠지만, 실제로 발생하는 대부분의 사례를 다루기에 충분한 간결한 세분화를 제공할 것이다. 첫째, 대체 데이터 소스를 다음과 같은 하이 레벨의 생성자 범주[5]로 나눌 수 있다: 개인, 기관[6] 및 센서와 이들로부터의 파생 또는 이들의 조합. 후자는 데이터셋의 실질적으로 무한 확장으로 이어질 수 있기 때문에 중요하다. 예를 들어 데이터에서 추출한 일련의 거래 신호를 또 다른 변환된 데이터셋으로 간주할 수 있다.

데이터 수집자는 기관 또는 개인일 수 있다. 다른 데이터 생성자가 생성한 정보를 저장할 수 있다. 일례로 신용카드 회사는 개별 소비자로부터 거래를 수집할 수 있다. 공연 장소는 센서를 이용해 특정 공연장에 입장하는 사람의 수를 추적할 수 있다. 데이터 수집은 수동 또는 자동일 수 있다(예: 손글씨 대 센서). 비록 20년 전까지만 해도 이러한 데이터 수집이 드문 것이었지만, 현재는 널리 퍼져 있다.[7] 기록된 데이터는 디지털 또는 아날로그 형식일 수 있다. 이 세분화는 표 1.1에 요약돼 있다.

표 1.1 대체 데이터의 세분화

누가 데이터를 생성하는가?	누가 데이터를 수집하는가?	어떻게 데이터가 수집되는가?	어떻게 데이터가 기록되는가?
물리적 프로세스	개인	수동	디지털 방법을 통해
개인	기관	자동	아날로그 방법을 통해
기관			

생성된 데이터의 유형에 따라 하이 레벨 범주를 세분화된 범주로 더 세분화할 수 있다. 리스트는 절대 전체일 수 없다. 예를 들어 개인은 인터넷 트래픽과 활동, 물리적 이동 및

---

5 본 문서에서 생성자와 수집자를 구별하지만, 여기서 우리는 UN 분류로부터 영감을 얻었다(유엔, 2015 참조).

6 "기관"이란 기업, 공공기관 또는 정부와 같은 개인들의 연합을 말한다.

7 단기 시계열을 이전과 과거 레코딩(예: 19세기까지 거슬러 올라가는 온도 또는 강 수위 시계열)로 또는 부도시 손실(LGD, Loss Given Default) 모델링을 위해 1990년대 은행에서의 대출에 대한 손실로 강화하려는 경우 이러한 고려 사항이 중요할 수 있다.

위치(예: 모바일 전화를 통해)와 소비자 행태(예: 지출, 판매)를 생성한다. 기관은 보고서(예: 기업 보고서, 정부 보고서)와 기관 행태(예: 시장 활동)를 생성한다. 그리고 물리적 프로세스는 물리적 변수(예: 센서로 탐지할 수 있는 온도 또는 습도)에 대한 정보를 수집한다.

개인으로서 행동을 통해 데이터를 생성한다. 즉 소비, 보행, 대화, 웹 검색 등의 작업을 통해 데이터를 생성한다. 이러한 각 활동은 저장 및 훗날 분석할 수 있는 디지털 공간을 남긴다. 행동 자본이 제한돼 있으므로 매일 수행할 수 있는 작업 수가 제한된다. 따라서 개인적으로 생성할 수 있는 데이터의 양 또한 이에 의해 제한된다. 기관들도 또한 제한된 행동 자본(M&A, 기업 보고서 등)을 가지고 있다. 또한 센서는 주파수, 대역폭 및 구조를 뒷받침하는 기타 물리적 제한으로 인해 제한된 데이터 생성 용량을 제공한다. 그러나 이전 데이터 소스로부터 데이터를 집계, 보간 및 외삽하는 컴퓨터에 의해 데이터가 인위적으로 생성될 수도 있다. 위에서 설명한 대로 데이터를 변환하고 도출할 수 있다. 따라서 실제적인 목적을 위해 우리는 데이터의 양이 무제한이라고 말할 수 있다. 컴퓨터에 의해 생성된 데이터의 예는 전자 시장 메이커의 데이터다. 전자 시장은 지속적으로 시장과 거래하고 시세를 발행해 거래 활동의 디지털 발자국을 만든다.

이 무한한 데이터 세계를 탐색하는 방법과 우리에게 소중한 것을 포함할 수 있는 데이터 셋을 선택하는 방법은 거의 예술이다. 실제적으로 말하면, 시간과 예산 제약에 의해 제한된다. 따라서 사전 선별 과정 없이 많은 데이터 소스를 검사하는 것은 위험할 수 있으며 비용 효과적이지 않을 수 있다. 결국 "무료" 데이터셋이라도 데이터셋과 관련된 비용, 즉 데이터셋을 분석하는 데 소요되는 시간과 노력을 들여야 한다. 데이터셋을 찾는 문제를 어떻게 접근할 것인가와 새로운 전문가, 즉 데이터 스카우트data scout 및 데이터 전략가data strategist가 이 과제를 해결하기 위해 어떻게 부상하고 있는지에 대해 나중에 논의하겠다.

데이터는 기업에 의해 수집된 다음 다른 당사자에게 원시 형식으로 재판매될 수 있다. 즉, 데이터 전처리가 없거나 최소로 수행된다. 그런 다음 데이터를 정제하고, 품질 관리 검사를 통해 실행하고, 다른 소스를 통해 데이터를 보강함으로써 데이터를 처리할 수 있다. 그런 다음 처리된 데이터를 투자 전문가가 소비하는 신호로 변환할 수 있다.[8] 데이터 공급 업체가 이 프로세스를 수행할 때 여러 고객에 대해 이 작업을 수행할 수 있으므로 전체 비용이 절감된다.

이러한 신호는 자산 클래스나 회사의 수익률을 예측하는 요인일 수도 있고, 극단적 사건에 대한 조기 경고 지표일 수도 있다. 이 미세한 차이를 사용하지 않겠지만 명심해야 할 것이다. 그다음 신호 또는 일련의 신호, 예를 들어 투자 기간에 걸쳐 각 시간 단계에서 포트폴리오 비중을 결정하는 등 여러 시간 단계를 포함하는 전략으로 변환하기 위해 후속 변환을 수행할 수 있다. 이러한 네 단계는 그림 1.1에 예시돼 있다.

그림 1.1 데이터 변환의 네 단계: 원시 데이터부터 전략에 이르기까지

1.4 많은 데이터 대 빅데이터

대체 데이터 유니버스는 빅데이터에 대한 더 큰 논의의 일부다.[9] 따라서 대체 데이터는 일반적으로 3V로 특징지어졌으며, 3V는 대체 데이터를 설명하는 일반 프레임워크로 부상했다. 즉,

1. 볼륨^{Volume}(증가)은 생성된 데이터의 양을 나타낸다. 예를 들어 웹상의 개인들의 행동(찾아보기, 블로그, 사진 업로드 등) 또는 금융 거래를 통한 행동들이 더욱 빈번하게

---

8 데이터의 처리 정도가 상이할 수 있다. 이러한 의미에서 데이터가 준처리(semi-processed)될 수도 있다.

9 "빅데이터"에서 "빅"을 정의하는 것은 주관적이며, 이것의 하한은 계속해서 상향 조정되고 있다.

추적되고 있다. 이러한 작업은 전 세계적으로 수십억 개의 레코드로 집계된다.[10] 웹이 부상하기 전에는 그렇지 않았다. 또한 컴퓨터 알고리듬은 더 많은 양의 데이터를 처리하고, 집계하고, 따라서 생성되는 데이터의 양을 곱하는 데 사용된다. 기존 데이터베이스는 더 이상 이러한 데이터셋을 저장 및 분석할 수 없다. 대신 이제 이러한 목적으로 분산 시스템이 선호된다.

2. 다양성Variety(증가)은 데이터 소스의 다양성과 해당 소스의 데이터 형태 모두를 의미한다. 후자는 다양한 정형화된 방식(예: CSV, XML, JSON, 데이터베이스 테이블 등), 반정형semi-structured 및 비정형unstructured 방식으로 구성될 수 있다. 이러한 다양성은 데이터를 수집할 수 있는 장치 및 센서의 보급이 확대되는 것과 함께 추적할 수 있는 활동 및 물리적 변수 집합이 증가하고 있기 때문이다. 다양한 형태의 데이터를 이해하기 위한 분석은 쉽지 않다. 이러한 문제는 이러한 데이터셋의 구조 및 데이터셋에서 특성을 추출하는 방법과 관련이 있다.

3. 속도Velocity(증가)는 데이터가 생성, 전송 및 새로 고쳐지는 속도를 말한다. 실제로 컴퓨팅 성능과 연결성이 증가함에 따라 데이터 한 개를 확보하는 데 걸리는 시간이 단축됐다.

실질적으로 3V는 프로세스의 데이터 수집, 정리, 변환 및 통합에 대한 기술적 및 분석적 과제가 증가하고 있음을 나타낸다. 예를 들어 일반적인 분석 과제는 많은 데이터셋에서 특정 회사에 대한 정보를 추적하는 것이다. 당면한 모든 데이터셋의 정보를 활용하려면 해당 회사의 식별자를 통해 정보를 수집해야 한다. 여러 데이터셋에 서로 다른 이름 또는 티커ticker로 표시되는 것이 장애물이 될 수 있다. 이는 특정 기업이 관할권마다 수백 개의 자회사를 둘 수 있고, 'ltd'와 같은 접미사가 생략된 상이한 철자도 가질 수 있기 때문이다. 이 문제의 복잡성은 데이터셋을 점점 더 추가할수록 기하급수적으로 증가한다. 우리는 나중에 레코드 연결record linkage

---

10 OECD는 2015년 전 세계 데이터 양이 2010년에 비해 8배 증가한 8제타바이트(8조 기가바이트)를 기록했다고 추정한다. 2020년에는 사물 인터넷을 포함한 기술이 방대한 새로운 데이터셋을 생성함에 따라 그 양이 최대 40배까지 증가할 것으로 예상된다. 『Data-Driven Innovation: Big Data for Growth and Well-Being』(Organization for Economic Cooperation and Development OECD, 2015)의 20쪽을 참조하라.

및 엔티티 매핑^{entity mapping}을 전적으로 다루는 절에서 이 문제의 이면의 어려움을 논의할 것이다(3장 참조).

이들 3V는 비즈니스 관련 문제보다는 기술 문제와 더 관련이 있다. 최근에는 빅데이터 사용에 좀 더 초점을 맞춘 변동성^{Variability}, 진실성^{Veracity}, 유효성^{Validity} 및 가치 ^{Value} 등 4개의 V가 추가로 정의됐다.

4. 가변성^{Variability}(증가)은 데이터 스트림의 정규성과 품질 불일치(예: 이상 징후)를 모두 나타낸다. 위에서 설명한 바와 같이, 데이터 소스의 다양성과 그들 데이터 소스로부터 데이터가 발생하는 속도가 증가했다. 이러한 의미에서 가변성의 정규성 측면은 다양성과 속도 모두의 결과다.

5. 진실성^{Veracity}(감소)은 데이터 원본에 대한 신뢰 또는 신뢰도를 나타낸다. 실제로, 데이터 소스의 증가로 인해 그것들로부터 발생하는 데이터 소스의 신뢰성을 평가하는 것이 점점 더 어려워지고 있다. 미국의 노동 통계국과 같은 국가 통계국으로부터 데이터를 상당히 신뢰할 수 있지만, 더 작고 알려지지 않은 데이터 공급자들에 대해서는 더 큰 믿음이 필요하다. 이는 데이터가 진실인지 여부 및 데이터 공급자가 데이터에 대해 수행한 변환의 품질(예: 데이터 정제, 결측값 채우기 등)을 의미한다.

6. 유효성^{Validity}(감소)은 데이터가 용도에 맞게 얼마나 정확한지 나타낸다. 데이터가 순수하게 물리적 제한으로 인해 잘못됐을 수 있다. 이러한 제한으로 정확도가 저하되고 관찰이 누락될 수 있다. GPS 신호는 건물 사이의 좁은 도로에서 악화될 수 있다(이 경우 로드맵에 오버레이시키는 것이 잘못된 위치 정보를 수정하는 데 좋은 해결책이 될 수 있다).

7. 가치^{Value}(증가)는 데이터가 비즈니스에 미치는 영향을 나타낸다. 이것이 데이터 분석을 위한 궁극적인 동기다. 일반적으로 전체적인 가치가 증가하고 있다고 믿지만 그렇다고 모든 데이터가 비즈니스에 가치를 갖는 것은 아니다. 이것은 사례별로 증명돼야 하며, 이것이 이 책의 목적이다.

취약성, 가변성 및 시각화 같은 다른 V들도 직면한다. 하지만, 우리는 그들이 우리가 방금 논의한 7V에 대한 주변적인 추가라고 믿기 때문에 여기서 다루지 않을 것이다.

이 절을 마치면서 대체 데이터 유니버스의 일부는 이러한 모든 V들에 의해 구분되지 않는다는 점에 유의해야 한다. 예를 들어 표본 크기가 더 작거나 더 낮은 빈도, 즉 "스몰 데이터"로 생성될 수 있다. 전문가 조사는 매우 불규칙할 수 있으며, 일반적으로 약 1,000명의 응답자 샘플에 기초할 수 있다. 따라서 7V는 오늘날 데이터의 일반적인 특성으로 해석돼야 한다. 따라서 일부 대체 데이터셋은 여전히 빅데이터 시대 이전의 일반적인 속성을 나타낼 수 있지만, 7V는 여전히 데이터 유니버스의 광범위한 그림을 그린다고 할 수 있다.

1.5 왜 대체 데이터인가?

이제 대체 데이터가 무엇인지 정의했으므로 이제 투자 전문가와 리스크 관리자가 이에 관심을 가져야 하는 이유에 대해 질문해야 할 때다. 대형 회계법인 딜로이트^{Deloitte}의 최근 보고서에 따르면(Mok, 2017 참조) "앞으로 5년 동안 투자 프로세스를 업데이트하지 않는 기업은 전략적 위험에 직면할 수 있으며, 대체 데이터를 증권 평가 및 거래 신호 프로세스에 효과적으로 통합하는 경쟁업체보다 훨씬 뒤처지게 될 것이다."

오늘날 금융업계에서는 위의 인용에서 확인한 바와 같이 대체 데이터셋을 적시에 액세스하고 마이닝하는 것이 투자자에게 신속하게 수익을 창출할 수 있는 통찰력(수년이 아닌 수개월 순의 시간 프레임)을 제공하거나 잠재적 위험을 촉발하는 데 사용될 수 있다는 일반적 믿음이 존재한다. 통찰력^{insight}은 두 가지 유형, 즉 예측적 유형 또는 이미 이용 가능한 정보에 대한 보완적 유형의 성격을 가질 것이다. 따라서 대체 데이터를 사용하는 주된 이유는 정보 이점^{information advantage}이다.

예를 들어 첫 번째 유형과 관련해, 대체 데이터는 더 "주류" 거시경제 데이터의 다른 유형을 대체하는 통찰력을 생성하는 데 사용될 수 있다. 이러한 "주류" 통찰력은 신속하고 충분히 높은 빈도로 획득할 수 없을 것이다. 그러나 그럼에도 불구하고 포트폴리오 성과에 있어 중요한 요소로 간주되고 있다. 투자자들은 이러한 매크로 데이터 포인트를 예측하고 빠른 통찰력의 관점에서 포트폴리오를 재조정하기를 원한다. 예를 들어 경제 활동의 주요 지표인 GDP 수치는 분기별로 발표된다. 이를 구성하는 숫자를 종합하면 노동 집약적이고 치밀한 과정이므로 다소 시간이 걸리기 때문이다. 게다가 이러한 숫자들의 수정은 빈번할 수 있다. 그럼에도 만약 다른 시장 참여자들보다 먼저 알 수 있다면, 다음 GDP 수치가 어떻게 될지를 미리 아는 것은 특히 유리할 수 있다. 예를 들어 중앙은행은 다음 기준 금리 결정에 대한 입력 정보로 인플레이션과 경제 활동(즉, GDP)을 면밀히 주시한다. 이번에 FX와 채권 트레이더들은 중앙은행의 움직임을 예상하고 수익성 있는 거래를 하고자 한다. 또한 공식 데이터에 대한 예측이 좋은 트레이더는 어떠한 예상치 못한 데이터에 대한 단기적인 시장 반응을 이용하는 거래를 할 수 있다.

분기별보다 더 높은 빈도로 발표되는 GDP의 대안은 무엇일까? 매월 발표되는 구매관리자지수^{PMI}가 하나의 가능성이며, 이는 제조 또는 서비스 등 부문별 설문 조사^{survey}를 기반으로 한다. 이 설문 조사는 더 넓은 유니버스를 대표하는 것으로 여겨지는 회사들 샘플에서 일하는 구매 임원(또는 그와 비슷한 사람)으로 구성된 패널로부터 질문서에 대한 응답을 기반으로 한다. 예를 들어 "당신 회사의 생산량이 한 달 전보다 높거나, 같거나, 더 낮습니까?" 또는 "6개월 전망에 대한 비즈니스 관점은 무엇입니까?"와 같은 질문일 수 있다.

앞에서 언급한 다양한 구성 요소의 정보는 PMI 지표로 집계되며, PMI 지표는 값 50에 대한 상대적 위치를 기준으로 해석된다. 50 기준보다 높은 값은 확장 조건을 나타내는 것으로 간주되며 50 기준보다 낮은 값은 경기 침체를 나타낼 수 있다.

실질 GDP 성장률과 PMI의 상관관계는 미국의 경우 그림 1.2와 중국의 경우 그림 1.3에 나타나 있다. 우리는 GDP와 100% 상관관계가 있는 것은 아니지만, 실제로 이와 같은 지수는 그것에 대한 좋은 근사치라는 것을 알 수 있다. 한 가지 설명은 측정값이 나타내는 것에 대한 상대적 차이이다. GDP는 이미 일어난 경제 생산량을 측정한다. 따라서 하드 데이터$^{hard data}$로 정의된다. 이와는 대조적으로 PMI는 질문의 성격을 고려할 때 더 전향적인 경향이 있다. 우리는 미래 지향적인 설문 조사 기반 공개를 소프트 데이터$^{soft data}$로 정의한다. 소프트 데이터는 일반적으로 상관관계가 있더라도 후속 하드 데이터에 의해 항상 완벽하게 확증되지 않을 수 있다.

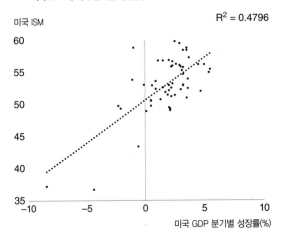

그림 1.2 PMI 대비 미국 GDP 성장률: 기간: Q1–2016년 1분기

참고: 점은 분기별 값을 나타낸다.

출처: PMI:ISM과 하버 어낼리틱스, GDP: BEA(미국 경제분석국)와 하버 어낼리틱스의 데이터를 기반으로 한다.

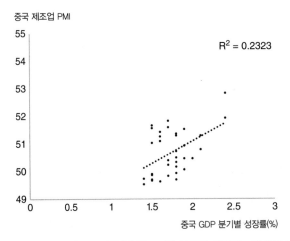

그림 1.3 중국 GPD 성장률 대 PMI. 상관관계 69%. 기간 2005년 1사분기 – 2019년 3사분기

출처: PMI: 중국 물류 구매 연합회(CFLP, China Federation of Logistics and Purchase)와 하버 어낼리틱스

GDP: 중국 국가 통계국(NBSC, National Bureau of Statistics of China)와 하버 어낼리틱스

PMI 지표는 특히 지표가 훨씬 더 세분화된 형태로 검토되는 경우 대체 데이터로 간주된다. 12장에서 더 자세히 검토할 것이다.

대체 데이터 소스를 사용해 기업의 성과를 예측할 수 있으며, 광범위한 거시경제 환경을 예측할 수도 있다. 예를 들어 가치 투자는 주가가 기업의 펀더멘털fundamental을 장기적으로 반영해야 한다는 생각에 뿌리를 두고 있으므로, 최선의 예측변수는 기업의 현재 펀더멘털이다. 그러나 만약 우리가 현재의 펀더멘털을 미리 알고 있거나 예측할 수 있다면, 우리는 훨씬 더 잘할 수 있을까? 우리는 나중에 이 가설을 시험할 것이다. 이러한 맥락에서 대체 데이터의 예는 구매가 발생한 쇼핑몰 판매 숫자에 매핑될 수 있는 수백만 소비자의 소매 거래에 대해 집계된 익명화된 거래 데이터anonymized transaction data이다. 따라서 공식적인 손익계산서가 발표되기 훨씬 전에 쇼핑몰의 실적과 펀더멘털은 상대적으로 정확하게 예측될 수 있다.

이미 언급했듯이 대체 데이터는 단순히 다른 데이터 소스를 대체하거나 대체하는 것이 아니라 보완 자료로 사용될 수도 있다. 따라서 투자자들은 기존 신호와 상관없는(또는 약하게 상관관계가 있는) 신호를 찾을 것이다. 예를 들어 재무제표에 공시된 회사 펀더멘털을 제외한, 산업 기업의 미래 성과에 대한 좋은 예측변수는 그들이 운영하는 공장의 용량과 가동률 또는 브랜드에 대한 소비자 충성도를 조사하는 것일 수 있다. 또는 온실가스 배출에 관한 데이터를 수집할 수 있다. 이러한 정보 중 일부는 대차대조표에서 누락될 수 있지만 회사의 장기적인 성과를 나타내는 지표가 될 수 있다.

그림 1.4에서 서로 다른 시장 참여자들에 의한 대체 데이터 사용의 몇 가지 예를 보여준다.

온라인 가격 = 인플레	앱 + 신용카드 = 실적	소셜 + 검색 = 이익
글로벌 FSI 기업은 기술력을 활용해 온라인 제품 500만 개 가격을 추적해 70개 국가에 걸쳐 가격 총액을 파악하고 인플레이션 변동을 모니터링한다.(1)	헤지펀드는 신용카드 거래, 위치 정보, 앱 다운로드 등 대체 데이터를 결합해 버거 체인 실적을 분석한다.(2)	900억 달러 자산 규모의 글로벌 자산 매니저가 소셜 미디어 데이터와 결합된 검색 엔진 데이터를 마이닝해 분기별 수익과 같은 기업 이벤트의 결과를 예측한다.(3)
모바일 위치 트래픽 = 경제	**인공위성 + 선박 = 가격 왜곡된 증권**	**웹 + 트위터 = 시장을 움직이는 이벤트**
모바일 장치에서 추출한 위치 데이터를 사용해 경제 전망 및 리츠 가치를 예측한다.(4)	선박 및 탱크 레벨에 대한 위성 정보를 사용해 석유 생산자와 상품 가격에 미치는 영향을 식별하는 헤지펀드(5)	300m 웹사이트, 150m TwitterFeed를 FactSet 보고서와 함께 사용해 상승하는 미디어 먹이사슬(예: 블로그에서 뉴스와이어까지)을 측정해 잠재적으로 시장이 움직이는 이벤트(6)를 뽑아내는 데이터 공급자

그림 1.4 다양한 시장 참여자들의 대체 데이터 사용 사례

출처: (1) "혁신적 자산 관리자(Innovative Asset Managers)", Eagle Alpha, (2) "포스퀘어(Foursquare)는 현실 세계 측정의 닐슨(Nielsen)이 되고 싶다(Foursquare Wants to Be the Nielsen of Measuring the Real World)", 리서치 개요, 2016년 6월 8일, CBInsights, (3) Simone Foxman and Taylor Hall, "베팅을 돕기 위해 Microsoft의 빅데이터 기술을 사용하는 아카디안 자산 운용사(Acadian to Use Microsoft's Big Data Technology to Help Make Bets)", 2017년 3월 7일, Bloomberg, (4) Rob Matheson, "위치 데이터로 경제 측정(Measuring the Economy with Location Data)", 2018년 3월 27일, MIT 뉴스, (5) Fred R. Bleakley, "가고메트릭스가 운송 데이터에 대한 비밀을 풀었다(CargoMetrics Cracks the Code on Shipping Data)", 2016년 2월 4일, Institutional Investor, (6) Accern 웹사이트

1.6 누가 대체 데이터를 사용하는가?

2010년의 중요한 논문(Bollen 등, 2011 참조) 이후, 대체 데이터에 대한 주제는 학계와 헤지펀드 업계 모두에서 주목을 받기 시작했다. 이 논문은 트위터 분위기 데이터[mood data]를 사용할 때 다우존스 지수의 일일 상승 및 하강 변화를 예측하는 데 87.6%의 정확도를 보였다. 이것은 대체 데이터에 대한 불씨를 제공했고, 그 이후로 퀀트 헤지펀드는 이 분야에 대한 사용 및 투자의 최전선에 있어 왔다. 그러나 초기에는 트위터의 전체 스트림에 대한 연간 액세스 비용이 약 150만 달러에 달했기 때문에, 대형 은행과 대규모 헤지펀드만이 감성 데이터에 접근할 수 있었다.[11] 일부 매우 정교한 퀀트 펀드들이 대체 데이터라는 용어가 유행하기 훨씬 이전에 오랫동안 대체 데이터를 사용했을 가능성이 있다. 주커먼[Zuckerman](2019)은 매우 정교한 퀀트 회사인 르네상스 테크놀로지스가 수년 동안 특이한 형태의 데이터를 어떻게 사용해왔는지를 논의한다.

여러 자산 운용 회사들이 서둘러서 대체 데이터 세계를 실험하기 위해 데이터 과학팀을 꾸리고 있다. 우리가 아는 바에 의하면 지금까지 많은 시도들이 성공하지 못했다. 이는 여러 이유로 발생할 수 있으며, 이러한 이유 중 일부는 획득한 데이터셋에서의 신호의 존재 여부와 관련이 있는 것이 아니라, 올바른 프로세스를 적절하게 설정했는가와 관련이 있을 수 있다. 그 첫 단계로, 많은 사람들이 기존의 데이터 소스에서 나온 정보를 확인하는 데 대체 데이터를 사용하고 있다.

포르타도[Fortado], 위글스워스[Wigglesworth]와 스캐넬[Scannell](2017)은 대체 데이터를 사용할 때 헤지펀드가 직면하는 많은 가격 및 데이터 흐름의 장애에 대해 이야기한다. 이 가운데 일부는 대체 데이터와 관련된 비용과 같이 매우 명백하다. 또한 데이터 구입과 관련된 내부 장애가 있는 경우가 많아 데이터셋 구입이 지연될 수 있다. 또한 대체 데이터 구입뿐만 아니라 데이터로부터 가치를 추출할 수 있는 충분히 경험 있는 데이터 과학자를 고용하기 위한 예산을 마련하기 위해서는 경영진의 동의가 필요하다. 실제로 현재 분석 중인 데

---

11   오피마스(Marenzi, 2017 참조)는 "새로운 인공지능 투자 세계에 필요한 정보를 활용할 수 없는 기업들은 뒤처질 것이기 때문에 대체 데이터는 헤지펀드 수의 축소에 크게 기여할 것이다"라고 말했다.

이터의 비율은 약 1%에 불과하다는 증거가 있다(McKinsey, 2016).

데이터의 과소 사용은 이전 단락에서 언급한 바와 같이 다양한 이유로 인해 발생할 수 있다. 또 다른 이유는 커버리지 때문일 수 있다. 예를 들어 시스템 트레이딩 펀드는 많은 자산에 투자함으로써 포트폴리오를 다양화하려고 노력한다. 머신이 읽을 수 있는 뉴스는 모든 자산을 광범위하게 다루는 경향이 있지만 위성 이미지와 같은 다른 데이터셋은 자산의 작은 부분 집합에서만 사용할 수 있다. 따라서 많은 경우에 위성 이미지에서 도출된 전략은 구현하기에는 너무 틈새 전략으로 보일 수 있으며 따라서 낮은 용량^{low capacity}을 가진 전략으로 정의된다. 운용 자산이 상당히 큰 대형 운용사는 일반적으로 위험 조정 수익률이 적더라도 저용량 전략에 비해 용량이 큰 전략에 자본을 투입해야 할 필요가 있다. 1장 뒷부분의 트레이딩 전략의 맥락에서 용량이 무엇인지에 대한 보다 자세한 정의를 제공한다.

데이터셋의 구입 여부는 백테스트와 같은 성능 측정에 따라 결정되는 경우가 많다. 대체 데이터의 문제점은 짧은 히스토리^{history}로 특징지어지는 경향이 있다는 것이다. 효과적인 백테스트를 실시하기 위해서는 긴 히스토리가 바람직하다. 물론 바이 사이드^{buy side} 회사는 단지 더 많은 히스토리가 이용 가능할 때까지 기다릴 수 있다. 그러나 이는 과밀화^{overcrwoding}로 인해 데이터 가치가 하락할 수 있다. 2장에서 대체 데이터를 평가하는 문제를 다룬다.

이러한 모든 고려 사항은 모든 혁신과 마찬가지로 소수의 대담한 기업만이 대체 데이터를 사용하기 시작하는 위험을 감수했지만, 시간이 지나면서 다른 기업(예: 덜 정교한 자산 운용사)도 사용할 수 있다는 사실을 지적한다. 우리는 우리 사고의 스냅샷을 그림 1.5에 제시한다.

물론 기술 및 인재 장애가 감소하고 대체 데이터에 대한 시장의 인식이 높아짐에 따라 모든 투자자는 향후 10년 내에 최소 몇 개의 대체 데이터 신호를 사용할 것으로 예상한다.

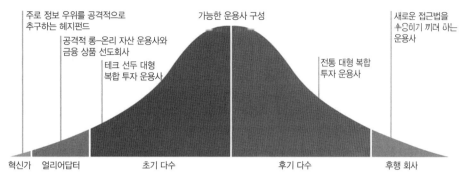

그림 1.5 대체 데이터 채택 곡선: 단계별 투자 운용사 구성

1.7 전략의 용량과 대체 데이터

전략 용량에 대해 이야기할 때 우리는 무엇을 의미하는가? 기본적으로 전략의 성능이 크게 저하되지 않고 할당될 수 있는 자본의 양을 언급한다. 다시 말해 유사한 전략을 거래하고 있는 다른 시장 참여자들에 의해 시장에서 그것을 실행하는 거래 비용과 신호에서 밀려나는 것을 상쇄할 수 있을 만큼 충분히 우리의 전략의 수익률이 큰지 확인하고 싶다.

다른 시장 참여자들이 유사한 전략을 거래하고 있는지 이해하는 것은 어려운 일이다. 한 가지 방법은 펀드 수익률과 전략 수익률의 상관관계를 살펴보는 것이다. 물론 이는 펀드 운용 자산^{AUM}을 지배하는 전략에만 유용할 가능성이 높다. 또한 시장 전반에서 수집된 포지션과 흐름 데이터도 살펴볼 수 있다. 적어도 더 유동적 시장의 경우, 거래 비용에 관한 한 문제는 측정하기가 다소 더 쉽다.

거래 비용을 정의할 때, 우리는 우리가 실행하는 가격과 현재의 시장 중간 가격 간의 스프레드뿐만 아니라 실행 중 얼마나 크게 가격이 움직이는가를 나타내는 시장 충격^{market} ^{impact}(또는 시장 영향)도 포함한다. 일반적으로 대량 주문의 경우 리스크를 분할해 장기간에 걸쳐 실행해야 하며, 이 기간 동안 가격이 변동될 수 있다. 예상한 바와 같이 더 큰 주문 크기를 거래함에 따라 초래되는 거래 비용은 증가한다. 그러나 이 관계는 선형 관계가 아니다. 실제로 거래하는 명목 금액의 크기를 2배로 늘리면 거래 비용이 2배 이상 증가할 수 있다. 주식과 옵션에서 암호 화폐에 이르는 다양한 시장에 걸친 경험적 거래 데이터를 통해 우리의 주문 규모와 시장 충격 사이에 제곱근 관계가 있음을 보여줬다(Lehalle, 2019 참조). 거래 비용은 주문의 크기 이외에도 기초 시장의 변동성, 그 자산의 거래량 등과 같은 많은 요인에 따라 결정된다. 만약 우리가 거래하는 자산이 매우 높은 변동성과 낮은 거래량을 가지고 있다면, 시장 충격이 매우 클 것으로 예상될 것이다. 상대적으로 높은 빈도로 거래하는 거래 전략을 보자. 거래 비용이 없는 경우 평균적으로 거래당 1bp(basis point, 0.01%)를 벌 수 있다. 이 예에서 거래 비용이 거래당 1bp를 초과한다면, 전략은 손실을 만드는 것이 될 것이다. 이와는 대조적으로 거래 전략이 대용량을 가지고 있다면, 우리는 증가된 거래 비용으로 인해 수익률이 크게 저하되지 않으며 따라서 대량의 자본을 그것에 할당할 수 있다. 일례로 거래당 20~30bp를 벌고자 한다. 만약 우리가 EUR/USD와 같은 비교적 유동적인 자산을 거래한다면, 더 큰 규모의 거래를 할 수 있고 거래 비용은 우리의 거래당 목표 손익P&L을 훨씬 밑돌 것이다. 따라서 우리는 그러한 전략에 훨씬 더 많은 양의 자본을 할당할 수 있을 것이다. 일반적으로 거래 비용이 훨씬 높은 매우 잘못된 자산을 거래하는 경우에는 그러한 전략이 낮은 용량으로 제공될 수 있다는 점에 유의한다.

전략의 용량을 이해하는 한 가지 간단한 방법은 거래 비용 대비 수익률을 살펴보는 것이다. 이 비율이 매우 높으면 이 전략에 많은 양의 자본이 할당될 수 있음을 의미한다. 대조적으로 만약 그 비율이 매우 낮다면 전략은 훨씬 더 낮은 용량일 가능성이 높으며 우리는 그 전략을 매우 큰 명목 금액의 크기로 거래할 수 없다.

많은 양의 자본을 배치하고 구현하는 데 상당한 양의 연구가 필요하기 때문에 틈새 전략에만 대규모 자본을 배치하는 것은 너무 노동 집약적이다. 다른 유형의 전략에는 매우 다른 기술 세트도 필요할 수 있다. 좀 더 펀더멘털 분석에 집중하는 자산 운용사 또는 트레이딩 회사들의 경우, 소규모 기업에만 사용할 수 있는 데이터셋을 보유하는 것이 걸림돌이 되지 않는다. 일반적으로 이들은 더 좁은 자산 대상으로 더 상세히 분석한다. 따라서 소규모 트레이딩 회사의 경우 용량 고려에 의해 영향을 덜 받기 때문에 틈새 전략이 더 매력적일 수 있다. 다시 말해서 이들은 일반적으로 거래 비용의 영향을 덜 받는 더 작은 운용 자산^{AUM}을 갖고 있다는 점에서 시장에서 더 작은 크기의 명목 금액을 거래하고 있다. 따라서 그들은 고빈도 거래 전략처럼 거래를 더 자주하는 전략이나 더 비유동적 자산을 사용하는 전략을 실행할 수 있다.

아래에 대용량 전략의 전형적인 특성 중 일부를 요약했다.

- 수익률은 거래 비용 증가에 덜 민감하다.
- 수익률에 부정적인 영향을 주지 않으면서 더 많은 양의 자본 할당이 가능하다.
- 다양한 종목^{ticker}에 대해서 거래 가능하다.
- 더 낮은 거래 빈도
- 더 낮은 샤프 비율

다음에 저용량 전략을 똑같이 요약한다.

- 수익률은 거래 비용에 민감하다.
- 더 큰 금액의 자본이 손실 발생 전략에 할당된다.
- 작은 수의 종목으로 제약된다.
- 더 큰 거래 빈도
- 더 높은 샤프 비율

그림 1.6에서 거래 비용이 거래 전략에 어떤 영향을 미칠 수 있는지 설명한다. 2000년과 2019년 사이의 기간에 대한 다른 거래 비용에 대한 가정에 의존하는 Cuemacro사의 상품 거래 자문사^{CTA, Commodity Trading advisor} 전략의 위험 조정 수익률을 보여준다. 이러한 전략은 흔히 CTA 유형 전략으로 알려져 있는데, 원래 이를 거래하는 회사들이 주로 상품을 거래했기 때문이다. 그러나 요즈음 그들은 이러한 전략을 FX, 고정 소득, 주가 지수, 상품을 포함한 많은 다양한 자산 클래스의 유동성이 큰 선물에 걸쳐 거래한다. CTA 전략은 추세 추종과 관련이 있으며, 일반적으로 변동성 타깃^{vol targeting}을 기반으로 하는 일종의 위험 배분을 포함하며, 종종 포지션의 레버리지가 활용된다.

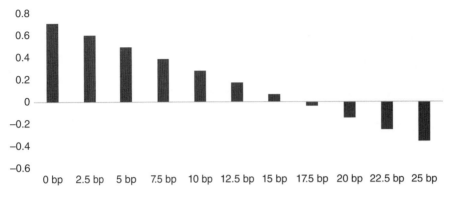

그림 1.6 거래 비용의 Cuemacro사의 CTA 전략의 정보 비율에 대한 영향

출처: Cuemacro사로부터 데이터

Cuemacro사의 CTA 전략은 일반적인 CTA의 수익률의 대용변수가 되도록 설계됐다. 거래 비용을 0bp에서 2.5bp로 증가시키면 정보 비율을 대략 0.7에서 0.6으로 낮추는 것을 알 수 있는데, 이는 상대적으로 작은 차이이다. 이는 전략이 비교적 자주 거래되지 않으며 장기적인 추세를 파악하는 데 의존한다는 점을 고려할 때 그리 놀라운 일이 아닐 수 있다. 따라서 일반적으로 거래당 수익률은 거래 비용에 비해 상당히 크다. 전략의 다양한 속성은 우리가 그것을 고용량 전략으로 분류할 수 있음을 시사한다. 저용량 전략을 위한 거래 비용 증가는 정보 비율과 연간 수익률 모두에 부정적인 영향을 미칠 수 있다.

대체 데이터의 매락에서 이러한 전략 용량 개념이 중요한 이유는 무엇일까? 전략에 배치할 수 있는 대략적인 자본량을 파악하면 순전히 퍼센트 수익률(%)이 아닌, 우리가 창출할 수 있는 달러 가치를 이해할 수 있다. 거래 신호를 생성하는 데 대체 데이터셋을 사용할 경우 이 데이터셋이 기여한 가치를 평가할 때 도움이 된다. 대체 데이터셋을 통해 25%의 수익률을 달성하는 거래 전략을 개발할 수 있다고 가정해보자. 그러나 전략의 용량은 매우 제한적이다. 따라서 거래 비용이 수익에 큰 영향을 미치지 않고 최대 1백만 달러만 할당할 수 있다. 또 다른 데이터셋은 우리에게 5%의 수익을 창출하지만, 많은 자산에 구현할 수 있기 때문에 전략의 용량은 훨씬 더 크다(예: 10억 달러). 구현에 사용할 수 있는 자본이 많은 경우 두 번째 데이터셋은 더 많은 가치를 창출한다. 따라서 우리는 두 번째 데이터셋에 대해 더 많은 비용을 지불할 용의가 있다. 이와 대조적으로 사용 가능한 자본이 매우 제한적일 경우, 그 전략의 많은 용량을 사용할 수 없기 때문에 두 번째 데이터셋에 대해 많은 비용을 지불할 의사가 없을 것이다. 다른 곳에서 논의하는 바와 같이, 또한 데이터셋을 투자 프로세스에 통합하는 데 걸리는 시간과 같은 데이터셋 사용에 관련된 다른 비용을 평가할 필요가 있다. 2장에서는 구매자와 판매자 모두의 관점에서 대체 데이터의 가치에 대해 더 자세히 설명한다.

1.8 대체 데이터의 차원

지금까지 대체 데이터의 몇 가지 측면과 그 사용법을 상세하게 고려하고 분석했다. 투자자는 데이터셋의 구입 여부를 고려할 때마다 비즈니스 사용 및 기술적 제한과 같은 다른 중요한 문제와 함께 이러한 모든 측면을 고려해야 한다. 이 절에서는 잠재적 데이터 소스를 구입하기 전에 우리의 견해에 투영해야 하는 차원에 대한 요약을 보여준다. 물론 결국 가장 중요한 것은 추출된 알파의 양이지만, 알파 연구에 과감히 착수하기 전에 이러한 차원의 선에 따라 사전 심사가 수행돼야 한다. 리스트는 다음과 같다.

자산 클래스 관련성

- 주식
- 신용
- 금리
- 현금 및 현금 등가물
- FX
- 상품

대체 데이터

- 사모 시장
- 부동산

- 인프라
- 암호화폐
- 이들의 혼합

자산 클래스 내의 커버리지(1–10점) 예:

- 모두 – 10
- ...
- 없음 – 1

자산 클래스 내의 너비(1–10점) 예:

- 모두 – 10
- ...
- 없음 – 1

자산 클래스 내의 깊이(1–10점) 예:

- 모두 – 10
- ...
- 없음 – 1

무료 데이터?

- 예: 원시 데이터만
- 예: 가공된 데이터셋
- 아니요

히스토리(1–10점) 예

- 짧음 – 1
- ...

- 중간 – 5
- …
- 매우 김 – 10

데이터 빈도

- 일중
- 일간
- 주간
- 월간
- 분기
- 연간
- 기타

데이터 발표(1–10점) 예

- 실시간 – 10
- …
- 시차 – 5
- …
- 매우 시차 – 10

처리 수준

- 원시 데이터
- 준처리
- 완전 처리

정형화 수준

- 비정형화

- 준정형화
- 정형화

연구 비용(1-10점)

- 연구가 기존 프로세스에 의존할 수 있으며, 최소한의 노동 시간을 요구 – 10
- …
- 추가 연구와 계산 비용이 어느 정도 필요 – 5
- …
- 매우 노동 집약적이고 매우 큰 계산 비용이 듬 – 1

데이터 품질

- 결측 데이터의 양(% 비율)
- 이상치의 수(% 비율)

데이터 편향

- 편향이 없는 광범위한 패널 데이터 – 10
- …
- 매우 제한된 샘플과 좁은 범위의 패널(예: 제한된 지리, 소득군 등의 개인들) – 1

데이터 가용성(1-10점) 예

- 공공 데이터 – 10
- …
- 구독 수수료로 광범위하게 판매 – 7
- …
- 독점적

데이터 독창성

- 시장의 다른 많은 데이터셋과 유사 – 1
- …
- 유일 – 10

기술(1–10점) 예

- API를 통해 이용 가능 – 10
- …
- CSV 파일 – 1

체험판 가용성

- 예: 유료
- 예: 무료
- 아니요

법적 제약

- 데이터 사용에 법적 제약 없음 – 10
- …
- 특정 지역에서만 사용 가능 – 5
- …
- 데이터 사용에 대한 엄격한 제약 – 1

포트폴리오 효과 – 이미 구입한 데이터셋과의 독립성 정도(1–10점)

투자 스타일 적합성

- 매크로
- 섹터 특화
- 자산 특화

투자 전략의 시간 빈도

- 일중
- 일간
- 주간
- 월간
- 분기
- 연간
- 기타

이들 차원의 일부 또는 모두를 고려함으로써 스코어카드scorecard를 구축하는 것은 데이터셋 구입의 결정을 위해 준비해야 할 옵션이다. 점수가 특정 임계값보다 높은 경우 더 나아가 데이터셋의 구입을 고려할 수 있다. 데이터 브로커와 스카우트가 이러한 유형의 점수 평가 프로세스scoring process를 아웃소싱하는 데 어느 정도 도움이 될 수 있다. 많은 경우, 금융 회사들은 위와 유사한 질문에 답하기 위해 데이터 회사에 질문지를 작성하도록 요청할 것이다.

스코어카드를 작성할 때, 데이터셋을 사용할 때 심각한 법적 제한이 있는 경우, 추가 고려를 위해 데이터셋을 직접 제외(또는 포함)하는 규칙도 고려해야 한다. 이 경우 다른 차원에 걸쳐 데이터셋의 점수를 평가하지 않고 직접 블랙리스트에 올릴 수 있다.

1.9 누가 대체 데이터 공급업자인가?

대체 데이터가 수년 동안 급증해 시장에 대한 공급이 증가하고 있으며, 이러한 추세는 시간이 지남에 따라 가속화될 가능성이 높다는 것을 주목하고 있다. 실제로 뉴데이터Neudata(2020)의 통계에 따르면 현재 대체 데이터셋의 수는 약 1,000개다(그림 1.7 참조).

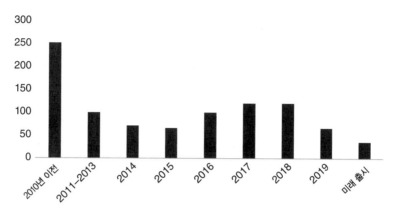

그림 1.7 매년 상업적으로 발표되는 대체 데이터셋

출처: Neudata

대체 데이터 공급 업체의 규모와 업무 범위는 크게 다를 수 있다. 머신 판독 가능한 뉴스 (15장 참조)와 같은 자체 대체 데이터셋을 판매하는 블룸버그나 원유 운송과 관련된 대체 데이터셋을 판매하는 IHS Markit과 같은 잘 알려진 기존 시장 데이터 회사를 포함할 수 있다(14장 참조). 또한 이러한 많은 기업이 제3자 대체 데이터 공급 업체에게 데이터를 제공하기 위해 자체 데이터 시장을 구축하고 있다. 스펙트럼의 다른 쪽 끝에서 많은 대체 데이터 공급 업체가 신생 기업일 것이다. 전통적으로 이 공간과 연관되지 않았던 대기업도 대체 데이터 공급 업체가 될 수 있다. 그들의 비즈니스에서 파생된 데이터셋을 데이터 사용자에게 직접 판매할 수 있다. 이러한 기업에는 소비자 거래 데이터를 판매하는 마스터 카드도 포함된다(17장 참조). 자체적인 비즈니스 데이터를 수익화하고자 하는 기업은 종종 대체 데이터 공급 업체 또는 이들을 돕는 컨설팅 업체와 협업한다. 이러한 공급 업체는 대체 데이터 처리에 대한 전문 지식을 활용해 데이터 구조, 데이터 제품 생성, 마케팅 및 사용자에게 데이터 판매 등을 포함하는 이들 데이터셋을 수익화할 수 있다.

내부 비즈니스 데이터 소스를 보유하려면 기업이 데이터 판매와 관련된 대량의 비즈니스를 수행해야 한다. 그 결과, 많은 대체 데이터 공급 업체는 자체적인 비즈니스 데이터를 단독으로 사용할 수 있는 대신 다양한 외부 소스에서 원시 데이터를 소싱한다.

대체 데이터로 가장 알려진 브랜드를 기준으로 총 응답자 36명을 기반으로 그림 1.8에서 그린위치 어소시에이츠(Greenwich Associates, 2018)의 시장 참가자를 대상으로 한 최근 설문 조사를 제시한다. 설문 조사의 투표에 의하면, 대체 데이터셋의 집계자이자 시장인 퀀들Quandl이 1위를 차지한다. 그 뒤를 이어 위성 이미지와 관련된 자체 데이터셋을 판매하는 오비티브 인사이트Orbitive Insight가 있다. 뉴데이터Neudata는 대체 데이터 스카우트 회사다(5장 참조). 씽크넘Thinknum은 웹 데이터를 기반으로 데이터셋을 생성한다.

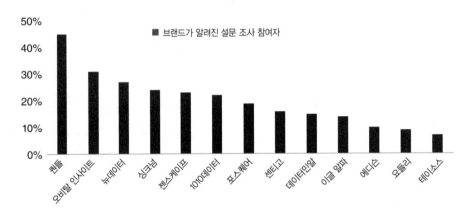

그림 1.8 대체 데이터와 연관된 브랜드

출처: 그린위치 어소시에이츠

그림에서 알 수 있듯이 가장 인정받는 대체 데이터 공급 업체는 각 업체의 업무와 비즈니스의 초점에 따라 크게 다르다. 물론 샘플이 상대적으로 작다는 것을 인정하며, 대체 데이터 환경의 빠른 이동 특성을 고려할 때 이들 이름이 최근에 바뀌었을 가능성도 높다. 실제로 출판 이후 대체 데이터 배포 플랫폼을 시작한 블룸버그와 같은 수많은 진입자들이 여기에 들어섰다.

5.4절에서는 데이터 공급 업체가 자사의 데이터 제품을 배포하는 방법을 자세히 설명한다.

1.10 자산 운용의 대체 데이터셋 이용

대체 데이터의 공급이 증가하는 동안 바이 사이드 회사들의 이들 데이터를 소화할 수 있는 능력도 증가했는가? 1.5절에서 대체 데이터의 사용은 여러 이유로 여전히 제한돼 있다고 언급했는데 이 공간의 추세는 무엇일까? alternativedata.org(2019)의 조사에 따르면 펀드에서 일하는 대체 데이터 정규직 직원 수가 2017년 1,000명을 넘어섰으며, 본서의 출판 시점까지 크게 늘었을 가능성이 높다. 일반적으로 이러한 직원은 10년 이상의 경력을 보유하고 있으며 기술, 학계와 같은 자산 운용 이외 분야 출신이거나, 데이터 공급 업체 자체에서 근무한 경력이 있는 사람들이다. 펀드들의 대체 데이터셋을 처리하는 능력이 이처럼 증가한 것은 놀랄 것도 없이 실제 대체 데이터셋에 대한 지출이 증가한 것에 따른 것이다. 대체 데이터에 대한 구매 측 기업의 지출은 2020년 20억 달러에 육박할 것으로 예상된다(그림 1.9 참조). 이는 2016년의 2억 2천 2백만 달러와 비교된다. 향후 10년 동안 대체 데이터 지출이 지속적으로 증가할 것으로 예상된다.

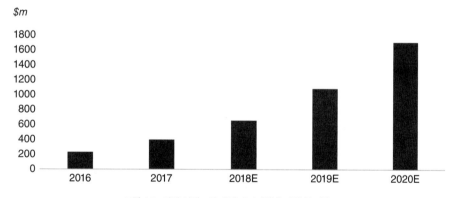

그림 1.9 바이 사이드의 대체 데이터셋에 대한 총 지출

출처: alternativedata.org

대체 데이터셋의 주요 차별화 특성 중 하나는 대체 데이터셋이 순수하게 금융 시장에서 파생되지 않는다는 점이다. 펀드별 대체 데이터셋 사용은 유형별로 크게 다르다. 웹 스크래핑web scraping에서 파생된 데이터셋은 현재 펀드에서 가장 인기가 높으며(그림 1.10 참조),

신용/직불 카드 데이터셋 다음에 근접한다. 이와는 대조적으로 위성 이미지, 지리 위치 및 이메일 영수증의 데이터셋은 적어도 이 책의 출판 시점에 인기가 높지 않다.

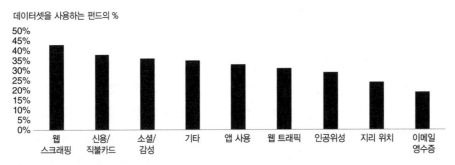

그림 1.10 웹 스크래핑으로부터 파생된 대체 데이터셋: 현재 펀드들에게 가장 인기 있는 데이터셋

출처: alternativedata.org

1.11 결론

대체 데이터가 무엇인지 그리고 대체 데이터를 사용하는 데 있어 몇 가지 당면 과제가 무엇인지 간략하게 소개했다. 그렇게 함으로써 우리는 크고 복잡한 세계의 표면만을 다룬 것이다. 2장에서는 실제 응용을 뒷받침하는 이 세계의 세부 사항에 대해 자세히 살펴보겠다. 따라서 우리는 여기에 소개된 많은 개념과 주제를 재검토할 것이다. 이 책의 2부에서는 독자들이 1장에서 논의된 개념들과 다음 몇 가지에 더 친숙해질 수 있도록 실제 사례 연구를 탐구할 것이다.

02

대체 데이터의 가치

2.1 서론

논의의 핵심 질문 중 하나는 대체 데이터에 대한 가치를 할당하는 방법이다. 이는 데이터 소비자와 데이터 생산자 모두의 관점에서 해결돼야 한다. 데이터는 직접 또는 간접적으로 수익을 창출할 수 있는 경우에만 데이터 소비자의 관점에서 가치가 있다. 데이터 공급 업체 입장에서는 데이터셋을 판매할 때 데이터셋을 생성 및 배포하는 비용을 회수해야 한다. 물론 데이터 공급 업체는 판매 시 마진을 추가할 것이다.

2장에서는 이 주제에 대해 자세히 논의하고 대체 데이터의 가치를 평가하는 데 도움이 되는 몇 가지 방향을 제시한다. 이 책을 저술하는 순간에도 데이터셋에 할당하기 위한 "적절한" 가격을 찾는 방법에 대한 해결책은 여전히 없다는 점에 주목한다. 시장 참여자들이 한 가격으로 수렴할 수 있는 시장의 발전은 아직 걸음마 단계이며, 데이터의 특성을 고려할 때 우리가 곧 논의할 것이기 때문에 많은 도전들은 여전히 열려 있다. 또한 표준화된 시장을 보유하는 것이 데이터 공급 업체를 위한 경제적인 최적 솔루션이 아닐 수 있다는 것을 보여줄 것이다.

2.2 투자 가치의 감쇠

데이터는 대체 데이터든 아니든 궁극적으로는 예측하기 위해 투자 및 위험 관리에 사용된다. 투자 공간에서 시장 참여자 전체 또는 대부분이 동일한 정보를 바탕으로 동일한 예측을 하면 거래할 수 있고 기회는 빠르게 사라질 수 있다. 준강형semi strong form의 효율적 시장 가설EMH, Efficient Market Hypothesis은 공개된 정보가 금융자산 가격에 즉시 반영(거의)된다고 주장함으로써 이러한 관점을 반영하고 있으며, 따라서 그러한 정보에 기초해 장기적으로 시장을 능가하려는 모든 희망은 헛된 것이다. 사실일 경우, 탁월한 위험 조정 수익률은 내부자 정보(또는 이 책의 관점에서 데이터셋에 대한 독점 또는 제한된 액세스)를 통해서만 제공된다는 직접적인 결과다. 우리는 이 가설의 타당성[1]에 대해 논의하지 않을 것이지만, 만약 정보의 일부가 한동안 공개적으로 사용 가능했다면 대부분의 투자 가치가 상실됐을 것이라는 점에 모두가 동의할 것이다.[2] 이러한 의미에서 데이터는 부패하기 쉬운 자산이다. 이는 데이터셋을 신속하게 정보 가치를 잃을 위험에 직면하므로 데이터 공급자에게 문제가 될 수 있다. 실제로, 우리의 경험에 따르면 먼저 등장한 일부 대체 데이터셋은 현재 알파를 생성하는 능력이 감쇠하고 있다(예: 뉴스 감성 및 주식 실적 발표 콜earning call 기록).

이러한 모든 이유로 인해 거의 출시 직후에 활용되지 않는 한 데이터는 대체이든 아니든 가치가 없을 수 있으며, 시장에 대한 이익은 오직 속도 우위를 확보해야만 얻을 수 있다는 결론을 내릴 수 있다. 하지만 이에 대한 반론도 있다. 첫째, 데이터의 다양성과 수는 신호의 감쇠를 덜 빠르게 만들 수 있다. 새로운 데이터 소스도 연속적으로 나타난다. 따라서 많은 시장 참여자들이 이들 모든 데이터셋에 접근하고, 주어진 데이터셋이 사용 가

---

1 가정의 타당성을 확인하는 대신 (이는 매우 어렵다), 적극적 매니저(active manager)가 관련 지수와 비교해 수행하는 방식을 살펴볼 수 있다. Soe와 Poirier(2016, 1쪽)는 2016년 전체 중 대·중·소형 매니저의 84.6%, 87.9% 및 88.8%가 S&P 500, S&P MidCap 400, S&P SmallCap 600보다 낮은 성과를 거뒀다고 주장한다. 또한 이 보고서는 5년 주기로 이들의 91.9%, 87.9% 및 97.6%가 각자의 벤치마크에서 저조한 성과를 나타냈다고 보고한다. 10년 기간에 대해서도 비슷한 암울한 이야기를 할 수 있다. 각각 85.4%, 91.3%, 90.8%이 벤치마크보다 저조한 성과를 냈다.

2 우리는 또한 정확히 같은 이유로, 이 책에서 우리의 사례 연구 결과로부터 도출된 투자 단서가 자기 패배적일 수 있다는 것을 인정한다.

능해지자마자 프로세스에 통합했을 가능성은 낮으며, 따라서 그들이 다른 참여자들이 사용하고 있는 것과 정확히 동일한 데이터 소스 세트와 결합했을 경우는 더 적어진다. 표준화된 금융 시장 데이터보다 더 많은 대체 데이터 소스가 있으며 그 유형은 훨씬 더 다양하다. 따라서 두 개의 서로 다른 시장 참여자가 정확하게 동일한 데이터셋을 발견하고 동시에 액세스할 가능성은 낮다. 또한 이러한 데이터셋을 마이닝해 다른 데이터 소스에서 추출한 다른 신호와 결합할 가능성은 더 적다. 대체 데이터가 등장함에 따라 일반적으로 사용되는 데이터 소스에 대해 더 많은 자유도가 있다고 주장할 수 있다.[3] 둘째, 두 명의 투자자가 동일한 데이터셋을 마이닝하는 경우 원시 데이터를 신호로 변환하는 데 사용되는 기술은 상당히 다를 수 있다. 이는 특히 서로 다른 데이터셋으로 보강할 가능성이 높기 때문에 매우 강한 방향 신호가 없는 한 다른 결과를 초래할 수 있다. 예를 들어 선형 회귀 모델은 딥러닝 모델이 자연스럽게 통합하는 데이터의 비선형 관계를 이용할 수 없다. 이 두 가지는 후속 투자 범위에 대해 상당히 다른 예측으로 이어질 수 있으며, 따라서 다른 행동을 가리킬 수 있다(예: 매수 대 매도).

셋째, 데이터셋의 가치 지속성에 기여하는 또 다른 요인은 투자자의 다양한 투자 요구 사항, 기준, 스타일 및 위험 선호다. 이를 고려할 때 독립적인 데이터 소스의 조합으로부터 추출할 수 있는 관련 특성의 수는 따라서 더욱 기하급수적으로 늘어난다. 예를 들어 방향성 트레이딩에 관심 있는 투자자는 추세와 추세를 예측할 수 있는 특성을 살펴볼 것이다. 반면에 변동성 투자자는 자산의 가격을 양방향으로 움직이는 신호를 검색할 것이다. 롱-온리, 롱-숏 등과 같은 스타일 등에 따라 데이터에서 관련된 것과 관련되지 않은 것을 결정한다. 데이터셋이 여러 투자 스타일에 관련될 수 있는 경우도 있다. 우리는 머신이 읽을 수 있는 뉴스를 예로 들 수 있다. 장기 투자자들은 그들의 트레이딩에 정보를 제공하기 위해 장기간에 걸친 머신이 읽을 수 있는 뉴스 기사로부터 감성을 모을 수 있다. 이와는 대조적으로 고빈도 트레이더들은 훨씬 더 세분화된 수준에서 머신 판독 가능한 뉴스

3　물론 많은 것은 데이터 판매자의 배포 정책에 달려 있다. 데이터를 독점적으로 사용할 수 있는가, 아니면 제한적으로 사용할 수 있는가? 혹은 모든 잠재적 구매자가 이용할 수 있는가? 데이터셋의 상대적 가용성은 데이터셋에 대해 지불한 구독료에 영향을 미칠 수 있다. 데이터셋을 독점적으로 사용할 수 없는 경우에도 높은 비용이 데이터셋을 사용하는 기업 수에 암묵적인 장벽을 추가한다. 2.4절에서 이 점에 대해 토론할 것이다.

를 사용해 단기 거래를 촉발할 뿐만 아니라 위험 관리 목적으로 자산을 거래소에서 거래 정지할 때를 식별할 수 있다. 그럼에도 예측의 적시성과 후속 행동의 속도 또한 데이터셋을 최대한 활용하기 위해 필수적이다. 실제로 헤지펀드는 경쟁사보다 타이밍 우위를 확보하기 위해 증권 거래소와 최대한 가까운 곳에 위치한 서버에 수백만 달러를 투자했다. 고빈도 트레이딩과 같은 지연 시간에 민감한 전략의 경우 이는 매우 중요하다. 하지만 우리가 방금 설명한 것처럼 이것이 유일하게 중요한 것은 아니다. 최소한 시장의 방향을 정확하게 예측하는 것도 중요하다.

요약하면 적절한 시간에 적절한 데이터에 액세스하는 것이 데이터셋이 출시된 후 짧은 기회 윈도우에서 데이터셋을 수익화하는 데 유리하다. 중요한 데이터셋을 신속하게 발견하는 시장 참여자들은 이러한 데이터셋이 더 일상화되기 전에 우위를 확보할 수 있다. 그러나 데이터셋이 투자 가치가 긍정적인지 여부는 데이터셋의 가격과 같은 다른 요인에도 달려 있다. 다음 절에서 가격에 대한 미묘한 문제를 살펴보도록 하겠다.

마지막으로 투자 가치의 감쇠에 관한 주장은 시간 의존적이라는 점에 주목한다. 데이터셋은 데이터 유형에 대해 관련 없는 기간에 대해 일시적으로만 신호 제공이 중단될 수 있지만, 미래에 신호가 다시 나타날 수 있으므로 경제성을 따져야 한다. 예를 들어 정치적 뉴스 흐름은 비교적 조용한 기간 동안이나 금융 시장에 거의 영향을 미치지 않을 수 있지만, 정치적 동요의 시기(예: 브렉시트)에는 중요한 신호의 원천이 될 수 있다.

2.3 데이터 시장

구매자와 판매자 간의 현재 데이터 교환은 주로 임시적이며 비공식 파트너십 또는 비공개 계약을 통해 데이터 거래가 수행된다. 이러한 상황에서 데이터 가격은 종종 구매자에게 수집, 처리 및 포장 비용에 대한 가시성을 제공하지 않는 판매자에 의해 결정된다 (Heckman et al., 2015). Heckman에 따르면 이러한 정보의 비대칭성은 판매자와 구매자 모두에게 피해를 입히는 가격 투명성의 결여를 초래한다. 판매자가 시장에서 최적으로 가격을 결정할 수 없으며, 구매자는 데이터 서비스 공급자 간의 가격 옵션을 전략적으로 평가할 수 없다. Heckman(2015)에 따르면, 표준화된 가격 모델을 갖춘 보다 체계적인 데이터 시장은 모든 당사자의 거래 경험을 향상시킬 것이다.

실제로 표준화된 모델의 채택과는 거리가 멀지만 최근 데이터 마켓플레이스의 상승세가 나타나고 있다.[4] 데이터 마켓플레이스(DaaS^Data as a Service라고도 함)는 기본적으로 데이터 판매자와 데이터 구매자가 서로 연결해 데이터를 구매하고 판매하는 플랫폼이다. 일반적인 데이터 시장은 데이터 판매자, 데이터 구매자 및 데이터 마켓플레이스 소유자, 이 세 가지 주요 역할로 구성된다. 데이터 판매자는 마켓플레이스에 데이터를 제공하고 그에 상응하는 가격을 설정한다. 데이터 구매자는 필요한 데이터를 구입한다. 마켓플레이스 소유자는 판매자와 구매자 사이의 중개자 역할을 하며 때로는 데이터 제공자와 가격 결정 메커니즘을 협상하고 데이터 거래를 관리한다. 일반적으로 마켓플레이스 소유자는 거래에서 데이터 판매자에 의해 보상받는다.

데이터 사용자의 관점에서 마켓플레이스를 사용하면 프로세스를 간소화할 수 있다. 일반적으로 시장에서 공통 결제 시점을 제공하고 공통 API를 통해 데이터에 액세스할 수 있을 뿐만 아니라 많은 공급 업체에서 사용 가능한 데이터셋을 좀 더 쉽게 검색할 수 있다. 데이터 사용자는 계약을 체결하기 전에 모든 데이터 공급 업체와 개별 NDA(비밀 유지 계약) 및 법적 계약을 협상할 필요 없이 하나의 계약만 체결하면 된다. 따라서 온보딩 ^onboarding 프로세스가 더 빠를 수 있다. 평가판 구독에서도 데이터 공급 업체는 NDA를 보유하고 데이터를 보호할 수 있다. 또한 데이터 사용자가 해당 시장에서 제공하는 데이터셋에 대한 조사나 데이터 분석을 지원하는 도구와 같은 다른 서비스를 데이터 시장에서 받을 수 있다.

기관별 데이터 수집량이 증가하고 데이터가 자체 자산으로 인식되면서 빅데이터의 성장과 함께 데이터 마켓플레이스도 성장하고 있다. 데이터 마켓플레이스는 종종 클라우드 서비스와 통합된다. 데이터 마켓플레이스의 예로는 퀀들^Quandl(현재의 나스닥^Nasdaq이 소유), 이글 알파^Eagle Alpha, 클릭 데이터 마켓플레이스^Qlik Data Marketplace, D&B 데이터 익

---

4 민간 및 데이터 시장 교환 모두 대부분 규제되지 않는다.

스체인지^{D&B Data Exchange}, 배틀핀 앙상블^{BattleFin Ensemble} 및 AWS 퍼블릭 데이터셋츠^{AWS} ^{Public Datasets}가 있다. 기존 시장 데이터 공급 업체의 대체 데이터 시장도 있다. 여기에는 Open: FactSet을 운영하는 팩트셋^{Factset}이 포함된다. 블룸버그에는 프리데이터^{Predata}와 같은 여러 공급 업체의 데이터셋이 포함된 대체 데이터 시장도 있다. 배틀핀^{BattleFin} 앙상 블 플랫폼을 통해 호스팅된 주피터 노트북^{Jupyter notebook}에서 파이썬^{Python}을 사용해 플랫 폼에서 직접 데이터셋을 평가하고 리피니티브^{Refinitiv}의 참조 데이터와 결합할 수 있다.

데이터 시장의 가격 모델은 다음과 같이 분류할 수 있다(Yu & Zhang, 2017; Muschalle, 2012 참조).

1. 데이터 서비스를 무료로 사용할 수 있는 무료 모델
2. 무료 서비스와 부가가치 서비스를 결합한 무료 모델(이 가격 모델에서는 소비자가 데이터에 무료로 액세스하고 프리미엄 서비스에 대한 비용을 지불하는 데 제한이 있다)
3. 패키지 모델, 구매자가 일정한 양의 데이터를 고정 가격으로 구매하는 모델
4. 구매자가 사용량에 따라 데이터 서비스에 대한 비용을 지불하는 사용당 지불 모델
5. 데이터 구매자가 데이터 서비스에 무제한으로 액세스하는 대가로 매달 구독료를 지불하는 플랫 요금 모델
6. 구매자가 일정량의 사전 정의된 할당량을 초과할 경우 추가 수수료로 보완되는 고정 기본료를 지불하는 2부 요금제 모델^{Two-part-tariff model}

아직 여전히 데이터 시장(및 비공개)을 통해 판매되는 데이터의 신뢰도(정확도)에 관한 문제가 있다고 할 수 있다. 날씨나 거시경제 데이터와 같은 외부 데이터는 많은 소스를 통해 신뢰되고 쉽게 검증될 수 있지만 제3자 공급 업체에서 제공하는 데이터셋은 쉽게 검증이 안 되며, 이는 상대적으로 고유할 수 있다. 후자를 의사결정 프로세스에 통합하는 것은 진실성과 진위를 평가할 수 없기 때문에 더 어렵다(대용 데이터의 사용이 데이터셋을 검증하는 하나의 접근법이 될 수 있지만). 이는 무엇보다 시장에 대한 신뢰를 확보하기 위해 블록체인^{blockchain} 솔루션이 현재 제안되고 있는 이유다. 블록체인 데이터는 불변하고, 감사 가능하며, 완전히 추적할 수 있다. 아직도 블록체인이 현재 작동하는 방법에 본질적

으로 장애물이 존재하므로, 블록체인이 어떻게 작동돼야 하는지에 대한 분명한 해결책은 없다. 속도 및 지연 시간이 우려되는 사항 중 하나다. 블록체인이 담을 수 있는 데이터 양이 제한돼 있는 것도 큰 이슈다. 블록체인에 포함된 메타데이터와 개별 데이터 스토어에 상주하는 빅데이터셋만을 기반으로 한 솔루션이 제안됐지만 여전히 실험 중이다. 현재 Ocean Protocol, IOTA Protocol 등 블록체인 기술로 이미 실행 중인 거래소가 있어 가입비로 실시간 스트리밍 데이터를 받을 수 있다. 우리는 이것이 진화하고 있는 분야이며 많은 사람들이 과대 광고라고 믿고 있는 것으로부터 블록체인 기술이 정착되면 이 전선에서 더 많은 것을 볼 수 있을 것이라고 믿는다.

요약하자면, 오늘날 데이터 회사들은 대부분 고객에게 데이터를 판매하기 위해 손이 많이 가는 가격 차별을 사용한다. 시장에서 수집할 수 있는 정보를 기반으로, 데이터는 일반적으로 각 고객의 상대적 구매 능력에 따라 가격이 책정된다. 또한 정보의 경제성이 불완전하다고 언급했다. 고객에 대한 많은 정보를 수집하기가 어려우며, 결과적으로 가격 모델은 수익 극대화라는 그들의 작업에서 비효율적일 수 있다. 이러한 수익 관리 딜레마는 오늘날에도 다른 산업에 계속 적용되고 있으며, 그렇기 때문에 이러한 산업들 중 많은 수가 수익 수집을 보다 효율적으로 만들고 이윤을 극대화하기 위해 가격 모델을 계속 갱신하고 있다(예: Uber가 가격 급등으로 수익을 극대화하기 위해 실시간으로 풍부한 정보에 기초해 가격을 동적으로 조정하는 방법) 또한 데이터 마켓플레이스는 바람직한 기능 세트를 제공하지만 데이터셋의 가격이 모든 고객에게 균일하게 만들어질 수 있는 플랫폼을 제공한다고 언급했다. 하지만 이것이 실제로 데이터 공급 업체의 수익을 극대화하는 방법일까? 이 질문에 답하기 전에 데이터 가치 평가의 세부 사항에 대해 자세히 알아보겠다. 온도 및 습도 센서 구입 시 초기 비용이 발생한다.

2.4 데이터의 금전적 가치(1부)

구매 데이터는 구입 비용과 판매자 마크업을 포함한 가격으로 제공된다. 예를 들어 농작물 수확량을 추정하는 데 사용될 수 있는 넓은 지역의 온도와 습도를 모니터링하는 시스템을 예로 들어보겠다. 이 경우, 센서의 전기 및 유지 보수와 같은 비용이 발생하는데, 특히 혹독한 기후에서는 고장이 발생할 수 있다. 수집된 데이터에 대한 저장 비용도 발생한다. 기본적으로 취득 비용이 있다. 데이터가 소진된 경우 이는 구입 비용이 0이라는 것을 의미하지는 않지만, 이는 비즈니스가 이미 다른 곳에서 데이터를 수익화하고 있다는 것을 의미한다. 한 농부가 그들 자신의 농작물의 수확량을 증가시키는 것을 돕기 위해 이러한 기상 감시 솔루션을 설치했을 수 있다. 그러나 배출되는 데이터에 대해서 마케팅, 데이터 생산, 계약 초안의 법적 비용 등과 같이 우리가 포함해야 할 추가 비용이 있을 수 있다. 또한 추가 외부 데이터셋을 사용해 판매 중인 데이터를 개선하려고 할 수도 있다. 이 데이터셋을 구입해 기존 데이터셋에 결합해야 한다.

판매자의 마크업은 판매자의 가격 결정 방식에 따라 달라질 수 있으며, 이는 이 데이터셋이 얼마나 독특한지, 따라서 독점 가격이 부과 가능한지 여부, 그리고 얼마나 많은 다른 구매자에게 분배되는지에 따라 달라질 수 있다. 데이터는 몇천 달러(예: 감성 분석)에서 몇백만 달러(예: 소비자 거래 데이터)에 이르기까지 상당히 큰 가격 차이를 가질 수 있다.

반면 구매자가 기꺼이 지불할 가격은 그들의 효용에 따라 달라질 것이다(즉, 이 추정치의 불확실성을 고려할 때 사업에 대한 부가가치는 무엇인가, 하방 위험은 무엇인가). 따라서 데이터 가격은 데이터 소스가 투자 또는 헷징 전략에 부가가치를 더할지를 결정하는 요소 중 하나이다. 때로는 이 가치는 벤치마크에 대한 초과 수익인 알파와 같이 금전 단위로 직접 변환되는 경우 직접 측정할 수 있다. 때로는 비용 절감의 경우(운영 알파)에서와 같이 부가가치를 정량화하기가 더 어렵다. 데이터셋에 대해 지불된 가격이 미리 설정되고 고정돼 있지만, 알파 생성에서 파생된 가치는 데이터 샘플을 얻기 전에 일부 테스트를 수행하더라도 사전에 확실히 알려져 있지 않다. 물론 데이터셋의 상대적 고유성 자체가 데이터셋이 알파를 생성하는 데 유용할 수 있다는 것을 의미하지는 않는다는 점에 유의해야 한다. 가격 결정을 더 본격적으로 알아보기 전에 한 발 물러서서 데이터의 가치를 좀 더 일반적인 관점에서 살펴보겠다. 첫 번째 질문은 만약 기업이 데이터를 소유하고 있으며 단순히 장부에 기록하기를 원한다면 어떻게 그 가치를 결정할 수 있는가 하는 것이다. 데이터는 브랜드의 가치와 같은 무형자산이기 때문에 이 질문에 대한 답은 어렵다. 대차대조표에 공식적으로 기록되지 않아 회계적 가치가 없다. 우리가 정보화 시대에 살고 있다는 것을 고려하면 이상한 사실로 보일지도 모른다. 9/11의 여파로 쌍둥이 빌딩에 위치한 많은 회사들이 그들의 정보 자산의 손실에 대해 배상해야 한다고 주장했지만, 이들 청구는 보험 회사들에 의해 거절됐다. 정보는 유형 자산이 아니므로 가치가 없다. 당시에는 데이터를 백업할 수 있는 광범위한 클라우드 인프라가 존재하지 않았다.

그러나 대차대조표에 데이터 가치를 기록하는 것은 원칙적으로 가능하며, 취득 원가를 계산해 간접적으로 수행할 수 있다. 여기에는 데이터 기록을 시작하는 데 필요한 자본 지출(예: 센서) 또는 타사로부터 구입 비용 및 데이터베이스 통합과 같은 "설치" 비용이 포함될 수 있다. 데이터베이스, 센서와 이들 뒤의 인간 작업 과정을 유지하는 실행 비용도 포함될 수 있다. 그러나 데이터의 가치를 결정하는 데는 그 이상의 것이 있어야 한다. 여기서 생각해봐야 할 더 나은 질문은 데이터가 비즈니스에 미치는 영향이다. 답은 법률, 마케팅 및 더 광범위한 사업 부서 내에 있다. 매출 잠재력, 사용 빈도, 평판, 규정 준수 및 법적 위험과 같은 다양한 평가 요소를 포함할 수 있다. 이 모든 것들은 문맥에 따라 매우 다를 수 있다. 잠시 후 단순화된 버전의 비용 가치 접근법에 대해 설명하겠다.

따라서 데이터 자산의 가치 평가는 외부에서 상업화됐는지 여부에 관계없이 수행될 수 있으며 수행돼야 한다. 실제로 조직 내에서 데이터의 가치를 이해한다는 것은 데이터가 더 잘 유지되고 더 유용한 리소스가 된다는 것을 의미한다. 조직 내에서 데이터가 저평가돼 있는 경우 데이터를 저장하거나 분석하는 데 시간과 노력을 들일 가능성이 적다.

MIT Sloan 보고서[5]는 기업이 이 과제에 논리적으로 접근해야 하는 방법에 대한 제안을 제공한다. 첫째, 이는 기업 전반의 정책을 개발하고 둘째, 가치 평가 전문 지식을 획득하고 개발함으로써 이뤄질 수 있음을 시사한다. 마지막으로, 기업 내에서 하향식 또는 상향식 평가 프로세스가 가장 효과적인지 평가할 것을 제안한다. 데이터 가치를 평가하는 하향식 접근 방식에서 기업은 중요한 애플리케이션을 식별하고 해당 애플리케이션에 사용되는 데이터에 가치를 할당한다.

---

5 Short, 2017

두 번째 접근법은 데이터 가치를 경험적으로 정의하는 것이다. 실제로 여기에는 회사의 핵심 데이터셋에 걸친 데이터 사용 맵을 기반으로 한 작업이 포함된다. 이 접근법의 주요 단계에는 데이터 흐름 및 데이터 간 연결 평가를 포함한다. 이 단계에서 데이터 사용 패턴에 대한 자세한 분석을 수행할 수 있다. 이 주제에 대한 자세한 내용은 Short와 Todd(2017)를 참조하라.

데이터 자산의 내부 가치를 아는 것은 좋지만 기업이 외부에서 데이터를 수익화하려는 경우 적절한 가격을 결정하는 방법은 더 까다롭다. 마이크로소프트는 2016년에 링크드인을 260억 달러에 인수했다. 이 플랫폼에는 약 400만 명의 등록된 사용자가 있었으며, 이 가운데 약 100만 명이 사용 중이었다. 이는 활성화된 사용자당 260달러의 구입 비용으로 환산된다. 인수 발표는 신용 평가사들의 관심을 끌었고 마이크로소프트의 주가는 곧바로 3% 하락했다. 거래 상대방은 합의했지만, 과연 지불하기에 합당한 가격이었을까? 이 질문에 대한 답은 취득 후 몇 년이 지난 후에도 여전히 불분명하다.

또 다른 예는 2016년 챕터 11 파산 보호를 신청했을 때의 시저스 엔터테인먼트^{Caesars} Entertainment Corporation의 고객 데이터베이스 평가다. 일부 채권자에 따르면 데이터베이스의 가치는 약 10억 달러였다. 이 수치는 이전에 시저스 엔터테인먼트로부터 매각돼서 더 이상 데이터베이스에 접근할 수 없었던 몇몇 회사가 경험한 수익 손실을 계산해 도출됐다. 그러나 파산 보고서는 또한 이 데이터셋을 시저스 엔터테인먼트 밖에서 통합하고 사용하기 어려울 것이라고 언급했다. 따라서 데이터베이스의 가치는 계산하기 매우 어려웠고 다양한 요인에 매우 의존적이었다.

Laney(2017)는 데이터 평가에 대한 기본적 접근법과 재무적 접근법을 모두 제안한다. Laney에 따르면 데이터의 기본적인 가치 평가는 데이터에 금전적 가치를 부과할 준비는 돼 있지 않지만, 그럼에도 불구하고 데이터 품질과 잠재력을 평가하는 데 관심이 있는 조직과 관련돼 있다.

반면 데이터의 재무적 가치 평가는 다음 3가지 방법으로 계산함으로써 수행될 수 있다. (1) 비용 가치 (2) 시장 가치 (3) 경제적 가치. 다음 절에서 각각에 대해 설명한다.

2.4.1 비용 가치

이 방법은 데이터에 대한 활성화된 시장이 없을 때 선호된다. 다음 공식에 따라 데이터를 생성, 캡처 및 수집하는 데 소요되는 연간 재무 비용을 반영한다.

$$비용\ 가치(CV) = \frac{\sum_i 처리\ 비용_i * 기여도\%_i * T}{t}$$

T는 데이터의 평균 수명이고 t는 처리 비용을 측정하는 기간이다. 처리 비용$_i$는 데이터를 포착하는 데 관련된 i번째 프로세스 비용이며, 기여도$\%_i$는 데이터 포착에 기인되는 처리 비용$_i$의 비율이다. 정보 자산을 사용할 수 없거나 도난 또는 손상됐을 경우 비즈니스에 미치는 영향을 고려하는 추가 항 또한 공식에 포함될 수 있다.

물론 비용 가치 접근법에는 주관적인 요소가 있다. 이러한 요소에는 데이터의 포착에 기인할 수 있는 프로세스의 비율과 만약 데이터 손실이 추가항으로 포함되는 경우, 데이터 손실의 경우 잠재적 비즈니스 손실이 포함될 수 있다. 일반적으로 회계사들은 더 보수적이고 변동성이 적기 때문에 무형자산을 평가하는 데 이 비용 가치 접근법을 선호한다.

2.4.2 시장 가치

이 접근법은 마켓플레이스[6]에서 데이터 자산의 잠재적인 금전적 가치를 조사하며, 따라서 내부 데이터셋과 같이 매각되지 않는 자산에는 적용할 수 없다. 2.3절에서 논의한 바와 같이, 데이터셋이 판매되고 있는 일부 완전하게 운영되는 온라인 시장 플랫폼이 이미 있다.[7] 데이터셋은 유통 중인 데이터셋의 일부만 포함하고 있고 규제되지 않으며 표준화된 가격 모델을 가지고 있지 않다. 미묘한 점은 대부분의 경우 데이터의 소유권(및 데이터 포착 프로세스)이 실제로 판매되지는 않지만 라이선스가 부여된다는 것이다. 거의 비용 없이 데이터를 복제할 수 있기 때문에 라이선스 수가 무한할 수 있다. 그러나 많은 시장 참

---

6 이 용어로 사적 거래소 또한 의미한다.
7 데이터가 사적으로 거래되고 재화, 서비스 또는 계약적 할인과 교환될 수 있는 것이 중요하다.

여자들에게 팔면 시장성이 저하되고, 이는 투자자들이 그것에 더 많이 거래할수록 가치가 하락한다는 것을 의미한다.[8] 변동 할인 계수는 배타적 가격(즉 다른 고객은 사용 못하고, 한 고객만이 사용할 수 있는 권한의 가격)으로부터 시작하는 시장 가격에 적용될 수 있다. 비용 가치 또는 경제적 가치(아래 참조)는 변동 할인 계수가 적용될 수 있는 이와 같은 배타적 가격을 결정하는 시작점이 될 수 있다. 이는 다음 공식에서 보인다.

$$\text{시장 가치}(MV) = \frac{\text{배타적 가격} * \text{라이선스의 수}}{\text{프리미엄(라이선스의 수)}}$$

라이선스의 수는 잠재적 구매자의 시장 조사를 통해 계량화할 수 있다. 이 공식은 또한 방대한 시장 분석을 기반으로 하는 프리미엄 할인 계수의 추정을 요구하며, 분모의 프리미엄 할인 계수는 라이선스의 수에 의존한다.

2.4.3 경제적 가치

경제적 가치 접근법은 매출 창출 프로세스에 데이터 자산을 통합할 때 발생하는 비용을 매출에서 차감한 실현된 변화를 고려한다. 변화라는 용어로 데이터 자산이 사용되지 않는 경우에 관한 것을 의미한다. 이는 회계에서 전통적인 이익 접근법이다. 비용에는 비용 가치 사례에서 설명된 대로 프로세스의 데이터 획득, 관리 및 적용 비용이 포함된다. 이러한 측정값을 계산하려면 특정 기간 t에 걸쳐 평가판을 실행하고(A/B 테스트), 두 대안 간의 매출 차이를 추정하며, 정보의 수명주기 비용을 차감해야 한다. 요약하자면,

$$\text{경제적 가치}(EV) = [\text{매출}_A - \text{매출}_B - \text{비용}] * T/t$$

여기서 다시 한 번 T는 데이터의 평균 수명 기간이다. 다음에서 설명하는 바와 같이 백테스트가 아닌 A/B 테스트가 위험 관리와 투자에 선호되는 방법이다. 물론 데이터 공급 업체는 데이터 소비자에 대한 경제적 가치를 알지 못하며, 두 개의 서로 다른 데이터 소비

---

8 이것은 거래 밖의 도메인에 적용되지 않는다고 주장할 수 있다. 예를 들어 Jones(2019)는 사회적 이익을 최대화하기 위한 광범위한 사용과 관련된 데이터의 측면과 정책을 논의한다.

자가 동일한 경제적 가치를 가질 가능성은 매우 낮다. 우리는 나중에 데이터셋의 평가는 자산 운용사의 노출도에 따라 달라지며 이는 시장의 여러 참여자들 간에 매우 크게 달라질 수 있음을 보여준다.

이 절에서는 시장에 판매함으로써 내부 목적과 외부 수익 모두를 위한 데이터 자산의 가치를 이해하고자 하는 회사의 관점을 취했다. 하지만 구매자의 관점에서 데이터셋의 가치는 어떨까? 데이터셋을 구매할지 여부를 고려할 때, 투자 및 위험 관리자는 해당 데이터에서 도출된 이익에 대한 추가 경제적 가치를 추정해야 한다. 일반적으로 데이터의 가치(예: 브랜딩, 경쟁력 향상 및 기타 유사한 비즈니스 용도의 경우)를 측정하는 것은 어렵지만 데이터셋이 자산 운용사에 미치는 영향은 금전 단위로 직접 측정할 수 있다. 쉽게 들리지만 실제로는 약간의 모호함을 동반한다. 다음 절에서 이 문제를 논의한다.

2.5 백테스트를 사용하는 경우와 사용하지 않는 경우의 (대체) 데이터의 평가

데이터셋에 대해 얼마나 많은 비용을 지불해야 하는지를 이해하기 위해 외부에서 구매했을 경우 기업이 순이익에 대한 부가 가치를 계량화해야 한다고 주장했다.

자산 및 위험 관리에서 가장 많이 사용하고자 하는 계량화 방법은 백테스트^{backtest}다. 하지만 나중에 설명하겠지만, 이는 항상 가능한 것은 아니다. 본질적으로 과거에 이러한 데이터셋을 전략에 통합했다면 비즈니스의 성과가 어떻게 됐을지를 알고자 한다. 이 테스트는 과거 데이터에 대해 수행되므로 백테스트의 이름을 가진다. 그리고 보통 백테스트의 결과가 미래에 유지된다고 가정한다. 물론 그러한 방법에는 한계가 있다. 때때로 미래는 과거와 같지 않기 때문이다.

특히, 시스템 투자자를 위한 데이터셋의 가치는 데이터셋이 투자 기간을 통해 데이터셋이 가져다주는 개선된 수익에서 비용을 뺀 값을 추정함으로써 측정될 수 있다. 위험 관리자의 경우, 그 데이터셋이 설정된 위험 허용 오차 수준을 벗어나는 부정적인 극단적 수익을 예측하고 완화시키는 데 (예를 들어 위험 회피, 자산 매각을 통해) 얼마나 도움이 되는지 평가함으로써 그 가치를 계량화할 수 있다. 재량적 투자자의 경우, 척도는 투자 결정에 부가되는 가치일 수 있다. 실제로 이러한 모든 것은 그러한 척도를 수행하는 독특하고 결정론적 방법이 없기 때문에 항상 대략적인 추정치일 수 있다. 이제 설명하겠지만 이는 다양한 시스템 투자자, 재량적 투자자 및 위험 관리자 그룹을 다룰 때, 가치를 측정하는 선택된 모델과 기저의 데이터를 뒷받침하는 선택에 따라 매우 달라진다.

2.5.1 시스템 투자자

시스템 투자자의 경우, 데이터셋에서 도출된 개선된 예측 능력을 계량화하는 좋은 방법은 데이터셋을 사용하거나 또는 사용하지 않고 계산된 샘플 외 성능 테스트를 통해 계량화하는 것이다(전략 A와 전략 B, 각각).[9] 예를 들어 t가 현재 시점일 때, 기간$(t-15, t-10)$에 전략 A와 전략 B의 두 개의 모델을 추정하고 $(t-10, t-9)$ 사이의 성능을 테스트할 수 있다. 숫자 9, 10, 15는 며칠, 몇 달이 될 수 있다. 우리가 원하는 모든 것이 가능하다. 그런 다음 롤오버해 $(t-14, t-9)$에서 모델을 다시 추정하고 $(t-9, t-8)$에서 테스트할 수 있다. 결국 우리는 전략 A가 전략 B보다 우수한지 여부를 확인할 수 있는 몇 가지 척도를 가지게 될 것이다. 예를 들어 샤프 비율, 연간 복리 수익률^{CAR} 등이 측정될 수 있다. 이러한 유형의 백테스트는 데이터셋이 구현될 것으로 예상되는 모든 자산 클래스에 걸쳐 수행돼야 한다. 예를 들어 우리는 동일한 데이터셋을 사용해 주식, 채권, FX 등에 걸쳐 향상된 전략을 생성할 수 있다. 이러한 테스트의 결합된 값을 사용해 전략 A의 전체 성능을 평가해야 한다.

이것은 첫눈에 쉽게 보일 수 있지만 반드시 명심해야 할 방법론적인 주의 사항이 있다. 첫째, 선택한 성능 척도는 샘플 외 테스트를 위해 선택한 시간대(예: 1주, 1개월, 2년)뿐 아니라 샘플 내 적합도에 대해 선택한 시간 윈도우 및 롤오버의 시간 스텝에 따라 다른 결

---

9 이것은 2.4절의 경제적 가치 접근법과 매우 유사하다. 그러나 여기에서 설명하는 것은 서로 다른 전략이 동시에 서로 다른 하위 그룹에 적용돼 두 가지 영향을 평가 및 비교하는 A/B 테스트는 아니다. 물론 포트폴리오를 두 개로 분할해 이러한 접근법을 채택하는 것을 막는 것은 없지만, 비즈니스 관점에서는 이를 정당화하기가 어려울 수 있다. 백테스팅이 투자 시 선호되는 접근법이다.

과를 산출할 수 있다. 특정 샘플 내와 샘플 외 시간 윈도우에 대한 승리 전략이 만약 이들의 윈도우의 길이가 변한다면 손실을 보는 전략이 될 수 있다. 둘째, 입력/출력 변수의 빈도도 영향을 미칠 수 있다(즉, 일별, 분기별 또는 기타 주파수에서 데이터를 보정하는지 여부). 셋째, 거래 비용에 대한 다른 가정은 다른 결론으로 이어질 수 있다. 마지막으로, 처음 3차원에 대해 확실한 승자가 있다고 하더라도, 이는 사용된 예측 모델의 유형 때문일 수 있다. 모델의 함수 형태가 선형에서 비선형으로 변경되면 전략 A와 전략 B의 성능이 바뀌는 것을 관찰할 수 있다.[10]

이러한 고려 사항은 시계열 영역의 모델에 더 일반적인 용어로 적용된다. 어떤 척도를 통해 모델러가 결정한 예측 성능은 (1) 모델 추정에 사용된 시간 윈도우(샘플 내 적합도), (2) 샘플 외 테스트에 사용된 시간 윈도우, (3) 데이터의 빈도, (4) 선택된 설명변수 (5) 선택된 모델의 함수 형태의 선택에 의존한다. 이러한 모든 고려 사항은 명확한 승자 모델이 항상 가능한 것은 아니라는 것을 나타낸다. 경제적 추론 또는 기술적 제약에 기초한 선택의 가설 공간을 좁힘으로써 결론의 일부 변동성을 제거할 수 있다. 우리는 선형 모델이 우리가 모델링하는 도메인의 경제성에 대한 우리의 지식을 기반으로 데이터셋에 대한 전략에 유일하게 적합하다고 강하게 믿을 수 있다. 그런 다음 선형 모델을 탐색하는 것으로만 자신을 제한할 수 있다. 때로는 기술 인프라의 제약으로 인해 많은 데이터를 수집할 수 없으며 예를 들어 주간 데이터가 그 한계가 되기 때문에 다른 선택의 여지가 없을 수 있다. 이러한 유형의 제약 후에도 남은 선택은 여전히 너무 많을 수 있다. 2.6절에서 이 점을 다시 살펴볼 것이다.

결국 우리는 전략 A가 전략 B보다 우월하다는 것을 이상적으로 결론짓고 싶다. 게다가 우리는 그것이 우리가 사전에 확립한 한계치보다 어느 정도 더 낫다고 말하고 싶다. 때로는 그렇지 않을 수 있으며, 이것은 데이터셋에 신호가 없거나 매우 약하며 실행 가능한 전략으로 이어지지 않는다는 것을 의미한다. 그렇다고 해서 다른 대체 데이터셋과 결합될 때, 결론이 동일하다는 것도 의미하지 않는다. 실제로 우리의 경험에서 강한 신호는

---

10 모델에 결정적 성분도 있을 수 있는데, 이는 포트폴리오를 리밸런싱하는 데 사용되는 규칙(예를 들어 상단 5% 성과 종목을 롱하고, 하단 5%를 숏하거나 상단 10%를 롱하는 등)을 의미한다. 이것은 또한 결론에 영향을 미친다.

일반적으로 여러 데이터 소스를 결합할 때 감지된다. 따라서 분리 시 약한 신호만 발견한 후 데이터 소스를 폐기하는 것은 시기상조일 수 있다.

또 다른 문제는 우리가 논의한 모든 테스트에서 도출한 결론들이 매우 시간 의존적일 수 있다는 것이다. 오늘 현재 유효한 결과가 무엇이든 내일 미래에 변경될 수 있으며, 따라서 두 전략을 다시 테스트하기로 결정할 것이다. 이는 과밀화(모든 사람이 데이터 소스를 사용하기 시작하므로 투자 가치가 저하됨) 또는 금융 시장의 항상 변화하는 특성(즉, 정상성의 부족)에 기인할 수 있다. 이는 특정 정보를 쓸모없게 만든다.[11] 데이터셋이 제공하는 부가가치에 대한 이해는 데이터셋에 대해 대략 얼마를 지불할 것인지에 대한 지침으로 도움이 될 수 있다. 일반적으로 업계 참여자들과 다양한 논의를 기반으로 한 경험 법칙에 따르면 데이터 구매자가 데이터셋의 구매 가격의 약 10배를 만들려고 한다. 정확한 승수는 기업마다 다를 수 있다. 다시 말해 기업이 데이터셋으로 100만 달러를 벌 수 있다고 믿는다면, 이는 데이터셋에 약 10만 달러를 지불할 용의가 있음을 의미한다.

그러나 데이터셋과 관련된 비용은 단순히 구매 가격이 아니다. 이미 언급했듯이 데이터셋의 구매 가격뿐만 아니라 데이터셋의 분석에 소요되는 시간과 이를 전략에 통합하는 데 드는 비용(CAPEX 및 OPEX)으로 구성된 비용 측면도 있다.[12] 이러한 비용에는 데이터 품질 검사 및 결측치 갭을 채우는 것과 엔티티 식별자를 매칭하는 것 등과 같은 변환 작업이 포함될 수 있다. 만약 매우 큰 용량 전략capacity strategy을 갖고 있다면, 데이터 비용과 거래 전략 개발은 매우 낮은 용량 전략보다 더 적은 비율일 가능성이 있다.

마지막으로, 전략을 구현하기 위해 자산 운용 매니저에 최소한 특정 연수 동안 백테스팅해야 하는 정책이 있는 경우 일반적으로 이러한 종류의 데이터셋은 더 짧은 히스토리를 가지므로 대체 데이터의 채택을 방해할 수 있다는 점에 주목한다. 이러한 회사들은 이러한

---

11 또한 항상 진화하는 데이터 보호 규정으로 인해 특정 데이터 소스를 완전히 사용할 수 없게 될 수 있다. 이 주제에 대한 자세한 설명은 3.13.1절을 참조하라.

12 그러나 이 문제에 접근하는 한 가지 방법은 이 12 이것 때문에 전략을 실행하기 전에 데이터 샘플의 신호를 감지하기 위해 개념 증명(POC, Proof-Of-Concept)을 실행하는 것이 시간과 리소스가 불필요하게 낭비되지 않도록 하는 최선의 방법이다. POC 단계에서 신호가 감지되면 전략의 구현을 고려할 수 있다. POC에서 전체 작동까지의 단계 및 세부 사항은 6장에 자세히 설명해놓았다.

새로운 현실을 더욱 반영하기 위한 정책을 수용하지 않는 한 대체 데이터 물결과 함께 제공되는 정보상의 이점을 놓칠 수 있다. 또한 짧은 히스토리와 관련된 문제를 완화하는 한 가지 방법은 데이터 공급 업체가 데이터셋을 더 넓게 만드는 것이다(예: 더 많은 티커 추가).

물론 이상적인 경우 퀀트는 히스토리도 매우 길고 커버하는 자산 수도 매우 광범위한 데이터셋을 선호할 것이다.

2.5.2 재량적 투자자

때때로 우리가 지금까지 논의한 전략과 다른 방법으로 대체 데이터를 사용할 수 있다. 매수 또는 매도 신호가 특정 대체 데이터셋에서 반드시 출력되는 경우가 항상 있는 것은 아니다. 이는 특히 최종 매수 또는 매도 결정을 직접 내리려는 재량 투자자의 경우이다. 대신 많은 경우, 그것은 투자자에 의한 의사결정 프로세스에 대한 추가 입력으로 사용된다. 특히 대체 데이터의 사용은 특정 회사나 관심 있는 정치적 사건을 자세히 조사하기 위해 주제별로 더 많이 수행될 수 있다.

이러한 맥락에서 데이터셋의 일회성 구매는 특히 더 많은 정보를 원하는 기본적 전략의 재량적 투자자에 의해 흔히 나타난다(예: 모니터링 중인 자산, 예를 들어 공장의 상태). 이 경우 11장에 나와 있는 것처럼 설문 조사 데이터가 항상 도움이 될 수 있다. 이 예에서는 일회성 데이터 집합이 일회성 평가를 참조하고, 통계 평가를 할 수 없으므로 반복적인 것이 아니다. 하지만 이 경우 데이터셋에 가격표를 어떻게 붙일 수 있을까? 이것은 분명히 매우 어렵다. 그러나 이 문제에 접근하는 한 가지 방법은 이 추가적인 데이터셋이 당신의 견해를 변하게 했는지 아닌지 또는 추가 증거를 더하는 것이 적어도 도움이 되는지를 물어보는 것이다. 데이터셋이 없었으면 대답할 수 없었을 질문에 답변하는 데 도움이 됐는가? 이 유형의 질문에 대한 답변은 매우 주관적이므로[13] 구매자가 제공할 수 있는 가격 변동은 상당하다.

---

13 우리는 2.5.1절에서 "객관적"이고 통계적인 접근법을 제시할 때, 우리는 또한 시간 윈도우의 선택, 빈도 등과 같은 주관성 요소를 지적했다. 이 경우 "객관성"에 대한 또 다른 주장은 과거 데이터가 미래에 대해 대표적이지 않을 수 있으며, 따라서 때때로 백테스트에서 주관적인 수정이 필요하다는 것이다.

다른 경우 투자자는 반복적인 이벤트에 관심을 가질 수 있다. 그러나 이러한 이벤트는 제때에 정기적으로 배포되지 않는다. 예를 들어 특정 지역의 군사 충돌을 감시하는 정보 서비스에 가입하기를 원할 수 있다. 하지만 군사 충돌이 규칙적으로 일어나지는 않을 것이다. 따라서 이러한 이벤트와 과거의 영향의 시간에 따른 분포 (근사적) 모델을 필요로 하며, 이들 모델이 이러한 정보에 (근사적) 부가가치를 가지고 나타나기를 원한다.

다시 시스템 투자자의 경우처럼 가격을 결정하는 구매자와 판매자 간 협상 과정에 많은 것이 달려 있다. 그러나 서베이/전문가 네트워크 서비스 공급 업체 시장에서의 경쟁은 가격이 비용을 약간 초과하는 정도까지 가격을 내렸다. 이러한 유형의 기업에서 제공하는 서비스는 데이터를 수집하는 서비스이며, 이러한 비용은 센서, 데이터베이스, 플랫폼 및 인력을 활용하는 데이터 스트림보다 더 투명할 수 있다. 따라서 데이터 구매자가 협상력을 높일 수 있다.

2.5.3 위험 관리자

극단적 사건은 정의상 드물지만 위험 관리자risk manager의 주요 관심사 중 하나이다. 극단적 사건들 또한 시간이 매우 불규칙하고 서로 성격도 매우 다른 경향이 있다. LTCM, 9/11 및 금융 위기의 실패는 근본적으로 서로 다르며 이러한 이벤트를 예측하기 위한 잠재적 조기 경고 지표는 항상 서로 다른 데이터 소스에 존재할 수 있다. 따라서 대체 데이터 소스가 극단적 사건을 예측하는 데 유용할 수 있는 범위의 측정은 어렵고 통계적인 확증이 부족할 수 있다. 이러한 의미에서 백테스트는 불가능하므로 데이터셋에 대한 가격을 제시하는 것이 더 까다로울 수 있다. 다시 이 경우 평가는 주관적 기준으로 수행돼야 한다.

그러나 대체 데이터는 위험 관리자에게 통찰력을 제공해 좀 더 광범위한 위험 제어에 대한 입력으로 사용될 수 있는 단기적 변동성과 같은 일부 위험 척도를 예측하는 데 도움이 될 수 있다. 이러한 예측은 다시 테스트할 수 있으므로 이전 절의 고려 사항이 적용된다. 예를 들어 FOMCFederal Open Market Committee 및 ECB 회의와 같은 데이터 이벤트와 관련된 변동성을 예측하기 위해 뉴스를 사용하는 방법은 15장을 참조하라.

2.6 데이터의 금전적 가치(2부)

이미 언급한 바와 같이 오늘날 새롭게 부상하고 있는 데이터 시장에서 가장 크고 중요한 과제 중 하나는 광범위하고 수용된 가치 평가 방법론의 부족이다. 이로 인해 데이터 시장의 작동은 더욱 어려워진다. 이 절에서는 주제에 대해 많은 연구가 진행돼야 하지만, 주제에 대한 명확한 설명과 해결책을 제시하고자 한다. 우리는 데이터 판매자와 데이터 구매자 모두의 입장이 될 것이다.

2.6.1 구매자의 관점

자산 가격 이론은 우리가 곧 설명할 몇 가지 주의 사항과 함께 구매자 측에서 가격 데이터의 문제에 접근하는 방법을 암시한다.

2.5절에서는 데이터 가격이 고정적이고 외생적이라고 가정하고 백테스트를 통해 데이터 사용의 이점이 비용(가격 포함)보다 큰지 여부를 판단했기 때문에 데이터 가격에 대해서는 별로 논의하지 않았다. 그러나 지금까지 설명한 바와 같이, 가격은 편익이 비용과 동일한 손익분기점을 결정하기 위해 사용할 수 있는 자유 파라미터로 간주할 수 있다. 이는 구매자가 기꺼이 지불해야 할 최대 가격으로 간주할 수 있으며, 더 높을 경우 제시 가격을 낮추기 위한 협상 주장으로 사용될 수 있다. 요약하면 최대 가격은 데이터셋을 사용하지 않을 때와 비교해 투자 전략에서 데이터셋을 수익성 있게 만드는 손익분기점 가격일 뿐이다(전략 A 대 전략 B). 손익분기점 가격도 포트폴리오 내 포지션의 평균 베팅 크기에 따라 달라진다. 포지션이 클수록 잠재적 이익은 커지며 따라서 데이터셋에 대해 기꺼이 지불할 금액은 커진다.

그러나 이 추론에는 문제가 있다. 우리가 설명한 절차의 불확실성에 대한 두 가지 원천이 있으며 이러한 것들은 반드시 가격에 통합돼야 한다. 이는 (1) 전략 및/또는 특성 추출에서 모델의 잠재적 확률적 특성으로 인한 불확실성 (2) 모델 및 백테스트의 하이퍼파라미터(예: 시간 윈도우 길이, 롤오버)의 선택으로 인한 불확실성이다.

전자는 우리가 전략을 고안할 때 종종 모델을 사용해 예측을 할 것이기 때문에 발생한다.[14] 우리가 이미 언급한 바와 같이, 후자는 하이퍼파라미터를 선택할 때 가지는 다양한 선택에서 발생한다. 매우 복잡한 비정형 데이터셋을 구조화하는 측면에서 여러 층의 ML 처리가 포함될 수 있는데, 이들 각각은 상이한 하이퍼파라미터 선택을 포함할 수 있다.

요약하면 전략은 예리한 점 예측보다는 결과의 분포를 산출한다. 하이퍼파라미터 선택에 따른 불확실성에 대해 설명하겠다.

일반적으로 투자자가 주어질 때, 이 투자자에 따른 자산 i의 시간 t 가격은 기본 가격 결정 방정식에 의해 주어진다.

$$p_t^i = E_t[m_{t+1} x_{t+1}^i] \tag{2.1}$$

여기서 m_{t+1}은 확률적 할인계수이며, x_{t+1}^i은 시간 $t + 1$에서의 수익이 된다. 이 수익은 전략 A의 최종 수익의 분포가 될 수 있다.

이것은 (즉, 시장에서 활동하는 많은 참가자의 결과가 아니라 사적 가치 평가의 결과인) 불균형 가격일 수 있음을 강조한다. 잘 알려져 있고, Cochrane(2009)이 논의한 확률적 할인계수 stochastic discount factor는 다음과 같이 주어진다.

$$m_{t+1} = \frac{U'(w_{t+1})}{\gamma}$$

여기서 $U'(w_{t+1})$은 부 wealth의 수준 w_{t+1}에서 효용함수의 (부에 대한) 미분을 나타낸다.[15] 확률적 할인계수는 γ(라그랑주 승수)의 역수와 시간 $t + 1$에서의 부의 한계효용에 의해 주

---

14 예를 들어 선형 회귀 모형을 사용하는 경우 확률적 오차항 ε가 불가피하게 포함된다: $y = \beta x + \varepsilon$

15 이 부는 본질적으로 포트폴리오의 모든 전략의 수익의 합이다.

어진다. 이는 투자자가 시간 $t+1$, w_{t+1}에 자신의 부를 정확히 알지 못하기 때문에 기인하는 확률적 할인계수이며, 이는 결정론적 효용함수에 들어간다. 투자자의 효용함수는 판단하기 어려울 수 있지만, 기본적으로 상이한 규모의 손익에 대한 투자자의 (비선형) 태도를 표현한다.

이 가격 결정 이론 뒤에 있는 가정이 Cochrane(2009)에서 논의한 바와 같이, 지나치게 단순할지라도(예: 2기간 경제), 확률적 할인계수의 정의는 불친절하고 복잡해 보일 수 있다. 이는 투자자의 효용함수(및 그 안에 있는 위험 회피계수)와 그의 조급함을 γ를 통해 결정하는 것과 관련된다. 이러한 것들은 계량화하기 어렵다.[16] 그러나 투자자가 그들의 조급함과 위험 회피와 효용성을 계량화할 수 있다면, 가격은 방정식(2.1)을 통해 얻을 수 있다. 이것은 그들이 어떠한 협상에서도 사용할 수 있거나, 획득 가능한 경우 데이터 시장 가격과 비교할 수 있는 그들의 사적 가치 평가가 될 것이다. 따라서 투자자는 자신의 사적 가치 평가보다 낮은 어떠한 가격도 기꺼이 받아들일 것이다. 비록 이것이 가장 원칙적인 접근법이지만, 전략의 모든 확률성을 측정하고 통합하는 것을 넘어서, 실제로 위험 회피와 효용성을 결정하는 것은 어렵다. 따라서 2.5.1절에서 언급한 것과 같은 손쉬운 경험 법칙이 적용되는 경우, 기대 (즉, 어떠한 확률성도 고려하지 않은) 금전적 이익의 주관적 배수^{subjective multiplier}가 사용된다.

2.6.2 판매자의 관점

데이터 시장에 유동성이 풍부하고 완벽한 경쟁이 있었다면, 데이터셋의 가격은 시장 자체에서 정할 수 있을 것이다. 그러나 대부분의 시간 데이터셋은 고유하거나 거의 고유하므로 독점적인 가격 고려 사항이 적용돼야 하지만 항상 과밀이 그들의 가치를 감소시킬 수 있음을 명심해야 한다. 이 절에서는 데이터 (준)독점 사례에 대해 논의한다.

---

16 우리는 이 접근법을 통해 신호에 과밀 가능성이 있는 영향은 가격에 반영될 것이라는 점을 유념해야 한다. 과밀이 있는 경우, 백테스트 동안 더 낮은 수익, 데이터셋의 더 낮은 수익에 반영되며, 따라서 구매자가 기꺼이 지불할 수 있는 더 낮은 가격에 반영된다. 여기서 주의할 점은 이러한 결론이 과거 과밀 또는 과밀 부족에 대한 데이터도 포함하는 과거 데이터에 의존한다는 것이다. 데이터 공급 업체에 일정 가격을 지불하기로 합의했던 기준이 바뀌지 않을 것이라고 아무도 장담하지 못한다.

그러나 그 전에 우리는 독점이라는 것이 전기와 수도와 같은 다른 시장을 위한 것이기 때문에 데이터 세계에서는 명확한 정의가 아니라는 점에 주목한다. 사실 두 개의 데이터 소스는 수집 방법이 매우 다르더라도 중복되는 정보를 쉽게 포함할 수 있다. 예를 들어 쇼핑몰의 휴대전화로 파악한 유동인구^{mobile foot traffic}와 자동차의 수를 세는 위성 이미지는 매우 유사한 유형의 정보와 관련이 있다. 이 경우 위성 사진이 너무 비싸면 구매자는 잠재적으로 더 저렴한 휴대전화 유동인구 추적 데이터로 전환할 수 있다. 따라서 독점적인 가격을 항상 엄격하게 적용할 수는 없다. 공급 업체는 이러한 상황을 잘 알고 있어야 한다. 이러한 상황은 업체를 빠르게 문 닫게 할 수 있기 때문이다.

2.6.2.1 독점

독점 데이터셋이 고유한 경우, 데이터 공급 업체는 규칙을 설정하고 독점적인 가격을 적용할 수 있다. 이상적인 세계에서 공급 업체는 다음과 같은 양으로 주어진 수익을 극대화하려고 한다.

$$\text{매출} = p_i x(p_i) \tag{2.2}$$

여기서 p_i는 데이터셋 i의 가격이고, $x(p_i)$는 수요에 따라 결정될 가격에서의 판매량이다. 정보의 질도 또한 역할을 하며 또한 식에서 고려될 수 있다. 실제로 고품질 데이터는 더 많은 데이터 처리와 더 높은 비용을 의미하므로 더 많은 데이터셋이 더 많은 비용이 들 것으로 예상된다. 판매자에게 있어 문제는 식(2.2)을 극대화하는 p_i의 값을 어떻게 이해하는가 하는 것이다. 이는 시장의 구매자들이 어떻게든 그들의 선호도를 밝혀야 한다는 것을 의미한다. 불행히도, 이는 데이터에 대한 설문 조사 또는 경매 또는 특별히 설계된 스스로 그들의 선호도를 드러내는 자기공개^{self-revelation} 메커니즘이 수행되지 않는 한 불가능하다. 그림 2.1은 다른 산업에 적용되는 일부 가격 결정 메커니즘을 보여준다.

고부가가치 데이터 피드 경매에서 소비자 수를 제한하는 것은 과도한 활용^{overexploitation}을 방지하는 유용한 경험적 접근법이다. 사용 사례에 따라, 인위적인 지연 시간 제약 조건을 사용해 (또는 다른 기법과 결합) 과도한 활용 및 알파 생성 기회의 결과적 잠식 없이 여러 소비자를 시원할 수 있다. 경매를 사용해 다수의, 그러나 제한된 당첨자 집합에 라이선스를 할당할 수 있다. 그런 다음, 나머지 시장에 고정 가격으로 데이터를 판매할 수 있다. 그러한 경매에서 충분한 수의 입찰자가 있을 수 있도록 시장에 충분한 유동성이 필요할 것이다.

그림 2.1 상이한 가격 차별 메커니즘

경매의 네 가지 주요 유형은 영국식 경매English auction, 더치 경매Dutch auction, 최고가 밀봉 호가 경매First-Price Sealed-Bid auction, 비크리 경매Vickrey auction이다. 비크리 경매는 입찰자들이 그들의 진정한 가치를 드러낼 수 있도록 유도하고, 판매자들이 거의 완벽한 가격 차별 전략을 적용할 수 있도록 하는 속성으로 찬사를 받고 있다. 구글과 이베이 같은 회사들은 그들의 사업 모델의 핵심에 성공적으로 비커리 경매를 끼워 넣었다.

이 책을 저술하는 시점에, 데이터 경매는 알려진 가격 결정 메커니즘이 아니다. 그러나 우리는 가까운 미래에 이러한 방향으로의 움직임을 볼 수 있을 것이라고 믿는다. 현재 가장 선호하는 방법은 데이터의 차별적 가격 결정이다. 이는 많은 협상을 할 여지도 없이 판매자가 구매자 규모에 따라 가격을 조정한다는 것을 의미한다. 식 2.1은 구매자의 사적 가치 평가가 노출에 비례하는 수익에 의존한다는 것을 보여준다. 따라서 자산 운용사가 클수록 기꺼이 지불할 금액이 커지며 판매자는 이 사실을 잘 알고 있다. 결과적으로 실무에서 크기에 의해 결정되는 상이한 고객 클래스에 상이한 가격이 제공된다는 것을 봐 왔다.[17] 그러나 이전 단락에서 주장했듯이, 경매는 구매자들이 그들의 포트폴리오의 가치를 가장 잘 알고 있고 따라서 그들이 얼마를 기꺼이 지불할 것인지 경제적으로 더 나은 가격 공시 메커니즘이 될 수 있다.

2.6.2.2 외부로 판매할 때 데이터의 업사이드 공유

외부 판매 시 데이터 가격이 사전에 합의되고 고정되는 것으로 가정했다. 그 예로 헤지펀드는 데이터 공급 업체로부터 합의된 금액으로 데이터셋을 구입한다. 그다음에 헤지펀드는 트레이딩을 통해 그 데이터를 수익화하려고 할 것이다. 따라서 데이터 가격은 데이터 회사가 받을 알려진 (그리고 고정된) 수량이다. 그러나 양쪽 모두에게 이익이 될 수 있는 다른 약정이 있을 수 있다.

데이터셋이 특히 가치가 있는 경우, 헤지펀드는 초기 데이터 비용보다 훨씬 더 많은 금액을 벌 수 있지만, 데이터 회사는 이 중 어떤 것도 받지 못할 것이다. 헤지펀드가 실시간 트레이딩 환경에서 데이터셋이 어떻게 성과를 내느냐에 관계없이 고정 가격을 지불하고 있다는 것을 고려할 때, 이것이 공정하다고 주장할 수 있다. 그러나 어떤 의미에서는 우리는 데이터 벤더가 옵션을 매도하고 헤지펀드가 옵션을 매입하는 것과 같다고 주장할 수 있다(문헌에서 그러한 개념은 종종 실질 옵션real option이라고 언급된다). 그러나 여기서 주요 주의 사항은 옵션 매도자는 최종 수익에 관계없이 프리미엄을 동일하게 유지한다는 것이다.

데이터 가격을 다르게 책정하는 것은 어떨까? 예를 들어 고정된 가격을 미리 합의하는 대신, 데이터는 최종 트레이딩 결과에 따라 가격이 매겨진다. 이것은 어떤 의미에서 트레이더가 보상받는 방법과 비슷하다.[18] 다음 질문은 이 보너스를 의사결정에 역할을 한 모든 팀원들 간에 어떻게 배분하는 것인가 하는 것이다. 문제를 단순화하기 위해, 논쟁을

---

17 우리는 또한 가격이 임계값에 의해 영향을 받는 경우를 봤다. 그 이상을 지불하려면 포트폴리오 매니저는 상위 경영진의 승인 과정을 거쳐야 한다.

18 이러한 유형의 인센티브의 위험은 특히 하방 손실이 제한되기 때문에 트레이더가 과도한 위험을 감수하도록 유도할 수 있다는 것이다(즉, 최대 하방위험은 개인 파산보다는 실직이다).

위해, 우리는 단순히 하나의 트레이딩 북에 대한 모든 트레이딩 결정을 내리는 한 명의 트레이더가 있다고 가정하자.

데이터 공급 업체가 동일한 방식으로 업사이드(이익)를 공유할 수 있는 방법은 없을까? 이를 위한 한 가지 방법은 데이터 공급 업체가 트레이딩 신호를 펀드에 판매하는 것이다. 이 트레이딩 전략과 관련된 이익의 비율은 데이터 회사에 반환될 수 있으며, 이는 정의하기가 매우 쉽다. 이런 의미에서 데이터 공급 업체는 트레이더가 되고 있지만 펀드가 트레이딩을 실행하고 있다. 이를 위해서는 데이터 공급 업체가 원시 데이터셋을 트레이딩 신호로 변환해야 한다. 실제로 데이터 공급 업체는 일반적으로 보유하고 있지 않은 다른 기술을 필요로 한다. 이것이 잠재적으로 그러한 접근법의 주요 걸림돌이 될 수 있다. 또한 책 전반에 걸쳐 수많은 곳에서 주목했듯이, 경우에 따라 데이터셋을 함께 결합하면 예측 가능성이 향상된다. 헤지펀드는 외부 업체가 개입해서 트레이딩 전략을 보고 어떤 데이터셋을 사용하는지 확인하고 어떤 데이터가 가장 기여했는지 파악할 수 있도록 허용하지 않는다. 그러면 헤지펀드가 독립적 업체부터 신호를 매입해 스스로 실행할 수 있다. 또는 독립적 업체가 이를 직접 실행해 사실상 미니 헤지펀드가 될 수 있으며, 더 나아가 떳떳한 하나의 (금융감독의 규제를 받는) 기관이 될 것이다.

헤지펀드가 트레이딩을 위한 자본을 제공하고 위험을 감수하고 있다는 점을 감안할 때 대부분의 상승분을 가져갈 것이다. 독립적 업체는 프로세스 관리에 대해 일정 비율을 취할 것이다. 나머지 이익은 각 데이터 공급 업체에 분배할 수 있다. 각 데이터 벤더에 대한 지급 내역은 독립적 제3자에 의한 자체 분석에 기초해 결정된다. 데이터 벤더는 손익P&L을 다른 데이터 벤더로 확산한다는 것을 고려할 때 분명히 덜 독립적일지라도, 프로세스를 관리하려고 할 수도 있다.

신호에 접근하기 위한 "가격 결정"은 이전 절에서 우리가 제안한 것의 선에 따른 경매와 같은 시장 기반 접근법을 통해 이뤄질 수 있다. 트레이딩 신호를 생성하는 기술 세트가 데이터 벤더나 다른 당사자가 아닌 헤지펀드에 있을 가능성이 가장 높다는 문제가 여전히 제기된다. 따라서 이러한 방식으로 개발된 트레이딩 전략이 펀드가 개발한 것처럼 반드시 이익이 되진 않을 수 있다.

2.6.2.3 데이터의 외부 마케팅 가치

어떤 경우에는 데이터셋을 외부에서 판매하는 순수한 금전적 가치가 수익에 관한 한 "상황을 엄청나게 변화시키기"에는 충분히 크지 않다고 데이터 판매자가 판단할 수 있다. 이는 데이터 벤더가 아닌 데이터 판매자의 경우일 수 있다. 이러한 기업들은 외부적으로 데이터를 수익화하려는 대기업일 수 있다. 데이터를 판매함으로써 얻는 순수 달러 가치는 1차 매출에 비해 미미할 수 있지만, 데이터를 외부적으로 수익화하는 간접적인 방법이 있을 수 있다. 한 가지 방법은 마케팅 도구로서 외부에 데이터를 무료로 제공하는 것일 수 있다. 예를 들어 ADP는 이런 식으로 데이터를 무료로 제공한다.

ADP는 HR과 급여를 위한 소프트웨어를 제공하는 미국의 큰 회사다. 결과적으로 그들은 미국 급여에 대한 많은 양의 데이터를 수집한다. 이러한 데이터의 대부분은 매우 민감하므로 상당한 양의 집계 및 익명화 없이는 외부로 내보낼 수 없다. 일단 집계되면 ADP의 표본 크기를 고려할 때 고용 상황이 국가별로 어떤지 보여줄 수 있다. ADP는 매월 초에 합계된 데이터를 기반으로 ADP 국가 고용 보고서ADP National Employment Report를 발표한다. ADP의 데이터와 모델을 사용해 계산한 개인 급여의 국가별 변동에 대한 헤드라인 수치를 가지고 있다. 이와 더불어 다양한 업종에서의 고용에 대한 여러 가지 구성 요소가 있다. 그것은 구체적으로 미국의 공식 고용 보고서 이전에 발표된다. 시장 참여자들은 이를 보통 같은 주 후반에 공개되는 공식 고용 데이터를 추정하기 위한 나우캐스트로 사용한다. 이 데이터는 금융 시장 참여자들에 의해 밀접하게 주시되며 또한 미디어에서 더욱 광범위하게 전달돼 매월 ADP 브랜드를 마케팅할 기회를 제공한다. 그림 2.2에서, 우리는 ADP 국가 고용 개인 급여 변화ADP National Employment Private Payroll Change에 대한 미국 비농업 부문 급여의 변화를 보여준다. 일반적으로 공식 데이터는 더 변동성이 큰 경향이 있지만 대체로 시계열은 서로 추적한다는 것을 알 수 있다.

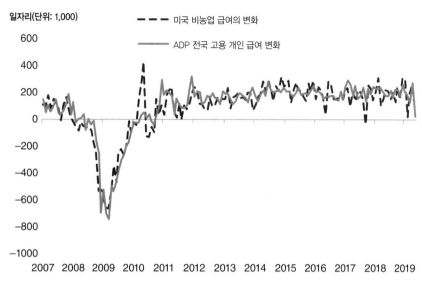

일자리(단위: 1,000)

- - - - 미국 비농업 급여의 변화

───── ADP 전국 고용 개인 급여 변화

그림 2.2 미국 비농업 급여 변화 대 ADP 개인 급여 변화

출처: ADP, 블룸버그

또는 소위 "소프트 달러" 기반으로 번들로 만들어 데이터를 고객에게 더 제한적으로 배포할 수 있다. 데이터는 고객이 다른 제품 및 서비스의 소비를 통해 간접적으로 지불한다. 이를 통해 고객에 대한 서비스 오퍼링을 개선할 수 있다. 그러나 MiFID II의 핵심 부분은 셀 사이드에서 바이 사이드에게 제공하는 서비스를 분리하는 것이었다. 따라서 바이 사이드 회사들은 이제 리서치와 같은 서비스에 대해 별도로 지불해야 한다. 이것은 잠재적으로 EU 내의 바이 사이드 기업들에게 "소프트 달러" 약정을 더 어렵게 만들 수 있다.

2.7 성숙한 대체 데이터셋의 이점

책 전체에서 대체 데이터와 관련된 많은 과제에 대해 논의한다. 2장 앞부분에서 우리는 대체 데이터셋의 알파가 시간이 흐름에 따라 감쇠할 가능성에 대해 논의했다. 이는 특히 고빈도 및 저용량 전략에 가장 적합한 데이터셋에 해당될 수 있다. 그러나 데이터셋이 실제로 더 가치 있게 되거나 적어도 시간이 지남에 따라 더 유용하게 사용될 수 있는 상황이 있다고 주장할 수 있다.

성숙한 데이터셋의 분명한 장점 중 하나는 더 많은 데이터 히스토리를 사용할 수 있다는 것이다. 데이터 히스토리 부족은 특정 데이터셋을 채택하는 데 걸림돌 중 하나이다. 충분한 데이터 히스토리가 없으면 다양한 시장 국면에 걸쳐 트레이딩 전략을 테스트하는 것이 어려울 수 있다.

시간이 지남에 따라 데이터 벤더는 데이터셋이 더 많은 자산과 더 많은 지역을 커버할 수 있도록 데이터셋의 적용 범위를 확대할 수 있게 될 것이다. 우리가 소매 주차장에서 자동차를 세는 위성 이미지의 예를 든다면(13장 참조), 일반적으로 데이터셋은 이미지 자체에 대한 액세스뿐만 아니라 데이터 매핑도 필요하다. 또한 주차장을 개략적으로 표현하기 위해 폴리곤의 구축(지오펜싱^{geofencing})이 필요하다. 이 프로세스는 시간이 많이 걸리는 프로세스로, 각 주차장에 대해 수행해야 한다. 이는 광범위한 자산을 거래하는 경향이 있는 퀀트 중심의 고객에게 더 큰 매력을 제공한다. 이상적인 경우, 우리는 데이터셋이 충분히 성숙해 상당한 히스토리와 적용 범위를 가지지만 상당한 알파 감쇠를 겪기 전에 데이터셋이 충분히 성숙되기를 원할 것이다.

일반적으로, 데이터 구조화와 관련된 접근법과 기술은 시간이 지남에 따라 개선됐다. 이러한 새로운 기술(또는 기존 기술의 새로운 애플리케이션)을 통해 비정형 콘텐츠를 더 잘 이해할 수 있다. 텍스트, 이미지 및 비디오를 포함한 웹의 콘텐츠 대부분은 정형화되지 않은 데이터다. 예를 들어 이미지를 이해하는 것과 같이 문서의 토픽에 태그를 지정하거나 감성을 이해하기 위한 텍스트를 위한 머신러닝 알고리듬이 개선됐다(4장 참조). 결측값이 있는 데이터를 정리하는 데 사용할 수 있는 추가 기법도 있다(7장 참조). 이 모든 것이 데이터셋의 성숙도 및 사용성에 기여한다.

2.8 요약

대체 데이터셋과 관련된 알파 감쇠가 더 일반화된 데이터셋의 알파 감쇠보다 더 느릴 것으로 예상한다는 점에 주목하면서 2장을 시작했다. 이때 대체 데이터 시장의 참여자에 대한 핵심 질문은 데이터셋의 가치가 무엇인가다. 시스템 투자자의 관점에서, 대체 데이터셋을 백테스트해 기존 모델에 얼마만큼의 부가가치를 제공하는지 확인할 수 있다. 여기서도 투자자가 다를 경우 동일한 데이터셋에 따라 다른 값이 지정될 수 있다. 재량적 투자자의 경우, 백테스트를 수행하는 것이 더 어렵다. 우리는 구매자의 관점을 어떻게 모델링할 것인가에 대해 이야기했다. 우리는 판매자의 관점에서 어떻게 다양한 가격 체계가 채택될 수 있는지에 대해 논의했다. 마지막으로, 데이터셋을 성숙시키는 것도 몇 가지 이점이 있을 수 있으며, 특히 데이터 히스토리가 길어지는 것과 관련이 있다. 시간이 지남에 따라 분석 기법이 개선되므로 기존 데이터셋에서 새로운 통찰력을 찾을 수 있다. 이제 대체 데이터 사용과 관련된 위험에 관해 논의하기로 하자.

대체 데이터 위험과 도전 과제

3.1 데이터의 법적 측면

최근 유럽연합[EU] 개인정보보호 규정[GDPR, General Data Protection Regulation][1]과 같은 최근 새로운 법률이 제정됐다. GDPR의 목적은 모든 유럽연합 시민을 사생활 및 데이터 침해로부터 보호하고 개인 데이터에 대한 통제를 제공하는 것이다. 따라서 GDPR은 유럽연합에서 개인의 개인 데이터로 간주되는 데이터가 데이터에 포함된 경우에 투자자가 대체 데이터를 얻고 사용할 수 있는 방법에 이미 영향을 미치고 있다. 실제로 많은 대체 데이터 셋에는 개인 정보가 포함돼 있다(예: 신용카드 패널 데이터 및 위치). 따라서 투자에서 이들을 사용하려면 항상 몇 가지 실사 점검이 필요하다.

우선 GDPR이 "개인 데이터[personal data]"로 정의하는 것을 더 엄격하게 정의하자. 이는 "개인 식별 가능 정보[PII, Personally Identifiable Information]"라는 미국의 정의와는 다르며 광범위하다. 유럽연합에서 "개인 데이터"를 정의할 때 물어봐야 할 핵심 질문은 해당 데이터를 기반으로 사람을 식별할 수 있는가, 하는 것이다. 따라서 유럽위원회의 정의에 따르면 "데이터가 실제로 익명화되려면 익명화는 되돌릴 수 없는 것이어야 한다." 예를 들어 개

---

1 2018년 5월 25일 발효됐다.

인의 데이터 집합에서 이름이 제거됐지만 주소가 남아 있는 경우, 주소와 이름의 데이터 집합과 결합함으로써 이름을 도출(또는 최소한 가구로 좁히는 것)하는 것이 상당히 간단할 것이다.

우리가 개인의 성과 같이 매우 광범위한 속성을 취한다면, 이것은 분명히 인구를 두 그룹으로 나눌 것이고, 이것은 독특한 특성이 되기에는 불충분할 것이다. 그러나 생년월일과 같은 속성을 더 추가하면 특정 특성이 분리되지 않더라도 속성의 조합이 더 고유해질 수 있다. 개인과 관련된 인구학적 속성이 많을수록 기록이 더 "고유해진다". 더욱이 우리는 특정 특성 수집이 절대적으로 필요하며 논쟁의 여지가 있고 타당하지 않은 것으로 간주할 수 있는지 묻는다.

Rocher, Hendrickx와 Montjoye(2019)는 가상적으로 익명화된 데이터셋이 역공학된 다양한 인스턴스에 플래그를 지정한다. 데이터셋으로부터 개인을 재식별하기 위한 생성 모델을 만든다. 모델을 사용해 그들은 15개의 인구통계학적 특성을 가지고, 미국 매사추세츠에서 99.98%의 사람들을 고유하게 만드는 것이 가능하다는 것을 주목한다. 대부분의 속성은 생년월일, 성별, ZIP 코드 등과 같이 비교적 일반적이며, 반드시 대체 데이터로 분류되지는 않을 것이다.

Montjoye, Hidalgo, Verleysen, 그리고 Blondel(2013)은 대체 데이터셋에서 개인의 고유성을 도출할 수 있는 방법의 예를 제공한다. 휴대폰에서 추출한 15개월 분량의 인체 위치 데이터의 데이터셋을 사용한다. 그들은 이 위치 데이터가 시간당이고 적절한 해상도라면 95%의 고유한 사람들을 식별하기에 충분하다는 점에 주목한다.

개인 데이터에 IP 주소, 위치, 웹 쿠키, 사진 등을 추가로 포함할 수 있는 GDPR과 달리, 미국에서 PII는 이름, 주소, 전화번호 등과 같은 범주로 더 제한된다. 따라서 모든 PII는 개인 데이터이지만 모든 개인 데이터가 PII로 간주되지는 않는다.

전 세계적으로 지역 법률은 데이터 보호를 상이한 수준으로 규제한다. 여기서 모든 정보를 자세히 설명할 수 없지만, 그림 3.1은 작성 시점의 전 세계 모든 사법권의 데이터 보호 법률 시행 수준을 보여준다.

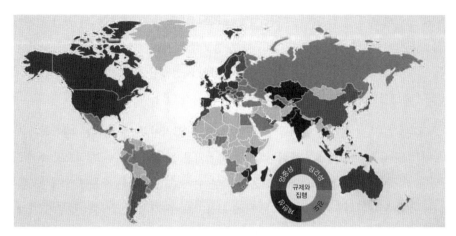

그림 3.1 전 세계의 데이터 보호 법률의 비교

출처: DLA Piper

데이터 보호 법률은 사용할 수 있는 대체 데이터의 양을 제한한다. 그러면 탑승 데이터는 그것이 개인 데이터를 포함하는지 주의 깊은 실사 검사 후에 제공돼야 한다. 데이터 공급 업체로부터 보장이 이러한 부담을 데이터 구매자로부터 오프로드할 수 없으며, 데이터 보호 법률을 위반하지 않도록 적절한 절차 및 내부 통제를 실시해야 한다. 데이터 침해 위험의 재무 비용을 처리하기 위해 위험 완화 방법의 일부로 보험 정책을 사용할 수 있다. 그러나 보험이 평판 손상과 같이 계량화하기 어려운 모든 비용을 상쇄하지는 않을 수 있다는 점에 유의해야 한다.

사용 가능한 데이터의 제한은 개인(예를 들면 어떤 기업의 제품을 누가 구매했는지)을 추론하기 위해 개인 데이터를 사용할 때 EU 기업 또는 비EU 기업[2]의 영업과 관련된 잠재적 이익에 대해 원칙적으로 완전한 그림을 항상 가질 수 없음을 의미한다. 다행히도 항상 개인 수준까지 정보를 정확하게 파악할 필요는 없다. 대신 좀 더 통합된 견해가 필요하다. 예를 들어 1년 중 매일 쇼핑몰을 방문한 사람들의 수는 매출과 수익을 예측하기에 충분한 집계 지표다. 따라서 사용자 수준의 정보를 구입할 필요가 없을 때는 언제나 세분화된 데

---

2 비EU 기업의 경우 이들의 EU 사업 규모가 제한될 수 있고, 따라서 이들이 사업하는 로컬 지역의 데이터 보호법이 GDPR만큼 엄격하지 않다면 이들의 수익에 대한 더 나은 추정이 가능할 수 있다고 지적했다.

이터를 구입하고 직접 집계하는 대신 익명 처리된 집계 카운트만 데이터 공급 업체에서 직접 요구할 수 있다. 투자자가 필요로 하는 정보를 얻기 위해 주의해야 할 사항이 무엇이든, 일반적으로 데이터 보호법이 대체 데이터의 사용성을 원칙적으로 감소시킬 수 있는(제거하지는 않음!) 제약을 가하는 것은 의심의 여지가 없다.

웹 스크래핑은 법적 문제가 발생할 수 있는 또 다른 영역이다. 웹의 많은 데이터가 사적 웹사이트 및 유료 사이트에서 나타난다. 그러나 많은 웹 페이지는 공개적으로 액세스할 수 있다. 이것이 공공 웹사이트에서 사용자가 볼 수 있는 콘텐츠를 자유롭게 재사용할 수 있다는 것을 의미할까? 각 웹사이트는 자체 사용 약관을 가지고 있으며, 경우에 따라 콘텐츠의 웹 스크래핑을 금지할 수 있다. 많은 경우 회사들은 그들 자신의 내부 분석을 함으로써 그들의 웹사이트의 내용을 수익화하려고 하며, 이것들은 고객들이 접근할 수 있도록 다시 패키지된다. 대안적으로 기업들은 원시 데이터 또는 정형화된 표현에 대한 API를 통한 머신 판독 가능 액세스를 판매할 수 있다. 따라서 많은 기업들이 사용 조건을 통해 웹 콘텐츠의 웹 스크래핑을 방지하려는 것은 놀라운 일이 아닐 수 있다. 이 책의 저술 당시 웹 스크래핑 데이터 사용에 대한 소송이 진행되고 있었으며, 이는 헤지펀드가 예의 주시하고 있었다(Sacks, 2019). 2019년 9월, 제9번 순회항소법원Ninth Circuit Court of Appeals 은 링크드인에 대해서 하이큐HiQ 편을 들었다. 링크드인은 공개적으로 액세스할 수 있는 링크드인 사용자 페이지를 hiQ 웹 스크래핑하는 것을 금지시키자 했다(Condon, 2019 참조). hiQ는 HR 전문가를 위한 서비스를 제공하기 위해 데이터를 사용 해았다. 콘돈Condon 은 "재판관이 링크드인 사용자가 공개적으로 이용 가능한 데이터를 제공하지 않음으로써 어느 정도 이익을 보더라도, 이 이익은 사업 영속을 위한 hiQ의 이익보다 크지 않다고 결론을 내렸다"고 지적했다. 그 판결은 웹에서 자료를 소싱하는 회사들에게 긍정적인 발전으로 보였다. 대체 데이터와 관련된 또 다른 법적 문제는 특정 데이터셋이 공개되지 않은 중요한 정보MNPI, Material Non-Public Information를 구성하는지 여부다. Deloitte(2017)는 고급 코딩 기법을 사용하지 않으면 찾기 어려울 수 있는 웹상의 특정 콘텐츠와 같은 데이터에 액세스할 수 있다고 해서 반드시 그 데이터를 공개하는 것은 아니라고 지적한다. 그들은 어떤 경우에는 특정 기업이 분기별 수익과 같은 공식 출시 시점까지 금지되는 정보에 대해 특별히 예측할 수 있는 것으로 보이는 데이터를 구매하는 것을 꺼릴 수 있다는 점에 수복한다.

이는 데이터셋에 대한 배타성exclusivity 개념으로 다시 돌아가게 한다. 이론적으로 데이터 셋이 더 배타적인 경우, 특히 용량이 낮은 전략을 위해 거래될 가능성이 가장 높은 경우, 알파 감쇠로 인한 피해를 덜 겪을 것으로 추측할 수 있다. 따라서 일반적으로 이러한 데이터셋은 훨씬 더 비쌀 수 있다. Fortado, Wigglesworth와 Scannell(2017)은 배타적 데이터셋이 Neudata의 Rado Lipu를 인용하면서 "양날의 검"이 될 수 있으며, "일부 대형 펀드는 이들을 피하는 것을 선호한다"고 지적했다. 이는 이러한 데이터셋의 비용뿐만 아니라 데이터셋과 관련된 잠재적인 법적 위험도 방지하기 위한 것이다. 그들은 또한 과거에 뉴욕 법무장관이 데이터 공급 업체가 프리미엄 가입자들에게 독점 콘텐츠를 배포하는 것을 막기 위해 개입했다는 것에 주목한다. 우리는 이미 데이터셋을 경매하고, 과밀을 방지하고 데이터 공급 업체의 수익을 극대화하기 위해 경매에 참여한 사람들에게 데이터에 대한 제한된 액세스(또는 저지연 시간 액세스low-latency access)를 제공하는 것에 대해 논의했다. 데이터 공급 업체는 데이터가 MNPIMaterial Non-Public Information, 중요한 비공개 정보로 간주되는 경우 이러한 경매가 적합할 수 있는지를 조사하는 것이 중요하다. 현재 이곳은 여전히 법적으로 애매한 영역이다.

데이터의 법적 측면은 단순히 데이터를 구입할 수 있는지 여부를 결정하는 것이 아니다. 데이터 사용자는 구입한 데이터를 사용할 수 있는 방법에 대한 법적 제한에 직면하는 경우가 많으며 이는 데이터 라이선스와 관련이 있다. 데이터 라이선스가 전사에 걸쳐 있는가, 아니면 소수의 사용자만으로 제한되는가? 데이터 라이선스는 원시 형태 또는 파생된 인덱스의 재배포를 제한하는가? 이러한 모든 계약상 제한은 데이터셋 획득 여부 결정에 영향을 미칠 수 있다.

3.2 대체 데이터 사용의 위험

Deloitte(2017)가 논의한 대체 데이터 사용과 관련된 많은 위험이 있다. 이러한 위험 중 일부는 얼리어답터들이 가장 많이 직면할 수 있다. 이 중 일부는 앞에서 논의한 법적 위험과 관련이 있을 수 있다. 이것들은 GDPR과 같은 사생활 문제와 관련이 있을 수 있다. 또는 이미 언급했듯이 웹 스크래핑을 통해 웹사이트의 사용 조건을 위반하는 방식으로 데이터가 수집되는 경우가 있을 수 있다. 기존 데이터셋에도 유사한 문제가 있을 수 있다는 점에 유의해야 한다. 예를 들어 라이선스가 특정 공통 시장 데이터셋의 내부 사용을 허용할 수 있지만, 이는 외부에서 판매되는 데이터셋에서 자동으로 다시 패키징 및 사용될 수 있음을 의미하지는 않는다.

기타 위험 요소는 데이터의 품질 또는 유효성과 관련이 있을 수 있다. 이 문제는 빅데이터의 여러 V에 대해 논의할 때 다뤘다. 데이터 품질과 유효성은 기존 데이터셋에서도 문제가 되고 있다.

시장 데이터를 사용하더라도 팻핑거 값$^{\text{fat-finger values}}$, 결측값$^{\text{missing values}}$ 등이 있을 수 있다. 그러나 대체 데이터를 사용하면 추가적 문제가 발생한다. 특히 소셜 미디어를 생각해보면 많은 양의 콘텐츠는 중립적이지 않고 완전히 거짓일 수 있다. 기존의 데이터셋과 마찬가지로 특정 대체 데이터셋이 시간이 지남에 따라 사라지는 경우도 있다. 우리의 모델이 그러한 데이터셋에 크게 의존하는 경우 전략을 유지하기가 더 어려워질 것이다 (5.2.10절 참조). 데이터 공급 업체가 문을 닫는 등 여러 가지 이유가 있을 수 있다. 또는 공급 업체에 의해 중단됐기 때문에 원시 데이터를 더 이상 사용할 수 없는 경우가 있을 수 있다. GDPR과 같은 법률의 변화로 특정 데이터셋이 사라진 경우가 있었다.

추가 위험으로 직원의 이직률이 포함되며, 이는 지적 재산의 유출을 초래할 수 있다. 이것은 기업들이 지적 재산에 대한 특정한 지식을 가지고 움직이는 직원들로부터 그들 자신을 보호하려고 하는 금융 시장에서 항상 문제가 돼 왔다. 이로 인해 비경쟁 조항이 시행되고 있다. 이는 찾기 어려운 전문가적 기술을 필요로 하는 대체 데이터의 경우에 있어서 다를 바가 없다. 잠재적으로 직원 이직률을 줄이는 한 가지 방법은 직원들이 기술력을 쌓고 그 과정에서 생산성을 높일 수 있도록 지속적으로 교육하는 것이다. 이는 특히 대체 데이터와 같이 빠르게 진화하는 영역에서 관련이 있다.

그러나 이러한 많은 문제가 해결된 후에도 대체 데이터를 사용하기 시작하는 사용자는 다른 위험에 직면한다. Deloitte(2017)는 이들 기업이 근본적으로 이 분야에서 기존 플레이어들을 따라잡아야 할 것이라고 지적한다. 앞에서 언급했듯이 대체 데이터에 대한 전략을 개발하는 것은 단지 소수의 데이터 과학자를 고용하는 것만으로 해결되지 않는다. 데이터 전략가, 데이터 과학자 및 데이터 엔지니어가 필요하다. 또한 비즈니스가 이러한 리소스를 활용하고 올바른 프로세스를 구현할 수 있어야 한다. 이러한 프레임워크를 생성하는 데는 시간이 걸리고 하룻밤 사이에 수행할 수 없다. 또한 성공적으로 실행하기도 어렵다.

대체 데이터 사용에 늦은 사람들은 "사각지대"에 직면할 수 있는데, 이는 아직 사용 방법을 모르는 특정 대체 데이터셋이 일반적이기 때문이다. 실제로 소비자 거래 데이터 및 미국 소매업체의 분기 예상 수익과 같이 어디에나 존재하는 일부 대체 데이터셋에서 이러한 현상을 이미 관찰할 수 있다. 투자자들은 이 영역에 늦게 진출하는 기업을 뒤처진 기업들로 보기 때문에, 이것은 또한 이들 기업의 운용 자산 손실을 초래할 수 있다. 사실상 후발주자들은 전략적 멸종 위험에 직면한다.

3.3 대체 데이터 사용의 어려움

대체 데이터 사용 시작은 그리 간단하지 않을 수 있다. 첫째, 비정형 형태로 제공될 수 있다. 이러한 경우, 이를 사용하기 위해서는 먼저 모델을 사용하고 테스트할 수 있는 정형화된 데이터셋을 만들 것을 필요로 한다. 이후 비정형 데이터를 지속적으로 정형 데이터로 변환해야 생산 단계에서 모델을 지원할 수 있다. 둘째, 데이터에 일련의 결측값, 특이치 및 기타 이상치가 포함될 수 있다. 그 양이 무시할 수 있다고 믿을 만한 충분한 이유가 없는 경우에 이들 값들은 모델링을 시도하기 전에 처리돼야 한다. 셋째, 많은 애플리케이션에서 특성 데이터셋을 풍부하게 하기 위해 여러 소스의 데이터를 통합해야 하며, 따라서 단일 소스를 따로 분석하는 것보다 더 강력한 데이터 마이닝과 예측을 수행해야한다. 다양한 데이터 소스를 집계하는 데는 몇 가지 실무적인 도전 과제도 수반된다. 서로 다른 소스의 데이터는 대부분 동일한 형식과 빈도를 가지지 않는다. 이는 상이한 지연 시간을 가지고 수집될 수 있으며, 상이한 데이터 소스 간의 식별자는 높은 수준의 신뢰도로 매칭되기 전에 약간의 처리가 필요할 수 있다. 이러한 문제를 좀 더 자세히 살펴보자.

실질적으로, 데이터가 모델링 단계 전에 따라야 하는 과정은 다음과 같다(반드시 다음 순서를 따르지는 않는다).

1. 상이한 데이터 소스 간의 엔티티 식별자[entity identifiers] 매칭
2. 결측 데이터 처리
3. 비정형 데이터를 정형 데이터로 변환
4. 데이터의 이상치 처리

다음에서 이들 단계에 대해 더 자세히 조사한다.

3.3.1 엔티티 매칭

서로 다른 데이터셋을 매칭시키는 데 있어 가장 큰 장애 중 하나는 엔티티[entity3]의 이름이 다양한 철자 방법 또는 프린트 오류 때문에 서로 다른 소스에서 다를 수 있다는 사실이다. 예를 들어 유한회사[LITD, Ltd]와 같은 다양한 변형이 있을 수 있는 유한회사[Limited, LTD]의 약자를 예로 들 수 있다. 이 문제는 정태적이 아니며 모델 훈련 단계에 국한되지 않는다. 실제로 새로운 엔티티가 데이터 소스에 나타나면서 생산에서 다시 나타날 것이다 (예: 신규업체가 등록하거나, 인수 등의 사건을 통해 기업이 사라지는 경우) 자연어 처리에 대한 뒷부분의 장에서, 우리는 엔티티 매칭의 중요성을 설명하기 위해 많은 다른 예를 논의한다. 특히 최근 2000년 이후 기록 연결[record linkage] 분야에서 진보가 이뤄졌고, 현재 다양한 기법과 라이브러리가 널리 이용되고 있다. 다행스럽게도, 티커[ticker]에 의해 데이터셋을 결합하는 데 사용할 수 있는 공통 CUSIP 표준이 있다. 이는 특정 회사를 참조할 수 있는 다양한 대체 데이터셋을 결합하려는 경우에 특히 유용할 수 있다.

---

3 엔티티는 기업, 사람 또는 증권일 수 있다.

그러나 인력 및 조직과 같은 엔티티의 경우 찾았더라도 데이터 공급 업체에서 사용하는 표준이 매우 다양할 수 있다. 따라서 이러한 데이터셋을 엔티티별로 결합하기가 까다롭다. 이 문제를 완화하기 위해 Refinitiv는 사람과 조직과 같은 다양한 유형의 엔티티에 대한 자사의 PermID를 공개 조달했다. 이들은 https://permid.org/에서 확인할 수 있다.

자회사subsidiaries와 같은 매우 세분화된 항목을 구독 기반subscription basis으로 사용할 수 있다. Christen(2012)의 설명에 따르면, 서로 다른 소스의 데이터를 통합하는 일은 세 가지 작업으로 구성된다. 첫 번째는 "스키마 매칭schema matching"이다. 동일한 유형의 정보에 해당하는 데이터를 포함하는 상이한 데이터베이스에서 데이터베이스 테이블, 속성 및 개념 구조(온톨로지, XML 스키마 및 UML 다이어그램 등)를 식별하는 것과 관련이 있다. 두 번째는 "데이터 매칭"이다. 동일한 엔티티를 참조하는 서로 다른 데이터베이스에서 개별 레코드를 식별하고 매칭시키는 것으로 구성된다. 세 번째 작업, "데이터 융합"은 매칭(즉, 동일한 엔티티로 참조되는 것으로 가정됨)으로 분류된 레코드 쌍 또는 그룹을 엔티티를 나타내는 깨끗하고 일관된 기록으로 병합하는 프로세스다. 그러나 어떤 대체 데이터는 비정형 데이터일 수 있으므로 특별한 스키마가 없을 수 있다는 점을 주목해야 한다.

데이터 매칭 그 자체는 데이터 전처리, 인덱싱, 레코드 비교, 분류 및 평가의 다섯 단계로 나뉜다. 필요한 경우 인적 검토 단계도 있다.

데이터 전처리의 목적은 매칭에 사용되는 속성이 동일한 구조를 가지고, 그 내용이 동일한 형식을 따르도록 하는 것이다. 이는 데이터를 잘 정의되고 일관된 형식으로 정제하고 표준화하는 것을 의미한다. 정보의 표현 및 인코딩 방식의 불일치는 표현되고, 해결되도록 인코딩될 필요가 있다. 따라서 데이터 전처리에서는 원치 않는 문자와 단어를 제거하고, 약어를 확장하고, 오타를 수정하며, 속성을 잘 정의되고 일관된 속성을 출력하고(예: 주소를 거리 이름, 번호, 우편번호 등으로 나누는 것), 속성 값의 정확성을 확인한다(예: 외부 데이터베이스에서 회사 이름을 수정하는 것).

일단 데이터베이스 테이블을 정리하고 표준화하면 매칭시킬 준비가 된다. 이는 두 테이블의 각 레코드 쌍을 비교하는 것을 의미한다. 만약 각 테이블에 100만 개의 레코드가 포함된 경우, 이는 1조 개의 레코드로 변환돼 며칠 동안 컴퓨팅 시간이 소요될 수 있다. 인덱싱은 매칭이 되지 않을 것 같은 쌍을 필터링하고 후보 레코드를 만들어 비교 작업 수를 줄이는 방법이다. 이를 위해 여러 가지 기법이 존재하며, 차단blocking은 가장 많이 사용되는 기법 중 하나다.

레코드 비교 단계에서 이전 단계에서 생성된 후보 레코드를 모든 속성(예: 회사 또는 회사의 활동을 포함하는 추가 필드)을 고려해 더 자세히 비교한다. 동일하지만 인쇄상의 실수 등으로 인해 약간 다르게 보이는 많은 엔티티를 놓칠 수 있는 정확한 매칭보다는 일반적으로 대략적인 매칭이 수행된다. 이 작업은 레코드 간 유사도 점수(0과 1 사이의 숫자)를 생성함으로 수행된다. 1.0의 유사도는 두 값 사이의 정확한 일치에 해당한다. 대조적으로, 0.0의 유사도는 두 값 사이의 완전히 다름에 해당한다. 0.0과 1.0 사이의 점수는 두 값 사이의 어느 정도의 유사도에 해당한다. 각 후보 레코드 쌍에 대해 여러 속성을 일반적으로 비교해 각 쌍에 대한 수치적 유사도 값의 벡터를 생성한다. 이러한 벡터를 비교 벡터comparison vectors라고 한다.

일단 비교 벡터가 계산되면 엔티티의 쌍을 매칭, 비매칭 또는 잠재적 매칭의 클래스에 할당해야 한다. 후자에서 인간은 불확실성을 해결하고 수동으로 매칭 또는 비매칭 클래스를 할당할 수 있다. 이 작업은 비교 벡터의 원소 합에 대한 임계값을 설정해 수행할 수 있다. 예를 들어 비교 벡터에 10개의 속성이 있는 경우 해당 원소의 합은 구간 [0, 10]에 있어야 한다. 임계값은 다음과 같이 정의될 수 있다. [0, 4] 비매칭, [4,6] 잠재적 매칭, [6, 10] 매칭. 잠재적 매칭에 대한 수작업 검토에 대해 증가하면, 이 작업은 프로세스가 느리고 오류가 발생할 수 있다고 말해야만 한다. 아마존 미케니칼 터크Amazon Mechanical Turk와 같은 외부 서비스를 사용해 이 프로세스를 크라우드소싱에 의해 아웃소싱할 수 있다. 이와 같은 수작업 프로세스에는 내부 또는 외부에서 수행되든 명확하고 정의 가능한 기준이 제시돼야 하며 그렇지 않을 경우 정확도가 매우 낮을 수 있음을 강조한다.

마지막 단계는 매칭과 비매칭의 품질 평가와 관련이 있다. 머신러닝 분야에서 빌려온 F 점수와 같은 기법이 일반적으로 사용된다. 매칭의 품질은 위에서 설명한 모든 단계의 영향을 받는다. 전처리 단계는 두 개의 상이한 값을 유사하게 만드는 데 도움이 된다. 인 덱싱 단계에서 매우 다른 레코드가 제외된다. 데이터 매칭 단계의 알고리듬과 분류 단계 의 수작업 프로세스도 최종 결과에 영향을 미친다.

또한 특히 백테스트 투자 전략에 관련해 매칭 결과를 어떻게 저장하는가가 중요하다는 것을 주목한다. 이 경우 백테스트의 어떤 시점에서도 실수로 미래의 데이터를 사용하지 않도록 확인해야 한다. 이는 결과를 더 좋게 만드는 상향 편향을 도입할 수 있으며, 백테 스트가 현실을 반영하지 않도록 할 수 있다. 본질적으로 미래의 데이터가 우리의 백테스 트로 "누출"될 수 있다.

우리는 이 시점에서 거래 시간transaction time과 신뢰 시간belief time을 구별할 것이다. 거래 시간은 레코드가 데이터베이스에 삽입된 시간을 나타낸다. 일반적으로 데이터베이스 시 스템에 의해 타임스탬프로 자동 기록되므로 수정할 수 없다. 신뢰 시간은 데이터베이스 에 삽입된 사실이 유효한 시간을 의미한다.[4] 예를 들어 우리는 국가 X의 2015년 GDP 수 차가 1조 달러라고 신뢰할 수 있다.[5] 2016년 12월 31일 현재 우리는 이러한 신뢰를 가지 고 있고, 그것을 레코드로 삽입할 수 있다. 2017년 1월 31일에 우리의 신뢰를 갱신하고, 새로운 GDP 수치로 그것을 새로운 레코드로 삽입할지도 모른다. 일반적으로 신뢰 시간 은 구간, 점 또는 점의 연속일 수 있다.

그러한 (이 중 시간적) 방식으로 데이터베이스를 구축한다는 것은 이제 주어진 과거 거래 시간(예: 2016년 1월 15일 현재 국가 X의 GDP에 관한 우리의 믿음은 무엇인가?)에 대한 우리의 신뢰 시간이 무엇이었는지를 알아낼 수 있다는 것을 의미한다. 따라서 이러한 종류의 이 중 시간 데이터베이스는 데이터가 참조하는 시간 이후 소급 업데이트를 적용할 수 있다. 또한 데이터가 참조하는 기간 전에 적용되는 사전 예방적 업데이트도 지원한다.

---

4 이 유형의 데이터베이스는 일시적(temporal)이라고 부른다.
5 국가의 GDP 숫자는 흔히 공식적으로 처음 발표된지 몇 개월 후 수정된다.

엔티티 매칭의 결과는 영구 엔티티 식별자와 매칭 프로세스에서 사용되는 엔티티 속성 사이에 이중 시간 관계가 있도록 저장돼야 한다. 이렇게 하면 특정 시점$^{point-in-time}$ 또는 현재$^{as-of}$ 쿼리를 사용할 수 있으며 편향 없이 과거 분석을 수행할 수 있다. 특정 시점 기록에 대한 이 문제는 엔티티 관계의 모든 히스토리와 더불어 기본 데이터셋 자체에도 적용할 수 있다.

3.3.2 결측 데이터

재무, 경제, 에너지 및 운송, 지구 물리, 기상 및 센서 데이터 등 다양한 분야에서 데이터로 작업할 때 도전 과제 중 하나는 데이터가 완전한 경우가 매우 희소하다는 것이다. 이를테면 1995년과 1999년 사이의 금융 출판물 중 약 28%가 평균 약 20%의 결측값을 포함하는 것으로 보고됐다(Koffman, 2003 참조). Rezvan et al.(2015)이 분석한 바와 같이 2008년과 2013년 사이에 100개 이상의 의학 연구 논문의 표본은 일반적으로 20%를 초과하는 결측 비율을 포함한다. 데이터가 불완전한 이유는 다양하며 일반적으로 도메인에 따라 다르다. 결함 있는 센서 또는 프로세스, 불완전한 기록, 데이터 수집의 실수, 특정 정보를 보고할 수 없는 가능성 또는 기타 매우 구체적인 이유를 포함할 수 있다. 데이터가 결측되는 이유를 정확히 알 수 없는 경우가 많다. 대부분의 경우 추가 데이터 수집 또는 측정을 통해 결측값을 복구할 수 없다. 따라서 데이터 애플리케이션을 구축할 때 불완전한 데이터를 표준으로 받아들이고 이를 처리하기 위한 적절한 전략을 수립해야 한다. 결측 데이터에 대해 7장 전체를 할애하고 8장에서 자세한 사례 연구를 제시할 것이다.

3.3.3 데이터의 정형화

널리 인용된 통계에 따르면, 전 세계 데이터의 80~95%가 비정형 데이터, 텍스트, 이미지, 비디오 등의 형태로 제공된다. 텍스트와 태그를 모두 포함하는 XML 파일과 같이 데이터를 반정형화할 수도 있다. 데이터의 출처(개인, 기관 및 센서)에 관계없이 데이터를 사용할 수 있도록 하려면 공통 형식을 공유해 정형화된 형태로 변환해야 한다. 일단 정형화된 형태로 만들어지면 분석하기가 쉬워진다.

이 작업을 수행하기 위해 필요한 몇 가지 단계가 있다. 데이터를 원시 디지털 형식으로 쏘착한 후에는 모든 단계에서 전처리 및 검증해야 한다. 데이터의 품질이 너무 낮아서 더 이상 사용하는 것이 타당하지 않은 경우가 매우 많다. 따라서 전처리의 각 주요 단계에서 더 많은 다운스트림 작업으로 진행할 수 있을 만큼 좋은 데이터만을 필터링하는 검증 체크를 수행하는 것이 논리적이다. 예를 들어 전자적으로 문서를 읽을 때는 먼저 PDF에 대한 품질 검사를 수행해 "추출 가능" 여부를 평가하는 것이 중요하다. 이러한 점검에는 PDF가 충분한 대비성^{contrast}, 합리적인 DPI, 잡음 부족 등을 가지고 있는지의 평가가 포함될 수 있다. 품질이 매우 나쁘면 그러한 특정 관측 샘플을 삭제하는 것이 논리적이다. 품질이 평균적이면, 우리는 그것을 고칠 수 있다. 이러한 다양한 전처리 단계 후에 품질이 충분히 좋다고 평가하면 광학 문자 인식^{OCR}을 시작할 수 있다. OCR을 수행한 후 추출된 정보를 처리하려고 하기 전에 이번에는 해당 비즈니스 사례와 관련된 테이블/텍스트에 대해 추가 체크를 수행할 수 있다.

웹 텍스트의 경우, 전처리는 HTML 태그와 다른 코드와 같은 의미를 해독하는 데 불필요한 데이터 제거도 포함할 수 있다. 텍스트의 이러한 부분은 주로 컴퓨터가 해석하는 것이지, 인간의 해석을 돕지 않는다. 이는 또한 내비게이션 바, 페이지 번호 및 거부자와 같이 사람이 읽을 수 있지만 관심 있을 것 같지 않은 텍스트 섹션을 제거하는 것을 의미한다. 이 단계가 끝날 때까지, 우리는 기사의 본문을 갖게 될 것이다. 이 본문 텍스트는 NLP$^{Natural Language Processing}$를 사용해 해석에 도움이 되는 메타데이터를 추가할 수 있다. NLP의 초기 단계에는 개별 단어를 선택하기 위한 단어 분할과 같은 단계가 포함된다. 다운스트림에서 음성 부분 태그 지정$^{part-of-speech tagging}$은 예를 들어 동사와 명사 중 어떤 단어가 동사인지 식별하기 위해 적용될 수 있다. 최종 정형화된 출력을 원시 데이터의 요약으로 볼 수 있으며, 이는 원래 정형화되지 않은 데이터셋보다 데이터베이스에 더 쉽게 저장되고 분석될 수 있다.

나중에 텍스트가 전반적인 주제를 식별하기 위해 분류될 수 있다. 엔티티 이름[6] 인식은

---

6 개체명(name entity)이라고도 한다. - 옮긴이

사람, 장소 및 브랜드와 같은 관심 있는 고유명사를 식별하는 데에도 중요하다. 이것은 일반적으로 엔티티 매칭과도 결합되므로 텍스트 태그가 지정된 엔티티를 거래 가능한 상품으로 매핑할 수 있다. 감성 분석은 텍스트가 얼마나 긍정적이거나 부정적인지를 이해하는 데 사용될 수 있다. 음성 데이터의 경우 실제 오디오를 글씨 텍스트로 변환하기 위해 음성 인식을 적용하는 추가 단계도 있다.

이미지에 대한 NLP의 등가물은 컴퓨터 비전이다. NLP와 마찬가지로, 컴퓨터 비전의 목표는 인간의 관점에서 데이터를 이해하는 것이다. 여기에는 여러 가지 방법이 포함된다. 텍스트와 마찬가지로 해석을 위해 더 높은 수준의 단계를 수행하기 전에 이미지를 정리해야 한다. 이미지에 대한 첫 번째 단계는 대비contrast 및 선명화sharpening 및 잡음 제거removal of noise와 같은 이미지 처리가 포함된다. 다른 작업에는 이미지를 다양한 영역으로 분할하거나 단순화하기 위한 엣지 감지edge detection 및 이미지 분할image segmentation이 포함된다. 이러한 작업은 컨볼루션 신경망CNN, Convolutional Neural Network에 의해 처리된다. 이러한 이미지 전처리 단계는 나중에 더 높은 수준의 분석을 위한 필수 준비 단계이다.

더 높은 수준의 관점에서, 컴퓨터 비전은 이미지를 해석해 메타데이터를 추가하고 이미지를 정형화하려고 한다. 이러한 컴퓨터 비전 작업은 전체 이미지에 대한 이미지 인식 또는 분류를 포함한다. 또한 이는 이미지에서 특정 객체를 선택하는 것, 즉 객체 주위에 바운딩 상자를 만드는 객체 감지object detection일 수 있다. 여기에는 객체 분류 및 객체 식별이 포함된다. 객체 분류의 한 간단한 예는 "버거"를 분류한 후 "와퍼"와 같은 특정 유형을 식별하는 것이 될 수 있다. 얼굴 인식을 물체 식별의 매우 구체적인 예로 볼 수 있다. 최근 몇 년 동안 머신러닝, 특히 딥러닝 기술은 이미지 분류와 같은 컴퓨터 비전 내의 작업에 매우 적합하도록 발전했다. 머신러닝의 사용이 상위 수준의 작업에만 국한된 것은 아니다. 또한 이미지 색칠 및 이미지 흐림 제거와 같은 여러 이미지 처리 작업에도 도움이 됐다. 컴퓨터 비전과 관련된 많은 작업들이 비디오에도 적용되는 반면, 어떤 것들은 물체 움직임 추적이나 립 리딩과 같은 비디오에 매우 특화돼 있다.

컴퓨터 비전은 또한 입력 텍스트가 이미 디지털화된 텍스트 형식이 아닌 대신 이미지 내에 있을 때 NLP 작업의 일부로 사용될 수 있다. 입력 텍스트가 손글씨로 구성됐을 때, 이러한 경우가 발생할 수 있다. OCR을 이용해 앞서 논의한 문서뿐만 아니라 자율주행차 도로표지판을 읽을 때도 인쇄된 텍스트를 골라낼 수 있다. 4.5절에서 이미지와 컴퓨터 비전의 구조에 대해 논의하고, 13장에서 사용 사례를 그리고 4.6절에서 자연어 처리 및 15장의 사용 사례에 대해 더 자세히 논의한다.

트레이드 거래 데이터와 같이 데이터가 이미 비교적 공통적인 구조를 가지고 있더라도 데이터셋의 추가 분류에 도움이 되는 다른 필드를 추가하고자 할 수 있다. 거래 데이터의 경우, 예를 들어 거래 상대방이 셀 사이드인지, 바이 사이드인지 또는 법인 회사인지를 이해하는 것과 같은 일반적인 유형의 상대방을 설명하는 태그를 추가하는 것이 포함될 수 있다. 여러 유형의 구조에서와 마찬가지로 다른 데이터셋과 결합해야 한다.

3.3.4 이상치[7]의 처리

데이터는 정형화되더라도 예상 패턴에서 크게 벗어날 수 있는 레코드로 항상 얼룩진다. 결측 데이터처럼 이러한 기술적 이상치의 주요 원인은 센서, 프로세스 또는 데이터 수집의 실수일 수 있다. 이러한 기술적 이상치를 원치 않는 이상 징후 또는 잡음이라고도 할 수 있다. Huber(1974)가 말했듯이 잡음 수용은 비정상적인 관측에 대한 통계적 모델 추정에 면역성을 부여하는 것을 의미한다. 다른 이상치는 기술적인 것이 아니라 데이터 자체에 내재하는 것이고, 우리가 실제로 모델링하려는 것이다(예: 신용카드, 사기 거래, 보험 청구, 금융 시계열의 극단 사건 또는 사이버 침해).

세 가지 유형의 특이치 탐지 기법이 존재한다. 바로 지도 학습, 준지도 학습 및 비지도 학습이 그것이다.

- 지도 이상 탐지는 분류기를 훈련시킬 수 있는 이상 대 정상 관측치의 레이블링된 데이터셋의 존재를 가정한다. 그런 다음 모델이 새 데이터 레코드에 사용돼 해당 레코드가 속한 클래스를 결정한다.

---

7 이상 징후(anomaly)와 이상치(outlier)를 혼용해서 사용할 것이다.

- 준지도 이상 탐지는 정상 등급에 대해서만 레이블이 부착된 데이터셋의 존재를 가정한다. 그런 다음 정상 행태에 해당하는 클래스에 대해 모델이 작성되고, 테스트 데이터에서 특이치를 식별하는 데 사용된다.
- 비지도 이상 탐지는 레이블이 지정된 데이터셋이 필요하지 않다는 것을 의미하며, 이는 가장 널리 사용되는 접근법이다. 이 범주의 기법은 테스트 데이터의 이상 징후보다 일반 인스턴스가 훨씬 더 자주 발생한다는 암묵적 가정을 만든다.

데이터의 도메인과 성격, 이상치 유형 및 이상치 탐지와 관련된 어려움에 따라 다양한 기법이 적용될 수 있다. 9장에서 다양한 기법들에 관해 훨씬 더 자세히 토론할 것이다.

3.4 데이터의 집계

이미 어느 정도 데이터를 정형화했고, 특이치를 표시하고 처리했다고 가정하자. 이미지 또는 텍스트에 관계없이 모든 입력 데이터가 이제 표준화된 형식이다. 데이터셋에는 데이터 설명을 돕기 위한 메타데이터 필드도 태그돼 있다. 이들 중 일부는 텍스트 기반(예: 티커) 또는 숫자일 수 있다. 숫자 필드는 자동차 수, 감성 등이 될 수 있다.

다음 단계는 트레이딩 전략 또는 재무 모델에 좀 더 쉽게 사용할 수 있도록 데이터를 집계하는 것이다. 일반적으로 대체 데이터에서 도출된 시계열은 불규칙한 빈도로 구해지는 반면, 금융 모델은 규칙적인 빈도(예: 매분 또는 매일)를 가지는 데이터를 예상할 것이다. 따라서 우리는 데이터셋을 적합하도록 리샘플링resampling하는 것을 고려해야만 한다. 뉴스 데이터에서 고빈도 관측치를 얻는 경우 평균, 중위수 또는 일부 범위 등 하루 전체를 설명하는 요약 통계량을 얻을 수 있다. 분명히 이 리샘플링은 일부 정보의 손실을 필요로 할 것이지만, 포괄적인 모델에 통합될 수 있는 유용한 정보를 만드는 것은 필수적이다. 최종 출력은 다른 모델에 대한 입력으로 사용될 수 있는 종류의 인덱스일 가능성이 높다.

빈도와 더불어 다른 많은 유형의 집계를 사용할 수 있다. 또 다른 일반적인 집계 유형은 티커 및 위치 또는 실제로 다른 범주 스타일 태그를 기반으로 하는 것이다. 실제로 책의 뒷부분의 많은 활용 사례들은 범주^{category} 또는 티커^{ticker}에 의해 집계된 대체 데이터를 사용한다. 어떤 경우에는 특정 사용자 또는 상대방이 식별되지 않도록 데이터셋의 일부를 집계하는 것이 법적 요구 사항일 수 있다(3절 참조).

3.5 요약

대체 데이터 투자 중심 프로세스에는 지금까지 지적한 몇 가지 잠재적인 위험과 함정이 있다. 첫째, 많은 데이터 소스는 빠르게 감쇠하는 신호를 포함하거나, 전혀 신호를 포함하지 않거나, 추출할 수 있는 신호의 강도에 비해 단순히 너무 비쌀 수 있다. 둘째, 오늘 현재 신호가 발생하더라도 초기 투자(데이터 및 인프라 비용 가격)를 정당화할 수 있을 만큼 향후 지속된다는 보장이 없다. 셋째, 올바른 기술 세트와 도메인 지식으로 인재를 찾는 것은 이 책의 저술 순간에도 여전히 어려운 과제인 것으로 인지되고 있다. 마지막으로, 빠르게 진화하는 세계에서 새로운 법률은 다른 지역에서 매일 등장할 수 있으며, 이는 일부 유형의 대체 데이터(예: 개인 데이터)의 사용을 갑자기 배제할 수도 있다.

이제 곧 대체 데이터 사용으로 인한 복잡성을 탐색하기 위한 올바른 접근법과 전략을 갖는 것이 그 안에 숨겨진 보상을 얻고자 하는 경우 절대적으로 필요하다는 것을 다음에 보여줄 것이다. 비록 어려운 여정처럼 들리지만 결국 노력할 가치가 있을 것이라고 믿는다. 하지만 그 전에 발생할 수 있는 몇 가지 방법론적 어려움에 대해 논의할 것이다.

3장에서는 대체 데이터셋과 관련된 많은 과제에 대해서도 설명했다. 이들 중 하나는 엔티티 매칭이다. 이는 브랜드나 개인과 같은 엔티티에 대한 참조를 거래 자산으로 변환할 수 있는 것을 포함한다. 이러한 참조는 특정 시점 형식으로 기록해야 한다. 보다 광범위하게 대체 데이터셋을 구성할 필요가 있다. 종종 공통 형식 없이 이미지나 텍스트와 같은 형식일 수 있다. 이미지 및 텍스트와 같은 대체 데이터셋을 수치 시계열과 같이 투자자가 더 쉽게 소비할 수 있는 형태로 변환해야 한다. 우리가 언급한 다른 어려움은 결측 데이터를 처리하고, 이상치를 제거할 수 있는 능력으로 대체 데이터셋에만 국한되지 않는다. 7장, 8장, 9장에서 더 자세히 논의할 것이다.

04

머신러닝 기법

4.1 서론

4장에서는 머신러닝을 중심으로 한 몇 가지 주제를 논의할 것이다. 이러한 논의의 이면에 있는 논리는 머신러닝이 투자 환경 내에서 대체 데이터를 활용하는 데 중요한 부분이 될수 있다는 것이다. 머신러닝의 한 가지 특별한 용도는 종종 투자 프로세스의 핵심 단계인데이터 구조와 관련이 있다. 머신러닝은 또한 경제 데이터나 가격과 같은 회귀 분석을 사용해 시장 데이터 및 대체 데이터와 같은 더 전통적인 데이터셋에서 도출할 수 있는 다양한요인factor[1]들을 사용해 예측을 생성하는 데 도움이 될 수 있다. 우리는 또한 분류를 위해머신러닝 기법을 사용할 수 있으며, 이는 다양한 시장 체제를 모델링하는 데 도움이 될수 있다.

우선 분산-편향 트레이드오프와 교차 검증의 사용에 대해 간략하게 논의한다. 세 가지광범위한 유형의 머신러닝, 즉 지도, 비지도 및 강화 학습에 대해 말한다.

그런 다음 대체 데이터에 대한 애플리케이션을 가진 몇 가지 머신러닝 기법에 대해 간단한 설문 조사를 실시한다. 기법에 관한 논의는 간결할 것이며, 다른 교과서들을 적절히

---

1 문맥에 따라 팩터와 혼용해서 사용할 것이나 같은 의미다. – 옮긴이

참조할 것이다. 선형 및 로지스틱 회귀 분석과 같은 지도 머신러닝에서의 비교적 간단한 사례부터 시작한다. 그런 다음 비지도 기법으로 넘어간다. TensorFlow 및 scikit-learn과 같이 사용할 수 있는 다양한 소프트웨어 라이브러리에 대한 논의도 한다.

4장 후반부는 머신러닝과 관련된 몇 가지 특정 도전 과제를 다룬다. 금융 시장에서 몇 가지 사용 사례를 제시하며, 예측 변동성부터 엔티티 매칭에 이르기까지 어떤 머신러닝 기법으로 이를 해결할 수 있는지 알려준다. 그것을 금융 시계열과 함께 사용할 때 발생하는 어려움에 대해 이야기하는데, 본질적으로 비정상성^{nonstationarity}에 관한 것이다. 또한 자연어 처리를 통해 이미지와 텍스트를 정형화하는 방법에 관한 실제 사용 사례를 제공한다.

4.2 머신러닝: 정의와 기법

4.2.1 편향, 분산과 잡음

이 절에서는 머신러닝 모델을 구축할 때 고려해야 하는 가장 중요한 트레이드오프 중 하나를 논한다. 이러한 트레이드오프는 일반적으로 발생하며, 집중하고 있는 도메인과 과제에 관계없이 발생한다. 그것은 본질적으로 방법론적이기는 하지만 방법론, 기술, 그리고 사업 요구 사항 사이에 추가적인 트레이드오프가 있다. 이들을 4.4.4절에서 다루겠다. 이 시점에서 말할 수 있는 것은 이 트레이드오프와 관련해 여기서 하는 선택이 우리의 투자 전략에 큰 영향을 미칠 수 있다는 것이다.

데이터 집합 $\mathfrak{D}$가 있고 $x, y \in \mathfrak{D}$일 때, $y = f(x) + \varepsilon$ 사이의 관계를 모델링하려고 한다. Lopez de Prado(2018)[2] 모델이 지적한 바와 같이 일반적으로 편향, 분산 및 잡음의 세 가지 오차로 인해 총 출력 오차에 결합해서 기여한다. 좀 더 구체적으로 말하면 다음과 같다.

---

2 Hastie(2009) 7장도 참조하라.

편향: 이 오차는 비현실적이고 간단한 가정으로 인해 발생한다. 편향이 높을 때 이는 모델이 특성과 결과 사이의 중요한 관계를 인식하지 못했다는 것을 의미한다. 예를 들어 데이터 생성 프로세스가 비선형(예 2차식)인 데이터에 대한 선형 적합을 시도하는 것이다. 이 경우 알고리듬은 "적합화되지 않는다"고 한다.

잡음: 이 오차는 데이터셋에 대한 외부 변수의 변화 또는 측정 오차와 같은 관찰된 값의 분산으로 인해 발생한다. 이 오류는 줄일 수 없으므로 어떤 모델로도 설명할 수 없다.

분산: 이 오차는 훈련 세트의 작은 변화에 대한 모델 예측의 민감도에 의해 발생한다. 분산이 크면 알고리듬이 훈련 세트를 과대 적합했음을 의미한다. 따라서 훈련 세트의 미세한 변화도 크게 다른 예측을 생성할 수 있다. 예로서, 2차식 데이터 생성 프로세스에 의해 생성된 데이터에 4차 다항식을 적합화시키는 것을 들 수 있다. 궁극적으로, 훈련 세트의 일반적인 패턴을 모델링하는 대신 알고리듬은 잡음을 신호로 오인하는 것이다.

이것을 수학적인 용어로 다음과 같이 표현할 수 있다. (미지의) 데이터 생성 프로세스가 $y = f(x) + \varepsilon$에 의해 $E[\varepsilon] = 0$ 및 $Var(\varepsilon) = \sigma_\varepsilon^2$로 주어진다고 가정하자. f는 우리가 추정해야 하는 것이며, $\widehat{f}$로 추정치를 나타내자. 점 $x = \bar{x}$에서의 함수 $\widehat{f}(x)$에 의한 적합화의 기대 오차는 다음과 같이 주어진다.

$$
\begin{aligned}
&E[(y - \widehat{f}(\bar{x}))^2 | x = \bar{x}] \\
&= \sigma_\varepsilon^2 + [E[\widehat{f}(\bar{x})] - f(\bar{x})]^2 + E[\widehat{f}(\bar{x}) - E[\widehat{f}(\bar{x})]]^2 \\
&= \sigma_\varepsilon^2 + Bias^2(\widehat{f}(\bar{x})) + Var(\widehat{f}(\bar{x})) \\
&= \text{축소 불가능 오차} + \text{편향}^2 + \text{분산}
\end{aligned}
\tag{4.1}
$$

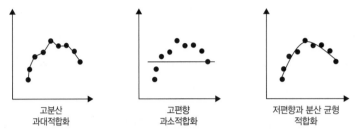

그림 4.1 고편향과 고분산 간의 균형

출처: Towards Data Science의 자료 기반((https://towardsdatascience.com/understanding-the-basius-basy-tradeoffee6942b229) (https://towardsdatascience.com/understanding-the-basius-basy-tradeoffee6942b229)

일반적으로 모델 복잡도가 증가함에 따라 편향이 감소한다.[3] 반면 분산은 증가한다.[4] 우리가 모델링하는 데이터가 훈련 및 테스트 기간 동안 정상성을 가진다고 가정하는 경우, 우리의 목적은 적합화의 기대 오차를 최소화하는 것이다(예: 자산 수익률을 예측하려고 할 때). 이 오차는 분산과 편향 사이의 상호작용 결과이며, 방정식(4.1)이 보여주듯이 우리가 선택한 모델의 복잡도에 의해 영향을 받는다. 따라서 편향과 분산 사이의 균형을 맞추기를 원한다. 편향이나 분산이 큰 모형은 원하지 않는다(그림 4.1 참조).

물론 대부분의 경우 경제 이론에 기반을 둔 모델 가정을 할 것이며 이는 모델 공간을 제한하고, 따라서 일반적으로 모델의 복잡도를 줄일 것이다. 비정형 데이터에 대해 그리고 느린 기기 이를테면 휴대전화에 대한 계산 결과를 신속하게 제공해야 하는 경우, 더 간단한 모델을 선호할 수 있지만 이 절의 트레이드오프를 항상 염두에 두어야 한다. 본질적으로 우리가 원하는 것을 모델링할 수 있을 만큼 모델을 단순하게 만들기를 원한다.

4.2.2 교차 검증

교차 검증$^{CV, Cross-Validation}$은 알고리듬의 일반화 능력을 결정하는 표준 관행이다. 훈련 세트가 보정될 경우, 샘플 내에서의 적합화는 매우 양호할 수 있지만, 샘플 외 성과가 대폭

---

3 우리는 복잡도를 모델의 파라미터 수로 정의한다. Vapnik – Chervonenkis(VC) 이론은 복잡도의 광범위한 척도를 제공한다. Vapnik(2013)을 참조하라.

4 반대는 특정 상황들에서 관찰될 수 있다.

저하될 수 있다. 실제로 로페즈 데 프라도^{Lopez de Prado}(2018)가 주장하듯이, 훈련 세트에서 보정된 ML 알고리듬은 "파일 손실 압축 알고리듬과 다르지 않다. 데이터를 매우 충실하게 요약할 수 있지만, 예측 능력은 전혀 없다." 또한 로페즈 데 프라도는 CV가 훈련과 검증 세트의 관측치를 i.id^{independent and identically distributed, 독립적이고 동일한 분포}라고 가정하는 것은 억지이기 때문에 CV는 실패한다고 주장한다. 예를 들어 훈련 및 검증 세트에 동일한 정보가 포함돼 있을 때 정보 누출로 인해 이러한 문제가 발생할 수 있다.

일반적으로 CV는 샘플 외 예측 검정력을 최대화하기 위해 모델의 파라미터 선택에도 사용된다. 우리는 샘플 외 성과 저하를 감수하고 매우 짧고 구체적인 과거 기간 동안 작동하는 파라미터를 적합화시키는 것을 원치 않는다.

투자 전략의 목적을 위해 CV는 백테스트 방법으로 결정될 것이다. 여기서 특히 샘플 외 테스트를 위해 일부 과거 데이터를 남긴다. 2.5절에서 백테스트 방법론에 대해 논의했다. 또한 10장에서 다시 한 번 장황하게 토론할 것이며, 그 이후의 많은 활용 사례들에서도 이 책에 대해 논할 것이다. 백테스트가 CV 방법의 일반적인 맛을 가지고 있지만, 적어도 앞에서 말한 비판이 동일한 정도로 적용되지는 않는다. 설계상 필요로 하는 비i.id 데이터를 더 잘 처리할 수 있다.

4.2.3 머신러닝 소개

이미 본문에서 데이터셋 정형화 및 이상치 탐지와 같은 대체 데이터와 관련된 많은 영역을 언급하며 머신러닝을 여러 번 언급했다. 이 책의 다음 몇 절에서, 머신러닝에 대한 소개와 이 분야에서 사용되는 가장 인기 있는 기법에 대해 토론한다. 나중에는 신경망과 같은 더 발전된 기법을 탐구한다.

모든 머신러닝은 지도 학습, 비지도 학습 및 강화 학습의 세 가지 그룹 중 하나로 나눌 수 있다. 그러나 모든 유형의 머신러닝에서, 이것이 (고전 통계에서) 우도^{likelihood}이든 다른 목적함수이든 간에 일부 점수 함수^{score function}를 최대화하고자 한다.

4.2.3.1 지도 학습

지도 학습에서, 각 데이터 포인트에 대해 입력변수의 벡터, x와 출력변수의 벡터, y가 (x, y)쌍의 집합을 형성한다. 목표는 x를 사용해 예측하려고 시도하는 것이다.[5] 이 지도 학습의 예측 분야 내에 두 가지 스트림, 즉 회귀와 분류가 있다.

회귀 분석에서는 $y \in (-\infty, \infty)$와 같은 연속변수를 예측하려고 하는 것으로 구성된다. 현재 이자율 x_1과 주식의 모멘텀 지표 x_2를 사용해 주식의 수익률을 예측하는 것이 한 예일 수 있다.

분류의 경우에는 어떤 것이 우리는 $y \in \{0, 1\}$과 같은 어느 그룹에 속하는지 예측한다. 예로서, 대출 신청자의 신용 점수 x_1과 현재 주택담보대출 이자율 x_2를 고려할 때 주택담보대출이 채무불이행(등급 1에 속하는지) 여부를 예측하는 것을 들 수 있다.

그러면 분류 문제는 두 가지 범주로 더욱 세분화된다. 생성generative과 판별discriminative이 그것이다. 생성 알고리듬은 입력이 각 클래스에 속할 확률을 제공한다. 예를 들어 P(주택담보대출이 채무불이행|신용 점수 = 670, 그리고 이자율 = 4%) = 0.1이다. 그런 다음 이러한 확률을 사용해 클래스를 할당하는 방법을 결정해야 한다.[6] 판별 알고리듬은 단지 클래스를 각 입력 벡터에 할당한다.

14장에서 예를 들어 특정 미국 소매업체의 위치 데이터 및 뉴스 감성과 같은 다양한 대체 데이터셋으로 수당 수익 추성치에 석합화하기 위해 선형 회귀 형태의 지도 학습을 사용한다.

4.2.3.2 비지도 학습

비지도 학습은 데이터를 예측하기보다는 데이터를 이해하고 증강하는 것이다. 여기서는 (x, y)쌍을 갖는 대신 x-벡터를 갖는다(즉, 아무것도 예측할 수 없다). 비지도 학습의 산출물

---

5 y에 대한 예측을 $\hat{y}$으로 표기한다.

6 일반적으로 이진 출력에서는 0.5 이상의 확률을 그룹 1에 할당하고 그 반대는 그룹 0에 할당한다. 다중 클래스 출력의 경우 일반적으로 가장 높은 확률을 가진 클래스에 할당한다.

은 종종 지도 학습 모델에 좋은 입력이 될 수 있다. 비지도 학습의 많은 하위 분야 중에서 가장 인기 있는 분야는 아마도 군집화^{clustering}과 차원 축소일 것이다. 군집화는 데이터 포인트를 그룹화하는 것인데, 이러한 그룹이 무엇인지 사전 지식이 없이 수행한다. 반면 차원 축소는 더 적은 차원을 사용해 데이터를 표현하는 것에 관한 것이다. 군집화의 일반적인 예는 섹터에 주식을 할당하는 것이다. 이것은 특히 분산^{diversification}에 유용하다. 그이유는 처음에는 주식이 특정 섹터에 속해야 한다는 것이 특별히 명확하지 않을 수 있기 때문이다. 우리의 유니버스의 원소가 어떻게 그룹(즉 섹터)을 형성하는지 이해함으로써 포트폴리오 내에서 한 그룹에게 너무 많은 비중을 두지 않도록 할 수 있다.

4.2.3.3 강화 학습

강화 학습$^{reinforcement\ learning}$의 경우, 입력 벡터 x를 연속형 또는 범주형인 어떤 변수를 나타내는 알려진 출력 벡터에 매핑하는 대신 입력 벡터를 행동^{action}에 매핑하기를 원한다. 이는 어떤 입력 벡터를 어떤 행동에 매핑할지 사전 지식 없이 수행된다. 그런 다음 이러한 행동은 즉시 또는 나중에 어떤 규칙 집합이나 "환경"에 의해 결정되는 보상을 이끌어 낸다.

지도 학습이 어떤 주식이 양의 수익률을 제공할지를 결정하는 것이라면, 강화 학습은 양의 수익을 제공하는 주식을 사는 것이 좋은 것이라는 것을 배우도록 함으로써 어떤 주식을 살 것인지를 모델에 가르치는 것이다. 이를 위한 한 가지 방법은 아마도 최종 손익$^{P\&L}$에 비례하는 "보상"을 주는 것일 수 있으므로, 강화 학습은 그러한 전략에 대한 입력이 모델로부터 오는 고정 규칙을 중심으로 전략을 구축하는 것이라기보다는 트레이딩 전략 자체를 도출하는 데 유용할 수 있다.

강화 학습의 어려움은 우리의 모델이 "멍청한" 것으로 시작하고 종종 어떤 시점에 우리가 할 수 있는 많은 선택들을 가지고 있기 때문에, 그것은 현재 어떤 금융 시장에 존재하는 것보다 더 많은 양의 데이터를 훈련시키도록 요구한다는 것이다. 이를 극복하는 한 가지 방법은 인공적으로 충분한 금융 시장 시뮬레이션을 생성해 모델이 특정 상황에서 무엇을 해야 하는지 학습할 수 있도록 하는 방법을 설정하는 것이다. 체스나 바둑 게임을 시뮬레이션할 수 있는 방법을 그 예로 들 수 있다. 금융에서 이 문제를 다루고자 하는 시도가 있었지만 이를 수행하는 것은 그리 간단하지 않다.

강화 학습은 금융에 적용될 때 매우 강력해 보이지만, 현재는 매우 초기 단계에 있다. 따라서 이 책에서는 강화 학습에 대해 더 이상 논의하지 않는다. 합성 금융 데이터 생성 방법에 관심이 있는 독자를 위해 Pardo(2019)는 그러한 데이터셋을 생성하기 위한 GAN(생성 적대적 네트워크)의 사용을 다룬다. 이는 기존 시계열과 유사한 특성을 보이는 금융 시계열 작성 방법을 보여준다. 예를 들어 인기 있는 VIX 인덱스와 유사한 동작을 하는 많은 합성 시계열을 생성하는 방법을 보여준다.

4.2.4 인기 있는 지도 머신러닝 기법들

4.2.4.1 선형 회귀

선형 회귀는 머신러닝에 접할 때 배우는 첫 번째 모델일 것이다. 이해하기가 매우 간단하고 구현이 빠르며 대부분 매우 효과적이다. 다른 복잡한 모델을 시도하기 전에 먼저 선형 모형을 시도해야 할 것이다. 이는 또한 사용 사례 장에서의 접근법이기도 한다.

선형 회귀 분석은 당연하게도 종속변수 y와 설명변수 x_i 사이의 선형 관계를 가정한다. 특히 모델은 보통 $y = \beta_0 + \sum_{i=1}^{n} \beta_i x_i + \varepsilon$ 또는 $y = x^T \beta + \varepsilon$로 표시되며, x는 항상 1인 요소를 포함해 절편 β_0와 오차항 ε를 나다낸다.[7] 선형 회귀 분석에서는 오차 제곱의 합을 $\sum_{i=1}^{n} \varepsilon^2$를 최소화하려고 한다(즉, OLS$^{Ordinary\ Least\ Square}$ 보통 최소자승 방법이다). 그림 4.2를 참조하라.

---

7 선형 회귀는 항상 종속변수와 독립변수 간의 선형 관계를 가정하지는 않는다. $y = \beta_0 + \beta_1 \sin(x)$와 같은 모델을 만들 수 있는데, 이는 여전히 선형 회귀로 간주된다.

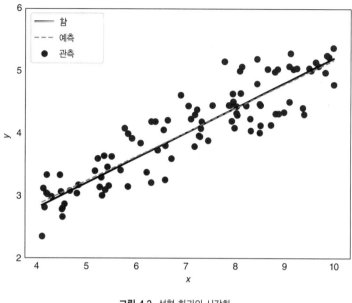

그림 4.2 선형 회귀의 시각화

직선성 이외에도, 우리는 다음을 가정한다.

- 오차 ε는,
    - 보통 평균 0으로 정규분포를 한다. 그리고,
    - 등분산^Homoscedastic^이다(즉, 모두 동일한 분산을 갖는다).
- x_i들 간에 다중 공선성이 없다(또는 적절하게 작다).
- 오차는 자기 상관관계를 가지지 않는다. – 이전 오차에 대한 지식이 다음 오차에 아무런 정보를 주지 않는다.

이러한 가정을 위반하면 매우 이상한 결과를 초래할 수 있다. 그러므로 그들이 대략적으로 충족되는지 확인하기 위해 미리 몇 가지 간단한 확인을 할 가치가 있다. 릿지 회귀^ridge regression^와 같은 변형은 제곱 오차 합에 페널티를 더한 버전을 최소화한다. 이 접근법은 특이점들에 기초한 과적합에 덜 민감해 모델이 덜 복잡해지고 다양한 xi 사이의 다중 공선성의 문제 중 일부를 해결한다.

선형 회귀는 종종 학습 파라미터를 위한 작은 데이터셋만 가지고 있다는 점에서 금융 시계열 모델링에서 사용된다. 이는 특히 일일 또는 저빈도 데이터를 사용하는 데에만 제한된 경우이다. 이것은 더 많은 파라미터를 가지고 있으므로 이러한 파라미터를 학습하기 위해 훨씬 더 많은 훈련 데이터가 필요한 신경망과 같은 기법과 대조된다. 선형 회귀 분석의 또 다른 이점은 종종 출력을 더 쉽게 설명할 수 있다는 것이다(합리적으로 변수가 너무 많지 않다면).

특히 트레이딩 시그널 생성과 같은 상위 수준의 작업을 수행하려는 경우, 모델의 출력을 설명하는 능력은 금융과 같은 분야에서 중요하다. "진실$^{ground\ truth}$"을 더 쉽게 설명할 수 있는 수동적인 작업을 자동화하고자 할 때, 이는 덜 중요한 경향이 있다. 이러한 작업에는 데이터 집합을 정제하거나 텍스트에서 자연어 처리를 수행하는 것이 포함될 수 있다.

선형 회귀 분석을 대체 데이터 모델에 특별히 사용할 수 있는 방법에 대한 예는 10장을 참조하라. 10장에서 선형 회귀를 사용해 전통적인 주식 비율과 자동차 공급망을 기반으로 하는 데이터셋을 기반으로 트레이딩 전략을 만든다. 선형 회귀는 또한 이 책의 다른 많은 예에서도 사용되며, 위치 데이터에서 도출된 물리적 고객 트래픽 데이터와 같은 입력변수(14장 참조), 위성 이미지에서 도출된 소매업체 주차 수와 같은 입력변수(13장 참조)를 사용해 주당 수익을 추정하는 데 도움이 된다.

4.2.4.2 로지스틱 회귀

선형 회귀가 회귀에 대한 것인 것처럼 로지스틱 회귀$^{logistic\ regression}$는 분류에 대한 것이다. 그러므로 그것은 우리가 배워야 하는 첫 번째 머신러닝 방법 중 하나이다. 선형 회귀 분석과 마찬가지로 로지스틱 회귀 분석에서도 입력 집합을 취해 선형 방식으로 결합해 출력 값을 얻는다. 이 출력값이 어떤 임계값을 초과하면 입력을 그룹 1로 분류하고, 초과하지 않으면 그룹 0으로 분류한다(그림 4.3 참조).

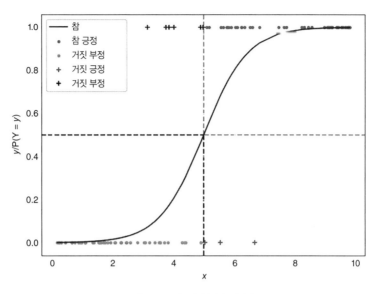

그림 4.3 로지스틱 회귀의 시각화

선형 스케일로 작업을 수행하면 약간 혼동스럽기 때문에 로지스틱 회귀 분석에서는 이 선형 값을 로지스틱 함수 $f(x) = \frac{1}{1+e^{-x}} = \frac{e^x}{1+e^x}$를 사용해 확률로 변환한다.

이 모든 것을 종합하면, $p = f\left(\beta_0 + \sum_{i=1}^{n} \beta_i x_i\right)$ 또는 $p = f(x^T\beta)$를 계산해[8] $p = 0.5$이면 그룹 1에, 그렇지 않으면 그룹 0에 속하도록 분류한다. 선형 회귀 분석과 마찬가지로 로지스틱 회귀 분석에서는 x_i 사이에 다중 공선성이 거의 없거나 전혀 없다고 가정한다. 그러나 여기서 x_i와 y의 선형 관계를 필요로 하는 대신 비선형 변환을 적용하므로, 우리는 대신 x_i와 로그 승산비[log odds]인, $\log\left(\frac{p}{1-p}\right)$의 선형 관계를 요구한다. 유일한 엄격한 제약 조건은 각 특성의 증가는 항상 클래스에 속할 확률의 증가/감소로 이어져야 한다는 것이다 (즉, 증가가 항상 증가를 야기하거나 증가가 항상 감소를 야기한다). 선형 회귀 분석과 마찬가지로, 로지스틱 회귀 분석도 몇 개의 입력을 기반으로 무언가를 분류하려고 할 때(즉, 이론적으로는 가능하지만 이미지 분류와 같은 작업을 수행하지 않음) 시도해야 하는 첫 번째 모형일 것이다.

---

8 이것이 로지스틱 회귀의 이름이 나온 확률의 예측(이는 회귀이다)이다.

로지스틱 회귀 분석은 금융 분야 내 다양한 상황에서 사용될 수 있다. 명백한 영역에는 서로 다른 시장 국면market regine의 분류가 포함될 수 있다. 시장이 박스권인지 또는 추세에 있는지 여부를 분류할 모델을 만들 수 있다. 이러한 모델의 일반적인 입력변수는 식별하고자 하는 자산에 대한 가격 데이터와 변동성을 포함할 수 있다. 일반적으로 낮은 수준의 변동성은 박스권의 시장과 관련이 있는 반면, 증가하는 수준의 변동성 수준은 추세를 나타내는 경향이 있다. 다양한 위험 요인들을 입력변수로 사용해 시장의 다양한 위험 국면을 식별하기 위한 간단한 접근법이 사용될 수 있다. 이러한 위험 요인에는 신용 스프레드, 다양한 시장에서의 내재 변동성 등이 포함될 수 있다. 또한 뉴스 볼륨 또는 독자 수와 같은 대체 데이터셋을 포함할 수 있다. 15장에서는 어떻게 뉴스 볼륨이 시장 변동성을 모델링하는 데 유용한 지표가 될 수 있는지를 논의하고, FOMC 회의와 같은 거시 경제 이벤트에 대한 구체적인 예를 제공한다.

4.2.4.3 소프트맥스 회귀

위에서 설명한 형태로 로지스틱 회귀는 강력하지만 다중 클래스의 경우를 처리하지 않는다. 이를테면 주식 수익률이 -2% 아래, -2%에서 2%, 또는 2% 위의 수익률을 경험할지를 예측하고자 한다고 하자. 로지스틱 회귀 분석을 통해 이 문제를 어떻게 처리할까? 여기서 소프트맥스 회귀softmax regression(소위 다항 로지스틱 회귀multinomial logistic regression)가 나타난다. 우리는 소프트맥스 회귀가 로지스틱 회귀의 자연적인 확장인 이유에 대해 수학적으로 접근하지 않고 간단히 그 공식을 진술할 것이다. 소프트맥스 회귀에서는 n개의 클래스에 대해 다음을 취한다.

$$P(x \in j) = \frac{\exp(w_j^T x)}{\sum_{i=1}^{n} \exp(w_i^T x)}$$

이를 사용해 로지스틱 회귀 분석과 매우 유사한 방식으로 어떤 것의 클래스를 예측할 수 있다. 단 이때는 두 개 이상의 클래스가 존재한다. 여기서는 입력을 분류하는 것으로 "확률"이 가장 높은 클래스를 사용하는 것이 일반적이다.

4.2.4.4 의사결정 트리

앞에서 언급한 방법과 달리 의사결정 트리$^{decision\ tree}$는 분류와 회귀 모두에 사용될 수 있다. 본질적으로 의사결정 트리는 "$x_3 > 5$인가?"와 같은 일련의 결정으로 요약된다. 이러한 결정의 결과는 우리에게 왼쪽과 오른쪽 중 어느 가지^{branch}를 따라갈지 알려준다. 이런 식으로 우리 트리 끝에 있는 리프^{leaf}에 도착할 수 있다. 이 리프들은 어느 한 클래스에 속하거나(즉, 어떤 것을 분류한다) 또는 연속형 변수에 속할 수 있다(어떤 것을 회귀한다).[9] 일반적으로 회귀의 경우, 리프 노드$^{leaf\ node}$ i는 리프 i에 도달하기 위해 규칙 집합을 통과하는 모든 데이터 포인트에 대한 종속변수의 평균값을 출력한다. 의사결정 트리는 구조 때문에 범주형 변수와 연속형 변수를 모두 입력으로 쉽게 취할 수 있다. 또한 결정 트리에는 선형 및 로지스틱 회귀가 가지는 선형성 가정이 없다. 마지막으로, 이들은 훈련을 통해 이른바 특성 선택$^{feature\ selection}$이라는 것을 자동으로 수행한다. 모델을 훈련한 후 트리에서 사용되지 않는 특성이 있을 수 있으며, 이는 이러한 특성이 불필요하다는 것을 나타낸다.

4.2.4.5 랜덤 포레스트

랜덤 포레스트$^{random\ forest}$는 효율적인 시장 가설과 유사한 "군중의 지혜" 만트라를 사용하는 의사결정 트리의 확장이다. 각각의 개별 의사결정 트리는 그 자체에서 특별한 성과를 거두지는 못하지만, 만약 우리가 그들을 훈련시킬 수 있다면, 우리가 모든 트리가 같은 것을 예측하지는 않는다고 가정할 때 그들의 평균은 아마 좋은 성과를 낼 것이다. 이를 위해 먼저 소위 배깅^{bagging}이라고 부르는 것을 수행한다. 배깅은 사용 가능한 데이터의 랜덤한 부분집합에 대한 훈련으로만 구성된다. 이는 상이한 훈련 세트를 가지고 상이한 트리를 만든다. 각 트리에 대해 랜덤하게 데이터를 선택하는 대신 상이한 트리를 얻기 위해 분할을 결정할 때 알고리듬이 단지 사용 가능한 특성들의 부분집합을 랜덤하게 선택하도록 허용한다. 이것은 모든 트리들이, 예를 들어 x_1를 기반으로 먼저 분할하는 것을

---

9 트리의 리프 수가 유한할 때, 실제로 연속적인 예측을 할 수 없지만, 실수 선을 따르는 구간 예측을 수행할 수 있다.

멈추게 하고 훨씬 더 다양한 트리들의 집합을 생성하도록 한다. 마지막으로 상이한 트리들로 구성된 그룹이 있기 때문에 우리는 그들의 평균 예측을 전체적인 예측으로 받아들인다. 이 트리들의 그룹이 우리의 랜덤 포레스트다. 시계열 데이터의 경우 결측값을 채울 때 랜덤 포레스트를 사용하는 경우 7장을 참조하라.

4.2.4.6 서포트 벡터 머신

서포트 벡터 머신SVM은 기본적으로 서로 다른 두 클래스의 데이터 포인트를 가장 잘 구분하는 라인(초평면hyperplane)을 찾는 것으로 요약된다. 실제로 SVM은 이러한 의미에서 로지스틱 회귀 분석과 매우 유사하다. 그러나 서로 다른 점은 이 목표를 달성하는 방법이다. 로지스틱 회귀는 샘플의 우도를 최대화도록 훈련한다. SVM은 결정 경계(선/초평면)와 데이터 점 사이의 거리를 최대화하기 위해 훈련한다. 그림 4.4는 각 클래스에 대한 가장 가까운 점의 거리와 함께 검정색 결정 경계의 예를 보여준다. 분명히 이것은 항상 직선으로 수행될 수 없다. 상이한 시장 국면을 분류하는 모델을 생성하고자 할 때, SVM이 로지스틱 회귀를 사용하는 대안으로 고려될 수 있으며, 역사적으로 이러한 모델에 사용해왔다.

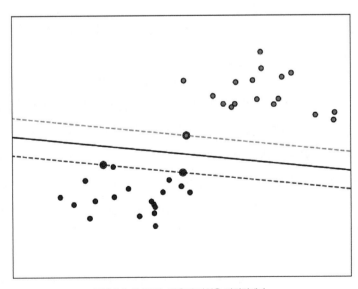

그림 4.4 SVM 예: 검은색 라인은 결정경계다.

중요한 점은 로지스틱 회귀가 사용된 손실함수로 인해 SVM보다 이상치에 더 민감하다는 것이다. 이상치에 대한 민감도가 낮은 것이 항상 유리한 것은 아니라는 점에 유의하자.

로지스틱 회귀는 각 클래스에 속할 확률을 출력하지만(생성), SVM은 각 데이터 점을 단순히 분류하므로(판별), 데이터 점이 $p = 0.99$와 같이 한 클래스에 "명백히" 있는지 또는 $p = 0.51$과 같이 두 클래스 사이의 어딘가에 있는지와 같은 감을 가질 수 없다.

그러나 SVM의 이점은 비선형 관계를 처리하는 방식에 있다. 1963년 발명된 이래 수학자들은 SVM이 비선형 의사결정 경계를 지원할 수 있도록 "커널 트릭kernel trick"을 고안했다. 일반적으로 커널은 데이터를 고차원 공간에 임베딩하기 위해 사용된다. 이 새로운 공간에서, 우리는 선형 결정 경계를 찾을 수 있을 것이고, 그 후에 우리는 원래의 공간으로 다시 변환해 비선형 결정 경계를 만들 수 있다. 그림 4.5에서 우리는 커널 트릭을 설명한다. 우리는 먼저 2차원 공간을 제시한다. 두 군집을 직선으로 그리는 것에서 분리하기가 어렵다는 것을 알 수 있다. 고차원 공간으로 변환함으로써, 이 3차원의 경우, 우리는 이제 선형 초평면으로 점을 분리할 수 있다는 것을 발견했다.

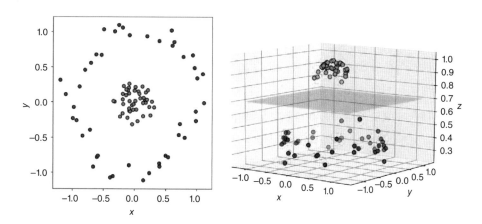

그림 4.5 커널 트릭의 예

SVM이 이미지 분류에 적합한 것으로 확인됐다. 작은 데이터셋에서 SVM의 성과가 더 뛰어난 경향을 갖는 반면, 많은 양의 훈련 데이터를 가지고 있을 때(예: 이미지 인식)는 CNN[10] 만큼 성능이 좋지는 않다.

4.2.4.7 나이브 베이즈

우리가 언급할 최종 지도 학습 방법은 나이브 베이즈^{Naive Bayes}이다. 나이브 베이즈는 분류 알고리듬으로, 각 특성 값 x_i는 다른 특성 값과 독립적이라는 중요한 가정을 사용한다.

베이즈의 정리를 사용해 다음을 얻는다.

$$P(Y = y | X_1 = x_1, X_2 = x_2) = \frac{P(X_1 = x_1 | Y = y)P(X_2 = x_2 | Y = y)P(Y = y)}{P(X_1 = x_1, X_2 = x_2)}$$

이 공식에서 다음과 같은 가정이 만들어졌다.

$$P(X_1 = x_1, X_2 = x_2 | Y = y) = P(X_1 = x_1 | Y = y)P(X_2 = x_2 | Y = y)$$

(즉, 특성은 클래스 y가 주어질 때 독립이다.) 나이브 베이즈 분류기를 훈련하는 데는 단일 알고리듬이 아니라 앞에서 언급한 가정을 기반으로 한 알고리듬 군이 있다.

나이브 베이즈에 대한 가정이 충족되면 일반적으로 성과가 매우 우수하지만, 이를 위반할 경우에도 여전히 성과가 우수할 수 있다. 나이브 베이즈는 종종 훈련하는 데 적은 양의 데이터만 필요로 한다. 하지만 충분한 데이터가 주어지면 랜덤 포레스트와 같은 다른 방법들이 예측 능력에서 종종 더 좋은 성과를 보인다.

나이브 베이즈는 자연어 처리에 유용하며, 따라서 감성 분석에 유용할 수 있다. 4.6절에서 자연어 처리에 대해 더 자세히 논의한다.

---

10 CNN에 대한 소개는 5.3.2.2절을 참조하라.

4.2.5 군집화 기반 비지도 머신러닝 기법

4.2.5.1 K-평균

K-평균$^{K\text{-means}}$은 데이터 점들을 k 그룹/군집으로 그룹화하고자 한다. 기본적으로 데이터에 k개의 "평균"을 임의로 할당하고, 거리함수를 통해 각 데이터 점을 "평균"으로 그룹화하고, 각 그룹의 평균을 다시 계산한다. 데이터 점을 그룹/평균에 할당하고 변경이 없을 때까지 평균 위치를 다시 계산하는 이 프로세스를 반복한다. 새로운 데이터 점이 도착하면, 따라서 이러한 그룹 중 하나에 할당할 수 있다. K-평균은 7장에서 데이터 내의 결측성 패턴$^{missingness\ pattern}$을 설명하는 데 사용된다. 또한 연준^{Fed} 소통 이벤트$^{Fed\ communication\ events}$를 기반으로 한 사례 연구에서 9장에서 사용한다. 거기서 우리는 K-평균이 다양한 Fed 소통 이벤트 중 특이치를 식별하는 데 특히 효과적이라는 것을 발견했다.

다른 군집화 알고리듬과 마찬가지로 유사한 주식군 식별에도 적용할 수 있다. 4장의 서두에서 언급했듯이 일반적으로 주식은 전문가에 의해 선택된 섹터를 기반으로 그룹화되는 경향이 있다. 그러나 실제로 가격 움직임을 기반으로 군집화 알고리듬을 사용할 때, 우리는 그러한 섹터 분류에 의해 반드시 설명되지 않는 주식들 사이의 의존성을 발견할 수 있다. 더욱이 그러한 접근법은 시간이 지남에 따라 거의 변하지 않는 임의의 섹터 분류보다 훨씬 더 동적이다.

4.2.5.2 계층적 군집화

계층적 군집 분석$^{HCA,\ Hierarchical\ Clustering\ Analysis}$은 군집에 대한 중심/평균을 가정하는 대신 모든 데이터 점이 자신의 군집이라고 가정하거나 모든 데이터 점이 하나의 군집에 있다고 가정한다. 이 두 극단 사이에서 이동하며 거리에 대한 개념을 기반으로 군집에 추가하거나 제거한다. 예를 들어 별도의 군집의 모든 데이터 점부터 시작해서, 다른 군집과 가장 가까운 데이터 점/군집에 따라 이들을 연결한다. 이것이 하나의 큰 군집으로 끝날 때까지 계속된다. 이렇게 하면 군집을 연결해 구축하는 계층에 따라 어떠한 군집 수 k개도 가질 수 있다.

포트폴리오 최적화를 고려한다면, 마코비츠^{Markovitz}의 임계선 접근법^{CLA, Critical Line Approach}은 추정하기 어려운 예측 수익률에 기반한 최적화를 사용한다. 결과는 상당히 불안정할 수 있으며 때로는 특정 자산에 위험을 집중시킬 수 있다. 반면 리스크 패리티^{risk parity}는 공분산을 사용하지 않고 자산의 변동성의 역수로 가중치를 부여한다.

대신 계층적 군집화를 포트폴리오 구축에 사용할 수 있다. Lopez de Prado(2018)는 자산 배분을 위해 계층적 리스크 패리티 접근법^{hierarchical risk parity approach}을 도입함으로써 예측 수익률의 사용을 피한다. 공분산 행렬의 역행렬을 구할 필요가 없고 대신 공분산 행렬을 사용해 군집을 만든 다음 여러 군집 간에 포트폴리오 비중을 분산한다.

4.2.6 군집을 제외한 다른 비지도 머신러닝 기법

레이블이 부착되지 않은 데이터를 탐색할 수 있는 많은 다른 방법이 있다.

4.2.6.1 주성분 분석

주성분 분석^{PCA, Principle Component Analysis Principle}은 데이터에 대한 새로운 직교 축 집합을 찾으려고 하는 것으로 구성되며, 각 연속적인 축은 이전보다 적은 분산을 설명한다. 이렇게 하면 데이터 분산의 대부분을 설명할 수 있는 동시에 사용할 새로운 축의 작은 부분집합을 선택할 수 있다. 그러므로 PCA는 일종의 압축 알고리듬으로 볼 수 있다. 금융에서 PCA의 한 예는 이자율 스왑^{IRS, Interest Rate Swaps}에서 처음 세 주성분이 수준, 기울기 및 곡률을 설명하는 것으로, 일반적으로 분산의 90~99%를 설명한다. SVD^{Singular Value Decomposition}라고 하는 PCA의 확장인 특이값 분해는 8장에서 시계열과 결측점을 가진 이미지를 재구축하는 데 사용된다.

4.2.6.2 오토인코더

지금은 자세히 설명하지 않지만 오토인코더는 상이한 표현(인코딩)을 통해 데이터를 표현할 수 있고 일반적으로 차원 축소에 사용된다는 점에서 PCA와 유사하다. 이들은 또한 모델이 어떤 범주형 입력 조합이 유사한지 학습할 수 있도록 하는 데도 유용하다. 오토인코더에 대한 자세한 내용은 4.2.8절을 참조하라.

4.2.7 머신러닝 라이브러리

이 절에서는 나중에 살펴볼 사용 사례에 가장 많이 사용되는 두 가지 머신러닝 라이브러리에 대해 설명한다.

4.2.7.1 scikit-learn

위의 거의 모든 방법을 위해 절대적으로 가야 할 머신러닝 파이썬 라이브러리는 scikit-learn이다. 그것은 또한 전처리 및 모델 선택 기능을 제공하는 가장 인기 있는 다수의 머신러닝 알고리듬을 위한 고수준의 API를 제공한다.

4.2.7.2 glmnet

이름에서 알 수 있듯이 glmnet은 일반 선형 모델을 실행하는 데 사용된다. 원래 R 프로그래밍 언어를 위해 작성됐지만, 현재는 파이썬과 매트랩 모두에서 사용 가능하다. 선형, 로지스틱, 다항식, 포아송 및 콕스 회귀 모델을 훈련하는 방법을 제공한다. 그것은 skicit-learn보다 통계 중심 알고리듬 세트를 가지고 있으며, 훈련된 모델에 대해 p 값 등을 제공한다.

4.2.8 신경망과 딥러닝

머신러닝의 기본을 소개했으니, 현재 화제인 신경망$^{\text{neural network}}$에 대해 논의하자. 대체 데이터 환경의 대부분인 특히 비정형 데이터를 처리할 때 많은 애플리케이션을 보유하고 있다. 대략적으로 말해서, 신경망은 노드^{nodes}(일명 뉴런^{neurons}), 가중치^{weights}(기울기^{slopes}), 편향^{biases}(절편^{intercepts}), 방향 에지$^{\text{directed edge}}$(화살표^{arrow}) 및 활성함수$^{\text{activation function}}$의 집합이다. 노드는 일반적으로 하나의 입력 계층$^{\text{input layer}}$, $n \geq 0$의 은닉 계층$^{\text{hidden layers}}$, 그리고 하나의 출력 계층$^{\text{output layer}}$으로 정렬된다. 입력 계층을 제외한 모든 계층에 대해, 각

노드는 (방향 엣지를 통해) 그것에 공급된 이전 계층의 노드를 가지고 있으며, 각각의 노드는 가중치에 곱해지고, 합해지며, 거기에 편향이 더해진다.[11] 노드 출력은 이 가중 합에 활성화함수를 적용해 생성된다.

궁극적으로 신경망의 다양한 파라미터를 데이터에 적합화할 필요가 있다. 다른 머신러닝 기법과 마찬가지로 이것은 손실함수를 최소화하기 위해 가중치와 편향의 집합을 선택하는 것에 관련된다. 첫 번째 단계는 모형의 다양한 가중치를 랜덤하게 초기화하는 것이다. 그런 다음 순전파forward propagation를 수행해 입력 및 랜덤화된 파라미터에서 노드 출력을 계산할 수 있다. 이 랜덤화 모델의 출력은 손실함수를 계산해 원하는 실제 출력과 비교한다. 트레이딩 전략의 맥락에서, 모델의 출력은 수익률일 수 있다.

다음 단계는 손실함수를 줄일 수 있도록 새 가중치를 선택하는 것이다. 우리는 무차입 대입brute force으로 이를 시도할 수 있다. 그러나 많은 신경망에서의 파라미터 수를 고려할 때 이는 일반적으로 실현 가능하지 않다. 대신 손실함수의 미분을 사용해 이렇게 구한 미분이 손실함수에 대한 다양한 가중치의 민감도를 제공할 것이라는 것을 이해한다. 그런 다음 출력에서의 손실로부터 입력 노드로 손실을 역전파backpropagate할 수 있다.

다음 단계는 미분의 부호에 따라 가중치를 업데이트하는 것이다. 미분이 양수이면 가중치가 클 때 오차가 커지므로 해당 가중치의 크기를 줄일 필요가 있다. 반대로 음의 미분은 가중치를 더 크게 만들어야 한다는 것을 의미한다. 그런 다음 랜덤 가중치가 아닌 새로 업데이트된 가중치를 사용해 처음부터 다시 반복하고 다시 시작한다. 이 연습은 모델이 허용 가능한 임계값으로 수렴될 때까지 반복된다. 학습률learning rate이 가중치를 얼마나 "이동"하는지 결정한다. 스텝 크기는 검색하면서 국지적 최적점을 건너뛰지 않도록 충분히 작을 필요가 있다. 그러나 스텝 크기가 너무 작으면 더 많은 루프를 수행할 수 있으므로 솔루션을 찾는 데 계산 비용이 더 많이 들 것이다.

---

11 순환 신경망(recurrent neural networks)과 같은 일부 구조는 노드가 자신, 동일한 계층의 다른 노드 또는 이전 계층의 노드에게 피드백을 제공할 수 있도록 한다.

신경망의 몇 가지 예와 선형 회귀와 같은 다른 통계 모델을 신경망으로 표현하는 방법을 살펴본다.

4.2.8.1 입문용 예제

4.2.8.1.1 신경망으로서의 선형 회귀

그림 4.6에는 입력 계층, 출력 계층은 있지만, 은닉 계층은 없다. 입력 계층에는 2개의 노드 x_1과 x_2가 있고 출력 계층에는 1개의 노드 y가 있다. 출력 계층의 경우, 이전 계층(여기 우리의 입력 계층)의 각 노드에는 관련 가중치 w_1과 w_2가 있다. 또한 편향^{bias} b를 가지고 있다. 입력 계층에서 출력 계층으로 "순전파$^{feed\ forward}$"하기 위해, 각 입력에 가중치를 곱하고 모든 결과를 함께 합산하고 편향을 추가한다. 따라서 그림 4.2의 경우 표준 선형 회귀 방정식인 $y = b + w_1x_1 + w_2x_2$ 또는 $y = w^Tx + b$를 가진다.

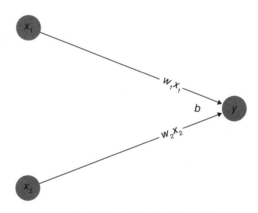

그림 4.6 신경망으로서의 선형 회귀의 시각화

4.2.8.1.2 신경망으로서의 단일 클래스 로지스틱 회귀

처음에 활성함수(또는 활성화함수)를 언급했지만 지금까지 사용하지 않았다. 활성함수의 사용을 설명하기 위해 로지스틱 회귀 분석을 보여준다. 이전과 마찬가지로 2개의 입력 노드와 1개의 출력 노드가 있다(그림 4.7 참조). 그러나 여기서 이전 계층에 대해 연관된 편향과 가중치를 갖는 출력 노드 대신 이제 관련 활성함수인 f 즉 로지스틱^{logistic} (expit으로

도 알려져 있는) 함수 $f(x) = \frac{1}{1 + \exp(-x)}$를 가진다. 여기서 방정식은 $y = f(b + w_1x_1 + w_2x_2)$ 또는는 $y = f(w^Tx + b)$인 표준 로지스틱 회귀 방정식이 된다. 그러면 이전 선형 회귀의 경우에는 함수 $f(x) = x$를 활성함수로 사용했다고 말할 수 있다.

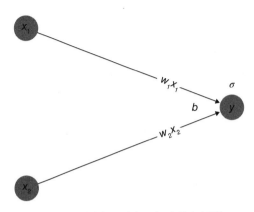

그림 4.7 신경망으로서의 로지스틱 회귀 시각화

4.2.8.1.3 신경망으로서의 소프트맥스 회귀

마지막으로 다중 클래스 로지스틱 회귀를 보여준다(그림 4.8 참조). 입력 계층의 각 노드가 이제 다음 계층의 다른 노드에 관련된 두 개의 가중치를 가지고 있다는 점에 주목하라. 이것이 가중치가 그들이 공급한 노드에 "속하는 것^{belonging}"으로 (그리고 벡터로 저장하는 것으로) 생각하는 것이 더 타당한 이유다. 그러나 활성함수의 경우 일반적으로 그렇듯이 이 계층에서 모두 동일하다. 즉 $f_h(x) = \exp(x)$이다. 이 은닉 계층에서, 우리는 점수를 정규화해 확률을 나타내도록 합이 1이 되도록 하는 또 다른 "활성함수"를 적용한다. 즉 $f_o^i(\mathbf{z}) = \frac{1}{\sum_{j=1}^m z_j}$이다. 또는 조금 더 복잡한 활성함수인 소프트맥스 함수로 입력과 출력 계층만으로 이를 나타낼 수 있었다.

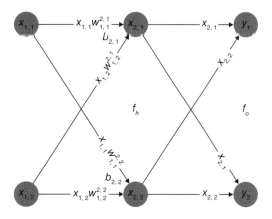

그림 4.8 신경망으로서의 소프트맥스 시각화

바라건대 이러한 예로부터 대략적으로 말해서 신경망은 노드 계층의 시스템이며, 각각은 회귀를 위한 연속변수든 분류를 위한 클래스 확률이든 어떤 출력을 향해 순전파하는 것을 볼 수 있다. 우리가 입력에 적용하는 "좋은" "표준" 함수에서 멀어지도록 하고, 입력과 출력 벡터 사이에 고도로 비선형적이고 설명하기 어려운 관계를 만들기 위해 이러한 계층을 더 많이 추가할 수 있는 방법을 쉽게 알 수 있다.

4.2.8.2 신경망의 일반적 유형

선형, 로지스틱 및 소프트맥스 회귀는 사실 모든 순전파 신경망^{NN}이다. 비록 이것이 NN의 가장 인기 있는 유형들 중 하나이지만, 다른 많은 것들이 존재한다. 몇 가지 일반적인 예는 다음과 같다.

- **순전파 신경망**은 노드 간의 연결이 순환을 형성하지 않는 신경망의 한 유형이다. 이러한 네트워크에서, 정보는 입력 계층, 은닉 계층(있는 경우), 그리고 출력 계층에만 전달된다. 앞 절에 표시된 모든 것은 순전파 신경망의 유형이다. 순전파 네트워크는 일반적으로 두 가지 주요 유형으로 나뉜다.
  - 다층 퍼셉트론$^{MLP, Multi-Layer Perceptron}$은 신경망의 가장 표준적인 형태다. 입력 계층, 은닉 계층(적어도 하나 이상), 출력 계층(그림 4.9 참조)으로 구성된다. 각 계층은 활성함수를 통해 다음 계층으로 순전파한다. 특히, 이전 절에 표시된 모든 것

들은 MLP이다. 보여준 대로 회귀 및 분류에 모두 사용할 수 있다.

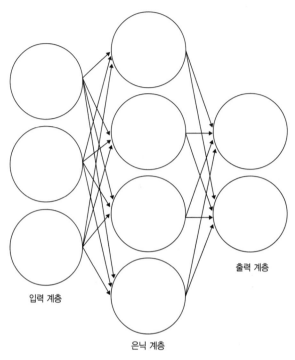

그림 4.9 은닉 계층이 하나인 다층 퍼셉트론

▫ **컨볼루션 신경망**[CNN]은 인접한 픽셀이 문제의 픽셀에 대한 정보를 제공하는 이미지와 같이 입력 사이에 어떤 구조가 있는 문제에 대해 인기가 있다. 이들은 사실 순전파 NN의 한 유형이지만, 일반적으로 2D/3D 구조는 그대로 유지된다 (그림 4.10 참조). 일반적으로 한 단계를 오른쪽으로 움직이고 동일한 것으로 수행하기 전에, 이미지의 $n \times n (\times n)$ 부분 집합을 취해 일종의 "스캐너[scanner]" 또는 "커널[kernel]"을 구조 위로 지나가게 하고, 그것에 어떤 함수를 적용한다. 이 프로세스는 이미지 왼쪽에서 오른쪽으로, 위에서 아래로 반복되며, 변환된 이미지의 새로운 계층이 생성될 때까지 반복된다. 이러한 계층들은 결국 출력 계층을 산출하기 위해 표준 순전파 NN과 유사한 방식으로 구축된다. CNN은 이미지를 분류하고 이미지 내에서 객체를 찾는 데 있어 이미지 탐지에 특히 능

하다. 우리는 4.5.2절에서 이미지 구조의 맥락에서 이러한 사항에 대해 논의한다.

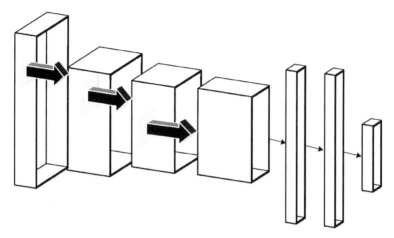

그림 4.10 3개의 컨볼루션 계층과 2개의 플랫 계층이 있는 컨볼루션 신경망

- **반복 신경망**[RNN]은 노드 사이의 연결이 출력을 "순전파"할 필요가 없고 오히려 입력 계층으로 되돌아가는 것 이외의 다른 방향을 가리킬 수 있는 인공 신경망의 한 종류이다. 이를 통해 시간적 동적 행태를 표현할 수 있다. 순전파 신경망과 달리 RNN은 이러한 루프(메모리처럼 동작)를 사용해 입력 시퀀스를 처리할 수 있다. 이와 같이 연결된 손글씨 또는 음성 인식과 같은 작업에 유용하다. RNN의 시간적 특성을 고려할 때 금융 시계열 모델링에 획기적인 발전을 제공할 수 있기를 희망한다. LSTM(장기 단기 메모리)은 RNN의 확장으로, 시간의 장기 의존성을 모델링할 수 있다.

- **오토인코더**[Autoencoder] **신경망**은 비지도 학습을 위해 설계됐다. 이들은 주성분 분석 [PCA]과 유사하게 입력을 더 작은 차원의 표현으로 인코딩하는 데이터 압축 모델로 널리 사용된다. 이들은 먼저 이 저차원 표현으로 변환된 다음, 입력을 원래의 차원으로 재구축하기 위해 디코딩되는 식으로 훈련한다. 이를 위해 재구축된 이미지가 원본에서 벗어날수록 증가하는 손실함수를 사용한다. 그런 다음 입력의 차원을 줄

이는 계층을 취해서 이 새로운 출력(인코딩)을 별도의 모델에서 입력으로 사용할 수 있다.

- **적대적 생성 신경망**^{GAN, Generative Adversarial Neural Network}은 일반적으로 CNN과 MLP 등 함께 작동하는 2개의 네트워크로 구성되며, 여기서 하나는 콘텐츠를 생성하고(생성 모델), 다른 하나는 콘텐츠(판별 모델)를 판단해야 한다. 판별 모델은 생성 모델의 출력이 충분히 자연스러워 보이는지 여부를 결정해야 한다(즉, 판별 모델이 훈련되는 어떤 것으로 분류됨). 생성기가 판별기를 이기려고 시도하고, 그 반대의 경우도 마찬가지다. 교대로 진행되는 훈련 세션을 통해 생성된 샘플이 실제와 구별되지 않을 때까지 두 모델을 모두 개선하고자 한다. GAN은 현재 화제이며 이미지/음성 생성에 매우 유용할 것으로 보인다. 금융 내에서 특별한 사용은 강화 학습에 대해 이야기할 때 4장 앞부분에서 논의한 바와 같이, Pardo(2019)가 논의한 인공 시계열 생성일 수 있다. 따라서 특정 자산의 특성을 갖는 시계열(예: VIX 또는 S&P 500)을 생성할 수 있다. 이러한 데이터셋을 생성하면 무제한 훈련 데이터를 생성해 강화 학습 기반 모델을 더욱 개발할 수 있다.

4.2.8.3 딥러닝은 무엇인가?

딥러닝^{DL}은 많은 은닉 계층을 가진 신경망(즉, "심층^{deep}" NN)의 사용에 관련된다. 깊이^{depth}를 통해 데이터 내에서 명확하지 않은 관계를 포착하는 매우 비선형적인 함수를 나타낼 수 있다. 이는 일반적으로 당면한 문제에 대한 도메인 지식과 이해에 의존하는 특성 공학^{feature engineering}에 많은 시간을 소비하는 좀 더 전통적인 유형의 머신러닝과 대조된다. LeCun, Bengio와 Hinton(2015)은 이미지 인식 문제에 딥러닝이 적용된 예를 제시한다. 이미지 인식의 문제는 종종 딥러닝의 주요 성공 중 하나로 인용된다. 일반적으로 첫 번째 계층은 이미지의 특정 영역에서 가장자리^{edge}를 추출하려고 시도한다. 대조적으로, 두 번째 계층은 가장자리로 구성된 패턴에 초점을 맞출 것이다. 그런 다음 세 번째 계층은 객체를 나타낼 수 있는 모티브의 조합을 식별한다. 이 모든 경우에서 인간은 이러한 특성들을 만들지 않았다. 모두 학습 과정에서 생성된다.

파라미터의 수가 많기 때문에 지나치게 적합화되지 않도록 매우 큰 훈련 세트가 필요하다. 그러나 그것은 또한 모델이 매우 유연할 수 있고 매우 비선형적인 관계를 포착할 수 있게 해주며, 종종 필요한 특성 공학을 덜 만들 수 있지만, 비록 우리가 모델에 포함해야 하는 계층 수의 이해와 같은 특정한 양의 수작업 튜닝이 여전히 있을 수 있다.

4.2.8.4 신경망과 딥러닝 라이브러리

4.2.8.4.1 저수준 딥러닝과 신경망 라이브러리

Theano 및 TensorFlow와 NN 라이브러리와의 관계는 NumPy와 SciPy, Scikit-learn 및 Scikit-image의 관계와 같다. NumPy가 없었다면 오늘날 인기 있는 많은 과학 컴퓨팅 라이브러리가 존재하지 않았을 것이며, Theano 및 Tensorflow가 없었다면 마찬가지로 오늘날 인기 있는 많은 상위 수준의 딥러닝 라이브러리는 존재하지 않았을 것이다. 아래에서는 이들에 대해 자세히 설명하고 PyTorch에 대해서도 간략히 설명한다.

- **Theano** Theano는 신경망을 정의, 최적화, 평가 및 분석하는 데 사용되는 파이썬 라이브러리다. Theano는 GPU를 투명하게 지원하면서 NumPy를 많이 활용한다. NumPy와 마찬가지로, Theano를 사용해 완전한 NN을 구축할 수 있지만, NumPy에서 처음부터 로지스틱 회귀 분석기를 구축하는 것을 원하는 것이 아니라 Scikit-learn을 사용하는 것과 같은 방식으로 원할 수 있다. 대신, Theano는 유연성을 비용으로 더욱 사용자 친화적인 API를 제공하는 다른 라이브러리에 의해 래핑wrapping된 라이브러리다.

- **TensorFlow** Theano와 마찬가지로 NN을 구축하는 데 활용할 수 있는 또 다른 라이브러리다. 원래 구글에 의해 개발됐지만 현재 오픈 소스이고 매우 인기가 높다.

- **Pytorch** Theano와 TensorFlow의 최근 대안으로 PyTorch가 개발됐다. 성능이 더 느리지만 읽기 쉽고 코드를 디버그하는 것이 더 쉬운 앞에서 언급한 것과 매우 다른 구조를 사용한다. PyTorch는 연구 목적으로 인기를 얻고 있는 반면, Theano와 TensorFlow는 생산 목적으로 더 인기가 있다.

다음으로, 우리는 이 다양한 라이브러리들을 더 자세히 비교한다.

- **PyTorch 대 TensorFlow/Theano**   그렇다면 왜 TensorFlow/Theano보다 PyTorch를 더 선호할까? 답은 정적 그래프와 동적 그래프다. 정적 그래프와 동적 그래프가 무엇인지에 대해서는 자세히 설명하지 않겠다. 그러나 요약하면 PyTorch는 노드를 "사용하는 대로" 정의하고 변경할 수 있다. 반면 TensorFlow와 Theano에서는 모든 것을 먼저 설정한 다음 실행해야 한다. 이렇게 하면 PyTorch의 유연성이 향상되고 디버그가 쉬워지지만 속도가 느려진다. 또한 일부 유형의 NN은 동적 구조로부터 이익을 얻는다. 자연어 처리NLP에 사용되는 RNN을 사용한다. 정적 그래프를 사용하면 입력 시퀀스 길이가 일정하게 유지돼야 한다. 이것은 당신이 문장의 길이에 약간의 이론적 상한을 설정하고 더 짧은 문장을 0으로 패딩해야 한다는 것을 의미한다. 동적 그래프를 사용하면 입력 노드 수가 적절하게 변화하도록 허용할 수 있다.
- **Theano 대 TensorFlow**   PyTorch에 대해 Thano 또는 TensorFlow를 결정한 경우, 따라서 다음 결정은 Theano 대 TensorFlow다. 둘 중 하나를 결정할 때 몇 가지를 고려하는 것이 중요하다.
  - Theano는 단일 GPU에서 TensorFlow보다 빠르지만, TensorFlow는 현재 생산 중인 많은 GPU/분산 시스템에 더 좋다.
  - Theano는 약간 장황해 코딩 속도를 희생시키면서 더욱 정교하게 제어한다.
  - 그러나 가장 중요한 것으로 몬트리올 학습 알고리듬 연구소MILA가 1.0 출시 이후 Theano 개발을 중단했다고 발표했다. 실제로 2017년 이후, 매우 작은 릴리스만 있었다.
  - 이에 따라 TensorFlow가 이 책의 저술 당시 Theano의 565만 9,591명과 8,814명보다 사용자 4만 1,536명, 주시자 8,585명, 별 12만 9,272명을 보유하고 있는 등 TensorFlow를 선호한다는 게 일반적인 의견인 것으로 보인다.

그러나 이는 경우에 따라 다른 것이 선호되는 경우라 할 수 있다. TensorFlow는 둘 중 하나를 결정해야 하는 경우에 더 안전하다. 성능과 관련해 고려해야 할 또 다른 사항은 사용하고 있는 클라우드 환경이다.

4.2.8.4.2 고수준 딥러닝과 신경망 라이브러리

많은 목적에서 사용자는 신경망과 상호작용하기 위해 고수준의 라이브러리를 선호할 수 있으며, Tensorflow와 같은 저수준의 라이브러리를 다루는 복잡성의 일부를 제거한다.

- **Keras** 앞서 언급했듯이, scikit-learn과 동일한 요소가 많이 존재하지만, NN의 경우 가장 인기 있는 것은 Keras일 것이다. Keras는 TensorFlow 또는 Theano 에 고수준의 API를 제공하지만, Keras는 Theano와 함께 사용하도록 최적화됐다. Google은 버전 2 이상부터 Keras를 TensorFlow에 통합했다.

- **TF Learn** Keras와 마찬가지로, TF Learn도 높은 수준의 API이지만 이번에는 TensorFlow에 최적화됐다. 이상하게도 TF Learn이 Tensroflow를 염두에 두 고 개발됐지만, 이 책을 쓸 당시 Kreas는 27,387명의 사용자, 2,031명의 주시자, 41,877명의 별로 TF Learn의 1,500명, 489명, 9,121명에 비해 깃허브에서 인기 가 더 높아 보이는 게 Keras이다. 그런 점에서 Theano와 Tensorflow처럼 Keras 와 TF Learn 중 어떤 것을 사용해야 하는지가 명확하지 않다.

4.2.8.4.3 중수준 딥러닝과 신경망 라이브러리

- **Lasagne** 라자냐^{Lasagne}는 테아노에서 네트워크를 구축하고 훈련하는 데 사용되 는 경량 라이브러리로 Keras보다 Theano에 덜 래핑돼 있어 보다 상세한 코드의 비용을 치르는 대신 적은 제약을 제공한다. 라자냐는 Theano와 Keras 사이의 중 간 지대 역할을 한다.

4.2.8.4.4 기타 프레임워크

TensorFlow가 신경망의 가장 지배적인 라이브러리 중 하나가 됐고 많은 상위 수준의 라 이브러리의 핵심 부분이 된 동안, 여기서 논의하는 일부 프레임워크가 있다는 점에 주목 할 필요가 있다.

- **(Apache) MXNet**   비록 파이썬 API를 제공하지만, MXNet은 기술적으로 라이브러리라기보다는 프레임워크다. Python API는 있지만 C++, R, Matlab, JavaScript를 포함한 많은 다른 언어들도 지원하기 때문이다. 또한 MXNet은 Amazon에 의해 개발됐으며 AWS를 염두에 두고 구축됐다. MXNet은 코드를 설정하는 데 조금 더 많은 시간이 소요되지만 AWS, Azure 또는 YARN 클러스터를 사용해 대량의 분산 컴퓨팅을 수행할 계획이라면 충분히 가치가 있다. 마지막으로, MXNet은 PyTorch와 같은 필수 프로그래밍(동적 그래프) 구조와 Theano와 TensorFlow와 같은 선언적 프로그래밍(정적 그래프) 구조를 모두 제공한다.

- **Caffe**   앞서 언급한 다른 프레임워크와 달리 Caffe는 다른 프레임워크와 동일한 방식으로 파이썬 API를 제공하지 않는다. 대신 .prototxt 구성 파일이라는 JSON 유사 파일에서 모델 구조 및 해 찾기 방법을 정의한다. Caffe 이진 파일은 이러한 .prototxt 파일을 입력으로 사용하고 네트워크를 훈련시킨다. 훈련이 된 후에는 Caffe 이진 파일을 사용하거나 Python API를 사용해 새 이미지를 분류할 수 있다. 이것의 이점은 속도이다. 카페는 순수한 C++와 CUDA로 구현돼 K40 GPU에서 하루에 약 6천만 개의 이미지를 처리할 수 있지만, 프로그래밍 방식의 하이퍼파라미터 튜닝이 특히 어려운 상황에서 훈련과 모델 사용을 번거롭게 할 수 있다.

4.2.8.4.5 프로세싱 라이브러리

대체 데이터를 사용할 때 고려해야 할 또 다른 사항은 데이터를 준비하는 것이다. 데이터 공급 업체에서 사용자가 요구하는 원시 데이터를 제공할 수 있지만 레이블이 지정되거나 처리되지 않을 수 있다. 여기서는 범용 라이브러리에 초점을 맞춘다. 나중에 책에서 우리는 또한 이미지 처리와 자연어 처리와 같은 대체 데이터를 정형화하는 일반적인 작업과 특별히 관련된 라이브러리에 대해 논의한다.

- **NumPy**   이미 NumPy에 대해 알고 있겠지만, 많은 사람들이 NumPy를 충분히 활용하지 못하고 있다. NumPy는 벡터화 기능으로 인해 적절히 활용될 때 특히 유용할 수 있다. 이미지 마스크를 생성하기를 원하는가? 이미지가 numpy.ndarray에 로드된 경우 `mask = image < 87`을 입력하면 된다. 마스크 아래의 픽셀을 흰색

으로 설정하기를 원하는가? `image[mask] = 255`. NumPy는 기초적이지만 매우 강력하며 간과해서는 안 된다.

- Pandas NumPy와 유사하게, Pandas는 우리가 사용할 수 있는 유용한(벡터화) 기능의 방대한 무기고를 가지고 있어 표준 Python 단독보다 데이터 전처리가 훨씬 쉽다.

- SciPy NumPy의 확장으로 생각할 수 있는 SciPy는 또 다른 유용한 전처리 함수들을 제공한다. 스플라인spline에서 푸리에 변환Fourier transform으로, 당신이 원하는 특별한 수학/물리적 함수가 있다면, SciPy는 당신이 가장 먼저 봐야 할 장소다.

4.2.9 가우시안 프로세스

이 절에서는 최근에 등장한 또 다른 유용한 기법인 가우시안 프로세스GP, Gaussian Process에 대해 설명한다. GP는 비선형 회귀 및 분류를 위한 일반 통계 모델로, 최근 머신러닝 커뮤니티에서 큰 관심을 받고 있다. 가우시안 프로세스를 사용할 때 모든 예측이 확률적이라는 점을 고려할 때, 적합성이 얼마나 좋은지를 이해하기 위해 신뢰 구간을 구성할 수 있다. Murphy(2012)는 이러한 확률적 출력을 갖는 것이 비전 및 로봇 공학의 온라인 추적을 포함하는 특정 애플리케이션에 유용하다고 지적한다. 또한 그러한 확률적 정보가 금융 예측을 할 때 유용할 수 있다고 결론짓는 것이 타당하다.

가우시안 프로세스는 원래 지리 통계학("Kriging"이라는 이름으로 알려져 있음)에 도입됐다. 또한 대체(비대체) 데이터 애플리케이션에서 자주 발생하는 이질적 데이터 소스를 결합하는 데 사용할 수 있다. Ghosal et al.(2016)이 이 영역에서 연구를 수행했다. 이들은 GP를 사용해 기술적 지표, 시장 심리, 옵션 가격과 브로커 커미션 등의 다양한 데이터 소스들을 결합해 S&P 500 수익률을 예측했다. Ghosal(2016)의 논문을 논의하기 전에, 그 논문을 기반으로 가우시안 프로세스를 간략하게 설명할 것이다. 자세한 내용은 Rasmussen(2003)을 참조한다.

가우시안 프로세스는 평균 함수 및 공분산 함수 또는 커널에 의해 완전히 파라미터화 된다. 실제 프로세스인 $f(x)$가 주어지면 가우시안 프로세스는

$$f(x) \sim \mathcal{GP}(m(x), k(xx'))$$

이며, 여기서 $m(x)$와 $k(x, x')$는 각각 평균함수와 공분산함수이다.

$$m(x) = \mathbb{E}[f(x)]$$
$$k(x, x') = \mathbb{E}[(f(x) - m(x)) \times (f(x') - m(x'))]$$

이며, 여기서 중심화된 입력 집합 $X = \{x_1, \ldots x_n\}$과 출력 집합 $y = \{y_1, \ldots, y_n\}$이다. 가우시안 프로세스 $f = [f(x_1), \ldots, f(x_n)]^T$의 분포는 다변량 가우시안이다.

$$f \sim \mathcal{N}(0, K)$$

여기서 $K_{i,j} = k(x_i, x_j)$이다. f에 조건부로, 다음을 얻는다.

$$y_i \mid f(x_i) \sim \mathcal{N}(0, \sigma_n^2)$$

여기서 σ_n^2은 잡음을 파라미터화한다. 가우시안 분포가 자체 켤레이기 때문에, 우리는 다음과 같은 한계 분포함수를 얻을 수 있다(x에 독립인 즉 일반적으로 관측치가 없는 점에 대해).

$$y_i \sim \mathcal{N}(0, K + \sigma_n I)$$

어떤 새로운 미지의 점 x^*에서의 예측 y^*에 관해서(즉 훈련 데이터를 조건부로), 다음을 갖는다.

$$y^* \mid x^*, X, y \sim \mathcal{N}(k^*(K + \sigma_n^2 I)^{-1} y, k^{**} - k^*(K + \sigma_n^2 I)^{-1} k^{*T})$$

여기서 $K_{i,j} = k(x_i, x_j)$, $k^* = [k(x_1, x^*), \ldots, k(x_n, x^*)]$ 그리고 $k^{**} = k(x^*, x^*)$이다.

이 설정을 사용하면 관측 데이터로 공분산 함수 $k(x, x')$를 통해 f의 사전 지식을 인코딩할 수 있어 관측을 기반으로 사후분포를 생성할 수 있다. 종종 커널kernel이라고 부르는 k의 선택은 우리가 서로에 대한 근접성에 기초해 점들로부터 우리가 기대하는 행태를 표현할

수 있게 한다. 가우스 방사 기저함수$^{Gaussian\ Radial\ Basis\ Function}$와 같은 것은 벡터 공간의 근처의 점들이 f의 유사한 값들을 실현해야 한다는 사실을 인코딩할 수 있게 해준다.

Chapados(2007)가 지적한 바와 같이, 가우시안 프로세스는 완전한 베이지안 처리에 의존해 예측의 완전한 사후분포를 제공한다는 점에서 신경망과 다르다. 회귀의 경우, 그것들은 또한 계산적으로 구현하기가 비교적 간단하다. 사실 기본 모델은 훈련 예제의 수와 같은 크기, 즉 $O(N^3)$ 계산을 필요로 하지만 선형 방정식의 시스템만 풀면 된다. 그러나 가우시안 프로세스의 단점 중 하나는 고차원 공간에 덜 적합한 경향이 있다는 것이다.

Chapados(2007)에서 설명한 바와 같이, 좀 더 전통적인 선형 및 비선형 모델의 문제는 멀티스텝 방식으로 반복을 통해 여러 시간 구간에서 예측을 수행한다는 것이다. 또한 거시경제변수의 형태로 정보를 조건부화하는 것이 중요할 수 있지만, 설명력이 예측 기간에 걸쳐 변화하므로 주기적으로 공개되는 번거로운 속성을 보여준다. 다시 말해, 매우 긴 기간의 예측을 할 때 모델은 단기 또는 중기 예측을 할 때와 같은 방식으로 조건 정보를 통합하지 않아야 한다. 이 문제에 대한 가능한 솔루션은 각 시계열(각 시간 척도에 대해 하나씩)을 예측하기 위한 여러 모델을 갖는 것이다. 그러나 이 작업은 모델러 측에서 고도의 기술이 필요하며 수백 개의 시계열 처리를 원할 때 강력한 자동화에는 적합하지 않기 때문에 수행하기가 어렵다. Chapados(2007)는 상품 시장에서 발생하는 선물 계약 스프레드의 완전한 미래 궤적을 예측하는 GP 기반 솔루션을 제공한다.

Ghosal(2016)은 다음날 S&P 500 수익률의 시그널로 생각되는 12가지 팩터를 기술적 지표, 시장 심리, 가격 공간, 브로커 데이터 그룹으로 나눠 분석한다. 이들은 (1) 50일 SMA, (2) 12일, 26일, 지수 MACD, (3) Stocktwits 심리 팩터 (4) "방향성" 팩터 (5) "점성" 팩터 등의 타깃과 상당한 상관관계가 있는 것으로 판단되는 팩터들을 선택해 더욱 분석한다. 정상적^{stationary}과 적응적^{adaptive} 가우시안 프로세스 모델을 모두 테스트한 결과, 한 그룹의 팩터만 사용하더라도 두 경우 모두에서 정상적/적응적 자기 회귀 모델^{AR,} ^{Autoregressive} 벤치마크를 능가할 수 있음을 보여준다. 또한 GP 모델이 팩터의 관련성(전체 기간 동안 정상적 또는 시간에 따라 적응적)을 어떻게 제공할 수 있는지도 보여준다. 10장의 사례 연구에서 GP의 애플리케이션을 제시할 것이다.

4.3 어떤 기법을 선택할 것인가?

당면한 모든 문제에 최선의 해결책을 제공할 수 있는 범용 알고리듬은 없다. 도메인, 복잡도, 정확성 및 속도 요구 사항에 따라 모든 문제는 상이한 방법론적 접근법이 적정할 수 있다. 따라서 문제에 따라 상이한 최고 성능의 알고리듬을 찾을 수 있다. 공짜 점심 없음NFL, No-Free-Lunch 이론은 지도 학습과 검색을 중심으로 한 다양한 설정에서 명시되고 입증됐다. 특정 유형의 가능한 모든 문제에 대해 성능이 균등하게 평균될 때 다른 알고리듬보다 성능이 우수한 알고리듬은 없다는 것을 보여준다. 이것은 우리가 현실 세계에서 마주치는 문제와 제약의 다양성을 다루기 위해 각각의 모델들과 다른 훈련 알고리듬을 개발해야 한다는 것을 의미한다.

비정형 데이터가 대량으로 등장함에 따라 기존에 금융에서 사용되던 기술보다 더 발전된 기술을 사용해야 할 수도 있다. 예를 들어 이미지와 같은 비정형 데이터의 분석은 표준 통계 도구를 사용해 좋은 결과를 산출할 수 없다. 이 작업에 로지스틱 회귀 분석을 사용할 수 있지만 일반적으로 분류 정확도가 낮다. 최근 머신러닝 분야에서 더 높은 수준의 정확도로 이미지, 텍스트 및 음성을 분석할 수 있는 발전이 있었다. 딥러닝은 그러한 발전 중 하나다. 예를 들어 다양한 이미지 인식 작업을 위한 딥러닝은 인간 성능을 능가했다.[12] 4.2.8절에서 딥러닝에 대해 논의했다.

우리는 경험에 근거해 가장 일반적인 유형의 문제를 해결하는 데 일반적으로 사용되는 기법을 항목별로 분류했다(표 4.1 참조). 리스트는 완전하지 않고 리스트에 있는 것과 다른 기법들도 좋은 성능을 가질 수 있기 때문에 독자들은 이 리스트를 절대적인 처방이 아닌 시작을 위한 지도로 받아들여야 한다. 우리는 테이블 왼쪽 열에 재무 실무자가 관심을 갖는 대표적인 사용 사례와 제안된 모델링 기법을 기술할 것이다. 상응하는 제안은 오른쪽 열에 있으며, 많은 경우 4장에서 앞에서 논의한 모델을 사용한다. 우리는 또한 독자들이 Kolanovic과 Krishnamachari(2017)를 참조하도록 언급하는데, Kolanovic과

---

12 다양한 데이터셋에 대한 최신 성능 벤치마크를 보려면 https://www.eff.org/ai/metrics를 참조하라. 대조 축소(contrast reduction), 가법적 잡음(additive noise) 또는 신기한 상왜곡(novel eidolon-distortion)과 같은 이미지 저하(image degradation)에서 인간 대 머신 성능의 다른 예와 비교는 Geirhos(2017)를 참조하라.

Krishnamachari는 다양한 금융 기반 문제와 이를 해결하는 데 사용할 수 있는 잠재적인 머신러닝 방법 리스트를 더 많이 가지고 있다.

표 4.1 금융 (및 비금융) 문제와 제시된 모델링 기법

시장 국면 식별	은닉 마르코프 모델(HMM)
자산, 자산 바스켓과 팩터의 미래 가격 방향	선형 회귀, LSTM[12]
자산, 자산 바스켓과 팩터의 가격 변화의 미래 크기	선형 회귀, LSTM
자산, 자산 바스켓과 팩터의 미래 변동성	GARCH(그리고 그 변형들), LSTM
자산과 팩터 군집화와 이들이 시간에 따라 어떻게 변화하는가	K-평균 군집화, SVM
시장에 비해 이상 가격을 가진 자산	선형 회귀, LSTM
이벤트 발생 확률(예: 시장 폭락)	랜덤 포레스트
기업과 경제 펀더멘털 예측	선형 회귀, LSTM
거래 자산의 거래량과 흐름 예측	GARCH(그리고 그 변형들), LSTM
시장 동인의 이해	PCA
이벤트 연구(가격의 특정 이벤트에 대한 반응)	선형 회귀
다중 빈도 시계열의 혼합	가우시안 프로세스
거래 유동성 변화 예측	선형 회귀, LSTM
자산 가격 움직임의 특성 중요도	랜덤 포레스트
정형화 • 이미지 • 텍스트 • 음성 • 비디오	컨볼루션 신경망 BERT,[13] XLNet[14] 심층 신경망-은닉 마르코프 모델 컨볼루션 신경망
결측 데이터 대체	다중 특이 스펙트럼 분석
개체 매칭	심층 신경망

4장의 후반부에서 우리는 이미지와 텍스트를 정형화하기 위해 다양한 기법을 사용하는 몇 가지 실용적인 예를 제공한다.

---

13 LSTM(Long Sort-Term Memory)은 인공 순환 신경망(recurrent neural network)이다.

14 트랜스포머(Transformer)로부터 양방향 인코더 표현(bidirectional encoder representation)

15 XLNet은 트랜스포머-XL 기반 자연어 이해를 위한 일반화된 자기 회귀 모델이다.

데이터를 분석하는 가장 좋은 방법을 선택하려면 다양한 머신러닝 접근법, 장단점 및 이러한 모델을 금융 영역에 적용하는 세부 사항을 숙지해야 한다. 성공적인 애플리케이션에는 이용 가능한 모델에 대한 지식뿐만 아니라, 모델링되고 있는 기본 데이터에 대한 강력한 이해와 강력한 시장 직관력이 필요하다.

4.4 머신러닝 기법의 가정과 한계

일반적으로 계량적 모델링은 우리가 반드시 알아야 하는 모델링 단계에서 이뤄진 가정과 선택에 기초한다. 사소한 것처럼 보이지만 실제로는 이러한 가정들이 무엇을 수반하는가에 대한 인식의 부족을 봐왔다. 첫째, 인과관계^{causality}와 상관관계^{correlation}의 차이가 있으며, 우리가 예측할 때 가장 필요한 것은 인과관계다. 둘째, 비정상성^{nonstationary} 데이터는 학습을 매우 어렵고 시간적으로 불안정하게 만들어 신뢰할 수 없는 결과를 산출한다. 셋째, 우리가 작업하는 데이터셋은 항상 현상을 일으킬 수 있는 변수들의 부분집합임을 명심하는 것이 중요하다. 데이터셋을 보완할 수 있는 소중한 정보는 다른 데이터셋 또는 전문가 지식에도 있을 수 있다. 마지막으로 알려진 한계, 당면한 데이터 및 비즈니스 사례를 고려해 알고리듬의 선택을 결정해야 한다. 이제 이러한 측면에 대해 자세히 논의할 것이다.

4.4.1 인과관계

앞 절에서는 사용 사례에 따라 제안된 다양한 머신러닝 기법의 리스트를 제공했지만, 많은 애플리케이션에 우리가 반드시 알아야 할 공통된 측면(및 잠재적인 문제)이 있다. 분류(예측) 작업에서 우리는 항상 입력 집합과 출력 사이의 함수 관계를 배우려고 노력한다. 그렇게 함으로써, 우리는 오래된 알려진 문제, 즉 거짓 상관관계$^{spurious\ correlation}$ 또는 통계적 우연$^{statistical\ coincidence}$에 직면할 가능성이 있다. 그러나 두 변수 사이의 관계가 인과관계인 경우에도(즉, 교란자로 작용하는 세 번째 변수가 없는 경우), 신경망 또는 심지어 훨씬 단순한 선형 회귀는 인과 관계의 방향을 설명할 수 없으며, 따라서 동등하게 강한 입력과 출력의 연관성을 발견할 때 입력과 출력은 교환될 수 있다. 그럼에도 강력한 모델을 갖기 위해서는 모델 구축 시 재보정이 자주 필요하지 않고 결과가 시간까지 유지되며, 견고한 도메인 특화 논리가 필요하다.[16] 이는 원인이 출력(효과)을 예측하고자 하는 모델의 입력이 돼야만 한다는 것을 말한다. Pearl(2009)이 지적했듯이, 인과 모델은 일련의 바람직한 특성을 가지고 있다. 그의 용어를 사용하기 위해 인과관계의 관점에서 문제를 취급해본다.

- 결과에 대한 판단이 "강건"한가?
- 외부 환경의 변화를 표현하고 대응하는 것이 적절한가?
- 확률보다 "안정적"인 개념적 도구의 사용이 허용될 것인가?
- 상황에 대한 외삽 즉 역사적으로 발생하지 않은 사건의 조합을 허용할 것인가?

이러한 점들의 실리에 관해서 말하려면 훈련 데이터가 생성되는 프로세스가 안정적이어야 하고, 식별된 관계가 안정된 인과 프로세스 때문에 발생하는 관계임이 확인돼야 한다. 변수 간의 인과 관계가 대부분 알려져 있지 않거나 존재하지 않기 때문에 이는 까다로운 작업이 될 수 있다. 그러나 우리는 당면한 문제에 도메인 지식의 가장 좋은 점을 입력했다는 것을 확신해야 한다. 이는 우리를 또 다른 중요한 포인트인 정상성stationarity으로 이끈다.

4.4.2 비정상성

정상성의 결여는 다루기가 매우 까다롭고 대부분의 경우 머신러닝 모델은 이에 대처할 수 없다. 사실 학습은 항상 추론이 이뤄지는 데이터 배후의 확률 분포가 동일하게 유지된다고 가정한다. 이것은 실제에 거의 접하기 어려운 조건이다. 우리는 정상성이 알고리듬의 높은 성능을 위해 필요조건이긴 하지만, 충분조건은 아니기 때문에 양호한(또는 어떤) 예측력을 보장하지 않는다는 점에 주목한다. 딥러닝이 특히 성공적인 예를 들면, 일

---

16 때로는 이미지에서 자동차를 세거나 감성을 추출할 때는 인과관계가 필요하지 않다. 그러나 인과관계는 예를 들자면 거시경제 예측에 필요하다.

반적으로 사진에서 고양이를 식별하거나 주차장 자동차를 세는 것 또는 언어 번역에서 같이 기본 데이터셋의 특성이 상대적으로 정적인 경우였다.[17]

후속적으로 모델이 적용되는 현실 세계의 데이터와 비교할 때, 개발/테스트 데이터셋에 포함된 데이터 분포의 변화를 데이터셋 분포 변화[dataset shift](또는 표류[drifting])라고 한다. 데이터셋 분포 변화는 (1) 독립 변수의 분포 변화(공변량 분포 변화[covariate shift]) (2) 목표 변수의 분포 변화(사전 확률 분포 변화) (3) 독립 변수와 목표 변수의 관계 변화(개념 분포 변화)의 세 가지 유형으로 나눌 수 있다. 첫 번째 유형만 문헌에서 광범위하게 연구됐고(예: Sugiyama(2012) 참조) 이에 대처하는 몇 가지 레시피가 있으며, 나머지 두 가지는 여전히 활발히 연구되고 있다.

금융 시계열은 평균 및 분산과 같은 속성이 크게 변화하고 기본 확률 분포가 완전히 예측할 수 없는 방식으로 변할 수 있는 비정상성을 나타낸다. 이는 특히 많은 변수(예: 변동성)의 시계열에 구조적 단절[structural break]이 있는 시장 혼란 기간 동안 관찰될 수 있다. 이는 중앙은행의 개입을 통해 인위적으로 변동성이 낮게 유지됐다가 중앙은행이 더 이상 통화의 긴축 범위를 유지할 자금이 없을 때 파멸하는 관리형 통화에 특히 잔인할 수 있다.

4.4.3 제한된 정보 세트

또 다른 중요한 포인트는 특정 데이터셋에 의해 주어진 제한된 정보 세트(특성의 수와 히스토리 모두)에 대해 모든 알고리듬이 훈련된다는 것이다. 따라서 도출할 수 있는 통찰력은 본질적으로 데이터셋에 포함된 것으로 제한된다. 이런 의미에서, 알고리듬은 좁은 세계 밖에서 일어나는 일에 대해 맹목적이다. 기본적으로 보유하고 있지 않은 데이터에 대해서는 알 수 없다. 도널드 럼즈펠드[Donald Rumsfeld]에 의해 대중화된 용어를 빌리자면, 이들은 본질적으로 "모른다는 사실을 아는 것[known unknown]"이다.

이는 희소한 이벤트인 시장 붕괴[market crash]를 예측하려고 할 때 상당히 문제가 될 수 있다. 조기 경고 지표[early warning indicators]는 종종 데이터셋 외부에서 찾아서 해당 데이터셋

---

17 고양이는 시간에 따라 변하지 않는다. 특히 관찰 후에 말이다.

에서 작동하는 알고리듬의 발견과 통합될 수 있다. 그러나 시장 붕괴의 트리거는 크게 다를 수 있나. 예를 늘어 신흥 시장 내의 지표들은 2000년대 초, 특히 1997년의 아시아 위기를 예측하는 데 유용할 수 있었을 것이다. 하지만 이들은 더 이상 서브프라임 등 선진국 시장에서 나온 글로벌 금융 위기를 예측하는 데 있어 글로벌 금융 위기의 확산 이전만큼 중요하지는 않을 것이다. 선진 시장 신용 스프레드와 관련된 변수들이 전염^{contagion} 후 나중에 움직인 신흥 시장과 관련된 변수들보다 이 경우 훨씬 더 통찰력이 뛰어났을 것이다. 일반적으로 모델의 입력/출력을 수정하거나 보완하는 것은 루프 내 인간 개입을 통해 수행될 수 있다. 이 경우 인간은 문맥에 대한 지식이 때로는 수많은 과거 데이터보다 더 유용하기 때문에 알고리듬을 능가할 수 있다. 인간은 때때로 적은 자료로 예측에 매우 능숙하다. 우리는 얼굴을 단지 한두 번 본 후에도 알아본다. 심지어 다른 각도에서 보더라도, 또는 마지막으로 본 지 몇 년이 지나도. 반면 딥러닝 알고리듬은 훈련 세트에 수백 개의 이미지 또는 수천 개의 이미지를 필요로 한다.

이 주제에 대한 좀 더 자세한 추론을 위해 Agrawal et al.(2018)을 참조하라. 물론 '모른다는 사실조차 모르는 것^{unknown unknown}'도 있다. 이들은 머신과 인간 모두 알 수 없다. 마지막으로 Agrawal et al.의 언어로 말하면, (럼즈펠드가 아닌) 알고리듬이 매우 자신 있게 답을 제공하는 곳에서도 '모르는 것조차 모르는 것'이 있다. 이 경우 진정한 인과관계가 알고리듬에 의해 파악되지 않기 때문에 이는 거짓일 수 있다. 더 자세한 것은 Agrawal et al.을 참조한다.

4.4.4 알고리듬 선택

마지막으로 또 하나의 가정인 알고리듬의 선택은 당면한 사용 사례에서 중요할 것이며, 이는 해결하려는 문제의 특성과 이용 가능한 데이터의 양에 의해 유도돼야 한다. 이미 언급했듯이, 가장 성능이 좋은 범용 알고리듬은 없다. 딥러닝 모델은 주차장에서 차를 세는 작업 또는 텍스트에서 감성을 추출하는 작업을 탁월하게 수행하지만, 이들은 특히 저빈도 데이터의 경우 금융 시계열을 예측할 때 그만큼 성능이 좋지 않을 수 있다. 데이터가 특히 부족한 경우, 선형 회귀와 같은 간단한 머신러닝 기술이 더 복잡한 딥러닝 접근법보다 더 나은 선택일 수 있음을 발견할 수 있다.

그렇다면 금융에서 직면하는 전형적인 문제는 무엇일까? 첫째, 금융 시계열의 신호 대 잡음 비율이 낮다. 이미지 인식 시스템은 잡음에 매우 민감하다. 따라서 이미지에 약간의 백색 잡음을 추가하는 것은 분류의 결과를 완전히 바꿀 수 있다. 둘째, 딥러닝이 데이터 탐욕적인$^{data\ greedy}$ 것으로 알려져 있기 때문에 종종 데이터의 양이 충분하지 않을 수 있다. 우리는 과거의 더 많은 데이터 포인트를 포함하도록 샘플을 확대할 수 있다. 그러나 시장 및 경제의 지속적으로 변화하는 특성을 감안할 때 4.4.2절에서 논의되는 비정상성 문제에 직면할 수 있다. 만약 시장이 인간 시장 조성자$^{market\ makers}$에 의해 지배되고 매우 다른 시장 미시 구조를 가진 과거 기간을 조사한다면, 이 접근법은 고빈도 트레이딩 전략을 다시 테스트하는 데 유용하지 않을 것이다. 이러한 유형의 시장은 전자 트레이더들이 단기적인 가격 행동을 지배하게 된 이후의 기간과는 매우 달랐다.

LSTM(장기 단기 메모리)과 같은 딥러닝 기법을 사용해 고빈도 호가창 데이터에서 시계열을 탐색할 수 있다. 4장 앞부분에서 언급했듯이, 일반 순환 신경망^{RNN}에 비해 LSTM의 이점은 데이터의 장기적 의존성을 포착하는 동시에 관련성이 낮은 이벤트를 잊을 수 있다는 것이다. 따라서 LSTM은 여러 시간 스텝을 거치면서 학습할 수 있다. 이러한 장기적 의존성을 설명할 수 있는 능력은 시계열 모델링의 핵심이다. 실제로 시계열에서 장기 관계를 모델링할 능력이 없다면 많은 패턴을 모델링하는 데 어려움을 겪을 것이다. 예를 들어 이러한 패턴에는 계절성과 관련된 패턴(예: 하루 중 시간, 요일 등)이 포함된다.

고빈도 트레이딩 환경에서 그러한 모델을 훈련시키기 위한 매우 많은 양의 데이터를 가지고 있다. 거래 실행 수뿐만 아니라 발표된 모든 호가의 훨씬 큰 데이터셋도 있다. 이 경우에도 여전히 여러 가지 도전 과제가 있을 수 있으며, 특히 일단 모델이 훈련되면 모델을 신속하게 실행할 수 있도록 해야 한다. 고빈도 트레이딩 모델을 충분히 빨리 실행할 수 없다면, 그 트레이딩 추천 중 어떤 것도 수익을 낼 수 없을 것이다. 고빈도 트레이딩 전략은 매우 지연 시간에 민감하다.

미래를 위해 이러한 모든 문제를 염두에 두고 이제 이미지와 텍스트 구조 및 이해에 대해 논의하고자 한다.

4.5 이미지의 정형화

4.5.1 특성과 특성 탐지 알고리듬

이미지를 해석할 때 인간은 중요한 요소에 초점을 맞추려고 하고 이따금 이미지의 많은 부분을 무시한다. 어떤 의미에서는 무의식적으로 데이터의 차원 축소를 수행하고 있다. 원리는 우리가 이미지를 특성 벡터feature vector로 변환하려고 할 수 있는 컴퓨터 비전에서 유사하다. 금융과 관련된 많은 대체 데이터셋은 원래 이미지에서 파생된다. 인간이 이미지를 해석하는 것이 가능한 반면, 이미지의 양이 커지면 이는 불가능하다. 따라서 이러한 이미지를 처리하기 위한 효과적인 자동 기법이 중요하다. 13장에서는 투자자를 위한 위성 이미지에 대한 사용 사례를 구체적으로 제시한다. 이러한 데이터셋은 수동 방식으로 처리하는 데 비용이 많이 들고 불일치가 발생하기 쉬운 수천 개의 이미지에서 도출할 수 있다.

이미지 인식에서 본질적으로 이미지에서 중요한 특징을 추출하려고 하는데, 이것이 그 콘텐츠를 이해하는 데 가장 유용하기를 바란다. Salahat과 Qasaimeh(2017)는 여기서 요약한 그러한 특성의 몇 가지 이상적인 속성에 대해 논의한다. 이미지 내의 일부 특성은 경계와 관련이 있을 수 있다. 가장자리는 픽셀 강도에 갑자기 변화가 있을 때 발생한다. 한편 모서리는 가장자리가 결합되는 곳에서 발생한다. 일부 특성은 블랍blobs 또는 영역regions을 기반으로 한다. 다른 블럽은 밝기, 색상 등의 차이점에 의해 구별된다. 그림 4.11은 다양한 특징 탐지기 알고리듬의 요약으로 범주별로 분류하고 분류기가 기반으로 하는 것을 제시한다(Salahat and Qasaimeh, 2017).

그렇다면 특성의 이상적인 속성은 무엇일까? 특성이 서로 구별될 수 있도록 구별돼야 한다. 비교적 작은 영역을 커버해야 한다. 다시 말해서 그들은 국지적local이어야 한다. 특성을 계산하려면 계산 효율성이 필요하다. 이는 특히 실시간 비디오 피드에서 객체를 탐지하는 등 실시간 애플리케이션에 사용하는 경우에 유용하다.

특성은 반복 가능해야 하므로 프레임 간에 비교적 안정적이어야 한다. 이 경우 원근과 회전의 변화에 불변해야 한다. 예를 들어, 말^{horse}은 정면으로 보는 것과 측면에서 보는 것이 매우 다르다. 하지만 이미지의 각도에 상관없이 말은 여전히 말이다. 또한 잡음 더하기, 흐리게 하기, 압축하기와 같이 이미지 품질에 영향을 주는 요인에 의해 영향을 받아서는 안 된다. 그림 4.12에서 우리는 Salahat과 Qasaimeh(2017)의 다양한 이상화된 특성 품질 측면에서 다양한 특성 탐지 알고리듬과 그것들이 어떻게 작용하는지를 열거한다.

그러면 어떻게 이미지 분류와 같은 컴퓨터 비전 문제에 이러한 특성들을 사용할 수 있을까? 첫 번째 단계는 우리가 가지고 있는 이미지, 예를 들어 "버거"와 "다른 것"에 레이블을 붙이는 것이다. 그런 다음 특성 탐지 알고리듬을 사용해 모든 이미지를 각각의 특성 벡터 표현으로 변환해야 한다. 그러면 이 문제는 분류 방식의 지도 머신러닝 문제로 풀 수 있다. 이 경우, 우리는 본질적으로 고차원 초공간^{hyperspace}을 "버거"와 "다른 것" 영역으로 분할하려고 한다. 우리의 초공간은 이미지를 나타내는 벡터를 특성으로 하는 많은 점들로 구성돼 있다. 이 공간을 분할하기 위해 로지스틱 회귀 분석과 같은 선형 모델을 사용할 수 있다. 그러나 SVM(서포트 벡터 머신)과 같은 비선형 기술이 더 나은 결과를 산출할 가능성이 높다.

범주	분류	방법과 알고리듬
엣지 기반	미분 기반	Sobel, Canny
코너 기반	그래디언트 기반	Harris(그리고 이것의 미분), KLT, Shi-Tomasi, LOCOCO, S-LOCOCO
코너 기반	템플릿 기반	FAST, AGAST, BRIEF, SUSAN, FAST-ER
코너 기반	등고선 기반	ANDD, DoG-curve, ACJ, Hyperbola fitting, 등.
코너 기반	학습 기반	NMX, BEL, Pb, MS-Pb, gPb, SCG, SE,tPb, DSC, Sketch Tokens, etc.
블롭(관심 포인트)	PDE 기반	SIFT(그리고 이것의 미분), SURF(그리고 이것의 미분), CenSurE, LoG, DoG, DoH, Hessian (and its derivatives), RLOG, MO-GP, DART, KAZE, A-KAZE, WADE, 등.
블랍(키 포인트)	템플릿 기반	ORB, BRISK, FREAK
블랍(관심 영역)	분할 기반	MSER(그리고 이것의 미분), IBR, 두드러진 영역(Salient Regions), EBR, Beta-Stable, MFD, FLOG, BPLR

그림 4.11 다양한 엣지, 코너와 블랍 기반 특성 탐지기들

출처: Salahr와 Qasaimeh(2017)의 데이터 기반

특성 탐지기	회전	크기 불변성	어파인 특성 (선형성)	반복성	국지적 품질 강건성	강건성	효율성
Harris	Y	–	–	+++	+++	+++	++
Hessian	Y	–	–	+++	++	++	+
SUSAN	Y	–	–	++	++	++	+++
Harris-Laplace	Y	Y	–	+++	+++	++	+
Hessian-Laplace	Y	Y	–	+++	+++	+++	+
DoG	Y	Y	–	++	++	++	++
Salient Regions	Y	Y	Y	++	+	++	+
SURF	Y	Y	–	++	+++	++	+++
SIFT	Y	Y	–	++	+++	+++	++
MSER	Y	Y	Y	+++	+++	++	+++

그림 4.12 주요 특성 탐지 알고리듬 및 그 속성

출처: Salahr와 Qasaimeh(2017)의 데이터 기반

4.5.2 이미지 분류을 위한 딥러닝과 CNN

컴퓨터 비전에 대한 우리의 논의는 대체로 가장자리, 모서리 및 블럽과 관련된 특성 탐지 알고리듬을 사용해 특징 벡터 표현을 구성하는 것에 중점을 두었다. 이 접근법은 이미지 해석 방식과의 유사성을 고려할 때 직관적으로 보인다. 예를 들어 이미지 인식의 정확도를 높일 수 있는 특성을 추출하는 더 나은 방법이 있는가? 상위 수준 특성을 자동으로 식별할 수 있을까? 이것이 코너와 같은 직관적인 특징에 기반을 두고 특성에 대한 이미지를 전처리하는 특성 탐지 알고리듬보다 더 나은 작업을 할 수 있을까?

우리는 딥러닝을 사용해 4장 앞부분에서 언급했듯이, 직접 수동으로 그것들을 만들려는 것(즉 특성 공학feature engineering)과는 반대로, 적절한 특성들을 "발견"할 수 있다. 특히 컨볼루션 신경망CNN은 이미지 인식 영역에서 성공적이었다. CNN은 특성 탐지 알고리듬을 적용하는 단계를 본질적으로 생략한다. 대신 원시 픽셀 데이터를 입력 특성 맵으로 사용하며, 각 픽셀은 기본적으로 빨간색, 초록색 및 파란색RGB 값의 항목으로 구성된 벡터다. 컨볼루션 작업을 슬라이딩 타일로 생각할 수 있는데, 이것은 원본 이미지를 미끄러져 나간다. 이미지의 겹치는 부분에 타일이 이미지 위로 미끄러지면서 점곱dot product을 수행하면서 출력 특성 맵을 생성한다. 즉, 가중치 집합을 사용해 원소별 곱에 대한 합을 수행한다. "슬라이드"의 크기를 "스트라이드stride"라고 한다. Dumoulin과 Visin(2018)은 스트라이드와 컨볼루션 연산에 미치는 다른 요인들에 대해 설명한다.

이 가중치 행렬을 필터filter라고 한다. 기존에는 수평, 수직 또는 대각선 엣지와 같은 비교적 직관적인 특정 특성을 선택하도록 필터를 수작업으로 제작했다. 그러나 이 경우, 우리는 대신에 나중에 "적합화되는" 랜덤 가중치에서 시작해, 우리는 중요한 특성들을 미리 지정하기보다는 학습할 수 있다.

일반적으로 여러 필터를 적용해 출력 깊이를 증가시킨다. 컨볼루션 단계를 통해 서로 가까운 픽셀 간의 관계를 일부 유지할 수 있다는 점에 유의해야 한다. 만약 이 관계가 없어진다면, 그것은 이미지를 이해하는 것을 훨씬 더 어렵게 만들 것이다. 더 많은 필터를 사용할수록 CNN에서 더 많은 특성을 추출할 수 있다.

그런 다음 ReLU^{Rectified Linear Unit}를 사용해 비선형성이 컨볼루션된 특성에 도입된다. ReLU는 각 행렬 원소와 0 중 최댓값을 출력한다. 신경망에 대한 우리의 소개를 상기하면, 이것은 활성화함수의 최근 두드러진 예다. 다음으로는 풀링^{pooling} 단계가 있으며, 여기서 컨볼루션 특성이 다운샘플링^{downsampling}된다. 이는 파라미터의 수를 줄임으로써 네트워크를 훈련시킬 때 필요한 계산 시간을 줄인다. 여러 개의 컨볼루션 및 풀링 계층이 서로 뒤에 있을 수 있다. 아이디어는 이러한 여러 단계를 통해 덜 관련이 있는 부분은 버리면서, 분류 목적으로 이미지의 중요한 부분을 포착할 수 있다.

컨볼루션 및 풀링 계층 이후 이미지를 긴 벡터로 평탄화^{flatten}한다. 다음 단계는 식별하려는 개체의 N 클래스에 대한 분류 단계를 수행하는 완전 연결 계층^{fully connected layer}을 갖는 것이다. 최종 연결 출력 계층은 "이것이 버거인가?"와 같은 분류와 일치하는 입력 이미지의 확률을 제공한다. 네트워크는 역전파를 통해 최적의 가중치에 적합화되도록 훈련될 수 있다. 일반적으로 CNN을 기반으로 하는 기법은 수작업으로 만든 특성을 사용하는 기법에 비해 이미지 분류에 관한 한 오늘날 훨씬 더 보편적이다. 이러한 기법의 단점은 만들어진 특징들이 항상 직관적인 것은 아닐 수 있기 때문에 때때로 왜 특정한 출력이 생성됐는지 이해하는 것이 더 어려울 수 있다는 것이다. 이미지 인식의 경우, 그들이 수행하는 작업은 단순히 인간이 수행하고 확인할 수 있는 작업을 자동화하는 것이기 때문에, 이것은 덜 걱정된다고 주장할 수 있다.

4.5.3 다른 데이터셋을 이용한 위성 이미지 데이터 증강

이미지에서 물체를 인식할 수 있는 방법은 앞에서 설명한 기법을 사용해 수행할 수 있다. 그러나 이것이 투자 목적에 유용하도록 만들기 위해 이미지 데이터를 정형화하는 유일한 단계는 아니다. 각 위성 이미지에 대해 GPS 좌표, 타임스탬프 등과 같은 관련 지리 공간 데이터가 존재한다. 이 데이터는 주소가 포함된 데이터셋과 결합할 수 있다. 따라서 이미지에서 탐지된 객체에는 추가 태그가 주석 처리될 수 있다. 이러한 태그는 위성 이미지만으로는 답변할 수 없는 질문에 대한 답변을 지원한다. 이러한 질문에는 해당 위치가 특정 비즈니스와 연결돼 있는지 여부, 특정 도시 및 국가에 있는지 여부 등이 포함될 수 있다.

일반적으로 특히 투자자가 사용하기 위해 시계열을 구성하고자 하는 경우 시간 경과에 따른 장소의 변화를 이해하고자 할 수도 있다. 우리는 13장의 책 뒷부분에서 이러한 회사의 주당 수익을 예측하기 위해 투자자가 소매점 주차장의 위성 이미지를 어떻게 사용할 수 있는지에 대해 논의하는 사용 사례를 제공한다.

4.5.4 이미지 도구들

실제로 이미지를 처리하려면 다음과 같은 많은 기존 라이브러리에서 도움을 받을 수 있다.

- **Scikit-image** scikit 계열의 또 다른 멤버인 scikit-learn은 특별히 화려한 것은 제공하지 않지만, 수많은 유용한 함수로 빠르게 습득할 수 있는 깨끗하고 단순한 API를 제공한다. 소벨 필터로 가장자리를 찾고 싶은가? `edges = skimage.filters.sobel(image)`.

- **SciPy.ndimage** SciPy의 덜 알려진 하위 모듈 중 하나는 sci.ndimage일 것이다. numpy.ndarray에 적용할 수 있는 많은 함수들을 제공한다. 그것은 확실히 때때로 쓸모가 있다. 이미지를 흐리게 하고 싶은가? `scipy.ndimage.gaussian_filter(image, sigma=1)`

- **Matplotlib** 일반적으로 분석/탐색에 사용되지만, 맷플롯립은 이미지와 상호 작용할 수 있는 GUI를 제공하며 이벤트 처리 기능을 사용해 중심/경계 상자bounding box 레이블링에 사용할 수 있다.

- **Pillow** 현재 더 이상 사용되지 않는 PIL의 포크인 pillow는 밝기, 대비 변경 함수 등 많은 기본 이미지 처리 함수를 제공한다.

- **OpenCV** OpenCV는 파이썬 API를 제공하는 또 다른 프레임워크다. 사전 학습된 모델이 많은 매우 강력한 라이브러리인 OpenCV의 모든 내용을 학습하는 데 평생을 투자할 수 있다.

- **SimpleCV** SimpleCV는 이미지 처리의 케라스Keras로 생각할 수 있다. OpenCV와 같은 여러 컴퓨터 비전 라이브러리에 대한 액세스를 제공하지만, 더 높은 수준

의 래퍼를 사용해 학습 곡선을 낮춘다.

4.6 자연어 처리(NLP)

4.6.1 자연어 처리(NLP)란 무엇인가?

많은 대체 데이터셋은 텍스트로 구성된다. 웹 자체는 대부분 텍스트로 구성돼 있다. 웹에서 텍스트 기반 데이터를 무시하면 투자 관점에서 유용할 수 있는 많은 정보를 기본적으로 무시하는 것이다. 15장에서 소셜 미디어를 사용해 경제 데이터 추정을 하는 것으로부터 뉴스 감성을 이용해 시장 감성을 이해하는 것에 이르는 텍스트에 대한 많은 투자 활용 사례에 대해 논의한다. 텍스트 데이터를 사용해 트레이딩 결정을 내리려면 여러 단계를 거쳐야 한다. 특히, 텍스트 데이터의 양을 고려할 때, 우리는 텍스트를 분석하는 자동화된 방법을 가질 필요가 있다. 이것이 자연어 처리NLP가 우리를 도울 수 있는 곳이다.

간단히 말해서, NLP는 컴퓨터가 인간의 언어를 이해하는 한 방법으로 볼 수 있다. 그러나 NLP를 하기 위해서는 먼저 자연어의 다양한 부분을 정의해야 한다. Briscoe(2013)는 자연어 또는 인간 언어의 다양한 구성 요소를 설명하고 NLP의 개요를 제공한다.

가장 낮은 수준에서 우리는 인간에 의해 발생되는 특정한 소리를 포함하는 음성학을 가지고 있다. 이를 바탕으로 세워진 우리는 특정한 언어의 소리를 조사하는 음운학이 있다. 다음 단계인 형태학은 단어들이 어떻게 구성되고 그들의 분해되는지를 살펴본다. 예를 들어 "burgers"라는 단어는 "burger(어간)"와 "s(다중성을 나타내는 접미사)"로 나눌 수 있다. 우리는 eating(동사), eating(형용사), eating(명사)과 같은 다양한 언어 형태와 같은 많은 다른 유형의 구성을 가질 수 있다. 아랍어와 같은 특정 언어에서 형태학은 매우 중요할 수 있다. 아랍어 동사는 근원적으로 3개의 어간 문자(또는 경우에 따라서는 4개의 문자)로 구성되며, 다른 언어들에서 상이한 어간을 가질 수 있는 동사적 명사와 같은 많은 상이한 동사 형태와 이에 관련된 단어를 도출할 수 있다. 예를 들어 아랍어에서는 "가르쳐라"와 "배워라"의 동사가 서로 관련된 의미를 가지며, 같은 어근을 가지고 있다. 이것은 각각의 단어가 완전히 다른 영어와 대조된다.

구문^{syntax}은 단어를 조합해 문장을 만드는 방법이다. 문법은 단어들이 문법적으로 올바른 문장을 형성하기 위해 어떻게 결합될 수 있는지를 지시할 것이다. 영어와 같은 언어에는 SVO$^{Subject-Verb-Object, 주어-동사-목적어}$라는 단어 순서가 있다. 대조적으로 아랍어는 VSO$^{Verb-Subject-Object, 동사-주어-목적어}$인 경향이 있다. 그러나 어떤 특정한 단어들의 집합에서, 각각의 다른 의미를 가진 문법적으로 정확한 단어 순서들이 있을 것이다. 예를 들어 "Alex consumes burgers"와 "Burgers consume Alex"는 문법적으로 옳지만, 완전히 다른 의미를 가지고 있다. 실제로 영어에서 어떤 어순이 없다면, 단어의 의미에 상당한 양의 모호함이 있을 것이다. 하지만 잠재적으로, 우리는 문장에서 단어들이 그들의 위치에 따라 변하는 더 유연한 순서를 가질 수 있는데, 이것은 굴절어$^{inflected\ language}$라고 일컬어진다. 라틴어는 그러한 언어의 한 예로서, 격의 어미를 바꾸는 광범위한 사용은, 단어가 엄격한 어순을 고수할 필요 없이, 주어인지 아니면 객체인지를 우리가 알 수 있게 한다.

의미론^{semantics}은 언어의 의미에 관한 것이다. 우리는 문장을 이해할 수 있어야 한다. 그래서 우리는 누가, 무엇을, 왜, 어디서, 어떻게, 그리고 언제와 같은 질문에 대답할 수 있다. 화용론^{pragmatics}이란 문맥으로 텍스트를 이해하는 것을 말하며, 텍스트 자체 이상의 정보에 대한 지식이 필요한 경우가 많다.

NLP는 위에서 설명한 다양한 수준에서 문제를 해결하려고 시도한다. 구문에 대한 어떤 종류의 분석이라도 먼저 단어를 식별하기 위한 단어 토큰화/분할을 포함한다. 그런 다음 음성 부분에 태그를 지정하는 것과 같은 다른 NLP 작업을 수행할 수 있다(예: 그 단어들은 명사, 동사, 부사 등이다).

의미론 수준에는 또한 수많은 중요한 NLP 작업이 있다. 가장 중요한 것 중 하나는 특정 사람, 조직과 위치를 식별하고 개체들 간의 관계를 추출하기 위한 것으로 개체 인식$^{entity\ recognition}$이라고 명명된다. 이벤트와 시간적 의미를 추출할 수 있는 능력이 핵심이다. 이는 특히 투자자의 맥락에서 볼 때, 과거 시장 움직임의 검토에 비해 미래 전망 예측에 더 비중을 둘 가능성이 높다.

우리는 또한 행동의 에이전트와 대상을 식별하는 것과 같이 문장에서 의미론적 역할을 식별할 필요가 있다. 좀 더 간단하게 이것의 예는 "누가 누구에게 무엇을 하고 있는가?" 라고 묻는 것이다. 다시 이것은 진술의 중요성을 이해하는 데 매우 중요하다. 미국 대통령이 산유국에 대한 제재를 촉구한다면 이는 국무부 대변인이 촉구하는 경우보다 더 관련이 있다. 의미론적 역할 레이블링semantic role labeling은 이러한 역할을 찾는 자동적인 방법이다. 우리는 또한 텍스트가 얼마나 긍정적이거나 부정적인지를 이해하기 위한 감성 분석을 가지고 있다. 또한 문서에서 논의되는 일반 주제를 식별하기 위해 주제 인식topic recognition을 수행할 수 있다. 따라서 NLP는 메타데이터를 특정 텍스트에 추가하는 작업에 도움이 될 수 있다.

- 콘텐츠의 주제: 일반적으로 정치, 경제, 날씨 등에 관한 무엇인가?
- 콘텐츠에 나열된 개체: 언급된 특정 인물이나 기업이 있는가? 특히 그들은 거래 가능한 자산과 관련이 있는가?
- 콘텐츠에 대한 감성: 대체로 긍정적인가 부정적인가?

다음 절에서는 NLP의 몇 가지 주제를 간략히 검토한다. NLP를 보다 심도 있고 철저하게 살펴보기를 원하는 독자들을 위해, 우리는 Jurafsky와 Martin(2019)을 읽는 것을 추천하며, 우리는 그것을 4장의 참고 자료로 사용했다. NLP에는 단지 이해와 관련이 있는 것이 아닌 다른 많은 작업도 있다. 텍스트 생성 및 요약도 포함될 수 있다.

4.6.2 정규화

정규화에는 텍스트를 좀 더 일반적인 형태로 분해하는 것이 포함된다. 단어 분할 또는 토큰화는 텍스트에서 개별 단어 식별을 포함한다. 영어에서 단어는 일반적으로 공백space에 의해 분리되지만, 우리는 많은 예외를 인식할 필요가 있다. 예를 들어 "Burger King"은 공백이 있음에도 불구하고 한 단어로 여겨질 수 있다. 동시에 "Kentucky Fried Chicken" 대신 "KFC"처럼 특정 명명된 개체named entity와 같은 다른 방식으로 쓰여질 수 있는 단어들도 알아둘 필요가 있다. 중국어 같은 다른 언어들은 단어 토큰화를 위해 다른 기법이 필요하다. Jurafsky와 Martin(2019)은 중국어 사전이 필요한 중국어 단어 토큰화에 대해 최대 매칭 알고리듬을 사용하는 것에 대해 논의한다. 대조적으로 이 알고리듬은 영어에서 더 많은 어려움을 가지고 있다. 이름에서 알 수 있듯이 문장 분할sentence segmentation은 별개의 문장을 식별하는 것을 포함한다. 다시, 우리는 마침표full stop를 마커로 사용할 수 있지만, 이니셜과 같은 다른 컨텍스트에서 사용되는 마침표에 의해 혼동되지 않도록 주의해야 한다. 단어들이 분리되면, 우리는 더 일반적인 형태로 단어를 넣을 수 있으며, 이는 표제어 추출lemmatization과 어간 추출stemming과 관련된다. "ate", "eaten", "eats"라는 단어는 단지 같은 동사의 다른 형태다. 표제어 추출에는 이들을 어간 형태인 "eat"로 정규화하는 것이 포함될 것이다. 어간 추출은 복수 명사를 단수 형태로 렌더링하는 것과 같은 단어의 더 간단한 정규화를 포함한다. 확실히 단어를 구성하는 것은 언어에 달려 있다! 많은 수의 일반적인 단어들은 또한 본문을 이해하는 데 도움이 되지 않을 것 같으며 단순히 "the"와 "a"와 같은 문법적인 이유로 사용된다. 이러한 문구는 불용어stop words로 분류되며, 일반적으로 정규화 단계에서 제거된다. 하지만 이전 예인 "Burger King"에서와 같이, 명명된 개체 인식에 문제를 일으킬 수 있는 불용어를 제거하는 것을 경계할 필요가 있다. 팝 밴드 〈The 1975〉의 예를 들어보자. 우리는 "1975는 영국 상을 받았다"와 같은 특정한 맥락에서 그것을 사용할 수 있었다. 그러나 또 다른 명백한 맥락은 "1975년 영국 유럽 공동체 회원 탈퇴 여부에 대한 국민 투표가 유럽으로의 진출을 초래했다"와 같이, 1975년에 일어났던 일을 언급하기 위해 그것을 사용하는 것이다. 만약 우리가 "The"의 불용어를 제거했다면, 그것은 첫 번째 문장에 대해 이해의 문제를 일으켰을 것이지만, 두 번째 문장은 이해의 문제를 야기하지 않았을 것이다.

4.6.3 단어 임베딩의 생성: 단어 주머니

텍스트를 분석하는 가장 간단한 기술 중 하나는 단어 주머니bag-of-words라고 하는 기법을 사용하는 것이다. 이는 어순이나 문법과 같은 개념을 무시한다. 여기서는 단어들을 텍스트에서 단어와 이와 관련된 빈도로 구성된 "주머니bag"로 표현한다. 이것은 본질적으로 텍스트의 벡터화된 표현 유형이며, 이것은 단어 임베딩word embedding이라고 부른다.

단어 주머니 외에도 단어 임베딩을 만드는 많은 다른 방법들이 있다. 단어의 중요성을 가중시키는 TF-IDF도 사용할 수 있다. 또 다른 접근법은 n-그램n-grams를 사용하는 것이다. 여기서는 텍스트(예: 단어들)의 n개 아이템을 함께 살펴본다. 그러나 이 접근법은 여전히 "it was not at all good"과 같은 문장을 부정적인 문장으로 식별하는 데 어려움을 겪을 것이다. 우리는 또한 그러한 벡터를 행렬로 확장해 단어의 유사도를 계산하고, 같은 문장 내에서와 같은 동시 발생 빈도의 수를 셀 수 있다. 그러나 실제로는 이것은 매우 희소한 행렬을 초래할 가능성이 있다. Young, Hazarika, Poria 및 Cambria(2018)는 역사적으로 머신러닝 NLP가 매우 고차원적이고 희소한 특성에 대해 훈련해왔다는 점에 주목한다. 더 나아가, 수작업으로 만든 특성의 조합이 관련될 수 있으며, 이를 완성하기 위해서는 많은 노력이 필요할 수 있다.

4.6.4 단어 임베딩의 생성: Word2Vec과 이를 넘어서

단어 임베딩 작성: Word2vec과 Beyond 문법이 체계적인 방법으로 코드화될 수 있다고 주장할 수 있지만, 우리의 법칙이 절대적으로 모든 것에 대해 작업하는 방식으로 코드화하는 것은 어려운 일이기 때문에 과정을 자동화하는 것이 매력적이다. 오디오 및 이미지 데이터를 이해하는 데 딥러닝을 사용하는 것이 상당히 성공적이었다. 이들은 자연스럽게 밀도가 높은 표현dense representation을 갖는다(TensorFlow 튜토리얼). 딥러닝을 사용해 유사한 접근법을 텍스트에 적용하려면 밀도가 높은 단어 임베딩을 어떻게든 만들어야 한다.

희소 표현을 생성하는 공동 발생 빈도와 같은 기법을 사용해 단어 임베딩을 계산하는 대신 Mikolov, Chen, Corrado와 Dean(2013)에 의해 도입된 word2vec과 같은 알고리듬을 사용할 수 있다. 이름에서 알 수 있듯이 단어를 벡터로 변환한다. word2vec는 단어들이 서로 가까이 쓰여질 확률을 계산하는 본질적으로 확률적 분류기이다. 이렇게 하면 텍스트의 더 밀도가 높은 행렬 표현이 생성된다. word2vec에 사용되는 두 가지 기저의 방법, 즉 CBOWcontinuous bag of words, 연속 단어 주머니와 스킵그램skip gram이 있다. 이 두 가지 모두 입력 계층, 은닉 계층 및 출력 계층의 세 가지 계층을 가진 신경망 유형이다. CBOW는 그 주위에 있는 다른 단어들의 컨텍스트에서 목표 단어를 예측하려고 한다.

스킵그램은 반대 방향으로 작용하며, 우리의 목표 단어에서 컨텍스트를 예측한다. 따라서 스킵그램의 출력은 두 개 이상의 단어일 수 있다. 이 예에서 "컨텍스트context"는 기본적으로 특정 크기의 윈도우 내에 있는 단어들을 의미한다. Mikolov, Chen, Corrado와 Dean(2013)은 이러한 단어 임베딩 또는 단어의 벡터 표현을 추가해 흥미로운 속성을 가진 출력을 제공할 수 있다는 점에 주목한다. 그들은 캐나다 아이스하키팀인 몬트리올 캐나디엔스의 벡터 표현을 토론토의 벡터에 추가한 다음 몬트리올의 벡터를 빼는 것이 토론토에 본부를 둔 아이스하키팀인 토론토 메이플 리프스의 벡터임을 보여주는 예를 제시한다. word2vec에 관한 문헌에서 자주 인용되는 또 다른 예는 어떻게 왕의 벡터가 인간의 벡터를 차감하고 여성의 벡터를 더하면 여왕이 되는가 하는 것이다. faxtText 모델은 하위 단어를 확인해 word2vec를 확장한다(Bojanowski, Grave, Joulin와 Mikolovk(2016) 참조). fastText에서 각 단어는 문자 n-그램 주머니로 표시된다. 아이디어는 이러한 접근법이 형태학morphology을 활용할 수 있다는 것이다. 동시에 접두사, 접미사 정의와 같은 단어 형성에 대한 모든 다양한 규칙을 명시적으로 정의할 필요는 없다. 앞서 논의했듯이 아랍어와 같은 특정 언어들은 매우 형태학적이다.

Naili, Chaibi, Hajami 및 Ghezala(2017)는 word2vec와 다른 유사한 단어 임베딩 방법인 GloVe^Global Vectors for Word Representation(Word 표현을 위한 글로벌 벡터)의 차이를 논의하고, CBOW가 영어와 아랍어 모두에서 몇 가지 실험적인 예에 대한 스킵그램을 비교하는 방법을 논의한다. GloVe는 word2vec과 같은 확률을 계산하기보다는 단어들이 시로 가까이에서 얼마나 자주 발생하는지의 비율에 기초한다. 먼저 단어의 동시 발생 행렬을 만드는 것이 관련된다. 그러나 이것은 각 단어에 대한 벡터 표현을 생성하도록 요인 분해factorize된다. word2vec와 GloVe에서 모두 'bank'와 같은 단어는 'river bank'나 'bank deposit'과 같은 맥락 안에서 서로 다른 의미를 가지면서도 동일한 벡터 표현을 하게 된다.

Devlin, Chang, Lee와 Toutanova(2018)가 도입한 BERT(트랜스포머로부터의 양방향 인코더 표현)와 같은 새로운 기법은 단어 표현 내에 컨텍스트를 통합할 수 있다. 말로 하면, 컨텍스트 모델로서 문장의 다른 단어에 기초한 표현을 만드는 것이다. 이름에서 알 수 있듯이, 그것은 한 방향으로 텍스트 입력을 읽는 방향 모델이 아니지만 (좌에서 우로 또는 우에서 좌로) 양방향으로 문맥 단어를 검토할 수 있다. 우리는 BERT가 유일한 컨텍스트 모델이 아님을 주목한다. XLNet과 같은 컨텍스트를 통합하는 다른 모델도 많이 있다.

4.6.5 감성 분석과 분류 문제로서의 NLP 작업

텍스트에 대한 감성 분석을 수행해 긍정 또는 부정의 정도를 파악하고자 한다. 투자자의 관점에서 이것은 여러 가지 이유로 매우 유용한 연습이 될 수 있다. 아마도 가장 분명한 사용 사례는 회사에 대한 특정 뉴스 기사가 좋은지 나쁜지를 이해하는 것이다. 또한 사람들이 특정 브랜드에 대해 어떻게 이야기하고 있는지 확인하고 관련 모회사에 매핑하는 것이 유용할 수 있다.

우리는 단어에 대해 긍정/부정 점수를 줄 수 있다. "좋아요"와 같은 단어는 긍정적인 점수를 가질 것이고 "싫어요"와 같은 단어는 부정적인 점수를 가질 것이다. 일반적으로, 단어를 긍정과 부정으로 분류하는 많은 기존 의미 어휘들이 있으며, 이들이 사용될 수 있다. 각 단어의 빈도와 그에 해당하는 감성 점수를 얻으면, 우리는 전체 문서에 대한 감성 점수를 형성하기 위해 합계할 수 있다. 단어들이 서로 어떻게 관계되는지를 무시하고, 이러한 관계들이 명백히 의미를 바꿀 수 있다는 점에서, 단어 주머니 접근법에는 많은 단점들이 있다.

Jurafsky와 Martin(2019)은 NLP의 많은 문제가 어떤 분류적 요소에 관련된다는 점에 주목한다. 감성 분석은 분류 문제로 간주할 수 있다. 문서 수준과 관련된 많은 다른 문제들, 예를 들어 문서 유형이나 언어로 문서 작성자를 결정하는 것과 같은 문제들은 분류 문제이다. 단어 수준이든 문장 수준이든 문서 수준이 아닌 작업에도 분류가 관련될 수 있다 (예: 불용어 태그 또는 음성 부분 태그와 같은 작업).

위의 감성 분석을 설명할 때, 우리는 텍스트에서 긍정/부정 단어가 얼마나 있는지를 기반으로 가중 평균 감성 점수를 구성함으로써 규칙 기반 접근법을 사용했다. 단어 유사도 또는 본질적으로 분류 문제인 많은 다른 NLP 작업을 처리할 때처럼, 우리는 규칙 기

반 접근법을 사용할 필요가 없다. 대신 우리는 또한 확률론적 분류기를 사용할 수 있는데, 이것은 앞에서 word2vec과 같은 더 복잡한 단어 임베딩의 컨텍스트에서 언급했다. Ng과 Jordan(2001)은 두 가지 클래스의 분류기 즉 생성적 분류기와 판별적 분류기 간의 차이를 논의한다. 텍스트인 입력 $x_1, ..., x_n$이 있고 레이블이 있다고 가정하자. "긍정" 또는 "부정"과 같은 이진변수가 될 수 있다. 나이브 베이즈와 같은 생성적 분류기의 경우, $P(Y = y | X = x)$는 간접적으로 베이즈 법칙을 사용해 계산된다. 로지스틱 회귀 분석과 같은 판별적 분류기는 학습을 통해 입력 x를 y로 직접 매핑함으로써 $P(Y = y | X = x)$를 모델링한다.

4.6.6 토픽 모델링

지금까지 우리는 대부분 단어와 문서에 대해 논의했지만, 그 사이에 토픽에 대한 아이디어가 있다. 토픽 모델링은 순전히 단어 수준보다 더 높은 수준에서 유사도 식별을 시도한다. 어떤 의미에서 우리는 문서를 수많은 토픽으로 생각하고 각 토픽은 단어 그룹으로 구성된다. 잠재 디리클레 할당LDA, Latent Dirichlet Allocation은 서로 유사한 단어 그룹을 추출하기 위한 기법이며, 이를 주제로 그룹화할 수 있다. 또한 문서에서 이러한 각 토픽에 대한 가중치를 지정하는 방법을 알려준다. 단어를 관찰할 수 있지만, 실제로 잠재변수인 토픽을 직접 관찰하지는 않기 때문에 "잠재적latent"이라고 부른다. LDA는 문서 말뭉치가 주어진 경우 문서의 토픽 분포, 주제 수 및 단어 배포 방법을 찾는 데 기본적으로 도움이 된다.

문서의 토픽에 대한 결합 사후 확률 분포, 토픽 수 등을 찾는 것은 분석적으로 어렵다. 대신 이 분포에 대한 근사가 LDA를 소개한 논문에서 설명한 대로 변분 추론variational inference을 사용해 발견됐다. Blei, Ng과 Jordan(2003)을 참조하라. LDA는 비지도 학습을 적용한다는 것을 주목한다. 사전에 문서의 단어 그룹에 토픽을 수동으로 할당할 필요가 없다. 우리는 LDA를 "시딩seeding"하는 것이 그것을 개선할 수 있을지라도, 그것은 선택된 단어에 대한 특정 토픽에 대한 확률을 증가시킬 수 있다. NMFNon-negative Matrix Factorization 및 LSA잠재적 의미 분석와 같은 다른 기법도 사용할 수 있다. 실제로 NMF는 종종 LDA를 능가한다.

4.6.7 NLP의 다양한 도전 과제

다양한 NLP 작업을 사용하는 메타데이터를 텍스트에 더하는 것은 매우 특별한 도전 과제와 관련될 수 있다. 예를 들어 개체명 인식^{named entity recognition}을 취해보자. 트레이딩 목적상, 우리는 종종 개체 매칭^{entity matching}, 특히 개체명을 거래되는 금융 상품에 매핑하는 것을 원한다. 실제로 상품이나 브랜드를 나열할 수 있다. 따라서 상품 또는 브랜드에서 회사까지 개체 매칭을 할 수 있도록 데이터셋을 증강해야 한다. 새 아이폰^{iPhone}의 출시를 다룬 뉴스 기사를 생각해보자. 아이폰은 거래 가능한 금융 상품이 아니다. 하지만 아이폰을 만드는 애플^{Apple}은 당연히 거래 가능한 주식이다. 따라서 우리는 애플과 아이폰 사이의 매핑, 다시 말해서 관계 추출을 수행할 필요가 있다. 어떤 경우든 기사에서 애플을 언급할 가능성이 높다.

다른 경우에는 거래 가능한 금융 상품을 식별하는 것이 복잡할 수 있다. 투자자를 위해, 궁극적으로 어떤 신호든 결국 그것이 수익화될 수 있도록 거래 가능한 신호에 매핑돼야 한다. 다시 말해서, 그것이 투자자에게 유용하기 위해 우리의 거래 신호를 기반으로 한 수익성 있는 거래를 할 수 있어야 한다. 특정 분석이나 신호를 투자자의 의사결정 과정의 일부로 사용할 수 없다면, 그들은 그것을 수익화할 수 없다.

Audi A8 럭셔리 자동차의 출시를 언급하는 뉴스 기사가 있다고 가정하자. 개체로서의 아우디^{Audi}는 거래 가능하지 않다. 그러나 아우디의 모회사인 폭스바겐^{Volkswagen}은 거래되는 주식이다. 이 경우 뉴스 기사는 폭스바겐에 대해 전혀 언급하지 않을 수 있으므로, 머신이 읽을 수 있는 텍스트 데이터셋을 거래 가능한 회사와 그 자회사 간에 매핑이 있는 데이터셋으로 보강해야 한다. 자동차 제조업체와 공급망 간의 관계(자동차 공급망 데이터를 기반으로 한 자동차 주식 거래에 대한 자세한 연구는 10장 참조)와 같은 회사 간 매핑도 가능하다. 자동차 회사들에게 우리는 실제로 그렇게 많은 브랜드가 없다고 주장할 수 있다. 그러나 많은 회사의 경우 극단적으로 도전적일 것이다. 영국-네덜란드의 다국적 소비재 회사인 유니레버^{Unilever}를 예로 들 수 있다. 이들은 각각 수백 개의 상이한 브랜드를 갖고 있다.

따라서 일반적으로 뉴스 기사나 텍스트의 모든 종류의 태그는 이러한 종류의 간접 매핑을 고려해야 한다. 우리는 그러한 관계를 도출해야 하거나 M 사이언스^{M Science}사의 제품인 TickerTags와 같은 미리 만들어진 매핑 세트를 사용할 수 있다. 현재 TickerTags는 3,000개의 공기업과 민간기업을 망라하는 100만 개 이상의 태그를 포함하고 있다. 이러한 매핑 데이터셋을 재현하는 것은 매우 어려울 수 있으며 노동 집약적일 수도 있다. 또한 이러한 브랜드와 회사 관계는 정적이지 않기 때문에 이 매핑을 특정 시점 방식으로 기록해야 한다. 따라서 백테스팅에 사용될 가능성이 높은 그러한 매핑의 시점 기록을 생성한다면, 우리는 어떤 선견 편향^{look-ahead bias}을 유도하지 않도록 주의해야 할 필요가 있다.

어떤 의미에서는, 우리가 순전히 매크로 뉴스에 근거해서 매크로 자산을 거래하려고 할 때에도 비슷한 상황을 볼 수 있다. 매크로 뉴스 기사는 거래된 자산을 언급하지 않을 수도 있다(예: 경제 데이터 공개 또는 중앙은행 대차대조표와 관련). 우리는 이러한 거시경제적 사건과 거래하고 있는 거시자산 사이의 관계를 매핑하기 위해 도메인 지식을 사용할 수 있다.

4.6.8 상이한 언어와 상이한 텍스트

단어 말뭉치^{word corpus}는 NLP 작업에 도움이 되도록 정형화된 다양한 텍스트의 모음이다. 단어 말뭉치의 개념은 그것이 우리가 공부하고 있는 언어의 유형을 대표해야 하고, 또한 원래 언어였던 텍스트를 포함할 수 있어야 한다는 것이다.

우리는 이미 상이한 언어는 특정 NLP 작업을 수행하기 위해 종종 다른 기법을 적용하는 것을 필요로 한다는 점에 주목했다. 같은 언어라도 텍스트는 상당히 다를 수 있다. 우리는 트윗, 금융 뉴스 기사, 찰스 디킨스의 소설에서 영어를 발견할 수 있다. 그러나 각각의 영어 스타일에 매우 큰 차이가 있을 것이다. 찰스 디킨스로 구성된 말뭉치를 사용해 많은 양의 은어가 포함된 트윗에 대한 의미 분석을 수행하는 것은 대표적이지 않을 것이다. 따라서 만약 우리가 NLP에서 단어 말뭉치를 사용한다면, 우리가 우리의 사용 사례에 가장 가까운 것을 선택하도록 노력해야 한다는 것을 명심할 가치가 있을 것이다.

많은 단어 말뭉치는 웹에서 자유롭게 사용할 수 있다. BYU 말뭉치(https://corpus.byu.edu/)는 1923년부터 2006년까지의 〈타임〉 기사(1억 단어)에서 현대 미국/COCA 영어의 더 비공식적인 언어로 구성된 말뭉치를 포함해 많은 다양한 출처를 포괄하는 다양한 단어 말뭉치를 합한다. 그들이 가지고 있는 가장 큰 단어 말뭉치는 iWeb이다. 9만 5천 개의 웹사이트에서 파생된 140억 개의 단어 웹 말뭉치Word Web Corpus이다.

단어 말뭉치에 대한 가장 간단한 사용법 중 하나는 단어의 전형적인 빈도를 이해하는 것이다. 그림 4.13에서 우리는 현대 미국 영어로 "burger"와 "king"이라는 단어의 빈도에 대한 COCA 검색 결과를 보고한다. 결과는 텍스트의 백만 단어당 단어의 인스턴스 수에 대해 주어진다.

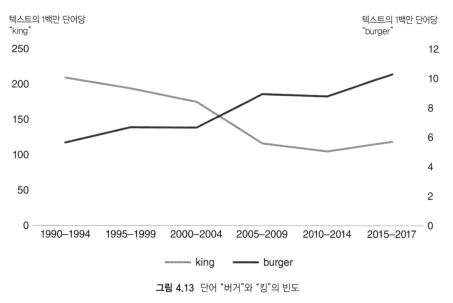

그림 4.13 단어 "버거"와 "킹"의 빈도

출처: Corpus of Contemporary American English

우리는 "king"이 "burger"보다 더 흔하다는 것을 안다. 사용 패턴은 시간이 지남에 따라 달라졌다는 것을 주목한다. 분명히 그 빈도가 왜 변했는지 이해하기 위해 더 많은 작업을 해야 할 것이다.

4.6.9 음성 NLP

음성 관련 NLP 작업도 NLP의 일부이다. 예를 들어 자동 음성 인식은 또한 NLP의 일부로 간주될 수 있다. Petkar(2016)는 음성 인식과 관련된 많은 과제를 논의한다. 첫째, 구어와 문어 사이에는 차이가 있다. 아랍어와 같은 몇몇 언어에서 이것은 매우 명백할 수 있다. 아랍어의 구어 방언과 현대 표준 아랍어의 형태로 쓰여진 텍스트 사이에는 큰 차이가 있다. 발음, 어휘, 문법에도 차이가 있다. 그러나 심지어 영어에서도, 구어는 덜 형식적이고 일반적으로 덜 서술적인 경향이 있다. 이 논문은 또한 연속 음성continuous speech과 관련된 어려움을 언급한다. 단어 분할이 문자 텍스트에서 수행돼야 하는 것처럼, 오디오의 경우 음성 분할은 개별 단어를 식별하는 데 사용되며, 단어 사이의 인간 음성에서 항상 분명한 일시 중지가 없다는 점에서 어려울 수 있다. 또한 화자의 액센트, 성별, 그리고 말의 속도 면에서 상당한 가변성이 있다. 음성 인식은 종종 NLP 문제를 해결하는 첫 번째 단계를 형성할 수 있는데, 여기서 우리의 텍스트는 문자 형식이 아니다. 아이폰의 애플 음성 비서인 시리Siri가 그 예일 것이다. 시리는 사용자의 음성을 입력으로 받아들인다. 이것은 문맥과 같은 것을 이해할 수 있도록 앞에서 설명한 몇몇 기법을 사용해 이해하기 위해 구문 분석된 문자 텍스트로 변환된다. 그런 다음 이 정형화된 입력을 기반으로 답변이 생성된다. 다음 단계는 인간이 이해할 수 있는 답변을 생성하는 자연어 생성이다. 마지막으로, 텍스트에서 음성으로의 합성이 이 텍스트에 적용돼 시리 사용자에 대한 출력을 소리내어 읽는다.

그러나 이제는 한 언어의 음성에서 다른 언어로 번역하는 것과 같은 고급 NLP 기술을 문자 텍스트로의 중간 변환 후 텍스트에서 음성으로의 합성을 적용하지 않고도 번역을 수행할 수 있는 것을 약속하는 새로운 기법이 있다. Jia와 Weiss(2019)는 직접 음성 번역을 위해 단일 시퀀스 대 시퀀스 모델을 사용하는 트랜스레이토트론Translatotron을 설명한다. 이 접근법은 원래 화자의 화법을 유지할 수도 있지만, 외국어로 말하면 별도의 텍스트에서 음성으로의 합성text-to-speech을 필요로 하는 기존 접근법을 사용하는 것이 더 어려울 수 있다.

보다 광범위하게, 음성이 텍스트로 변환될 때 손실될 추가 정보를 가질 수 있다고 주장할 수 있다. 음성은 텍스트로부터 명백하지 않은 음조, 속도, 발음과 같은 많은 다른 특징들을 가지고 있다. 아주 간단한 예로, 그들의 음성으로부터 화자의 성별을 결정하는 것은 그들의 텍스트를 읽는 것보다 훨씬 쉽다. 음성에서 추출한 특성은 음성 사기에 대한 지표를 개발하고 텍스트 기반 형상과 결합하는 데 사용될 수 있다. Hirschberg(2018)는 음성 사기를 판단하는 머신러닝 기반 접근법을 개발해 인간을 능가했다.

투자자의 관점에서, 이러한 기법들 중 많은 것이 또한 관련이 있다. 음성 인식은 수익 발표 콜 및 중앙은행 기자 회견의 질의 응답과 같은 이벤트에 사용될 수 있다. 이러한 상황에서 사기를 이해하는 것은 투자자들에게도 매우 유익할 것이다! 큰 가격 변동이나 경제 이벤트와 같은 특정 이벤트에 의해 촉발된 트레이더들에게 자동화된 경고를 제공하는 데 텍스트 음성 변환이 사용될 수 있다.

4.6.10 NLP 도구

웹에서 원시 데이터에 먼저 액세스한 다음 데이터를 정형화하거나 자동 음성 인식과 같은 작업을 수행하기 위해 사용할 수 있는 도구는 무엇일까? 단어 임베딩 생성, 단어 분할, 감성 분석 등과 같은 다양한 NLP 작업을 수행하기 위한 라이브러리를 개발할 수 있다. 그러나 이러한 도구들을 만든 후 훈련하려면 상당한 시간과 전문 지식이 필요하다.

실무적으로, 텍스트 분석의 출발점으로 사용할 수 있는 프로세스의 다른 부분을 도와줄 수 있는 많은 라이브러리와 자원이 있다. 또한 이러한 라이브러리는 텍스트의 큰 말뭉치들에 대한 사전 학습된 모델을 포함한다. 다음은 웹에서 텍스트 데이터를 수집하고 정제하는 초기 단계에 사용할 수 있는 일부 오픈 소스 Python 도구의 리스트다.

- Scrapy: Scrapy는 웹 크롤링 및 웹 스크래핑을 위한 전체 프레임워크다. URL을 지정하면 해당 URL에서 연결된 다양한 웹사이트를 탐색하고 모든 콘텐츠를 저장하고 다운로드하는 데 도움이 된다.

- **BeautifulSoup**: BeautifulSoup은 이미 다운로드된 HTML 데이터를 분석하는 데 초점을 맞춘다. 웹 페이지에는 많은 양의 서식 및 스크립트 코드가 있으며, 이는 내용을 이해하는 것과 무관하다. BeautifulSoup은 우리가 특정한 요소들을 추출하고 HTML 태그와 같은 불필요한 정보들을 제거할 수 있게 해준다. Scrapy와 BeautifulSoup을 함께 사용할 수 있다.
- **PDFMiner**: PDFMiner는 PDF 문서에서 텍스트를 추출할 수 있다.
- **tablula-py**: tabula-py는 Java, Tabula 라이브러리를 위한 Python 기반 래퍼이며, 특히 PDF 문서에서 테이블을 읽기 위한 래퍼이다. 금융 활용 사례는 이익 보고서를 읽는 것일 수 있다.
- **newspaper3k**: newspaper3k는 신문 웹사이트의 기사에 액세스하기 위한 Python 라이브러리다. 예를 들어 작성자 및 게시 날짜와 같은 관련 메타데이터와 문서의 본문을 추출할 수 있다. 이는 BeautifulSoup과 NLTK와 같이 여기서 논의된 다른 라이브러리들 위에 있다.

다음에서 일단 우리는 텍스트를 함께 수집해서 정제했을 때, 상위 수준의 자연어 처리 작업에 유용한 일부 라이브러리를 나열한다. 또한 TensorFlow 및 scikit-learn과 같은 많은 범용 머신러닝 라이브러리도 텍스트 처리에 국한되지 않지만 텍스트와 함께 사용할 수 있다는 점에 유의해야 한다.

- **NLTK**: NLTK는 NLP 작업을 수행하는 가장 오래된 Python 라이브러리 중 하나이다. 여기에는 많은 훈련된 모델과 여러분이 NLP 작업을 연습할 수 있도록 하는 로이터 기사(1987년부터)를 포함한 여러 단어 말뭉치가 포함돼 있다. Bird, Klein 및 Loper(2009)는 NLTK 사용 과정을 통해 원시 텍스트 처리에서 텍스트 분류에 이르는 다양한 일반적인 NLP 작업에 대해 안내한다.
- **CoreNLP**: Stanford CoreNLP는 Python뿐만 아니라 여러 언어로 액세스할 수 있다. NLTK와 마찬가지로 토큰화 및 문장 분할에서 명명된 개체 인식 및 감성 태그 지정에 이르는 많은 NLP 작업을 수행한다.

- **Gensim**: Gensim은 잠재 디리클레 할당 및 잠재 의미 분석^{LSA, Latent Semantic Analysis}
과 같은 모델의 구현을 포함하는 토픽 모델링 라이브러리다.

- **SpaCy**: spaCy는 Cython으로 작성돼 있다. 토큰화, 명명된 개체 인식 및 음성 부분 태그 지정과 같은 다양한 NLP 작업을 수행할 수 있다. 또한 TensorFlow와 같은 많은 Python 머신러닝 라이브러리와 통합된다.

- **pattern**: pattern은 웹을 탐색하고 API를 통해 Twitter 및 Wikipedia와 같은 소스에 액세스하기 위한 범용 웹 마이닝 모듈이다. 또한 제품 리뷰에 일반적으로 사용되는 단어를 중심으로 한 감성 분석 등 NLP 작업을 수행하는 데 필요한 여러 기능을 포함하고 있다. 또한 음성 부분 태그 지정과 같은 간단한 작업을 수행할 수 있는 기능도 포함돼 있다.

- **TextBlob**: TextBlob은 NLTK와 pattern 위에 위치한다. 그러나 이러한 라이브러리에 액세스하기 위해 인터페이스를 더 쉽게 사용할 수 있다.

- **BERT**: BERT(트랜스포머의 양방향 인코더 표현)는 Google팀이 개발했다. Devlin, Chang, Lee와 Toutanova(2018)를 참조하라. 본질적으로 이것은 또한 컨텍스트를 포함하는 언어 표현을 사전 학습한 방법이다. 그것은 비지도 학습을 사용하며, 결과적으로 그것은 방대한 양의 일반 텍스트에 훈련될 수 있다. 구글은 위키피디아와 BookCorpus로부터의 텍스트에 대해 사전 학습된 모델을 가지고 있다. 이러한 사전 학습된 모델은 질문 답변과 토큰화와 같은 수많은 NLP 작업에 대해 사용될 수 있다. BERT의 소프트웨어 구현은 Google의 TensorFlow 머신러닝 라이브러리를 사용한다.

- **SpeechRecognition**: SpeechRecognition은 파이썬 라이브러리로서, 사용자가 공통 API를 사용해 다수의 외부 온라인 및 오프라인 서비스를 사용함으로써 음성 인식을 할 수 있도록 한다.

우리는 오픈 소스 Python 툴에 초점을 맞췄지만, 텍스트에서 NLP를 수행하는 데 사용할수 있는 상용 툴이 많이 있다. 이 중 대부분은 클라우드 기반이며 분석하고자 하는 텍스트를 업로드한 다음 NLP가 수행되는 종량제 서비스로 사용될 수 있다.

- Google Cloud Natural Language：Google Cloud Natural Language는 명명된 개체 인식, 감성 분석 및 구문 분석을 포함한 여러 NLP 작업을 수행할 수 있다. 사전 학습된 모델이 있는 반면, 사용자는 자신의 맞춤형 모델을 훈련할 수도 있다. 분석을 위해 REST API를 사용해 텍스트를 업로드하거나 Google Cloud에 저장된 텍스트를 읽을 수 있다. 또한 자체 맞춤형 모델 생성을 지원하거나 콘텐츠 분류를 위한 자체 훈련 데이터에 사용할 수 있다.
- Google Cloud Speech-to-Text：Google Cloud Speech-to-Text는 다양한 API를 가진 신경망 모델을 사용해 오디오를 텍스트로 변환할 수 있는 클라우드 기반 서비스다. 120개의 언어를 지원한다.
- Amazon comprehend：Amazon comprehend는 제공된 텍스트에서 개체, 구문 및 감성과 같은 속성을 추출해 다양한 NLP 작업을 수행한다. 또한 의료 노트 또는 유사한 텍스트에서 데이터를 추출하기 위해 의학 어휘에 대해 훈련된 특정 버전을 가지고 있다.

4.7 요약

머신러닝은 많은 개별 기법을 포함하며 지도 학습, 비지도 학습 및 강화 학습으로 나눌 수 있다. 이러한 모형을 적합화시킬 때 분산-편향 트레이드오프를 알아야 한다. 샘플 내 효과가 매우 좋은 것으로 나타날 수 있지만, 이때 샘플 외 성능이 저하될 수 있다. 샘플 내 성능이 과대 적합됐기 때문이다.

4장에서는 선형 회귀와 같은 비교적 간단한 예부터 분류를 위한 로지스틱 회귀, 심층 신경망과 같은 더 복잡한 모델에 이르기까지 다양한 머신러닝 기법에 대해 논의했다. 또한 이러한 모델에 적합하도록 사용할 수 있는 몇 가지 머신러닝 라이브러리에 대한 간략한 요약을 제공했다. 나중에 우리는 머신러닝과 관련된 몇 가지 제한 사항, 특히 비정상성 금융 시계열과 관련해 논의했다. 또한 CNN과 같은 기술을 사용해 이미지를 정형화하기 위한 특정 사용 사례에 대해 논의했으며, 머신러닝 모델이 보다 전통적인 규칙 기반 접근법보다 선호돼 사용되는 경향이 있는 자연어 처리에 대한 소개도 포함했다.

13장에서는 CNN을 사용해 유럽 소매업자들의 주차장에 있는 자동차 수를 생성하는 위성 이미지 데이터셋을 사용할 것이다. 또한 우리는 컴퓨터가 인간의 언어를 이해할 수 있도록 하는 자연어 처리 과정을 자세히 살펴봤다. 15장에서 우리는 텍스트 데이터를 폭넓게 살펴보고, 그것에 대한 여러 투자자의 활용 사례를 제시할 것이다. 금융 머신러닝에 관심이 있는 독자를 위해 Lopez de Prado(2018)와 Dixon et al.(2020)을 참조하기를 권한다.

대체 데이터 사용 배후의 프로세스

5.1 서론

4장에서 자세히 설명했듯이, 대체 데이터 전략의 구현에는 여러 함정이 존재한다. 5장
에서는 성공적인 전략을 제공하기 위해 이러한 구현 노력을 구성하는 방법에 대해 설명
한다. 이러한 성공의 열쇠는 올바른 프로세스, 시스템 및 인력을 갖추는 것임을 강조해
야 한다. 물론 시장의 인재 가용성이나 예산 및 레거시 시스템과 같은 내부 제약 조건이
있다. 이들은 또한 대체 데이터 전략을 구현하는 데 얼마나 성공적일 수 있는지를 결정할
것이다.

또한 특정 전략이 생산에 배치된다고 해서 작업의 종료를 의미하지 않는다는 점을 유념
해야 한다. 사실 대체 데이터에서 생성된 신호는 저하되기 시작할 수 있다. 이는 모델 개
발 및 백테스트를 통해 측정된 정확도와 성능이 시간적으로 저하됨을 의미한다. 그 이유
는 비정상성에서부터 기술적 구현 문제에 이르기까지 다양할 수 있다. 매우 특별한 경우
를 제외하고는 비정상성의 문제를 해결할 수 없지만, 적절한 모니터링 프로세스를 설정
하고 작동함으로써 대부분의 다른 성능 저하 문제를 해결할 수 있다. 이 문제에 대해 더
토론할 것이다.

대체 데이터 프로세스 개발 프로세스를 다음과 같이 여러 단계로 나눈다.

- 비전 및 전략 설정
- 투자 전략, 의무 및 제약 조건에 따라 관련 데이터 자산 식별
- 해당 데이터 자산의 공급 업체에 대한 실사 수행
- 사전 평가 위험(예: 기술, 법률, 사이버 등)
- 신호 존재 사전 평가 – 데이터 샘플에 대한 개념 증명POC, Proof Of Concept 실행. 마지막 단계의 결과가 긍정적이면 다음 단계로 진행할 수 있다.
- 데이터 온보드 수행
- 데이터 전처리 수행(필요한 경우)
- 신호 추출(모델링) 수행
- 프로세스 구현(또는 운영 환경에 구축)

단계 시퀀스는 데이터가 이미 전처리된 정도에 따라 달라질 수 있다.

5.2 대체 데이터 작업의 단계

5.2.1 1단계: 비전과 전략 설정

투자자/리스크 관리자가 물을 수 있는 첫 번째 질문은 다음과 같다. 대체 데이터 여행 경로를 따라 모험을 시작할 것인가? 이는 최고 투자 책임자CIO, 최고 리스크 책임자CRO 또는 최고 경영자CEO와 같은 조직 내 최고 수준의 의사결정자가 참여하는 전략적 질문이다. 답은 이러한 종류의 데이터가 가격으로 감안한 후에도 알파를 가지고 있다는 그들의 확신과 기존 프로세스에 통합되는 과정의 복잡성에 달려 있다. 실질적인 계량적 분석이 아닌 인상impression에 따라 답변해야 하는 복잡한 질문이다. 앞에서 언급했듯이, 언론은 성공과 실패에 대한 엇갈린 메시지와 이야기를 전달했다.

바라건대 이 책은 그 방향으로 더 명확해질 것이다. 공급 업체별로 백서를 읽는 것은 데이터에 신호가 존재한다는 것을 인식하고 신호의 강도에 대해 대략적으로 이해하는 좋은

첫 단계이다. 그러나 우리가 다음에 설명한 것을 따라 작은 개념 증명POC을 실행하는 것은 조직의 의사결정자들에게 더 설득력 있는 단계가 될 수 있다. POC는 복잡한 인프라를 요구하지 않으며 실제 구현의 복잡성과 관련이 없기 때문에 실행하는 데 비용이 많이 들지 않는다. POC의 이점은 의사결정자가 데이터셋의 가치 여부에 대한 포트폴리오를 더욱 가시적으로 입증할 수 있다는 점이다.

대체 데이터 경로를 따르기로 결정한 후에는 전략을 수립해야 한다. 일반적으로 전략은 투자자의 유형에 따라 달라진다. 예를 들어 한 가지 전략적 선택은 원시 데이터 수집 또는 파생된 신호(이 서비스를 제공하는 데이터 공급 업체의 경우 5.4절 참조)의 선택일 수 있다. 계량적으로 정교한 투자자(예: 헤지펀드)는 일반적으로 자체 분석을 구축하므로 원시 또는 약간 처리된 데이터 구매를 선호한다.[1] 이를 위해서는 양질의 원시 데이터와 첨단 기술과 알고리듬의 배치에 액세스해야 한다. 분석 도구와 데이터를 같은 장소에 놓음으로써 신호 연구와 배치 속도를 향상시킬 수 있을 것이다.

좀 더 전통적이지만 여전히 계량적인 투자자(예: 대규모 셀 사이드 은행 또는 대규모 펀드)는 파생된 분석과 보다 직관적인 솔루션에 관심이 있다. 소규모 회사에서는 기술, 데이터 과학 및 프로그래밍 기능을 사용할 의지가 적다. 저렴한 유지 보수/구축 분석 플랫폼과 데이터 과학 인재의 온디맨드on-demand 소싱을 선택할 수 있다. 마지막으로, 투자가 아니라 데이터를 구입해 거래 신호 형태로 재판매하는 것이 목적인 소규모 핀테크 기업(예: CargoMetrics)이 있다.

따라서 투자자(또는 핀테크)의 유형과 규모에 따라, 전략은 데이터 과학 능력과 기술의 로드맵을 정의하는 것으로 구성된다. 다음 내용에서는 원시 데이터에서 신호까지의 전체 여행 경로를 설명할 것이다. 방금 설명했듯이 어떤 투자자는 큐레이션된 신호의 획득을 선호하기 때문에 이러한 모든 단계를 시작할 필요가 없을 것이다. 다시 말하면, 우리가 설명할 대부분의 단계는 데이터 벤더 측에서 수행할 수 있다.[2]

---

1 이유는 데이터 처리(예: 특이치 제거)가 소중한 정보를 버릴 수 있기 때문이다.

2 그러나 이는 모든 데이터 공급 업체가 큐레이션된 신호를 제공하지 않을 수 있기 때문에 옵션을 제한한다.

우리는 설명할 프로세스 전체에서 규제, 위험 및 평판 고려 사항을 모니터해야 한다는 점에 주목한다. 이는 구매자/벤더 회사의 관련된 욕구를 충족시키지 못하는 신호 제품에 대한 투자 위험을 최소화하기 위한 것이다.

5.2.2 2단계: 적절한 데이터셋의 식별

전략적 결정이 내려진 후, 대체 데이터 여행을 시작할 때의 다음 단계는 사실상 무한대의 유니버스에서 신호를 선택하고 테스트할 데이터 자산을 파악하는 것이다. 본질적으로 검색 공간을 제거하려고 한다. 대부분의 데이터셋은 잠재적으로 제한된 값을 가질 수 있지만 이 값은 초기에 알려지지 않는다. 이는 어려운 작업이지만 이를 수행할 수 있는 적절한 기술을 갖춘 새로운 직업군이 등장하기 시작했다. 특히 이러한 새로운 역할에는 데이터 스카우트data scout 또는 데이터 전략가data strategist의 역할을 포함한다(우리는 상호 교환해 사용할 것이다). 데이터 스카우트의 역할은 우위를 확보하려는 조직에 있어 매우 중요하다. 실제로 데이터 자산을 구입할 가치가 있는지 평가하고 테스트 방법을 결정하기 위해서는 많은 경험과 상식이 필요하다. 최소한의 테스트만으로 판단을 하는 것은 어렵다. 그러나 시중의 모든 데이터셋에 대해 철저한 테스트를 수행하는 것은 비용이 너무 많이 든다는 점을 고려할 때 필요하다. 데이터셋 또는 샘플 구입에 필요한 예산도 한정돼 있다. 이 미션에서 데이터 스카우트는 시장과 투자 포트폴리오, 기관의 리스크를 깊이 이해하는 SMEsubject matter expert, 주제 전문가의 도움을 받아야 한다. 이처럼 특정 역할을 수립하지 않은 조직은 여전히 최고 데이터 책임자와 해당 데이터 과학자의 경험에 의존할 수 있다.

Neudata와 같은 컨설팅 회사도 있다. 이 회사는 기업들이 데이터 스카우트 기능의 일부를 아웃소싱하는 것을 도와 새로운 대체 데이터셋을 추적할 수 있도록 지원한다. 데이터 셀러가 아닌 데이터 사용자가 Neudata를 보상한다. 이는 2.3절에서 논의된 데이터 시장과는 다소 다르다. 일반적으로 데이터 마켓플레이스 소유자는 데이터 판매자에 의해 어떤 형태로든 보상을 받는다. 아웃소싱 데이터 스카우트 서비스와 데이터 마켓플레이스의 출현은 대체 데이터셋을 찾는 작업을 단순화하는 데 도움이 될 것 같다.

데이터 스카우트/최고 데이터 책임자는 처리 단계에 따라 데이터 자산의 선택에 다르게 접근해야 한다(5.4절 참조). 공급 업체 측의 편향은 데이터의 누락을 광고하는 것을 피하는 것이라고 인지하는 것이 중요하다. 따라서 구매자가 나중에 나타날 수 있는 간극gap이나 중요해질 수 있는 누락omission이 없는지 확인하기 위해 사전에 점검을 수행해야 한다. 제공자가 이미 "정제된" 신호를 판매한다고 주장하더라도 이렇게 해야 한다.

1.8절에서 데이터 자산이 투영될 수 있는 몇 가지 차원에 대해 설명했다. 자산 운용 매니저가 필요로 하는 자산 클래스, 투자 의무 및 제약 사항이 데이터셋을 미리 선택하는 데 도움이 될 수 있다는 점에 유의해야 한다. 예를 들어 자산 운용 매니저는 정부와 공공기관이 발행하는 고정 소득 상품에만 투자하고 있는가? 이 경우, 특정 쇼핑몰에 대한 풋 트래픽 데이터는 언뜻 보기에 덜 유용할 수 있다. PMI 지표는 이러한 특정 목적에 훨씬 더 적합할 수 있다. 이러한 의미에서 데이터 자산 선택에 대한 좋은 접근법은 상향식bottom-up 및 하향식top-down일 수 있다. 포트폴리오 구성 종목에서 시작해 시장에서 관리 대상 자산 클래스에 대한 신호를 포함할 수 있는 데이터 자산을 파악할 수 있기 때문에 상향식일 수 있다. 특정 데이터 자산(시장에 새로 진입한 기업)에서 시작해 어떤 자산 클래스에 대해 유용한 정보를 제공할 수 있기 때문에 하향식일 수도 있다.

적용 범위, 폭 및 깊이도 중요한 고려 사항이다. 때로는 추가적인 복잡도 추가(과적합으로 이어질 수도 있음)와 같은 모델링 기법을 개선하는 데 초점을 맞추기보다는 적용 범위를 늘리려고 노력하는 것이 더 낫다.

5.2.3 3단계: 벤더에 대한 실사 수행

앞서 언급했듯이 5.4절에서 다시 자세히 검토할 예정으로, 다양한 범위의 대체 데이터 공급자가 있다. 이들 중 일부는 긴 히스토리 및 경력을 가진 대형 조직일 수 있으며, 다른 일부는 상대적으로 신규, 소규모 및 틈새 공급 업체일 수 있다. 그리고 나서, 데이터 피드에 가입한 후 이러한 회사가 사라질 위험을 방지하기 위해 제3자 실사가 필요하다. 활동 중단의 위험은 물론 극단적인 문제이지만 우리가 제3자와 관련해 관심을 가져야 할 유일한 문제는 아니다. 일반적으로 대체 데이터를 생성, 수집 및 배포하는 조직은 미숙한 리스크와 제어 프레임워크로 운영될 수 있다. 이는 판매한 데이터가 오차를 일으키기 쉬워서 정확하지 않거나, 법적으로 정리되지 않은 프로세스를 통해 잠재적으로 얻었을 수 있다는 의미이다. 따라서 이러한 공급 업체와 협력하는 것도 평판 및 법적 위험의 원인이 될 수 있다.

예를 들어 제3자 실사는 데이터 애그리게이터^{data aggregator}가 고객에 배포하는 대체 데이터셋에 대해 수행한다. 이들은 해당 공급 업체의 면밀한 실사를 거친 후 온보딩^{onboard} 된다. 구매하고자 하는 데이터셋에 대해 이러한 실사 서비스를 이용할 수 없다면 외부 컨설턴트의 도움을 받아 직접 점검해야 한다. 어떤 경우에도 데이터셋을 구입하기 전에 이러한 모든 평가를 수행해야 한다.

5.2.4 4단계: 위험의 사전 평가

3.2절에서 이미 논의했듯이, 대체 데이터와 관련된 위험이 많다. 이전 절에서 제3자 실사에 대해 논의했다. 이 절의 위험은 제3자와 관련이 없는 위험이다. 이러한 제3자 위험 평가 중 일부는 초기 단계에 수행될 수 있다(즉, 데이터 자산을 구입하기 전에 그것의 샘플로 작업하거나 또는 메타데이터만 사용함으로써) 우리는 데이터의 정확성/유효성 위험, 개인정보보호 위험 및 공개되지 않은 물질적 정보^{MNPI, material non-public information} 위험에 노출되지 않도록 해야 한다.

벤더가 제안한 메타데이터 및 계약 계약에서, 데이터의 빈도와 구조에 연결된 인프라 위험도 고려할 수 있다. 인프라가 데이터 속도에 대처할 수 있는가?(예: 밀리초 틱) 필요한 데이터 볼륨도 수집할 수 있는가? 이 문제는 일반적으로 볼륨이 더 큰 정형화되지 않은 데이터의 여러 형태에서 발생한다.

5.2.5 5단계: 신호 존재의 사전 평가

이 단계는 데이터 자산을 추가로 조사할 가치가 있는지 빠르고 간단하게 확인한다. 설명한 대로, 프로덕션 환경에서 데이터를 온보드하고 처리하는 데 비용이 많이 들 수 있으므로 이 단계에서는 시간과 리소스를 사용하지 않고 결국 거의 사용하지 않는 것으로 이어질 수 있다. 일부 데이터 공급 업체는 이미 5.2.1절에서 언급한 것처럼 백서 형태의 신호 또는 신호 증거를 판매한다(데이터 공급 업체의 경우 5.4절 참조). 이렇게 하면 자산 운용 매니저가 원시 데이터에서 신호를 처리하는 자체 경로를 사용하려는 경우 신호 발견 작업이 훨씬 수월해질 수 있다. 최종 신호를 얻기를 원하면 이 단계를 건너뛸 수 있다.

데이터 및 메타데이터의 샘플을 얻으면 다음을 평가하기에 충분하다. (1) 데이터의 품질(예: 결측값, 이상값) (2) 관련될 수 있는 모델링 기법 및 데이터 과학팀이 관련 기술을 보유하고 있는지 여부 (3) 매우 간단한 변환 및 모델을 실행할 수 있는지 여부

신호를 신속하게 식별해야 하는 요구 사항으로 인해 더 조잡한 분석 기법이 일반적이다(예: 잠재적 신호 요인에 대한 범주화 R^2 분석). 마지막 점과 관련해 매우 간단한 모델을 시도할 때 신호의 부족만으로는 데이터셋을 폐기하기 충분하지 않다. 데이터의 비선형성을 의심할 수 있는 확실한 정당성이 있는 경우, 보다 정교한 비선형 모델 세트를 시도할 수도 있다. 오픈 소스 라이브러리는 복잡한 딥러닝 모델의 경우에도 이 마지막 단계를 간단하게 만든다. 또한 분리된 데이터셋은 신호를 생성하지 않을 수 있지만, 이를 다른 여러 데이터셋과 결합하면 사용 가능한 신호를 더 많이 찾을 수 있다.

다시 말하지만 데이터를 탑재하고 정기적인 데이터 피드를 설정하지 않고도 이 모든 일이 발생할 수 있다. 수천 개의 관측치를 표본으로 추출하면 많은 경우 충분할 수 있다. 비용을 뺀 후 데이터 자산에 알파가 포함돼 있는지 여부를 평가하는 매우 간단한 개념 증명을 작성하기에 충분할 수 있다.

이 단계에서는 모델 리스크와 트레이드오프를 고려하는 것도 중요하다. 포트폴리오 매니저가 모델을 해석할 수 있어야 하는가? 그렇지 않다면 원칙적으로 딥러닝 모델이 더 적합할 수 있다. 그런데 이것이 과대적합하는가? 이를 확인하려면 적절한 샘플 외 테스트

를 고려해야만 하다. 이것이 모바일 기기에 그리고 실시간으로 결과를 제공해야 하는가? 따라서 일반적으로 약간의 정확성을 희생함으로써, 느린 연결의 경우에도 결과를 전달할 수 있는 더 간단한 모델이 고안돼야 한다.

검토할 데이터셋 리스트는 부가가치의 기댓값과 비즈니스 수요에 따라 우선순위를 정해야 한다. 예를 들어 비즈니스에서의 질문은 우리가 특정 자산 클래스, 지역 등과 관련된 데이터셋에 집중할 수 있도록 도와준다. 데이터 전략가의 경험도 이와 관련해 유용하다고 입증될 수 있다.

5.2.6 6단계: 데이터 온보딩

이전 단계가 프로덕션에서의 구현을 다루지 않았더라도 고려해야 할 오버헤드가 몇 가지 있다(예: 인프라 설정 및 데이터 벤더와의 법적 합의). 이러한 데이터를 처리하고 안정적인 신호의 존재가 입증됐으면 데이터셋을 구입할 수 있는 공정한 가격을 고려해야 할 때다. 2.4~2.6절에서 가격 결정의 미묘한 문제에 대해 논의했다. 가격이 합의된 경우 다음 단계는 로컬 인프라에서 데이터를 온보드하는 것이다.

데이터 원본에는 자체 스키마가 포함돼 있는 경우가 많으며(때로는 스키마가 전혀 없는 경우도 있어 해석이 더욱 어려워질 수 있음) 이는 데이터셋 작업 방식에 영향을 줄 수 있다. 외부 소스(또는 실제로 내부 소스)에서 수신하는 모든 데이터를 데이터베이스에 저장해야 한다. 데이터셋을 저장하는 방법은 스키마에 따라 다르다. 예를 들어 비교적 잘 정형화된 고빈도 체크 데이터는 KDB와 같은 칼럼 유형의 데이터베이스에 저장될 수 있다. 이와는 대조적으로, 다른 저빈도 정형화된 데이터셋은 SQL 데이터베이스에 더 적합할 수 있다. 많은 대체 데이터, 특히 원시 형태의 데이터는 상대적으로 정형화되지 않은 경향이 있으므로 데이터 레이크data lake에 저장하는 것이 타당할 수 있다.

5.2.7 7단계: 데이터 전처리

프로덕션에서 구현할 때 데이터셋에 전처리가 필요할 수 있다. 이것의 공통적인 부분은 정형화된 데이터셋의 자산에 태그를 지정하는 것이다. 기업별 데이터를 설명하는 데이터 소스는 다른 어떠한 티커 식별자가 없이 블룸버그 티커로 태그 지정될 수 있다. 그러나 펀드는 내부적으로 ISIN 코드를 공통 티커 매핑으로 사용할 수 있다. 따라서 블룸버그 티커 는 모두 ISIN에 매핑돼야 한다. 이 작업은 다른 데이터셋과 쉽게 결합하기 위해 수행된다. 복합 신호를 생성하기 위해 거래 전략이나 다른 대체 데이터셋의 백테스팅을 위해 시장 데이터에 가입해야 한다. 원시 데이터셋에 대해 처음부터 개체 매칭 작업을 수행해야 할 수 있다. 개체 매칭에 대한 자세한 내용은 3.3.1절을 참조하라.

데이터셋에 서로 다른 시간대가 있는 타임 스탬프가 있는 경우 이러한 데이터셋에 가입 할 때 정렬이 잘못될 수 있다. 미래 데이터 사용과 같은 모든 종류의 문제가 발생할 수 있다. 각 데이터셋의 원래 시간대에 타임스탬프를 보관하는 것이 가능하다(그리고 이를 추적). 그러나 이전의 전처리 단계에서 UTC와 같은 공통 시간대로 변환하는 것이 훨씬 더 쉽다.

어떤 경우에는 시간대 데이터가 누락될 수 있으므로 추론할 필요가 있다. 일반적으로 이 를 추론하는 한 가지 방법은 상관관계가 있는 점들이 있는 다른 데이터셋과 결합하는 것 이다. 고빈도 데이터의 경우 주요 경제 데이터 발표에 대한 지표와 결합함으로써 이것 을 추론할 수 있다. 전형적으로 미국의 고용 보고서, FOMC 등과 같은 중요한 사건의 경 우, 우리는 FX, 금리, 주식 선물과 같은 자산의 가격 점프를 관찰할 것이다. 따라서 우리 는 이러한 점프가 월 중 어디에 있는지 관찰함으로써 시장 데이터의 시간대를 추론할 수 있다. 다른 중요한 필드도 누락될 수 있는데, 이는 순수한 타임 스탬프가 아니며, 유추할 필요가 있다.

타임스탬프에는 다른 종류의 불일치가 있을 수 있다. 고빈도 데이터의 경우 서로 다른 소스 간의 타임스탬프가 약간 오프셋될 수 있으므로 데이터를 정렬할 때 문제가 될 수 있다.

데이터셋의 결측점들을 채워야 하는 경우도 있을 수 있다. 가장 간단한 방법은 보간을 하는 것이다. 7장에서는 데이터셋의 속성을 더 잘 보존하는 데 도움이 되는 결측 데이터 점을 채우는 더 정교한 방법(평균과 분산과 같은)에 대해 논의한다. 특정 만기에서 데이터가 결측될 수 있는 CDS 데이터의 구체적인 예를 8장에 제시한다. 데이터셋의 구조가 매우 적은 경우 나중에 신호 생성에 사용할 수 있도록 상당한 양의 전처리를 수행해야 할 수 있다. 데이터셋이 텍스트 또는 이미지와 같은 데이터 유형으로 구성된 경우 특히 그렇다.

일반적으로 데이터 품질에는 다음과 같은 과제가 산적한다.

- 명확성clarity: 데이터에 대한 의사결정을 지원하는 데 충분한 데이터 정의 명확성이 있는가?
- 유일성uniqueness: 전 세계적으로 그리고 주어진 데이터셋 내에 하나의 진실된 원천이 있는가?
- 내부 일관성internal consistency: 데이터 유형 요건이 전체 차원에서 준수되는 내부 구조적으로 데이터가 양호한가?
- 외부 일관성external consistency: 데이터 속성을 조합할 수 없는 외부 구조적으로 데이터가 양호한가?
- 적시성timliness: 주어진 애플리케이션에 필요한 시간에 데이터를 사용할 수 있는가?
- 완전성completeness: 시간과 상관없이 데이터가 누락됐는가?
- 유효성validity: 데이터가 설명하고자 하는 실제 세계 사건의 정확한 반영인가?
- 진실성veracity: 데이터가 신뢰할 수 있으며 데이터의 컨텍스트(변형을 포함한)를 고려할 때 데이터의 신뢰 수준은 어느 정도인가?

데이터의 사용 생애주기 전체에 걸쳐 머신러닝 기법은 기존 작업을 자동화하고 모니터링을 이전에 적용되지 못했던 품질 차원으로 확장해 품질을 향상시킬 수 있다. 7장, 8장, 9장에 몇 가지 예를 보여주겠다.

5.2.8 8단계: 신호 추출

초기 테스트에서 데이터셋이 어느 정도 가능성을 시사한 후 데이터셋이 완전히 전처리되면 다음 단계는 신호를 구축하는 것이다. 트레이딩의 경우 전략이나 지수의 구축과 같은 많은 단계를 수반할 수 있다.

어떤 경우에는 예를 들어 퀀트 헤지펀드를 위한 단순한 매수 또는 매도 신호가 목적일 수 있다. 이것은 신호를 다른 데이터셋에서 파생된 신호와 결합해 이뤄진다. 그런 다음 이러한 신호는 포트폴리오 최적화 도구에 공급돼 가중치를 부여한다. 재량적 트레이더의 경우, 그것은 단순히 트레이딩 과정에 대한 투입 변수로 사용되는 예측일 수 있다. 경제학자들에게 신호는 예측의 형태일 가능성이 높다. 위험 관리자의 경우 신호는 변동성 예측 또는 기타 유사한 위험 지표의 구축을 포함하거나 특정 시장/자산 등급/자산을 퇴출하는 신호를 포함할 수 있다. 목적이 무엇이든 2.5절에서 논의한 바와 같이, 사용 가능하고 충분한 경우, 과거 데이터로 어떻게 작동했는지 확인하기 위해 신호를 백테스트해야 한다.

신호 추출 프로세스signal extraction process는 반복적이며 SMESubject Matter Experts, 주제 전문가 및 비즈니스 분석가의 사용을 수반한다. 브레인 스토밍 세션은 데이터 과학 리소스에 대한 테스트 가능한 가설을 생성해 신호 추출 프로세스를 확장하는 데 중요한 구성 요소다. 따라서 구입한 데이터 자산의 완전한 활용과 수익화를 장려하기 위해 데이터 및 시장 동향에 대한 전문 지식이 필요하다.

이 단계의 종료 상태는 (5단계가 반대 방향을 가리키더라도!) 구현을 정당화할 수 있을 만큼 충분히 강한 신호의 부족일 수 있다. 이는 일정 기간 동안 평균화된 신호에서 비용을 뺀 알파와 같은 미리 설정된 성공 기준이나 지표에 의해 판단된다. 그렇다면 왜 이런가 하는 세심한 고려가 필요하다. 실수 때문일까, 그래서 이 단계가 반복돼야 할까, 아니면 다른 근본적인 이유 때문일까? 결론은 정말로 신호가 없다는 것일 수 있다. 여기서 발견은 보관되고, 프로세스는 종료돼야 한다. 신호 추출의 긍정적인 결과가 있을 경우, 다음 단계는 그것을 프로덕션에서 구현하는 것이다.

5.2.9 9단계: 구현 (또는 프로덕션에서 배포)

지금까지 우리는 성공적인 신호 추출 단계를 거쳤고 분석에서 검증된 사용 가능한 신호를 찾았다. 또한 데이터셋을 탑재하고 전처리했다. 마지막 단계는 모델의 프로덕션 구현을 생성하고 이를 실제 환경에서 실행하는 것이다.

POC의 경우 이메일이나 USB 키와 같은 특별한 방법으로 공급 업체로부터 데이터를 수신하는 것이 좋다. 그러나 데이터를 프로덕션에 사용하기 위해서는 자동화된 방식으로 데이터를 검색할 수 있어야 한다. 고빈도 데이터의 경우, 이는 데이터 제공자가 제공하는 API를 위한 래퍼를 작성해 실시간으로 고빈도 데이터를 수집할 필요가 있다. 이러한 API를 프레임워크에 통합하는 데 걸리는 시간은 데이터가 제공되는 형식에 따라 달라진다. 일별 또는 주별 데이터와 같은 빈도가 낮은 데이터의 경우 플랫 파일(예: CSV, XML 또는 Parquet 형식)을 일괄 다운로드할 수 있으므로 설치가 더 간단할 수 있다.

프로덕션의 관점에서 데이터 수집에서 전처리, 신호 생성에 이르기까지 테스트 인프라가 제대로 복제되는지 확인해야 한다. 이는 코드를 다시 쓰는 것을 요구하며, 처음부터 다시 시작해야 할 수도 있다. 고성능이 요구되는 애플리케이션의 경우, 이는 파이썬과 R과 같은 데이터 과학에서 사용되는 언어에서 C++, 자바, 스칼라 같은 언어로 전환되는 것을 의미할 수 있다. 또한 테스트 단계에서 아직 계산을 수행하지 않은 경우에는 분산 인프라에서 계산을 수행해 처리 속도를 높이도록 하는 데 상당한 시간이 소요될 수 있다. 이전에 이러한 데이터셋을 다루지 않았던 기업의 경우, 이러한 인프라 개발에 추가 시간과 예산을 투자해야 할 가능성이 높다.

이 단계에서는 위험에 대한 적절한 통제가 시행돼야 한다. 예를 들어 모델에 대한 데이터 피드 중 하나가 사라지면 알림을 받아야 한다. 거래 신호가 너무 강해 거래 한도를 초과하는 대량 거래를 시사하면 '킬스위치kill switch' 통제가 이뤄질 수 있다.

5.2.10 유지 관리 프로세스

데이터셋이 프로덕션 모델로 사용되면 모니터링해야 한다. 데이터셋 분포 변화를 탐지하고 그에 따라 작동하는 두 가지 유형의 실시간 모니터링이 있다. 첫 번째는 성능 척도를 따른다. 이는 확립된 근거가 없는 경우에 어려울 수 있다. 예측 분류 모델(예: 주식의 상승 또는 하락)인 경우, 정기적으로 생성되는 혼동 행렬일 수 있다. 두 번째는 훈련 데이터셋의 독립변수 분포와 실시간 데이터 사이의 불일치를 모니터링한다. 우리는 모델이 데이터 흐름의 결함으로 인해 입력 기능 중 하나가 누락됐거나 센서와 프로세스가 더 이상 이 정보를 수집하지 않도록 재설정되거나, 또는 데이터 공급 업체가 우리에게 알리지 않은 것과 같은 순전히 일상적인 문제 때문에 좋지 않은 예측을 생성하기 시작할 수 있다는 것을 강조해야 한다. 그러한 이상 징후를 탐지하기 위해 통제 장치를 설치해야 한다. 결론적으로 대체 데이터 가변성으로 인해 사전 예방적 품질 모니터링 및 교정 조치가 매우 필요하다.

모델 성능 저하가 감지되면 몇 가지 조치를 취할 수 있다. 먼저, 문제의 원인이 무엇인지 이해할 필요가 있다. 위에서 언급한 것과 같은 일상적인 문제인지 아니면 데이터셋 시프트의 증거가 있는지? 둘째, 우리는 그것을 고쳐야 한다. 만약 문제가 기술적인 것이라면, 치료법 또한 기술적인 것이어야 한다. 데이터를 포착하는 프로세스의 변경 때문이라면 수정이 그리 간단하지 않을 수 있다. 이러한 현상이 발생할 수 있는 이유는 여러 가지가 있을 수 있다. 소스 데이터를 더 이상 사용할 수 없는 경우 데이터 회사가 문을 닫거나 데이터셋 게시를 중단하거나 데이터 형식을 변경할 수 있다. 이렇게 하면 모델에서 변수가 누락된다. 데이터 패널이 크게 변경됐기 때문에 데이터 공급 업체로부터 받는 데이터의 품질이 저하되며, 덜 대표적으로 만든다.

좀 더 상용화된 데이터셋의 경우, 유사한 데이터셋으로 쉽게 대체할 수 있다. 그러나 이는 더 특이한 대체 데이터셋의 경우 더 까다로울 수 있다. 또한 대체 데이터 공간 내에서 뉴스와 같은 동일한 범주 내의 데이터셋에 대해서도 데이터셋이 생성되고 처리되는 방식은 공급 업체마다 크게 다를 수 있다. 따라서 추가 작업과 재보정 같은 기본 모델에 대한 변경 없이 데이터셋을 간단하게 교환할 수 없다. 예를 들어 결측 변수가 낮은 한계 예측 검정력을 갖는 경우, 단순히 그 특성을 무시하고 수익에 큰 영향을 미칠 것으로 기대하지 않을 수 있다. 물론 이는 일시적인 수정이며 그러한 특성이 없는 모델의 재개발이 필요하다. 만약 문제가 데이터셋 분포 변화로 인해 발생한다면 그것이 어떤 유형의 분포 변화인지 이해해야 한다. 이 작업은 어렵고 시간이 많이 걸릴 수 있다. 모델 개발 자체보다 성능 저하의 원인을 탐지하는 데 시간이 더 걸릴 수 있다고 해도 과언이 아니다.

모델이 예상대로 작동을 멈춘 이유는 데이터 기록 문제와 관련이 없는 다른 이유가 있을 수 있다. 점점 더 많은 트레이더들이 이를 복제하고 있고 이로 인해 알파 감쇠가 보이기 시작하면서 거래 전략의 용량이 초과된 경우일 수 있다. 게다가 5장 서문에서 언급한 바와 같이, 금융 시계열은 우리가 가격 데이터를 참조하든 거시경제 데이터를 참조하든 간에 때때로 정상성을 갖지 않는다. 그들의 특성은 시간이 지남에 따라 변할 수 있다. 우리는 시장 국면의 변화를 관찰할 때와 같은 시장의 행태에서 상당한 변화를 관찰할 수 있다. 이러한 국면 변화는 시장이 더 이상 우리가 모델링하고 있는 요소에 반응하지 않기 때문에 전략 손실을 초래할 수 있다. 그리스 채무 위기 동안 그리스 언어 뉴스를 종합한 모델을 가지고 있다고 하자. 반면, 그리스 채무 위기로 인한 최악의 혼란은 일단 지나갔지만 그러한 데이터셋은 EUR/USD의 거래와 관련이 있을 것 같지 않았다.

유지 보수 프로세스에는 모델과 관련된 기술적 문제만 포함되는 것은 아니다. 또한 규제 개발을 지속적으로 모니터링해 기존 프로세스가 준수되는지 확인해야 한다. 이는 규제 변경으로 인한 데이터셋 중단에 대한 사전 경고를 제공하는 데에도 유용할 수 있다. 마지막으로, 우리는 대체 데이터 모델의 유지 보수 프로세스를 실행할 충분한 인력을 확보해야 한다. 이러한 유지 관리 작업을 지원하기 위해 데이터 과학자, 데이터 엔지니어, 기술자, 컴플라이언스 담당자(준법 감시인) 등이 필요할 수 있다.

5.3 대체 데이터 사용을 위한 팀 구성

대체 데이터를 다루기 위한 팀을 조직할 때, 우리는 단지 데이터 과학자들만을 고용해 격리된 상태에서 "데이터로 뭔가를 해보세요"라고 하는 것만으로는 충분하지 않다고 지적했다. 데이터는 수익성이 있는 투자 결정에 도움이 될 때에만 투자 회사에서만 수익화될 수 있다. 많은 대기업에서 대체 데이터 이니셔티브를 중앙 팀으로 중앙 집중화하려는 노력이 있었으며, 이 팀은 데이터 식별 및 데이터 소싱에서 데이터 인제스팅 및 데이터 분석에 이르기까지 파이프라인의 여러 다른 부분을 담당한다.

데이터 스카우트/전략가는 데이터셋을 외부에서 찾고 식별할 수 있도록 지원하고 내부 팀과의 가교 역할을 하는 모든 대체 데이터 프로세스의 중요한 부분이다. 5.2.2절에서 언급한 바와 같이 데이터 스카우트에는 매우 구체적인 기술을 요구한다. 시간과 비용의 제약하에 존재하는 모든 데이터셋을 평가하는 것은 불가능하다. 따라서 더 자세히 평가할 데이터셋을 선택하는 이 초기 식별 단계가 핵심이다. 결과적으로, 데이터 스카우트는 팀에서 필수적인 인물이다. 대량의 데이터를 수집하고 저장해야 하는 과제를 처리하기 위해 데이터 엔지니어를 고용해야 한다. 데이터 엔지니어의 기술은 데이터 과학자의 기술과는 다르며, 프로세스를 배포하는 방법과 데이터 레이크를 생성하는 방법을 이해하는 것이 관련될 것이다.

데이터 과학자들은 데이터를 분석하기 위해 일한다. 펀더멘털을 기반으로 하는 투자회사의 경우 여기에는 포트폴리오 매니저의 특정 질문에 답하는 것이 포함될 수 있다. 어떤 의미에서 우리는 데이터 과학자를 코딩과 통계를 포함한 여러 다른 분야의 기술뿐만 아니라 도메인 지식의 요소를 가진 제너럴리스트generalist라고 생각할 수 있다. 이는 전통적인 금융 퀀트 수준과 매우 유사한 기술 세트다.

또한 데이터 구매 프로세스를 중앙 집중화하면 개별팀이 잠재적으로 동일한 데이터셋에 대해 개별적으로 협상하는 대신 데이터셋 구매 비용을 절감할 수 있다. 데이터 구매가 중앙 집중화되면 기업이 액세스할 수 있는 데이터셋을 더 쉽게 추적할 수 있다. 새로운 데이터셋을 처리하기 위한 중앙 집중식 파이프라인을 생성함으로써 평가 프로세스의 시간과 비용을 줄일 수 있다.

또한 이러한 리소스를 활용하는 것도 비즈니스의 기대되는 일이다. 펀드에서는 포트폴리오 매니저가 대체 데이터를 투자 프로세스의 일부로 보지 않는다면 기업이 대체 데이터 파이프라인을 개발하는 전체 연습에서 많은 가치를 추출할 수 없을 것이다. 데이터 전략가와 데이터 과학자는 어떤 투자 질문이 가장 중요하고 어떤 지표가 비즈니스에 가장 유용할 것인지를 이해하기 위해 비즈니스의 지침이 필요하다. 이것은 어떤 데이터셋이 가장 유용할 것 같은지를 식별하는 데 도움이 될 것이다. 궁극적으로 투자 회사 내에서 대체 데이터를 성공적으로 사용하기 위해서는 다양한 팀 간의 커뮤니케이션이 매우 중요하다. 그렇지 않으면 데이터 과학자는 비즈니스에 통찰력을 제공할 수 없는 고립된 환경에서 작업하게 된다. 데이터 과학자가 업무에 적합한 리소스를 보유할 수 있도록 보장하기 위해서는 커뮤니케이션이 중요하다. 소통 부족과 내부 정치가 데이터 과학자가 데이터에 접근할 수조차 없다는 것을 의미한다면, 그들은 떠날 것이다.

중앙 집중식 데이터 과학팀의 창설은 종종 점진적으로 이뤄질 수 있으며, 특히 더 재량적 투자에 초점을 맞춘 투자회사에서 그러하다. 이러한 유형의 기업에서는 조사하기 위한 리소스 집약도가 낮고 이를 사용하기 위해 대규모 팀이 필요하지 않은 소규모 대체 데이터셋부터 시작하는 것이 좋다. 리소스를 초기에 내부적으로 재할당할 수 있는 경우가 많다. 비즈니스 측면에서는 이러한 데이터셋을 사용할 경우 이점을 얻을 수 있으므로 데이터 팀을 확장하고 데이터셋을 추가 구입하기 위한 시간과 리소스의 추가 지출을 정당화하는 데 도움이 된다. 매우 많은 인력을 외부에서 고용해 중앙 집중식 데이터팀을 한꺼번에 만드는 "빅뱅" 전략에는 상당한 초기 예산이 필요하다. 기업이 그러한 접근법의 즉각적인 이익을 보지 못한다면 그렇게 많은 돈을 지출하는 것을 정당화하기가 어려울 수 있다. 대체 데이터를 사용해 작은 승리를 얻고 점차적으로 팀을 확장하는 전략이 더 적절하고 비즈니스의 승인을 더 쉽게 받을 수 있을 것이다.

우리는 대체 데이터 신호를 활용할 수 있는 데이터 과학/엔지니어링팀을 만드는 것은 비용과 시간이 많이 들 수 있다고 말해야 한다. 대체 통찰력을 찾고, 분석하고, 모델링하고,

생산하기 위해서는 일반적으로 기존 조직의 기능 내에서 찾을 수 없는 다양한 인재 풀이 필요하다. 대기업은 대체 데이터에서 얻을 수 있는 이익에 훨씬 못 미치는 비용으로 이를 설정할 수 있다. 반면 소규모 기업은 데이터 공급 업체/핀테크가 만드는 신호를 선택하거나 또는 대규모 인프라 비용이 발생하지 않는 플랫폼을 사용할 수 있다. 이러한 관점에서 중소기업은 어떤 데이터 공급 업체가 제공하는 제품이 자사의 요구 사항과 일치하는지 알기 위해 시장 조사를 해야 한다.

조직에서 데이터 과학팀을 구성하기 위한 대략적인 평균 지출액을 보고한다(그림 5.1 참조). 우리는 그 금액이 지역마다 다를 수 있고 또한 펀드의 성격에 따라 같지 아니할 수 있다는 점에 주목한다.

데이터 과학팀(최소 명수)		기술 및 기존 인력 베이스와 목적에 따라
데이터팀 헤드 (1)		연 1백만 달러 – 2백만 달러의 최소 지출액
데이터 과학자 (1)		
데이터 스카우트 (1)		

연봉 역할	입사 초기 수준 연봉(USD k)	대략적 보너스
데이터 분석가	80 – 100	25%
데이터 과학자	80 – 100	40%
데이터 스카우트	70 – 90	15%
데이터 엔지니어	80 – 110	30%
데이터 팀 헤드	250 – 1000	100%

그림 5.1 데이터 과학팀을 구축하는 비용

출처: alternatvedata.org

보다시피 100만 달러에서 200만 달러의 지출은 중소형 투자회사에 큰 부담이 될 수 있다. 데이터 공급 업체가 이전 단계에서 설명한 이 문제와 기타 과제에 어떻게 대처하고 있는지 살펴보겠다.

5.4 데이터 공급 업체

데이터 공급 업체 시장은 여전히 파편화됐다. 수백 개의 데이터 공급 업체와 수천 개의 데이터셋이 존재하며 그 수와 다양성은 매달 지속적으로 증가하고 있다. 언론은 데이터를 새로운 석유[new oil][3](Economist, 2017)로 미화하고 있으며, 데이터가 이동하는 공급망은 석유 산업과 상당한 유사성을 가지고 있다(Passarella, 2019). 우리는 데이터 산업을 더 잘 이해하기 위해 이 유사점을 탐구할 것이다. "데이터" 공급망에는 많은 부분이 있다.

처음에는 원유와 유사하게 "땅" 속에 데이터가 상주한다. 예를 들어 땅은 실제 기업이라 할 수 있으며, 이 기업에서 배기 데이터[exhaust data]가 생성된다. 원시 데이터 공급자는 전처리가 거의 또는 전혀 없는 데이터를 판매하며 공급망의 상류 부분을 채우기 시작한다. 여기서 분석의 부담은 데이터를 정제하고 유용하게 만들기 위해 시간과 리소스를 투자해야 하는 구매자 쪽에 있다. 구매자는 이 데이터셋을 인제스팅할 수 있는 다른 데이터 회사이거나 경우에 따라서는 대규모 헤지펀드일 수 있다.

공급망 가운데에는 주식 시장 신호, 유가 동향 등과 같은 특정 목적에 사용할 수 있도록 하기 위해 서로 다른 출처의 데이터를 정리하고 집계하는 가공 데이터의 제공자가 있다. 데이터셋의 예는 상이한 자동 식별 시스템[AIS, Automatic Identification System] 시스템의 데이터 집계 및 통합을 통한 선박 이동에 대한 전체 지리적 커버를 들 수 있다.

끝으로, 공급망의 끝에는 투자 커뮤니티를 위해 특별히 설계된 신호 제공자들이 있으며, 일반적으로 하나 또는 몇 개의 자산 클래스를 포함한다. 이 정제 과정은 BASF 등 대형 화학업체가 정유 공장에서 진행하는 과정과 유사하다. 이러한 제공자들은 대개 특정 사례 연구를 통해 신호의 존재를 증명하기 위한 백서를 제공한다.

3　그러나 석유와 달리 데이터는 고갈되지 않는 비경쟁적 자산이다. 시간이 지나면 가치가 떨어질 수 있지만 원칙적으로 소멸되지 않는다.

데이터 공급 업체의 세계는 또한 그들의 상품 제공, 즉 데이터의 정교화 수준과 이를 제공하는 데 사용되는 기술 인프라에 따라 세분화될 수 있다. 우리는 이를 다음과 같이 좀 더 명확하게 요약할 수 있다.

대부분의 빅데이터 공급 업체는 고객에게 직접 제공되는 최소한으로 가공된 데이터인 서비스형 데이터^{DaaS}를 제공한다. 최신 기술은 다음을 제공한다. (1) 단일 액세스 지점^{SPV}을 통해 연결된 데이터, 그리고 고객의 특정 요구 사항에 맞게 데이터 피드를 사용자 지정할 수 있는 기능 (2) 적절한 귀속 및 정규화된 데이터 개념 및 엔티티로 정제된 데이터다.

또한 간소화된 데이터 액세스를 통해 프로비저닝된 유연한 클라우드 인프라(및 플랫폼)인 IaaS$^{Infrastructure\ as\ a\ Service}$/PaaS$^{Platform\ as\ a\ Service}$의 사례도 몇 가지 볼 수 있다. 최신 기술은 다음과 같은 기능을 제공한다. (1) 사용률 모니터링 기능을 향상시키면서 데이터에 대한 액세스 간소화 (2) 대기 시간이 매우 짧은 알고리듬 결정 지원(통신 인프라 비용 절감) (3) 클라우드 기반 탄력/폭발적 컴퓨팅 능력 및 다양한 가격대 스토리지 솔루션에 대한 액세스. 여기서 콜로케이션$^{co-location}$이 충분한 규모의 클라우드 환경에서 발생한다고 가정한다. 복잡성과 비용을 고려할 때 이 옵션은 일반적으로 Refinitiv와 같은 대규모 데이터 공급 업체를 위한 것이다.

IaaS/PaaS에서 호스팅되는 분석 데이터 플랫폼이 사전 구축된 환경을 규모에 맞게 제공하는 서비스형 분석^{AaaS} 공간을 완전히 활용하는 데이터 공급 업체는 아직 없다.[4] 이 잠재적 상품 제공의 최신 기술은 (1) 데이터 프로세싱에 대한 단순화된 액세스, 쉽게 액세스할 수 있는 오프 더 랙 데이터 플랫폼 솔루션 제공 (2) 신속한 변화를 위한 핀테크 생태계를 조성하는 앱스토어 참여 모델 (3) 유틸리티 기반 가격 책정 등을 제공한다. 여기서 중요한 고려 사항은 맞춤형 분석 플랫폼이 데이터 소비자를 차별화하는 정도에 있다. 대부분의 경우, 이는 눈에 띄는 시장 우위가 없는 비용을 의미하므로 산업 유틸리티와의 협력을 통해 요구 사항을 더 잘 해결할 수 있다.

---

4   일반 분석 공급 업체(예: SAS, Cloudera, Pivotal)는 이러한 기능을 제공한다.

마지막으로 일부 데이터 공급 업체(또는 서로 다른 공급 업체로부터 데이터를 획득하는 소규모 스타트업)는 특정 시장 세그먼트 및 사용 사례를 대상으로 하는 프리미엄 가격으로 고객에게 판매되는 신호를 생성한다.[5] 데이터 공급 업체의 제공 모델 및 데이터 변환 정도는 시장 조사(및 직접 고객 지원)와 목표 선호에 의해 주도돼야 한다.

5.2.1절에서 복잡도 수준에 따라 순위를 매긴 다양한 유형의 데이터 구매자가 있다고 논의했다. 데이터 공급 업체의 질문은 가장 적절한 제공 모델과 필요한 투자를 제공할 대상 부문이 어디인지다.

5.5 요약

5장에서는 대체 데이터 사용을 시작하고자 하는 기업을 위한 일반적인 프로세스에 대해 논의했다. 초기 단계에서는 적절한 팀을 고용하기 위해 많은 조직 작업과 투자가 필요하다. 신호의 가치를 이해하기 위한 기술적 작업뿐만 아니라 데이터셋을 선택하고 평가하는 것과 관련해서는 데이터가 인제스팅되기 전에 많은 양의 실사가 수행돼야 한다. 이 실사에는 데이터가 생성되는 방법을 이해하는 것이 포함된다. 여기에는 원시 데이터의 출처를 파악해 법적 및 기타 위험이 있는지 여부를 평가하는 것도 포함된다. 데이터셋이 이러한 초기 검사를 통과하고 백테스트(또는 다른 성능 측정) 단계에서 가치가 있는 것으로 입증되면 프로덕션 단계로 전환할 수 있다. 하지만 그 일은 거기서 멈추지 않는다. 프로덕션 과정을 꼼꼼히 감시하고 모델의 높은 품질을 유지하는 것도 필요하다.

---

5 IHS Markit의 Research Signals를 예로 들 수 있다.

팩터 투자

6.1 서론

팩터 투자는 다양한 투자 옵션을 제공하면서 장기적으로 시장 수익률 위에 초과 수익을 얻는 인기 있는 방법이다. 일반적으로 팩터는 수익률을 설명하는 데 중요한 유가증권 집합과 관련된 모든 특성으로 생각할 수 있다. 대체 데이터 소스를 사용해 투자 팩터를 고안하거나 예상할 수 있으며, 따라서 원칙적으로 7장에서 보여줄 것처럼 다른 소극적 투자passive investing 방법을 능가할 수 있는 전략을 수립할 수 있다. 6장에서는 팩터 투자의 기초를 요약하고 대체 데이터를 사용해 팩터를 생성하거나 개선할 수 있는 방법을 살펴보겠다. 그럼에도 팩터 투자가 대체 데이터를 사용하는 유일한 방법은 아니라고 말해야 한다. 실제로 1장과 2장에서 재량적 투자자가 그들 스스로의 프레임워크에 대안적인 데이터를 통합할 수 있다는 것에 주목했다. 예를 들어 일회성 설문 조사를 사용해 자신이 가진 포지션에 대한 신뢰를 확인 또는 불신할 수 있다.

6.1.1 CAPM

마코위츠의 연구를 기초로 해,[1] 트레이너(Treynor, 1962), 샤프(Sharpe, 1964), 린트너(Lintner, 1965), 모신(Mossin, 1966)은 모두 독자적으로 자본 자산 가격 모델CAPM, Captial Asset Pricing Model이라고 부르는 것을 개발했다.

마코위츠의 가정과 더불어, CAPM은 (1) 모든 투자자가 무한대로 대출하거나 차입할 수 있는 무위험 이자율이 존재하며, (2) 모든 투자자는 모든 자산의 기대 수익률과 변동성에 대해 동질적인 견해를 가지고 있다고 가정한다. CAPM에 따르면, 모든 자산 수익률은 시장 수익률에 각 자산에 고유하고 다른 공통 요인과는 무관한 랜덤 잡음 즉 비체계적 위험idiosyncratic risk을 더한 것에 의해 설명된다. 기댓값 측면에서 이는 다음과 같이 표현된다.

$$E[r_i] = r_f + \beta_{p,m}E[r_m - r_f] \tag{6.1}$$

여기서 r_i는 자산 수익률, r_m은 시장 수익률, r_f는 무위험 이자율이며, $\beta_{p,m} = \rho_{p,m}\sigma_p/\sigma_m$이다. $\rho_{p,m}$은 포트폴리오와 시장 간의 상관관계, σ_p와 σ_m은 각각 포트폴리오의 표준편차와 시장 수익률이다. 따라서 CAPM은 유일한 팩터가 시장인 단일 팩터 모델one-factor model이다.

CAPM은 투자자 최적화, 소비 및 시장 정리에 기초한 2기간 균형 모델[2]에서 더욱 근본적으로 도출될 수 있으므로, 식 6.1의 단순한 형태는 뒤에 있는 경제 이론의 깊이에 대해 오해를 불러일으킬 수 있다. 그러나 여전히 배후의 가정들은 단순화되고, 정형화돼 있다. 그럼에도 그것은 광범위한 인기를 얻었고 오랫동안 꽤 잘 작동했다.

그러나 그것이 시장 포트폴리오의 움직임을 넘어선 다른 수익 원천들을 설명하지 않는다는 것을 보여주는 많은 경험적 증거가 축적됐다(Fama and French, 2004). 때문에 많은 연구자들이 대안의 멀티팩터 모델을 제안했다. 우리는 그중 몇 가지를 여기서 논의하지만

---

1 독자들이 마코위츠(Markowitz)의 포트폴리오 이론의 기초에 익숙하다고 가정한다. 그렇지 않은 독자들을 위해서 우리는 다음과 같은 문헌을 조언한다. Markowitz(1991), Markowitz & Todd(2000).

2 기본적 균형 접근법의 CAPM 도출에 대해서는 Cochrane(2009)을 참조하라. 이러한 접근법의 "예측"은 본질적으로 방정식 (6.1)이다.

그렇게 하기 전에, 우리는 팩터 모델의 개념을 더 공식적으로 소개할 것이다. 이 논의에서 한 가지 주목할 점은 물론 우리가 베타로 정의하는 것, 즉 시장 팩터가 "엄격한" 실체가 있는 것이라기보다는 전형적인 시장 투자자의 수익률이 무엇과 같을까에 대한 대용물이라는 것이다. 예를 들어 주식에서는 S&P 500을 선택하고 채권에서는 블룸버그 바클레이스 글로벌 애그리게이트Bloomberg Barclays Global Agg.와 같은 지수일 수 있다. FX와 같은 다른 자산 클래스에는 일반적으로 받아들여지는 시장 지수 개념이 없다.[3]

6.2 팩터 모델들

정의: (팩터 모델) 관측 가능한 확률변수 집합 x_1, x_2, ..., x_n이 있다고 가정하자. $i \in \{1, 2, ..., n\}$, $j \in \{1, 2, ..., k\}$이고 $k < n$인 또 다른 집합의 확률변수 F_i가 주어질 때, 다음이 성립하면, x_i는 팩터 모델을 따른다고 한다.

$$x_i = a_i + \sum_{j=1}^{k} \beta_{i,j} F_j + \varepsilon_i = E[x_i] + \sum_{j=1}^{k} \beta_{i,j}(F_j - E[F_j]) + \varepsilon_i \qquad (6.2)$$

여기서 $\beta_{i,j} = cov(x_i, F_j)/\Sigma_F$, $E[\varepsilon_i] = 0$ $\forall i$이고, F와 ε는 독립이다. 즉 $cov(x_i, F_j) = 0$ $\forall i,j$이다. 그리고 행렬 Σ_F는 비특이 행렬이다. x_i는 가장 흔히 자산 수익률에 연관되지만, 가격price 또는 수익payoff일 수도 있다. 종종 또한 $cov(F_j, \varepsilon_i) = 0$ $\forall i,j$, $i \neq j$ 이 가정되기도 하며, 만약 이것이 성립하면 x_i는 엄격한 팩터 모델을 따른다고 할 수 있다.[4]

팩터에는 거시경제, 통계적 및 펀더멘털의 세 가지 주요 유형이 있다(Corner et al., 2010을 참조하라). 이를테면 거시경제적 팩터는 GDP 서프라이즈, 인플레이션 서프라이즈 등이 될 수 있다. 반면 통계적 팩터는 자산 수익률의 시계열에 대한 데이터 마이닝 기법을

---

3 이론적으로 방정식 (6.1)의 시장은 모든 자산 클래스를 포함해야 한다. 실제로 이러한 인덱스를 구성하는 것은 매우 어렵기 때문에 프록시가 선호된다.

4 잘 분산된 포트폴리오의 경우, 사람들은 실제로 비체계적 오차들을 무시할 수 있다고 주장할 수 있다. 그러나 그러한 가정이 항상 실제로 적용되는 것은 아니다. 사실, 네트워크 효과(즉, 소멸되지 않는 상관관계)는 ε 안에 존재할 수 있으며 무시할 수 없을 수도 있다(Billio, 2016; Ahelegbey, 2014를 참조하라).

통해 식별된다. 그들은 어떠한 경제적 의미도 없을 수 있다. 마지막으로, 펀더멘털 팩터는 산업 해당 여부, 국가 해당 여부, 밸류에이션 비율 및 기술적 지표와 같은 주식의 특성을 포착한다. 이러한 팩터들 중 일부는 베타 팩터[beta factor]라 언급되며, 소위 "스마트 베타[smart beta]" 투자 접근법의 기초가 될 정도로 매우 보편화됐다. 이에 대한 몇 가지 구체적인 예는 모멘텀 기반 접근법이 될 수 있으며, 실제로 우리는 이러한 모멘텀 팩터에 대해 6장 후반부에서 논의하기로 한다.

Connor(1995)는 거시경제, 통계, 펀더멘털의 세 가지 팩터 모델의 동일 유니버스 자산(미국 주식)에 대한 적합도를 비교한다. 그는 거시경제 모델이 다른 두 모델에 비해 성능이 떨어진다는 것을 발견했다. 이는 단일 종목의 행태를 설명하려 하기보다는 주식 지수나 FX 등 거시 기반 자산에 거시경제 팩터가 적합할 가능성이 높다는 점에서 직관적으로 보인다. 거시경제 팩터가 주식 전반에 영향을 미치기는 하지만 특정 종목의 특이한 행태를 설명할 수는 없을 것으로 보인다. 펀더멘털 모델은 통계적 모델을 능가하는데, 통계적 모델은 적합도를 최대화하도록 설계됐기 때문에 언뜻 보기에 놀랍게 보일 수 있다. Connor는 이를 펀더멘털 모델에 사용되는 팩터의 수가 더 많기 때문이라고 설명한다. 사실 통계적 모델은 수익률 데이터셋에만 초점을 맞추고 펀더멘털 모델은 산업 식별자와 같은 추가 팩터들을 통합한다.

모델의 유형과 보정 방법에 따라 추정해야 하는 파라미터의 수가 다르며, 때로는 경제적인 모델을 갖는 것이 매우 바람직하다. 길이 T의 시계열이 있다고 가정하자. 그러면 모델의 각 유형에 대해 추정할 다음과 같은 파라미터 집합을 갖게 된다(엄격한 팩터 모델을 가정한다).[5]

1. **통계적 팩터**: nT 패널 수익률 데이터셋을 사용해 β, Σ_F, Σ_ε, F 및 F[6](시계열/횡단면 회귀)를 추정해야 한다. 이는 다음 개수의 파라미터를 가진다.

---

5   Connor(2010)를 참조하라.

6   여기서 하첨자를 제거한다.

$$nk + kT + \frac{1}{2}k(k+1) + n \qquad (6.3)$$

2. **거시경제적 팩터**: nT 패널 수익률 데이터셋과 거시경제적 팩터 혁신의 kT 세트를 사용해 우리는 β, Σ_F, Σ_ε을 추정해야 한다(시계열 회귀). 이는 다음 개수의 파라미터를 가진다.

$$nk + \frac{1}{2}k(k+1) + n \qquad (6.4)$$

3. **펀더멘털 팩터**: nT 패널의 수익률 데이터와 nk개의 자산 특성 세트를 사용해 Σ_F, Σ_ε, F를 추정한다(횡단면 회귀). 이는 다음 개수의 파라미터를 가진다.

$$kT + \frac{1}{2}k(k+1) + n \qquad (6.5)$$

큰 n에 대해서, 펀더멘털 모델은 다른 두 모델보다 작은 수의 파라미터를 갖는다. 그러나 펀더멘털 특성의 nk차원 횡단면이 일반적으로 거시경제 요인의 kT차원 데이터셋보다 크기 때문에 가장 많은 데이터를 사용한다. 이는 n이 클 경우 펀더멘털 모델에 파라미터당 더 많은 정보가 있음을 의미한다. 세 가지 경우를 모두 자산 수익률의 공분산 행렬을 직접 추정해야 하는 상황(즉, 팩터 모델이 관련되지 않는다)과 비교하자. 이는 n^2개의 파라미터를 추정하는 것을 의미하며, 큰 n의 경우 우리가 논의한 엄격한 팩터 모델의 파라미터보다 상당히 높은 숫자다.

Connor(1995)는 또한 예를 들어 거시경제적 및 펀더멘털 팩터의 하이브리드 모델을 실험한다. 그 결과는 통계적 팩터들과 펀더멘털 팩터들 모두 거시경제적 모델을 풍부하게 할 수 있다는 것을 보여준다. 그의 연구 결과는 정반대다. 거시경제적 팩터는 통계적 팩터와 펀더멘털 팩터의 설명력에 거의 추가적으로 기여하지 않는다. Miller(2006)는 일본 주식으로 구성된 데이터셋에서 주간 및 월간 빈도에서 펀더멘털 모델이 통계적 모델보다 성능이 우수하다는 것을 보여준다. 그러나 일일 빈도에서 두 개의 하이브리드 모델이 더 나은 성능을 보일 수 있음을 보여준다.

6.2.1 차익 거래 가격 결정 이론(APT)

스티븐 로스(Stephen Ross, 1972, 1973, 2013)는 CAPM 뒤에 있는 경제 구조 없이 방정식 6.2의 멀티팩터 공식화를 기초로 자산 수익률을 설명하는 순수 통계적 모델을 제안했다. 방정식 6.2에서 일가격 법칙law of one price을 사용하고 오차항을 무시하면, (평균이 0인 경우) 다음을 얻는다.[7]

$$E[r_i] = r_f + \sum_{j=1}^{k} \beta_{i,j} E[F_j - r_f] \tag{6.6}$$

여기서 $cov(\varepsilon_i, \varepsilon_j) = 0 \ \forall i,j$이다. 즉 APT는 수익률에 엄격한 팩터 모델을 부여한다.

유의할 점은 CAPM과 달리 APT는 이러한 팩터들이 어떤 것이어야 하는지 또는 각 팩터의 초과 수익률 $E[F_j - r_f]$의 부호에 대해 아무것도 알려주지 않는다는 것이다.[8] 이러한 팩터들의 수와 특성은 잠재적으로 시간과 시장에 따라 달라질 수 있다. APT의 직접적인 영향으로, 많은 새로운 멀티팩터 모델이 발표 후에 제안됐다. 이제 그들 중 가장 유명한 파마-프렌치 모델Fama-French model을 살펴볼 것이다.

6.2.2 파마-프렌치 3팩터 모델

파마와 프렌치(Fama and French, 1992)는 널리 받아들여지고 지금까지 가장 성공적인 모델을 개발했다. 거시경제(시장)와 펀더멘털 팩터 모두를 바탕으로 한 하이브리드 모델 부류에 속한다고 할 수 있다. 파마와 프렌치는 CAPM이 소형주/대형주로 구성된 포트폴리오와 장부-대-시가총액book-to-market 비율[9]의 고/저로 구성된 포트폴리오에 대한 횡단면

---

7 확률적 오차항이 없는 경우와 존재하는 경우 모두 방정식 6.6의 도출에 대해서는 코크란(Cochrane, 2009)을 참조한다. 후자의 경우 오차항이 서로 및 팩터들과 상관관계가 없기 때문에 분산이 비체계적 위험을 제거할 수 있다는 주장이 있다. 물론 이는 실제로 유한한 포트폴리오의 경우 잔차의 작은 위험이 여전히 가격에 반영될 수 있으며, 심지어 몇 개의 자산이 시장의 큰 부분을 차지할 수 있는 매우 큰 포트폴리오에 대해서는 성립하지 않을 수 있다. 이 주제에 대한 토론은 Cochrane(2009)의 9장과 Back(2010)의 6장을 다시 참조하라.

8 이는 $E[F_j - r_f]$의 양의 부호인 경우 위험 프리미엄으로 간주할 수 있다.

9 장부 대 시가총액비율은 기업의 장부 금액을 시가총액(주식의 가격에 주식 수를 곱한 값)으로 나눈 값이다. 장부 금액은 기업의 순자산가치(즉, 총 자산과 총 부채의 차이)로 정의된다.

자산 수익률을 적절하게 설명하지 못한다는 것을 보여줬다. CAPM은 소형주 또는 가치주(고가지수)에 대한 수익률을 과소평가하고, 대형주나 성장주(저가치주)의 수익률을 과대평가하는 경향이 있다.[10] 파마와 프렌치는 이들 비율과 시계열 회귀 분석에 기반한 포트폴리오를 사용해 이들 팩터의 중요성을 보여줬다. 좀 더 구체적으로 그들은 무위험 이자율을 초과하는 포트폴리오의 수익률을 설명하기 위해 다음과 같은 모델을 제안했다.

$$r_{i,t} - r_{f,t} = \alpha_i + \beta_{mkt,i}(r_{m,t} - r_{f,t}) + \beta_{SMB,i} * r_{SMB,t} + \beta_{HML,i} * r_{HML,t} + \varepsilon_{i,t} \qquad (6.7)$$

여기서 r_i는 포트폴리오 i의 수익률, r_f 무위험 이자율, r_m 시장 수익률(모든 주식의 시가총액 가중 포트폴리오에 대한 수익률로 계산), r_{SMB}는 대형주에 대한 소형주의 초과 수익률, r_{HML}은 저가치주에 대한 고가치주의 초과 수익률, ε는 확률적 오차항이다. r_{SMB} 및 r_{HML}은 다음과 같이 구성된다. 주식 시장은 장부 대 시가총액 비율에 따라 3개 그룹으로, 시가총액으로 2개 그룹으로 나뉜다. 그런 다음 $\{high, medium, low\} \times \{big, small\} = \{high - big, ..., low - small\}$의 추가 분할이 데카르트 곱으로 생성된다. 그러면 다음과 같은 수량이 계산된다.

$$r_{SMB}(t) = \frac{1}{3}(r_{high-small}(t) + r_{medium-small}(t) + r_{low-small}(t))$$

$$- \frac{1}{3}(r_{high-big}(t) + r_{medium-big}(t) + r_{low-big}(t)) \qquad (6.8)$$

$$r_{HML}(t) = \frac{1}{2}(r_{high-small}(t) + r_{high-big}(t)) - \frac{1}{2}(r_{low-small}(t) + r_{low-big}(t)) \qquad (6.9)$$

여기서 r_{SMB}와 r_{HML}은 월별로 계산된다.

파마와 프렌치(1992), 파마와 프렌치(1993), 파마와 프렌치(1995)를 통해 파마-프렌치 3팩터 모델이 CAPM보다 횡단면 자산 수익률을 더 잘 설명하는 것으로 나타났다. 실제로 그들의 3팩터 모델은 25개의 조사된 포트폴리오 중 21개의 경우 0.9를 넘는 수정 R^2를 산출했다. 이와는 대조적으로, CAPM만을 사용함으로써, 25건 중 2건만이 그러한 좋

---

10   저가치주는 성장주라고도 부른다. 고가치주는 단순히 가치주라고도 부른다.

은 결과를 산출한다(Fama and French, 1993, 19–25쪽).

따라서 파마와 프렌치는 CAPM의 기초로 균형 기반 접근법을 취하는 대신 APT의 정신으로 순수하게 경험적 발견에 기반을 두었다. 그 이후로 이러한 팩터들이 경험적 데이터에 적합화되는 이유를 이해하기 위해 많은 설명이 시도됐다. 그들은 몇몇 거시경제 변수들의 프록시인가? 이렇게 하면 동기부여가 더 쉬워지겠지만, *HML* 및 *SMB* 요소를 이러한 방식으로 설명하려는 시도는 크게 성공하지 못했다. 그러나 연구는 *HML*과 *SMB* 요인과 상관관계가 낮은 다른 팩터들을 보완하는 방향으로도 진행됐다. 모멘텀이 바로 그런 팩터이며, 다음에서 우리가 설명하고자 하는 카하트^{Carhart} 모델이 나오게 된 동기다.

6.2.3 카하트 모델

장기 성과가 좋은 주식들을 롱하고 장기 성과가 나쁜 주식들을 숏하는 포트폴리오가 그 반대보다 더 낫다는 경험적 증거가 있다(Fama and French, 1996 참조). 성과는 리밸런싱일 이전 구간 (−5, −1)의 오랜 기간에 걸쳐 계산된다. 과거에 너무 성과가 좋은 주식은 가격이 너무 높을 수 있고 그 반대의 경우는 반대가 성립할 수 있기 때문에 직관적으로 들릴 수 있다. 그러나 파마와 프렌치는 HML 팩터(즉, 나쁜 성과 주식이 더 높은 $\beta_{HML,i}$를 갖는다) 측면에서 이 전략의 결과를 가까스로 설명한다.

그러나 성과가 (−5, −1)년 구간이 아닌 지난 12개월에 걸쳐 계산된 경우에는 그 반대다. 좋은 성과를 낸 주식들은 계속해서 좋은 성과를 내는 경향이 있고, 그 반대도 마찬가지다. 이 행태는 파마-프렌치 팩터로는 설명할 수 없다. 이는 카하트(Carhart, 1997)가 다음의 4팩터 모델을 제안하도록 이끌었다.

$$r_{i,t} - r_{f,t} = \alpha_i + \beta_{mkt,i}(r_m - r_f) + \beta_{SMB,i} * r_{SMB,t} + \beta_{HML,i} * r_{HML,t}$$
$$+ \beta_{UMD,i} * r_{UMD,t} + \varepsilon_i \qquad (6.10)$$

여기서 $r_{UMD,t}$는 1개월 래그된 11개월 수익률에서 가장 높은 30%의 주식에 대한 동일 비중 평균에서 가장 낮은 30%의 1개월 래그된 11개월 수익률을 차감한 것으로 구성된다.

카하트는 펀드 수익률 데이터셋에서 이 회귀의 중요성을 증명한다. 그러나 그는 또한 거래 비용을 고려한 후에 그러한 전략이 반드시 승리하는 것은 아니라는 것을 보여준다. 파마-프렌치와 카하트 모델은 우리가 실제로 사용할 수 있는 유일한 모델은 아니다. 그러나 그들이 제안하는 팩터들이 실행 가능한 유일한 팩터이며 그것이 기반으로 하는 정렬 접근법을 엄격하게 채택해야 한다고 믿어야 할 근본적인 이유는 없다. 이제 논의할 데이터 마이닝 기반 접근법도 완벽하게 정당화될 수 있다.

6.2.4 다른 접근법(데이터 마이닝)

투자자들은 평균 수익률이 높거나 낮음을 나타내는 팩터를 오랫동안 찾고 있으며, 이를 기반으로 포트폴리오를 구축하고자 한다. 이러한 팩터들이 반드시 재무제표로부터만 구축되는 것은 아니다. 실제로, 대체 데이터를 사용하는 경우는 회계 변수의 위에 있는 무언가를 얻을 수 있다는 것이다.[11] 그러나 우리는 순수한 데이터 마이닝 접근법에 약간의 주의 사항이 있다는 것을 알아야 한다.

Yan과 Zheng(2017)이 지적한 바와 같이, 문헌에서 중요한 논쟁은 전략에 의해 생성될 수 있는 데이터 마이닝 초과 수익률이 체계적인 위험에 대한 보상인지 여부다. 한 가지 예로 일반적으로 자산을 그들의 캐리^{carry}로 분류하는 캐리 기반 팩터 모델이 있다(예: 주식 배당금). 롱 포지션은 더 높은 캐리 자산에서 취하며, 낮은 캐리 자산의 숏 포지션으로 자금을 조달한다. 일반적으로 캐리의 수준이 높은 자산은 큰 규모의 손실낙폭$^{draw-down}$에 더 노출된다. 따라서 전략은 효과적으로 위험 프리미엄을 획득하며, 이는 시장 혼란기 중에 주기적으로 발생하는 스트레스의 영향을 받는다.

데이터 마이닝은 시장 비효율성의 증거를 발견할 수 있지만, 시간이 지남에 따라 완전히 허위적이고 불안정한 패턴을 탐지하는 경향이 있다. 다시 말해서 우리는 단순히 통계적 잡음에 적합화한 것인가? 예를 들어 많은 변수가 고려되는 경우 이러한 변수가 실제로

---

11 회계 변수나 대체 데이터에 기반한 팩터 이외의 팩터들도 가치가 있을 수 있다. 예를 들어 카하트 모델의 모멘텀 팩터는 회계나 대체 데이터가 아닌 과거의 주식 수익률로 구축된다.

미래 주식 수익률에 대한 예측 능력을 갖고 있지 않더라도 순수한 우연으로 인해 초과 수익률이 발생할 수 있다. 이 경우 수행해야 할 중요한 테스트는 발견된 신호가 샘플링 변동sampling variation에 기인한 우연인지 여부다. 살펴봐야 할 팩터의 다른 바람직한 속성들은 예를 들어 시간 경과에 따른 지속성, 개별 주식 변동성에 대비 수익률의 충분히 큰 변동성, 정의된 유니버스 내에서 충분히 광범위한 주식 부분집합에의 적용 등이다(Miller, 2006).

Yan(2017)은 그의 연구에서 발견한 펀더멘털 기반의 이상 현상들이 랜덤한 우연 때문이 아니라는 것을 우선 보인 후, 이상 가격mispricing 설명 또는 위험 기반 설명risk-based explanation에 부합하는지 여부를 조사한다. 그는 이 목적을 위해 세 가지 테스트를 수행한다. 우리는 이러한 테스트와 관련된 세부 사항을 위해 독자들이 Yan(2017)을 참조하기를 권장하지만, 중요한 것은 그들의 결과가 수많은 펀더멘털 팩터들이 미래의 주식 수익률에 대해 진정한 예측 능력을 보인다는 것을 보여준다는 것이다. 그 증거는 펀더멘털 기반의 이상 징후가 잘못된 가격 기반 설명과 더 일치함을 시사한다.

그들의 팩터 중 일부는 다른 저자들의 이전 연구에서 탐구됐지만, Yan(2017) 연구에서 확인된 많은 상위 펀더멘털 신호는 이 책의 출판 당시 새로운 것이었고 이전 문헌에서는 거의 관심을 받지 못했던 것들이다. 예를 들어 그들은 이자 비용, 법인세 이월 비용tax carry-forward, 판관비general and administrative expense에 기초해 구축된 이상 징후 변수가 미래의 주식 수익률과 높은 상관관계가 있음을 발견했다. 이들은 이들 변수가 미래 기업 실적에 대한 가치 관련 정보를 담고 있고, 시장이 이 정보를 적시에 주가에 반영하지 못하기 때문에 미래 주식 수익률을 예측할 수 있다고 보는 것이 타당하다고 주장한다. 그들은 제한된 관심이 투자자들이 그들의 연구에 기록된 기본 변수의 정보 내용을 충분히 인식하지 못하는 더 그럴듯한 이유라고 결론짓는다. 10장 후반부에서 Yan(2017)의 접근법과 결과를 활용할 것이다.

우리가 수행할 수 있는 중요한 테스트는 새로 발견된 팩터들이 어떻게 Fama-French 팩터와 연관되는가 하는 것이다. 이것은 전자가 후자의 프록시인지, 따라서 중복되는지, 또는 그것들이 실제로 어떤 추가 신호를 포함하고 있는지를 우리에게 보여줄 것이다.

Fama와 French(1996)는 같은 정신으로 HML과 SMB와는 다른 팩터를 기반으로 전략을 분석했고 전략이 순수하게 시장 베타에 의해서가 아니라 대부분 그들의 팩터에 의해 설명된다는 것을 발견했다. 실제로 대체 데이터를 사용하는 핵심 포인트는 특이한 데이터 셋을 사용함으로써 기존 팩터와 상관관계가 있는 신호를 찾을 가능성이 낮다는 가설이다 (즉 기존 팩터와 상관관계가 없는 신호를 찾을 가능성이 높다는 가설이다).

6.3 횡단면 트레이딩 접근법과 시계열 트레이딩 접근법의 차이

6장 전반에 걸쳐, 우리가 논의한 트레이딩 규칙에는 특정 팩터에 기초해 자산의 순위를 매기는 것이 포함된다. 그리고 나서 순위에 따라 이러한 자산에서 포지션을 취한다. 다시 말해 우리는 횡단면적인 트레이딩 규칙을 만들고 있다.

따라서 한 자산의 포지션은 다른 자산의 포지션에 의해 영향을 받는다. 횡단면 규칙은 주식에서 인기가 있지만, FX를 포함한 많은 자산 클래스에 적용할 수 있는 예를 들어 캐리에 기반을 둔 팩터 중심 접근법을 사용할 때처럼 다른 자산 클래스에서도 찾을 수 있다. 때때로 이것들은 시장 중립적인 포트폴리오를 만드는 데 사용될 수도 있고, 대신에 롱 온리 포트폴리오에 대한 가중치를 조정하는 데 사용될 수도 있다.

이는 많은 관리형 선물 추세 추종 펀드managed futures trend-following funds들이 채택하는 것과 같은 순전히 시계열 중심의 트레이딩 규칙과는 대조적이다. 전형적으로, 그들은 국채, FX, 주가 지수, 그리고 상품을 포함한 다양한 거시 기반 자산에서 선물을 거래한다.

단일 주식에 반해 그들은 특정 자산의 시계열에 기초해 계산되는 그 자산의 추세에 순수하게 기초해 특정 선물에서 롱 또는 숏 포지션을 취한다. 이것은 우리가 동시에 많은 자산에 대해 일종의 순위 접근법을 사용하는 횡단면적 접근법과 대조된다.

6.4 팩터 투자가 필요한 이유

이 시점에서 팩터 기반 전략을 사용할 때 성과에 대한 경험적 증거가 무엇인지 묻는 것은 당연하다. 좋은 시장 조건에서 추가적 팩터에 기반을 둔 지수는 롱 시가 가중 지수와 같은 단순한 수동적 접근법passive approach을 능가하는 경향이 있다는 증거가 있다. 우리는 물론 그러한 접근법이 일반적으로 수동적이라고 언급되지만, 실제로 그러한 지수는 시간이 지남에 따라 더 큰 시가총액 주식을 선호하는 경향이 있는 리밸런싱 규칙을 가지고 있다는 것을 주목한다. 따라서 "수동적" 전략은 투자자들이 생각하는 것보다 더 적극적일 수 있다.

그러나 나쁜 시장 조건에서는 팩터 기반 전략이 시장보다 성능이 떨어질 수 있다(Ang, 2014 참조). 이에 대한 구체적인 예는 우리가 지적한 바와 같이 위험 프리미엄을 획득하는 것들이다. 그러나 일반적으로 시장은 약세보다는 성장하고 강세 기간이 긴 것으로 보인다. 장기적으로 보면 성장기에 발생하는 시장 수익률이 시장 하락기에 발생하는 부진한 수익률을 보상하는 것보다 더 높다는 것이 타당하고 시장 지수를 앞지르는 것이다. 사실, 이것이 바로 우리가 본 것이다. 1973년 이후 팩터 지수[12]가 시장보다 낮은 성과를 보인 기간이 여러 차례 있었다. 그러나 전체적으로 1973년부터 2015년까지 MSCI World 지수에 투자한 1달러는 34달러로 상승한 반면, 가치 지수value index에 투자한 1달러는 49달러 또는 모멘텀 지수momentum index[13]에 투자한 1달러는 98달러로 상승했을 것이다 (Authers, 2015 참조). 장기적으로 적어도 현재의 실증적 증거를 고려할 때 이득이 비용보다 더 큰 것으로 보인다.

이러한 팩터들이 시장에서 성과를 거뒀다는 역사적 증거를 고려할 때, 새로운 유형의 수동적 투자가 나타났다. 투자자들은 시가총액 가중치를 부여한 시장 전체에 투자하기보다는 이러한 팩터를 바탕으로 투자할 시장의 부분집합을 선택하거나 (팩터 투자) 시가총액에 대한 대체 가중치 시스템(스마트 베타 투자)을 사용해 이러한 조사 결과를 통합하기로 결정

---

12 어떤 위험 팩터(예: 가치 팩터)에 따른 가중치로 구축된 지수

13 이는 각각 약 8.8%, 9.7%, 11.5%의 복합 연간 수익률에 해당한다.

했다. 이러한 방법의 이점은 수동적 투자와 유사하다.

- 대규모 투자 용량: 지수에 대한 투자로 인해 선택한 투자 유니버스의 시가총액이 매우 크다. 그러므로 어떤 방식으로든 시장을 움직이려면 (즉, 가격 수용자$^{\text{price takers}}$가 되지 않기 위해서는) 극단적인 양의 자본이 필요할 것이다. 이는 대규모 펀드(예: 연기금)에게 매우 매력적인데, 이는 많은 소규모 전략이 높은 백만 또는 억 달러 단위의 포트폴리오 가치를 다룰 때 잘 확장되지 않기 때문이다.
- 낮은 비용: 이러한 방법은 매우 간단하고 쉽게 자동화할 수 있기 때문에 실행하는 데 거의 노력이 필요하지 않다. 따라서 비용은 팩터 선택과 실행 측면에서 모두 낮다. 과거에는 이러한 스마트 베타 전략 중 많은 수가 일반적으로 헤지펀드에 할당된 투자자만 사용할 수 있었지만, 요즘에는 ETF와 같은 저비용 래퍼를 통해 이러한 팩터의 변형을 사용할 수 있다.
- 분산: 이러한 방법은 인덱스 투자를 기반으로 하기 때문에 투자하기에 충분히 큰 유니버스를 감안할 때, 우리는 여전히 주식들 사이에서 매우 좋은 수준의 분산을 경험한다.

Clarke et al.(2005)은 팩터 투자 전략의 추가를 통해 효율적인 프론티어를 확장하고 위험 조정 수익률이 높은 쪽으로 밀 수 있으므로 동일한 수준의 위험에 대해 더 높은 수익을 제공할 수 있음을 보여준다.

6.5 대체 데이터 입력을 사용한 스마트 베타 인덱스

수년 동안 금융 인덱스는 시장 성과를 벤치마킹하는 데 사용해왔으며 기관 투자자에 의해 자주 추적된다. 인덱스 시장은 지난 몇 년 동안 테마와 팩터 기반 인덱스(스마트 베타)의 도입으로 진화했지만, 대체 데이터의 풍부함을 활용하기에는 크게 진화하지 않았다. 그러나 최근 일부 인덱스 제공업체는 차세대 인덱스에 대체 데이터를 통합하는 방안을 검토하기 시작했다.

Indexica[14]라는 회사는 심각성^{Severity}, 기회성^{Opportunity}, 복잡성^{Complexity} 및 미래성^{Futurity}과 같은 인덱스를 제공한다. 예를 들어 미래성은 NLP를 통해 분석하고 과거 시제와 미래 시제에서 기업이 얼마나 언급되는지에 대한 점수를 부여한다. Indexica는 S&P 500의 구성 요소를 그들의 미래 점수로 순위를 매겼을 때 상위 10분위는 지난 3년 동안 60~70%의 수익률을 보였고, 하위 10분위는 같은 기간 동안 20%의 수익률을 보였다고 밝혔다.

Refinitiv는 특정 산업 또는 섹터에 대해 이 섹터에 대한 미디어 감성을 추적하는 섹터 기반 뉴스 감성 지수를 만들었다. Borovkova et al.(2017)은 11개 섹터에 대한 리피니티브 섹터 감성 지수와 해당 섹터의 주식 거래 사이의 관계를 경험적으로 조사한다. 그들은 이러한 관계가 시장이 침체된 시기에 특히 중요하다는 것을 보여준다.

인덱스들은 기초 팩터 집합을 기반으로 한다. 그 예로 S&P 500을 이끄는 주요 팩터는 시가총액이다. 우리는 10장에서 시가총액 이외의 자동차 데이터 팩터를 사용함으로써 회사의 실적을 예측할 수 있다는 것을 알게 될 것이다. 아울러 자동차 공급망과 관련된 어떤 대체 데이터셋을 포함한 자동차 데이터를 사용한 결과를 시가총액으로 회사들의 가중치를 매길 때 결과와 비교해 보여줄 것이다.

이후 6.8절에서는 대체 데이터를 인덱스 생성 프로세스에 통합하는 방법에 대한 광범위한 개요를 제공한다.

6.6 ESG 팩터

일반적으로 추세와 같은 팩터 지수를 개발할 때, 우리의 주요 목표는 샤프 비율, 연간 수익률 또는 기타와 같은 일부 유형의 수익률 통계량을 최대화하는 것이다. 하지만 우리가 다른 기준을 모델에 통합하기를 원하는 몇 가지 시나리오가 있다. 그러한 상황 중 하나는 주식 포트폴리오에 대한 ESG^{Environment, Social and Governance} 기반 팩터를 포함한다. 이 경우 환경, 사회 및 지배 구조 문제와 관련해 다양한 윤리 기준을 준수하는 기업을 선정하고자

---

14 https://www.indexica.com/

한다.

ESG를 사용하기 위한 이러한 이니셔티브는 노르웨이 은행 투자 운용(Norges Bank Investment Management, 2018)과 같은 세계 최대 펀드 일부를 포함한 투자자들에 의해 주도됐다. ESG 점수를 통해 기업을 계량화하는 정확한 기준이 무엇인지에 대한 널리 인정되는 정의는 없다. 그러나 우리는 광의의 정의를 내리려고 노력할 수 있다.

환경 측면에서 기업의 에너지 사용, 폐기물 처리 방법 등과 같은 많은 팩터들을 살펴볼 수 있다. 석유 회사들은 그러한 기준에서 매우 높은 점수를 얻을 것 같지 않다. 이와 대조적으로 더 지속 가능한 산업에 관련된 기업들은 높은 점수를 받는다.

사회적 측면에서는 회사가 고객, 근로자, 지역 사회와 어떻게 상호작용하는지 살펴볼 수 있다. 담배 회사들이 그들의 제품이 사용자들에게 해롭다는 것을 고려할 때, 이 규모에서 높은 점수를 받을 것 같지는 않다. 노동자의 조건은 어떨까?

그들의 안전에 우선순위가 높게 주어지는가? 그들은 다양성을 위한 정책을 가지고 있는가? 지배 구조를 볼 때 그들의 의사결정 과정이 어떤지 볼 필요가 있다. 그들은 주주들의 우려에 귀를 기울이는가? 이사회에 감독권이 있나? 이해 상충을 관리할 수 있는 정책이 있는가? 그들이 뇌물 수수 같은 비윤리적이고 불법적인 관행으로 고발된 적이 있는가? 이사회 구성원들은 이해관계가 심각하게 상충되는 부분이 있는가?

우리는 기후 변화를 고려할 때, 환경 문제에 대해 점수가 낮은 기업들은 향후 수십 년 내로 좋은 장기 투자가 될 것 같지 않다고 주장할 수 있다. 따라서 장기적인 수익과 기업의 환경 점수와의 연관성이 있을 수 있다. 재생 에너지를 준비하지 않는 석유 회사가 한 예일 수 있다. 그것은 또한 지배 구조에도 해당된다. 부실하게 관리된 기업은 소송과 관련되거나 또한 사기와 관련된 위험 증가의 대상이 될 수 있기 때문에 좋은 투자가 될 것 같지 않다. 사회적 우려의 관점에서, 우리는 또한 모집단 풀을 인구의 아주 작은 부분집합으로 제한하는 회사들이 최고의 직원을 얻을 것 같지 않다고 주장할 수 있다. 게다가 다양성의 부족은 또한 많은 양의 집단 사고를 조장할 수 있다. 만약 기업들이 직원들을 좋지 않게 대한다면, 그들은 또한 최대 한도의 생산성을 낼 것 같지 않다.

ESG에 대한 기준을 계량화하는 것은 어려울 수 있다. 결국 우리가 던지는 질문의 대부분은 질적이다. 그러나 우리는 궁극적으로 회사의 순위를 매길 수 있는 계량화 가능한 결과의 시계열을 만드는 데 관심이 있다. 현재 기업을 위해 ESG 데이터를 제공하는 데이터 제품을 개발하는 많은 대체 데이터 공급 업체가 있다. 여기에는 Engaged Tracking과 같은 회사가 포함된다. ESG용 평가 지표를 개발하는 기업은 다양한 기법을 사용해 이러한 정보를 수집할 수 있다. 뉴스 분석에서부터 기업의 연차 보고서까지, 기본적으로 기업 내부와 외부의 혼합된 데이터 소스를 결합할 수 있다. RobecoSAM은 ESG 기준에 따라 4,800개 이상의 기업을 대상으로 매년 기업 지속 가능성 평가[CSA]를 만들었다. RobecoSAM은 S&P와 협력해 모멘텀과 같은 공통 팩터에 대한 팩터 기반 지수를 생성했는데, 여기에는 CSA에서 파생된 ESG 정보도 포함돼 있다.

6.7 직접과 간접 예측

대체 데이터를 사용해 자산 수익률을 예측한다는 궁극적인 목표를 고려할 때, 우리는 다음 세 가지 방법을 진행할 수 있다. 수중에 있는 대체 데이터에서 직접 자산 수익률을 예측할 수도 있고, 먼저 일부 펀더멘털을 예측한 다음 펀더멘털에서 자산 수익률로 연결시킬 수도 있고, 대체 데이터와 펀더멘털을 공동으로 사용해 자산 수익률을 예측할 수도 있다.

기업의 경우 펀더멘털은 장부 대 시가총액, 레버리지, 주당 이익 등과 같은 재무 비율일 수 있다. 우리가 검토 중인 대체 데이터셋이 이미 비교적 정형화된 형태로 돼 있는 경우가 있을 수 있으며, 이는 그것이 수익률과 직접적인 관계가 있다는 가설을 직관적으로 만들 수 있게 한다. 그러나 항상 그렇지는 않을 수도 있다. 채권이나 FX와 같은 거시경제 기반 자산을 투자하는 경우에는 거시 데이터를 예측하는 방법을 모색할 수 있다. 예를 들어 이것들은 예산 적자 또는 노동 시장일 수 있다. 우리는 또한 중앙은행의 커뮤니케이션을 추적해 그들이 통화 정책을 어떻게 바꿀지 이해할 수 있을 것이다. 어떤 것이 더 나은지는 문제의 특수성과 데이터의 특수성에 따라 달라지기 때문에 꼭 집어 말할 방법은 없다. 실제로 단일 주식을 거래하더라도 주식 부문의 실적이 경기 순환의 다양한 단계에 매우 민감할 수 있기 때문에 보다 광범위한 거시적 오버레이를 원할 수도 있다.

사람들은 먼저 펀더멘털을 예측하는 것에 찬성할 수 있다. 사실 회사의 펀더멘털이 왜 주식 수익률을 주도하는지에 대한 경제적 직감이 있다. 예를 들어 비용 대비 수익이 감소한다면, 우리의 직관은 이것이 주가에 부정적인 영향을 미칠 것이라는 것을 암시한다. 레버리지가 늘어나면 신용 스프레드도 커질 것으로 예상한다. 우리는 또한 거시경제 펀더멘털이 국채 시장이나 통화 시장과 같은 거시 자산에 영향을 미칠 가능성이 있다고 추측할 수 있다. 경제 데이터가 약해지면 중앙은행이 더 비둘기파적일 가능성이 높다. 따라서 채권 수익률은 시장 가격이 좀 더 비관적인 전망에 따라 하락할 가능성이 높다. 반대로 경제 데이터가 지속적으로 강세를 보이고 더 높은 인플레이션을 가리킬 때, 수익률이 상승할 수 있다. 그 근거는 시장이 더 매파적인 중앙은행에 가격을 매기고 있다는 것이다. 통화 정책 기대치의 변화는 종종 외환 시장의 트레이딩에도 파급된다.

그런 다음 대체 데이터를 사용해 이러한 비율을 예측할 수 있다. 접근법은 산업 분야마다 다를 것이다. 이를테면 쇼핑 센터의 수익 예측의 경우 주차장의 위성 이미지가 좋은 예측 변수가 될 수 있다. 애플과 같은 회사의 경우 수익을 예측하기 위해 다른 접근법을 시도할 필요가 있다. 이 경우, 그들의 수익은 아이폰 판매와 크게 관련이 있으며, 이를 위한 한 가지 방법은 소셜 미디어에서 아이폰에 대한 언급을 추적하는 것이다(Lassen, Madsen, & Vatrapu, 2014). 또한 분기별 회사 주식 발표 또는 경제 데이터 발표와 같은 특정 단기 이벤트를 중심으로 펀더멘털 예측을 거래할 수 있다. 물론, 이러한 단기 전략 주변에는 용량 제약이 있을 수 있다. 따라서 이 경우(모델 A)[15]에서 선택하는 모델링 경로는 그림 6.1에 나와 있다.

---

15   이 절에서는 확률적 그래픽 모델(PGM)의 언어를 사용할 것이다. 입문서로 Koller et al.(2009)을 참조하라.

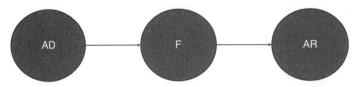

그림 6.1 잠재적 모델링 시퀀스를 보여주는 확률적 그래픽 모델(PGM)(모델 A). 여기서 AD = 대체 데이터, F = 펀더멘털, AR = 자산 수익률

이를 그림 6.2의 직접 접근법(모델 B)과 대조하라.

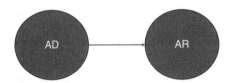

그림 6.2 또 다른 잠재적 모델링 시퀀스(모델 B)

자산 수익률을 예측하기 위해 대체 데이터와 펀더멘털 데이터를 모두 직접 사용하는 세 번째 접근법은 그림 6.3에 나와 있다.

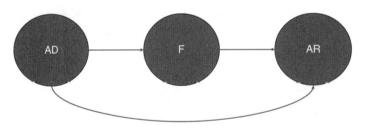

그림 6.3 세 번째 잠재적 모델링 시퀀스(모델 C)

이 모든 대안들이 무엇을 의미하는지 이해하는 것이 중요하다. 단순성을 위해 대체 데이터셋에 하나의 펀더멘털 비율만 예측하려는 변수가 하나만 있다고 가정하고, 선형 회귀 모델의 경우에 초점을 맞추자. 방정식의 관점에서 모델 A는 다음과 같이 해석된다.

$$AR = \beta_{AR,F}F + \varepsilon_{AR} \tag{6.11}$$

$$F = \beta_{F,AD}AD + \varepsilon_F \tag{6.12}$$

여기서 $cov(\varepsilon_{AR}, \varepsilon_F) = 0$으로 가정한다. 모델 B에 대해서는 다음을 가진다.

$$AR = \beta'_{AR,F}AD + \varepsilon'_{AR} \tag{6.13}$$

모델 C에 대해서는 다음 식을 가진다.

$$AR = \beta''_{AR,F}F + \beta''_{AR,AD}AD + \varepsilon''_{AR} \tag{6.14}$$

$$F = \beta''_{F,AD}AD + \varepsilon''_F \tag{6.15}$$

여기서 $cov(\varepsilon''_{AR}, \varepsilon'_F) = 0$으로 가정한다.

어떤 모델이 가장 좋은지 미리 결론짓는 방법은 없지만, 우리가 선택한 각 모델링 시퀀스는 잔차 오차항 간의 상관관계(부재)와 관련된 가정을 수반한다.

확실히 데이터의 가용성과 같은 실질적인 고려 사항이 또한 모델링 선택을 안내한다. 예를 들어 짧은 기간 동안만(예: 2년간 매일) 대체 데이터가 있다고 가정하자. 반면 회사의 펀더멘털은 국가에 따라 분기별 빈도 또는 아마도 반기별 빈도로만 제공된다. 즉, 2년 동안 F(모델 A 및 모델 C)를 예측하는 데 사용되는 방정식은 통계 검정력이 매우 낮다. 모델 C에서 이는 AD를 분기별 빈도로 변환하는 것을 의미하며, 따라서 더 낮은 시간 세분성으로 인해 잠재적 변동이 손실된다. 매일 자산 수익률을 이용할 수 있다면, B 모델을 직접 사용하는 것이 더 나은 선택일 수 있지만, 경제적 직관을 다소 희생시킬 수 있다는 점을 주의해야 한다. 10장에서는 자동차 공급망에 대한 IHS Markit의 대체 데이터셋과 함께 글로벌 자동차 재고로 구성된 데이터셋에 대해 세 가지 접근법을 테스트할 것이다.

또한 독자들에게 이 주제에 관한 다른 문헌들을 참조하기를 권장한다. 여기에는 팩터 투자를 위해 머신러닝을 적용하는 Guida(2019)가 포함된다. 그들의 연구는 머신러닝 기법(XGBoost)을 사용해 주식 비율에 기초한 특성을 단일 주식을 트레이딩하는 팩터 모델에 통합한다. 한편 Alberg와 Lipton(2018)은 딥러닝을 사용해 전통적인 회사 펀더멘털 비율을 예측한다. 이러한 예측은 주식 팩터 트레이딩 모델에 대한 입력으로 사용된다. 자동차 주식에 대한 트레이딩 전략에 대한 분석으로 10장에서 이 논문에 대해 자세히 설명할 것이다.

6.8 요약

6장에서는 가장 일반적인 팩터 모델에 대해 논의하면서 팩터 기반 투자에 대해 간략하게 소개했다. 추세 및 가치와 같은 팩터가 매우 잘 확립돼 있고 다양한 스마트 베타 인덱스의 기초를 형성하고 있지만, 프로세스 내에서 대체 데이터를 사용해 기존 팩터를 개선하고 새로운 팩터를 생성할 수 있다는 점에 주목했다. 예상할 수 있듯이 팩터 기반 투자는 보통 투자자의 수익률 통계량을 개선하는 데 초점을 맞춘다. 그러나 투자자들은 순수하게 수익률을 조사하는 것 이상의 다른 목표를 가질 수 있다. 우리는 팩터 투자자가 투자 프로세스에 포함하도록 사용될 수 있는 ESG 데이터셋의 예를 들었으며 이러한 고려 사항은 환경, 사회 및 기업의 지배 구조와 관련된다. 일반적으로 ESG 기준에서 높은 점수를 받는 기업도 좋은 투자가 될 가능성이 높다. 예를 들어 지배 구조 문제와 상당한 이해 충돌을 가진 것으로 보이는 기업이 시장에서 플러스로 보일 가능성은 낮다.

2부

실제 응용

07

결측 데이터: 배경

7.1 서론

3.3.2절에서 어디서나 존재하는 결측 데이터 문제를 다룰 때 논의한 바와 같이, 데이터를 유용하게 만든 데 있어 중요한 단계 중 하나다. 7장에서는 결측 데이터 대체 문제를 좀 더 일반적인 용어로 설명할 것이다. 8장에서는 다변량 금융 시계열의 공백^{gap}을 메꾸는 데 초점을 맞춘 구체적인 사례 연구를 설명할 것이다.

문제가 여러 가지 상이한 성격의 실제적인 애플리케이션에서 발생한다는 점에서 결측 데이터를 다루기 위한 일반적인 레시피를 제공하는 것은 불가능하다. 예를 들어 금융 시계열의 공백을 채우는 것은 위성 이미지 또는 텍스트의 공백을 채우는 것과 상당히 다를 수 있다. 그럼에도 불구하고 일부 기법들은 7장과 8장에서 보여주듯이 서로 다른 영역에 걸쳐 광범위하게 재사용될 수 있다. 결측 데이터를 채우는 기법은 데이터 집합이 대체 데이터인지 여부에 관계없이 적용 가능하므로, 이후에는 그러한 구별을 하지 않을 것이다. 일반적으로 대체 데이터 공간에서 결측 데이터 및 데이터 품질 문제가 더 많이 발생할 것으로 예상한다는 점만 언급하겠다. 이는 좀 더 표준화된 전통적 데이터셋에 비해 대체 데이터의 다양성, 속도 및 가변성이 증가한 것에 기인한다.

결측 데이터를 처리하는 것은 추가 분석을 시도하기 전에 수행해야 하는 것이다. 그런 다음, 예측 모델(예: 투자 전략)이 두 번째 단계로 처리된 데이터셋에서 보정할 수 있다. 그러나 훈련 세트의 결측 데이터가 우발적인 것인지(예: 역사적 데이터베이스에서 실수로 레코드를 삭제하는 경우) 또는 나중에 프로덕션에 배치될 때 동일한 패턴으로 라이브 피드에 다시 나타나는 데이터의 반복적이고 피할 수 없는 특성인지를 이해하는 데 주의를 기울여야 한다. 후자의 경우, 결측 데이터 알고리듬도 프로덕션에서 구현돼야 한다. 전처리 단계에서 구축한 결측 데이터 알고리듬이 실제 환경에서 적용되는지도 이해하는 것이 중요하다. 이는 알고리듬이 어떻게 구현되는지, 결측 데이터 처리 단계의 실행에 허용되는 최대 계산 시간 등 제약 조건에 의존할 것이다.

그러나 5장에서 이미 언급했듯이, 결측 데이터가 훈련 세트에 우발적인 것이 아니라 프로덕션 과정에서 다시 나타나는 경우, 다양한 이유로 인해 완전히 다른 패턴으로 나타날 수 있다. 이는 수정해야 하는 일시적인 기술적 결함일 수 있다. 또는 특정 정보가 더 이상 수집되지 않아 관련 데이터 공급이 중단되기 때문일 수도 있다. 후자의 경우, 투자 전략과 결측 데이터 처리 단계에 대한 알고리듬에 대한 완전한 수정이 필요할 것이다. 또 다른 가능성은 입력 데이터의 특성 변화로 인해 결측 훈련 세트와 비교했을 때 데이터 패턴이 변하는 것이다. 이 경우 결측 데이터 및 투자 전략의 데이터를 채우기 위해 사용되는 알고리듬의 수정 및 업데이트가 필요하다. 각 개별 사례에 따라 신중한 분석이 있어야 최상의 행동 경로를 평가할 수 있다. 마지막으로 비정상성(4.4.2절 참조) 또는 국면 변화도 데이터 수집과 이에 따른 결측 패턴에 영향을 미칠 수 있다. 예를 들어 신용 부도 스왑CDS, Credit Default Swap 가격에 대한 컨센서스 추정치가 수집될 때 분석가 추정치의 분산이 너무 크면 발표되지 않는다. 분석가들간의 의견 차이는 시장 혼란기에 발생할 가능성이 더 높으며, 따라서 데이터에 대한 상이한 결측 패턴을 더할 수 있다.

7.2 결측 데이터 분류

결측 데이터의 패턴은 매우 다른 형태로 나타날 수 있으며, 이는 대체^{imputation} 전략에 영향을 미칠 수 있다. 다음 절에서 논의할 것이다. 따라서 공통적인 패턴과 함께 가능한 결측 메커니즘과 먼저 분석하는 것이 유용하다.

통계 문헌에서는 보통 미지의 파라미터 θ를 가진 분포함수 $g(X|\theta)$에 의해 생성되는 데이터를 고려한다. g의 함수 형태를 알 수도 있고, 알지 못할 수 있다. 그렇다면 결측 패턴 M이 어떻게 생성되고 그것이 관측된 데이터와 어떻게 관련되는지, 즉 조건부 분포 $f(M|X, \phi)$가 어떠한 일반적 형태를 가지는가를 명확히 하는 것이 관심 대상이다. 여기서 ϕ는 미지의 파라미터 집합이다. 공식적으로 우리는 데이터를 관측된 부분과 결측된 부분으로 나눌 수 있다. $X = (X^{obs}, X^{miss})$. 이는 다음과 같이 이해해야 한다. 완전한 데이터 집합 X가 존재하지만 우리는 X^{obs}만 관측된다. X^{miss} 값은 관측되지 않기 때문에 보통 우리는 그것들을 알지 못한다. 그러나 다음 추론을 위해서, X^{miss}의 값과 그들 값의 결측 패턴과의 관계를 고려하는 것도 매우 유용하다. 문헌에서 일반적으로 다음과 같이 구별한다.[1]

1. **완전 무작위 결측**$^{MCAR, Missing Completely At Random}$: 결측 패턴이 어떠한 관측된 또는 관측되지 않은 데이터값에 의존하지 않는다.

$$f(M|X, \phi) = f(M|\phi) \tag{7.1}$$

2. **무작위 결측**$^{MAR, Missing At Random}$: 결측 패턴이 관측된 데이터값에 의존하고 관측되지 않은 데이터값에는 의존하지 않는다.

$$f(M|X, \phi) = f(M|X^{obs}, \phi) \tag{7.2}$$

결측 패턴 M은 무작위가 아니라 관측된 값에 따라 의존하기 때문에 MAR이라는 용어가 혼동스러울 수 있다. 그러나 그것은 문헌에서 흔히 사용된다.

---

1 Little(2019)을 참조하라.

3. **비무작위 결측**[NMAR, Missing Not At Random]: 결측 패턴은 관측 데이터값과 비관측 데이터 값 모두에 의존한다.

$$f(M|X, \phi) = f(M|X^{obs}, X^{miss}, \phi) \tag{7.3}$$

MAR의 예는 특정 연령 이상 응답자에 대해 소득 데이터가 결측된 조사다. MNAR의 예는 설문 조사에서 소득 값이 특정 임계값 미만이고, 연령(관측된)은 특정 값보다 높을 때, 소득 값이 결측될 가능성이 더 높은 경우다. 즉, 응답자는 나이가 많고 소득이 적으면 소득을 생략한다. 이 구별은 다음과 같은 결과를 낳는다: MCAR과 MAR은 무시 가능하다고 언급되는 결측성 부류에 속하며, 나중에 설명할 다중 대체[MI, Multiple Imputation] 접근법의 적용이 가능하다. 대조적으로, 원칙적으로 우리는 관측된 값으로만 결측값을 미리 예측할 수 없기 때문에 MNAR을 다루는 것이 더 어렵다는 점을 주의해야 한다. 이러한 상황에서는 추가 데이터 수집 또는 도메인 전문가의 추가 통찰력이 유용할 수 있다. 공식적으로 대체를 다루는 적절한 사전 확률을 도입할 수 있다. 일부 MI 패키지는 이를 허용한다.

7.2.1 결측 데이터 처리

일반적으로 결측 데이터를 처리하는 방법에는 (1) 삭제 (2) 대체 (3) 예측 대체 이 세 가지가 있다. 처음 두 가지는 매우 간단하고 초보적이지만, 애플리케이션의 영향이 작거나 예측 내체 모델 구축이 너무 많은 비용이 소요될 수 있는 경우에 사용할 수 있다. 다음에서 세 가지 방법을 설명한다.

7.2.1.1 삭제

삭제는 가장 간단한 방법이다. 간단히 레코드를 제거하는 것으로 구성된다. 이 작업은 리스트별[listwise] 또는 쌍별[pairwise]로 수행할 수 있다. 리스트별 삭제는 분석에서 고려된 어떤 변수에 대한 결측 데이터가 있는 경우 데이터셋의 모든 레코드가 분석에서 삭제됨을 의미한다. 경우에 따라 이 방법이 실행 가능한 옵션이 될 수 있지만, 많은 데이터가 폐기되기 때문에 비용이 많이 드는 절차가 되는 경우가 더 많다. 레코드를 삭제하면 샘플 크기가 감소하므로 나머지 샘플이 여전히 상당히 크지 않다면, 결과의 통계적 검정력이 감소한다. 또한 이 접근법은 데이터가 MCAR인 경우에만 작동한다. MCAR이 아니라면, 삭제된 불완전한 레코드는 여전히 샘플에 남아 있는 완전한 레코드와 다를 것이다. 그런 경우, 남아 있는 랜덤 샘플은 더 이상 전체 모집단을 반영하지 않는다. 이로 인해 편향된 결과가 발생할 수 있다. 어떤 경우에는 리스트별 삭제가 전혀 실용적이지 않다. 예를 들어 8장에서 논의되는 신용 부도 스왑 데이터의 경우 가치 있는 데이터가 많이 손실될 수 있다.[2] 따라서 오늘날 리스트별 삭제는 대개 좀 더 정교한 기법을 선호해 기각된다.

쌍별 삭제에서는 결측 데이터가 단순히 무시되고, 각 레코드에 대해 비결측 변수만 고려된다. 쌍별 삭제로 더 많은 데이터가 사용 가능하다. 그러나 각각 계산된 통계량은 각각 상이한 경우의 부분집합에 기반을 둘 수 있으며, 이는 문제를 일으킬 수 있다. 쌍별 삭제를 사용하면 적절한 준양정부호 상관계수 행렬postive semidefinite correlation matrix이 생성되지 않을 수 있다.

더욱 유연하고 강력한 전략은 관측된 데이터에서 결측 데이터를 예측하는 전략이다. 일반적으로 데이터 대체data imputation에 대한 확률론적 접근법과 결정론적 접근법을 구별할 수 있다.

7.2.1.2 대체

기본 결정론적 접근법은 특정 특성의 관측치 평균 또는 최빈값(모드)과 같은 단순한 추측으로 그 특성의 결측값을 대체하는 것이다. 이는 결측 비율이 매우 작을 경우 성공적인 전략이 될 수 있다. 그러나 이 접근법에는 두 가지 문제가 있다. (1) 평균 또는 최빈값 대체가 부정확할 수 있으며 (2) 문헌에서 광범위하게 논의된 바와 같이(Little & Rubin, 2019; Schafer, 1997 참조), 이 간단한 대체 기법은 데이터의 통계적 속성을 변경한다. 예를 들어 평균 대체는 변수의 분산을 감소시킨다. 시계열의 결측값의 경우 미래 값을 사용해 계

---

2 어떤 애플리케이션에서든 많은 데이터를 손실할지 또는 적은 양의 데이터를 손실할지에 대한 판단은 애플리케이션의 목적에 따라 달라진다. 8장의 사례 연구에서 데이터는 기대 초과 손실(ES, Expected Shortfall) 계산을 위해 사용될 수 있다. ES를 계산하려면 최근 데이터가 많이 필요하므로 연속된 긴 결측 데이터에 대한 허용도가 낮다.

산된 평균을 사용하지 않고, 과거 값에 대해 계산된 평균만 사용하도록 주의할 필요가 있다.

7.2.1.3 예측 대체

평균 대체와 같은 단순한 사고의 한계를 극복하기 위해 지난 30년 동안 다중 대체[MI, Multiple Imputation]라는 통계 프레임워크가 등장했다. 이 프레임워크의 일반적인 아이디어는 대체된 데이터를 샘플링할 수 있는 결합 분포함수를 추론하는 것이다. 이때 데이터 대체는 비결정론적이며 다중 대체 데이터셋을 생성할 수 있다. 완성된 데이터셋에 대한 예측 분석을 위해 예측 양에 대한 통계를 계산할 수 있다. 따라서 대체의 불확실성을 적절히 설명할 수 있다. 더욱이, 이러한 대체 기법은 기저의 분포, 평균 및 분산과 같은 데이터의 통계적 특성이 대체에 의해 변경되지 않도록 보장한다.

이는 8장에서 검토된 사례에서 사용할 접근법 중 하나이기도 하다. 그러나 그 전에 예측 대체 클래스에 속하는 몇 가지 결측 데이터 처리에 대한 문헌 검토를 제공하자.

7.3 결측 데이터 처리의 문헌 개요

Wang(2010)에 따르면 결측 데이터를 부적절하게 취급하면 그릇된 결론과 연구 발견의 제한된 일반화 가능성을 초래할 수 있다. Barnard(1999)는 결측 데이터 처리 결여와 관련된 문제의 가장 빈번한 유형은 (1) 효율성의 손실 (2) 데이터 처리 및 분석의 복잡성 (3) 결측 데이터와 완전 데이터 간의 차이로 인한 편향이라고 주장한다. 이는 결측 데이터를 처리하는 것이 실제 애플리케이션에 매우 중요하다는 사실을 나타낸다.

다음에서 결측 데이터 대체에 대한 몇 가지 우리 견해로 중요한 문헌을 검토할 것이다. 우리는 공짜 점심 정리로 인해 예상되는 바와 같이 모든 문제에 대해 최고의 성능을 발휘하는 대체 알고리듬을 가질 수 없다는 사실을 입증할 것이다. 대신 우리가 검토하고 있는 특정 문제에 대해 "최상의" 알고리듬을 선택해야 한다.

7.3.1 Luengo et al.(2012)[3]

우리가 요약할 첫 번째 논문은 Luengo et al.(2012) 논문이며, 이는 23개의 분류기가 훈련되는 데이터에 대해 14개의 상이한 대체 기법의 영향을 비교한다. 분류기는 다음 세 가지 범주로 나눠진다

1. **규칙 유도 학습**Rule Induction Learning 이 그룹은 상이한 전략들을 사용해 규칙을 추론하는 알고리듬을 가리킨다. 다소 해석 가능한 규칙 집합을 생성하는 방법은 이 범주에 속한다. 이러한 규칙에는 정의와 표현에 따라 각 방법에 의해 처리되는 이산형 및 연속형 특성이 포함된다. 이 유형의 분류 방법은 불완전한 데이터의 경우에 가장 많이 사용해왔다.

2. **근사적 모델**Approximate Models 이 그룹은 인공 신경망, 서포트 벡터 머신, 통계적 학습을 포함한다. Luengo et al.은 이 그룹에 블랙박스처럼 작동하는 방법들을 포함한다. 따라서 해석 가능한 모델을 생성하지 않는 방법은 이 범주에 속한다. 비록 나이브 베이즈 방법이 완전히 블랙박스 방법은 아니지만, 이 논문은 이것이 그에 가장 적합한 범주라고 생각한다.

3. **게으른 학습**Lazy Learning 이 그룹에는 어떤 모델에도 근거하지 않지만 훈련 데이터를 사용해 직접적으로 분류를 수행하는 방법이 포함된다. 이 과정은 어떤 종류의 유사도 측정의 존재를 의미한다. 따라서 훈련 세트 입력을 관련시키기 위해 유사도 함수를 사용하는 모든 방법은 이 범주에 속하는 것으로 간주된다.

규칙 유도 학습 그룹에 포함되는 분류 방법은 C4.5$^{C4.5}$; Ripper^{Ripper}; CN2^{CN2}; AQ-15^{AQ}; PART^{PART}; Slipper^{Slipper}; 확장 가능한 규칙 유도$^{SRI, Scalable Rule Induction}$; 규칙 추출 시스템 버전 6$^{Rule-6, Rule extraction system version 6}$이다. 근사적 모델 그룹에 포함되는 분류 방법은 다층 퍼셉트론$^{MLP, Multilayer Perceptron}$, C-SVM^{C-SVM}, ν-SVM$^{\nu-SVM}$, 순차적 최소 최적화$^{SMO, Sequential Minimal Optimization}$, 방사형 기저 함수 네트워크$^{RBFN, Radial Basis Function Network}$,

---

3 독자들은 포괄적인 결측 데이터 문제의 입문을 제공하는 Graham(2009)을 참고하기를 바란다.

RBFN 감소^{RBFND, RBFN Decremental}, RBFN 증가^{RBFNI RBFN Incremental}, 로지스틱^{LOG}; 나이브 베이즈^{NB}와 학습 벡터 양자화^{LVQ, Learning Vector Quantization}이다. 게으른 학습 그룹에 속하는 분류 방법은 1-NN^{1-NN}, 3-NN^{3-NN}, 국지적 가중 학습^{LWL, Locall Weighted Learning}, 베이지안 규칙의 게으른 학습^{LBR, Lazy learning of Bayesian Rules}이다.

마지막으로, 이들이 사용하는 대체 기법은 대체하지 않기^{DNI, Do Not Impute}, 사례 삭제 또는 결측 무시^{IM, Ignore Missing}, 전역적 최대 공통/평균^{MC, Most Common}, 개념 최대 공통/평균^{CMC, Concept Most Common}, k-최근접 이웃^{KNNI}, 가중 k-NN^{WKNNI}, k-평균 클러스터링^{KMI}, 퍼지 k-평균^{FMI}, 서포트 벡터 머신^{SVMI}, 이벤트 커버링^{EC}, 규제화된 기댓값-최댓값^{EM, Expectation-Maximization}, 특이값 분해 대체^{SVDI, Singular Value Decomposition Imputation}, 베이지안 주성분 분석^{BPCA, Bayesian PCA} 및 국지적 최소 제곱 대체^{LLSI, Local Least Square Imputation}다.

각 분류 방법을 21개(귀속) 데이터셋 각각에 적용하기 전에 먼저 각 대체 기법을 적용한다. 그런 다음 각 대체기-분류기 조합에 지정된 데이터셋에 대해 수행된 방법에 대한 순위가 부여된다. 그 다음 윌콕슨 부호 순위 테스트^{Wilcoxon signed rank test}를 사용해 각 대체기-분류기에 단일 순위를 할당한다.[4] 이는 그림 7.1에서 볼 수 있다. 순위 값이 낮을수록 대체 기법이 해당 분류기와 함께 더 잘 수행된다.

---

4 Luengo et al.(2012)의 4.1절을 참조하라.

	RBFN	RBFND	RBFNI	C4.5	1-NN	LOG	LVQ	MLP	NB	ν-SVM	C-SVM	Ripper	PART	Slipper	3-NN	AQ	CN2	SMO	LBR	LWL	SRI	Ritio	Rule-6	평균	순위
IM	9	6.5	4.5	5	5	6	3.5	13	12	10	5.5	8.5	1	4	11	6.5	10	5.5	5	8	6.5	6	5	6.83	7
EC	1	1	1	2.5	9.5	3	7	8.5	10	13	1	8.5	6.5	1	13	6.5	5.5	2	9	8	6.5	6	1	5.7	2
KNNI	5	6.5	10.5	9	2.5	9	7	11	6.5	8	5.5	2.5	6.5	11	5.5	11	5.5	5.5	9	8	11.5	11	11	7.76	10
WKNNI	13	6.5	4.5	11	4	10	10	4.5	6.5	4.5	5.5	2.5	6.5	7	5.5	6.5	1	5.5	9	8	11.5	6	11	6.96	8
KMI	3.5	2	7	5	12	3	11	3	4.5	8	5.5	2.5	6.5	3	5.5	6.5	5.5	9	9	2.5	9.5	12	7.5	6.24	5
FKMI	12	6.5	10.5	7.5	6	3	1.5	4.5	11	4.5	5.5	2.5	6.5	10	1.5	2	5.5	3	9	2.5	1	2	3	5.26	1
SVMI	2	11.5	2.5	1	9.5	7.5	3.5	1.5	13	8	11	5.5	6.5	7	9	1	5.5	9	3	8	6.5	6	2	6.09	3
EM	3.5	6.5	13	13	11	12	12.5	10	4.5	4.5	10	12	6.5	7	5.5	12	13	11.5	9	2.5	3	6	4	8.37	11
SVDI	9	6.5	7	11	13	11	12.5	8.5	3	11.5	12	11	6.5	12	12	10	12	11.5	1	12	9.5	10	11	9.72	12
BPCA	14	14	14	14	14	13	7	14	2	2	13	13	13	7	14	13	14	13	13	13	13	13	13	11.87	14
LLSI	6	6.5	10.5	11	7.5	7.5	7	6.5	9	4.5	5.5	5.5	6.5	7	5.5	6.5	11	9	9	8	3	6	7.5	7.22	9
MC	9	6.5	10.5	7.5	7.5	3	7	6.5	8	11.5	5.5	8.5	6.5	2	1.5	6.5	5.5	5.5	3	2.5	3	6	7.5	6.11	4
CMC	9	13	2.5	5	1	3	1.5	1.5	14	14	5.5	8.5	12	13	5.5	3	5.5	1	3	8	6.5	1	7.5	6.28	6
DNI	9	11.5	7	2.5	2.5	14	14	12	1	1	14	14	14	14	10	14	5.5	14	14	14	14	14	14	10.61	13

그림 7.1 모든 분류기에 대한 평균 순위. "평균"은 주어진 대체 기법에 대한 모든 순위의 평균이다.

출처: Luengo et al.(2012)의 데이터 기반

7.3.1.1 유도 학습 방법

Luengo et al.은 규칙 유도 학습 분류기의 경우 그림 7.2에서 볼 수 있듯이 대체 방법 FKMI, SVMI 및 EC가 가장 잘 수행된다는 결론에 도달한다. 따라서 이 세 가지 대체 방법은 이 유형의 분류기에 가장 적합하다. 또한 FKMI와 EC 모두 전반적으로 가장 좋은 방법 중 하나로 고려됐다.

	C45	Ripper	PART	Slipper	AQ	CN2	SRI	Ritio	Rules-6	평균	순위
IM	5	8.5	1	4	6.5	10	6.5	6	5	5.83	4
EC	2.5	8.5	6.5	1	6.5	5.5	6.5	6	1	4.89	3
KNNI	9	2.5	6.5	11	11	5.5	11.5	11	11	8.78	11
WKNNI	11	2.5	6.5	7	6.5	1	11.5	6	11	7	8
KMI	5	2.5	6.5	3	6.5	5.5	9.5	12	7.5	6.44	6
FKMI	7.5	2.5	6.5	10	2	5.5	1	2	3	4.44	1
SVMI	1	5.5	6.5	7	1	5.5	6.5	6	2	4.56	2
EM	13	12	6.5	7	12	13	3	6	4	8.5	10
SVDI	11	11	6.5	12	10	12	9.5	10	11	10.33	12
BPCA	14	13	13	7	13	14	13	13	13	12.56	14
LLSI	11	5.5	6.5	7	6.5	11	3	6	7.5	7.11	9
MC	7.5	8.5	6.5	2	6.5	5.5	3	6	7.5	5.89	5
CMC	5	8.5	12	13	3	5.5	6.5	1	7.5	6.89	7
DNI	2.5	14	14	14	14	5.5	14	14	14	11.78	13

그림 7.2 규칙 유도 학습 방법에 대한 평균 순위

출처: Luengo et al.(2012)의 데이터 기반

7.3.1.2 근사적 방법

근사 모델의 경우 대체 방법 간의 차이가 더 명확하다. 평균 순위 4.75에서 볼 수 있듯이 EC 대체 기법을 가장 좋은 솔루션으로 명확하게 선택할 수 있다(그림 7.3 참조). 이는 가장 가까운 다음 기법인 KMI보다 거의 1 낮은 수치이다. KMI는 평균 순위 5.65로 두 번째로 우수하다. 다음으로, 평균 6.20의 FKMI를 본다. 따라서 이 분류 방법 계열에서, EC는 탁월한 대체 기법이다.

	RBFN	RBFND	RBFNI	LOG	LVQ	MLP	NB	ν-SVM	C-SVM	SMO	평균	순위
IM	9	6.5	4.5	6	3.5	13	12	10	5.5	5.5	7.55	10
EC	1	1	1	3	7	8.5	10	13	1	2	4.75	1
KNNI	5	6.5	10.5	9	7	11	6.5	8	5.5	5.5	7.45	9
WKNNI	13	6.5	4.5	10	10	4.5	6.5	4.5	5.5	5.5	7.05	6
KMI	3.5	2	7	3	11	3	4.5	8	5.5	9	5.65	2
FKMI	12	6.5	10.5	3	1.5	4.5	11	4.5	5.5	3	6.2	3
SVMI	2	11.5	2.5	7.5	3.5	1.5	13	8	11	9	6.95	5
EM	3.5	6.5	13	12	12.5	10	4.5	4.5	10	11.5	8.8	11
SVDI	9	6.5	7	11	12.5	8.5	3	11.5	12	11.5	9.25	12
BPCA	14	14	14	13	7	14	2	2	13	13	10.6	14
LLSI	6	6.5	10.5	7.5	7	6.5	9	4.5	5.5	9	7.2	7
MC	9	6.5	10.5	3	7	6.5	8	11.5	5.5	5.5	7.3	8
CMC	9	13	2.5	3	1.5	1.5	14	14	5.5	1	6.5	4
DNI	9	11.5	7	14	14	12	1	1	14	14	9.75	13

그림 7.3 근사적 방법에 대한 평균 순위

출처: Luengo et al.(2012)의 데이터 기반

7.3.1.3 게으른 학습 방법

이 집합의 방법(그림 7.4)의 경우 Luengo et al.은 MC가 평균 순위 3.63으로 최고의 대체 기법이고, CMC가 평균 순위 4.38로 그 뒤를 잇는다는 것을 발견한다. 단지 FKMI 방법만 평균 순위가 4.75인 MC 및 CMC 방법과 비교할 수 있으며, 다른 모든 기법은 평균 순위가 6.25 이상이다. 다시 한 번, DNI와 IM 방법은 낮은 순위를 얻는데, DNI는 14위이고 BPCA 방법만 더 나쁜 결과를 낳는다.

	1-NN	3-NN	LBR	LWL	평균	순위
IM	5	11	5	8	7.25	7
EC	9.5	13	9	8	9.88	12
KNNI	2.5	5.5	9	8	6.25	4
WKNNI	4	5.5	9	8	6.63	5
KMI	12	5.5	9	2.5	7.25	8
FKMI	6	1.5	9	2.5	4.75	3
SVMI	9.5	9	3	8	7.38	9
EM	11	5.5	9	2.5	7	6
SVDI	13	12	1	12	9.5	11
BPCA	14	14	13	13	13.5	14
LLSI	7.5	5.5	9	8	7.5	10
MC	7.5	1.5	3	2.5	3.63	1
CMC	1	5.5	3	8	4.38	2
DNI	2.5	10	14	14	10.13	13

그림 7.4 게으른 학습 방법에 대한 평균 순위

출처: Luengo et al.(2012)의 데이터 기반

7.3.1.4 전체 개요

전반적으로 결론이 그렇게 간단하지 않다(그림 7.5 참조). FKMI가 가장 높은 최종 순위를 얻지만 EC 방법은 매우 유사한 평균 순위를 갖는다(EC의 경우 5.70, FKMI의 경우 5.26). FKMI와 EC에서 멀지 않은 곳에 유사한 평균 순위를 얻는 몇 가지 추가 방법이 있다. SVMI, KMI, MC, CMC의 평균 순위는 6.09에서 6.28 사이이며, 따라서 이미 예상한 바와 같이 그들 중에서 가장 좋은 방법 하나를 확고히 세울 수 없다.

	규칙 유동 순위	근사적 방법 순위	게으른 방법 순위
EC	**3**	**1**	12
KMI	6	**2**	8
FKMI	**1**	**3**	**3**
SVMI	**2**	5	9
MC	5	8	**1**
CMC	7	4	**2**

그림 7.5 각 그룹에 대한 최상의 대체 방법. 열별로 최상위 3개의 순위가 굵은 글씨로 강조된다.

출처: Luengo et al.(2012)의 데이터 기반

7.3.2 Garcia-Laencina et al.(2010)

Luengo et al.(2012)과 유사하게 Garcia-Laencina et al.(2010)도 결측값과 이후의 대체된 데이터에 대한 분류를 처리하는 문제를 다룬다. Garcia-Laencina는 분류기로 그룹화하는 대신, 다음 네 가지 광범위한 범주 중 하나로 그룹화된 결측 데이터를 처리하는 다양한 접근법을 검토하는 것을 목표로 한다(그림 7.6 참조).

1. 불완전한 사례의 삭제와 완전한 데이터 부분만을 사용한 분류기 설계

2. 결측 데이터의 대체imputation 또는 추정과 편집된 집합을 사용한 분류 문제의 학습(즉, 완전한 데이터 부분 및 대체된 값을 가진 불완전한 패턴)이다. 이 범주에서 우리는 평균 대체mean imputation 또는 다중 대체multiple imputation와 같은 통계적 절차와 신경망을 이용한 대체와 같은 머신러닝 접근법을 구별할 수 있다.

3. 기댓값-최대화EM, Expectation-Maximization 알고리듬과 같은 어떤 절차에 의해 데이터 분포가 모델링되는 모델 기반 절차를 사용한다. 이러한 모델의 PDF는 분류를 위해 베이즈 결정 이론과 함께 사용된다.

4. 불완전한 데이터를 가진 입력이 허용하도록(즉, 앞에서 논의한 결측 데이터의 추정 없이) 설계된 머신러닝 절차를 사용한다.

Garcia-Laencina 등이 고려한 대체 방법은 평균 대체, 회귀, 핫 데크와 콜드 데크 대체, 다중 대체 및 KNN, 자기 조직화 맵SOM, 다층 퍼셉트론MLP, 순환 신경망RNN, 자동 연관 신경망AANN 및 다중 작업 학습MTL을 포함하는 머신러닝 방법이다.

모델 기반 절차(세 번째 범주)의 경우 모델 기반 가우스 혼합 모델GMM, k-평균 초기화의 기댓값-최대화EM, 강건한 베이지안 추정기, 신경망 앙상블, 의사결정 트리, 서포트 벡터 머신 및 퍼지 접근법도 다룬다.

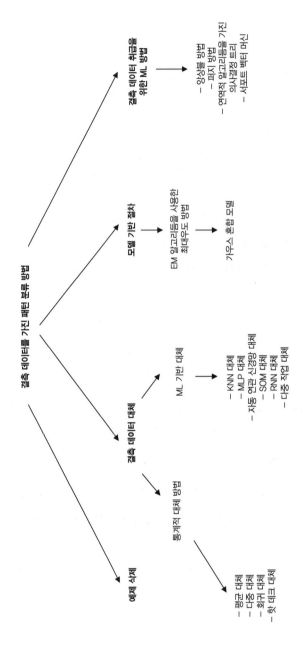

그림 7.6 결측 데이터를 가진 패턴 분류 분류 방법. 이 스킴은 Garci-Laencina et al.(2010)에서 분석한 여러 절차를 보인다.

출처: Garcia-Laencian et al.(2010)로부터 각색

그들은 갑상선 질환과 관련된 실제 의료 데이터셋과 함께 다양한 양의 결측에 대해 시뮬레이션된 20개 데이터셋의 평균 분류 오차를 비교해 이러한 모든 방법을 평가했다.

그들은 대체에 사용되는 머신러닝 방법 중 Luengo et al.(2012)과 유사하게 그림 7.7, 7.8 및 7.9에서 볼 수 있듯이, "경주 코스마다 말의 성과가 다르듯이" 상이한 방법이 상이한 분류 도메인에서 더 나은 성능을 보인다는 사실을 발견했다. 그들은 일반적으로 각 분류 도메인에 대해 최상의 결과를 제공하는 유일한 해는 없다고 결론짓는다. 따라서 실제 시나리오에서는 어떤 결측 데이터 추정이 분류 정확도를 높이는 데 가장 도움이 될 수 있는지 평가하기 위해 상세한 연구가 필요하다.

x_1의 결측 데이터 비율(%)	결측 데이터 대체 방법			
	KNN	MLP	SOM	EM
5	9.21 ± 0.56	9.97 ± 0.48	9.28 ± 0.84	8.29 ± 0.24
10	10.85 ± 1.06	10.86 ± 0.79	9.38 ± 0.52	9.27 ± 0.54
20	11.88 ± 1.01	11.42 ± 0.44	10.63 ± 0.54	10.78 ± 0.59
30	13.50 ± 0.81	12.82 ± 0.51	13.88 ± 0.67	12.69 ± 0.57
40	14.89 ± 0.49	13.72 ± 0.37	15.55 ± 0.66	13.31 ± 0.56

그림 7.7 KNN, MLP, SOM 및 EM 대체 절차를 사용해 결측값을 추정한 후 토이 문제에서 오분류 오차율(20개의 시뮬레이션으로부터 평균 ± 표준편차) (데이터셋에 관한 더 자세한 내용은 Garcia-Laencina et al.(2010)을 참조하라). 6개의 은닉 뉴런을 가진 신경망은 분류 단계를 수행하는 데 사용된다.

출처: Garcia-Laencina et al.(2010)의 데이터 기반

x_2의 결측 데이터 비율(%)	결측 데이터 대체 방법			
	KNN	MLP	SOM	EM
5	15.92 ± 1.26	15.84 ± 1.13	16.32 ± 1.13	16.19 ± 0.99
10	16.88 ± 1.16	16.87 ± 1.16	16.97 ± 1.18	16.85 ± 1.03
20	18.78 ± 1.29	19.09 ± 1.29	19.30 ± 1.23	19.23 ± 1.12
30	20.58 ± 1.31	20.76 ± 1.34	22.04 ± 1.01	21.22 ± 1.12
40	22.61 ± 1.30	22.76 ± 1.23	24.06 ± 1.29	23.11 ± 1.37

그림 7.8 결측값을 KNN, MLP, SOM 및 EM 대체 절차를 사용해 추정한 후 텔루구 문제(잘 알려진 인도어 모음 인식 문제)의 오분류 오차율(20개 시뮬레이션으로부터 평균 ± 표준편차). 18개의 은닉 뉴런을 가진 신경망이 분류 단계를 수행하는 데 사용된다.

출처: Garcia-Laencina et al.(2010)의 데이터 기반

x_2의 결측 데이터 비율(%)	결측 데이터 대체 방법			
	KNN	MLP	SOM	EM
오분류 오차율(%)	3.01 ± 0.33	3.23 ± 0.31	3.49 ± 0.35	3.60 ± 0.31
20개의 은닉 뉴런을 가진 신경망이 분류 단계를 수행하는 데 사용된다.				

그림 7.9 결측값을 KNN, MLP, SOM 및 EM 대체 절차를 사용해 추정한 후 갑상선 데이터셋의 오분류 오차율(20개 시뮬레이션으로부터의 평균 ± 표준편차). 20개의 은닉 뉴런을 가진 신경망이 분류 단계를 수행하는 데 사용된다.

출처: Garcia-Laencina et al.(2010)의 데이터 기반

7.3.3 Grzymala-Busse et al.(2000)

Grzymala-Busse et al.(2000)은 결측 데이터를 처리하는 9가지 방법이 10개의 상이한 데이터셋에 걸쳐 단순 및 새로운 LERS(Rough Sets에 기반한 예제에서 학습) 분류기의 정확도에 어떻게 영향을 미치는지 테스트한다.

사용되는 결측 데이터 방법은 가장 공통적인 속성 값, 가장 개념 공통적인 속성 값, 엔트로피에 기반한 C4.5 그리고 결측된 속성 값을 가진 예제를 모든 개념에 분할하는 방법, 가능한 모든 제한된 속성 값을 주어진 개념에 할당하는 방법, 가능한 모든 속성 값을 할당하는 방법, 속성 값을 알 수 없는 예제를 무시하는 방법, 이벤트 커버링 방법, 특수 LEM2 알고리듬, 그리고 결측된 속성 값을 특수 값으로 처리하는 방법 등이 있다. 이러한 방법들에 대한 자세한 내용은 논문 자체에서 확인할 수 있다. 그들은 분류 오차율과 윌콕슨 부호 순위 테스트Wilcoxon signed rank test를 사용해 10개의 데이터셋에서 어떤 방법이 가장 잘 수행되는지 평가한다.

그림 7.10과 7.11은 각 데이터셋에 대해 주어진 각 방법을 사용해 값을 대체한 후 각 분류기의 오차율을 보여준다.

데이터 파일	방법								
	1	2	3	4	5	6	7	8	9
Breast	34.62	34.62	31.5	28.52	31.88	29.24	34.97	33.92	32.52
Echo	6.76	6.76	5.4	–	–	6.56	6.76	6.76	6.76
Hdynet	29.15	31.53	22.6	–	–	28.41	28.82	27.91	28.41
Hepatitis	24.52	13.55	19.4	–	–	18.75	16.77	18.71	19.35
House	5.06	5.29	4.6	–	–	4.74	4.83	5.75	6.44
Im85	96.02	96.02	100	–	96.02	94.34	96.02	96.02	96.02
New-o	5.16	4.23	6.5	–	–	4.9	4.69	4.23	3.76
Primary	66.67	62.83	62	41.57	47.03	66.67	64.9	69.03	67.55
Soybean	15.96	18.24	13.4	–	4.1	15.41	19.87	17.26	16.94
Tokt	31.57	31.57	26.7	32.75	32.75	32.88	32.16	33.2	32.16

그림 7.10 새로운 LERS 분류를 사용할 때의 입력 데이터셋의 오차율

출처: Grzymala-Busse et al.(2000)의 데이터 기반

데이터 파일	방법							
	1	2	4	5	6	7	8	9
Breast	49.3	52.1	46.98	47.32	48.38	52.8	52.1	47.55
Echo	27.03	25.68	–	–	31.15	29.73	33.78	22.97
Hdynet	67.49	69.62	–	–	65.27	69.21	56.98	61.33
Hepatitis	38.06	28.39	–	–	32.5	37.42	41.29	34.84
House	10.11	7.13	–	–	9.05	10.57	12.87	11.72
Im85	97.01	97.01	–	97.01	94.34	97.01	97.01	97.01
New-o	11.74	11.74	–	–	11.19	11.27	10.33	10.33
Primary	83.19	77.29	53.16	60.09	81.82	80.53	82.1	79.94
Soybean	25.41	22.48	–	4.86	24.06	24.1	21.82	22.15
Tokt	63.62	63.62	62.82	62.82	64.15	63.36	63.62	63.89

그림 7.11 단순한 LERS 분류를 사용할 때의 입력 데이터셋의 오차율

출처: Grzymala-Busse et al.(2000)의 데이터 기반

Grzymala-Busse 등은 먼저 새로운 확장된 LERS 분류기가 항상 원시 LERS 분류기보다 우수하다는 결론을 내린다. 그런 다음 다양한 귀속 방법을 비교하고, C4.5 접근법과 결측 예제를 무시하는 방법이 9가지 접근법 중 가장 좋은 방법인 반면, "가장 일반적인 속

성 값" 방법이 가장 낮은 성능을 보인다고 결론낸다. 그들은 또한 많은 방법들이 서로 유의하게 다르지 않다는 것을 발견했다.

7.3.4 Zou et al.(2005)

Zou et al.(2005)은 결측값이 있는 데이터 포인트를 무시하는 것과 비교해, 30개의 데이터셋에 걸쳐 C4.5 및 ELEM2 분류기 각각에 제공하는 성능 개선을 테스트함으로써 결측 데이터를 처리하는 9가지 방법을 평가하는 것을 목표로 한다. 또한 규칙 기반 시스템 (즉, 의사결정 트리)에서 사용되는 각 데이터셋에 대해 메타 속성을 고안해 어떤 상황에서 어떤 대체 방법을 다른 방법보다 사용해야 하는지 결정한다.

다른 논문들과 비슷하게, 규칙 기반 시스템의 필요성이 시사하듯이, 대체 기법 측면에서 "명확한 승자"는 없다. 각각의 효율성은 데이터의 유형과 데이터의 메타 속성에 따라 크게 달라진다. 사용할 대체 기법을 선택하는 시스템에 대해, 그들은 (검증 세트에서 테스트한 후) 이 규칙 기반 시스템이 단순히 모든 데이터셋에 대해 하나의 대체 방법을 선택하는 것보다 우수하다는 결론을 내린다.

7.3.5 Jerez et al.(2010)

Jerez et al.(2010)은 유방암 데이터셋에 결측값을 대체하기 위해 다양한 대체 기법을 테스트한다. 그들은 평균, 핫 데크 및 다중 대체와 같은 다양한 통계 방법의 성능을 머신러닝 방법, 즉 다층 퍼셉트론^{MLP}, 자기 조직화 지도^{SOM} 및 k 최근접 이웃^{KNN}과 비교한다. 다중 대체에는 Amelia II(부트 스트랩 기반 EM), WinMICE(체인 방정식 기반에 의한 다중 대체), SAS의 MI(마르코프 체인 몬테카를로 기반) 등 다양한 알고리듬/소프트웨어가 사용된다. 성능은 ROC 곡선 아래 면적(AUC) 및 Hosmer-Lemeshow 적합도 테스트를 통해 측정됐다.

그들은 이 데이터셋의 경우, 머신러닝 방법이 결측값의 대체에 가장 적합했으며 그림 7.12에서 볼 수 있듯이 통계적 절차에 기초한 대체 방법에 비해 예후 정확도^{prognosis}

accuracy가 크게 향상됐음을 발견했다. 실제로 결측값이 있는 항목들을 제거하는 방법에 비해 이러한 방법들의 개선만이 유방암 재발을 예측하는 데 통계적으로 훨씬 유의했다.

AUC	LD	Mean	Hot-deck	SAS	Amelia	Mice	MLP	KNN	SOM
Mean	0.7151	0.7226	0.7111	0.7216	0.7169	0.725	0.734	0.7345	0.7331
Std. dev.	0.0387	0.0399	0.0456	0.0296	0.0297	0.0301	0.0305	0.0289	0.0296
MSE	0.0358	0.0235	0.0324	0.0254	0.1119	0.1119	0.024	0.0195	0.0204

그림 7.12 대조 모델 그리고 고려 대상인 8개의 대체 방법 각각에 대해 계산된 AUC(ROC 커브 아래 면적)값에 대한 평균, 표준 및 MSE 값

출처: Jerez et al.(2010)의 데이터 기반

7.3.6 Farhangfar et al.(2008)

Farhangfar et al.(2008)은 인위적으로 유도된 결측성MCAR의 다양한 수준에서 15개의 데이터셋에 걸쳐 7개의 분류기에 대한 5가지 대체 방법의 영향을 연구한다. 테스트된 대체 기법은 평균 대체, 핫 데크, 나이브 베이즈(최근 제안된 대체 프레임워크를 가진 후자의 두 가지 방법) 및 다항 회귀 기반 방법이다. 사용되는 분류기는 RIPPER, C4.5, KNN, 다항식 커널을 사용하는 서포트 벡터 머신, RBF 커널을 사용하는 서포트 벡터 머신, 나이브 베이즈이다.

결과는 평균적으로 테스트된 방법으로 대체는 대체 없는 분류에 비해 분류 정확도를 향상시킨다는 것을 보여준다. 그러나 보편적 최적의 대체 방법은 없다. 그들은 또한 특정 대체 기법이 가장 잘 수행되는 것처럼 보이는 몇 가지 일반적인 사례에 주목한다. 결측 데이터의 다양한 양(즉, 5%에서 50% 사이)에 대한 대체의 품질을 분석한 결과, 평균 대체를 제외한 모든 대체 방법이 결측 데이터가 10% 이상인 데이터에 대한 분류 오차를 개선했다. 마지막으로, C4.5와 나이브 베이즈와 같은 일부 분류기는 결측 데이터에 대해 내성이 있는 것으로 밝혀졌다. 즉, 이들은 결측 데이터가 있어도 정확한 분류를 생성할 수 있는 반면 KNN, SVM, RIPPER와 같은 다른 분류기는 결측 데이터의 대체로부터 이익을 얻는다. C4.5와 나이브 베이즈 분류기는 결측 데이터 내성이 있는 것으로 밝혀졌기 때문에 결측 데이터 대체는 실제로 성능을 악화시켰다.

7.3.7 Kang et al.(2013)

Kang et al.(2013)은 결측값이 있는 지도 학습(분류 및 회귀)의 예측 성능을 향상시키는 국지적 선형 재구축LLR, Local Linear Reconstruction을 기반으로 하는 새로운 단일 대체 방법을 제안한다. 그들은 제안된 결측값 대체 방법LLR을 다양한 양의 (인공적으로 유도된) 결측 데이터에 걸쳐 13개의 분류와 9개의 회귀 데이터셋을 기반으로 하는 상이한 학습 알고리듬(로지스틱 회귀, 선형 회귀, KNN 회귀/분류, 인공신경망 핫 데크, KNN, 기대 조건 최대화, ECM, 가우시안 혼합, k-평균 클러스터링, KMC)에 대해서 잘 알려진 6개의 단일 대체 방법(평균 대체, 핫 데크, KNN, 기댓값 조건부 최대화ECN, 가우스 혼합MoG, k평균 군집화KMC)와 비교한다.

Kang은 다음을 주장한다. (1) 어떤 방법은 매우 간단하지만, 모든 대체 방법은 결측값이 있는 데이터 포인트를 제거하는 것에 비해 예측 정확도를 향상시키는 데 도움이 됐다. (2) 제안된 LLR 대체 방법은 학습 알고리듬과 결측 비율에 관계없이 다른 모든 대체 방법보다 모델링 성능을 향상시켰다. 그리고 (3) LLR은 결측 비율이 상대적으로 높고 대체된 데이터의 예측 정확도가 전체 데이터셋의 예측 정확도와 유사할 때 탁월했다.

7.4 요약

지금까지 살펴본 바와 같이 앞의 7개 논문은 각각 다른 결론을 도출하고, 경우에 따라서는 다양한 대체 기법에 대한 상반된 결론을 도출한다. Kang(2013)의 LLR을 제외하고 대부분의 방법은 특정 상황에서는 우수하고 다른 상황에서는 우수하지 않은 것으로 간주된다. 따라서 가능한 LLR 외에 다른 모든 것을 능가하는 대체 기법의 명확한 선택은 없다는 것이 일반적인 의견인 것 같다. 그러나 데이터 대체에 대한 LLR의 사용에 대해 보고하는 논문이 부족하기 때문에 LLR이 선택해야 할 최종 기법으로 단정하는 것은 망설여지며, 당면한 데이터셋의 세부 사항을 기반으로 다양한 방법을 시도하는 것을 제안한다. 즉, 모든 머신러닝 알고리듬과 마찬가지로, 각각의 장단점이 있을 가능성이 가장 높다. 따라서 모든 경우에 작동하는 "공짜 점심은 없다" 정리와 일치하는 알고리듬은 없다.

7장의 문헌 검토는 결코 철저하지 않다. 예를 들어 공간 정보(예: 위성 이미지)의 사용이 중요할 수 있는 대체 데이터 처리에서는 이들 알고리듬 중 어느 것도 적용할 수 없을 것이다. 우리는 이 경우에 스펙트럼 기술을 적용하는 방법을 8장에서 보여줄 것이다. 또한 시계열은 활용할 수 있는 중요한 시간적 정보를 포함할 수 있다. 다시 8장에서 시간 순서에 대한 정보가 대체에 사용되는 사례 연구를 보여줄 것이다.

결측 데이터: 사례 연구

8.1 서론

8장에서는 신용 부도 스왑[CDS, Credit Default Swap] 데이터와 위성 이미지의 다변량 시계열을 기반으로 결측값을 대체시키는 실제 사례 연구를 제시한다. 하지만 그것에 대해 자세히 알아보기 전에, 몇 가지 표기법을 소개하는 것으로 시작하겠다.[1]

8장의 사례 연구를 위해 N개의 관측치와 P개의 특성을 가진 표준 데이터 행렬 $X_{N \times P}$로 표현한 표기법을 사용한다. 즉, X에는 첫 번째 인덱스(행)를 따라 관측치가 있고 두 번째 인덱스(열)를 따라 상이한 특성이 있음을 의미한다. 다변량 시계열을 다루고 있기 때문에 P는 시계열 성분 수에 해당하고 타임스탬프는 열을 따라 증가한다. 주목할 점은 논의하는 많은 내용이 P개의 상이한 특성을 가진 이질적 데이터[heterogeneous data]와 같은 상이한 형식의 데이터에도 적용된다는 것이다. 예를 들어 이미지 데이터는 $N \times P$ 픽셀 값으로 표현될 수 있다.

주어진 시계열 성분 p에 대한 모든 관측치는 열 벡터 x_p로 표현될 수 있다. 행 벡터 $(x_{n1}, ..., x_{nP})$는 특정 관측에 대한 성분의 모든 값을 수집하며, 우리는 $x^{(n)} = (x_{n1}, ..., x_{nP})^T$로

관측 벡터를 정의한다. 명시적으로 행렬 X는 다음과 같은 형태를 갖는다.

$$X = \begin{pmatrix} x_{11} & x_{12} & x_{13} & \dots & x_{1P} \\ x_{21} & x_{22} & x_{23} & \dots & x_{2P} \\ \vdots & \vdots & \vdots & \ddots & \vdots \\ x_{N1} & x_{N2} & x_{N3} & \dots & x_{NP} \end{pmatrix} \tag{8.1}$$

이때 결측 데이터 (na)를 가진 전형적 행렬은 다음과 같다.

$$X = \begin{pmatrix} x_{11} & na & x_{13} & \cdots & x_{1P} \\ x_{21} & x_{22} & na & \cdots & na \\ \vdots & \vdots & \vdots & \ddots & \vdots \\ x_{N1} & na & x_{N3} & \dots & x_{NP} \end{pmatrix} \tag{8.2}$$

결측 데이터 점들의 위치를 나타내는 결측 행렬 M을 정의하는 것이 유용하다. 위의 예에 대해 다음 형태를 가진다.

$$M = \begin{pmatrix} 0 & 1 & 0 & \cdots & 0 \\ 0 & 0 & 1 & \cdots & 1 \\ \vdots & \vdots & \vdots & \ddots & \vdots \\ 0 & 1 & 0 & \dots & 0 \end{pmatrix} \tag{8.3}$$

이 행렬은 결측 데이터의 위치를 추적하는 데 도움이 되며 나타나는 모든 결측 패턴을 분석하는 데에도 사용할 수 있다. 많은 수의 특성 P에 대해 결측 데이터를 채우는 어려움 중 하나는 수많은 결측 데이터 패턴이 나타날 수 있으며, 예측변수에도 결측값이 포함될 수 있으므로 결측 데이터 패턴을 예측하는 데 사전적으로 어떤 변수를 사용할지가 명확하지 않다는 것을 알 수 있다. 8장에서 논의된 CDS 데이터에 대해 다음에서 논의하듯이 $P = 11$이다.

8.2 사례 연구: 다변량 신용 부도 스왑 시계열의 결측 데이터 대체

사례 연구에 들어가기 전에 몇 가지 일반적인 사항에 대해 논의해보자. 문헌에서 시계열은 종종 추세와 계절적 행태를 추출하는 결정론적 기법에 의해 다뤄진다. 시계열 데이터를 일변량과 다변량 사례로 나눌 수 있다. 일변량 시계열에 대한 일반적인 대체imputation 기법으로는 선형 보간, 이동 평균 평활화와 대체, 저주파 통과 필터low pass filter, ARIMA 분해, 스플라인, 웨이블릿 전개, 칼만 필터 또는 특이 스펙트럼 분석SSA, Singular Spectrum Analysis이 있다. 이러한 기법은 결측 데이터의 범위가 짧고 시계열의 신호 대 잡음 비율 signal-to-noise ratio이 좋은 경우 특히 유용하다.

다변량 시계열에 대한 대체는 원칙적으로 이러한 기법에 의해 수행될 수 있다. 그러나 사용 가능한 경우 대체에는 상관관계를 사용하는 것이 특히 유리할 수 있다. 이는 경험적 직교함수를 사용한 데이터 보간DINEOF, Data Interpolation With Empirical Orthogonal Functions 또는 그 확장인 다중 특이 스펙트럼 분석MSSA, Multi Singular Spectral Analysis을 사용한 행렬 분해Matrix Decomposition 기법에 의해 고려될 수 있다. 중요한 것은 MI 대체 기법이 래그, 리드 및 명시적 시간 공변량을 사용해 다변량 시계열 대체 지원도 제공한다는 것이다. 우리는 이 사례 연구의 대체가 수익률(1차 차분)이 아니라 수준(값)으로 직접 작업하는 데 초점을 맞춘다는 것을 지적한다. 수익률을 이용해 작업을 수행하려면 다른 종류의 분석이 필요하며, 수준을 재구축하려면 공적분 시계열을 수정하거나 또는 브라운 브릿지Brownian bridge 와 같은 접근법이 필요하다. 이 대안적 접근법에 대한 예비 분석은 이 사례 연구에 대해 강력한 성과를 제시하지 못했다.

8장의 목적은 두 가지다. (1) 다변량 시계열에 대한 결측 데이터를 처리하기 위한 체계적인 접근법을 도입하고 (2) 대체를 위한 여러 고급 기술을 벤치마킹한다. 이 접근법은 비교적 일반적이며 약간의 수정을 가하면 다른 도메인에도 적용될 수 있다.

절차의 첫 번째 단계로 데이터의 결측 패턴을 분석한다. 원칙적으로 특정 데이터 포인트가 보고되지 않거나 데이터가 패턴 없이 결측될 수 있는 체계적인 이유가 있을 수 있다 (즉, 본질적으로 랜덤). 따라서 첫 번째 단계로 결측 메커니즘을 테스트한다. 그런 다음 결측 패턴의 특성을 추출하고 군집 분석을 수행한다. 이는 결측 공간의 개요를 제공하는 데 매우 중요하며 현실적인 훈련/검증 세트의 생성에도 영향을 미친다. 이는 여러 클래스의 관측된 결측값 패턴을 완료된 데이터에 겹쳐서 수행된다.

테스트 데이터가 생성되면 다양한 대체 기법의 성능을 벤치마킹한다. 우리는 다변량 시계열 데이터에 대해 IP(체인 방정식을 이용한 다중 대체multiple imputation와 같은 사후 대체impute-posterior)와 EM(R 패키지 Amelia와 같은 기댓값 최대화)을 기반으로 하는 최첨단 다변량 시계열 기법DINEOF 및 다중 특이 스펙트럼 분석MSSA을 기반으로 하는 최첨단 MI 기법을 사용한다. 이제 다양한 방법의 장단점에 대해 토론할 것이다. 애플리케이션과 기본 데이터에 따라 서로 간에 하나를 선호할 수 있다. 예를 들어 DINEOF 및 MSSA와 같은 결정론적 기법은 데이터의 특정 패턴을 더 정확하게 재구축해 더 높은 정확도로 값을 채울 수 있다. 그러나 MI 접근법은 통계적 특성을 더욱 정확하게 보존한다.

8.2.1 결측 데이터 분류

결측 패턴은 매우 다른 형태로 나타날 수 있으며, 이는 대체 전략에 영향을 미칠 수 있다. 따라서 먼저 가능한 결측 메커니즘과 공통 패턴을 분석해 유사한 그룹(군집cluster)으로 수집할 수 있는지 여부를 이해하는 것이 유용하다. 이 절에서는 이러한 작업을 수행하기 위한 프레임워크를 설명한다. 다음에 따르는 절차를 적용해 결측 패턴을 찾고 특성화할 수 있다. 첫 번째 단계로 결측 데이터의 특성들을 추출한다. 다음의 수치들은 우리의 경우에 유용한 것으로 밝혀졌다.

1. 결측값의 총 비율
2. 특정 특성에서 결측 데이터의 비율. 따라서 CDS 데이터의 경우 단기, 중기 또는 장기 만기에서의 결측 비율을 별도로 고려한다.
3. 여러 특성에 대해 연속된 결측값의 런 길이에 대한 통계량(최소, 최대, 평균, 표준편차)
4. 기타 데이터에 특화된 척도들

특성 공간이 구축되면 차원 축소(예: 주성분 분석 또는 PCA)를 수행한 후 군집화clustering(예: K-평균)를 수행할 수 있다. CDS 데이터에 대한 군집화 결과를 다음 절에서 제시하겠지만 그 전에 몇 가지 성과 척도를 정의해보자.

8.2.2 대체 성과 척도

데이터 대체의 품질을 계량화하기 위해 다음 척도들을 정의한다.

평균 제곱근 오차^{RMSE, Root Mean Square Error}: 이는 절댓값 척도이며, 문헌에서 자주 사용된다. S_p를 성분 p에 대한 결측 관측 집합이라 표기하자. 즉 $N_m = \sum_p |S_p|^2$이다.[2] x_{np}를 참값, $\hat{x}_{np}$를 대체된 값 그리고 $|S_p|$를 집합 내의 원소로 표기하자. 그러면 RMSE는 다음과 같다.

$$d_{RMSE} = 1/N_m \sum_{p=1}^{P} \sum_{n \in S_p} |(x_{np} - \hat{x}_{np})^2| \tag{8.4}$$

평균 상대 편차^{MRD, Mean Relative Deviation}: 이는 상대적 척도이며, 고려 중인 값이 서로 다른 크기에 따라 다를 때 더 적합할 수 있다.

x_{np}가 0 또는 0에 가까운 값을 취할 수 있는 상황에서는 이 척도를 사용할 때 매우 주의해야 한다. 문헌에서는 이 양을 평균 절대 백분율 오차^{MAPE, Mean Absolute Percentage Error}라고 부르기도 한다. 8.2.6절의 성능 분석에서는 MRD에 초점을 맞출 것이다.

$$d_{MRD} = \sqrt{1/N_m \sum_{p=1}^{P} \sum_{n \in S_p} \frac{|x_{np} - \hat{x}_{np}|}{x_{np}}} \tag{8.5}$$

참 대 예측 R 제곱 계수: R 제곱은 선형 회귀 분석에서 자주 나타나는 척도이며 데이터 대체의 정확도를 측정하는 데 자주 사용된다. 다른 크기의 값이 섞이지 않도록 각 성분 p에 대해 별도의 양으로 나누는 것이 가장 좋다.

$$d_{R^2, p} = 1 - \frac{\sum_{n \in S^p}(x_{np} - \hat{x}_{np})^2}{\sum_{n \in S^p}(x_{np} - \mu_p)^2} \tag{8.6}$$

다중 대체 기법에 대해 이들 모든 척도는 각 실현값에 대해 하나씩 여러 값을 가진다는 것을 유의하라. 각각에 대해 평균, 표준편차, 최선 또는 최악의 결과를 분석할 수 있다.

---

2 $|S|$를 집합 S의 원소 수로 표기한다.

8.2.3 CDS 데이터와 테스트 데이터 생성

우리는 대체 기법의 성능을 테스트하기 위해 신용 부도 스왑^{CDS} 시계열 데이터를 사용한다.[3] 우선 거의 2년에 걸쳐 상이한 만기와 계약 조건에 대해 4,000개가 넘는 CDS 데이터를 수집했다. 비교 가능한 샘플을 생산하기 위해 USD로 거래되고 선순위 티어를 차지하는 미국에 기반을 둔 종목^{ticker}을 중심으로 데이터를 좁혔다. 그 결과 6개월에서 30년(6M~30Y)의 11개 만기 741개의 종목을 샘플로 추출했다. 데이터 샘플은 8.2.6절에 보일 것이다. 결측값은 긴 만기(15Y, 20Y, 30Y)에서는 꽤 자주 나타나며, 짧은 만기(6M, 1Y, 2Y)에서는 간혹 나타나지만, 중간 만기(5Y, 7Y)는 주로 다 관찰된다. 다음에서 논의한 바와 같이, 이는 결측이 유동성과 관련이 있다는 사실에서 비롯된다. 중간 만기는 시장에서 가장 일반적으로 거래되는 만기다. 여기서 CDS 데이터를 사용하지만, 우리는 유사한 접근법이 금리 및 FX 내재 변동성과 같은 다른 자산 클래스에도 사용될 수 있다고 상상할 수 있다. 여기서 상이한 테너[4]마다 유동성 수준이 다를 수 있다.

데이터 특성화를 위해 결측 비율이 매우 작은 200 종목의 하위 샘플에 대해 표준 다변량 정규^{MVN} 테스트(Henze-Zirkler, Royston, Mardia)를 수행했다. 우리는 데이터가 MVN 가설과 일치하지 않으며, 대신 MVN 분포로부터 상당한 편차를 보인다는 것을 발견했다.

우리는 또한 데이터의 결측 메커니즘을 조사했다(7.2절 참조). 일반적으로 추가 통찰력 없이 주어진 데이터셋에 대한 결측 클래스를 명확하게 결정할 수 없다. 그러나 리틀의 테스트(Little, 1988)를 실행해 데이터의 결측 패턴이 MCAR 가설과 일치하는지 여부를 평가할 수 있다. 실제 결측 패턴에 대한 리틀의 테스트를 실행했으며 MCAR 가설은 매우 낮은 p-값으로 대부분의 경우에서 기각됐다. 이는 부분적으로 리틀의 테스트에 가정된 MVN 분포로부터의 편차 때문일 수 있지만, 결측 패턴이 대부분 완전히 랜덤하게 발생하지 않는다는 것을 보여주는 분명한 표시이기도 하다. MCAR 가설과 일치하는 결측 패턴이 발견된 경우는 일반적으로 낮은 결측 비율(<1%)에 해당한다. 이러한 경우 MCAR과 비

---

3 데이터는 IHS Markit에서 제공됐으며, 자세한 내용은 http://www.markit.com/Product/Pricing-Data-CDS에서 확인할 수 있다.

4 테너(tenor)는 일반적으로 채무 발생일로부터 만기일까지의 기한을 가리킨다. – 옮긴이

MCAR을 구별하기가 어려울 수 있다. 우리는 또한 데이터가 결측된 이유에 대해 도메인 전문가와 상의했다. 인용된 주요 근본 원인은 유동성(즉, 신뢰할 수 있는 가격 시세를 산출하기에 불충분한 거래 데이터)이었다. 결측 메커니즘이 MNAR이라는 특별한 증거가 없었으므로 MAR, 그리고 몇몇 경우에 MCAR이 CDS 데이터셋에 적합한 가정이라고 결론지었다.

그런 다음 위에서 소개한 대로 특성 추출 및 군집화clustering 분석을 수행했다. 몇 가지 탐색 작업 후에 네 가지 특성에 초점을 맞췄다. 네 개의 가장 긴 만기에서의 결측 데이터의 백분율, 네 개의 가장 짧은 만기에서의 결측 데이터의 백분율, 네 개의 가장 긴 만기에서의 연속 결측 런의 길이에 대한 표준 척도, 그리고 이 양의 분산. 그런 다음 가우스 혼합 모델을 사용했다(이 4차원 공간의 군집화에 대해서는 Murphy, 2012를 참조하라). 그 결과는 그림 8.1에 요약했다.

우리는 수직 막대에서 서로 다른 종목을 보여주며, 각 막대에서 만기(6M-30Y)의 오름 차순으로 정렬한다. 검은색 영역은 결측값을 나타낸다. 우리는 (1) 결측값의 비교적 작은 비율 (2) 주로 긴 만기에 대해서 짧고 번갈아 가며 나타나는 연속 결측값, (3) 긴 만기에 대한 긴 줄의 결측값 (4) 상당한 양의 결측 데이터와 상당한 변동이 있는 패턴 (5) 종종 모든 만기를 커버하는 균등하게 확대된, 많은 양의 결측 데이터 패턴의 5가지 군집을 식별했다. 그림 8.1의 히스토그램에서 볼 수 있듯이 대부분의 패턴(약 70%)은 군집 1과 2에 있다. 처음 세 군집의 패턴에 대해서는 8.2.6절에서 대체 결과를 보여줄 것이다. 군집 1의 경우 표본의 약 15%가 MCAR 가설과 일치하는 것으로 확인됐다. 이들은 일반적으로 결측 비율이 매우 낮다. 군집 2와 3의 경우 MCAR 가설과 일치하는 표본이 발견되지 않았다.

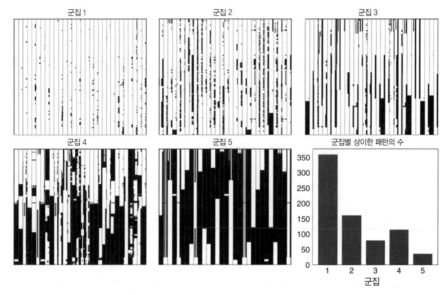

그림 8.1 CDS 시계열 데이터에 대한 군집화: (1) 결측값의 비교적 작은 비율 (2) 주로 긴 만기 및 비교적 짧은 기간의 연속 결측값 (3) 긴 만기에 대한 긴 줄의 결측값 (4) 결측 데이터의 양과 상당한 변동이 있는 패턴 (5) 종종 모든 만기를 커버하는 많은 양의 균등한 긴 확장을 가진 결측 데이터의 패턴. 상이한 군집에 대한 결측값 패턴 발생 횟수의 히스토그램

데이터 대체 기법의 성능을 평가하기 위한 중요한 질문은 적절한 훈련 및 검증 세트를 생성하는 방법이다. 실제 결측값을 갖는 데이터를 사용하면 현실적인 결측 패턴을 포함한다는 점에서 유리할 수 있지만, 참값이 알려져 있지 않으므로, 대체된 값이 실제 값에 얼마나 가까운지 추정할 수 없기 때문에 문제가 있다. MAR의 경우, 이상적으로는 완전한 데이터셋으로 시작하고 $f(M|X^{obs}, \phi)$ 형태의 결측 생성기를 사용해 현실적인 결측 패턴 M을 생성한다. 그런 다음 대체 루틴을 훈련 데이터에 적용하고 대체된 데이터와 참 데이터를 비교할 수 있다. 그러나 이러한 생성기를 구축하는 것은 쉽지 않다. 더욱이 보통 완전한 데이터셋을 소유하지 않는다.

우리는 다음과 같이 문제에 접근했다. 결측값이 매우 적은 종목의 부분 집합(결측 비율이 1% 미만인 11개 만기 모두)을 추출했다. 결측된 값은 특정 편향을 도입하지 않기 위해 선형 보간으로 대체됐다. 이 데이터는 테스트를 위한 진실ground truth 데이터로서 역할을 한다. 이 절차로 우리는 각각 11개의 만기가 있는 200개의 진실 CDS 데이터 샘플을 생성했다.

다음 단계로 우리는 결측 패턴을 부과해야 했다. 문헌에서 흔히 볼 수 있는 간단한 절차는 데이터 포인트를 랜덤하게 제거하는 것이지만, 앞서 설명한 리틀의 테스트에서 데이터가 MCAR과 일치하지 않는 것으로 나타났기 때문에 문제가 있다. 따라서 우리의 절차는 이 데이터에 현실적인 결측 패턴 M을 부과하는 것이었다(즉, 사전 정의된 패턴에 따라 값을 제거한다). 논의한 바와 같이, 우리는 다섯 가지 일반적인 패턴을 발견했다. 여기서는 군집 1, 2, 3의 대체에 초점을 맞추는데, 군집 4와 5는 프록시로 채워지는 것이 더 나은 완전히 존재하지 않는 데이터의 더 긴 확장을 포함하기 때문이다. 각 군집에 대한 테스트 세트는 200개의 진실 예제에 패턴을 적용해 생성된다. 군집에 충분히 상이한 패턴이 포함돼 있지 않은 경우, 우리는 사용 가능한 패턴으로부터 반복해 추출한다. 군집 2의 일반적인 블록(종목 번호 1)은 그림 8.3의 하단에 나와 있다. 이 경우 긴 만기(10Y, 20Y, 30Y)가 상당 시간 동안 결측된다. 완전한 기저의 데이터셋과 부과된 결측 패턴의 설명된 결합은 대체 루틴을 실행할 수 있는 준합성semi-synthetic 데이터셋으로 이어지고, 우리는 진실 데이터를 가지고 있기 때문에 모든 성능 척도를 계산할 수 있다. 이 절차를 통해 테스트 목적을 위한 비교적 현실적인 결측값 표현이 가능해지며, 이는 적은 노력으로 생성될 수 있다. 설명된 프레임워크는 사소한 수정으로 다른 도메인에도 적용될 수 있다.

8.2.4 다중 대체 방법

우리는 7.2절에서 다중 대체MI에 대해 간략히 암시했다. MI는 데이터 대체를 위한 통계 프레임워크다(Little & Rubin, 2019; Schafer, 1997 참조). 목적은 관측된 데이터와 관측되지 않은 데이터에 대한 결합 분포함수 $f(X)$에 대한 좋은 근사를 결정하는 것이다. 이는 일반적으로 반복 메커니즘에 의해 달성된다. $f(X)$가 발견되면 나타나는 다양한 결측 패턴에 대한 조건부 분포함수로부터 샘플링함으로써 대체를 생성할 수 있다. 조건부 분포는 몬테카를로 샘플링 절차에 의해 명시적으로 또는 암묵적으로 접근할 수 있는 일반적인 결합 분포로부터 도출될 수 있다.

특정 프레임워크이 체인 방정식에 의한 다중 대체MICE라는 이름을 가진다. 체인 방정식은 데이터 값과 파라미터 값이 일련의 단계에서 생성되는 반복 절차를 말한다. 일반적인 가

정은 (완전한) 데이터가 다변량 분포함수 $p(X|\theta)$에서 생성된다는 것이다. 여기서 θ는 파라미터의 모음이며, 이는 알려져 있지 않다. 특정한 경우에 분포함수 p는 특정한 형태를 갖는다고 가정할 수 있다. 예를 들어 일반적인 가정은 완전한 데이터가 MVN 분포에 의해 생성된다는 것이다. 그러면 모든 분포함수가 명시적으로 주어질 수 있고, 절차가 좀 더 투명해진다(Enders, 2010 참조). 이 절에서는 이 사례에 대한 설명을 중점적으로 다룬다. 마르코프 체인 몬테카를로 샘플링 접근법에 기초한 일반적인 설명은 Buuren과 Groothuis-Oudshoorn(2010)에서 찾을 수 있다. MICE 절차에 대한 자세한 내용은 부록 8.5를 참조하라.

8.2.4.1 MVN 경우

이 절의 기본 가정은 데이터(관측값과 결측값 모두)가 평균 벡터 $\boldsymbol{\mu}$와 공분산 행렬 Σ를 갖는 다변량 정규분포로 기술되며, 공식적으로 다음과 같다.

$$X \sim N(\boldsymbol{\mu}, \Sigma) \tag{8.7}$$

그러면 데이터를 대체하는 데 사용되는 조건부 분포함수도 MVN이다(Murphy, 2012). 파라미터의 모음은 $\theta = (\boldsymbol{\mu}, \Sigma)$로 표기된다.

데이터 대체 알고리듬은 명시적 형태를 가지며 깁스 샘플링$^{\text{Gibbs sampling}}$에 의존하지 않는다. 그것은 **대체**^{imputation} (I단계)-**사후분포**^{posterior} (P단계) 형태를 갖는다. 첫째, 초기 추정치를 바탕으로 공분산 행렬 Σ에 대한 생성 분포, $p(\Sigma|\nu, \Lambda)$가 설정되고 평균 벡터의 경우 $\boldsymbol{\mu}$, $p(\boldsymbol{\mu}|\boldsymbol{\mu}^*, \Sigma^*)$가 설정된다. 이러한 분포로부터 초기 파라미터 $\theta(1) = (\boldsymbol{\mu}(1), \Sigma(1))$를 추출할 수 있다.

I-단계: 우리는 이들 파라미터와 생성 분포함수로부터 데이터를 대체시킬 수 있다. 우리는 모든 결측 패턴에 대해 이것을 별도로 해야 한다. 변수 X_k의 결측값을 예측하려면 조건부 분포를 결정해야 한다.

$$p(X_k|X_{-k}, \boldsymbol{\mu}^{(1)}, \Sigma^{(1)}) \tag{8.8}$$

여기서 X_{-k}는 X_k를 제외한 관측 변수의 모음이다. 이것은 두 가지 동등한 방법으로 달성될 수 있다. (1) X_k에 대한 값을 대체하기 위해 식 (8.8)에서 샘플링할 수 있다. (2) 식 8.8의 조건부 MVN에서 샘플링하는 대신 확률적 분산 항을 포함하는 $\mu^{(1)}$와 $\Sigma^{(1)}$의 선형 회귀식에서 결측값을 도출할 수도 있다. 이 회귀 분석을 수행하는 여러 가지 방법이 있다. 가장 일반적으로 사용되는 것은 (a) 베이지안 선형 회귀(MICE 패키지에서 규범이라고 함)와 (b) 예측 평균 매칭PMM이다. 일단 모든 값이 대체되면, I단계가 완료되고 (베이지안 프레임워크에서 사후분포에 대한) 소위 P 단계가 뒤따른다.

P-단계: 이 단계에서는 파라미터 θ에 대한 새로운 분포함수가 추정된다. 이것은 보통 완전히 베이지안 프레임워크에서 수행된다. 사전분포에 대해 특정 가정을 하고, 관측된 데이터와 이전에 대체된 데이터에서 우도 및 사후분포함수를 계산한다. 여기서 논의된 MVN 사례에서, 공분산 행렬 Σ에 대한 사후분포는 다음과 같은 형태를 갖는다(Enders, 2010).

$$p(\Sigma|v, \Lambda) = W^{-1}(\Sigma, v = N - 1, \Psi = \Lambda) \tag{8.9}$$

여기서 W^{-1}은 역위시하트Wishart 함수, v는 자유도 수, Ψ는 양정부호 스케일 행렬, Λ는 완료된 데이터셋의 샘플 공분산 행렬이다. 추출된 행렬을 Σ^*로 표기하면, μ에 대한 새로운 분포함수는 다음과 같다(Enders, 2010).

$$p(\mu|\mu^*, \Sigma^*) = N(\mu, \mu^*, \Sigma_0) \tag{8.10}$$

여기서 μ^*는 완전한 데이터를 사용할 때의 샘플 평균 벡터이고, $\Sigma_0 = \Sigma/N$이다. 일단 분포가 설정되면, 새로운 파라미터 θ는 샘플링을 통해 얻을 수 있다. 이들 분포함수에 대한 파라미터들이 (그 이전의 파라미터 추정치에 의존하는) 이전의 대체 결과로부터 반복적으로 추정된다는 것을 알 수 있다. 이 절차를 분포가 정상 상태stationary에 도달할 때까지 반복한다.

8.2.4.2 EM 절차

이전 절에서 논의한 I-P 절차 대신 파라미터 $\theta = (\mu, \Sigma)$는 기댓값-최대화[EM, Expectation-Maximization] 알고리듬 사용해 최대우도추정[MLE, Maximum Likelihood Estimation]으로 추정될 수 있다. 여기서도 데이터의 분포는 MVN으로 가정한다.

절차는 다음과 같다. 행렬 X로 수집된 데이터는 관측과 결측 즉 $X = (X^{miss}, X^{obs})$으로 분할된다. 로그 우도는 다음과 같이 표현된다.

$$l = \log p(X^{obs}|\theta) = \sum_n \log \sum_{x^{miss,(n)}} [p(x^{obs,(n)}, x^{miss,(n)}|\theta)] \tag{8.11}$$

이는 직접 극대화하기는 어렵지만 EM으로 다뤄질 수 있는 상황이다. 아이디어는 파라미터 $\theta = \theta^{(t)}$를 반복적으로 계산하는 것이다. 우리는 먼저 완전한 데이터 행이나 단순한 대체 방법(예: 평균 대체)을 사용함으로써 θ를 계산하기 위한 초기 추정치를 구한다. 그러면 MLE에서 $\theta^{(0)}$를 계산할 수 있다.

E-step: $\theta^{(t-1)}$에 대한 추정치가 어느 정도 확보되면 다음과 같은 예상치를 계산할 수 있다.

$$Q(\theta^{(t)}, \theta^{(t-1)}) = E\left[\sum_n \log N(x^n|\mu, \Sigma)\right] \mid (X, \theta^{(t-1)}) \tag{8.12}$$

여기서 기댓값은 $(X, \theta^{(t-1)})$에 대해 조건화된다. 이것은 표기의 단순화를 위해 조건을 생략한 형태인 $\sum_n E[x^{(n)}]$와 $\sum_n E[x^{(n)}][x^{(n)}]^T$ 형태의 기댓값을 계산하는 것으로 단순화되고 축소될 수 있다. 이를 기대 충분 통계량[expected sufficient statistics]이라고 한다. 이를 계산하기 위해서는 다변량 정규 조건부 확률 밀도의 관계를 사용해야 한다(Murphy, 2012, 374p 참조).

M-step: 최대화 단계에서, 우리는 새로운 파라미터 $\theta^{(t)}$를 계산한다. 이는 함수 Q의 적절한 미분을 계산하고, $\nabla Q = 0$로 놓음으로써 μ와 Σ를 풀어서 구해진다. 결과는 다음과 같다.

$$\boldsymbol{\mu}^{(t)} = \frac{1}{N} \sum_n E[\boldsymbol{x}^n] \tag{8.13}$$

그리고

$$\Sigma^{(t)} = \frac{1}{N} \sum_n E[\boldsymbol{x}^{(n)}[\boldsymbol{x}^{(n)}]^T] - \boldsymbol{\mu}^t[\boldsymbol{\mu}^t]^T \tag{8.14}$$

이 접근법은 데이터의 분산을 고려하는 데 매우 신중하다. 일단 이것이 계산되면, 우리는 E-step으로 돌아가서 반복할 수 있다.

파라미터 $\theta = (\boldsymbol{\mu}, \Sigma)$가 추정되면 적절한 조건부 분포에서 샘플링해 결측값을 대체할 수 있다. 데이터 벡터는 일반적으로 결측값과 관측값 $x = (x^{miss}, x^{obs})$로 나눌 수 있다. 결측값 x^{miss}는 조건부 분포함수에서 샘플링해 예측할 수 있다.

$$p(\boldsymbol{x}^{miss}|\boldsymbol{x}^{obs}, \theta) \tag{8.15}$$

식 (8.9)과 같이, 파라미터의 불확실성을 설명하기 위해 부트스트랩bootstrap 접근법을 사용할 수 있으며, 이는 R 패키지 Amelia의 구현에서 수행된다(Honaker et al., 2011 참조).

8.2.5 결정론적 및 EOF 기반 기법

이미 8.2절에서 논의한 바와 같이, MI 프레임워크를 사용하기보다는 결정론적 기법을 사용해 데이터 대체 또한 달성될 수 있다. 한 가지 접근법은 머신러닝 기법을 사용해 관측된 데이터에서 결측 데이터를 예측하는 것이다. 우리는 랜덤 포레스트random forest를 기반으로 한 인기 있는 접근법을 사용했다. 사용된 알고리듬 및 소프트웨어 라이브러리에 대한 일부 세부 정보는 부록 8.6에서 확인할 수 있다. 다른 결정론적 접근법은 스펙트럼 분해 및 경험적 직교함수EOF에 기반을 둔 접근법이다. 그 기법들에 대해 간단히 소개할 것이다.

8.2.5.1 특이값 분해의 간단한 리뷰(SVD)

행렬 $X_{N \times P}$을 고려하자. 그러면 다음이 성립하는 정규직교 행렬 $U_{N \times P}$, $V_{P \times P}$이 존재한다.

$$X = USV^T \tag{8.16}$$

여기서 $S_{N \times P}$는 대각에 $\sqrt{\lambda_i}$의 값(특이값$^{\text{singular value}}$이라 부른다)을 가지고 다른 모든 항목은 0인 행렬이다. 일반적 관행은 특이값을 내림차순으로 배치하는 것이다. 행렬 U는 다음과 같이 열 벡터의 모음으로 표현할 수 있다

$$U = [\boldsymbol{u}_1, \boldsymbol{u}_2, \dots, \boldsymbol{u}_N] \tag{8.17}$$

V에 대해서도 동일하게 표현한다. 이들은 다음 식을 만족한다.

$$XX^T \boldsymbol{u}_i = \lambda_i \boldsymbol{u}_i \text{ with } i = 1, \dots, P \tag{8.18}$$

그리고

$$X^T X \boldsymbol{v}_i = \lambda_i \boldsymbol{v}_i \tag{8.19}$$

여기서 $\boldsymbol{v}_i$를 X의 우고유벡터$^{\text{right eigenvector}}$라 하며, $\boldsymbol{u}_i$는 좌고유벡터$^{\text{left eigenvector}}$라 부른다. 이들 벡터를 경험적 직교함수$^{\text{EOF, Empirical Orthogonal Functions}}$라 하는데 이는 이들이 경험적 데이터에 관련된 공간을 생성하기 때문이다. SVD 분해를 명시적으로 다음과 같이 쓸 수 있다.

$$X = \sum_{k=1}^{q} \sqrt{\lambda_k} \boldsymbol{u}_k \boldsymbol{v}_k^T \tag{8.20}$$

여기서 q는 비영 특이값의 수다. 이 표현은 랭크 1 행렬의 합이다.

8.2.5.2 경험적 직교함수를 사용한 데이터 보간(DINEOF)

DINEOF 접근법은 시간 분해$^{\text{time resolved}}$ 지질학적 데이터의 맥락에서 도입됐다(Beckers & Rixen, 2003 참조). 예를 들어 시공간 필드$^{\text{spatiotemporal field}}$ $f(t_i, \boldsymbol{r}_j)$를 고려하고, 다음과 같

이 데이터 행렬 X와 연관시킨다.

$$X_{ij} = f(t_i, \mathbf{r}_j) \tag{8.21}$$

결측 데이터를 채우는 전략은 다음 형태의 분해를 통해 행렬 완성matrix completion의 정신으로 수행된다.

$$X = AB \tag{8.22}$$

여기서 A는 $N \times K$ 행렬이고 B는 $K \times P$ 행렬이다. K는 데이터에 대한 필수 정보를 전달하는 잠재 차원에 해당한다. DINEOF 접근법에서 이 행렬 인수분해는 SVD를 통해 얻은 EOF 기저basis를 사용해 반복적으로 구성된다. 결측값에 대한 첫 번째 추측(예: 평균값)으로 대체하는 것으로 시작한 다음, 완성된 데이터 행렬에 대해 EOF를 계산한다. DINEOF의 재구축은 다음과 같이 EOF의 부분집합을 기반으로 한다.

$$X^{(n_{EOF})} = \sum_{k=1}^{n_{EOF}} \sqrt{\lambda_k} \mathbf{u}_k \mathbf{v}_k^T \tag{8.23}$$

여기서 $n_{EOF} = 1 \ldots, N_{\max}$이고, $N_{\max}$은 사용할 EOF의 수의 상한이다. 주어진 수의 EOF, n_{EOF}에 대해 대체된 값에 대한 수렴을 반복하는 내부 루프를 갖는다. 하나는 전형적으로 알려진 데이터 포인트의 작은 랜덤 하위 집합을 초기에 제거하고 RMSE(참 대 예측)를 계산함으로써 대체의 수렴을 측정한다. 방정식(8.4)을 참조하라. RMSE가 더 이상 감소하지 않을 때 수렴이 가정된다. 이 수렴 평가의 문제는 랜덤하게 제거된 포인트가 실제로 대체돼야 하는 데이터와 상당히 다른 패턴을 따를 수 있다는 것이다. 따라서 대체는 최적이 아닐 수 있다.

이 접근법은 데이터에 충분한 구조가 있을 때 매우 잘 작동하며, P가 너무 작으면 안 된다. 예시를 위해, 우리는 그림 8.2에서 합성 2차원 데이터 필드[5]에 대한 DINEOF 대체의 예를 제시한다.

---

5 이 예는 Beckers(2003)에 소개된 합성 데이터로 http://menugget.blogspot.co.uk/2012/10/dineof-data-interpolatingempirical.html에서 재현됐다.

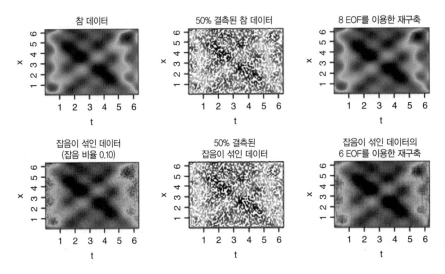

그림 8.2 합성 2D 데이터에 대한 DINEOF 대체의 예

두 가지 비교가 보여진다. 첫 번째는 픽셀의 50%가 랜덤하게 제거된 실제 데이터를 가지고 있다. $n_{EOF} = 8$ 기저함수를 사용하면 정확한 재구축을 얻을 수 있다. 두 번째 경우에는 데이터에 잡음이 추가되는데, 다시 양호한 재구축을 달성할 수 있다. DINEOF 접근법은 신호를 추가하는 한, EOF만을 포함하는 것을 목적으로 한다. 그러나 명확한 신호/잡음 분리를 달성하는 것은 수치적으로 쉽지 않다. 우리는 8.3절에서 이 책의 정신에 더 가까운 예인 위성 이미지에 대한 대체 예제를 보일 것이다.

8.2.5.3 다중 특이 스펙트럼 분석(MSSA)

특이 스펙트럼 분석[SSA]은 행렬 인수분해보다 더 발전된 분해 기법이며 시계열 분석뿐만 아니라 이미지에서도 매우 성공적으로 적용됐다(Golyandina et al., 2013 및 그 안의 참고문헌 참조). 우리는 시계열의 기술을 설명하지만 이미지에 대한 확장은 공식적으로 비교적 간단하다. 기본 개념은 특정 윈도우 길이 L까지 시간 래그 공분산[time-lagged covariance]을 설명하는 것이다. 이러한 객체에 대해 우리는 SVD를 수행한 다음 지배적인 모드와 EOF를 사용해 시계열을 분해하고 재구축할 수 있다.

먼저 일변량 시계열 $X = X_t$, $P = 1$의 경우를 고려하자. 먼저 전체 데이터셋에 대한 시계열 분해를 공식적으로 수행하는 방법을 기술한다. 주어진 윈도우 크기 $L \le N$과 $K = N - L + 1$에 대해 궤적 행렬$^{\text{trajectory matrix}}$ T_X를 다음과 같이 구축한다.

$$T_X = \begin{pmatrix} x_1 & x_2 & x_3 & \cdots & x_K \\ x_2 & x_3 & x_4 & \cdots & x_{K+1} \\ \vdots & \vdots & \vdots & \ddots & \vdots \\ x_L & x_{L+1} & x_{L+2} & \cdots & x_N \end{pmatrix} \tag{8.24}$$

이는 비대각 원소들로 동일한 시계열 포인트들을 가진 $L \times K$ 행렬이다 $L \to K$, $K \to L$ 변환에 대해 해당 궤적 행렬은 $T_X \to T_X^T$를 만족한다. 궤적 행렬은 다음의 시간 래그 공분산 행렬을 계산하는 데 사용될 수 있다.

$$C = T_X T_X^T \tag{8.25}$$

이는 대칭 행렬이며 다음의 명시적 형태를 가진다.

$$C = \begin{pmatrix} \sum_{i=1}^K x_i^2 & \sum_{i=1}^K x_i x_{i+1} & \cdots & \sum_{i=1}^K x_i x_{i+L-1} \\ \sum_{i=1}^K x_i x_{i+1} & \sum_{i=2}^{K+1} x_i^2 & \cdots & \cdots \\ \vdots & \vdots & \ddots & \ddots \\ \sum_{i=1}^K x_i x_{i+L-1} & \sum_{i=2}^{K+1} x_i x_{i+L-1} & \cdots & \sum_{i=K}^N x_i^2 \end{pmatrix} \tag{8.26}$$

우리는 이것을 통해 길이 L까지의 시간 래그가 어떻게 고려되는지 알 수 있다. 즉, 최대 주기가 L인 모드를 식별할 수 있다. 시간 래그 공분산 행렬은 어떤 시간 상관관계가 SSA에 의해 선택되는가를 보이는 예시를 위해서만 사용한다. 이 접근법은 궤적 행렬 T_X에 대해 직접 작업한다. 이 접근법은 궤적 행렬 T_X와 직접 작용한다.

$$T_X = \sum_{k=1}^q \sqrt{\lambda_k} \, u_k v_k^T \tag{8.27}$$

일반적으로 한 그룹은 고유값을 특정 부분 집합 $I_1 \ldots, I_m$으로 그룹화한다. 예를 들어 진동 모드$^{\text{oscillatory mode}}$는 매우 유사한 특이값을 가진 쌍 고유 벡터로 나타난다. 그런 다음 부분 재구축은 $\{I_h\}$의 측정 선택에 대해 다음과 같이 표현된다. 예를 들어 시계열 분석에서 추세와 단지 두 개의 진동 모드에만 초점을 맞출 수 있다.

$$T_X = \sum_{h=1}^{R} \sum_{k \in I_h} \sqrt{\lambda_k} u_k v_k^T \qquad (8.28)$$

마지막 단계는 재구축된 궤적 행렬을 시계열로 다시 매핑하는 것이다. 우리는 비대각 원소들을 평균함으로써 이것을 수행한다. $\Delta_1 = \{(1, 1)\}$, $\Delta_2 = \{(2, 1), (1, 2)\}$, ..., 그리고 $|\Delta_k|$가 원소의 수가 되도록, 비대각 원소 인덱스 쌍 (i, j)를 Δ_k로 표기하자. 그러면 재구축된 시계열은 $k = 1, ..., N$에 대해서 다음과 같이 읽힌다.

$$x_k^{rec} = \frac{1}{|\Delta_k|} \sum_{(i,j) \in \Delta_k} [T_X^{rec}]_{ij} \qquad (8.29)$$

SSA를 기반으로 하는 데이터 대체는 재구축을 위한 EOF 기저와 대체된 값들이 반복적으로 결정된다는 점을 제외하고는 시계열 분해와 동일한 논리를 따른다. 우선 초기 추측으로 결측값을 채우며 그러고 나서 T_x가 구축되고, SVD가 계산된다. n_{EOF}개의 EOF를 이용한 부분적 재구축은 다음과 같다.

$$T_X = \sum_{k=1}^{n_{EOF}} \sqrt{\lambda_k} u_k v_k^T \qquad (8.30)$$

이는 재구축된 시계열에 대한 결측값을 채우는 데 사용된다. 이는 앞의 DINEOF 접근법과 같이 고정된 n_{EOF}에 대해 수렴할 때까지 반복된다. 알고리듬은 대체에 대한 추가 개선이 달성되지 않거나, 또는 EOF의 최대 수에 도달할 때까지 계속해서 더 많은 EOF를 추가한다. 일반적으로 개선은 기지의 데이터 포인트의 작은 집합을 랜덤하게 제거하고, RMSE(참 대 예측)를 계산함으로써 측정된다. DINEOF와 마찬가지로, 이 방법은 상이한 결측 패턴에서 발생할 수 있는 잠재적인 문제에 노출된다.

다변량 경우^{MSSA}는 공식적으로 일변량 사례와 매우 유사하지만 수치적으로는 더 복잡하다. 각 시계열 $\{X_{n,p}\}$에 대해 궤적 행렬 R_{X_p}는 다음과 같이 계산될 수 있다.

$$T_{X_p} = \begin{pmatrix} x_{1p} & x_{2p} & x_{3p} & \cdots & x_{Kp} \\ x_{2p} & x_{3p} & x_{4p} & & x_{K+1p} \\ \vdots & \vdots & \vdots & \ddots & \vdots \\ x_{Lp} & x_{L+1p} & x_{L+2p} & \cdots & x_{Np} \end{pmatrix} \tag{8.31}$$

이들 궤적 행렬들을 쌓아서 하나의 결합 궤적 행렬로 만든다.

$$T_X = [T_{X_1}, T_{X_2}, \ldots, T_{X_p}] \tag{8.32}$$

이는 $L \times P$ 행렬이다. 래그 공분산 행렬은 상이한 시계열 간의 상관관계를 설명한다. 일단 궤적 행렬이 정의되면, 공식은 위에서 설명한 일변량 경우와 같이 진행된다. MSSA를 기반으로 한 데이터 대체는 Kondrashov와 Ghil(2006)에서 제안되고 테스트됐다.

8.2.6 결과

이제 8.2.3절에 소개된 CDS 시계열 데이터에 대한 다양한 대체 기법의 성능에 대해 논의한다. 완전한 진실 시리즈의 예가 그림 8.3에 보일 것이다. 그것은 소비재 분야의 발행 기업에 속하며 "수정 구조 조정modified restructuring" 계약 조항을 가지고 있다.

우리는 거의 2년 동안 매일 호가된 것을 알 수 있다. 만기에 의해 순서가 매겨진 값의 계층 구조를 관찰한다. CDS 가격은 정의된 기간(만기) 내에 특정 기초 자산의 채무불이행 가능성에 대한 한 종류의 시장 견해이기 때문에, 이는 예상과 부합한다. 강한 추세나 계절성 패턴은 없지만 시계열도 완전히 정상 상태stationary는 아니다. 서로 다른 만기의 값이 비교적 잘 상관돼 있음을 알 수 있다. 따라서 일부 만기에 대한 값이 결측되면 다른 만기에서 추론할 수 있다는 것이 직관적이다. 군집 2의 일반적인 결측 패턴은 그림 8.3의 아래 부분에 나와 있다. 많은 긴 만기에 대한 값들이 일정 간격으로 결측되며, 짧은 만기의 일부 값도 유사하게 결측되는 반면 중심 만기는 완전하다. 8.2.3절에 소개된 테스트 데이터 생성을 위해서, 이를 마스크로 간주하고 각 값을 차단한다.

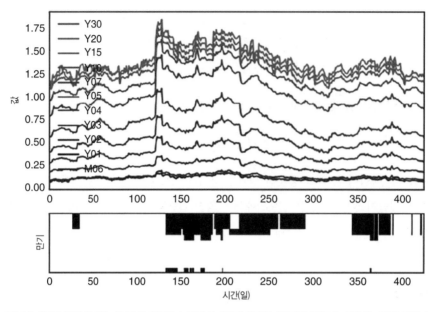

그림 8.3 (상단) 완전 시계열 데이터의 예(종목 1, 군집 2). (하단) 완전한 데이터에 적용되는 결측성 패턴을 보인다.

다양한 대체 기법에 대한 대체 값과 실제 값을 자세히 비교하기 전에 먼저 서로 다른 군집 내의 대체 결과에 대한 전체 개요를 제시한다. 각 방법에 대해 적절한 하이퍼파라미터와 입력 데이터 조정을 식별하기 위해 광범위한 초기 테스트를 수행했다. 여기서 몇 가지 기법을 사용했다(부록 8.6 참조). 다중 대체 기법은 체인 방정식과 조건부 샘플링에 기초한 MICE와 EM 알고리듬을 사용해 결합 데이터 분포함수를 결정하는 Amelia이다. 8.2.4.2절에서 논의된 바와 같이, Amelia는 데이터가 MVN 분포라는 가정을 사용한다. 그러나 우리는 8.2.3절에서 이것이 사실이 아니라는 것을 보았다. Honaker et al.(2011)과 Schafer(1997)에서 지적한 바와 같이, 또한 다음 결과에서 알 수 있듯이 MVN 위반은 좋은 성능을 가진 대체 방법을 방해하지 않는다. MICE의 경우 우리는 대체 절차에 한 단계 리드 및 래그를 수동으로 포함시켰다. 우리는 베이지안 선형 회귀 옵션(표준)과 예측 평균 매칭(PMM)을 모두 검토했지만 여기서 더 나은 성능을 보인 전자에 대해서만 결과를 보고한다. Amelia에서는 시간 래그 및 리드 데이터와 명시적 시간 공변량을 2차까지 포함하는 옵션을 사용했다. 두 MI 기법의 경우 모두 5개의 대체를 계산하고 평균 값을 예측으

258

로 사용해 성능 척도를 평가했다.

결정론적 루틴으로 랜덤 포레스트[miss Forest R Package], DINEOF 및 MSSA를 테스트했다. RF 대체에 명시적 시간변수를 추가했지만 리드 및 래그는 없다. 특정 시간 단계에서 모든 값이 결측됐을 때, 우리는 먼저 네 개의 중심 만기를 선형적으로 보간했다. 이는 또한 DINEOF 접근법에서도 수행됐다. DINEOF에서는 먼저 각 시계열의 평균을 뺀 다음 대체 후 다시 더했다. MSSA의 경우 어떠한 사전 선형 보간도 수행하지 않았다. 성능 개선을 위해 군집 1의 패턴에 대한 윈도우 길이는 10시간 단계, 군집 2와 3의 패턴은 40시간 단계로 선택했다. 주목할 점은 두 EOF 기반 기법이 때로는 시작 값에 매우 민감하다는 것이다. 우리는 또한 MSSA가 Amelia 결과로 초기화되는 접근법[Amelia+MSSA]을 테스트했다. 이렇게 하면 일반적으로 부정확한 시작값을 피할 수 있다.

이들 선택을 이용해 각 군집 1, 2, 3에 대한 진실 값에 중첩된 200개 경우의 결측성 패턴에 대한 대체를 계산해 신뢰할 수 있는 통계량을 얻을 수 있었다. 본 절에서는 상이한 크기의 값 비교에 적합한 상대 척도인 식(8.5)에 정의된 MRD 성능 측정에 초점을 둔다. 성능에 대한 글로벌 비교 뷰를 얻기 위해 각 패턴에 대한 200 MRD 값의 요약 통계량(평균, 표준편차, 최소, 최댓값)을 대체값과 진실값으로 계산했다. 군집 1의 요약 통계량은 표 8.1, 군집 2의 경우 표 8.2, 군집 3의 경우 표 8.3에서 찾을 수 있다.

표 8.1 여러 방법의 군집 1에 대한 MRD 척도 요약 통계량: 랜덤 포레스트(RF), DINEOF, MSSA와 Amelia, MICE에 대한 다섯 가지 대체의 평균 결과

	Amelia	DINEOF	MICE	RF	MSA
mean	0.017	0.024	0.031	0.019	0.016
std	0.010	0.019	0.032	0.014	0.011
min	0.002	0.001	0.002	0.000	0.001
max	0.057	0.141	0.374	0.077	0.102

표 8.2 군집 1에 대한 MRD 척도 요약 통계량

	Amelia	DINEOF	MICE	RF	MSA
mean	0.035	0.064	0.052	0.046	0.048
std	0.035	0.053	0.056	0.057	0.056
min	0.005	0.011	0.009	0.002	0.005
max	0.328	0.384	0.497	0.483	0.492

표 8.3 군집 2에 대한 MRD 척도 요약 통계량. 여기서 행이 전체적으로 결측되면 패턴은 필터링됐다.

	Amelia	DINEOF	MICE	RF	MSA
mean	0.028	0.064	0.046	0.037	0.041
std	0.015	0.054	0.052	0.032	0.041
min	0.005	0.011	0.009	0.002	0.005
max	0.104	0.384	0.497	0.256	0.342

표 8.4 군집 1에 대한 MRD 척도 요약 통계량

	Amelia	DINEOF	MICE	RF	MSA
mean	0.093	0.141	0.111	0.098	0.128
std	0.135	0.121	0.158	0.103	0.125
min	0.009	0.012	0.010	0.014	0.008
max	0.980	0.728	1.522	0.650	0.739

표 8.5 군집 3에 대한 MRD 척도 요약 통계량. 여기서 행이 전체적으로 결측되면 패턴은 필터링됐다.

	Amelia	DINEOF	MICE	RF	MSA
mean	0.061	0.135	0.950	0.920	0.126
std	0.084	0.124	0.155	0.104	0.129
min	0.009	0.012	0.010	0.014	0.008
max	0.705	0.728	1.522	0.650	0.739

군집 1의 경우 대체는 매우 정확하며 MRD는 몇 가지 예외는 있지만, 일반적으로 1%에서 3% 사이이다. 최고의 성능은 MSSA와 Amelia를 통해 얻을 수 있지만 다른 기법들도 비슷한 결과를 낳는다. 군집 1의 패턴은 결측값이 상대적으로 적으며(평균 1.5%), 짧은 기간에만 나타나 대체값이 상당히 간단하다.

군집 2의 패턴에 대해서는 결측 비율이 평균 13%인 더 어려운 상황이 발생한다. 두 번째 표의 MRD 결과는 전형적으로 값이 2~7%로 여전히 매우 정확하다. Amelia가 가장 강력한 성능을 보이고, RF와 MSSA가 그 다음을 따른다. 행렬 인수분해 접근법^{DINEOF}은 여기서 패턴을 대체하는 데 있어 덜 성공적이었다. 나중에 직접 그 대체된 값과 진실 값을 비교할 때, 이를 더 자세히 연구할 것이다.

군집 2에는 20개의 패턴이 포함돼 있으며, 이 패턴은 연속된 여러 시간 단계에서 모든 만기에 대한 관측치가 결측값인 기간을 포함한다. 이러한 경우는 여기에서 논의된 방법으로 대체하기가 특히 어렵다. 프록시에 기반한 대체(즉, 외부 데이터가 직접 연관되는)가 더 성공적일 수 있다. 이러한 패턴이 필터링될 때 척도를 살펴보는 것은 흥미롭다. 이에 대한 요약 통계량은 표 8.3에 나와 있다. DINEOF를 제외한 모든 기법에서 성능이 약간 향상되는 것을 알 수 있다.

군집 3의 패턴은 일반적으로 결측값이 더 많고(평균 약 19%) 긴 만기에 대한 결측값이 길게 늘어난다. MRD에 대한 요약 통계량은 표 8.4에서 확인할 수 있다. MRD 값은 일반적으로 3~20% 사이에 분포하며, 평균은 10%이다. 군집 2에서와 같이 Amelia는 평균 9%의 평균으로 가장 강력한 성능을 보이며 RF, MICE, MSSA 및 DINEOF가 그 뒤를 따른다.

군집 3에는 연속된 여러 시간 단계 동안 모든 만기에 대한 관측치가 결측된 기간이 있는 23개의 패턴이 포함돼 있다. 이들 제거 시 결과는 표 8.5에 나와 있다. 성능은 Amelia에 대해서는 상당히 향상되고 다른 방법들에서는 적당히 향상된다. 두 EOF 기반 접근법은 모두 시작값에 의존한다. 우리는 또한 결합 Amelia+MSSA를 테스트했다. 여기서 Amelia 예측은 MSSA 알고리듬의 시작 값으로 사용된다. 군집 3의 경우 평균 MRD

0.099가 발견됐으며, 이는 단순한 평균 시작 값을 사용하는 MSSA 접근법(0.128)보다 상당히 향상됐다.

우리는 이제 다양한 기법의 예측을 더 자세히 비교한다. 예를 들어 그림 8.3에서 전체 데이터와 결측 마스크가 보여지는 종목 1(군집 2)을 선택한다. 이는 긴 만기에 대해 많은 연속된 값을 결측하며, 총 결측 비율은 약 17%이다. 그림 8.4(상단)에 Amelia 대체가 나와 있다. 5가지 대체에 대해 점으로 표시된 평균 값을 계산했으며 음영 영역은 대체 범위에 대한 최댓값과 최솟값 사이의 분산을 나타낸다. 실선은 진실을 보여준다. 우리는 대체된 데이터가 다른 시리즈와의 상관관계에서 추론되는 데이터의 일반적인 구조를 상대적으로 잘 따른다는 것을 알 수 있다. 더 긴 만기의 분산은 조금 더 크다. 따라서 Amelia는 다른 (더 완전한) 시계열과의 상관관계를 잘 학습하고, 시간적 구조뿐만 아니라 값의 크기에도 정확하게 대체한다. MRD의 값은 0.02에 불과하다.

동일한 시계열의 MICE 대체는 그림 8.4(하단)에 나타나 있으며, 이 경우 Amelia의 결과와 상당히 유사하다. 우리는 대체된 데이터가 데이터의 일반적인 구조를 상대적으로 잘 따른다는 것을 다시 볼 수 있다. 분산은 Amelia의 경우가 조금 더 큰 것으로 보인다. MRD의 값은 0.024로 Amelia보다 조금 나쁘다.

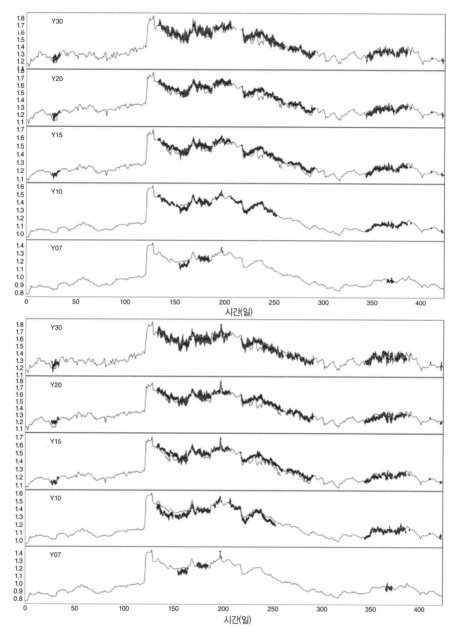

그림 8.4 긴 만기에 대한 진실(실선)에 비교한 그림 8.3의 데이터에 대한 Amelia(상단)와 MICE(하단) 대체된 시계열(점). 음영 영역은 5가지 대체에 대한 최솟값과 최댓값을 나타낸다.

RF, DINEOF 및 MSSA에 대한 대체는 그림 8.5와 그림 8.6에 나와 있다. MRD의 값은 각각 0.025, 0.044, 0.019이다. 수많은 관측이 수행될 수 있다. RF는 값의 크기를 상대적으로 잘 대체한다. 그러나 시간적 구조를 매우 충실하게 따르지 않으며 다소 인공적인 결과를 생성한다. 이들은 특정 기간 동안 거의 일정하거나 예기치 않은 불연속성을 가질 수 있다. 대조적으로 DINEOF 접근법은 전반적인 시간적 구조를 상당히 잘 재현하지만 다른 기법만큼 값의 크기를 정확하게 예측하지는 않는다. DINEOF는 많은 경우에 있어 체계적으로 값의 크기를 과소평가한다. EOF 기반 행렬 보간 기법은 결측값 근처에 충분한 데이터 포인트가 있고 데이터가 너무 짧지 않은 스케일에 대한 변동을 가진 충분히 명확한 구조를 가질 때 가장 효과적이다. 8.2.5.2절에서 보듯이, 이것은 이미지에 매우 잘 작동할 수 있지만, 여기의 CDS 데이터와 결측 패턴은 DINEOF가 그다지 잘 수행되지 않는 상이한 특성들을 가지고 있다. 마지막으로 MSSA는 구조와 값을 가장 정확하게 재현하고 MI 기법인 Amelia와 경쟁적으로 수행된다. EOF 기저 전개EOF basis expansion를 기반으로 하기 때문에 곡선을 다소 부드럽게 만드는 경향이 있다.

군집 2에 속하는 이 예제에 대해, 대체의 전반적인 성능은 상당히 우수하다. 결측 데이터와 관측 데이터 간의 교대로 나타나는 패턴을 가지므로 알고리듬은 구조를 매우 잘 학습한다. 결측값의 연속이 훨씬 긴 군집 3의 상황은 다르다. 그림 8.7에 그 예를 보여준다. 긴 만기에 대한 데이터는 거의 모든 기간 동안 결측돼 있으며, 짧은 만기에 대한 데이터는 부분적으로 결측돼 있다. 총 결측 비율은 45%로 다소 높다.

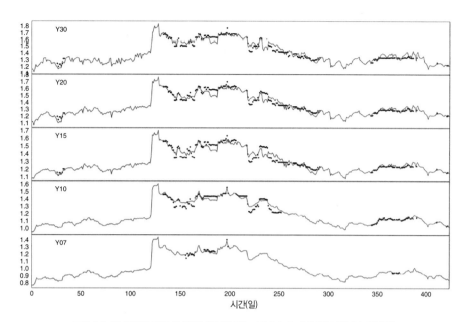

그림 8.5 긴 만기에 대한 진실(실선)과 비교한 그림 8.2-3 데이터에 대한 RF 대체(점)

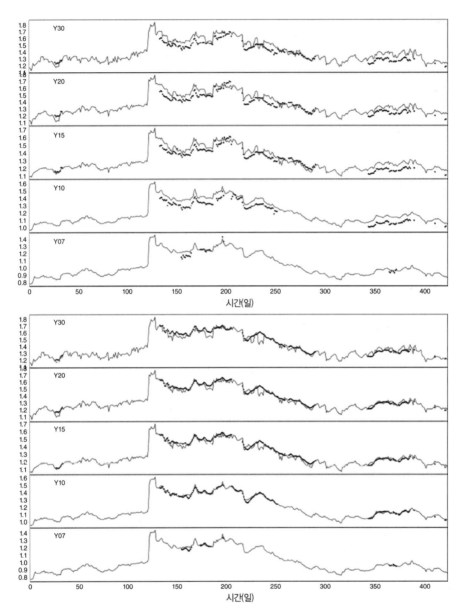

그림 8.6 긴 만기에 대한 진실(실선)과 비교한 그림 8.3 데이터에 대한 DINEOF(상단)과 MSSA(하단) 대체(점)

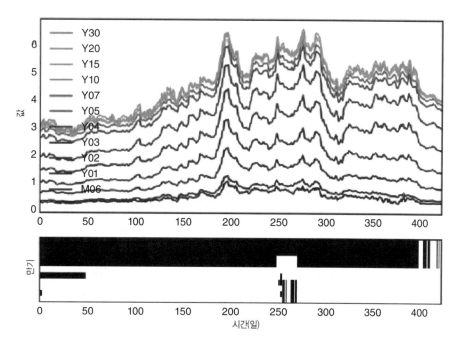

그림 8.7 전체 시계열 데이터의 예제(종목 40, 군집 3). 하단 부분은 전체 데이터에 대해 부과된 결측 패턴을 보인다.

Amelia 대체는 긴 만기에 대해 그림 8.8에 나타나 있다.[6] MRD는 0.166으로 비교적 높다. 이전 경우와 대조적으로 기간이 짧아질수록, 모든 시계열이 관측됨에도 불구하고, 상관관계를 충분히 잘 학습할 수 없어서 긴 만기에 대한 과거의 결측 데이터를 대체할 수 없다는 것을 알 수 있다. 더 짧은 만기의 관측 데이터에 가까운 만기 Y07과 Y10의 경우 280에서 400 사이의 기간이 매우 잘 귀속되는 반면, 긴 만기(Y15, Y20, Y30)의 경우 대체는 진실 결과를 체계적으로 과소평가한다. 기간 0-180의 대체가 모든 경우에 만족스럽지 않으며, 추세를 올바르게 설명하지 않는다. 이는 관측된 데이터에서 상관관계를 충분히 학습할 수 없는 경우에 대한 한계를 보여준다. 시간적 구조 중 일부는 상당히 잘 설명되지만, 전체 값은 많은 경우에 부정확하게 추정된다는 점에 주목할 필요가 있다.

---

6 더 짧은 만기가 정확하게 대체된다. 여기서는 보이지 않았다.

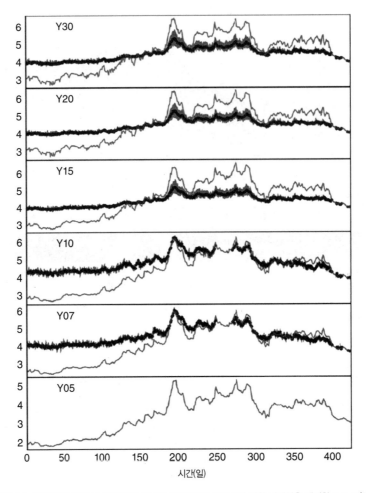

그림 8.8 긴 만기에 대한 진실(실선)과 비교한 그림 8.7의 데이터에 대한 시계열을 대체한 Amelia(점)

동일한 데이터에 대해 그림 8.9에서 MRD의 MSSA 대체 결과가 0.22로 Amelia의 결과
보다 더 높다. 우리는 기간 중간에 일부 관측치가 존재하는 중간 만기가 280에서 400 사
이의 기간 동안 만족스러운 결과를 제공하는 반면, 가장 긴 만기에 대해서 소수의 관측
된 값에서 상관관계를 충분히 학습하지 못했으며, 따라서 대체의 변동이 너무 작게 나타
난다. 다른 기법(MICE, RF, DINEOF)도 이 데이터셋을 대체하는 데 유사한 어려움을 가지
고 있다. 여기서는 제시하지는 않는다.

요약하면, 결측 데이터가 있는 일반적인 관측치가 거의 없고 긴 기간의 결측 데이터가 있을 때, 여기서 사용되는 일반적인 방법은 그다지 잘 수행되지 않는다고 결론짓는다. 따라서 약 20%의 부정확성을 받아들여야 한다. 데이터에 대한 사전 지식을 포함하는 도메인 특화된 기법은 더 성능이 향상될 수 있다.

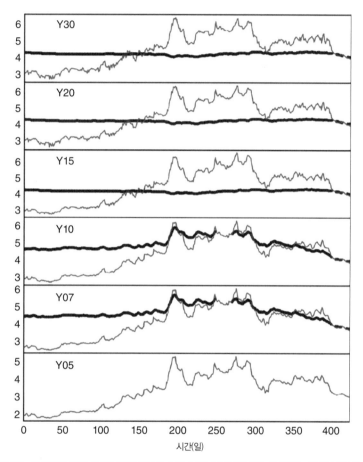

그림 8.9 긴 만기에 대한 진실(실선)과 비교한 그림 8.7의 데이터에 대한 시계열을 대체한 MSSA(점)

8.3 사례 연구: 위성 이미지

이 절에서는 결측된 픽셀이 있는 위성 이미지에 DINEOF 기법을 적용하는 방법을 보여준다. 우리는 이 접근법이 데이터에 충분한 구조가 있을 때 꽤 잘 작동한다는 것을 다시 강조한다. P는 너무 작지 않아야 한다. 예시를 위해 주차 이미지 데이터에 대한 DINEOF 대체의 예를 제공한다. 여기서는 주차장의 이미지를 촬영해 픽셀의 50%를 임의로 제거한다.[7] 그런 다음 결측 데이터를 DINEOF 기법으로 대체한다. 이 프로세스는 (1) 랜덤 픽셀 제거 (2) 결측값 대체의 두 단계로 분할할 수 있다. 1단계는 두 부분으로 나눌 수 있다.

1. 값의 50%가 참, 50%가 거짓으로 설정된 이미지에 대한 마스크를 생성한다.
2. 마스크에 참 값이 있는 경우 픽셀 강도를 255로 설정한다(즉, 값을 흰색으로 설정한다).

2단계는 다음과 같이 나눌 수 있다.

1. 마스크가 참인 모든 위치(즉, 우리의 결측 데이터)를 어떤 간단한 이들의 참값 추정치로 설정한다(예: 모든 결측값을 이미지의 모든 비결측 픽셀의 평균 픽셀 강도로 채우거나 결측 픽셀 주변의 어떤 $m \times m$ 윈도우의 모든 비결측 픽셀의 평균 픽셀 강도로 채운다). 이는 참 이미지에 대한 우리의 첫 번째 추정치가 될 것이다. 이를 $X_0^{(n_{EOF})}$로 표기하자. $i = 0$ 로 설정한다.
2. DINEOF를 $X_i^{(n_{EOF})}$에 적용하고, $\widetilde{X}_{i+1}^{(n_{EOF})} = \sum_{k=1}^{n_{EOF}} \sqrt{\lambda_k} \boldsymbol{u}_k \boldsymbol{v}_k^T$으로 설정한다. 여기서 λ_k, $\boldsymbol{u}_k$와 $\boldsymbol{v}_k$는 $X_i^{(n_{EOF})}$의 특이값 분해로부터 나온다.
3. 새로운 행렬(이미지) $X_{i+1}^{(n_{EOF})}$이 $X_{i+1}^{(n_{EOF})}$과 동일하게 정의한다. 그러나 우리의 마스크가 참인 모든 픽셀이 $\widetilde{X}_{i+1}^{(n_{EOF})}$으로부터 해당 값과 동일하다(즉, 우리의 이미지의 모든 결측 포인트를 i번째 DINEOF 기반 추측으로 채운다). 다시 스텝 2로 이동한다.

---

7 이 상황은 위성으로부터 수신한 데이터 패킷의 50%를 손실하거나 다른 이유로 손실될 경우 실제로 발생할 수 있는 상황이다.

이 절차의 예는 그림 8.10에서 볼 수 있다.

두 가지 비교가 보여지며, 두 비교 모두 픽셀의 50%를 임의로 제거한다. 첫 번째에서는 100개의 EOF(경험적 직교함수)로 DINEOF 절차를 진행하기 전에 이미지의 모든 비결측 포인트를 평균으로 채우는 것으로 시작한다.[8] 두 번째에서는 각 결측 포인트를 해당 포인트 주변의 5×5 윈도우에 있는 모든 비결측 포인트의 평균값으로 채우고 다시 100개의 EOF로 DINEOF를 수행한다. 우리가 알 수 있듯이, 두 경우 모두 우리는 꽤 좋은 수준의 재구축을 통해 이미지를 재현할 수 있다. 더 정확히 말하면 첫 번째에 대해, 우리는 모든 비결측 픽셀을 사용해 단순하게 추측한 후 42.4[9]의 RMSE를 가지며, DINEOF 이후 12.8로 감소한다. 두 번째에 대해 우리는 각 결측 포인트를 중심으로 하는 5×5 윈도우의 모든 비결측 픽셀을 사용하는 단순한 추측을 후에 얻는 16.8의 RMSE로 시작해 DINEOF 이후 11.3으로 감소한다. 여기서 쉽게 알 수 없지만[10] DINEOF 이후 이미지는 DINEOF 이전 이미지보다 더 선명한 가장자리를 가지며 잡음이 덜한 것처럼 보인다. 이 방법은 적용하는 모든 이미지 탐지 방법에 도움이 될 수 있을 것이다. DINEOF 접근법은 단지 EOF가 신호를 더하는 경우에만 EOF를 포함하는 것을 목적으로 함을 주의하라.

---

8   우리의 이미지가 480×955이므로, 480개의 EOF를 가진다.

9   RMSE는 0에서 255의 픽셀 강도를 사용해 측정된다.

10   이들 이미지의 더 큰 버전을 위해서는 그림 8.11–8.16을 참조하라.

사례 연구: 위성 이미지

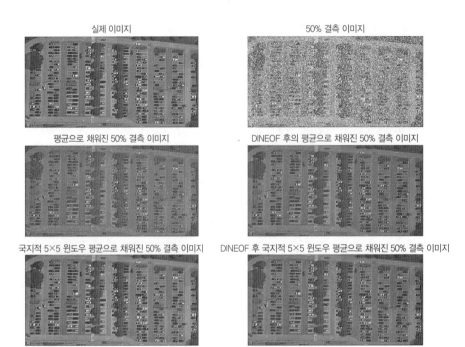

그림 8.10 주차장 데이터의 DINEOF 대체의 예

그림 8.11 주차장 이미지

50% 결측 이미지

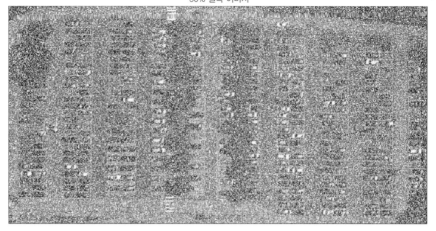

그림 8.12 50% 결측 주차장 이미지

평균으로 채워진 50% 결측 이미지

그림 8.13 DINEOF 적용 이전의 평균으로 채워진 50% 결측 주차장 이미지

DINEOF 적용 이후의 평균으로 채워진 50% 결측 이미지

그림 8.14 DINEOF 적용 이후의 평균으로 채워진 50% 결측 주차장 이미지

국지적 5×5 윈도우 평균으로 채워진 50% 결측 이미지

그림 8.15 DINEOF 적용 이전의 국지적 평균으로 채워진 결측 픽셀을 가진 주차장 이미지

DINEOF 적용 이후의 국지적 5×5 윈도우 평균으로 채워진 50% 결측 이미지

그림 8.16 DINEOF 적용 이후의 국지적 평균으로 채워진 결측 픽셀을 가진 주차장 이미지

8.4 요약

다변량 시계열 및 이미지에 대한 결측 데이터 채우기 문제를 다루고, 벤치마킹하기 위한 구조화된 프레임워크를 도입했다. 약 2년에 걸친 CDS 일일 호가와 위성 이미지 데이터 셋을 사용했다. 다양한 최첨단 확률적 MI 기술과 결정론적, 주로 EOF 기반 기술을 도입하고 설명했다.

200개 샘플 각각에 대해 상이한 결측 특성을 가진 세 개의 서로 다른 군집에 대해 CDS 데이터에 대한 대체를 실행했다. 전체적으로 결측 비율이 작은 (1.5%) 첫 번째 군집의 패턴에 대해서, 모든 방법의 성능이 비교 가능했으며 MRD 값은 약 0.02였다. 결측 비율이 높은 결측 패턴의 경우, 기법의 성능은 상당히 다양했다. EM 기반 알고리듬인 Amelia에 대해 강력하고 강건한 성능을 발견했다. 리드와 래그를 포함하므로 기본적으로 시계열 지원이 좋으며, 따라서 철저히 테스트된 MI 패키지인 MICE보다 다변량 시계열에 대해 적용하기가 더 쉽다.

8.5 부록: MICE 절차에 대한 일반적 설명

8.2.4절에서 소개한 바와 같이 체인으로 연결된 방정식에 의한 다중 대체를 기반으로 한 MICE 프레임워크. 체인 방정식은 특성과 파라미터 값이 일련의 단계에서 생성되는 반복적인 절차를 나타낸다. 우리는 그들을 다음과 같이 묘사한다.

일반적인 가정은 (완전) 데이터가 다변량 분포함수 $p(X|\theta)$에서 생성된다는 것이다. 여기서 θ는 알려지지 않은 파라미터의 집합이다. 특정 경우에는 분포함수 p가 특정한 형태를 갖는다고 가정할 수 있다(예: 8.2.4.1절에서 자세히 논의한 MVN). 명시적으로 지정하지 않은 경우 적어도 샘플링을 위해 암묵적으로 액세스할 수 있어야 한다. 다음에서는 데이터에서 파라미터를 추정하는 일반적인 절차를 설명하고, 해당 분포에서 새 데이터 추정치가 생성된다(Buuren & Groothuis-Oudshoorn, 2011 참조). 설명을 이 절에 맞도록 유지하기 위해, 이는 순수한 몬테카를로 샘플링 접근법으로 묘사된다. 특히 샘플링의 한 유형으로 각 단계에서 다변량 조건부 분포함수 $p(X_1, X_2, ..., X_p|\theta)$로부터 값을 추출하는 것으로 묘사된다. 이 과정은 깁스 샘플러^{gibbs sampler}로 알려져 있다. 마르코프 체인 몬테카를로^{MCMC,} ^{Markov Chain Monte Carlo} 군의 한 종류다. 이러한 체인 방정식 절차는 다음과 같이 설명할 수 있다.

반복 시행 t에서 어떤 분포로부터 샘플링해 $\theta_1^{(t)}$을 결정한다.

$$p_\theta(\theta_1|X_1^{obs}, X_2^{(t-1)}, ..., X_P^{(t-1)}) \qquad (8.33)$$

여기서 $X_i^{(t)} = (X_i^{obs}, X_i^{imp,(t)})$는 관측된 데이터와 대체된 데이터 모두를 포함하고, $X_2^{(t-1)}$, ..., $X_P^{(t-1)}$는 단계 $t-1$에서 결정된다. 처음 단계에서 어떤 초기 추측값이 사용돼야 한다. 식 (8.33)의 분포가 베이지안 프레임워크에서의 사전분포와 우도함수로부터 도출된다고 생각할 수 있다.

식 (8.33)에서 샘플링된 값을 $\theta_1^{(t)}$로 표기한다. 첫 번째 특성 X_1에 대한 새로운 대체 값들은 그리고 나서 다음 분포로부터 샘플링을 얻게 된다.

$$p_x(X_1|X_1^{obs}, X_2^{(t-1)}, \ldots, X_P^{(t-1)}, \theta_1^{(t)}) \tag{8.34}$$

이것은 우리가 이전에 샘플링된 파라미터 벡터 $\theta_1^{(t)}$을 고려한다는 것을 의미한다. 다음 단계는 위와 유사한 방식으로 θ_2와 X_2에 대해 샘플링을 하는 것이다. 유일한 차이점은 X_1에 대해 대체된 값, 즉 $X_i^{(t)}$를 고려한다는 것이다. 따라서 대체가 수행되는 순서가 중요하다. 이것이 모든 P개의 특성에 대해 계속된다. 즉, 다음 분포로부터 θ_P를 샘플링하고,

$$p_\theta(\theta_P|X_P^{obs}, X_1^{(t)}, \ldots, X_{P-1}^{(t)}, \theta_P^{(t)}) \tag{8.35}$$

X_p에 대한 새로운 값을 다음 분포로부터 샘플링한다.

$$p_x(X_P|X_P^{obs}, X_1^{(t)}, \ldots, X_{P-1}^{(t)}, \theta_P^{(t)}) \tag{8.36}$$

이 작업이 완료되면 반복 시행 $t+1$을 시작할 수 있다.

이 절차의 특별한 경우는 전체 데이터가 MVN, 즉 $X \sim N(\boldsymbol{\mu}, \Sigma)$에 의해 생성된다고 가정할 수 있는 경우다. 그러면 모든 분포함수를 분석적으로 도출할 수 있으며 8.2.4.1절에 나타난 바와 같이 절차가 더욱 명확해진다.

8.6 부록: 8장에서 사용하는 소프트웨어 라이브러리

8장에서 수행한 대체에는 여러 소프트웨어 패키지를 사용했다. 다음에 자세히 설명하고 참조하는 대부분은 무료로 이용할 수 있다. 다중 대체의 경우 체인 방정식 MI(Su et al., 2011 참조)와 MICE(Enders, 2010 참조)를 기반으로 하는 두 개의 패키지가 있다. 처음에는 두 가지 모두를 테스트했지만 조금 더 단순한 API 때문에 더 관련된 성능 연구를 위해 MICE에 초점을 맞췄다. EM 기반 MI에 대한 표준 R 패키지는 Amelia II이다(Honaker et al., 2011 참조).

8.6.1.1 MICE

MICE는 종합 R 저장소 CRAN에서 사용할 수 있는 R 패키지다. 그 기능은 Buuren과 Groothuis-Oudshoorn(2010)에 문서화돼 있다. 우리는 리드 및 래그를 명시적으로 포함해 8.2.6절에 명시된 다변량 시계열 데이터에 그것을 사용했다. 또한 가용성에 따라 대체를 위한 예측변수를 선택하는 옵션을 사용했으며 샘플의 50% 이상에 존재하는 변수만 사용하는 것을 목표로 했다. 베이지안 선형 회귀 및 예측 평균 매칭과 같은 예측 모델이 본문에서 논의됐다.

8.6.1.2 Amelia II

R 패키지 Amelia II는 CRAN에서 사용할 수 있으며 8.2.4.2절에 묘사된 알고리듬을 따른다. 다양한 옵션과 함께 직접 시계열을 지원한다. 그중 하나는 3차까지의 시간 다항식을 공분산 행렬의 추가변수로 포함하는 것이다. 또 다른 옵션은 시간 지연변수(리드, 래그)를 사용할 수 있는 기능이다. 이 방법은 현재의 변수뿐만 아니라 시간 한 단위 이동시킨 변수도 고려해 공분산 행렬을 확장한다. Amelia II는 부트스트랩 접근법을 사용해 파라미터 $\theta = (\mu, \Sigma)$의 분산을 고려한다.

8.6.1.3 미스 포레스트(MissForest): 랜덤 포레스트 대체

랜덤 포레스트[RF, Random Forest]는 특성 상호 작용을 잘 학습하고 다양한 데이터 유형을 자연스럽게 처리하는 회귀 및 분류에 매우 성공적인 기법이다(Breiman, 2001 참조). 데이터 대체에 적합한 도구로도 제안됐다(Stekhoven & Bühlmann, 2012 참조). 알고리듬은 다음과 같이 진행된다. 결측값에 대한 초기 추측부터 시작한다. 그런 다음 결측값을 포함하는 각 특성(또는 시계열 성분) p에 대해 사용 가능한 데이터로부터 RF 예측 모델을 훈련한다. 이것은 개선된 대체를 생성하는 데 사용될 수 있다. 결측값을 포함하는 모든 p개의 특성을 반복한다. 다음 반복에서 우리는 마지막 반복의 대체된 값을 사용한다. 대체된 값이 반복 시행 간에 크게 변화하지 않으면 반복이 종료된다. 이러한 수렴 값은 결측 데이터에 대한 대체로 사용된다.

랜덤 포레스트 데이터 대체는 CRAN에서 얻을 수 있는 R 라이브러리 Miss Forest(Stekhoven & Bühlmann, 2012)로 이용할 수 있으며, 잘 문서화돼 있다. 주목할 점은 대체에 사용된 특성의 부분집합에 대한 기본 설정이 $\sqrt{P}$이라는 것이다. 8장의 대체의 경우 정확도를 높이기 위해 이것을 $\sim P/2$까지 늘렸다.

8.6.1.4 DINEOF

행렬 보간 접근법 DINEOF는 데이터 행렬의 SVD와 적절한 재구축을 기반으로 한다. 우리는 저장소(https://github.com/menugget/sinkr)에서 구할 수 있는 R 패키지 sinkr을 사용했다. 이 패키지는 데이터의 평균이 0이라고 가정한다는 점을 지적할 가치가 있다. 따라서 입력 데이터에서 평균을 빼고, 대체 후에 다시 더했다.

8.6.1.5 MSSA

본문에서 논의한 바와 같이, MSSA 접근법은 궤적 행렬의 SVD와 EOF를 이용한 재구축을 기반으로 한다. 이는 R 패키지 RSSA에 의해 기술적으로 달성될 수 있다(Golyandina et al., 2013 참조). 다변량 시계열을 처리하기 위해, 우리는 "MSSA" 옵션보다 "2dSSA" 옵션을 사용하는 것이 더 낫다는 것을 발견했다. 우리는 일반적인 결측 데이터 문제를 처리하기 위한 완전한 구현에 대해 알지 못한다. 따라서 8.2.5절과 Kondrashov와 Ghil(2006)에 설명된 알고리듬을 사용해 대체를 수행하는 자체 루틴을 작성했다.

09

이상치(이상 징후)[1]

9.1 서론

3.3.4절에서 때로는 이상치가 (대체) 데이터를 처리할 때 문제가 될 수 있다는 점을 간략하게 논의했다. 기술적 성격을 가질 수도 있고(예: 결함), 또는 단순히 데이터의 속성일 수도 있다. 후자의 경우, 우리는 그것들을 모델링하기를 원할 수 있고(예: 부정 행위 탐지) 또는 데이터의 "정상" 부분만 모델링하는 데 초점을 맞추고자 하므로 이들을 간단히 버릴 수도 있다.

물론 이상치를 처리하는 첫 번째 단계는 이상치를 찾는 것이다. 9장에서는 이상치를 탐지할 수 있는 방법에 대해 자세히 설명한다. 가급적 다음 단계는 비즈니스 애플리케이션에 따라 필요한 경우 이를 설명하는 것이다. 잠재적인[2] 세 번째 단계는 이들을 처리하는 것이다. 이는 이들을 제거하거나(그리고 이 경우 8장의 결측 데이터 문제로 되돌아간다) 또는 이들을 모델링할 수 있다. 다시 말하지만, 이는 당면한 특정 문제에 따라 다르다.[3]

---

1 9장에 기여한 Kate Lavrinenko에게 특별한 감사를 드린다.

2 "잠재력" 왜냐하면 두 번째 단계에서 멈추기를 원할 수도 있기 때문이다.

3 5.4절에서 설명한 바와 같이, 일부 데이터 공급 업체는 판매하기 전에 데이터를 직접 처리하기를 원할 수 있다(예: 결측 데이터 대체, 이상치 제거 등). 일부 고급 구매자는 데이터 공급 업체가 자신을 위해 이 단계를 수행하는 대신 전처리 이전의 원시 데이터를 직접 구매하는 것을 선호할 수 있다. 이들은 데이터를 전처리함으로써 데이터 공급 업체들이 나중에 모델링 단계에서 유용하게 사용할 수 있는 귀중한 정보를 버릴 수 있다는 우려를 제기한다.

9장에서는 이상치의 탐지 및 설명에 대한 몇 가지 기법을 보일 것이다. 결측 데이터 장과 마찬가지로 이 기법이 실제 발생하는 모든 문제에 대해 포괄적일 수는 없다. 그러나 다양한 애플리케이션에서 실제로 광범위하게 작업하고 있는 것을 선택할 수 있다. 우리는 미연준^{Fed}의 소통에서 이상치를 탐지하는 데 초점을 맞춘 사용 사례를 설명함으로써 9장을 마칠 것이다.

9.2 이상치 탐지, 분류 및 탐지 방법

이상치 탐지$^{outlier\ detection}$는 대부분의 다른 관측치와 다른 관측치를 찾는 프로세스다. Hawkins의 이상치 정의(Hawkins, 1980)는 점이 다른 메커니즘 또는 다른 모델에 의해 생성됐음을 암시할 수 있을 만큼 다른 관측치들과 달라야 한다고 말한다. 이 정의는 직관을 기반으로 한다. 일부 프로세스에서 정상적인 관측치가 생성되지만 비정상 포인트는 이 패턴에서 벗어나며, 다른 데이터 생성 프로세스에 의해 생성됐을 수 있다. 이러한 상황에서 이들은 잡음, 측정 오류, 편차 또는 예외로 간주된다. 어떠한 단일 정의도 존재하지 않는다. 다른 설정에서 예외 객체의 기본 의미는 물론 다를 수 있다.

의료 데이터 분석, 산업 생산 모니터링, 은행 부정 행위 및 네트워크 침입 방지, 금융 시장 활동 규제, 공공 보건, 생태계 장애 등 이상 징후 탐지가 중요한 여러 가지 상황이 있다. 트레이딩과 관련된 한 가지 특수한 경우는 고빈도 틱 데이터 내에서 이상 징후, 이른바 "뚱뚱한 손가락" 데이터 포인트를 식별하려고 하는 것이다. 19장에서, 우리는 시장 유동성을 이해하기 위해 FX 시장의 고빈도 틱 데이터를 사용하는 것에 대해 논의한다.

이상 탐지에 대한 최근의 관심은 대부분 이상치 자체가 주된 문제인 특별한 경우에 의해 주도된다(Tan, Steinbach, & Kumar, 2006). 사실 이상 징후는 과거에 정상 데이터의 패턴을 방해하지 않기 위해 연구 중인 데이터셋에서 발견 및 제거돼야 하는 관측치로 간주됐다. 소수의 이상치도 값 집합의 통계적 특성(평균 및 표준편차 등)이나 유사한 관측치를 그룹화하기 위한 군집화 알고리듬의 결과를 왜곡할 수 있다. 따라서 이상치 탐지 및 제거는 데이터 처리의 일부이며, 계산이 가능한 경우 이상치에 강력한 통계량 사용과 결합된다.

정상 샘플이 관심 있는 정규성 기반 작업의 맥락에서 이상치는 알고리듬의 예측 또는 기술 능력을 약화시킬 수 있기 때문에 제거돼야 하는 잡음으로 간주된다. 그러나 "한 사람의 잡음은 다른 사람의 신호이다."[4] 따라서 이상치 자체는 제거될 것이 아니라 관심 있는 유용한 지식을 나타내는 애플리케이션이 있다. 이러한 유형의 이상치는 소통 또는 신용카드 부정 행위 방지, 침입 탐지, 의료 분석, 마케팅 및 고객 세분화, 보안 감시 시스템, 데이터 정리, 생물학적 데이터 분석 및 기타 여러 분야에서 자주 다뤄진다. 금융 시장 내에서, 우리가 역전이 될 가능성이 있는 특이 포인트라고 생각할 수 있는 "잘못된 입력fat-finger" 데이터 포인트와, 잘못된 데이터 입력이 아닌 완전히 유효한 다른 이유로 인해 예외적으로 변동적인 결과를 초래하는 가격 이동을 구별하기 위해 주의해야 한다.

입력 오류의 결과가 아닌 예외적으로 변동성이 큰 가격 움직임의 한 예는 2015년 1월 15일 EUR/CHF(유로/스위스 프랑)이다. 이날 스위스국립은행(SNB)은 EUR/CHF 가격에서 1.20으로 하한을 유지하기 위한 시장 개입을 중단했다. SNB는 이전에 스위스 수출업자들에게 부정적인 영향을 미칠 CHF의 평가절상을 막기 위해 노력해왔다. 그러나 ECB의 양적 완화 움직임에 따라 하한을 폐기했다. SNB가 하한을 폐기한 날, EUR/CHF는 0.85까지 낮은 가격에 거래됐고, 그 후 엄청난 변동성이 있었다. EUR/CHF는 그날 종장까지 1.00의 영역에 정착했다. 이상으로 거래되기까지 3년이 넘게 걸렸는데, 이는 입력 오류와 연관되는 빠른 종류의 반전은 아니다.

특히 대체 데이터(및 파생된 구조화된 데이터셋)에 대해 생각한다면 시장 데이터의 시계열에서 예상할 수 있는 것처럼 이상치가 항상 시간적 구조를 갖는 것은 아니다. 대체 데이터셋에서 많은 잠재적 이상치 예제가 있다. 뉴스 텍스트를 기반으로 한 감성 점수에 이상치가 있을 수 있는데, 이는 주제, 기사 유형 또는 텍스트 길이와 같은 특정 특성 집합에 대해 비정상적일 수 있다. 우리는 이 기사를 삭제하거나 또는 다른 상황에서 특정 시장 관련성이 있는 이례적인 뉴스가 될 수 있기 때문에 사용자에게 특별히 알리는 것을 선택할

4　이 인용문의 변형은 기원전 1세기경 루크레티우스(Lucretius)로 거슬러 올라가지만, 일반적으로 Edward W. Ng(1990)의 것으로 여겨진다.

수 있다. 9.8절에서는 FOMC 소통을 위한 텍스트 기반 데이터셋에서 이상치 플래그 지정에 대한 특정 사례 연구를 다룬다.

위성 이미지를 구성할 때 차량 수와 같은 다양한 특성을 유추할 수 있으며, 이는 다른 유사한 날짜와 장소에 비해 비정상적으로 보이며, 이는 구름 커버, 휴일, 등과 같은 많은 요인과 관련이 있을 수 있다. 나중에 우리는 "맥락적"일 수 있는 국지적 이상치의 개념에 대해 토론할 것이다.

9.3 시간적 구조

침입 탐지는 데이터 스트림을 분석하고 데이터에서 행동 패턴 찾기에 주로 초점을 맞춘다. 패턴이 예기치 않게 변경되는 경우, 지연 시간이 길수록 손상이 높기 때문에 거의 실시간으로 이상 징후를 탐지해야 한다. 이런 의미에서 이상 징후 탐지는 시간적 함축성을 가지고 있다. 생산 라인 설정 및 신용 카드 사기 탐지 시스템에서도 유사한 상황이 발생한다. 후자의 경우 카드 보유자의 지출 패턴을 지속적으로 확인해 거래가 의심스러운 경우 가능한 한 빨리 경보를 발생시킨다.

많은 사기 탐지 설정에서 과거 데이터 로그를 분석해 부정 회계, 의심스러운 인터넷 결제 또는 신용 카드 오용과 관련된 사례에 레이블을 붙인다. 또한 향후 바람직하지 않은 상황에 대한 조기 경고를 제공하기 위해 사후 사고 또는 예측 분석을 수행하는 전문화된 상황이 있다. 이러한 전문화된 문제들은 매우 효율적인 솔루션을 가질 수 있다. 그러나 수많은 실제 상황에서는 데이터에 뚜렷한 시간 구조가 없으므로 이상 징후를 탐지하기 위한 다른 방법을 사용해야 한다.

9.4 전역적 대 국지적 이상치, 점 이상치와 마이크로 군집

데이터셋의 관측치는 단지 하나의 속성 또는 여러 특성의 결합에 대해 비정상적이라고 간주될 수 있다. 대부분의 경우 객체에는 여러 속성이 있기 때문에 객체 중 하나에 대해서는 비정상적일 수 있지만 다른 객체에 대해서는 정상적일 수 있다.

이상치는 관측치가 특정 속성에 대해 전체 데이터 집합(모집단이라고도 함)과 다를 때 전역적global인 것으로 분류될 수 있다. 이는 비정상적으로 높거나 혹은 낮거나 드문 값일 수 있다. 그러나 관측치는 각 속성에 대해 공통 값을 가질 수 있지만, 여전히 이상치일 수도 있다. 일례로 높은 급여는 전체 모집단에 대해 매우 정상적일 수 있지만, 18세로 제한되는 경우 뛰어난 관측치다. 전체 데이터셋에 대해 그 값이 예외적이지 않은 상태에서 포인트가 인접 포인트와 다를 경우 국지적local 이상치로 분류된다. Han, Kamber, Pei(2011)의 데이터 마이닝에 관한 책에서, 국지적 이상치는 앞에서 논의된 특이한 뉴스 기사 예와 같이 "맥락적contextual"이라고도 부른다.

유사한 관측치를 그룹화하는 접근법을 사용할 경우 (군집화 설정에서) 별도의 마이크로 군집 범주를 도입할 수 있다. 이들 작은 관측치 그룹은 이상치로 구성될 수 있지만 정상적 객체로 구성될 수도 있다. 작은 이상치 그룹의 다른 이름은 "집단적 이상치collective outliers"이다. 집단적 이상 현상을 처리하기 위해 상관관계, 집계 및 그룹화를 사용해 상이한 표현 즉 "데이터 보기data view를 가진 새로운 데이터셋을 생성한다(Goldstein 및 Uchida, 2016). 결과로 얻은 데이터셋에서 마이크로 군집micro cluster은 단일 포인트들로 표현되고 문제는 다시 포인트 이상치의 탐지로 공식화된다. 9장에서는 비정상적인 관측치 그룹이 없거나 각 데이터 포인트를 이상치로 인식할 수 있을 정도로 작다고 가정함으로써 단일 포인트 이상 탐지에 중점을 둔다.

9.5 이상치 탐지 문제 설정

3.3.4절에서 논의한 바와 같이 이상 탐지 문제 설정은 전통적으로 지도 학습, 준지도 학습, 비지도 학습으로 나눈다. 지도 학습 설정에서 레이블링된 데이터는 이상치 탐지 알고리듬을 훈련하고 테스트하는 데 사용할 수 있다. 일반적으로 이들 경우 데이터는 매우 불균형적이며(일반적인 관측치의 수가 이상치의 수를 훨씬 초과하며), 이는 정의에 의해 이상치는 드물기 때문이다. 따라서 모든 전통적인 분류 방법이 똑같이 잘 작동하는 것은 아니다.

그럼에도 불구하고 그들 중 일부는 불균형 데이터셋에서 잘 작동한다.

이러한 방법에는 랜덤 포레스트, 서포트 벡터 머신^{SVM}, 신경망 및 데이터셋의 불균형 구조를 해결하는 도구(예: 특수 샘플링 기법)와 결합된 많은 다른 방법이 포함된다. 이러한 접근법은 James et al.(2013)의 통계적 학습에 관한 책과 Witten et al.(2011)의 데이터 마이닝에 대한 책에서 광범위하게 다루고 있다.

그러나 대부분의 경우, 이상 징후들을 미리 알 수 없기 때문에 완전히 레이블이 붙은 데이터셋을 구할 수 없다. 정상 인스턴스(이상치 없음)의 충분히 큰 데이터셋이 있는 경우, 문제를 준지도 학습^{semi-supervised}이라고 한다. 그것은 또한 단일 클래스 분류^{one-class} ^{classification} 문제라고도 부른다. 이 설정에서 일반적으로 사용되는 방법은 One-Class SVM(Schölkopf et al., 2001), 오토인코더 및 알고리듬이 정상 클래스 분포를 학습하는 광범위한 통계 방법이다. 따라서 새로운 관측치는 정상 클래스에 대한 값을 관측할 확률과 관련해 평가된다. 예를 들어 이 경우 커널 밀도 추정^{Kernel Density Estimation}(Rosenblatt(1956)) 또는 가우스 유한 혼합물 모델^{Gaussian finite mixture model}을 사용할 수 있다.

비지도 학습 설정에서는 정상 또는 비정상 레이블이 붙은 데이터가 없다. 이는 관측치에 할당된 이상성 점수^{outlierness scores} 또는 확률은 동일한 데이터셋의 데이터 분포 패턴에만 의존한다는 것을 의미한다. 비지도 학습의 특성에 의해, 이상 징후를 보이는 객체와 그것들을 다루는 방법을 정의하는 다양한 방법이 있다.

다음 내용에서는 비지도 이상 탐지 사례를 살펴보겠다. 이것은 좀 더 주류 분류 작업과 대조된다. 이상치 탐지에 대한 접근법은 대략 모델 기반 기술^{model-based techniques}, 거리 기반^{distance-based}, 밀도 기반^{density-based} 및 상이한 휴리스틱^{heuristics}에 기반한 방법으로 분류할 수 있다. 이러한 접근법에 대한 자세한 설명은 부록 9.10을 참조하라.

9.6 이상치 탐지 알고리듬의 상대 비교

수많은 알고리듬이 이상치 탐지에 대해 사용될 수 있다. 지식을 실용화하기 위해서는 적어도 서로 다른 연구 분야의 공개적으로 사용 가능한 몇 가지 실제 데이터셋에서 성능을 비교하는 것이 중요하다. 이러한 데이터셋(예: UCI 머신러닝 저장소)[5]은 비지도 머신러닝 설정에 대한 일반적인 데이터를 제공하지만, 이상치에 대한 참 레이블을 사용할 수 있는 경우는 드물다.

Goldstein과 Uchida(2016)는 가장 인기 있는 이상 탐지 알고리듬을 구현하고 이를 비교했다. 표 9.1은 저자들이 연구에 사용한 실제 데이터셋을 보여준다.[6]

표 9.1 이상치 탐지 알고리듬의 비교 분석에 사용된 데이터셋

데이터셋	관측 수	이상치 수	특성 수	비고
유방암	367	10	30	유방암 위스콘신(진단): 의료 영상에서 추출한 특성. 작업은 건강한 환자와 암을 분리하는 것이다.
펜글씨 – 글로벌	803	90	16	펜 기반 손글씨 텍스트의 인식(글로벌): 45명의 다른 필기자의 손으로 쓴 숫자, "글로벌" 작업에서 숫자 8만 정상 클래스로 유지하고 다른 모든 클래스의 숫자는 이상치로 유지한다.
문자	1,600	100	32	문자 인식: UCI 문자 데이터셋에는 영어 알파벳의 26개 문자에서 가져온 특성이 포함돼 있다. 여기서 세 개의 문자는 정상 클래스를 형성하고 이상치는 나머지 문자에서 추출된다.
음성	3,686	61	400	음성 액센트 데이터: 기록된 영어의 데이터(음성 세그먼트의 i-벡터)를 포함한다. 여기서 정상 클래스는 미국 억양을 가진 사람으로부터 오고, 이상치는 7명의 다른 사람들의 음성으로부터 나온다.

---

5 UCI 머신러닝 저장소는 https://archive.ics.uci.edu/ml/index.php에서 구할 수 있다.

6 데이터셋은 다음에서 구할 수 있다. https://dataverse.harvard.edu/dataset.xhtml?persistentId=doi:10.7910/DVN/OPQMVF 2018년 7월 17일 검색

위성	5,100	75	36	Landsat 위성: 다른 범주의 토양에 대한 위성 관측에서 추출한 특성으로 구성된다. 여기서 이상치는 "면화 작물"과 "식물 그루터기가 있는 토양"의 이미지다.
펜글씨 – 로컬	6,724	10	16	펜 기반 손글씨 텍스트(로컬): 여기서 비정상 숫자 4를 제외한 모든 숫자는 정상 클래스다.
갑상선	6,916	250	21	갑상선 질환: "갑상선" 데이터셋으로 알려진 신경망을 훈련하기 위해 전처리된 의료 데이터로써, 정상 사례는 비갑상선의 건강한 환자다.
셔틀	46,464	878	9	Statlog 셔틀: 셔틀 데이터셋은 NASA 우주 셔틀의 라디에이터 위치를 정상 "라디에이터 흐름"을 가진 클래스와 다른 비정상적 상황으로 묘사한다.
알로이	60,000	1,508	27	객체 이미지: 알로이(aloi) 데이터셋은 상이한 조건에서 촬영되고, HSB 색상 히스토그램을 사용해 특성 벡터로 분해된 작은 객체의 이미지를 나타낸다.
Kdd99	620,098	1,052	38	KDD-Cup99: 공격이 이상치를 구성하는 침입 탐지 시스템을 테스트하도록 설계된 시뮬레이션된 정상 및 공격 트래픽을 포함한다.

출처: Goldstein과 Uchida (2016)

데이터셋은 단지 포인트 이상치 탐지만 다루도록 설계되거나 전처리됐으므로 이상치는 드물고 집합적이지 않으며 일반 관측치와 다르다. 이 데이터 선택은 비지도 머신러닝을 위한 다양한 애플리케이션을 커버하며 크기, 이상치 수 및 속성과 같은 다양한 특성을 가지고 있었다. 우리는 이상치 탐지를 위해 가장 인기 있는 상이한 방법의 알고리듬을 구현했다. 그중 일부는 다음과 같다.

- **KNN**은 전역적 이상치 탐지를 위한 알고리듬이다(Ramaswamy et al., 2000). 특성 공간에서 관측치에서 가장 가까운 거리인 k번째 이웃을 사용하고 이 척도를 기반으로 데이터셋의 모든 포인트에 이상성[outlierness] 점수를 할당한다. 일반적으로 k는 10~50 범위이며 이상성에 대한 임계값은 주어진 데이터셋에 대해 개별적으로 설정된다. KNN에 대한 좀 더 광범위한 논의는 4장을 참조하라.

- LOF는 국지적 이상치 요인, 국지적 이상치 검색(Breunig et al., 2000)이다. 국지적 이상성 점수를 얻기 위해 각 관측치에 대해 가장 가까운 k 최근접 포인트들을 찾는다. 그런 다음 관측치 주변의 국지적 밀도를 추정한다. 마지막 단계는 이 국지적 밀도와 대상 포인트의 최근접 이웃의 밀도를 비교하는 것이다. 결과 점수는 국지적 밀도의 평균 비율이다. 약 1이면 점이 정상으로 간주되고, 높으면 비정상이다. LOF 점수 시각화 예는 그림 9.1에 나와 있다.

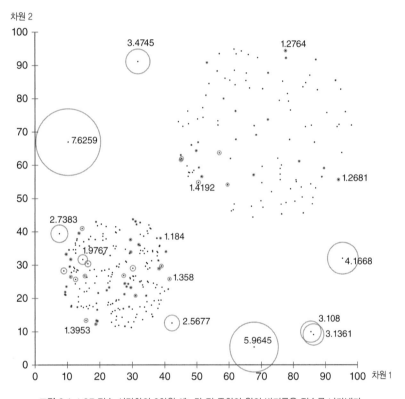

그림 9.1 LOF 점수 시각화의 2차원 예: 각 점 주위의 원의 반지름은 점수를 나타낸다.

출처: 위키피디아, https://commons.wikimedia.org/wiki/File:LOF.svg 퍼블릭 도메인. 2018년 8월 6일 검색

- CBLOF는 군집 기반 이상치 요인 알고리듬이다(Goldstein, 2014). 군집화(clustering, 일반적으로 k-평균ᵏ⁻ᵐᵉᵃⁿˢ)는 특성 공간에서 관측치가 그룹화되는 영역을 결정한다. 이상성 점수는 관측치가 가장 가까운 군집 중심까지의 거리를 기준으로 계산된다.

이 값은 파라미터 k에 의존하며, k-평균의 랜덤성으로 인해 다른 런에 대해 다른 결과를 제공한다.

- HBOS는 히스토그램 기반 통계 이상치 탐지기histogram-based outlier detector(Goldstein and Dengel, 2012)다. 각 속성에 대해 값의 히스토그램이 작성되고 관측치의 점수는 모든 히스토그램에서 히스토그램 높이 역수의 곱과 같다. 이 방법은 속성 간의 의존성을 무시하지만 속도가 빠르고 고차원 희소 데이터셋에서 특히 잘 작동한다. HBOS의 파라미터는 결과에 영향을 미칠 수 있는 빈의 형성 방법을 결정한다.
- 단일 클래스 SVMOne-Class SVM(Schölkopf et al., 2001)은 정상 관측치가 집중된 속성 공간의 영역을 추정한다. 이 방법은 일반적으로 준지도 설정에서 사용되지만, 이상치가 드물다는 가정과 소프트 마진 최적화 절차를 통해 모델에 단지 몇 개 이상치만 갖도록 훈련할 수 있기 때문에 비지도 문제에도 적용할 수 있다. 이상성 점수는 관측치에서 정상 경우의 영역까지의 거리를 기준으로 한다. SVM에 대한 자세한 내용은 4장을 참조하라.

비지도 머신러닝 기법의 비교를 위한 산업 표준은 출력의 점수를 매겨 모든 관측치의 순위를 매기고, 그런 다음 첫 번째 순위에서 마지막 순위까지 임계값을 반복적으로 적용하는 것이다. 이로 인해 ROC 곡선을 형성하는 참 양성률true positive rate과 거짓 양성률false positive rate 쌍들의 집합이 생성된다. 이 곡선 아래의 면적은 AUC로 표시되며 성능 측정값을 나타낸다. AUC는 알고리듬이 랜덤하게 선택한 정상 인스턴스에 랜덤하게 선택한 비정상 인스턴스보다 낮은 점수로 할당할 확률로 해석할 수 있다(Fawcett, 2006).

Goldstein과 Uchida(2016)의 연구 결과에 따르면 LOF와 같은 국지적 이상 탐지 알고리듬은 많은 거짓 양성을 생성하기 때문에 글로벌 이상치만 포함된 데이터셋에서 성능이 좋지 않다(정상 관찰을 이상치로 레이블링한다). 동시에 전역적 이상치 탐지 알고리듬은 국지적 이상치만 존재하는 문제에 대해 평균 또는 평균보다 더 나은 성능을 발휘한다. 따라서 데이터의 맥락을 사전적으로 알 수 없는 경우, 전역적 이상치 탐지 알고리듬을 선택하는 것이 좋다.

Goldstein과 Uchida(2016)는 대부분의 경우 KNN형 알고리듬이 군집화 접근법보다 더 잘 수행되고 안정적이라고 추론한다. 반면 군집화 알고리듬은 계산 시간이 더 낮은데, 낮은 계산 시간은 큰 데이터셋 또는 거의 실시간 설정에 중요하지만, 작은 데이터셋에는 해로울 수 있다. CBLOF의 변형 모델들은 평균적으로 양호한 성능을 보이며, 군집화 기반 방법으로 적절하게 사용할 수 있다. 최종적인 권장 사항은 KNN, LOF 및 HBOS를 구현하는 것으로, 비교 평가에서 좋은 결과를 보여주고 특히 대규모 데이터셋에 대해 빠르게 작동한다. 이러한 기법 중 일부는 단지 비시간적 수치 데이터셋에만 적용할 수 있다는 점에 유의해야 한다.

9.7 이상치 설명 방법

수백 개의 알고리듬 구현을 사용함으로, 비지도 설정에서의 이상치 탐지에 대한 수많은 방법들이 있다. 그러나 특정 연구 분야의 전문가가 이들 방법에서 출력을 얻는 경우에도 이러한 관측치가 이상치로 선택된 이유는 정확하게 분명하지 않을 수 있다. 일부 방법은 이상치 탐지 프로세스의 부산물로 직관적인 설명을 제공하지만, 이러한 설명은 방법에 의해 선택된 관측치에만 적용된다. 예를 들어 의사결정 트리는 규칙 집합을 출력으로 제공해 일부 속성이 특정 임계값을 초과하거나 밑돌면 관측치가 이상치로 분류된다. 그렇지 않으면 정상 인스턴스로 분류된다. 이러한 방법은 어떤 관측치를 이상치로 간주하지 않는 경우, 관측치의 이상성을 설명할 수 없다.

반대로 이상치 설명 작업은 어떤 관측치를 데이터셋의 나머지 부분과 구별하는 것을 설명하는 것을 목표로 한다. 데이터셋의 속성이 도메인 전문가에게 의미가 있는 경우, 설명은 알고리듬이 해당 인스턴스를 이상치로 분류했는지 여부에 관계없이 이상성의 기본 이유를 이해하는 데 도움이 될 수 있다. 이는 설명이 직관적이고 간결해야 함을 의미한다. 설명에 대한 고전적인 접근법은 데이터셋을 그려서 포인트 이상치 또는 이상 마이크로 군집이 보이도록 하는 것이다. 그러나 시각화에는 다른 객체들이 이상치 레이블 주위에 분포돼 이상성을 보여주는 속성 하위 공간이 필요하다. 게다가 설명을 돕기 위해 여러 개의 하위 공간들이 제공돼야 할 것이다.

최근 많은 연구에서 이상치 설명에 대한 다른 접근법을 제안했는데, 일부 방법은 이상치를 구별하는 속성의 조합을 반환하는 반면 다른 방법은 다른 종류의 연관 규칙을 도출한다(Agarwal et al., 1993). 설명은 이상치 탐지의 부산물일 수도 있고 별도의 문제가 될 수도 있다. 다음은 Micenkova et al.(2013), Duan et al.(2013)과 Angiulli et al.(2009, 2017)의 작업을 요약한 것이다. 이들 솔루션은 포괄성, 다양한 상황에서 적용 가능성, 구현 용이성 및 계산 복잡성에 기초해 선택됐다.

이상치 탐지 작업과 마찬가지로 설명 알고리듬을 비교하고 평가하는 것이 중요하다. Vinh et al.(2016)의 논문에서 언급한 고려 사항이 분석의 기반을 구축한다. 기본 접근법을 선택한 후에는 결과가 기대에 미치지 못할 경우 다른 접근법으로 전환할 기회를 항상 남겨둘 수 있다.

9.7.1 Micenkova et al.

Micenkova et al.(2013)은 이상치를 주변 정상 인스턴스에서 선형 경계로 분리한 다음 분리 문제를 분류 작업으로 전환할 것을 제안한다. 이 방법의 가정하에서 분류에서 가장 중요한 특성은 관측치의 이상성을 입증하는 것이다. 이 방법은 잘 작동한다고 주장되시만 "국지적local"으로 보인다. Angiulli(2009)에 따르면, 초점을 맞추고 있는 작은 이웃에 속하지 않는 대부분의 다른 관측치들과 상이한 작은 관측치 군집이 있는 경우 이 국지성은 중요해진다. 또한 이상치와 정상 이웃이 선형 경계에 의해 분리될 수 없는 경우도 있다(그림 9.2 참조).

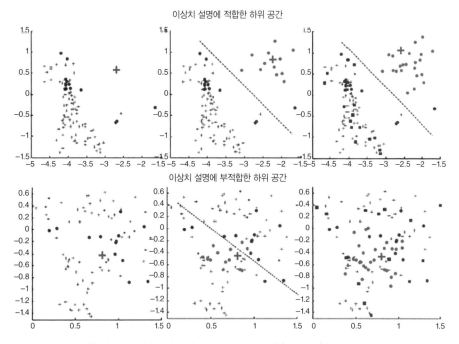

이상치 설명에 적합한 하위 공간

이상치 설명에 부적합한 하위 공간

그림 9.2 이상치를 선형 경계로 분리하기 위해 이상치 주변의 정상 이웃(하위 공간)을 선택할 때 발생할 수 있는 잠재적 어려움을 설명한다. 이웃을 나타내기 위해 선택한 정상 인스턴스는 어두운 색으로 강조 표시되며, 이상치(십자 표시) 주변의 더 밝은 원형 점은 분류 작업에서 이상치 클래스로 생성된 합성 정규분포를 나타낸다.

출처: Micenkova et al.(2013)로부터 인용됨

이상치 설명 문제에 대한 다양한 접근법의 비교 평가하면서, Vinh et al.(2016)은 (2016)에 따르면 특성 선택 기반 접근법은 잘 작동하지만, 두 가지 중요한 점이 있다는 것을 주목한다. 첫째, 전체 속성 공간에서 가장 가까운 이웃은 하위 공간에서 가장 가까운 이웃과 유의하게 다르거나 완전히 다를 수 있다. 이는 전체 공간에서의 이웃이 반드시 하위 공간의 이상치 주변의 국지성을 표현하지는 않는다는 것을 의미한다. 따라서 객체는 k-최근접 전체 공간 이웃과 잘 분리될 수 있지만 실제로는 하위 공간 이웃과는 잘 분리되지 않는다.

특징 선택에 기초한 이 접근법의 두 번째 잠재적 단점은 분류 작업에서 이상치를 나타내는 합성 분포의 분산과 관련이 있다. 전체 특성 공간에서 k-최근접 거리에 의존하며 하위 공간 간의 차이를 고려하지 않는다. 일부 부분 공간은 좋은 설명이 될 수 있지만(포인

트가 국지적 이상치임), 합성 분포가 정상 이웃과 크게 겹치기 때문에 특성 선택 접근법은 결국 이 부분 공간을 배제할 것이다.

9.7.2 Duan et al.

Duan, Tang, Pei(2015)의 연구에서 이상치 설명의 다른 패러다임이 제시됐다. 이상성을 설명하는 문제는 관측치가 가장 이상하게 나타나는 속성 공간의 부분집합에 대한 검색으로 정의된다. 이상성을 측정하기 위해, 우리들은 특성의 하위 공간에서 모든 관측치의 확률 밀도에 순위를 매긴다. 대략적으로 말하면 선택한 특성에 대한 값의 조합이 얼마나 드문지에 상대적으로 모든 관측치의 순위를 매긴다. 이상 객체가 최고 (가장 예외적인) 순위로 매겨진 하위 공간 차원의 최솟값이 설명으로 반환된다.

Duan et al.(2015)의 방법이 이상치 설명을 수행하는 도메인 전문가에게 더 이해 가능한 것 같다. 그것의 단점은 데이터셋의 모든 속성 부분집합에 대한 확률 밀도함수 추정의 계산 복잡성에 있다. 그리고 Vinh et al.(2016)에서 언급했듯이 순위 통계량이 항상 객체의 이상성을 가장 잘 묘사하는 부분 집합을 선택하는 것은 아니다. 예를 들어 포인트가 다른 관측들과 멀리 떨어져 있지 않아도 밀도 순위가 어떤 부분집합에서 높을 수 있으며, 반면 또 다른 부분집합에서는 객체가 명백한 이상치일 수 있지만, 그 밀도 순위는 더 낮을 수 있다(그림 9.3 참조).

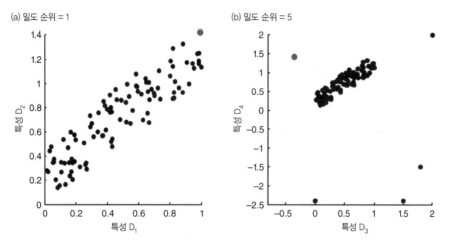

그림 9.3 순위 통계량이 이상치를 최적의 설명을 제공하지 못하는 경우의 예시(회색 밝은 음영으로 보인다). 이는 특성 D_1과 D_2를 반환하는 반면 최적의 설명은 특성 D_4와 D_3를 반환할 것이다.

출처: Vihn et al.(2016)에서 수정 인용

Vinh et al.(2016)에서 이상성 척도의 철저한 탐구와 적절한 척도가 사용되는 하위 공간의 차원 수에 의존해서는 안 된다는 사실에 초점을 두고 수행된다는 것은 흥미롭다. 연구에 따르면 이상치 척도의 역할에 적합한 후보자는 Z 점수(Vinh et al.(2016)에 제안된 부분 집합의 관측치에 대한 정규화된 밀도함수), 분리 경로 길이^isolation path length(Liu et al.(2012)에 의해 제안된 분리 트리의 이상치로의 경로의 정규화된 길이), 그리고 Breunig et al.(2000)에 의해 소개된 LOF 점수이며, 이들은 차원 불편성을 공식적으로 만족한다.

밀도 Z-점수는 우수한 성능을 보이지만 계산 비용이 많이 들기 때문에 작은 숫자 데이터셋에만 적용할 수 있다는 점에 주목하라. 한편 분리 경로 점수는 우수한 성능을 입증하는 효과적인 척도로 대규모 데이터셋에도 적합하다. 한계는 분리 경로가 국지적 이상치를 탐지하도록 설계되지 않았지만 가능한 모든 설정에서 최적인 척도가 없을 수 있다는 것이다.

기법들(Micenkova et al., 2013; Duan et al., 2015)은 두 가지 다른 범주의 방법, 즉 특성 선택에 기반한 방법과 점수와 검색에 기반한 방법을 대표한다. Vinh et al.(2016)은 이 두 방법들 사이의 연관성에 대해 논의하고 하이브리드 솔루션을 제안한다.

9.7.3 Angiulli et al.

9장에서 고려한 세 가지 방법 중 마지막 방법은 Angiulli et al.(2009, 2017)이 제안한다. 전체 데이터셋 또는 이상치를 중심으로 하는 동종(비슷한 관찰로 구성된) 부분집합에 대한 이상성을 모델링하는 데 중점을 둔다. 이것은 이상치를 설명하는 더 기술적이면서도 가장 맥락에 맞는 방법이다.

범주형 특성과 주어진 이상치가 있는 데이터셋에 대해서 Angiulli et al.(2009)은 이상치가 단일 속성에 대해 가장 높은 이상성 점수를 받는 최상의 부분집합을 찾는다. 이상성 척도는 부분집합 내 속성 값의 빈도와 통계적 변동성의 지니 지수와 유사한 것의 선형 결합으로 계산된다. 후속 연구에서는 Angiulli et al.은 연속 수치형 특성을 처리하기 위해 프레임워크를 확장 및 변경한다.

관측의 부분집합(이상치의 이웃)이 항상 전체 특성 공간에 있는 동안 이상성이 항상 단일 속성에 대해 계산된다는 사실은 일관된 비교를 가능하게 한다. 이는 문제 설정이 Vinh et al.에 요약된 이상성 척도의 원하는 속성을 만족한다는 결과를 낳는다.

전체 데이터셋에 대해 주어진 이상치의 이상성이 확립되면 전역적 이상치다. 그렇지 않고 만약 값이 부분집합에 대해 이상치인 경우 국지적 이상치이다. 첫 번째 경우 설명은 어떤 속성이 비정상 임계값을 초과한다는 것이다. 두 번째 경우는 더 복잡하다. 전체 데이디 집합에 대해 상대적으로 이상치가 아닌 데이터 포인트는 이를 포함하는 부분집합에 대해 상대적으로 이상치로 간주된다. 이 설정에서는 데이터셋의 나머지 객체들과 비교해 이상치가 드물지 않으면, 이상 특성이 탐지되지 않는다.

Angiulli et al.(2009)의 기술/연령에 대한 데이터셋은 이 방법이 의미 있는 설명을 제공하는 반면, Duan et al.(2015)과 Micenkova et al.(2013)은 그렇지 못하다. 이 예에서, 직원들이 개발한 기술은 그들의 연령과 비교해 측정된다. 초점이 되는 이상치는 높은 수준의 기술을 보이는 18세의 직원이다. Micenkova의 방법에 따르면, 이상치의 가장 가까운 이웃은 실제로 관측치 아래 또는 오른쪽에 있을 수 있기 때문에 국지적 분리성은 오도할 수 있다. 이는 분리 작업에서 나이와 기술 특성의 가중치가 오도할 수 있음을 의미한다.

Duan의 방법은 객체의 낮은 확률 밀도가 기술과 연령의 결합 공간에서만 보여지므로 전체 집합과 같은 속성의 부분집합을 반환할 것이다.

동시에 Angiulli 프레임워크 아래의 설명 부분집합이 18세 직원의 부분집합이고, 이상 속성이 기술 수준인 경우 그림 9.4에서 시연하는 바와 같이 고려된 직원은 명백한 이상 포인트가 된다. 다른 기술적 세부 사항 외에도 Micenkova, Duan과 Vinh이 제안한 방법과 Angiulli(2009, 2017)가 고안한 방법 사이에 상당한 차이가 있다. Angiulli는 이상성이 전체 특성 공간의 전체 데이터셋에 상대적이라고 가정한다. 다른 방법들은 쿼리 개체가 다른 하위 공간에 비해 가장 많이 이상치가 되는 개별 하위 공간을 반환한다. 이 점을 유념하면 Angiulli et al.(2009, 2017)이 제안한 방법이 가장 적용 가능하다는 것이 명확해진다. 첫째, 방법이 완전히 동일하지는 않지만 범주형 데이터와 수치형 데이터를 위해 개발됐다. 둘째, 특정 속성에 대해서만 이상성을 측정하므로 계산은 항상 일변량(단일 변수)이다. 부분 집합이 중요한 유일한 포인트는 전체 데이터 집합의 부분 집합을 이상치의 이웃으로 삼는 경우다. 마지막으로, 제공된 설명이 동료 방법 중에서 가장 문맥에 맞는 설명이다.

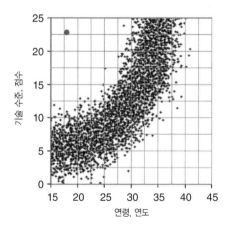

그림 9.4 문제성이 있는 상황에서의 이상치 설명: 직원의 연령 대비 기술을 측정. 이상치는 좌상단 구석에서 회색 밝은 음영으로 강조된다.

출처: Angiulli et al.(2009)로부터 수정 인용

마이닝에 대한 "맥락적" 방법은 Angiulli et al.에 의해 두 개의 논문에서 다뤄진다. 2009년 연구에서 저자들은 범주형 속성의 사례에 초점을 맞추고, 이상성 척도를 도입하고, 추가 설명을 위한 일반적인 프레임워크를 구축하고, 설명 부분집합과 이상 속성의 최상위 쌍을 얻기 위한 트리 기반 검색을 개발한다. 2017년 연구에서 저자들은 연속적인 수치형 데이터를 다루는 데 집중하고, 이상 속성에 대한 확률 밀도함수 추정을 도입하고, 빈도보다는 확률 밀도함수에 적용 가능하도록 이상성 척도를 수정하며, 이상치에 대한 설명을 구축할 때 부분집합을 가지치기하는 새로운 방법을 도입한다.

9.8 사례 연구: 미연준 소통 인덱스상의 이상치 탐지

이 절에서는 금융 시장과 연관된 대체 데이터셋에 대해 이상치 탐지를 사용하는 실무적 사례를 보여준다. 우리는 데이터셋으로 Cuemacro의 Fed 소통 인덱스의 예비 버전을 사용한다. 원시 데이터는 다양한 연준 소통 이벤트로 구성된다. 이들 사건은 연준 이사회와 지역 연준 총재들의 연설, FOMC 성명, FOMC 회의록, 기타 다양한 유형의 연준 의사소통이다. 시장에 대한 이러한 Fed 소통을 연준 발표[Fedspeak]라고 총칭한다. 연방준비제도이사회[Fed·연준]는 운영 방식에 있어 좀 더 투명하게 하기 위해 이러한 방법을 통해 정기적으로 시장에 정보를 제공한다. 이러한 접근법은 많은 다른 중앙은행들이 시장과 상호작용하는 방식과도 일치한다.

각 Fed 소통 이벤트에 대해 태그가 붙은 수많은 상이한 필드가 있다. 이들은 다음을 포함한다.

- Fed 소통일
- Fed 소통의 이벤트 유형(예: 연설, FOMC 성명 등)
- 연설자(예: 파월 의장)
- 소통의 청중(또는 위치)
- 소통 텍스트

- 텍스트 제목
- 텍스트의 길이
- 텍스트의 CScore

각 소통의 텍스트에 대해 전용 알고리듬을 실행해 해당 텍스트에 대한 CScore를 작성한다. 이는 해당 텍스트 기저의 감성을 나타낸다. 그런 다음 이러한 CScore 값은 모든 다양한 Fed 통신 이벤트에 걸쳐 집계돼 Fed 소통에 기반한 전반적인 Fed 심리를 나타내는 인덱스를 생성한다. 15장에서는 이 인덱스를 사용해 UST 10Y 수익률의 움직임을 이해하는 방법을 자세히 설명한다.

텍스트 데이터가 웹에서 공개적으로 사용 가능하지만, 데이터를 수집할 때 다양한 문제가 발생한다. 특히 출처가 다양한 웹사이트다. 이러한 웹 파싱^{web paring}을 지속적으로 수행하려면 많은 유지 보수가 필요하다. 코드 업데이트와 수동 확인이 모두 포함된다. 이 프로세스는 시간과 노동 집약적인 프로세스이지만 유지 보수 문제는 다루기 쉽다.

또 다른 잠재적인 문제는 연준 소통 이벤트의 기록을 다시 채울 때 수많은 기록 보관된 웹사이트를 읽어야 한다는 것이다. 이들의 포맷은 상당히 다를 수 있으며, 동일한 웹사이트의 최신 페이지와 일관된 포맷을 갖지 않는 경우가 많다. 따라서 이들이 동일한 웹사이트에서 나온 것이라도, 수많은 상이한 웹 페이지 포맷을 처리해야 한다. 이로 인해 일부 기록을 웹에서 파싱하는 데 문제가 발생할 수 있으며, 파싱하고 코드를 쓰는 데 더 많은 시간이 소요될 수 있다.

연준 소통 이벤트 데이터셋의 과거 텍스트 양은 약 4,000개이며, 약 25년의 연준 발표 Fedpeak를 다룬다. 히스토리가 상당히 포괄적인 반면, 이 기간 동안 절대적으로 모든 연준 소통 이벤트를 포함하지 않는다는 것을 주의하라. 처음부터 분석에서 수많은 텍스트를 제외했다. 여기에는 라이선스가 없고, 유효화로 인해 액세스 권한을 가지지 못한 어떠한 텍스트도 포함한다. 또한 연준 연사들의 비디오 인터뷰는 제외했다. 사실, 비디오 인터뷰

의 텍스트를 추출하려면 비디오 데이터(및 적절한 라이선스)에 액세스해야 한다.[7]

다양한 연준 통신 이벤트를 배제하는 이 초기 프로세스 이후, 우리는 데이터셋의 이상치를 비교적 자동화된 방식으로 역사적으로 식별할 수 있어야 한다. 이러한 방식으로 플래그가 지정된 모든 이상치는 이러한 연준 소통 이벤트를 최종 데이터셋에 포함해야 하는지 여부를 평가하기 위해 추가 수동 조사가 필요하다. 우리는 관련된 연준 소통 이벤트를 우리의 인덱스에 포함시키고 가짜 이벤트를 제외하기를 원하는 문제를 가지고 있다.

이상치 탐지에 대한 우리의 첫 번째 시도는 우리가 생각하기에 "비정상적인" 연준 소통 이벤트를 위한 함수를 만드는 것을 관련됐다. 우리는 어떻게 이것을 만들었는지 이제 설명할 것이다. 먼저 log(텍스트 길이)를 측정하기 위한 변수(를 만들었다. 그림 9.5는 log(텍스트 길이)에 대한 히스토그램 그림을 보여준다. 우리는 다양한 연준 소통 이벤트의 텍스트 길이의 변동이 상당하기 때문에 로그를 사용했다. 그림 9.5에서 비정상적으로 짧은 텍스트를 log(텍스트 길이)가 6 미만인 텍스트로 정의할 수 있다.

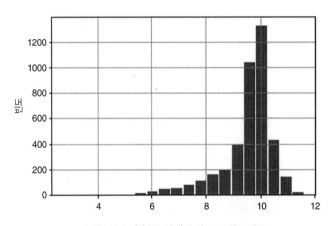

그림 9.5 log(텍스트 길이)의 히스토그램 그래프

출처: 연방준비위원회. Cuemacro.

---

7 우리가 접근할 수 있는 경우, 우리만의 대본을 만들기 위해 비디오에서 텍스트를 추출해야 한다. 비디오 인터뷰를 다운로드할 수 있더라도 이후에 이 데이터의 음성 대 텍스트 전사(transcription)를 수행해야 한다. 이는 많은 API가 있기 때문에 어렵지 않을 것이다. 그중 일부는 거의 무료로 이용할 수 있고, 전사를 할 수도 있다(예: Google, AWS, IBM 왓슨). 그럼에도 불구하고 비디오 인터뷰와 관련된 웹 페이지의 텍스트는 텍스트 요약과 함께 제공된다. 그러나 이는 짧은 요약일 뿐이며 충분한 의미를 측정하기에는 불충분할 수 있다.

우리는 또한 연준 소통 이벤트 유형을 세어 보았는데, 이것을 그림 9.6에 보고한다. 이는 특히 "비정상적인" 이벤트 유형이 있었는지 여부를 평가하는 데 도움이 될 수 있다. 약 4,000개의 연준 소통 이벤트에서 약 75%는 연준 연사들의 연설이다. 다음으로 가장 일반적인 연준 소통 이벤트는 FOMC 성명/회의록/기자 회견으로 약 12%였다. 나머지는 패널, 에세이 등의 이벤트로 이뤄졌는데, 이는 더 "비정상적"이다.

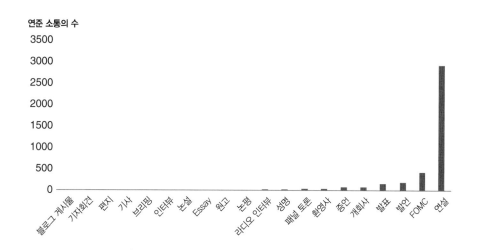

그림 9.6 연준 소통의 이벤트 유형

출처: 연방준비위원회, Cuemacro

그림 9.7에서 우리는 CScore의 히스토그램을 표시했으며, 앞서 언급했듯이 이것은 각 연준 소통 이벤트와 관련된 텍스트의 감성을 나타낸다. 대부분의 점수가 $-2/+2$ 범위에 있음을 알 수 있다. 따라서 비정상적인 CScore를 식별하는 간단한 방법은 해당 범위를 벗어나는 모든 항목에 플래그를 지정하는 것이다.

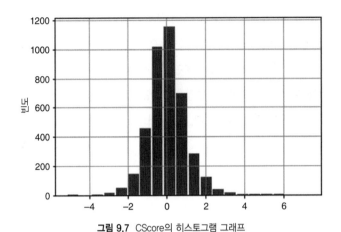

그림 9.7 CScore의 히스토그램 그래프

출처: 연방준비위원회, Cuemacro

또한 특정 연준 연사와 관련된 연준 소통 이벤트의 수를 세었다. 그림 9.8은 연준 발표 Fedpeak 25년 역사상 가장 "대화적"인 20명의 연준 연사를 보고한다. FOMC 성명 발표와 FOMC 회의록 발표 등 연준 의사 소통 이벤트를 담은 FOMC가 그 상위에 오른다. 그 뒤를 이어, 불러드 총재President Bullard가 가장 많은 연준 소통 이벤트에서 가장 큰 수를 차지한다. 시장 참여자들 사이에서 불라드는 시장에 자주 소통하는 것으로 알려져 있기 때문에, 아마 놀라운 일이 아닐 것이다. 옐렌Yellen 의장은 연준 의장 재임 기간과 그에 앞서 샌프란시스코 연준 총재 재임 기간 동안 두 차례 모습을 드러낸다.

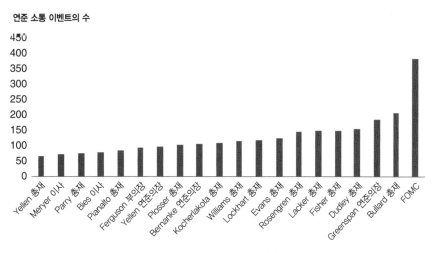

연준 소통 이벤트의 수

그림 9.8 가장 대화적인 연준 연설자들

출처: 연방준비위원회, Cuemacro

대조적으로, 역사적으로 린제이 이사$^{Gov.\ Linsey}$와 같은, 우리의 연준 조합 데이터셋에 몇 번 밖에 나타나지 않는 연사도 있다. 여러 가지 이유가 있을 수 있다. 하나는 그들의 재직 기간이 될 수 있다. 이 데이터를 보여주는 더 공정한 방법은, 이를 조정하기 위해 전체 재임 기간보다 각 연사의 연간 연준 소통 이벤트 수를 계산해, 그 수치를 연율화하는 것이다. 그러나 그럼에도 불구하고, 우리가 이 데이터를 조정했다고 하더라도, 연준 연사들이 시장에 얼마나 자주 소통하는지에 큰 분산이 있을 수 있다.

또 다른 복잡한 문제는 실제로 연준 연사들의 시장 영향이 항상 일정하지는 않다는 것이다. 이는 연사를 검사함으로써 연준 소통 이벤트가 이상치인지 여부를 정의하는 것을 더 미묘하게 만들 수 있다. 예를 들어 FOMC의 투표 구성원인 연준 연사들이 그들의 연설로부터 시장에 더 많은 영향을 미칠 것으로 예상할 수 있다. FOMC의 투표 구성원은 연준 정책을 바꾸는 데 더 적극적인 역할을 한다. FOMC는 12명의 위원을 가지고 있다. 연방준비제도 이사회에서 7명의 상임이사가 있으며, 연준 의장은 상임이사에 포함된다. 뉴욕 연준의 의장도 상임이사다. FOMC에는 지역 연준 은행의 총재로부터 교대로 선출되는 4명의 위원이 있다. 이 교대 위원은 1년 동안 활동한다. 지역 연준 은행 총재들은 여전히 FOMC 회의에 참석하며 연준 정책과 연준의 경제 상황 평가를 둘러싼 논의에 참여하고 있다는 점을 유념해야 한다. 또한 시장 참가자들이 연준 의장이 제공하는 소통에 더 많은 초점을 맞추리라 기대한다.

위의 요점을 요약하면 연준 소통이 "비정상적인"지를 식별하기 위한 규칙 기반 접근법은 다음을 기반으로 했다.

- 비정상적인 연준 연사(예: 역사상 몇 번 밖에 연사로 나타나지 않았던 린지 이사)
- 연준 소통의 비정상적인 이벤트 유형(예: "논설"은 역사적으로 매우 드물게 나타난다.)
- 비정상적 CScore − 즉 극단값(−2/+2 외부)
- 비정상적인 log(텍스트 길이) − 즉 매우 짧은 텍스트(6보다 작은)

따라서 우리가 사용한 이러한 다양한 경험적 측정치에 기초해, 이상치는 짧은 텍스트, 극단적인 CScore, 비정상적인 이벤트 유형과 같은 특성을 가진 연준 소통 이벤트로 구성될 가능성이 높으며, 시장에 비해 거의 통신하지 않는 연사로부터 나오기도 한다. 그러나 이러한 플래그를 결합할 때 각 변수의 상대적인 영향을 정확하게 설명하는 것이 더 까다로울 수 있다. 이상치를 위해 플래그를 지정할 때 연준 소통 이벤트의 청중/위치 등 일부 변수를 사용하지 않도록 주의한다. 이 경우 연준 의장 연설의 지리적 위치가 시장의 의사소통 해석의 관점에서 반드시 이것을 '이상치'로 만드는 직관적인 이유를 떠올리기 어렵다. 또한 데이터셋에서 반복되지 않고 고유한 위치 및 청중이 매우 많아서, 어떤 것이 이상치인지 플래그를 지정하는 특정 규칙을 고안하기가 어렵다.

분명히 이상치 플래그를 생성하는 이러한 모든 경우에서, 우리는 이상치로 레이블을 지정할 비정상적인 연준 소통 이벤트를 식별하는 것을 돕는 지표를 수동으로 만들기 위해 연준 소통에 대한 자체 도메인 지식을 사용하려고 시도하고 있는 것이다. 그러나 실제로 특히 히스토리를 역으로 채울 때, 소통량이 너무 많아 수동으로 확인할 수 없을 때, 이상치를 식별하는 더 자동화된 방법을 원할 수 있다. 이러한 자동화된 방법은 각 연준 소통 이벤트에 대해 태그가 지정된 여러 변수들의 조합을 고려할 수도 있다. 우리는 앞서 입력변수의 조합이 이상치를 나타내는 방법을 정확하게 공식화하기 어려울 수 있다는 점에 주목했다.

좀 더 자동화된 접근법을 수행하고자, 우리는 이상치를 탐지하기 위해 비지도 ML 기법을 사용했다. 즉,

- k-평균
- HBOS(히스토그램 기반 이상치 점수)
- HDBSCAN(잡음을 가진 애플리케이션의 계층적 밀도 기반 공간 군집화)
- KNN(k최근접 이웃)
- ISO(분리 포레스트)

각 사례에서 가장 특이한 1%의 사례를 식별하도록 알고리듬을 설정했으며, 이는 약 4,000개의 데이터셋에서 약 40개의 Fed 소통 이벤트에 해당한다. 이들 방법은 포인트의 주요 군집으로부터 멀리 떨어진 이상치로 보이는 포인트를 검색한다. 생산 환경에서는 전체 히스토리를 검토하는 대신 이러한 이상치 분석을 수시로 수행해야 한다는 점을 유념해야 한다. 앞서의 규칙 기반 접근법과 마찬가지로 이러한 기법을 사용하기 위해서는 각 연준 소통 이벤트에 대한 입력변수를 선택해야 했다. 규칙 기반 접근 방식과는 달리, 우리는 이러한 각 입력변수가 이상치를 구성하는 시기를 정의하기 위해 특별히 컷오프 포인트를 생성하지 않았다. 범주형인 변수의 경우 인코딩하는 몇 가지 방법이 있다. 유일한 범주 수가 임계값보다 낮은 경우 이들은 원핫 인코딩된다$^{\text{one-hot-encoded}}$. 기본적으로 범주형 변수는 여러 개의 이진변수로 대체된다. 만약 연사를 이런 식으로 인코딩한다면, 옐런 의장이 연사인지 아닌지, 버냉키 의장의 또 다른 연사인지 등을 나타낼 이진변수를 갖게 될 것이다. 다른 경우, 범주형 변수는 해당 범주의 빈도를 기반으로 하는 값을 갖는 단일 열인 "정보의 가치$^{\text{value-of-information}}$"와 유사한 것으로 축소된다.

우리는 다음과 같은 입력변수를 사용했는데, 이는 범주형 변수와 연속형 변수의 혼합이다.

- 연사 – 범주형 변수
- 연준 소통의 이벤트 유형 – 범주형 변수

- log(텍스트 길이) – 연속형 변수
- 관련 텍스트의 CScore – 연속형 변수

일반적으로 이러한 비지도 ML 기법에 의해 플래그가 지정되거나 극단적인 CScore에 의한 플래그 지정이 될 때 대부분의 이상치는 짧은 텍스트와 관련되는 경향이 있다. 파싱할 텍스트가 적은 경우 텍스트의 감성을 확인하는 것이 더 어려울 수 있으므로 이는 직관적으로 보인다. 이러한 이벤트는 일반적으로 이들과 관련된 텍스트의 짧은 요약만 있는 발표를 포함한다. 일부 경우, 파싱 문제로 인해 텍스트가 불완전하기 때문에 연준 소통 이벤트가 이상치로 플래그 지정됐다. 다른 이유로는 연사 이름의 철자 오류 또는 잘못된 이벤트 유형(본질적으로 유사한 이벤트에 대해 약간 다른 레이블을 포함)과 같은 다양한 태그의 잘못된 레이블링이 포함됐다. 이러한 경우, "이상치" 문제는 웹 파싱에 대한 접근법을 수정하고 태그를 변경함으로써 다시 텍스트를 파싱함으로써 해결할 수 있다. 이 작업이 완료되면 새로 읽은 텍스트도 수동으로 확인해야 한다. 새로운 태그도 모두 확인해야 한다. 이러한 연준 소통 이벤트는 정제된 필드로 히스토리에서 업데이트될 수 있다.

이상치의 약 절반은 텍스트 자체(길이 또는 CScore 등) 및 조합과 연관된 변수로 설명됐다. 일례로 CSCore가 제공된 텍스트에 대해 비정상적일 수 있다. 남아 있는 대부분의 강력한 설명은 연설이 이례적으로 긴 텍스트이거나 긴 텍스트에 대한 드문 CScore인 것과 관련이 있었다.

비지도 기법 관점에서 k-평균은 이상치를 플래그 지정하는 데 가장 잘 작동하는 경향이 있었으며, 이는 데이터셋에 존재하는 연준 소통 이벤트의 비교적 광범위한 스펙트럼을 고려할 때 이해할 수 있는 것으로 보인다.

그림 9.9에서 앞에서 논의한 다양한 비지도 모델에 의해 이상치로 플래그가 지정된 연준 소통 이벤트의 총 이벤트 유형 수를 집계한다. 우리는 k-평균이 데이터셋에 자주 나타나지 않는 증언과 같은 연준 소통의 비정상적인 이벤트 유형에 플래그를 지정하는 경향이 있다는 점에 주목한다. 이상치로 플래그가 지정된 많은 이벤트들은 정기적으로 연준 소통을 읽는 경제학자와 같은 도메인 전문가에 의해 이례적이거나 특별한 이벤트로 간주

될 수 있다. 전형적으로 증언은 특히 연준 의장에 의해 주어질 때 시장에 의해 주목을 받는다. 이는 그 길이를 고려할 때, 또한 그러한 증언 과정에서 의원들의 많은 질문 때문에 연준 정책에 대한 폭넓은 통찰력을 제공할 수 있기 때문이다. 시장을 움직인 연준의 증언 중 특히 주목할 만한 것은 버냉키 의장이 의회에서 양적 완화를 시사한 것이었다. 결과로 야기된 "긴축 발작taper tantrum"으로 채권 수익률이 크게 상승했다.

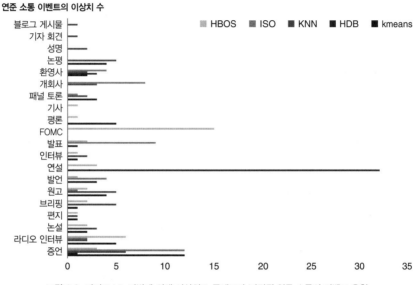

그림 9.9 비지도 ML 기법에 의해 이상치로 플래그가 지정된 연준 소통의 이벤트 유형

이는 앞에서 언급한 바와 같이 연준 데이터셋에 매우 정기적으로 나타나는 연설과 같은 이벤트 유형에 대부분 플래그를 지정했던 HDB와 대비된다. 이는 데이터셋에서 다시 상당히 일반적인 꽤 많은 FOMC 이벤트에 플래그를 지정하는 것으로 보이는 HBOS에서도 마찬가지다. 다른 데이터셋에 대해 일반화를 하기는 어렵지만, HDB 및 HBOS에 의해 이상치로 판단된 이러한 연준 소통 이벤트의 많은 부분이 실제로는 이상치로 플래그 지정될 가능성이 적을 것이다. FOMC 이벤트가 연준 정책 변화가 발표되고 시장에 설명되는 이벤트라는 점에서 실제로 성명, 회의록 등과 같은 FOMC 이벤트를 제거하는 것은 극히 비정상일 것이다.

또한 우리는 규칙 기반 접근법(예: 짧은 텍스트로 플래그 지정)을 만족하는 이상치 플래그 지정과 같은 두 가지 접근법을 결합하고자 하는 반면, 또한 k-평균과 같은 비지도 접근법에 의해 이상치로 간주되는 텍스트를 선택하고자 한다는 점에 유의해야 한다.

9.9 요약

이상치 탐지 및 설명을 위한 일련의 기법을 검토했다. 다시, "공짜 점심은 없다" 정리는 여기에도 적용된다. 일반적으로 가장 성능이 좋은 알고리듬은 없지만 모든 것은 맥락과 당면한 특정 문제에 의존한다. 때로는 이상치가 기술적 결함 또는 기록 오류의 결과일 수도 있다. 이는 대체 데이터 환경에서 발생한다고 얘기하는 많은 문제들이다. 이 경우 이러한 데이터는 제거될 수 있으며 결측 데이터 도메인에 다시 포함될 수 있다. 종종 이들은 데이터 생성 프로세스의 속성인 경우도 있으며 별도로 설명 및 모델링될 필요도 있다. 따라서 대체 데이터 세계에서 올바른 기법의 도구 상자를 보유하는 것은 필수적이다. 우리는 그들 중 일부를 얼핏 보았지만, 각각의 애플리케이션들이 그것 자체의 최선의 방법을 요구하므로, 더 많은 도구들이 있다는 것을 알고 있다.

연설, FOMC 진술 및 회의록과 같은 연준 소통 이벤트의 데이터셋에 초점을 맞춘 실제 사례 연구를 조사했다. 각 이벤트에는 소통 텍스트, 소통일 등의 관련 필드가 있다. 우리는 두 가지 방법으로 연준 소통 이벤트를 찾아내는 문제를 다뤘다. 먼저 간단한 규칙 기반 접근법을 시도했다. 텍스트의 감성 점수, 각 텍스트의 길이 등과 같은 변수의 극단값을 기반으로 이상치에 플래그를 지정하는 자체 지표를 만들었다. 그런 다음 우리는 이러한 변수를 표시할 때 히스토그램의 꼬리를 보는 것과 같은 매우 간단한 접근법을 기반으로 이러한 값의 극단값을 정의했다.

둘째, 특정 규칙을 지정하는 대신 데이터셋에서 이상치를 탐지하기 위해 비지도 ML 기법을 사용했다. 이 접근법은 변수의 조합을 기반으로 이상치를 더 쉽게 선택할 수 있다. 게다가 각 입력변수에 대해 극단값으로 생각되는 값을 정의할 필요가 없다. 대신 알고리듬이 이상치로 정의하고자 하는 값의 비율을 정의했다. 우리는 k-평균이 그렇게 흔하게 나타나지 않는 증언과 같은 좀 더 특이한 연준 소통 이벤트 유형을 선택하는 것에 최선이라는 것을 발견했다. 이는 각각 연설과 FOMC 이벤트를 선택하는 HDB와 HBOS와 같은 다른 방법들과 대조된다. 전형적으로, 성명서 및 회의록과 같은 FOMC 이벤트는 가장 널리 따르는 연준 소통 이벤트다. 많은 도메인 전문가는 이들이 연준 정책을 이해하는 데 매우 중요하며, 일반적으로 이들을 이러한 데이터셋으로부터 제거할 이상치로 분류해서는 안 된다는 데 동의한다.

9.10 부록

이상치 탐지를 수행하는 접근법은 모델 기반 기법, 거리 기반, 밀도 기반 방법 및 다른 휴리스틱 기반 방법으로 대략 분류할 수 있다. 다음에 자세히 설명한다.

9.10.1 모델 기반 기법

준지도 또는 지도 환경에서 데이터 모델을 구축할 수 있다. 지도 학습에서는 정상/이상 normal/anomalous으로 레이블링된 데이터를 사용해 모델이 이상치를 인식하도록 훈련시킨다. 준지도 설정에서 정상 데이터 모델에 적합화되지 않는 데이터가 타깃이다. 예를 들어 통계적 접근법은 일반적으로 데이터 분포를 추정하며, 프레임워크 내에서 낮은 확률을 갖는 객체는 이상 징후로 간주된다.

대부분의 고전적인 방법은 정상 데이터에 대해 가우스 분포 또는 가우스 분포의 혼합을 가정하고, Grubb의 이상치 테스트, Dixon의 Q 테스트, Chauvenet의 기준 또는 Pierce 기준과 같은 이 분포의 속성에 기초한 테스트를 사용한다. Barnett과 Lewis(1978)는 기지/미지의 파라미터, 상이한 수의 기대 이상치 및 그 유형을 가진 상이한 분포에 대한 약 100개의 불일치 테스트를 나열했다.

데이터 기저의 분포가 추정하기 어렵거나 사용 가능한 훈련 데이터가 없기 때문에 모델을 구축하는 것이 어려운 경우도 있다. 이 경우 다른 접근법을 사용해야 한다.

이상치 탐지에 대한 많은 현대적 접근법에는 통계적 방법이 포함된다. 이들은 초점이 되는 데이터셋에 대한 다른 값들과 비교해 속성 값을 관측할 확률을 추정한다. 또한 그들은 종종 주요 척도가 서포트support(즉 값의 조합이 얼마나 자주 관측되는지)와 의존도(즉 두 값이 함께 발생하는 빈도)인 연관 규칙 마이닝(Agrawal, 1993)에 의존한다. 이러한 유형의 분석을 기존의 모델 기반 접근법과 달리 규칙 기반rules-based이라고 한다.

9.10.2 거리 기반 기법

거리 척도를 속성의 다차원 공간에 정의할 수 있는 경우, 이웃 또는 최근접 군집 중심에서 멀리 떨어져 있는 객체를 찾아 이상 징후 탐지를 구현할 수 있다. 데이터를 2D로 시각화할 수 있는 경우 이상치는 다른 점과 가장 잘 구분된다. 분리성은 이상성의 대안적 척도다. 즉, 그 포인트와 이웃을 구별하는 것이 얼마나 쉬운지의 척도다.

거리 기반 이상 탐지는 통계 방법의 한계를 극복하기 위해 Knorr와 Ng(1996)에 의해 도입됐다. 데이터 집합에서 k개 미만의 객체가 거리 R 내에 있는 경우 파라미터 k와 R에 대한 거리 기반 이상치라고 한다. 이 접근법은 유클리드 거리를 가진 속성 공간에서 관측의 고정된 크기 이웃의 밀도에 기초한다. 이 정의는 나중에 고정 반지름에 대한 의존을 완화하기 위해 다른 저자들에 의해 수정됐다. 예를 들어 고정 반지름 대신 k번째 이웃 거리를 사용하거나 k 이웃을 향한 평균 거리를 취하는 등에 의해 완화됐다.

거리 기반 접근법은 모델 기반 통계 기법과 달리 데이터 분포에 대한 가정을 하지 않는다. 이를 통해 유연성과 보편성을 높일 수 있다. 게다가 기저의 분포가 알려져 있고 통계 접근법이 사용되는 경우, 거리 기반 이상 탐지 방법은 통계학에서 이상치 정의를 일반화하는 것이므로 관측치에 대한 거리 측정값이 클수록 정규 관측치 분포에서 발생할 가능성이 적다(Angiulli et al., 2009).

거리 기반 방법은 사용된 거리 척도 뒤에 기하학적 직관이 없는 경우에도 잘 작동할 수 있다. 이러한 기법의 또 다른 귀중한 속성은 이상성 점수가 계산 시 사용되는 데이터의 양에 관해 단조 비증가monotonic nonincreasing라는 것이다. 이것은 효과적인 가지치기 규칙과 매우 효율적인 알고리듬을 생성한다.

9.10.3 밀도 기반 기법

속성 공간에 거리 척도가 있는 경우 데이터셋에서 객체 이웃의 밀도를 추정할 수 있다. 이 밀도와 이웃의 밀도를 기반으로 다른 관측치와 관련해 드문 관측치를 선택하고, 따라서 이를 비정상적이라고 간주할 수 있다(이 아이디어는 Breunig et al.(2000)에 의해 국지적 이상치 요인, LOF로 소개됐고, 9장의 앞부분에서 논의됐다). 여기서 이상성 점수가 높은 근거는 관측치 주위의 낮은 상대 밀도다.

데이터 밀도가 낮은 점을 이상치로 선언하는 거리 기반 정의와 대조적으로, 밀도 기반 접근법은 관측치 주위의 밀도와 주변 점의 추정 밀도 사이의 불균형 정도에 기초해 점수를 매긴다. 따라서 이러한 접근법은 군집 경계에 있는 것과 같이 국지적 이상치를 탐지하는 데 더 중점을 둔다. 데이터셋이 군집화되고 밀도가 다른 관측치 그룹으로 구성된 경우 밀도 기반 기법은 군집 간 공간에서 이상 징후를 찾는 데 효과적이다.

밀도 기반 접근법은 사용 가능한 일반적인 거리 척도가 없는 경우에도 적절한 비유사도 함수dissimilarity function에 의존할 수 있다. 그러나 종종 결과 이상성 점수가 설명력이 부족하고 고차원 공간에서 계산이 제약적으로 복잡해진다. 또한 밀도 기반 및 거리 기반 접근법은 "차원의 저주"에 취약하며, 차원의 성장과 함께 관측치의 적절한 이웃을 찾기가 어려워진다. 이상적으로 이상성 척도는 데이터 차원에 의존하지 않아야 한다.

9.10.4 휴리스틱 기반 접근법

고차원 데이터셋에서 벡터 사이의 각도(코사인 거리)가 거리보다 강력하고 사용하기 편리하다(Kriegel et al., 2008). 이는 특히 텍스트 처리 문제와 같은 희소 데이터셋의 경우에 적용된다. 각도 기반 이상치 요인ABOF, Angle-Based Outlier Factor 방법은 한 점과 다른 모든 점 사이의 각도의 변동성으로 관측치의 점수를 매긴다.

Liu et al.(2012)에 도입된 분리 기반 이상치^{Isolation-based outliers}는 모든 점이 결과 랜덤 트리의 개별 리프에 분리될 때까지 랜덤 특성의 랜덤 연속 분할에서 빠르게 분리되기 쉬운 데이터셋의 관측으로 정의된다. 이상 징후는 적고 나머지 데이터와 다르기 때문에 분리되기 쉽다. 이 접근법은 빠르고 실제 데이터에 대해 매우 효과적이다. 또한 이는 분리 경로^{isolation path}의 정규화된 길이와 동일한 이상성의 귀중한 척도를 제시한다. 이 척도는 차원성과 독립이며 Z-점수(Mahalanobis 거리와 유사한 것)와 함께 이상치 탐지이든 이상치 설명이든 상관없이 부분집합 마이닝 문제에 사용할 수 있는 적절한 선택이다(Vinh, 2016년 제안).

분리 포레스트^{Isolation Forests}는 순서가 있는 속성에만 적용할 수 있으며 범주형 데이터와 함께 사용하도록 설계되지 않았다. 또한 그들은 설명력이 부족한 경향이 있다. 그러나 이상치 탐지 방법의 앙상블에서는 다른 방법에서 얻은 결과와 독립적인 결과를 제공하므로 매우 권장된다.

또 다른 종류의 이상 탐지 방법은 작은 군집이 이상치 또는 비이상치로 구성되는 군집화 기법에 의존한다(Kaufman & Rousseeu, 2008). 고밀도 및 저밀도 군집을 먼저 식별한다. 그리고 나서 데이터가 중첩되지 않는 두 개의 이상치 집합과 비이상치 집합으로 나눠지고 이상성 정도를 반영해 각 관측치에 순위를 할당한다.

10

자동차 기본 데이터[1]

10.1 서론

6장에서 우리는 대체 데이터를 사용해 기업의 펀더멘탈을 예측할 수 있으며, 이는 또한 파마-프렌치 정신으로 주식 수익률을 예측하는 데 사용될 수 있다고 주장했다. 또한 대체 데이터를 사용해 펀더멘털을 우회함으로써 수익을 직접 예측할 수 있다고 주장했다(6장의 모델 B). 10장에서는 각각 접근법 1과 접근법 2라고 하는 두 가지 접근법을 설명하겠다. 접근법 1에는 한 가지 추가 모델링 단계가 필요하다(즉, 먼저 대체 데이터를 기업의 펀더멘털에 연결하고, 펀더멘털을 회사 수익률에 연결한다). 따라서 이 접근법은 생산production에 투입될 때 더 큰 방법론적 및 운영상의 복잡성을 가져온다. 그러나 그것은 경제적으로 더 직관적일 수 있고 더 큰 설명력을 가질 수 있다. 접근법 2는 원칙적으로 더욱 간단하다. 배후의 모델이 더 단순하고 더 적은 변환 횟수의 대체 데이터를 사용하기 때문이다. 그러나 이제 트레이드오프를 결정하기 전에 어떤 접근법이 더 나은 결과를 낳는지 알아보겠다.

---

1 본 장은 IHS Markit에서 본서의 첫째 저자 Alexander Denev가 이끄는 팀의 Henry Sorsky의 연구에 기초한다. Henry에게 감사한다. Henry는 그의 일을 공유할 수 있게 해줬다. 이 중 일부는 런던 임페리얼 칼리지의 수학 금융에서 학위 논문이 됐다. 10장에 있는 대부분의 자료는 IHS Markit이 제공했다.

초점은 자동차 부문에 속하는 일련의 기업들에 있을 것이다. 그럼에도 불구하고, 우리가 10장에서 보여줄 절차, 방법론, 백테스트는 모든 산업 분야에 적용된다.

자동차 산업은 세계 최대의 경제성장과 변화의 원동력 중 하나이며 종종 신기술의 촉매제다. 집필 당시 업계는 승차 공유ride sharing, 연결성connectivity, 자율주행autonomous driving, 전기화electrification 등 4대 핵심 기술이 융합되면서 변혁기가 가속화되고 있다. 그러나 기술 및 사회 변화에 따른 대규모 혼란이 자동차 산업의 미래, 그리고 특히 주식 성과를 예측하는 데 있어 어려움을 증가시키고 있다. 그러나 기술 및 사회 변화에 따른 대규모 혼란이 자동차 산업의 미래, 그리고 특히 주식 성과를 예측하는 데 있어 어려움을 증가시키고 있다. 자동차 판매와 생산 결과가 자동차 재고 실적의 핵심 요소로 남을 것이라고 합리적으로 예상할 수 있지만, 다른 관련 정보를 찾아 통합하는 것 역시 어려워지고 있다. 예를 들어 전기화, 무역 관세, 신흥 시장의 중요성이 변화함에 따라 주가가 표준 재무제표비율로 포착되지 않을 수 있는 요인에 의해 움직이게 됐다. 그러나 이러한 숨은 요인들은 장기적으로 주가 행동을 결정하는 데 더 중요한 요소가 될 가능성이 있다. 따라서 그러한 추가적인 통찰에 대한 접근은 자동차 제조사들 사이의 잠재적 추세를 추정하는 데 도움이 될 수 있고, 주요 경쟁 우위를 제공할 수 있다. 이는 재무제표 이외의 대체 데이터 소스를 살펴보는 데에 대한 정당성이다.

10.2 데이터

선택된 유니버스는 30개의 자동차 회사로 구성된다. 총 시가총액은 약 1조 달러이며, 8개 국에 본사를 두고 있으며, 전 세계 자동차 판매량의 약 91%를 점유하고 있다. 우리는 IHS MarkitIHSM이 소유한 독점 데이터셋의 특성 때문에 이 회사 세트를 선택했다. 우리가 보여주려고 하는 것처럼, 이 데이터셋은 예측된 주식 수익률 순위를 매기고, 따라서 전략을 만드는 것과 관련된 정보를 포함하고 있다.

우리가 고려하는 정확한 회사 리스트는 부록 10.7.1에서 찾을 수 있다. 독점 데이터에 대해서, IHSM 덕분에 데이터셋에 포함된 30개 자동차 회사 각각에 대한 다양한 판매/생산 기반 척도에 대한 월간 보고서를 가지고 있다.[2] 여기에는 판매량, 생산량, 예상 매출액, 생산 공장 활용률, 차량 연식 및 시장 점유율에 대한 정보가 포함된다. IHS Markit은 미국 및 세계 시장을 대상으로 과거 및 예측된 자동차 산업의 통찰력을 제공한다.

대체 데이터셋 및 데이터 공급자에 대한 자세한 설명을 제공하겠다. 기존 OEM^{Original} $^{Equipment\ Manufacturers}$ 및 공급 업체의 의사결정에 사용되는 이 데이터는 여러 부문(경차, 중형 및 중형 및 중형 및 상업용 차량)의 과거 생산 및 판매량에 대한 시장 주도적인 인텔리전스를 제공한다. 이와 함께 업계의 다양한 기술 및 구성 요소에 대한 분석도 함께 진행된다. 글로벌 수준에서 IHSM은 또한 거래 유형, 브랜드 로열티 및 기타 척도^{metrics}에 대한 세분화를 통해 신규 및 중고 차량 등록, 운영 중인 차량 및 예측 소비자 행동에 대한 통계 데이터를 수집한다.

본 연구를 위해 다음의 세 가지 IHS Markit 데이터베이스를 활용했다.

- 경차 생산(글로벌). 경차 생산 데이터는 50개 국가, 600개 공장 및 2,300개 모델에 걸친 과거의 생산 수준에 대한 심층적인 뷰와 대체 추진식 경차에 대한 정보를 제공한다.
- 경차 판매(글로벌). 경차 판매 데이터는 10년 동안의 과거 데이터를 통해 11개 지역에 걸쳐 70개 이상의 국가에서 모델 판매에 대한 지리적 정보를 제공한다. 이는 전 세계 경차 판매량의 97% 이상을 차지한다.
- 미국 및 글로벌 신차 등록/판매. 다양한 시장에 대한 월간 신규 등록/판매 데이터는 가격 및 사양 데이터, 판매 채널 및 배출 세부 정보를 제공한다. 이 데이터는 시장마다 다르다.

---

2 2009년 7월 "Old GM(자동차 청산 회사)"에서 "New GM(General Motors Company)"으로 자산을 매각한 것을 볼 때, 대체 데이터 집합으로 볼 때, 이들 회사는 동일한 것으로 간주된다. 이 종목에 대해서, 2010년 11월 IPO까지 뉴GM의 주식이 거래되지 않고 있으며 올드 GM의 주식은 전혀 거래되지 않고 있다.

이들 데이터셋은 대부분의 경우 글로벌 적용 범위가 확대되는 2008년으로 거슬러 올라간다. 월별로 업데이트되며, 이는 표준 재무제표 보고서의 업데이트 빈도보다 훨씬 시기 적절하다.

IHS Markit의 데이터 수집은 자동차 분야에 전문성을 갖춘 분석가가 수행한다. 이들은 OEM 및 공급망 구성원과 손을 잡고 협력한다. 내부 팀은 OEM, 공급 업체, 산업 협회, 보조 비즈니스 및 정부 기관을 포함한 다양한 출처에서 자동차 통찰력을 수집한다.

다음 단계로, IHS Markit은 자동차 데이터를 적절한 기업과 주식 증권에 매핑하기 위해 주의를 기울였다. 이 매핑은 역사적으로 발생한 공동 벤처 및 인수 합병 활동을 설명한다. 즉, 시점point-in-time 문제에 맞게 조정된다. 또한 데이터에 적절한 시차를 적용해 요인에 대한 예측 편향이 없도록 했다. 자동차 분석가가 수집한 데이터는 국가 또는 OEM별로 서로 다른 시차lag를 두고 매월 발표된다. 다양한 시장에서 데이터 가용성을 고려하기 위해 백테스트의 데이터에 보수적인 지연이 적용된다. 예를 들어 발행 시간이 다르기 때문에 미국 판매 데이터는 한 달 지연되고, 중국 판매 데이터는 두 달 지연된다.

예를 들어, 2010년 3월 1일에 데이터를 수집한다고 가정해보자. 2010년 3월 1일에 이용할 수 있는 2010년 1월 한 달 동안의 포드의 판매량 데이터의 합계를 보고자 한다면, 단지 한 달 지연된 국가들에 대한 포드 판매량 데이터를 보고 있는 것이다. 이것은 2010년 1월 1일부터 1월 31일까지 발생한 사건이 2010년 2월 1일에 알려질 수 있지만, 1개월 지연으로 2010년 3월 1일에야 알 수 있기 때문이다. 2010년 4월 1일로 이동하고 2010년 1월 데이터를 다시 살펴보면 1개월 및 2개월 지연된 국가에서 데이터가 누적되는 것을 알 수 있다. 따라서 우리가 강조하고 싶은 점은 가장 최근에 사용 가능한 데이터를 사용하는 것과 더 많은 시간을 기다림으로써 상황을 더 완전하게 파악할 수 있는 것 간에는 트레이드 오프가 있다는 것이다. 예를 들어 우리는 그림 10.1과 그림 10.2에서 관련 기간 종료 후 x개월 후에 알려진 회사별 평균 판매/생산량 비율을 설명한다.

위 예를 통해 알 수 있듯이, 사건 후 x개월에 알려진 정보의 양은 회사마다 크게 다르다. 이는 많은 자동차 회사가 본국/지역 내에서 가장 많이 판매 및 생산하기 때문일 가능성이 높다. 그러나 4개 회사[3]를 제외한 모든 회사에서 3개월 후 판매 및 생산 데이터의 90% 이상을 알고 있다.

그림 10.3에는 수집 및 매핑 프로세스가 요약돼 있다.

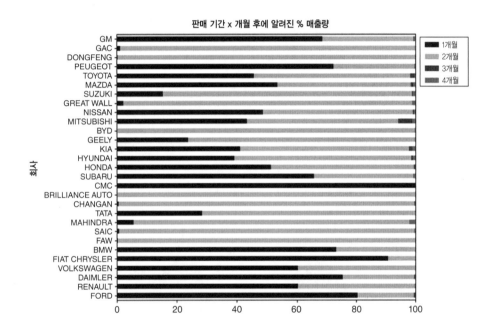

그림 10.1 회사별 관련 판매 기간 끝의 x개월 후에 알려진 판매량의 평균 비율(%)

출처: IHS Markit 데이터 기반

---

3 현대, 마힌드라 앤 마힌드라, 스즈키와 타타

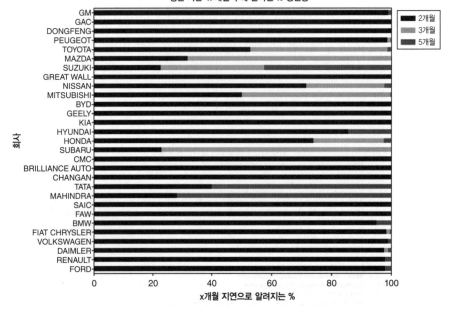

그림 10.2 회사별 관련 생산 기간 끝의 x개월 후에 알려진 생산량의 평균 비율(%)

출처: IHS Markit 데이터 기반

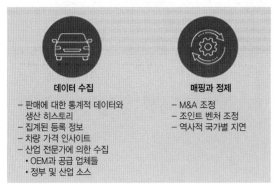

그림 10.3 따르는 프로세스

출처: IHS Markit 데이터 기반

IHS Markit에서 제공하는 일부 데이터의 세분화 예로서, 표 10.1에 2017년 상위 10개 국가에서 쉐보레 크루즈^{Chevrolet Cruze}의 과거 단위 판매/등록을 보여준다.

표 10.1 쉐보레 크루즈(Chevrolet Cruze): 2017년 상위 10개 국가 단위 판매/등록

국가	1월	2월	3월	4월	5월	6월	7월	8월	9월	10월	11월	12월	합계
미국	19,949	15,368	18,608	21,317	17,120	12,828	12,278	16,500	15,268	11,129	10,982	13,407	184,754
중국	8,558	3,589	3,402	5,333	3,273	6,191	6,720	5,056	7,228	7,938	10,165	11,882	79,335
캐나다	1,884	1,715	2,711	3,174	4,097	2,843	2,233	1,995	2,202	1,724	1,892	1,487	27,957
브라질	1,513	1,278	2,152	2,256	2,498	2,308	2,571	2,789	2,284	2,300	2,386	2,168	26,503
아르헨티나	1,563	1,289	1,552	1,236	1,239	1,435	1,325	1,710	1,590	1,506	1,387	735	16,567
한국	232	6	2,147	1,518	1,160	1,434	1,050	429	416	297	821	1,076	10,586
멕시코	477	450	1,045	1,333	663	578	488	341	141	262	266	305	6,349
베트남	283	254	325	170	261	187	211	148	220	208	186	194	2,647
인도	171	188	192	68	71	219	48	48	–	–	–	–	1,005
이스라엘	129	125	95	62	94	62	117	59	80	61	69	6	959

출처: IHS Markit 데이터 기반

그러나 우리가 사용하는 데이터는 앞서 나열된 데이터베이스의 모든 정보와 변수를 포함하지 않고 오히려 그것의 샘플을 포함하고 있다. 우리는 회사의 판매량, 생산량, 예상 매출,[4] 모델 수명, 차량 연식, 생산 공장 사용률, 미국, 중국 및 전 세계 시장 점유율, 그리고 회사의 전기 자동차 노출에 대한 정보를 사용할 것이다. 이에 대한 자세한 내용은 10.4절에 나와 있다.

기본 데이터fundamental data의 경우 우리는 일일 FX 데이터를 포함한 Thomson Reuters Worldscope 데이터베이스를 사용해 모회사의 자국 통화로 보고서가 작성됨에 따라 모든 값을 USD로 변환한다. 게다가 모든 기업이 손익계산서 및 현금 흐름 항목에 대해 (연간 보고에서 분기 보고까지의 다양한) 동일한 보고 빈도를 고수하는 것은 아니므로, 최근 12개월TTM 병합이 적용된다. 예를 들어 2010년 1월 1일, 지난 4분기 보고서에 지난 1년간 분기당 1,000,000달러의 수익이 기록됐다면, 우리는 이를 지난 12개월 동안 4,000,000달러의 매출로 합산해 2010년 1월 1일의 매출 수치로 사용할 것이다. 이는 보고 빈도가 낮은 기업을 보고 빈도가 높은 기업과 비교하고, 데이터의 계절성을 설명할 수 있도록 한다 (예: 미국에서는 봄과 가을에 자동차 판매가 더 높다). 어떤 결측값도 마지막 알려진 값으로부터 앞쪽으로 채워나간다forward filled.[5] 각 회사의 보고 빈도보다 재조정 빈도가 높을 수 있으므로, 마지막으로 알려진 값(예: 만약 2018년 3월 1일에 리밸런싱을 하는데, 마지막 BMW 보고가 2018년 1월 24일이라면, 2019년 3월 1일 값으로 2018년 1월 24일 값을 사용할 것이다)을 앞으로 채움forward filling으로써 월별 시계열을 구축한다.

10.3 접근법 1: 간접 접근법

이 절에서는 대체 데이터를 펀더멘털과 함께 사용해 미래의 펀더멘털을 예측하고 그에 따라 주식 순위를 매길 것이다. 최고의 투자 전략을 수립하기 위한 질문은 다음과 같다.

---

4 지역별 평균 판매 가격과 지역별 판매량을 사용해 매출을 추정한다.

5 기업이 거래하려는 날에 가격이 없는 경우(예: 해당 시장의 공휴일 때문에), 가격은 이용 가능한 다음 날에 발생하는 거래를 모방하기 위해 역으로 채워진다(filled backwards). 물론 8장에서 논의한 것과 같은 좀 더 정교한 결측 데이터 대체 알고리듬을 선택할 수 있다. 하지만 단순성을 위해, 우리는 이 간단한 채우기 방식을 고수할 것이다.

- 어떤 펀더멘털(또는 그것의 함수)을 예측하고 싶은가?
- 얼마나 시간상 멀리 예측하고 싶은가?

우리가 이 절에서 사용할 방법론은 천리안이 트레이딩 전략에 이롭다는 것을 증명하기 위해 (오라클을 소유한 것처럼) 펀더멘털의 미래 가치를 사용하는 Alberg et al.(2017)의 논문 배후의 직관에 기초한다. 약간 더 복잡하지만, 그들의 방법은 기본적으로 매년 다음과 같이 구성된다.[6]

1. 뉴욕 증권거래소, AMEX 및 나스닥 거래소의 모든 주식 순위를 몇 가지 펀더멘털의 비율(예: 장부 가치 대 시장 가치 비율^book-to-market)을 기반으로 매긴다.
2. 50위권 안에 드는 주식을 각 종목에 동일한 금액을 투자함으로써 매수하고, 1년 동안 보유한다.

그런 다음 그들은 역사적 데이터셋에서 미래[7] x-개월$(x \in \{1, ..., 36\})$의 선택한 비율의 값을 취하고, 그것의 순위를 매긴다. 그들은 미래로부터의 이 비율을 사용하는 전략에 의해 생성된 수익률이 현재 알려진 비율을 사용하는 경우보다 나은지 확인하기 위해 테스트한다. 그들의 결과는 장부 가치 대 시장 가치, EBIT 대 EV,[8] 순이익 대 EV와 매출 대 EV에 대해, 그들의 가치가 더 많이 알려질수록, 전략이 더 나은 CAGR[9]을 달성한다는 것을 보여준다. 미래 정보를 사용하는 가장 큰 이득은 EBIT 대 EV에 대한 것이며, 0-천리안 (즉, 오늘 데이터를 사용)의 14.4% CAGR에서 3년-천리안의 약 70% CAGR로 증가한다.

그 후 Alberg et al.은 CAGR이 44%인 1년 천리안 기간으로 EBIT-to-EV의 미래 가치를 예측(즉, 오라클 사용 대신)하고 대신 예측 요인에 대해 순위를 매기려고 한다. 그들은 매월 최근 5년 기간의 기본 데이터 시계열에 대해 훈련된 딥러닝 모델[10]을 사용해 이를 수

---

6 이는 또한 배당금 재투자, 인수로부터 획득한 자금 등을 고려한다.

7 포트폴리오의 리밸런싱 관점에서의 미래

8 EV 기업 가치로 EV = 보통주 + 우선주 + 부채의 시장 가치 + 소액주주 지분 − 현금 및 등가물로 정의된다.

9 CAGR − 복리 연간 성장률(compounded annual growth rate)

10 그들은 MLP와 RNN의 두 가지 종류의 심층 신경망을 평가한다.

행한다. 그들은 $x_{t+k} = x_t$를 가정한 단순한 모델보다 모델링을 통해 지속적으로 우수한 평균 제곱 오차를 달성하는데, CAGR은 14.4%에서 17.1%로, 샤프 비율은 0.55에서 0.68로 증가한다. 펀더멘털의 완벽한 미래 지식(즉, 오라클)으로 CAGR 44%라는 가상의 상한선을 달성하지는 못하지만, 공개적으로 사용 가능한 상대적으로 저렴한 데이터만 사용한다는 점을 고려할 때, 단순한 전략에 비해 2.7% 증가해도 상당히 놀랍다.[11] CAGR과 샤프 비율의 이러한 향상이 공개적으로 달성될 수 있다는 점을 고려할 때 쉽게 얻을 수 있는 가용한 데이터, 특히 관련성이 높은 독점적 대체 데이터셋을 사용해 훨씬 더 큰 수익을 얻을 수 있는지 여부를 여기서 테스트할 것이다.

10.3.1 수행 단계

우리의 목표는 현재의 펀더멘털만을 사용하는 것에 비해 대체 데이터로 회사의 펀더멘털을 예측하는 것을 기반을 할 때 더 우수한 수익률을 보여주는 것이다. 접근법은 3단계로 구성되며, 우리는 이제 이에 대해 기술한다.

단계 1. 팩터(요인) 식별[12]: 우리의 데이터셋의 기업에 대해서 사전에 알려지는 경우 미래 지식 없이 우리가 경험하는 수익률을 초과하는 수익률을 산출하는 펀더멘털[13]의 변환이 있는지를 알아본다. 이 단계에서는 대체 데이터가 사용되지 않는다. 우리는 대체 데이터를 사용해 펀더멘털의 미래 가치를 예측할 가치가 있는지를 확인하기 위해 표준 펀더멘털 데이터를 대중에게 알려진 날짜 이전에 사용했을 뿐이다.

단계 2. 팩터 모델링/예측: 미래에 대한 지식이 주어질 때 초과 수익을 산출하는 팩터가 있다면 보유 중인 대체 데이터셋을 기반으로 예측하려고 시도한다. 그렇게 함으로써, 우리는 다음보다 더 나은 결과를 얻는 것을 목표로 한다.

- 예측 기간에 변화가 없다고 가정하는 단순한 예측기

---

11 ac, .edu 또는 유사한 이메일 주소를 가지는 것과 같이 대학과 제휴를 맺고 있다면 실제로 무료로 다운로드할 수 있다.

12 10장에서 이제부터 팩터와 요인은 같은 의미이며, 혼용해서 사용할 것이다. – 옮긴이

13 이들은 하나의 펀더멘털 또는 여러 펀더멘털 결합의 함수일 수 있다.

- 훈련 데이터에서 발생하는 평균 변화를 가정하는 단순한 예측기

이것은 대체 데이터를 포함하고자 하는 이 접근법의 첫 번째 포인트다. 단계 1에서 예측할 가치가 있다고 판정되는 팩터들을 예측하기 위해 대체 데이터를 포함한다.

단계 3. 모델 백테스트: 적절한 포트폴리오 구축 모델이 주어지면 모델의 예측을 기반으로 백테스트를 실행하고 그 성과를 평가한다.

10.3.2 단계 1

10.3.2.1 프로세스

단계 1에서 다음 스텝을 따른다.

1. 어떤 순위 팩터^{rank factor}(예: 장부 가치 대 시장 가치 비율^{book-to-market}, 향후 3개월)에 따라 유니버스의 순위를 매긴다.
2. 순위 팩터가 임계값보다 높은 것을 매수한다. 만약 우리가 숏을 하고 있다면, 어떤 임계값보다 낮은 값을 가진 모든 것을 숏하라(예: 장부 가치 대 시장 가치 비율로 순위가 매겨질 때 상단 분위수를 롱하고 하단 분위수를 숏한다). 자산을 롱/숏할 때, 우리는 관련 포트폴리오의 모든 자산에 대해 균등하게 자산을 매수/매도한다(즉, 포트폴리오의 모든 자산의 $x를 매수/매도한다).
3. 일정 기간(예: 1개월) 이러한 포트폴리오를 보유한다.
4. 백테스트 기간 동안 1~3단계를 반복한다.

백테스트의 경우 다음과 같은 몇 가지 가능성을 시도할 수 있다.

- **순위를 매기는 팩터**^{ranking factor}: 순위에서 어떤 팩터를 사용하고 있는지(예: Book-to-Market). 사용된 팩터 리스트는 10.3.2.4절을 참조하라.
- **롱 임계값**^{Long threshold}: 우리가 주식을 롱하는 분위. {0.66, 0.75, 0.8} 집합에 대해 테스트한다(즉, 3분위, 4분위, 5분위의 최상위 분위).

- **숏 임계값**short threshold: 우리가 주식을 숏하는 분위. {0.33, 0.25, 0.2, 0} 집합에 대해 테스트한다(즉, 3분위, 4분위, 5분위의 최하위 분위).
- **보유 기간**holding period: 리밸런싱하기 전에 자산을 보유하는 기간. {분기별, 연도별} 또는 {Q, Y}에 대해서 테스트한다.[14]
- **천리안**Clairvoyance: 얼마나 먼 미래에서 정보를 얻는지. 대체 데이터셋의 특성을 고려해 {0, 3}개월 집합에 대해 테스트한다. 게다가 분기별 전략에 대해 리밸런싱 기간을 넘어서는 (즉, 3개월보다 멀리의) 데이터를 사용하는 것은 의미가 없다. 예를 들어 4분기 대 3분기의 매출 %변화가 2분기 대 1분기 주가 변화에 반영되기 때문이다.

10.3.2.2 예제

현재로서는 천리안을 무시한 채, book-to-market을 기반으로 순위를 매기고, 숏(숏 임계값 0)이 아니고, 최상위 분위 롱(롱 임계값 0.8)을 하고, 분기별 리밸런싱(Q)을 한다. 2017년 7월 1일이라고 상상하고, 유니버스는 다음과 같다.

회사명	Book-to-Market	가격(USD)
BMW	1.45	86.92
VW	1.35	74.48
TESLA	0.68	132.05
FIAT CHRYSLER	1.49	63.68
KIA	0.71	71.76
HYUNDAI	0.8	20.72
FORD	1.4	137.17
GM	1.36	113.93
HONDA	0.73	41.04
MITSUBISHI	0.69	144.31

---

14 데이터 집합의 재무 보고 빈도가 분기별로 가장 높기 때문에 더 높은 리밸런싱 빈도를 테스트하지 않는다. 그렇지 않을 경우, 우리는 동일한 비중(펀더멘털 비율에 대해)으로 다시 리밸런싱하거나, 또는 분기 후 얼마 후에 각 회사가 보고서를 발표하는가(변화 기반 팩터에 대해)에 따라 효과적으로 리밸런싱한다.

다음 스텝을 수행한다.

1. Book-to-market을 기반으로 주식의 순위를 매기고, 상위 20%를 취한다.

회사명	Book-to-Market	가격(USD)
FIAT CHRYSLER	1.49	63.68
BMW	1.45	86.92
FORD	1.4	137.17
GM	1.36	113.93
VW	1.35	74.48
HYUNDAI	0.8	20.72
HONDA	0.73	41.04
KIA	0.71	71.76
MITSUBISHI	0.69	144.31
TESLA	0.68	132.05

2. 선택된 주식으로 롱 포트폴리오를 구축하는데, 각 주식의 비중을 동일하게 한다.[15]

회사명	Book-to-Market	가격(USD)	비중
FIAT CHRYSLER	1.49	63.68	0.5
BMW	1.45	86.92	0.5

2016년 10월 3일(10월의 첫 번째 영업일)의 유니버스가 다음과 같다고 가정하자.

회사명	Book-to-Market	가격(USD)
BMW	1.89	93.34
VW	1.28	80.89
TESLA	0.87	146.77
FIAT CHRYSLER	1.31	63.97
KIA	0.87	73.55
HYUNDAI	0.86	21.34
FORD	1.33	144.44
GM	1.73	119.81
HONDA	0.94	44.16
MITSUBISHI	1.06	154.21

---

15 비록 그렇게 하지는 않았지만, 각 포트폴리오 내에서 동일 비중, 시가총액 비중 및 팩터 비중 간의 차이를 시험해볼 가치가 있을 수 있다.

피아트 크라이슬러^{Fiat Chrysler}는 63.68달러에서 63.97달러로, BMW는 86.92달러에서 93.34달러로 2016년 7월 1일부터 2016년 10월 3일까지의 기간에 걸쳐 포트폴리오의 수익률은 $0.5 * \left(\frac{63.97}{63.68} - 1 \right) + 0.5 * \left(\frac{93.37}{86.92} - 1 \right) = 0.5 \times 7.38\% + 0.5 * 0.46\% = 3.92\%$ 이다. 그런 다음 위의 단계를 다시 반복해 한 번에 한 달씩 앞으로 이동한다.

10.3.2.3 천리안

단계 1 백테스트에서 향후 데이터를 정확하게 사용하는 경우(예: 3개월) 먼저 펀더멘털 데이터를 3개월 역으로 이동한 후(예: 2016년 4월 3일은 영업일 기준 2016년 1월 1일로 매핑될 것이다. 이것은 이들이 이들 월의 첫 영업일이기 때문이다), 천리안이 없는 경우(위에서 설명한 방법)와 동일한 방법을 적용한다. 주어진 재조정 날짜에 주식을 거래할 수 없다면, 우리는 그것이 가능한 다음 날에 거래된다고 가정한다(즉, 거래 실행에 사용될 때 가격을 다시 채우는 것).

NOTE 지연 보고 및 항로 거리와 관련해 언제든지 무슨 일이 일어나고 있는지 유념하는 것이 중요하다.

예: 2010년 4월 1일에 신호를 생성하려고 한다. 천리안을 사용하지 않는다면 각 회사에 대한 가장 최근의 정보는 2010년 1월 1일부터 2010년 3월 31일 사이에 보고됐을 것이다. 이는 2009년 10월 1일부터 2009년 12월 31일까지의 기간에 해당된다. 여전히 2010년 4월 1일로 설정된 3개월 천리안을 통해, 2010년 7월 1일까지 보고된 모든 정보를 알고 있다고 가정한다. 가장 최근의 시점은 2010년 1월 1일부터 2010년 3월 31일까지의 분기 보고서의 시점이 될 것이며, 이들 분기 보고서는 보통 2010년 4월 중에 발표될 것이다. 따라서 3개월 천리안을 사용하고 있지만 실제로는 며칠 전의 데이터만 사용할 수 있다. 만약 한 회사가 이 시간 내에 재무제표를 발표하지 않는다면 (특히 일부 아시아 회사의 경우) 우리는 그들의 재무제표 항목들에 어떠한 명확한 천리안도 사용하지 않을 것이다.

여전히 2010년 4월 1일을 신효 샌선 날짜로 사용해 디른 접근법을 시도힐 수 있다. 2020년 1월 1일부터 2010년 3월 31일까지와 관련된 보고서가 어떻게 될 것인지 알고 있으며, 앞으로 얼마나 먼 미래에 공개되든 간에 그 정보를 기반으로 리밸런싱한다고 상상하자. 우리는 전자의 접근법이 시장이 정보에 반응할 기회를 갖기 전에 선제적으로 리밸런싱하는 (그렇게 명백하지 않은) 부작용을 가지고 있기 때문에 전자의 접근법을 따르기로 결정했다. 극단적인 예로, 2010년 1월 1일부터 2010년 3월 31일까지 포드의 순이익이 두 배로 증가해 2010년 4월 1일에 포드를 롱한다고 상상해보자. 리밸런싱 기간을 감안할 때 2010년 7월 1일까지 포드를 보유하고 있다가 (아마도) 포트폴리오에서 포드를 매도할 것이다. 만약 포드가 2010년 7월 15일까지 2010년 1분기 보고서를 발표하지 않는다면, 시장에서 그들의 새로운 순이익 수준을 알게 돼서 포드가 주가 급등을 경험하기 전에 포드를 포트폴리오에서 제거할 가능성이 충분히 있다. 그러나 우리가 선택한 전략에서 우리는 단지 정보 공개 시점에서 주식을 보유하기 위한 미래 정보만을 사용하므로, 정보로 인한 어떠한 움직임도 놓치지 않고 시장을 효과적으로 앞서 나갈 수 있다. 분명히 이것은 다소 간단한 예다. 왜냐하면 포드가 불가피하게 이러한 급증을 겪을 때까지 포드를 보유할 것이기 때문이다. 하지만 여기서 이 예를 예시하는 것은 특히 자동화된 접근법을 사용할 때 후자 전략의 가능한 단점을 더욱 부각시키기 위한 것이다.

10.3.2.4 사용된 순위 팩터

Alberg(2017)에 설명된 많은 방법을 따르고 있다는 점을 감안할 때, 그들이 테스트한 네 가지 팩터 중 세 가지를 분석에 포함시켰다.

- EBIT 대 EV(이자 비용과 세금 차감 전 이익 대 기업 가치 비율)
- 순이익 대 EV(순이익 대 기업 가치 비율)
- 매출 대 EV(매출 대 기업 가치 비율)

그러나 우리는 우리 자신을 단지 세 가지 비율로 제한하고 싶지 않다. Yan과 Zheng(2017)은 펀더멘털의 18,000개 비율에 대한 철저한 데이터 마이닝 기반 검색을 수행한다. 이들은 알파(즉, 음 또는 양)의 크기가 가장 큰 팩터 표를 보고했다. 우리는 우리가 보고된 것 중 관련 데이터를 가지고 있는 일부를 선택한다. 음의 알파를 가진 비율의 경우, 우리는 음의 알파를 가진 팩터들이 양의 알파를 생성하는 역의 순서를 가지기를 바라며, 팩터의 순위를 뒤집으면서도 그 의미를 이해하기 쉽게 유지하기 위한 적절한 변환을 수행한다. 예를 들어 지난 분기 이후 부채의 백분율 변화는 그 자체의 음수가 될 것이다.

마지막으로 대부분의 문헌이 0 천리안에서 수행되는 팩터에만 초점을 맞추고 있다는 점을 감안할 때 그들이 천리안으로부터 이익을 얻는 것이 경제적으로 타당하다고 생각하는 몇 가지를 포함한다.

테스트된 팩터의 전체 리스트는 10.7.3절을 참조하라. 각 재무 보고 항목에 대한 전체 설명은 10.7.2절을 참조하라.

> **NOTE** 현재로서는 대체 데이터가 사용되지 않았으며, 많은 거래 전략에서 일반적으로 사용되는 일반적으로 발견된 재무 보고 비율만 사용한다. 우리는 여기서 단지 이들을 예측할 가치가 있는지 여부를 평가하고자 한다. 만약 가치가 있다면, 그 시점에 이들을 예측하기 위해 대체 데이터를 포함할 것이다.

10.3.2.5 보조 통계량

비록 CAGR과 샤프 비율이 우리(그리고 대부분의 투자자)가 여기서 신경 쓰는 주요 통계이지만, 우리는 또한 우리가 "잡음에 적합화"하지 않는 것을 확실히 하기 위해 다른 많은 통계도 추적한다.

이 중 가장 주목할 만한 것은 다음과 같다.

- 정보 계수IC: 다음 기간 수익률과 순위 팩터 사이의 각 기간 동안 얻은 스피어맨 순위 상관 계수의 (백테스트 기간의) 평균이다. IC 값이 0.3(−0.3)보다 크면(작으면) 좋다고 간주되는 경우가 많다. −0.3 미만인 경우에는 합리적인 방법으로 팩터를 반전시키면 된다. IC는 팩터와 증권 수익률 사이의 강한 상관관계를 나타내므로 가능한 한 높은 IC를 원한다.
- 평균 5분위 갭MQG: 상위 5분위에 순위된 동일 비중 증권 포트폴리오와 하위 5분위에 순위된 동일 비중 증권 포트폴리오의 다음 기간 수익률의 평균 차이. 보통 사람

들은 하위 5분위에서 상위 5분위로 평균 수익률이 단조롭게 증가하는 것을 보기를 희망한다. 다시 말하지만, 높은 MGQ는 팩터와 증권 수익률 사이의 강한 상관관계를 나타내기 때문에 우리는 높은 MGQ를 원한다.

여기서 언급하지는 않지만, 유사한 변형과 함께 상기 척도들의 표준편차에 주목하는 것도 가치가 있다.[16]

10.3.2.6 기타 정보

시간 프레임. 데이터 제한으로 인해 2010년 1월 1일부터 2017년 1월 1일까지 백테스트를 실행한다. 2017년 1월 1일을 넘지 않는다. 12개월 천리안을 사용해야 하기 때문에 2018년 1월 1일 이후의 데이터를 요구하게 되기 때문이다.

거래 비용. 거래 비용을 고려하지 않는다는 점을 유념하는 것이 중요하다. 그러나 백테스트에서 사용한 가격보다 5bps 높게 매수하고, 5bps 낮게 매도한다고 가정하고, 연간 최대 4회만 재조정할 경우, (최악의 경우) CAGR이 0.4%에서 0.6% 사이만 감소한다(사전 비용 CAGR이 각각 0%와 40%인 경우). 또한 우리의 전략이 모두 이러한 비용을 경험할 수 있는 벤치마크와 비교된다는 점을 감안할 때, 이 차이는 무시할 수 있는 것으로 간주될 수 있다.

테슬라는 분명 자동차 회사이지만 기술 분야와도 인연이 깊다. 이와 같이, 그것이 행동하는 방식은 우주의 다른 회사들과 매우 다를 수 있다. 게다가 테슬라의 가치의 많은 부분이 미래 잠재력에 있는 것으로 보여지는 것을 감안할 때, 그것의 재무제표는 좋지 않은 보고서가 일반적인 주가 하락을 야기하지 않는 등 시장에 다른 이야기를 할 수 있다. 우리의 접근법이 횡단면적cross-sectional이라는 것을 감안할 때, 팩터과의 관계에서 발생할 수 있는 이러한 차이는 결과를 왜곡하고 이상현상을 만들 수 있다.[17] 따라서 우리는 유니

---

16 예를 들어 Pearson 또는 Kendall 상관관계를 취할 수 있고, 평균 사분위 또는 삼분위 갭 또는 평균 대신 중위수를 사용할 수 있다.

17 사실, 이것이 바로 우리가 보는 것이다. 테슬라가 포함될 때는 재고 변동과 관련된 팩터들이 매우 잘 수행되지만 제거될 때는 그렇지 않다. 회사 제거 강건성 테스트(company removal robustness test)를 수행할 때 테스트 CAGR의 큰 표준편차와 함께 테스트와 실제 CAGR에 걸쳐 평균 CAGR의 큰 차이를 볼 수 있다.

버스에서 테슬라를 제거하기로 결정한다. 우리의 유니버스는 이제 29개의 회사로 축소됐다.[18]

분기별 보고하지 않는 회사들. 모든 기업이 각각의 펀더멘털에 대해 동일한 보고 빈도를 고수하는 것은 아니라는 점에 주목할 필요가 있다. 예를 들어 포드는 매 분기마다 보고서를 제출하지만, 푸조는 사용된 펀더멘털 중 일부에 대해서만 반년마다 보고서를 제출한다. 우리의 팩터 중 많은 부분이 펀더멘털의 퍼센트 변화와 관련이 있기 때문에, 다른 빈도로 보고하는 회사를 비교하는 것은 타당하지 않다. 매년 보고하는 기업의 경우 보고서가 없으므로 수준이 변하지 않기 때문에 4개의 분기별 퍼센트 중 3개를 0으로 설정해야 한다. 그렇지 않으면 최신 보고서를 사용해 "나우캐스트nowcast"[19]를 해야 한다. 이로 인해 데이터에 더 많은 불확실성과 잡음이 더해질 수 있기 때문에, 우리는 대신 분기별로 보고하지 않는 모든 회사를 유니버스에서 제거하기로 결정했다. 우리의 유니버스는 이제 22개의 회사로 축소됐고, 그 결과 우리의 백테스트에서 각 시점에 거래한 회사의 수를 보여주는 표 10.2와 같은 각각의 롱/숏 포트폴리오의 크기를 가진다.

표 10.2 거래 가능한 기업 수로 분류한 롱/숏 포트폴리오 크기

		롱 임계값		
		66%	75%	80%
거래 가능 회사	22	7	5	4
	21	7	5	4
	20	6	5	4

---

18 다시 말하지만 이는 대 금융 위기(Great Financial Crisii)를 맞아 회사가 겪는 격동의 시기에 '올드 GM'과 '뉴 GM'이 존재하기 때문이다. 뉴 GM이 나중에 올드 GM의 모든 자산을 매입했기 때문에 그들은 다시 "뉴 GM"으로 데이터에 병합된다.

19 forecast와 대조되는 말로 현재 상황을 실시간으로 예측한다는 의미로 사용한다. – 옮긴이

10.3.2.7 결과

결과에서, 66%의 롱 임계값(즉, 상단 1/3을 롱한다)과 0%의 숏 임계값(즉, 숏하지 않는다)을 사용하는 것만을 인용한다. 이야기가 다른 것 중 하나를 선택한 것과 거의 같기 때문에 (특별히 언급하지 않으면) 우리는 롱 임계값 하나를 선택한다. 우리는 66%를 특히 선택한다. 그렇지 않으면 포트폴리오가 너무 작을 위험이 있기 때문이다. 때때로 우리의 유니버스는 22개 주식만큼만 크기 때문에 각각 80%, 75%, 66%의 롱 임계값에 대해 4, 5, 7개 주식의 포트폴리오 크기가 형성된다는 것을 기억하라. 우리는 유니버스의 모든 주식이 일반적으로 강한 성과를 보임으로 인해 숏 전략은 대부분의 경우 CAGR을 감소시키므로, 숏을 사용하지 않는 전략만 분석하기로 결정한다. 숏 전략을 고려하지 않는 것은 실제로 구현하기가 더 쉽고 평균적으로 비용이 더 적게 든다는 추가 이점도 있다.

표 10.3과 표 10.4에서 우리는 CAGR에 따른 최고 성과 전략과 주식의 동일 비중 지수로 선택된 우리의 벤치마크에 대한 관심 통계량들을 볼 수 있다. 상위 10개 전략 중 단 2개만이 최고의 비천리안 전략과 최고의 벤치마크를 능가한다는 것을 알 수 있다.

표 10.3 CAGR별로 순위를 매긴 경우 상위 10개 전략: L – 롱 임계값, S – 숏 임계값, R – 리밸런싱 빈도(Y는 사업연도 시작 시 리밸런싱, Q는 사업분기 시작 시 리밸런싱됨을 의미), C – 천리안(월 단위), CAGR – 복리 연간 성장률(Python 패키지 ffn의 계산에 따름), DS – 일별 샤프 비율(Python 패키지의 계산에 따름), WYP – 우승 연도 백분율(파이썬 패키지 ffn의 계산에 따름), TMWP – 12개월 우승 백분율(파이썬 패키지 ffn의 계산에 따름)

팩터	L	S	R	C	CAGR	DS	WYP	TMWP
Q_pct_delta_ffo	66	0	Q	3	0.143	0.75	0.67	0.69
Q_pct_delta_netincome	66	0	Q	3	0.133	0.74	0.67	0.75
Q_pct_delta_currliab	66	0	Q	0	0.125	0.69	0.56	0.68
sales_to_Q_lag_entvalue	66	0	Q	3	0.122	0.68	0.67	0.70
sales_to_Q_lag_entvalue	66	0	Q	0	0.122	0.67	0.67	0.71
Q_pct_delta_opincome	66	0	Q	3	0.112	0.63	0.78	0.72
sales_to_entvalue	66	0	Q	0	0.108	0.61	0.67	0.70
Q_delta_currliab_to_Q_lag_sales	66	0	Q	0	0.108	0.61	0.67	0.69
Q_delta_totassets_to_Q_lag_equity	66	0	Q	0	0.103	0.58	0.67	0.66
Q_delta_inventory_to_Q_lag_equity	66	0	Q	3	0.100	0.57	0.67	0.79

표 10.4 동일 비중 벤치마크

R	CAGR	DS	WYP	TMWP
M	0.123	0.72	0.67	0.7
Q	0.124	0.73	0.67	0.71
Y	0.128	0.74	0.67	0.69

이러한 결과는 좋아 보이지만, 우리는 여기서의 결과가 맞는지 확인하고 그들이 경제 이론과 통계 이론 모두의 기반을 가지는지 확인하고자 한다. 따라서 다음 다섯 가지 추가 검사를 수행한다.

- 시간 제거time removal. 데이터에서 랜덤하게 12개월을 제거하고 모든 통계를 다시 계산한다. 이 작업을 100번 수행하고 평균과 표준편차를 계산한다. 샘플 평균이 관측치와 거의 동일하고 샘플의 분산이 낮기를 바란다.
- 회사 제거company removal. 유니버스에서 랜덤하게 6개의 회사를 제거하고 모든 통계를 다시 계산한다. 이 작업을 100번 수행하고 평균과 표준편차를 계산한다. 다시 말하지만, 샘플 평균이 관측된 값과 거의 동일하고 샘플의 분산이 작기를 바란다.
- 파라미터 간의 일관성. 우리는 파라미터 집합에 걸쳐 유사한 결과를 얻는지 확인한다. 즉,
  - 롱 임계값을 높이면, CAGR이 증가(또는 적어도 많이 감소하지는 않음)할 것으로 기대할 것이다.
  - 천리안이 고려 시점을 향해 증가함에 따라, 우리는 CAGR이 두 시점 사이에서 너무 많이 감소하지 않을 것으로 예상한다.
- 보조 통계량. 우리는 IC와 평균 5분위 갭 통계량이 팩터가 강한 성능을 가지고 있다는 것을 지지하기를 바란다.
- 경제 이론 사고 시험. 우리는 이 팩터가 수익률을 예측할 수 있는지 여부를 고려한다.

Q_pct_delta_ffo 및 Q_pct_delta_netincome 모두 시간 및 회사 제거 테스트, 파라미터 간 일관성 테스트 및 보조 통계량 테스트를 통과한다.[20] 경제 이론에 관해서는 우리는 회사의 순이익 또는 운영 자금에 대한 미래의 지식이 미래 주식 수익률을 예측하는 데 도움이 될 것이라는 것은 완벽하게 타당하다고 믿는다.

> **NOTE** 나머지 분석에 영향을 미치지는 않지만 0-천리안에서 Q_pct_delta_currliab의 나쁜 보조 통계량에 주목하는 것이 중요하다. 실제로 75%와 80%의 롱 임계값에서 성과를 살펴보면 각각 6.7%와 7.2%의 CAGR이 관측되는데, 이는 모두 벤치마크의 CAGR보다 낮다. 이와 같은 상황에서는 파라미터를 약간 변화시키면서, 팩터의 보조 통계량 및 안정성을 확인하는 것이 중요하다.

표 10.5 CAGR별 최상위 전략에 대한 보조 통계량

팩터	L	S	R	C	IC	MQG
Q_pct_delta_ffo	0.66	0	Q	3	0.119	0.150
Q_pct_delta_netincome	0.66	0	Q	3	0.106	0.161
Q_pct_delta_currliab	0.66	0	Q	0	0.029	−0.002
sales_to_Q_lag_entvalue	0.66	0	Q	3	0.017	−0.039
sales_to_Q_lag_entvalue	0.66	0	Q	0	0.023	0.041
Q_pct_delta_opincome	0.66	0	Q	3	0.049	0.050
sales_to_entvalue	0.66	0	Q	0	0.028	0.038
Q_delta_currliab_to_Q_lag_sales	0.66	0	Q	0	0.020	−0.014
Q_delta_totassets_to_Q_lag_equity	0.66	0	Q	0	−0.042	−0.063
Q_delta_inventory_to_Q_lag_equity	0.66	0	Q	3	0.032	−0.050

영업 활동으로부터의 자금fund from operation과 순이익net income은 현금 흐름과 상당히 유사하므로 여기서는 3개월 천리안으로 Q_pct_delta_ffo만을 살펴보겠다. 첫째, 우리는 유니버스를 나누는 각 5분위에 걸친 팩터의 성과를 고려한다. 그림 10.4는 Q_pct_delta_

---

20 보조 통계량은 표 10.5에서 확인할 수 있다.

ffo에 의해 유도된 순위에 기초해 동일 비중 포트폴리오를 생성하는 경우 각 5분위의 평균 CAGR을 보여준다. 예를 들어 세 번째 열은 Q_pct_delta_ffo로 순위를 매겼을 때 기업의 중간 5분의 1이 다음 분기에 경험한 시간 경과 평균 CAGR을 나타낸다. 팩터별로 순위가 높은 기업들이 더 큰 수익률을 경험할 수 있기를 바라기 때문에, 우리의 희망은 아래 그림이 1에서 5로 단조 증가를 보이는 것이며, 이는 우리의 팩터가 실제로 미래 수익률을 나타내는 것임을 제시한다. 우리는 1에서 5까지의 절대 단조성을 볼 수 없지만, 분명히 증가하는 경향이 있다. 단 5분위수 2(또는 어떻게 보느냐에 따라 1)만 예외다. 이는 3개월 천리안의 Q_pct_delta_ffo가 성과 팩터임을 잘 보여준다.

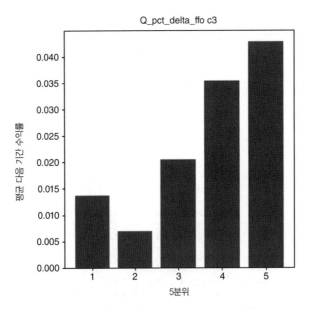

그림 10.4 3개월 천리안에서의 Q_pct_delta_ffo 5분위 CAGR

다음으로, 그림 10.5는 높은 CAGR이 단순히 짧은 기간의 극단적인 수익률에 의한 것이 아니라 벤치마크의 상당히 일관된 성과이라는 것을 보장한다.

마지막으로 그림 10.6을 살펴보자. 그림 10.6은 우리의 전략에 의해 어느 시점에 어떤 주식이 보유되는지 보여준다. 우리는 그것이 유니버스 전체에 걸쳐 꽤 좋은 커버리지를 가지고 있다는 것을 알 수 있다. 그리고 단지 선택된 몇 개의 주식을 골라 그것들을 보유하는 것이 아니나.[21]

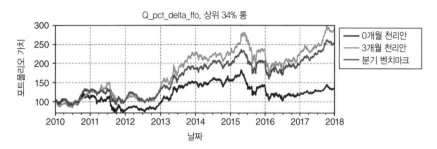

그림 10.5 Q_pct_delta_ffo 수익률 대 분기 벤치마크

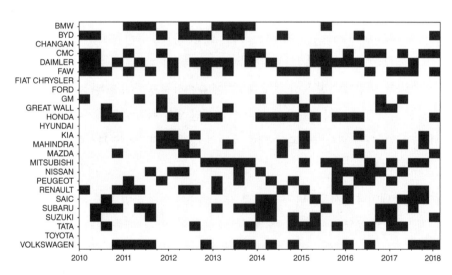

그림 10.6 롱 임계값 66%을 사용한 3개월 천리안에서의 Q_pct_delta_ffo에 대해 시간에 걸쳐 보유된 주식의 히트맵

이제 Q_pct_delta_ffo를 모델링할 수 있는 전략으로 확인했으므로, 이것이 무엇을 의미하는지 고려하는 것이 중요하다. 우리는 미래에 대한 완벽한 지식으로 우리가 바랄 수 있

---

21 사실 이는 우리가 분석에 테슬라를 포함하면 일어나는 일이다. 재고 기반 전략의 경우 테슬라와 일부 다른 회사들을 선택하는데, 주로 테슬라 때문에 강한 수익률을 경험한다.

는 최고의 CAGR이 ffo의 완벽한 예측으로 14.3%라는 것을 발견했다. 대체 데이터는 미래 ffo 값과 관련돼야 하는 특성의 분해를 제공하지만, 시장이 가지고 있는 것보다 이른 시점에, 특히 특정 국가의 보고 지연을 고려하면 100% 정확도로 예측할 수 없을 것이다. 0개월 천리안의 Q_pct_delta_ffo가 벤치마크보다 성과가 훨씬 나쁘다는 점을 감안할 때, 예측된 팩터를 사용해 벤치마크를 이길 수 있으려면 상당히 높은 예측 정확도를 얻어야 한다. Q_pct_delta_ffo 모델링을 진행하기 전에 상당한 시간을 특성 공학^{engieering} ^{features} 등에 소비할 수 있으므로 이들 전략을 이길 수 있는지를 알아보기 위해 대체 데이터를 직접 활용하는 다른 간단한 방법이 있는지 확인하는 것이 타당하다.

10.4 접근법 2: 직접적 접근법

기업의 재무제표 보고서로부터 팩터를 구축한 방법(즉, 기업의 펀더멘털을 사용해)과 유사하게 (또한 펀더멘털을 전혀 예측하지 않고 직접 수익률을 예측하기 위해 대체 데이터를 사용할 수 있다 (6장의 모델 B)). 이렇게 하면 특히 대체 데이터에 순수하게 공학적 또는 물류적 특성이 포함된 경우 회계 및 경제적 직관을 희생할 수 있지만 일부 복잡성은 제거된다. 다행히 대체 데이터 집합에는 회사의 성과에 대한 우리의 경제적 직관에 연관시킬 수 있는 변수(예: 생산)가 있다.

자동차 동세 데이터를 사용하면 우리는 몇 가지 범주에 걸쳐 산업 특화 척도를 사용해 자동차 제조업체의 운영을 구체화하는 팩터를 산출할 수 있다. 매출 기반 팩터는 미국 및 중국과 같은 주요 시장에서 역사적 매출, 잠재적 매출 및 시장 점유율을 측정한다. 생산 팩터는 생산량 추이를 살펴보고 공장 가동율을 측정한다. 차량 동향 팩터는 모델 수명 주기의 변화와 전기 자동차 시장에 대한 기업의 참여도 변화를 살펴본다.

10.4.1 데이터

10.2절에서 설명한 바와 같이 2008년까지의 과거 자동차 데이터셋을 사용해 자동차 제조업체의 과거 판매 동향, 생산 동향, 시장 노출 및 전기화 정책을 포착하는 몇 가지 팩터를 만들고 수익률의 횡단면적 설명 가능성을 분석했다. 이 접근법은 IHS Markit 분석가의 전문가 의견에 의해 더 많은 정보를 얻기 때문에 이전에 채택한 순수 데이터 마이닝과 다르다. 보고 목적으로 팩터 그룹을 대표하는 주요 팩터(표 10.6 참조)을 선택했으며, 보고하지 않은 다른 팩터(표 10.6 참조)들은 이들 팩터와 높은 상관관계가 있다. 다른 모든 팩터를 구축한 핵심 팩터는 다음과 같다.

- 전월 판매량
- 3개월 후 예상 매출 수익
- 전월 생산량
- 전월 공장 가동율 수준
- 전월 세계 시장 점유율
- 전월의 미국 시장 점유율
- 전월 중국 시장 점유율
- 현재의 전기 자동차 비율
- 현재 평균 생산 종료까지의 시간time to EOP
- 현재 평균 연령
- 현재 평균 수명 주기

이러한 각 팩터가 나타내는 것에 대한 설명은 부록 10.7.4에 있다.

10.4.2 팩터 생성

이들 각 특성에 대한 보고서가 매월 각 회사에 제공되므로 데이터를 사용할 수 있는 방법은 두 가지가 있다.

1. "최신" 데이터 예: 2010년 1월에 발견한 판매량에 대해 보고된 모든 데이터

2. "지연된" 데이터 예: 나중에 2010년 3월 1일까지 우리가 아는 2010년 1월에 관련된 판매량에 대해 보고된 모든 데이터[22]

우리는 가장 새로운 데이터를 사용하기로 결정했다. 그렇지 않으면 데이터를 사용할 수 있게 된 후 최대한 빨리 사용하는 것과 전체 회사 데이터셋의 전체 그림[23]을 더 잘 이해하는 것 사이의 균형을 결정해야 한다.

이러한 "핵심" 팩터로부터 우리는 더 큰 팩터 세트를 생성한다. 프로세스는 다음과 같다.

1. $\{3, 12\}$의 x에 대해 각 핵심 팩터를 최근 x개월 합으로 집계한다.[24] 연내에 발생하는 자연 분할을 고려하기 위해 이 작업을 하는데 즉 월, 분기, 연 단위로 보기 위해 이 작업을 수행한다. 예를 들어 이렇게 하면 이전 분기의 판매량 수치를 갖게 된다.

2. 1단계 이후의 각 팩터에 대해 $\{1, n_{sum}\}$의 x에 대한 x-개월 Δ-차이 및 x-개월 %Δ-차이를 자체적으로 계산하라. 여기서 n_{sum}은 1단계에서 팩터를 생성하기 위해 합쳐진 월 수를 나타낸다. 1단계와 유사하게, 이들 팩터들 각각이 그 해의 이전의 자연적인 중단점 이후 어떻게 변화했는지 아는 것이 유용할 수 있기 때문에 이를 수행한다. 예를 들어 최근 1년간의 판매량을 12개월 전과 비교할 수 있다.

3. 2단계에서 생성된 각 특성에 대해, 우리는 추세 성분을 식별하는 기본적인 방법으로 최근 2개월trailing 2-month의 평균을 취한다(SMA 전략과 유사). 이를 통해 1단계와 2단계에서 생성된 각 팩터의 평균 성장 추세를 알 수 있다.

4. 그런 다음, 횡단 면적으로 살용할 수 없는 팩터들(수량 차이(백분율 차이보다는)와 관련된 어떠한 팩터)를 제거한다. 이들은 회사 규모에 따라 달라지고 다른 규모의 회사와 비교할 때 회사의 강점을 크게 나타내지 않기 때문이다.

---

22 국가별 이러한 지연에 대한 표는 표 10.12의 부록 10.7.5에서 찾을 수 있다.

23 우리가 선택한 방법이 더 낫다는 것은 아니지만, 그것은 우리가 해야만 하는 또 다른 선택을 제거한다.

24 예상 매출액은 이미 최근 3개월 형태이므로 최근 12개월 형태만 더한다.

명명 규칙으로 각 팩터의 구조는 ⟨core factor⟩-⟨aggregation⟩-⟨difference⟩-⟨mean⟩ 이다. sales_volume_prev_3m_sum_prev_1m_pct_change_prev_2m_mean은 판매 량sales volume을 취할 때 다음에 상응한다.

1. 최근 3개월 합 적용
2. 1의 결과에 대한 이전 1개월과의 %Δ-차이 계산
3. 2의 결과의 최근 2개월 평균을 취한다.

이를테면 생산량 증가 추세가 더 긍정적인 기업(예: prod_volume_prev_3m_sum_prev_pct_change_prev_2m_mean)이 덜 긍정적인 기업보다 다음 달에 더 큰 수익률을 경험하기를 희망한다.

이 과정은 약 2,000개의 팩터를 생성하며, 그 중 많은 팩터는 높은 상관관계가 있을 것이기 때문에, 우리는 우리와 IHS Markit의 전문가 분석가들이 그러한 전략에 대한 합리적인 팩터로 간주한 것 중에서 몇 개를 선택해 여기서 논의한다. 이들 팩터과 이들 팩터가 포착하려고 하는 것의 설명은 표 10.6에서 확인할 수 있다.

10.4.3 팩터 성과

다음으로, 이전에 선택한 팩터 중 "최신" 팩터에 대한 팩터 성과를 분석한다. 요인 효과를 테스트하기 위해, 우리는 펀더멘털 기반 팩터 접근법을 사용한 방법과 유사하게 66%의 롱 임계값을 사용하고 숏은 사용하지 않고 분기별 리밸런싱하는 거래에서 얻은 CAGR과 함께 각 팩터의 IC 및 MQG를 다시 추적한다. 결과는 표 10.7에서 확인할 수 있다.

이는 많은 양의 정보이기 때문에 표 10.8에 CAGR에 따른 상위 10개 전략만 제시한다.

상위 10개 전략 중 8개는 표 10.4의 동일 가중 Y 벤치마크를 능가한다. 게다가 이들 중 2개를 제외하고 모두 1%를 넘는 MQG를 가지고 있다. 마지막으로, 그들 중 절반은 0.03를 넘는 IC를 가지고 있다. 상위 3개 전략은 특히 성과가 좋은 기업으로 모두 CAGR이 16%를 초과하고, IC는 0.03을 초과하고, MQG는 2.4%를 초과한다.

또한 위의 모든 전략은 파라미터 안정성 테스트와 함께 10.3.2.7절에 언급된 시간 및 회사 제거 강건성 테스트를 통과한다는 점에 유의할 필요가 있다. 그들은 또한 그들이 미래의 수익률을 예측할 수 있기 때문에, 즉 그들 모두가 어떤 식으로든 다른 회사들에 비해 회사의 성장이나 상대적 규모의 증가를 예측하기 때문에 경제적으로 의미가 있다.

마지막으로, 10.3절과 펀더멘털 기반 팩터와 여기에 언급된 대체 데이터 기반 팩터의 경우 대부분 포트폴리오 규모가 더 작아지고 변동성이 증가할 가능성의 비용으로 롱 임계값을 증가시킴으로써 더 큰 CAGR을 관측할 수 있다는 점에 주목할 필요가 있다. 게다가 벤치마크보다 성능이 뛰어난 대체 데이터셋에서 생성된 다른 많은 팩터가 있지만 그것들은 모두 위에서 언급한 것과 밀접하게 연관돼 있고, 따라서 높은 상관관계를 가지고 있다.

따라서 우리는 대체 데이터를 사용해 팩터를 직접 생성하면 미래의 펀더멘털에 대한 완벽한 지식을 사용한 전략보다 더 우수한 성능을 얻을 수 있음을 보여줬다. 이 방법은 더 이상의 모델링이 필요하지 않고 그대로 "거래할 준비"가 돼 있으므로, 우리는 10.3.2.7절의 팩터를 모델링하지 않고 위에 제시된 팩터들에 대한 분석을 계속하기로 결정한다.

미국이나 중국의 판매량 기반 팩터로 유니버스를 분할한 팩터들이 좋은 성과를 낸다는 점이 흥미롭다. 이유는 분명하지 않지만, (1) 대부분의 비중국 기업들은 다른 나라 제조업체의 판매량에 비해 중국 밖에서 (있다면) 큰 판매량을 보지 못하고 (2) 많은 비중국 기업들은 중국 제조업체의 판매량에 비해 중국 내에서 큰 판매량을 보지 못한다는 사실에 기인할 수 있다. 그리고 (3) 기업들은 주요 시장 내에서의 성장을 가늠할 수 있다. 이와 같이 중국 기업은 중국 내 성장률을, 비중국 기업(확실히 미국 기반 기업)은 미국(또는 우리가 데이터를 가지고 있지 않은 유럽 내) 성장률을 측정할 가능성이 높다. 따라서 이러한 지리적 시장에 기반을 둔 팩터들은 주식 시장이 기업의 주식을 어떻게 다루는지에 대한 더 많은 정보를 가질 가능성이 높다.

표 10.6 대체 데이터셋으로부터 작성된 자동차 팩터

팩터 유형	팩터	설명
Production	prod_volume_prev_12m_sum_prev_12m_pct_change	연간 생산량 변화
Production	prod_volume_prev_12m_sum_prev_12m_pct_change_prev_2m_mean	연간 생산량 연간 성장 추세
Production	prod_volume_prev_12m_sum_prev_1m_pct_change	연간 생산량 월별 변화
Production	prod_volume_prev_12m_sum_prev_1m_pct_change_prev_2m_mean	연간 생산량 월별 성장 추세
Production	prod_volume_prev_12m_sum_prev_3m_pct_change	연간 생산량 분기별 변화
Production	prod_volume_prev_12m_sum_prev_3m_pct_change_prev_2m_mean	연간 생산량 분기별 성장 추세
Production	prod_volume_prev_1m_pct_change	월별생산량 월별 변화
Production	prod_volume_prev_1m_pct_change_prev_2m_mean	월별생산량 성장 추세
Production	prod_volume_prev_3m_sum_prev_12m_pct_change	분기별 생산량 연간 변화
Production	prod_volume_prev_3m_sum_prev_12m_pct_change_prev_2m_mean	분기별 생산량 연간 증가 추세
Production	prod_volume_prev_3m_sum_prev_1m_pct_change	분기별 생산량 월별 변화
Production	prod_volume_prev_3m_sum_prev_1m_pct_change_prev_2m_mean	분기별 생산량 월별 증가 추세
Production	prod_volume_prev_3m_sum_prev_3m_pct_change	분기별 생산량 분기별 변화
Production	prod_volume_prev_3m_sum_prev_3m_pct_change_prev_2m_mean	분기별 생산량 분기별 성장 추세
Production	ave_utilization	평균 생산 공장 가동률
Production	ave_utilization_prev_1m_pct_change	생산 공장 가동률 월간 변화
Production	ave_utilization_prev_1m_pct_change_prev_2m_mean	월별 생산 공장 가동률 성장 추세
Sales/Registration	revenues_sales_prev_3m_sum_prev_12m_pct_change	분기별 매출액의 연간 변화
Sales/Registration	revenues_sales_prev_3m_sum_prev_12m_pct_change_prev_2m_mean	분기별 매출액 연간 성장 추세
Sales/Registration	revenues_sales_prev_3m_sum_prev_1m_pct_change	분기별 매출액의 월별 변화
Sales/Registration	revenues_sales_prev_3m_sum_prev_1m_pct_change_prev_2m_mean	분기별 매출액 월별 증가 추세
Sales/Registration r	evenues_sales_prev_3m_sum_prev_3m_pct_change	분기별 매출액 분기별 변화

Category	Field	Description
Sales/Registration	revenues_sales_prev_3m_sum_prev_3m_sum_prev_12m_pct_change_prev_2m_mean	분기별 매출액 분기별 성장 추세
Sales/Registration	sales_volume_prev_12m_sum_prev_12m_pct_change	연간 매출액 연간 변화
Sales/Registration	sales_volume_prev_12m_sum_prev_12m_pct_change_prev_2m_mean	연간 매출액 연간 성장 추세
Sales/Registration	sales_volume_prev_12m_sum_prev_1m_pct_change	연간 매출액 월간 변화
Sales/Registration	sales_volume_prev_12m_sum_prev_1m_pct_change_prev_2m_mean	연간 매출액 월간 성장 추세
Sales/Registration	sales_volume_prev_12m_sum_prev_3m_pct_change	연간 매출액 분기별 변화
Sales/Registration	sales_volume_prev_12m_sum_prev_3m_pct_change_prev_2m_mean	연간 매출액 분기별 증가 추세
Sales/Registration	sales_volume_prev_1m_pct_change	월판매량 월별 변화
Sales/Registration	sales_volume_prev_1m_pct_change_prev_2m_mean	월판매량 증가 추세
Sales/Registration	sales_volume_prev_3m_sum_prev_12m_pct_change	분기별 판매량 연간 변화
Sales/Registration	sales_volume_prev_3m_sum_prev_12m_pct_change_prev_2m_mean	분기별 판매 연간 성장 추세
Sales/Registration	sales_volume_prev_3m_sum_prev_1m_pct_change	분기별 판매량 월별 변화
Sales/Registration	sales_volume_prev_3m_sum_prev_1m_pct_change_prev_2m_mean	분기별 판매량 월별 성장 동향
Sales/Registration	sales_volume_prev_3m_sum_prev_3m_pct_change	분기별 판매량 분기별 변화
Sales/Registration	sales_volume_prev_3m_sum_prev_3m_pct_change_prev_2m_mean	분기별 판매량 분기별 증가 추세
Sales/Registration	usa_sales_volume_prev_12m_sum_prev_3m_pct_change	미국 연간 판매량의 분기별 변화
Sales/Registration	china_sales_volume_prev_12m_sum_prev_3m_pct_change	중국 연간 판매량의 분기별 변화
Market Share	china_market_share_prev_3m_sum_prev_3m_sum_prev_3m_pct_change_prev_2m_mean	지난 분기 평균 중국 시장 점유율 분기별 성장 추세
Market Share	china_market_share_prev_1m_pct_change	중국 시장 점유율 월별 변화
Market Share	usa_market_share_prev_3m_sum_prev_3m_sum_prev_3m_pct_change_prev_2m_mean	지난 분기 평균 미국 시장 점유율 분기별 성장 추세
Market Share	usa_market_share_prev_1m_pct_change	미국 시장 점유율 월별 변화
Market Share	ww_market_share_prev_3m_sum_prev_3m_sum_prev_3m_pct_change_prev_2m_mean	지난 분기 세계 시장 평균 점유율 분기별 성장 추세
Market Share	ww_market_share_prev_1m_pct_change	전 세계 시장 점유율의 월별 변화
Electrification	electric_ratio_prev_1m_pct_change	전기 자동차 비율 월별 변화

342

표 10.7 가장 최근의 자동차 공장 요약 통계량

팩터	CAGR	IC	MQG
prod_volume_prev_12m_sum_prev_12m_pct_change	0.102	0.028	0.0075
prod_volume_prev_12m_sum_prev_12m_pct_change_prev_2m_mean	0.102	0.033	0.0085
prod_volume_prev_12m_sum_prev_1m_pct_change	0.091	−0.020	−0.0149
prod_volume_prev_12m_sum_prev_1m_pct_change_prev_2m_mean	0.107	0.023	−0.0050
prod_volume_prev_12m_sum_prev_3m_pct_change	0.103	0.020	−0.0229
prod_volume_prev_12m_sum_prev_3m_pct_change_prev_2m_mean	0.119	0.014	−0.0187
prod_volume_prev_1m_pct_change	0.058	−0.048	−0.0241
prod_volume_prev_1m_pct_change_prev_2m_mean	0.136	0.059	0.0203
prod_volume_prev_3m_sum_prev_12m_pct_change	0.110	0.016	−0.0189
prod_volume_prev_3m_sum_prev_12m_pct_change_prev_2m_mean	0.111	0.014	−0.0168
prod_volume_prev_3m_sum_prev_1m_pct_change	0.110	−0.004	−0.0144
prod_volume_prev_3m_sum_prev_1m_pct_change_prev_2m_mean	0.110	0.030	0.0077
prod_volume_prev_3m_sum_prev_3m_pct_change	0.061	−0.009	−0.0029
prod_volume_prev_3m_sum_prev_3m_pct_change_prev_2m_mean	0.006	−0.010	−0.0122
ave_utilization	0.105	0.007	−0.0099
ave_utilization_prev_1m_pct_change	0.078	−0.070	−0.0379
ave_utilization_prev_1m_pct_change_prev_2m_mean	0.120	0.039	0.0268
revenues_sales_prev_3m_sum_prev_12m_pct_change	0.093	−0.012	0.0022
revenues_sales_prev_3m_sum_prev_12m_pct_change_prev_2m_mean	0.082	−0.010	−0.0034
revenues_sales_prev_3m_sum_prev_1m_pct_change	0.146	0.027	0.0275
revenues_sales_prev_3m_sum_prev_1m_pct_change_prev_2m_mean	0.121	0.027	0.0221
revenues_sales_prev_3m_sum_prev_3m_pct_change	0.115	0.017	0.0070
revenues_sales_prev_3m_sum_prev_3m_pct_change_prev_2m_mean	0.092	−0.016	−0.0245
sales_volume_prev_12m_sum_prev_12m_pct_change	0.120	−0.010	−0.0076
sales_volume_prev_12m_sum_prev_12m_pct_change_prev_2m_mean	0.107	−0.014	−0.0039
sales_volume_prev_12m_sum_prev_1m_pct_change	0.127	0.031	0.0153
sales_volume_prev_12m_sum_prev_1m_pct_change_prev_2m_mean	0.093	0.003	0.0055
sales_volume_prev_12m_sum_prev_3m_pct_change	0.098	−0.017	−0.0054
sales_volume_prev_12m_sum_prev_3m_pct_change_prev_2m_mean	0.091	−0.020	−0.0102
sales_volume_prev_1m_pct_change	0.104	0.004	0.0287
sales_volume_prev_1m_pct_change_prev_2m_mean	0.147	0.024	0.0261

sales_volume_prev_3m_sum_prev_12m_pct_change	0.096	−0.020	−0.0047
sales_volume_prev_3m_sum_prev_12m_pct_change_prev_2m_mean	0.093	−0.028	−0.0152
sales_volume_prev_3m_sum_prev_1m_pct_change	0.109	0.000	0.0307
sales_volume_prev_3m_sum_prev_1m_pct_change_prev_2m_mean	0.122	0.020	−0.0005
sales_volume_prev_3m_sum_prev_3m_pct_change	0.128	0.007	0.0066
sales_volume_prev_3m_sum_prev_3m_pct_change_prev_2m_mean	0.124	−0.008	−0.0046
usa_sales_volume_prev_12m_sum_prev_3m_pct_change	0.187	0.081	0.0326
china_sales_volume_prev_12m_sum_prev_3m_pct_change	0.137	0.025	−0.0008
china_market_share_prev_3m_sum_prev_3m_pct_change_prev_2m_mean	0.077	−0.003	−0.0168
china_market_share_prev_1m_pct_change	0.141	0.003	0.0106
usa_market_share_prev_3m_sum_prev_3m_pct_change_prev_2m_mean	0.162	0.032	0.0377
usa_market_share_prev_1m_pct_change	0.085	−0.014	−0.0051
ww_market_share_prev_3m_sum_prev_3m_pct_change_prev_2m_mean	0.121	0.036	−0.0035
ww_market_share_prev_1m_pct_change	0.169	0.065	0.0242
electric_ratio_prev_1m_pct_change	0.118	0.047	0.0203

표 10.8 CAGR 기준 상위 10 대체 데이터 전략

팩터	CAGR	IC	MQG
usa_sales_volume_prev_12m_sum_prev_3m_pct_change	0.187	0.081	0.0326
ww_market_share_prev_1m_pct_change	0.169	0.065	0.0242
usa_market_share_prev_3m_sum_prev_3m_pct_change _prev_2m_mean	0.162	0.032	0.0377
sales_volume_prev_1m_pct_change_prev_2m_mean	0.147	0.024	0.0261
revenues_sales_prev_3m_sum_prev_1m_pct_change	0.146	0.027	0.0275
china_market_share_prev_1m_pct_change	0.141	0.003	0.0106
china_sales_volume_prev_12m_sum_prev_3m_pct_change	0.137	0.025	−0.0008
prod_volume_prev_1m_pct_change_prev_2m_mean	0.136	0.059	0.0203
sales_volume_prev_3m_sum_prev_3m_pct_change	0.128	0.007	0.0066
sales_volume_prev_12m_sum_prev_1m_pct_change	0.127	0.031	0.0153

10.4.4 팩터 결과 세부 사항

10장에서는 표 10.8에서의 상위 10팩터 중 3개에 대한 결과를 보인다. 즉,

- revenues_sales_prev_3m_sum_prev_1m_pct_change
- ww_market_share_prev_1m_pct_change
- usa_sales_volume_prev_12m_sum_prev_3m_pct_change

10.4.4.1 revenues_sales_prev_3m_sum_prev_1m_pct_change – 분기별 매출 월별 변화

첫 번째 팩터인 revenues_sales_prev_3m_sum_prev_1m_pct_change(그림 10.8 참조) 분기별 매출의 월별 변화에 대한 현재 최선의 추정치를 측정한다. 이와 같이, 이는 단기 매출 증가의 척도이며, 따라서 우리는 미래 수익률의 예측변수로서 경제적 타당성이 있다고 생각한다. 분기별 리밸런싱 벤치마크인 12.4%에 비해 14.6%의 CAGR을 달성해 분기별 리밸런싱 벤치마크보다 높은 수치를 보이고 있다(표 10.4 및 그림 10.7 참조). 이러한 우수한 성과를 뒷받침하는 것은 2.75%의 MQG이며, 0.027의 IC는 강한 것으로 간주되는 0.03의 값보다는 작지만 0.03에 가깝다. 또한 5분위 그림은 Q1에서 Q5로 확실한 증가를 보여주며, Q4만 약간 이상치로 나타난다(그림 10.8 참조). 마지막으로, 우리는 전략이 평균 12개월 적중률hit rate(즉, 양의 수익률을 경험하는 연간 평균 개월 수) 75%를 획득했다는 것에 주목한다.

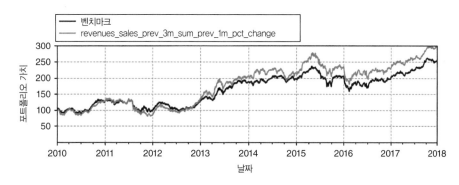

그림 10.7 revenues_sales_prev_3m_sum_prev_1m_pct_change 수익률 그래프 대 분기별 벤치마크

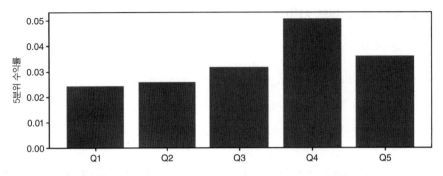

그림 10.8 revenues_sales_prev_3m_sum_prev_1m_pct_change 5분위 CAGR

10.4.4.2 ww_market_share_prev_1m_pct_changee − 세계 시장 점유율 월별 변화

두 번째 팩터인 ww_market_share_prev_1m_pct_change는 각 회사의 전 세계 시장 매출 점유율의 월별 변화에 대한 최선의 추정치를 측정한다. 따라서 이는 다시 한 번 매출 성장을 나타내는 척도이지만, 이번에는 다른 회사 대비 실적을 고려한다. 타사에 비한 각 기업의 매출 성장을 감안한다는 점에서 향후 수익률을 예측할 수 있고, 개별 매출 증가만 고려할 때보다 더 실적을 잘 설명할 수 있는 팩터라는 점에서 더욱 타당하다고 할수 있다. 우리는 이 팩터의 전략이 16.9%의 CAGR을 달성하면서 거의 모든 백테스트에서 우리의 기준치를 상회한다는 것을 알 수 있다(표 10.4와 그림 10.9 참조). IC와 MQG 모두 0.065, 2.42%로 매우 강한 성능을 보완했다. 5분위도 또한 단조롭지는 않지만 하위 5분위기에서 상위 5분위기로 확실히 증가해 유망하다(그림 10.10 참조). 마지막으로, 전략이 12개월 동안 74%의 적중률을 달성했다는 것에 주목해야 한다.

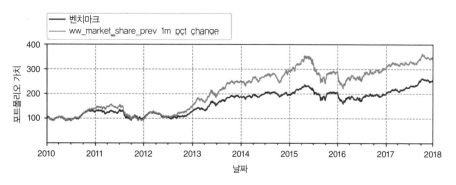

그림 10.9 ww_amrket_share_prev_1m_pct_change 수익률 그래프 대 분기별 벤치마크

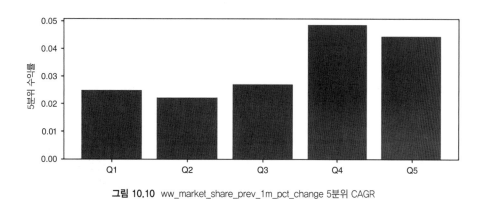

그림 10.10 ww_market_share_prev_1m_pct_change 5분위 CAGR

10.4.4.3 usa_sales_volume_prev_12m_sum_prev_3m_pct_change – 미국 연간 판매량 분기별 변화

세 번째이자 마지막으로 자세히 분석한 팩터는 usa_sales_volume_prev_12m_sum_prev_3m_pct_change로 전년도 미국 판매량 마지막 분기 이후 변화를 측정한다. 이것은 또 다른 판매 성장 척도이지만, 이 팩터는 중국 자동차 제조업체들이 미국에서 판매하지 않기 때문에 그들은 0 성장을 경험한다는 사실 때문에 항상 중국 자동차 제조업자들을 중간 순위로 매길 가능성이 높다는 점에 주목해야 한다. 관련 전략은 18.7%로 우리가 고려하는 것 중 가장 높은 CAGR을 달성하고, 이는 0.081의 IC와 3.26%의 MQG에 의해 뒷받침된다. IC 측면에서 우리의 가장 강한 성과이며 MQG 측면에서 두 번째로 강하다.

수익률 그래프(그림 10.11)와 5분위 그림(그림 10.12)은 우리 전략의 누적 수익률이 항상 벤치마크 수익률보다 높은 것을 보여주며, 5분위 그림은 Q1에서 Q5로 분명한 증가를 보여주며, Q5는 나머지 5분위수를 훨씬 능가하는 것을 보여준다는 점에서 매우 유망하다. 마지막으로, 전략의 12개월 적중률이 72%라는 것에 주목한다.

그림 10.11 usa_sales_volume_prev_12m_sum_prev_3m_pct_change 수익률 그래프 대 분기별 벤치마크

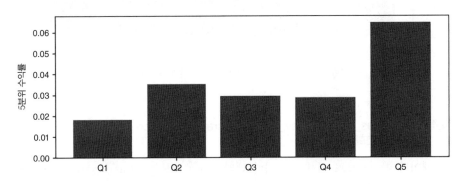

그림 10.12 usa_sales_volume_prev_12m_sum_prev_3m_pct_change 5분위 CAGR

10.4.4.4 팩터 상관관계

포트폴리오를 분산하는 측면에서, 우리는 팩터 투자에 대한 스마트 베타 접근법을 취해서 여러 팩터에 한꺼번에 투자하기를 원할 수 있다. 그렇게 할 때, 우리는 팩터들이 동일한 정보를 대표하지 않도록 하고 동일한 유형의 위험에 대해 보상하지 않도록 해야 한다. 따라서 우리는 두 가지 중요한 방법으로 팩터들이 서로 어떻게 상호 연관되는지 살펴본다. 우선 각각에 대해,[25]

1. ww_market_share_prev_1m_pct_change
2. sales_volume_prev_1m_pct_change_prev_2m_mean
3. prod_volume_prev_1m_pct_change_prev_2m_mean
4. revenues_sales_prev_3m_sum_prev_1m_pct_change
5. usa_sales_volume_prev_12m_sum_prev_3m_pct_change

동일 비중 분기별 리밸런싱 포트폴리오를 초과하는 각 전략의 포트폴리오 주별 수익률과 표 10.6의 다른 팩터들의 초과 수익률과의 피어슨 상관관계를 조사한다. 이러한 상관관계는 표 10.9에 보여주고 있다.

---

25 이들은 표 10.8의 상위 최고성과를 내는 팩터들 중 5개를 나타낸다.

표 10.9 롱 최상위 33% 전략의 동일 비중 벤치마크 대비 초과 수익률 피어슨 상관관계

	1	2	3	4	5
prod_volume_prev_12m_sum_prev_12m_pct_change	0.14	0.29	0.01	0.10	0.16
prod_volume_prev_12m_sum_prev_12m_pct_change_prev_2m_mean	0.13	0.26	-0.02	0.08	0.18
prod_volume_prev_12m_sum_prev_1m_pct_change	0.26	0.27	0.17	0.21	0.24
prod_volume_prev_12m_sum_prev_1m_pct_change_prev_2m_mean	0.29	0.36	0.21	0.26	0.16
prod_volume_prev_12m_sum_prev_3m_pct_change	0.23	0.30	0.12	0.19	0.17
prod_volume_prev_12m_sum_prev_3m_pct_change_prev_2m_mean	0.23	0.26	0.08	0.17	0.16
prod_volume_prev_1m_pct_change	0.18	0.19	0.21	0.14	0.27
prod_volume_prev_1m_pct_change_prev_2m_mean	0.33	0.43	N/A	0.35	-0.01
prod_volume_prev_3m_sum_prev_12m_pct_change	0.27	0.30	0.13	0.24	0.21
prod_volume_prev_3m_sum_prev_12m_pct_change_prev_2m_mean	0.25	0.29	0.09	0.18	0.18
prod_volume_prev_3m_sum_prev_1m_pct_change	0.38	0.31	0.37	0.55	0.14
prod_volume_prev_3m_sum_prev_1m_pct_change_prev_2m_mean	0.34	0.18	0.24	0.48	0.18
prod_volume_prev_3m_sum_prev_3m_pct_change	0.22	0.10	-0.01	0.33	0.13
prod_volume_prev_3m_sum_prev_3m_pct_change_prev_2m_mean	0.12	0.01	-0.05	0.25	0.17
ave_utilization	0.22	0.22	0.30	0.10	0.29
ave_utilization_prev_1m_pct_change	0.34	0.24	0.20	0.18	0.31
ave_utilization_prev_1m_pct_change_prev_2m_mean	0.27	0.39	0.64	0.21	0.16
revenues_sales_prev_3m_sum_prev_12m_pct_change	0.23	0.32	0.09	0.16	0.30
revenues_sales_prev_3m_sum_prev_12m_pct_change_prev_2m_mean	0.26	0.27	0.10	0.22	0.25
revenues_sales_prev_3m_sum_prev_1m_pct_change	0.46	0.37	0.35	N/A	0.19
revenues_sales_prev_3m_sum_prev_1m_pct_change_prev_2m_mean	0.31	0.35	0.38	0.63	0.10
revenues_sales_prev_3m_sum_prev_3m_pct_change	0.38	0.20	0.26	0.63	0.11

revenues_sales_prev_3m_sum_prev_3m_pct_change_prev_2m_mean	0.26	0.14	0.13	0.32	0.09
sales_volume_prev_12m_sum_prev_12m_pct_change	0.11	0.25	0.07	0.02	0.05
sales_volume_prev_12m_sum_prev_12m_pct_change_prev_2m_mean	0.14	0.25	0.09	0.04	0.04
sales_volume_prev_12m_sum_prev_1m_pct_change	0.29	0.36	0.10	0.26	0.27
sales_volume_prev_12m_sum_prev_1m_pct_change_prev_2m_mean	0.20	0.32	0.10	0.11	0.21
sales_volume_prev_12m_sum_prev_3m_pct_change	0.24	0.36	0.13	0.16	0.21
sales_volume_prev_12m_sum_prev_3m_pct_change_prev_2m_mean	0.20	0.34	0.12	0.11	0.06
sales_volume_prev_1m_pct_change	0.62	0.41	0.18	0.64	0.24
sales_volume_prev_1m_pct_change_prev_2m_mean	0.44	N/A	0.43	0.37	−0.04
sales_volume_prev_3m_sum_prev_12m_pct_change	0.22	0.36	0.10	0.14	0.21
sales_volume_prev_3m_sum_prev_12m_pct_change_prev_2m_mean	0.20	0.34	0.12	0.12	0.06
sales_volume_prev_3m_sum_prev_1m_pct_change	0.46	0.41	0.36	0.90	0.03
sales_volume_prev_3m_sum_prev_1m_pct_change_prev_2m_mean	0.34	0.42	0.33	0.70	0.07
sales_volume_prev_3m_sum_prev_3m_pct_change	0.31	0.24	0.19	0.57	−0.01
sales_volume_prev_3m_sum_prev_3m_pct_change_prev_2m_mean	0.18	0.13	0.11	0.29	0.07
usa_sales_volume_prev_12m_sum_prev_3m_pct_change	0.18	−0.04	−0.01	0.19	N/A
china_sales_volume_prev_12m_sum_prev_3m_pct_change	0.08	−0.02	−0.04	0.16	0.28
china_market_share_prev_3m_sum_prev_3m_pct_change_prev_2m_mean	0.06	0.04	0.12	0.27	0.10
china_market_share_prev_1m_pct_change	0.34	0.20	0.13	0.32	0.53
usa_market_share_prev_3m_sum_prev_3m_pct_change_prev_2m_mean	0.26	0.03	0.12	0.25	0.43
usa_market_share_prev_1m_pct_change	0.14	−0.17	−0.06	0.13	0.44
ww_market_share_prev_3m_sum_prev_3m_pct_change_prev_2m_mean	0.23	0.10	0.24	0.37	0.15
ww_market_share_prev_1m_pct_change	N/A	0.44	0.32	0.46	0.18
electric_ratio_prev_1m_pct_change	0.15	0.03	−0.01	0.06	0.16

예상했던 대로 몇몇 팩터들은 실제로 여기서 분석하기로 선택한 다섯 가지 팩터와 높은 상관관계를 가지고 있다. 그러나 특히 흥미로운 것은 다음과 같은 낮은 상관관계이다.

- ww_market_share_prev_1m_pct_change와 china_sales_volume_prev_12m_sum_prev_3m_pct_change = 0.08

- sales_volume_prev_1m_pct_change_prev_2m_mean와 usa_sales_volume_prev_12m_sum_prev_3m_pct_change = −0.04

- sales_volume_prev_1m_pct_change_prev_2m_mean와 china_sales_volume_prev_12m_sum_prev_3m_pct_change = −0.02

- sales_volume_prev_1m_pct_change_prev_2m_mean와 usa_market_share_prev_3m_sum_prev_3m_pct_change_prev_2m_mean = 0.03

- prod_volume_prev_1m_pct_change_prev_2m_mean와 usa_sales_volume_prev_12m_sum_prev_3m_pct_change = −0.01

- prod_volume_prev_1m_pct_change_prev_2m_mean와 china_sales_volume_prev_12m_sum_prev_3m_pct_change = −0.04

이들 쌍 각각은 각 개별 팩터의 관련 전략과 매우 낮은 상관관계를 가지고 있어 벤치마크를 능가한 CAGR을 생성한다.

다음으로, 우리는 팩터들이 유발하는 포트폴리오의 수익률 간의 상관관계보다는 팩터들 자체 간의 상관관계(예: prod_volume_prev_12m_sum_prev_12m_pct_change와 ave_utilization 간)를 고려한다. 전략이 산출하는 초과 수익률 다음으로, 이러한 팩터들이 유발하는 순위는 팩터의 직교성을 평가하고자 할 때 고려해야 할 가장 중요한 문제다. 이를 위해 각 팩터 간의 시간에 따른 평균 스피어먼 상관관계를 계산한다. 즉, t_0에서 t_n까지의 시간에서 각 팩터 간의 스피어먼 상관관계를 계산하고 평균을 구한다. 우리는 그 결과를 표 10.10에 보고한다.

다시 말하지만, 비록 우리가 팩터들 사이에 꽤 강한 상관관계가 있다는 것을 알 수 있지만, 또한 우리는 상관관계가 거의 없는 몇 개를 가지고 있는 것처럼 보인다. 특히 다음을 가진다.

- ww_market_share_prev_1m_pct_change와 usa_sales_volume_prev_12m_sum_prev_3m_pct_change = 0.00

- ww_market_share_prev_1m_pct_change와 china_sales_volume_prev_12m_sum_prev_3m_pct_change = 0.04

- ww_market_share_prev_1m_pct_change와 usa_market_share_prev_3m_sum_prev_3m_pct_change_prev_2m_mean = −0.03

- sales_volume_prev_1m_pct_change_prev_2m_mean와 usa_sales_volume_prev_12m_sum_prev_3m_pct_change = 0.04

- sales_volume_prev_1m_pct_change_prev_2m_mean와 china_sales_volume_prev_12m_sum_prev_3m_pct_change = 0.04

- sales_volume_prev_1m_pct_change_prev_2m_mean와 usa_market_share_prev_3m_sum_prev_3m_pct_change_prev_2m_mean = 0.00

- prod_volume_prev_1m_pct_change_prev_2m_mean와 usa_sales_volume_prev_12m_sum_prev_3m_pct_change = 0.03

- prod_volume_prev_1m_pct_change_prev_2m_mean와 usa_market_share_prev_3m_sum_prev_3m_pct_change_prev_2m_mean = −0.01

- revenues_sales_prev_3m_sum_prev_1m_pct_change와 usa_sales_volume_prev_12m_sum_prev_3m_pct_change = 0.05

- usa_sales_volume_prev_12m_sum_prev_3m_pct_change와 china_market_share_prev_1m_pct_change = 0.01

다음 절에서는 좀 더 효율적인 전략을 달성하기 위해 팩터를 결합하는 방법을 보일 것이다.

표 10.10 시간 평균 스피어만 순위 상관관계

	1	2	3	4	5
prod_volume_prev_12m_sum_prev_12m_pct_change	0.00	0.02	0.00	0.01	0.27
prod_volume_prev_12m_sum_prev_12m_pct_change_prev_2m_mean	0.01	0.02	-0.01	0.00	0.26
prod_volume_prev_12m_sum_prev_1m_pct_change	0.05	0.11	0.23	0.13	0.20
prod_volume_prev_12m_sum_prev_1m_pct_change_prev_2m_mean	0.02	0.09	0.16	0.11	0.23
prod_volume_prev_12m_sum_prev_3m_pct_change	0.02	0.05	0.05	0.09	0.25
prod_volume_prev_12m_sum_prev_3m_pct_change_prev_2m_mean	0.01	0.03	0.00	0.06	0.26
prod_volume_prev_1m_pct_change	0.11	0.27	0.54	0.14	0.01
prod_volume_prev_1m_pct_change_prev_2m_mean	0.11	0.40	N/A	0.29	0.03
prod_volume_prev_3m_sum_prev_12m_pct_change	0.02	0.05	0.06	0.08	0.25
prod_volume_prev_3m_sum_prev_12m_pct_change_prev_2m_mean	0.01	0.03	0.01	0.06	0.26
prod_volume_prev_3m_sum_prev_1m_pct_change	0.09	0.29	0.56	0.37	0.02
prod_volume_prev_3m_sum_prev_1m_pct_change_prev_2m_mean	0.10	0.23	0.37	0.37	0.04
prod_volume_prev_3m_sum_prev_3m_pct_change	0.05	0.15	0.11	0.28	0.05
prod_volume_prev_3m_sum_prev_3m_pct_change_prev_2m_mean	0.02	0.07	-0.04	0.19	0.06
ave_utilization	0.03	0.06	0.19	0.18	0.10
ave_utilization_prev_1m_pct_change	0.03	0.20	0.34	0.12	0.01
ave_utilization_prev_1m_pct_change_prev_2m_mean	0.06	0.29	0.66	0.23	0.05
revenues_sales_prev_3m_sum_prev_12m_pct_change	0.03	0.02	0.02	0.19	0.44
revenues_sales_prev_3m_sum_prev_12m_pct_change_prev_2m_mean	0.01	0.00	0.00	0.12	0.43
revenues_sales_prev_3m_sum_prev_1m_pct_change	0.29	0.44	0.29	N/A	0.05
revenues_sales_prev_3m_sum_prev_1m_pct_change_prev_2m_mean	0.05	0.33	0.22	0.60	0.09
revenues_sales_prev_3m_sum_prev_3m_pct_change	0.09	0.11	0.09		0.12

feature					
revenues_sales_prev_3m_sum_prev_3m_pct_change_prev_2m_mean	-0.02	-0.02	0.01	0.31	0.14
sales_volume_prev_12m_sum_prev_12m_pct_change	0.00	0.03	0.02	-0.01	0.32
sales_volume_prev_12m_sum_prev_12m_pct_change_prev_2m_mean	0.00	0.02	0.01	-0.01	0.31
sales_volume_prev_12m_sum_prev_1m_pct_change	0.14	0.22	0.14	0.22	0.31
sales_volume_prev_12m_sum_prev_1m_pct_change_prev_2m_mean	0.04	0.16	0.10	0.17	0.34
sales_volume_prev_12m_sum_prev_3m_pct_change	0.03	0.08	0.07	0.13	0.35
sales_volume_prev_12m_sum_prev_3m_pct_change_prev_2m_mean	0.00	0.03	0.04	0.07	0.35
sales_volume_prev_1m_pct_change	0.67	0.52	0.20	0.38	0.01
sales_volume_prev_1m_pct_change_prev_2m_mean	0.34	N/A	0.40	0.44	0.04
sales_volume_prev_3m_sum_prev_12m_pct_change	0.03	0.07	0.07	0.12	0.33
sales_volume_prev_3m_sum_prev_12m_pct_change_prev_2m_mean	0.00	0.04	0.04	0.07	0.36
sales_volume_prev_3m_sum_prev_1m_pct_change	0.32	0.52	0.33	0.85	0.02
sales_volume_prev_3m_sum_prev_1m_pct_change_prev_2m_mean	0.08	0.40	0.27	0.63	0.05
sales_volume_prev_3m_sum_prev_3m_pct_change	0.10	0.17	0.14	0.51	0.06
sales_volume_prev_3m_sum_prev_3m_pct_change_prev_2m_mean	-0.01	0.02	0.04	0.25	0.08
usa_sales_volume_prev_12m_sum_prev_3m_pct_change	0.00	0.04	0.03	0.05	N/A
china_sales_volume_prev_12m_sum_prev_3m_pct_change	0.04	0.04	0.03	0.08	0.13
china_market_share_prev_3m_sum_prev_3m_pct_change_prev_2m_mean	0.03	0.09	0.09	0.18	0.06
china_market_share_prev_1m_pct_change	0.23	0.25	0.12	0.14	0.01
usa_market_share_prev_3m_sum_prev_3m_pct_change_prev_2m_mean	-0.03	0.00	-0.01	0.07	0.25
usa_market_share_prev_1m_pct_change	0.36	0.19	0.04	0.13	0.01
ww_market_share_prev_3m_sum_prev_3m_pct_change_prev_2m_mean	-0.02	0.02	0.05	0.25	0.07
ww_market_share_prev_1m_pct_change	N/A	0.34	0.11	0.29	0.00
electric_ratio_prev_1m_pct_change	0.00	0.01	-0.01	0.02	-0.02

10.5 가우스 프로세스 예제

Ghoshal(2016)과 유사하게, 팩터 중 일부를 결합하는 데 사용되는 가우스 프로세스(GP)가 훨씬 더 성과가 좋은 팩터를 만드는지 알아보기로 결정했다. 왜 가우스 프로세스 회귀 분석(GPR)이냐고 물을 수 있다. 선형 회귀(LR) 또는 주성분 회귀(PCR)와 같이 더 단순하고 더 이해된 방법은 어떨까? 여기서 우리는 몇 가지 이유로 가우스 프로세스 회귀를 선호한다.

- 직교성: 예를 들어 두 요인이 다소 직교하는 경우(즉, 상관관계가 없거나 매우 작음), 두 주성분은 정확히 동일한 양의 분산에 대해 설명한다. 따라서 우리는 두 개의 개별적인 것들로부터 대부분의 정보를 인코딩하는 단일 팩터를 가지고 있지 않다. 이러한 이유로 우리는 PCR을 선택하지 않는다.

- 비선형성: 분명히 우리는 각 팩터가 증가함에 따라 관련 수익률도 증가하기를 바란다. 그러나 그 두 팩터 사이에 상호작용이 없다고 누가 말할 수 있겠는가? 아마도 우리의 두 팩터가 주어질 때 수익률의 표면은 평면이 아니라, 더 복잡하고 기복이 있는 형태일 것이다. LR은 수익률이 평면에 있다고 가정하지만 GPR은 그렇지 않다. 이러한 이유로 우리는 LR을 선택하지 않는다.

예를 들어 가우스 프로세스를 통해 sales_volume_prev_3m_sum_prev_3m_pct_change와 prod_volume_prev_1m_pct_change_prev_2m_mean을 풀링해 새로운 요소를 생성하기로 결정한다. 우리는 이 팩터들을 선택하는데, 그 이유는 (1) 둘 다 벤치마크만큼 성과가 우수하기 때문이며, (2) 서로 상대적으로 낮은 상관관계(표 10.9의 초과 수익률 간의 0.19 피어슨 상관관계와 표 10.10의 0.14 시간 평균 스피어맨 상관관계)를 가지고 있기 때문이다.

GP를 위해 우리는 다음의 입방 점곱 커널^{cubic-dot-product kernel}을 사용한다.

$$K(x, x') = (\sigma_0^2 + [x, x'])^3$$

이는 벡터 공간에서 서로 비슷한 방향의 입력에 높은 공분산을 할당한다. 우리가 실제로 관심을 갖는 것은 팩터의 상대적 가치(유니버스 내)와 다음 기간 수익률이기 때문에(다음 기간 수익률에 따라 상위 x%의 주식을 보유하기 위해 팩터별로 상위 x%를 선택한다는 점을 고려할 때), 우리는 팩터에 의해 유도된 분위수에 대해 다음 기간 수익률에 의해 유도된 분위수를 회귀시키기로 결정한다. 가우스 프로세스의 가정이 모든 것이 $\mathbb{R}^n$ 내에 있다는 것을 가정하면, 우리는 회귀하기 전에 역로지스틱 변환을 통해 우리의 분위수를 [0, 1]에서 $\mathbb{R}$로 변환한다. 그런 다음 매달 앞으로 롤링^{rolling forward}하기 전에 각 시점에서 훈련 세트에 대한 k 폴드(k=5) 교차 검증을 통해 σ_0^2를 최적화해 2010년 1월 1일부터 2018년 1월 1일까지 시계열을 만들고, 다음 달의 수익률 분위수를 예측하기 위해 전년도 데이터에 대해 가우스 프로세스를 훈련한다. 그런 다음 이러한 예측된 다음 기간 수익률의 순위를 우리가 순위를 매기는 새로운 팩터로 사용한다. 결과는 표 10.11에서 확인할 수 있다.

이러한 결과로부터 가우스 프로세스는 여러 팩터를 하나로 결합해 개별 요인보다 우수한 CAGR 및 샤프비율, 유사한 변동성 및 더 짧은 평균 손실낙폭을 얻는 데 유용할 수 있음을 알 수 있다. 우리는 여기서 멈추지만 GP는 원칙적으로 모든 전략의 수익률을 향상시킬 수 있는 더 다양한 팩터 혼합에 대한 탐구의 문을 연다.

표 10.11 팩터 CAGR(복리 연평균 성장률)

팩터	CAGR	샤프 비율	변동성	평균 손실 낙폭 기간(일)
sales_volume_prev_3m_sum_prev_3m_pct_change	12.8%	0.69	0.197	49
prod_volume_prev_1m_pct_change_prev_2m_mean	13.6%	0.72	0.200	40
Gaussian Process factor	16.7%	0.84	0.199	36

10.6 요약

10장에서는 재무제표와 대체 자동차 데이터를 모두 기반으로 거래 전략을 생성하는 두 가지 접근법, 즉 기업의 펀더멘털 예측을 위한 대체 데이터를 사용하는 접근법 1과 대체 데이터를 직접 사용하는 접근법 2를 살펴봤다. 우리는 접근법 2가 우수한 수익을 내고 구현이 더 쉽다는 것을 보여줬다. 이 결론은 우리가 방금 검토했던 문제에 매우 구체적일 수 있기 때문에 어떤 전략으로든 일반화해서는 안 된다. 따라서 사례별 평가가 필요하다. 우리가 사용할 수 있는 대체 IHS Markit 데이터셋은 재무 정보(예: 특정 시장별 판매량, 생산량 등)와 이미 재무제표를 모방한 추가 정보(예: 전기자동차 점유율, 특정 시장별 시장 점유율)를 모두 포함했다. 따라서 정보의 세분성과 추가 팩터들은 재무제표 비율만으로 창출되는 수익률보다 우수한 수익률을 창출하는 데 도움이 됐다. 또한 대체 데이터셋은 월 단위로 출시되며, 접근법 1과 접근법 2의 비교를 위해 월별 리밸런싱 전략을 탐구하지 않았다. 마지막으로, 우리는 대체 데이터와 재무제표 데이터를 모두 기반으로 하는 6.8절의 모델 C와 유사한 접근법 3을 탐구할 수 있었다. 간결성을 위해 이는 생략했으나, 이것은 호기심 많은 독자들이 더 조사할 수 있을 것이다.

10.7 부록

10.7.1 회사 목록

1. BAYER MOTOREN WERKE AG

2. BRILLIANCE CHINA AUTOMOTIVE HOLDINGS LTD

3. BYD COMPANY LTD

4. CHINA MOTOR CORP

5. CHONGQING CHANGAN

6. DAIMLER AG

7. DONGFENG MOTOR GROUP CO LTD

8. FAW CAR CO LTD

9. FIAT CHRYSLER AUTOMOBILES NV

10. FORD MOTOR CO

11. GEELY AUTOMOBILE HOLDINGS LTD

12. GENERAL MTRS CO

13. GREAT WALL MOTOR CO LTD

14. GUANGZHOU AUTOMOBILE GROUP CO LTD

15. HONDA MOTOR CO LTD

16. HYUNDAI MOTOR CO

17. KIA MOTORS CORP

18. MAHINDRA & MAHINDRA LTD

19. MAZDA MOTOR CORP

20. MITSUBISHI MOTOR CORP

21. NISSAN MOTOR CO LTD

22. PEUGEOT SA

23. RENAULT SA

24. SAIC MOTOR CORP LTD

25. SUBARU CORP

26. SUZUKI MOTOR CORP

27. TATA MOTORS LTD.

28. TESLA INC

29. TOYOTA MOTOR CORP

30. VOLKSWAGEN AG

10.7.2 재무제표 항목의 설명

- accpayable^{Accounts payable, 외상매입금} 회사가 단기간에 갚아야 할 외상으로 물건을 구매할 때, 외상매입금이라고 한다. 부채로 취급되며 유동 부채에 해당한다. 외상매입금은 부도를 회피하기 위해 지급해야 하는 단기 부채 상환이다.

- cogs^{Cost of Goods Sold, 매출 원가} 회사에서 판매되는 상품의 생산으로 인한 직접 비용이다. 이 금액은 상품을 생산하는 데 사용되는 직접 인건비와 함께 상품을 만드는

데 사용되는 재료의 비용을 포함한다. 유통 비용, 영업 인력 비용 등 간접 비용은 제외한다.

- **currliab**^{current liabilities, 유동부채} 부채는 기업이 빌린 자금이며 유동^{current} 및 장기^{long-term} 범주로 구분된다. 유동 부채는 1년 이내에 만기가 도래하는 부채로 다음과 같은 항목을 포함한다.
  - 미지급금
  - 임금
  - 소득공제
  - 연금 기여금
  - 의료보험 지급금
  - 건물 및 장비 임대료
  - 고객 예탁금
  - 전기, 가스 및 수도료 등
  - 일시적 대출, 신용 한도 또는 당좌 대월
  - 이자
  - 만기 도래한 부채
  - 구매 시 부과되는 판매세 및/또는 재화 및 서비스세
- **ebit**^{earnings before interest and tax, 이자 및 세금 차감 전 이익}
- EBIT = 순이익 + 이자 + 세금 또는 EBIT = 매출 − 영업 비용
- **자본**^{equity, 보통주} 보통주는 회사에 대한 일반주주의 투자를 나타낸다.
- **ev**^{enterprise value, 기업 가치} 기업의 총 가치를 측정하는 것으로, 종종 주식 시가총액에 대한 보다 포괄적인 대안으로 사용된다. 기업 가치는 시가총액에서 부채, 소액 지분 및 우선주를 더하고, 현금 및 현금 등가물을 뺀 금액으로 계산된다. EV = 보통주 시장 가치 + 우선주 시장 가치 + 부채 시장 가치 + 소액 지분 − 현금 및 현금 등가물
- **ffo**^{funds from operations, 영업으로부터의 현금 흐름} 순이익과 모든 비현금 비용 또는 부채의 합을 나타낸다. 그것은 회사의 현금 흐름이다.

- inventory^{재고}   원자재, 재공품^{work-in-progress} 및 완제품에 대한 금액이 포함된다. 회사는 일반적으로 손익계산서에 판매된 상품의 매출 원가에 따라 상품의 판매를 보고할 때 이 계정을 사용한다.

- netincome^{net income, 순이익}   순이익은 매출에서 매출 원가, 판관비, 영업 비용, 감가상각비, 이자, 세금 및 기타 비용을 뺀 순이익^{profit}과 같다.

- opincome^{영업이익, EBIT 더하기 감가상각비}   EBITDA는 이자 비용, 소득세, 감가상각비 차감 전 기업의 이익을 나타낸다. 세전 소득을 취하고, 부채와 유형자산 감가상각비^{depreciation}, 소모성 자산 감모상각비^{depletion} 및 무형자산 상각비^{armotization}를 더하고, 자본화된 이자 비용을 차감함으로써 계산된다.

- sales^{매출/수입}   매출은 반품된 상품에 대한 할인 및 공제를 포함해 회사가 특정 기간 동안 실제로 받는 금액이다. 순이익^{net}을 결정하기 위해 비용이 차감되는 탑라인 또는 총소득 숫자다.

- totassets^{total assets}   총 자산은 유동 자산, 장기 매출 채권, 비연결 종속 기업에 대한 투자, 기타 투자, 순유형 자산(net property, plant and equipemnt) 및 기타 자산의 합을 나타낸다. 자산은 개인, 기업 또는 국가가 소유한 경제적 가치를 지닌 자원이다.

10.7.3 사용한 비율

Alberg와 Lipton:

- EBIT-to-EV
- Net-Income-to-EV
- Sales-to-EV

Yan과 Zheng:

- 유동 부채에 대한 매출
- 판매 지연에 대한 재고의 음의 변화(즉, 재고가 감소하고 있는 경우 긍정적이다)

- 전기의 자본에 대한 유동 부채의 음의 변화(즉, 유동 부채가 감소하고 있는 경우 긍정적이다)

- 전기의 총 자산에 대한 유동 부채의 음의 변화(즉, 유동 부채가 감소하고 있는 경우 긍정적이다)

- 전기의 매출 원가에 대한 재고의 음의 변화(즉, 재고 감소는 긍정적이다)

- 전기의 총 자산에 대한 재고의 음의 변화(즉, 재고 감소는 긍정적이다)

- 전기의 유동 부채에 대한 재고의 음의 변화(즉, 재고 감소는 긍정적이다)

- 전기의 자본에 대한 재고의 음의 변화(즉, 재고 감소는 긍정적이다)

- 전기의 자본에 대한 총 자산의 음의 변화(즉, 총 자산이 감소하고 있는 경우 긍정적이다)

- 유동 부채의 음의 % 변화(즉, 유동 부채가 감소하고 있는 경우 긍정적이다)

- 재고의 음의 % 변화(즉, 재고가 감소하는 경우 긍정적이다)

- 전기의 매출에 대한 유동 부채의 음의 변화(즉, 유동 부채 감소는 긍정적이다)

- EBIT 대 기업 가치 비율

- 순이익 대 기업 가치 비율

- 매출 대 기업 가치 비율

우리가 사용한 비율:

- 매출의 % 변화

- EBIT의 % 변화

- 순이익의 % 변화

- 매출 원가의 % 변화

- 영업 현금 흐름의 % 변화

- 영업 이익의 % 변화

- 총 자산의 % 변화

10.7.4 IHS Markit 데이터 특성

- 판매량: 판매/등록 차량수
- 예상 매출: 판매 국가의 모델당 판매량과 평균 판매가격을 기준으로 한 추정 매출
- 생산량: 생산 차량 대수
- 공장 가동률: 가능한 총 생산량의 %로 표현한 생산량(%)으로 국가별 평균
- 전 세계 시장 점유율: 전 세계 자동차 판매 점유율
- 미국 시장 점유율: 미국 자동차 시장 내 판매 점유율
- 중국 시장 점유율: 중국 자동차 시장 내 판매 점유율
- 전기차 비율: 가중 평균 전기차 노출도로 측정한 전기차 점유율
- 평균 EOP까지의 시간: 모든 모델에서 평균 제품 종료 시간(수명 종료) 모델 생산량에 따라 가중치 부여
- 평균 연식: 자동차 회사 차량 단위 당 평균 연식
- 평균 수명 주기: 각 모델의 모델 생산량으로 가중 평균된 모든 모델에 걸친 평균 수명 주기

10.7.5 국가별 보고 지연

표 10.12 자동차 팩터 계산에 적용된 시차

국가	매출 보고 시차	생산 보고 시차
Argentina	1	1
Australia	1	N/A
Belgium	1	2
Brazil	1	1
Canada	1	2
China	2	2
France*	1	2
Germany	1	2
India	2	5

Indonesia	2	2
Iran	2	2
Italy	1	2
Japan	2	3
Malaysia	2	2
Mexico	2	2
Netherlands	1	2
Philippines	3	2
Poland	1	2
Russia	2	2
South Africa	1	2
South Korea	2	2
Spain	1	2
Sweden	1	2
Taiwan	1	2
Thailand	2	2
Turkey	2	2
United Kingdom	1	2
United States	1	2

*생산 기업에 따라 다르다.
출처: IHS Markit 데이터 기반

서베이와 크라우드소싱 데이터

11.1 서론

12장에서는 PMI 데이터의 활용에 관해 분석하고 논의한다. 본질적으로 PMI 데이터는 그들의 경제적 기대치에 관한 업계의 관리자들을 대상으로 한 설문 조사에서 수집된다. PMI는 1장에서 이미 논의한 바와 같이 시차를 가지고 출시되는 경향이 있는 GDP와 같은, 좀 더 전통적인 거시경제 데이터셋의 대용물로 활용될 수 있다. 그러나 투자자가 서베이 데이터를 활용할 수 있는 맥락은 다양하다. 11장에서는 소비자 또는 도메인 전문가와 같은 출처에서 수집할 수 있는 다른 유형의 서베이 데이터의 사용에 대해 논의한다. 앞으로 소비자 제품(이 경우 컴퓨터 게임 회사에서 생산)을 이해하고 원유 생산량을 추정하는 데 어떻게 활용할 수 있는지를 보여주기 위해 두 가지 사례 연구를 논의할 것이다.

11장 후반부에서 알파 캡처 데이터를 살펴보겠다. 이러한 데이터셋은 기본적으로 셀 사이드 브로커 추천 종목들로 구성된다. 11장의 마지막 부분에서는 기업 실적 발표와 거시경제 데이터 발표에 대한 서베이 데이터를 살펴볼 것이다.

크라우드소싱이 이러한 데이터셋을 컴파일하는 데 어떻게 사용될 수 있는지 보여줄 것이다.

11.2 대체 데이터로서의 서베이 데이터

기업(또는 기타 어떠한 관심 있는 조직)이나 (물리적 또는 금융적) 자산에 대한 견해를 가진 사람들을 서베이함으로써 얻은 데이터는 매우 통찰력 있는 것으로 판명될 수 있다. 이는 특히 정보를 다른 방법으로는 얻을 수 없거나, 지연되거나 엄청나게 높은 가격(예: 현장 방문 및 여행, 위성 이미지, 신용카드 거래 획득)으로 얻을 수 있는 경우에 해당된다. 이 정보는 현재 위치를 모니터링하거나, 수행될 거래를 평가하거나, 거래 신호를 추출하거나, 위험 상황을 평가하는 데 사용될 수 있다.

이런 맥락에서 서베이 대상 '사람들'은 '내부자'가 아니다. 대신 서베이는 기업 및 기업이 영업을 하고 있는 산업의 현재 또는 잠재적 미래 성과와 광범위한 시장 맥락에 관련해 정보성 있는 의견을 표현할 수 있는 배경을 가진 응답자다. 서베이에 포함할 이러한 관련 "사람들"은 스카우트(회원풀^{pool}에서 뽑은 서베이 대상) 및 연구원을 의미할 수도 있다. 그들은 건물과 시설의 상태, 제품의 품질, 도보 교통 등과 같은 회사 자산에 대한 시각적 또는 다른 유형의 정보를 수집할 수 있다. 이 후자의 경우 심층적인 도메인 전문 지식이 필요하지 않다.

일반적으로 서베이는 한 사람이 아닌 다수의 사람을 활용한다. 그들의 의견을 평균해 군중들의 지혜로운 견해를 제공할 수 있다. 따라서 원칙적으로 이것은 1인칭 시점보다 더 나은 정보를 제공할 수 있다. 그림 11.1은 서베이에 대한 잠재적 기여자의 계층을 보여준다. 스카우트로부터 관리자와 회사 고위 임원으로 좁혀질 수 있다.

최신 기술은 모바일 애플리케이션을 통해 기여자를 식별, 연락 및 탑재할 수 있도록 한다. 지리 위치, 이미지 업로드 기능 및 기여자 등급과 같은 특성을 통해 이러한 유형의 데이터 소스의 정확성을 제어할 수 있다. 기여자 샘플은 일반적으로 며칠 심지어 몇 시간 내에 신속하게 설정할 수 있으며, 그 직후에 서베이 결과를 확인할 수 있다. 모바일 기기에 액세스할 수 있는 개인에 의해 정의된 잠재적 기여자의 유니버스는 약 30억 명으로 추산된다. 다른 방법으로는 접근하거나 모니터링할 수 없는 원격 영역을 포함할 수 있으므로, 적용 범위가 전역적이다. 제품 출시, 실적 보고서(11장 뒷부분에서 크라우드소싱 실적 예측에 대해 이야기하겠다), 또는 선거 결과와 같은 이벤트를 앞두고 서베이를 실시할 수 있다. 이는 이미 공개된 정보 또는 어떠한 사적 믿음을 확인하기 위해 수행될 수 있다. 이들은 항상 특정 이벤트와 연결돼 있지는 않을 수 있다. 대신 제네릭 (그리고 더 저렴한) 의약품으로의 전환, 다음 구입으로 전기 자동차를 선택하려는 대중들의 의도 등과 같은 추세를 더 잘 이해하기 위해 실시할 수 있다. 이러한 모든 정보는 투자자와 자산 운용자 및 리스크 관리자에게 매우 중요한 도움이 될 수 있다.

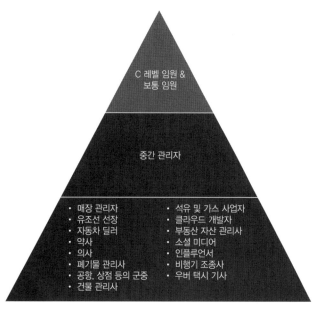

그림 11.1 기여자 계층

출처: Grapedata의 데이터 기반

11.3 데이터

첫 번째 사례 연구에서는 Grapedata의 데이터를 사용할 것이다. 이 회사는 전 세계 모든 개인 또는 개인 그룹과 즉시 연결하고 온디맨드 조사를 수행할 수 있는 대체 데이터 소싱 플랫폼을 제공한다. 이는 금융 의사결정 및 실사에 중요할 수 있는 오프라인 정보를 열

수 있는 기회를 제공한다. 이 정보는 다른 소스에서는 제공되지 않을 수 있다. 현재 7만 명 이상의 기여자가 탑재된 온라인 휴대폰 플랫폼을 활용한다. 플랫폼은 규정 준수 감독, 집계 및 익명화를 제공한다.

주요 업무에는 정확한 인구 통계학적 공동체에 대한 타깃 서베이 데이터와 전통적인 경로를 통해 접근할 수 없는 특정 개인 찾기가 포함된다. 일단 연결되면 대화 채널은 실시간으로 지속적인 정보 공유를 가능하게 한다. 암호화된 애플리케이션을 통해 언제든지 연중무휴로 쿼리를 입력할 수 있는 고객의 모바일 장치와 동기화된다.

Grapedata에 의해 수행된 조사의 전형적인 타임라인을 이해하기 위해, 그 예를 그림 11.2에 나타낸다.

서베이 과정에서 Grapedata가 따르는 프로세스는 그림 11.3에 예시돼 있다. 고객의 쿼리후 Grapedata는 기여자가 지리적 위치로 확인되는지 체크한다. 또한 신원 조회를 통과해야 한다. 이는 나중에 고객에 전달되는 데이터셋의 정확성을 높이기 위한 것이다. 답변 단계가 끝나면 응답자의 등급이 매겨진다. 등급은 답변의 품질과 신속성을 기준으로 한다. 낮은 등급의 응답자들의 답변은 최종 데이터셋에 통합되지 않으며 그러한 응답자들은 더 이상 향후 조사에 사용되지 않는다.

그림 11.2 전형적인 서베이 타임라인

출처: Grapedata의 데이터 기반

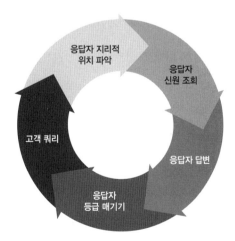

그림 11.3 서베이에서 따르는 프로세스

출처: Grapedata의 데이터 기반

11.4 제품

Grapedata는 온라인 플랫폼을 통해 지리적으로 완전히 디지털화된 서베이를 제공한다. 응답자들과 세 가지 방식으로 소통한다.

- 풀 서베이pooled survey
- Q&A 서베이Q&A survey
- 보고서reports

스카우트(회원 풀에서 뽑은 서베이 대상)는 심층적인 도메인 전문 지식이 필요하지 않은 정보를 수집하기 위해 합동 조사에 사용된다. 이들은 교통의 변화에 대한 의견을 표현하도록 요청받는 쇼핑몰 고객일 수 있다. 더 나은 통찰력을 얻기 위해 이 정보는 때때로 정보를 수집하기 위해 다른 수단을 사용하는 도보 교통 데이터 공급자에 의해 증강되거나 교차 점검될 수 있다. 어떤 경우에는 풀 서베이 데이터가 특정 정보를 얻는 유일한 방법이 될 수 있다. 한 투자자는 약국 체인의 도보 교통 변화 또는 매출 변화를 감지하고 싶어 할 수 있지만, 이러한 상점들은 위성이 닿지 않거나 휴대폰 추적 회사의 초점 밖이다. 풀 서베이에서 묻는 질문은 구체적이지만, 깊은 전문 지식과 자세한 답변이 필요하지 않다. "지난 6개월 동안 총 매출이 어떻게 변했는가?"와 같은 질문에 "상승/불변/하락", "고객 수가 감소했는가?"와 "예/아니요" 등의 간단한 대답이 있을 수 있다.

Q&A 서베이는 일반적으로 특정 영역에 대한 지식을 가진 소수의 응답자 샘플을 기반으로 한다. 도출된 반응은 훨씬 더 자세하고 정교할 수 있다. 서베이는 응답자가 제공한 답변에 대한 좀 더 상세한 배경과 정당성을 원하는 고객에게 요구된다. 답은 "한 지역의 일일 석유 생산량은 얼마인가?"와 같은 매우 구체적인 질문에 대한 것이다. 이를 위해서는 풀 서베이보다 더 깊은 전문 지식과 도메인 지식이 필요하다.

풀 서베이와 상세한 Q&A 세션 외에도 고객이 요구하는 경우 응답자는 회사의 성과 및 평가와 같은 특정 쿼리에 대한 상세한 보고서를 작성하도록 요청할 수 있다.

풀 서베이와 달리 Q&A 및 보고서 응답자는 '월드체크원World Check-One'을 통해 자동 신원 조회를 통과한 후 등재된다. 그들은 그들의 지식을 시험하기 위한 예비 과제를 받는다. 이 경우 Grapedata 및 Optima Partners(준법 민감한 경우)에서 데이터를 선별한 후 고객과 공유한다.

11.5 사례 연구

11.5.1 사례 연구: 기업 이벤트 연구(풀 서베이)

Grapedata는 2019년 1월 31일 베이징에 본사를 둔 중국 소프트웨어 회사인 킹소프트 Kingsoft의 2019년 2분기 신게임(JX 모바일 III) 출시 임박 시장 태도에 대한 풀 서베이를 실시했다.

서베이는 킹소프트에서 롱 포지션을 가진 자산 운용사가 의뢰했다. 그들은 새로운 릴리스에 대한 게임 커뮤니티의 태도가 긍정적인지 확인하기를 원했다. 또한 그들은 고객들이 이 솔루션에 얼마나 많은 비용을 지출할 것인지 알고 싶어 했다. 이 서베이는 자산 운용사가 킹소프트의 미래 수익과 그에 따른 주가에 미치는 영향을 포함한 몇 가지 척도를 추정하는 데 도움이 됐을 것이다. 이 정보는 주식의 롱 포지션을 유지해야 하는지 여부를 평가하는 데 사용된다. Grapedata는 친절하게 우리에게 이 서베이 데이터를 제공해 줬다.

킹소프트는 4개의 자회사를 운영하고 있다. 비디오 게임 개발용 Seasun, 모바일 인터넷 앱용 Cheetah Mobile, 클라우드 스토리지 플랫폼용 Kingsoft Cloud, WPS Office를 비롯한 사무실용 소프트웨어용 WPS가 그것이다. 이 모든 사업 라인이 킹소프트의 수익을 결정한다. JX 모바일 III의 출시는 킹소프트의 주요 이벤트다. JX 게임 라인은 킹소프트의 실질적인 수익원이기 때문이다. 2019년 4분기 말에 출시 예정인 JX 모바일 II는 2019년 결과에 대한 전반적인 기여도가 제한적일 것으로 예상돼 서베이에 포함되지 않았다.

Grapedata는 중국 게임 인구의 신중하게 선택된 부분집합에 대한 서베이를 고안했다. 최근 추정치는 330만 명의 온라인 JXI와 JXIIII 선수들이 주어진 시간에 경기를 하고 있다고 보고한다.[1] 수행된 조사의 총 샘플은 700명의 응답자였다. 이 가운데 350명의 플레이어는 JX PC III 또는 JX 모바일 I 플레이어 또는 둘 다의 플레이어로 간추려진다. 이들은 JX 모바일 III를 플레이할 가능성이 높은 사람들이다. Grapedata 플랫폼에 아직 등록되지 않은 응답자들은 다양한 게임 플랫폼, 블로그, SNS를 통해 온라인으로 취득됐다. 서베이의 질문은 부록 11.10에 나와 있다.

세 가지 질문에 대한 답변의 분포는 그림 11.4, 11.5 및 11.6에 나와 있다.

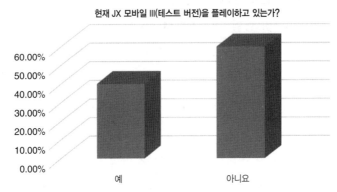

그림 11.4 현재 JX 모바일 III(테스트 버전)을 플레이하고 있는가?

출처: Grapedata의 데이터 기반

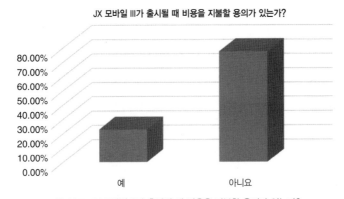

그림 11.5 JX 모바일 III가 출시될 때 비용을 지불할 용의가 있는가?

출처: Grapedata의 데이터 기반

---

1 Lu, 2016년 10월 5일, US 비디오와 컴퓨터 게임 산업 개요 보고서, UBC

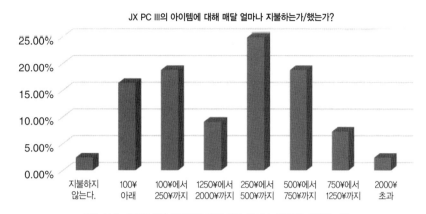

그림 11.6 JX PC III의 아이템에 대해 매달 얼마나 지불하는가/했는가?

출처: Grapedata의 데이터 기반

이 서베이의 결과는 자산 운용사가 더 높은 게임 매출 추정치에 대해 킹소프트 2019 이익 추정치를 14% 올리는 데 도움이 됐다. 이러한 추정에 대한 상방 잠재력은 JX 모바일 II 및 JX 모바일 III의 예상보다 빠른 출시를 포함한다. 하방 위험은 다음을 포함한다. (1) JX 온라인 III의 예상보다 낮은 실적, (2) 사무실 애플리케이션 및 퍼블릭 클라우드 시장 즉 킹소프트의 또 다른 중요한 수익원에서의 더 강력한 경쟁. 위의 하방 위험(1)은 Grapedata 서베이 결과에서 얻은 통찰력 덕분에 자산 운용사가 낮게 고려됐다.

서베이 후 킹소프트 주가 성과(2019년 1월 3일경 실시)와 시장 성과(항생지수)는 그림 11.7에 나타나 있다.

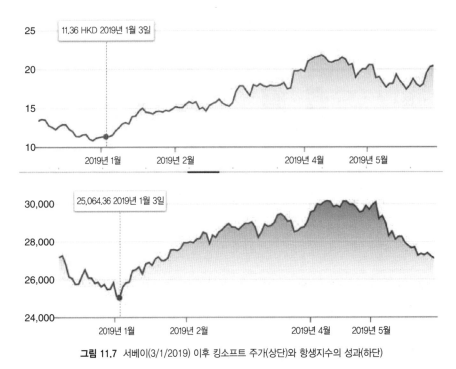

그림 11.7 서베이(3/1/2019) 이후 킹소프트 주가(상단)와 항생지수의 성과(하단)

출처: Grapedata의 데이터 기반

이번 서베이가 실시된 이후 킹소프트의 주가는 20% 정도의 시장 상승률에 비해 100% 정도로 절상됐다. 따라서 투자자는 다른 시장 참여자들보다 먼저 게임 커뮤니티로부터 JX 모바일 III의 전망에 대한 확신의 도움으로 이익을 얻을 수 있었을 것이다. 이 분석에 대한 분명한 주의점은 분석이 비교적 짧은 기간에 걸친 단일 주식에 대한 것이다.

11.5.2 사례 연구: 석유와 가스 생산(Q&A 서베이)

이 사례 연구에서는 다른 데이터 공급자가 접근 가능하기 이전에 OPEC 국가에서 생산되는 석유, 천연가스 액체^{NGL} 및 응축수^{condensates} 생산량을 추정하기 위한 Q&A 서베이 데이터를 보여줄 것이다. 서베이는 석유 제품과 선물에 적극 참여하고 있는 상품 트레이더$^{commodity\ trader}$를 위해서 실시됐다. Grapedata는 친절히 우리에게 이 조사 데이터를 제공해 줬다. OPEC 석유 공급은 유가의 주요 결정 요인 중 하나이다. 사실 OPEC 국가들은 전 세계 석유의 약 40%를 제공하고 OPEC의 석유 수출은 국제적으로 거래되는 총 석유의 약 60%를 차지한다. 따라서 석유수출국기구[OPEC]의 석유 생산 목표 증가/감소에 관한 조치가 유가에 영향을 미친다는 것은 잘 알려진 사실이다. 특히 석유수출국기구[OPEC] 최대 생산국인 사우디아라비아의 원유 생산량 변화 조짐이 유가에 영향을 미치는 경우가 많다. 비OPEC 국가들의 생산과 석유에 대한 수요도 영향을 미친다. 이 모든 것이 전형적인 상품 트레이더의 균형 모델의 구성 요소다.

OPEC 국가들은 매달 15일에 이전 3개월 동안의 공식 생산 수치를 발표한다. 트레이더들은 정부가 이 수치를 기밀로 간주하고, 데이터를 공표하지 않거나 신뢰할 수 없는 수치를 발표하기 때문에 이 수치들이 몇 국가에 대해 과소평가되거나 과장될 수 있다고 믿고 있다. 따라서 OPEC 사무국은 "2차 소스"[2]가 산출한 추정치에 기초해 생산 데이터를 발표한다.

전문가 서베이는 이러한 맥락에서 항상 다른 데이터 소스에 대한 사실 점검용으로 또는 적시에 주요 정보 출처로서 통찰력을 제공할 수 있다. 이를 위해 Gapedata는 OPEC 공식 발표일 15일 전까지 석유 가스 산업 관련 지식을 보유한 OPEC 국가 내 응답자 네트워크(~200명)를 구축했다. 그림 11.8은 Grapedata 방법론을 통해 추정된 생산 수치의 그래프다. 이와 함께 OPEC, S&P Platts, Wood Mackenzie 및 국제 에너지 기구[IEA]의 추정치도 함께 제시되고 있다.

---

2 여기에는 S&P 글로벌 플랫폼, Argus Media, Energy Intelligence Group, IHS Markit, Energy Information Agency(EIA), International Energy Agency(IEA) 등이 포함된다.

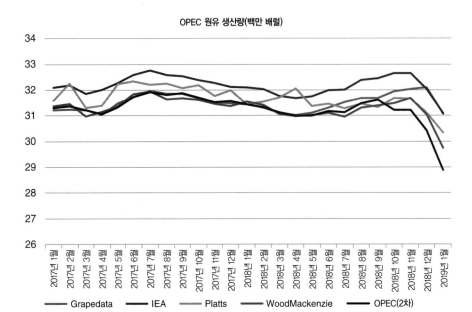

그림 11.8 OPEC에 의한 원유 생산은 여러 데이터 제공자에 의해 추정됐다.

출처: Grapedata의 데이터 기반

추정치들은 근사하다. 그러나 특히 샘플의 마지막 달에 잘 확립된 데이터 제공자의 수치 간에 약간의 차이가 있다. 마지막 몇 달간 차이가 나는 것은 2018년 11월 미국의 석유 분야 제재가 발효된 이후 수출이 불투명해진 이란 정세 때문이다. 대부분의 업계 전문가들은 급감했다는 데 동의했지만, 하루에 수십만 배럴만큼 차이가 난 정도로 그 액수에 대한 견해는 달랐다. Graphedata는 그림 11.8에서 볼 수 있듯이 글로벌 공급 추정치에 긍정적인 영향을 미치는 다른 공급자에 비해 낮은 규모의 감소를 예측했다. 나중에 Graphedata의 추정치에 일치하는 것으로, 업계 전문가들은 그 감소가 실제로 많은 데이터 제공자들에 의해 추정된 것만큼 가파르지 않다는 것을 확인했다.[3]

그림 11.9는 Grapheddata 데이터를 기반으로 한 월간 공급의 변화와 유가의 상관관계를 나타낸 그래프다. 이 관계는 예상된 신호를 가진다. 즉, 공급 결과에 음의 변화가 있고

---

3 https://www.reuters.com/article/us-iran-oil-exports/despite-sanctions-irans-oil-exports-rise-in-early-2019-sources-idUSKCN1Q818X

유가에 양의 변화가 있다. R2는 ~22%이지만 앞서 언급한 바와 같이 석유 공급은 유가의 결정 요인 중 하나에 불과하다. 상품 트레이더에 의해 사용되는 것과 유사한 완전히 발전된 균형 모델은 수요도 포함해야 한다.

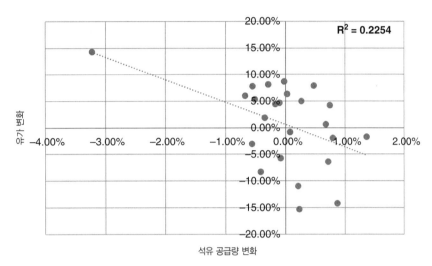

그림 11.9 2017년 1월~2019년 1월 석유 수출국 기구(OPEC) 석유 공급량 변화 대비 월별 유가 변화

출처: Grapedata의 데이터 기반

11.6 서베이에 대한 기술적 고려 사항

서베이를 시작하기 전에 두 가지 중요한 결정을 내려야 한다. 첫째는 필요한 경우 전체 모집단을 대표할 수 있도록 어떻게 크기, 적용 범위 및 침투 측면에서 샘플을 선택하는 가다. 이것은 일반적인 모집단을 반영하는 비율이 추정돼야 하는 정치적 서베이나 어떠한 다른 서베이의 경우에도 해당될 수 있다. 물론 이는 전체 모집단이 비용과 시간 제약으로 인해 커버될 수 없기 때문에 더 적은 수의 응답자에게 만족해야 하기 때문이다. 선택된 샘플이 실제로 대표적일 경우(Grapedata가 잘 확립된 방법을 통해 이를 보장하듯이) 통계적 공식을 사용해 샘플 크기가 주어질 때의 허용 오차^{margin of error}을 계산할 수 있다. 따라서 고객은 그들이 수용하고자 하는 허용 오차에 따라 샘플 크기를 선택해야 한다. 예를

들어 공장 또는 기타 자산의 상태를 평가하기 위해 스카우트가 필요한 경우 대표성이 필요하지 않을 수 있다.

두 번째 중요한 결정은 어떻게 서베이를 수행하는 최적의 타이밍을 선택하는가다. 일반적으로 이벤트(신상품 출시, 수익 보고서 등)의 영향을 추정하는 것이 목적이라면 이벤트 전에 이를 수행하고자 할 것이다. 그러나 얼마나 미리 신중하게 생각해야 하는가.[4] 이벤트에 대한 정보가 이미 시장에 의해 가격이 반영될 수 있기 때문에 이벤트에 너무 가까워지면 늦을 수 있다. 반면 너무 빠른 서베이는 체계적 이벤트들을 포함한 여러 다른 이벤트들이 주가에 영향을 줘서 우리가 서베이를 통해 사전에 수집한 정보를 완전히 희석시킬 수 있다.

11.7 크라우드소싱 애널리스트 추정치 서베이

역사적으로 실적 발표와 같은 특정 사건에 대한 시장 컨센서스를 이해하는 방법은 블룸버그^{Bloomberg}나 리피니티브^{Refinitiv}와 같은 데이터 회사가 만든 컨센서스 서베이를 살펴보는 것으로 구성됐다. 이것은 매크로 데이터 발표에 적용될 수 있다. 주식, FX, 고정 수익과 같은 거래 자산에 대한 예측도 커버할 수 있다. 우리는 이미 Grapedata에 의한 원유 생산량 추정을 위한 전문가들에 대한 유사한 서베이의 예시를 앞에서 보았다. 보통, "크라우드$^{crowd, 군중}$"는 셀 사이드 투자 회사의 도메인 전문가였다. 앞서 주목했듯이, 이러한 예측은 블룸버그와 리피니티브 같은 데이터 회사에 의해 편집된다. 이들은 종종 크라우드의 대용물로 사용된다. 리피니티브의 I/B/E/S 데이터셋은 1976년(Refinitive, n.d.)까지 거슬러 올라가며, 22,000개 기업을 대상으로 수익 기대치 추정치를 포함한 주요 성과 지표를 커버한다.

따라서 전통적으로 이익 예측과 같은 지표의 애널리스트 추정치는 셀 사이드 기여자의 "크라우드"에 의해 제공되는 경향이 있다. 셀 사이드에서 일하는 애널리스트들뿐만 아니

---

4 이러한 결정은 정치와 마케팅 분야에서 오랫동안 존재해온 보다 "전통적인" 서베이에도 적용된다.

라 더 다양한 배경을 가진 더 많은 참여자를 포함하기 위해 그 크라우드를 상당히 증가시킨다면 어떨까? Estimize와 같은 최신 데이터 회사는 더 넓은 시장 참여자 풀에서 이러한 추정치를 수집한다. Estimize는 헤지펀드, 중개회사, 독립 및 아마추어 분석가들의 다양한 개인으로부터 추정치를 소싱하는 플랫폼이다. 그들은 주로 미국 주식과 특정 거시 경제 데이터 발표에 대한 이익 추정치뿐만 아니라 넷플릭스의 가입자 수와 같은 주요 성과 지표도 다룬다. Jame et al.(2016)은 크라우드소싱 이익 예측 추정치가 합의 추정의 전통적인 출처인 I/B/E/S 추정치에 추가 정보 내용을 제공한다는 것을 발견했다. 그들은 크라우드소싱의 가치가 크라우드 크기의 함수라는 점에 주목한다. Drogen과 Jha(2013)는 전통적인 월가 컨센서스에 비해 Estimize의 데이터에 대해 벤치마킹된 이익 서프라이즈에 대해 어떻게 사후 이익 드리프트가 더 뚜렷하게 나타나는지 보여준다. 특히 이들은 대형주에 대해 비정상적 수익률을 발생시키는 이 같은 관측을 활용한 거래 전략도 만든다. Banker, Khavis, Park(2018)는 Estimize의 크라우드소싱 추정치의 출현으로 I/B/E/S 조사에 기여하는 분석가의 행동도 변화해 예측이 더 빠르고 빈번하게 이뤄지고 있다고 제안한다. 또한 더 많은 예측을 발표하는 경향을 가지게 됐다.

11.8 알파 캡처 데이터

자산 가격과 이익 발표와 같은 특정 이벤트에 대한 고객을 위한 장기 예측 자료를 발행하면서, 셀 사이드 브로커들은 고객들에게 제공되는 보고서에 정기적으로 거래 추천을 생성한다. 고객이 최신 정보를 유지하는 한 가지 방법은 모든 연구 보고서를 읽는 것이다. 고객이 받는 연구 보고서의 양을 고려할 때, 이것은 매우 시간이 많이 걸릴 수 있다. 고객이 이러한 거래 추천을 빠르고 효율적으로 집계하는 것은 어려울 수 있다. 연구 보고서를 위한 표준 형식이 없다는 점에서 프로세스를 자동화하는 것은 어려운 일이다. 알파 캡처 Alpha Capture 시스템은 은행이 거래 추천을 표준 형식으로 제출할 수 있도록 하는 소프트웨어의 한 종류이며, 그렇게 표준 형식으로 변환한 후 고객에게 전달한다. 이 접근법은 헤지펀드 Marshall Wace(Greene, 2008)에 의해 처음 고안됐다. 이러한 거래 추천을 바이 사이드 기업에 의해 집계 및 소비돼 의사결정 프로세스에 도움이 될 수 있다. 또한 특정 기여자와 기업이 이러한 거래 추천의 가치를 추적하는 것이 더 쉬울 수 있다. 알파 캡처 는 원래 주식 거래 추천을 더 쉽게 수집/소화할 수 있는 좀 더 구조화된 형태로 표준화하 기 위한 방법으로 시작됐지만, 이들 데이터셋은 현재 헤지펀드에 의해 다른 자산 클래스 를 거래하는 데도 사용되고 있다. 오늘날에는 개별 헤지펀드에 의해 개발된 수많은 독점 적인 알파 캡처 플랫폼과 TIM 그룹과 블룸버그와 같은 벤더의 플랫폼이 있다.

11.9 요약

11장에서는 몇 가지 형태의 서베이와 크라우드소싱 데이터셋에 대해 논의했다. 먼저 자 료 서베이 데이터를 대체 데이터 소스로 볼 수 있다는 점을 강조하면서 시작했다. 휴대폰 플랫폼을 통해 소비자 및 도메인 전문가로부터 소싱된 기업 Grapedata의 서베이 데이터 셋을 기술했다. 우리는 게임 산업의 소비자 조사를 위한 예로부터 시작해 그것들이 어떻 게 사용될 수 있는지에 대한 구체적인 예를 제시했다. 두 번째 예는 OPEC 추정치와 병 행해 원유 생산에 대한 지표를 추정하는 데 도움을 주기 위해 도메인 전문가를 어떻게 서 베이할 수 있는지를 보여줬다. 두 가지 사례에서, 서베이 데이터는 다른 방법으로 쉽고 빠르게 얻을 수 없는 통찰력을 제공했다.

크라우드소싱 컨센서스 애널리스트 추정지에 대해 논의했다. 우리는 기고가들의 풀로부 터 크라우드소싱된 추정치와 전통적인 월가의 컨센서스와 비교하는 법을 보여줬다. 또한 셀 사이드 브로커 추천의 표준화 및 구조화된 버전으로 볼 수 있는 알파 캡처 데이터셋에 대해서도 논의했다. 이는 금융업계에서 점차 탄력을 받고 있다. 12장에서는 PMI 데이터 에 대해 자세히 알아보겠다. PMI 데이터 역시 서베이로부터 도출된다.

11.10 부록

킹소프트 설문 조사에서의 질문은 다음과 같다.

1. 당신은 남자/여자입니까?
2. 나이가 어떻게 됩니까?
3. MMORPG(대량 다중 접속 온라인 롤플레잉 게임)를 하십니까?
4. 현재 JX3 PC 플레이어였습니까?
5. 하루에 JX3PC에 얼마나 많은 시간을 사용했습니까?
6. JX3 PC의 품목에 대해 한 달에 얼마를 지출했습니까?
7. 현재 JX1 모바일 플레이어였습니까?
8. JX1 모바일에서 하루에 얼마나 많은 시간을 사용했습니까?
9. JX1 모바일에서 한 달에 얼마를 지출했습니까?
10. 현재 JXIII 모바일(테스트 버전)을 플레이하고 있습니까?
11. JX3 III 모바일(테스트 버전)에 하루에 얼마나 많은 시간을 보내십니까?
12. 출시 시 JX III 모바일 비용을 지불할 의향이 있습니까?
13. JXIII 모바일을 하지 않는다면 어떤 게임을 할 것 같습니까?
14. JXIII 모바일에 댓글을 달아주십시오.

구매자 관리 지수

12.1 서론

1장에서 논의했듯이 GDP와 같은 주요 경제 지표의 변화를 정확하게 예측하는 능력은 투자자뿐만 아니라 광범위한 많은 그룹에 도움을 줄 수 있다. 우리는 구매자 관리 지수^{PMI}가 이러한 목적을 위한 좋은 대용물이 될 수 있다고 언급했다. 그 중요성을 감안해, 12장에서는 그들에 대해 더 자세히 설명한다. 우리는 PMI의 사용을 정당화하기 위해 몇 가지 계량적 분석을 제시할 것이다.

GDP 예측^{forecasting}(또는 더 좋은 용어로 나우캐스팅^{nowcasting1})은 정책 입안자들이 금리나 재정 정책과 같은 주요 거시경제 관리 수단의 변화를 최적화하는 데 사용할 수 있다. 마찬가지로, 현재의 거시경제 맥락을 파악함으로써 투자자와 기업은 더 큰 확실성과 잠재적으로 더 나은 성과로 이어지는 투자 배분 결정을 내릴 수 있다. 그 결과 최근 몇 년 동안 실무자들은 GDP와 같이 느리게 산출되는 공식 수치에 대한 업데이트를 기다리기보다는 거의 "실시간$^{real time}$"에 가까운 경제 실적에 대한 이해를 높이는 데 초점을 맞추고 있다.

---

1 nowcasting은 미래를 예측하는 forecasting의 대조적인 개념으로 현재(now)를 추정 또는 아주 가까운 미래를 예측한다는 의미인데 이 책에서는 의미의 직접적 전달을 위해 번역하지 않고 직접 사용하기로 한다. – 옮긴이

이러한 작업을 수행하려면 적시에 발표되는 다른 고빈도 데이터셋을 사용해야 한다. 이 최신 정보는 GDP와 같은 저빈도 거시경제 변수를 예측하거나 나우캐스팅하기 위해 이용될 수 있다.

예를 들어 40개 이상의 국가에서 IHS Markit에 의해 생산된 PMI 시리즈는 그러한 고빈도 및 시기적절한 데이터 소스가 될 수 있다. 이는 제조업과 서비스업 양쪽에서 선정된 사업체 임원으로 구성된 고정된 패널로 보내진 설문지에서 도출된다. PMI 데이터셋은 생산량, 신규 주문, 고용, 가격 및 주식과 같은 다양한 척도에 대한 월별 정보를 제공한다. 따라서 PMI 데이터셋은 국가의 현재 및 예상 비즈니스 활동 수준에 대한 통찰력을 제공한다. 또한 다가오는 경기 확장이나 경기 침체를 예측하는 선도적인 지표가 될 수 있다.

PMI의 장점은 산업 생산 지수나 GDP 등 다른 공식 지표보다 일찍 발표된다는 점인데, 대표적으로 월 중순에 실시된다. 조사 결과는 기준 기간 다음 첫 번째 근무일(제조) 또는 세 번째 근무일(서비스 및 두 부문의 종합 집계)에 발표된다. 그러나 유로존(미국, 영국, 일본, 호주 포함)의 경우, PMI "플래시flash" 데이터는 "최종final" 발표 약 10일 전에 사용할 수 있다. 이러한 플래시 수치는 최종 샘플의 약 85~90%를 기반으로 하며, "플래시"와 "최종" PMI 데이터 간의 수정은 전형적으로 일어나지만 일반적으로 소규모다. 유로존에서는 프랑스와 독일의 상세한 플래시 PMI 수치도 제공된다.

그림 12.1은 PMI 데이터가 특정 분기(이 예에서는 2018년 2분기)의 GDP 성장을 예측하는 일반적인 시간 표시 막대에 어떻게 적합한지를 보여준다.

PMI의 상대적 타이밍 이점을 강조하기 위해 예의 주시되는 두 가지 지표인 유럽위원회European Commission의 경제 심리 지수ESI, Economic Sentiment Indicators와 산업 생산에 관한 유럽통계국Eurostat의 공식 수치들의 발표 형식도 제공된다.

ESI로 약칭되는 경제 심리 지수는 (1) 산업 신뢰 지수(40%) (2) 서비스 신뢰 지수(30%) (3) 소비자 신뢰 지수(20%) (4) 소매 무역 신뢰 지수(5%) (5) 건설 신뢰 지수(5%)의 5개 부문별 신뢰 지수로 구성된 종합 지표다. 경제 심리 지수는 유럽위원회가 매달 발표한다. ESI는 현재 경제 상황에 대한 경제 운영자의 평가와 미래 발전에 대한 기대를 수집하는 설문 조사에서 도출된다.[2]

그림 12.1의 타임라인은 데이터 가용성이 분기 첫 두 달 동안 PMI와 ESI 등 서베이survey(일명 "소프트soft") 데이터만 사용할 수 있음을 나타낸다. 분기의 마지막 달 중순이 돼서야 공식적인 "하드hard" 수치(이 경우 산업 생산)를 첫 달에 사용할 수 있다. 따라서 어느 시점까지 경제학자, 투자자 및 정책 입안자는 경제 성과를 측정하기 위해 소프트 데이터에 의존한다. 실제로 특히 통화 정책과 같은 분야에서 PMI가 활용되는 기반을 제공하는 것은 발표의 비동기화와 그에 따른 타이밍 이점이다.

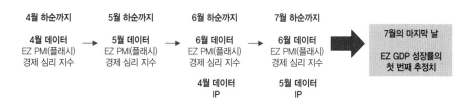

그림 12.1 유로존 2018년 2사분기 GDP 성장률 나우캐스팅

출처: IHS Markit

12.2 PMI 성과

PMI 데이터셋은 GDP 통계보다 빈도가 높고 시기적절하기 때문에 지속적인 경제성장 추적의 요구를 충족하기에 좋은 후보가 될 수 있다. 그림 12.2에서 우리는 GDP의 분기별 변화와 유로존의 PMI 사이의 관계를 관찰할 수 있다.

---

2 자세한 내용은 Eurostat 웹사이트를 방문하라(https://ec.europa.eu/eurostat/statistics-explained/index.php?title=Glossary:Economic_sentiment_indicator_(ESI)).

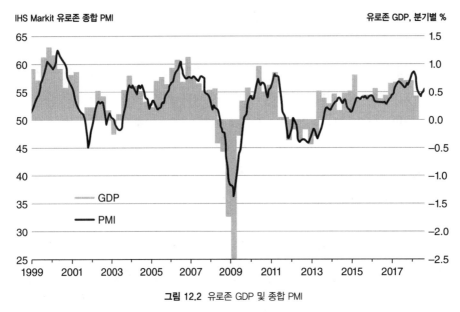

그림 12.2 유로존 GDP 및 종합 PMI

출처: Eurostat, IHS Markit의 데이터 기반

2006년 이후 유로존 종합 PMI(제조업과 서비스업을 합친 것)는 2008~2009년 금융 위기, 2011년 유로존 부채 위기 심화, 2017년 경제 실적 상승 등을 통해 성장의 기저 변화를 정확하게 보여주고 있다. 표 12.1은 유로존과 유로존의 가장 큰 3개 회원국의 상관관계 통계를 보여준다. 비교 기간은 2000년 1월에 시작되지만 2008~2009년 글로벌 금융 위기의 심각싱 이후 성과감을 제공하기 위해 2010년 1월 이후 성과의 하위 샘플도 제공한다.

표 12.1 GDP 성장률의 선택된 지표의 % 변화와의 상관관계

	유로 지역	프랑스	독일	이탈리아
2000년 1월 이후				
PMI 종합지수	0.87	0.57	0.76	0.79
유로존 ESI	0.76	0.41	0.61	0.7
IP	0.88	0.55	0.86	0.82
2010년 이후				
PMI 종합지수	0.84	0.52	0.64	0.89
유로존 ESI	0.71	0.46	0.32	0.74
IP	0.74	0.41	0.79	0.7

출처: IHS Markit 데이터 기반

일반적으로 PMI의 성과는 ESI를 능가하며 유로존 및 국가 수준에서 산업 생산과 견줄 만하다. 당연히 일부 예외가 있는데, 독일의 산업 생산 데이터가 특히 강한 성과를 보이는 것은 독일 경제 구조를 고려할 때 그다지 놀랄 일은 아닐 수 있다. 이러한 결과는 2010년 1월 이후 대체로 사실이며, 동시에 특히 이탈리아의 PMI 성과가 눈길을 끈다. 비록 PMI가 지속해서 관련 ESI와 산업 생산 데이터 시리즈보다 좋은 성과를 유지하지만 프랑스는 순수한 상관관계 통계량 측면에서 여전히 뒤처져 있다.

12.3 GDP 성장률 전망

이제 간단한 나우캐스팅 연습을 통해 GDP의 분기별 변화를 예측하는 PMI(ESI 및 산업 생산뿐만 아니라)의 단기 예측력으로 눈을 돌린다. 잘못 정렬된 시간 빈도(PMI 데이터는 월별로, 그리고 GDP는 분기별로 발표된다) 문제를 피하기 위해, 우리의 나우캐스팅은 단순한 AR-MIDAS^Mixed-DAta Sampling, 혼합 데이터 샘플링 스타일 회귀를 기반으로 한다. 이는 단일 방정식 접근법이며, 분기별 GDP는 특수하게 가중된 예측변수의 월별 가중 관측치로 설명된다. 수학적으로 표현하면 다음과 같다.

$$GDP_t = \alpha + \beta_1 GDP_{t-1} + \beta_2 \sum_{j=0}^{q_w-1} \omega_j X_{k,t-j} + \varepsilon_t \tag{12.1}$$

이 광범위한 표준 예측 설정에서 현재 분기 GDP_t는 자체 래그 GDP_{t-1}과 설명변수 $X_{k,t}$의 ω_j 가중 평균을 사용해 예측된다. 시간 t에 걸쳐 관찰된 X의 $k = \{1, ..., m\}$ 관측치가 있다(이 경우 $k = 3$이며, 이는 달력 분기당 기록된 설명변수의 월간 관측치 수이다).[3]

우리는 2010년 1분기부터 2018년 1분기까지의 기간에 대한 샘플 외 나우캐스팅 연습으로 모델을 실행한다. 우리는 PMI와 ESI를 모두 변수 $X_{k,t}$로 따로 사용한다. 산업 생산 데이터의 경우, 3m/3m 변화의 분기별 시리즈를 만들고 이를 GDP에 대해 회귀(래그 종속변수와 함께)함으로써 프로세스가 단순해진다. 그러나 산업 생산 데이터는 "의사 시간pseudo-time"에 기초한다는 점에 유의하라. 즉, GDP 성장률을 예측할 때 산업 생산 데이터는 분기 중 처음 두 달 동안만 사용할 수 있다(실시간 GDP 연습의 경우처럼). 본질적으로, 이것은 분기별 산업 생산 시리즈의 시간 이동이 수행된다는 것을 의미하며, 이것에 의해 회귀 연습에 두 달 동안의 관측치가 사용된다.

나우캐스팅 성과를 비교하기 위해 RMSFE$^{\text{Root Mean Square Forecasting Errors}}$와 GDP에서 정확하게 예측된 변화의 비율이 제공된다. RMSFE의 경우 0에 가까운 판독값이 가장 긍정적인 것으로 간주돼야 한다. 추가 맥락을 위해, 우리는 간단한 벤치마크 모델('BM'으로 표시)의 결과도 제공하는데, 이는 단순히 "변화가 없는" 예측(즉, 이전 관측 이후 현재의 분기 GDP 성장은 변하지 않은 것으로 가정)이다. 표 12.2는 다양한 모델 성과의 요약을 제공한다.

---

3 우리는 또한 이 설정에서 Xk, t−j의 j 래그를 포함하는 옵션이 있으며, 그 수는 qw에 의해 결정된다. 단순성을 위해 분기별 설명 변수의 동시 판독값(예: 1분기 GDP를 예측하기 위해 1월, 2월, 3월 관측치)을 사용한다.

표 12.2 모델 성과(2010Q1~2018Q1)

	BM	PMI	ESI	IP
유로 지역				
RMSFE	0.3	0.23	0.34	0.28
정확하게 예측된 비율(%)		82.8%	72.4%	65.5%
프랑스				
RMSFE	0.39	0.32	0.42	0.21
정확하게 예측된 비율(%)		59.4%	56.3%	81.3%
독일				
RMSFE	0.62	0.5	0.62	0.39
정확하게 예측된 비율(%)		68.8%	56.3%	78.1%
이탈리아				
RMSFE	0.31	0.29	0.34	0.44
정확하게 예측된 비율(%)	69.0%	69.0%	65.5%	

출처: IHS Markit 데이터 기반

결과는 현재로서는 분기별 성장률을 예측할 때 일반적으로 PMI 데이터를 포함하는 모델이 ESI를 기반으로 하는 모델보다 성과가 우수하다는 것을 보여준다. 특히 유로존 수준에서 PMI 기반 모델이 RMSFE 측면에서 동등한 ESI 및 산업 생산 설정을 크게 능가하는 동시에 벤치마크 모델에 비해 25%에 가깝게 평균 나우캐스팅을 능가함을 기록하고 있다. 게다가 PMI 모델은 유로존의 분기별 성장 방향을 80% 이상 정확하게 예측한다(다시 ESI와 산업 생산에서 보이는 것보다 더 나은 결과).

프랑스와 독일의 경우, PMI 기반 모델은 단순한 벤치마크와 ESI 모델을 다시 능가한다. 그리고 GDP 성장률을 예측할 때 PMI를 사용하는 것의 부가가치를 나타낸다. 그러나 RMSFE와 예측 방향 측면에서 가장 강력한 성과를 발휘하는 것은 산업 생산 기반 모델이다(물론 여기서 산업생산 데이터의 발표가 PMI와 비해서 지연된다는 점을 유념할 필요가 있지만). 이탈리아에서는 RMSFE 통계량을 바탕으로 기준을 능가하는 것은 PMI뿐이다.

12.4 금융시장에 미치는 영향

국내총생산^{GDP} 대비 PMI의 예측력을 보여줬던 우리는 이제 투자자들의 주요 관심사인 금융시장에 미치는 영향을 살펴본다.

Gomes와 Peraita(2016)가 지적한 바와 같이, 경제 지표가 금융시장에 미치는 영향을 측정하는 데 있어 주요 문제 중 하나는 두 데이터 집합이 일반적으로 서로 다른 빈도로 이용 가능하다는 것이다. 금융 데이터는 매일, 시간당 또는 더 미세한 간격으로 얻을 수 있지만 거시경제 지표는 최대 매달 생산되고 발표된다. 역사적으로 이것은 거시경제 정보와 금융시장 사이의 관계를 모델링할 때 두 가지 생각의 가닥을 형성하게 했다. 한 가닥은 금융시장 변수를 덜 세분화된 시간 척도로 집계함으로써 저빈도 회귀를 사용하는 것으로 구성된다(예: 월별 빈도로 주식 수익률을 계산한 다음 월별 거시경제 변수에 대해 회귀). 다른 한 가닥은 거시경제 정보가 발표된 직후 그것이 금융시장에 미치는 영향에 대한 이벤트 분석을 수행하는 것으로 구성된다. 예를 들어 이는 고용^{payroll} 데이터 수치 발표와 주식시장에 미치는 영향이 될 수 있다. Gomes와 Peraita(2016)는 두 가닥에 속하는 서로 다른 연구에 대한 좋은 문헌 검토를 제공한다. 그러나 그들의 연구는 두 번째에 초점을 맞추고 있다.

Gomes와 Peraita(2016)는 2003년부터 2014년까지 독일, 프랑스, 이탈리아, 스페인의 PMI 발표가 주식시장 수익률과 국채 수익률, 유로 환율에 미치는 영향을 분석한다. 그들은 조사된 모든 금융시장이 구매 관리자 지수 발표, 특히 유로 지역 위기 동안 부정적인 발표에 영향을 받는다는 것을 발견했다. 가장 큰 영향을 받는 시장은 주식시장이며, 특히 PMI 발표에서 부정적인 놀라움으로 인해 영향을 받는다. 그들은 또한 채권시장에 미치는 영향이 더 작고 대칭적이며 2008년 위기가 시작된 이후 대부분의 금융시장에서 PMI의 영향이 커졌다는 것을 발견했다.

Hanousek와 Koccenda(2011)는 PMI 지수가 EU 3개국(체코 공화국, 헝가리, 폴란드)의 주식시장에 미치는 영향을 분석한다. 그들은 PMI가 시장에 직관적인 방식으로 영향을 미친다는 것을 발견했다. 예상보다 나쁜 결과는 주식 수익률에 부정적인 영향을 미치고 그 반대도 마찬가지다. Gomes와 Peraita(2016) 그리고 Hanousek과 Kočenda(2011)의 논문 분석은 모두 뉴스 "서프라이즈surprise"(즉, 기대치와 발표된 PMI 사이의 편차)를 기반으로 한다. 좀 더 형식적으로, Andersen(2007)의 접근법에 따라, 그들은 다음과 같은 "서프라이즈"의 정의를 사용한다.

$$Surprise_t = \frac{I_t - E_{t-1}[I_t]}{\hat{\sigma}} \qquad (12.2)$$

여기서 I_t는 지표의 발표된 값을 표기하고, $E_{t-1}[I_t]$는 $t-1$ 시점의 해당 지표에 대한 시장의 기대치를 나타낸다. $\hat{\sigma}$는 서프라이즈 성분 $I_t - E_{t-1}[I_t]$의 샘플 표준편차와 동일하다. 표준화의 사용은 회귀 모델에 둘 이상의 지표가 사용될 때 발생하는 계수를 더 잘 비교하도록 한다.

Johnson과 Watson(2011)은 PMI 변화가 귀금속, 컴퓨터 기술, 섬유 및 자동차와 같은 소규모 시가총액 기업과 산업의 주식에 더 큰 영향을 미친다는 것을 발견했다. Hess et al.(2008)은 PMI 발표가 미국을 포함한 상품선물지수, S&P500 지수, 국채지수에 미치는 영향을 규명했다.

짧은 이벤트 연구를 수행해 GBP/USD가 영국 PMI 서비스 릴리스에 어떻게 반응하는지 설명할 수 있다. 우리는 역사적 샘플로 2013년 중반부터 2019년 중반까지를 사용한다. 우리는 역사적 샘플에서 모든 영국 PMI 서비스 발표 전후 15분마다 GBP/USD의 절대 수익률을 계산한다. 일반적으로 이것은 월초에 런던 오전 9시 30분이다. 따라서 우리의 분석은 72개의 영국 PMI 서비스 발표를 포함한다. 그런 다음 샘플의 모든 이벤트 발표에서 각 분에 대한 절대 수익률의 평균을 취한다. 이것은 매분마다 변동성에 대한 간단한 추정치를 제공한다. 또는 범위 기반 측정을 사용할 수 있었는데, 이는 또한 매분마다 고가/저가 데이터를 필요로 할 것이다. 또 다른 옵션은 일일 변동성을 계산하는 것이었다. 그림 12.4에서, 우리는 GBP/USD에 대한 영국 PMI 서비스에 대한 이 평균 절대 수익률을 보고한다. 우리는 영국 PMI 서비스가 발표될 때 하루 동안 GBP/USD의 평균 절대 수익률이 매우 뚜렷하게 치솟는 것을 주목한다. 그러나 이러한 변동성의 급상승은 매우 빠르게 사라진다. 5분 후 시장은 정상 수준의 변동성으로 돌아간다.

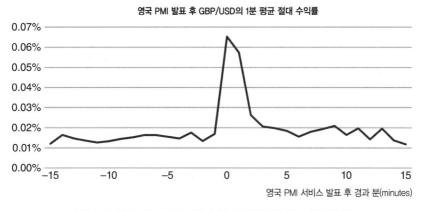

그림 12.3 과거 5년간 UK PMI 서비스 발표 주변의 GBP/USD 일중 변동성

마지막으로 경제의 공급 측면을 측정하는 PMI 데이터가 금융시장에 미치는 영향에 대한 연구에 초점을 맞췄지만 다른 중요한 경제 지표도 있다는 점에 주목한다. 일례로 소비자 신뢰 지수는 소비자(경제의 수요 측면)가 개인 및 일반 경제 상황이 어떻게 진화할 것으로 예상하는지를 측정한다. 이 정보는 11장에서 설명한 서베이 방법을 통해 수집될 수 있다. 원칙적으로 그러한 정보의 공개가 시장에 영향을 미칠 것을 기대한다. 그러나 이 책에서는 소비자 신뢰 지수에 대해 더 이상 논의하지 않을 것이다.

12.5 요약

경제성장률 그림을 이해하는 것은 금리나 FX와 같은 거시자산 투자자는 물론 단일 주식과 같은 더 많은 미시자산 투자자들에게도 중요한 고려 사항이다. 그러나 GDP 데이터는 종종 큰 시차와 함께 발표되기 때문에 상당히 뒤처질 수 있다. 12장에서는 기업 경영진을 대상으로 한 설문 조사를 기반으로 한 PMI 데이터가 경제성장에 대한 효과적인 시기 적절한 추정치를 제공할 수 있음을 보여줬다. 즉, PMI 데이터는 GDP 데이터의 나우캐스트로 사용될 수 있다. 그러한 정보의 공개는 또한 금융시장에도 영향을 미치는데, 이는 12장에서 간략하게 논의한 주제와 관련된 문헌의 양에서도 알 수 있다.

13

인공위성 이미지와 항공 사진

13.1 서론

1957년 10월 4일, 소련은 최초의 인공위성 스푸트니크 1호를 발사했다. 1959년 8월 14일, NASA의 익스플로러 VI 지구 위성(NASA, 2009)이 최초로 지구 사진을 촬영했다. 이 사진은 중앙 태평양의 햇빛이 비치는 지역과 그것의 구름 덮개를 보여준다. 이 사진은 위성이 지구 표면으로부터 약 27,000킬로미터 위에 있을 때 찍혔다. 물론 하늘에서 지구가 관측된 것은 이번이 처음이 아니었다. 제1차 세계대전 동안 항공 사진은 중요한 무기가 됐다. 전쟁 초기 6개월 동안은 수백 장의 사진만이 찍혔지만, 1918년 영국은 500만 장 이상의 항공 사진을 제작했다. 그리고 이것은 군사적인 목적을 위한 항공 관측의 첫 번째 예가 아니었다. 미국 남북전쟁에서 Thaddeus Low는 열기구를 사용해 남군을 상대로 북군을 위한 공중 정찰을 수행했다.

그림 13.1 Explorer VI 위성의 첫 번째 사진

출처: NASA

위성 사진과 항공 사진의 가장 분명한 차이점은 사진이 촬영되는 고도의 차이이다. 훨씬 더 높은 고도에서, 위성 이미지는 더 넓은 지역을 포착할 수 있을 것이다. 게다가 그것은 또한 더 쉽고 넓게 날씨 패턴을 포착할 수 있다. 인공위성은 또한 정기적으로 같은 지점을 통과하기 때문에 잠재적으로 정기적인 업데이트를 제공할 수 있으며, 최근 몇 년 동안 하늘에 있는 인공위성의 수를 고려할 때 이 빈도는 더욱 증가했다. 동시에 위성 사진의 비용은 낮아졌다. 전반적으로 항공 사진술은 더 상세한 경향이 있다. 최근 몇 년 동안 위성의 해상도는 향상됐지만, 법에 의해 대중에게 공개된 위성 이미지에서 사용할 수 있는 해상도는 한계가 있다(Bump, 2017). 오늘날 공공 영역과 민간 영역 모두에서 이미징을 위해 위성을 운영하는 많은 조직이 있다.

지구 표면적의 순수한 크기와 이미지가 포착되는 해상도를 고려할 때 생성된 방대한 양의 데이터와 같이 위에서 지구를 촬영하는 것과 관련된 어려움이 있다. 또한 우리는 구름 덮개와 같은 문제를 고려해야 하는데, 이는 때때로 일부 이미지를 선명하지 않고 사용할 수 없게 만들 수 있다. 다른 거의 모든 대체 데이터셋과 마찬가지로 원시 위성 이미지는 본질적으로 비정형 데이터이다. 따라서 투자자에게 유용하기 위해서는 공통의 형식으로 통일될 수 있도록 정형화돼야 한다. 인간이 세상을 보는 방식을 생각해보라. 우리는 망막을 통해 많은 양의 정보를 받아들인다. 그러고 나서 그 데이터의 많은 부분을 없애고 이미지의 중요한 부분에만 집중한다.

컴퓨터 비전은 컴퓨터가 인간과 비슷한 방식으로 세상을 보는 것을 돕기 위해 많은 다양한 기술을 함께 모은 영역이다. 컴퓨터 비전에 관련된 몇 가지 단계가 있으며, 우리는 이들 중 몇 가지를 간략하게 설명할 것이다. 첫 번째 단계는 디지털 카메라를 통해 세계를 원시 이진 형식으로 변환하는 이미지 획득을 다룬다. 컴퓨터 비전이 항상 육안으로 관찰할 수 있는 이미지를 다룰 필요는 없다는 점에 유의해야 한다. 야간 시력을 허용하는 적외선 파장과 같이 눈으로 볼 수 없는 파장을 포함하는 데이터가 있을 수 있다. 또한 색칠, 흐림 제거 또는 이미지 재구축과 같이 원본 이미지를 향상시키는 데 사용되는 컴퓨터 비전과 관련된 많은 변환이 있다.

두 번째 단계는 이미지 처리이다. 이 단계에서는 이미지를 전처리 및 정제해 더 높은 수준의 해석을 준비한다. 여기에는 대비 변경 및 이미지 선명화, 잡음 및 에지 트레이싱 제거 등의 작업이 포함될 수 있다. 이미지 처리 알고리듬을 광범위하게 사용하는 애플리케이션에는 일례로 포토샵 프로그램과 인스타그램 사이트가 있다. 이미지 처리의 최종 출력은 그 자체가 이미지다.

다음 단계는 이미지를 분석하고 이해하는 것으로, 기본적으로 이미지를 설명할 수 있는 텍스트로 변환할 수 있다. 가장 높은 수준에서, 이미지 인식은 이미지를 전체적으로 이해하려고 노력할 것이다. 이미지의 특정 부분을 살펴보면 객체 감지 기능은 경계 상자 bounding box를 사용해 이미지 내부의 객체를 플래그로 표시한다. 객체 분류 및 식별 태그는 각각 객체와 그 유형을 나타낸다. 비디오의 경우 이러한 개념을 객체 추적으로 확장할 수 있다. 컴퓨터 비전에 대한 더 자세한 논의는 4장을 참조하길 바란다.

경제적 또는 시장의 관점에서, 위성 이미지는 상대적으로 자동화되고 저렴한 방식으로 세계에 대한 스냅숏을 제공할 수 있다. 이러한 스냅숏은 비용이 많이 들거나 더 수동적이고 수동적인 방법을 사용해 수집하기가 어려울 수 있다. 분명히 위성 이미지의 해상도가 높을수록, 우리는 이미지에서 더 많은 콘텐츠를 감지하고 구조화할 수 있을 것이다. 또한 특정 위치의 내용을 반복적으로 캡처할 수 있다면, 활동 변화를 측정하기 위한 일련의 데이터를 작성할 수 있다. 분명히 위성 이미지를 더 자주 샘플링할수록 원시 데이터를 수집하고 저장하는 데 더 많은 비용이 들 것이다. 우리는 또한 구름 덮개와 같은 날씨의 변화와 같은 도전들을 인식할 필요가 있다. 그것은 이미지가 어떻게 처리되는지에 영향을 미친다. 그리고 위성이 지면을 쓸어가는 방식을 고려할 때, 이미지가 모든 관심 장소에 걸쳐 일정한 간격으로 수집될 것 같지 않다는 사실이다.

다음 절에서는 경제적 응용을 위해 위성 이미지를 사용하는 여러 가지 예에 대해 논의한다. 여기에는 미국 수출 데이터를 이해하고 예측하기 위한 야간 조명 강도 사용뿐만 아니라 주차장 활동을 식별해 소매업 주식에 대한 수익률을 추정하기 위한 좀 더 세분화된 이미지 사용이 포함될 것이다.

13.2 미국 수출 증가율 예측

수출 증가를 추정하는 것은 힘든 작업이 될 수 있다. 실제로 한 국가의 해외 수출 파트너의 GDP에 의해 측정되는 경우가 종종 있다. 이미 자세히 논의된 바와 같이, GDP 수치의 어려움은 상대적으로 드물게 기록되는 경향이 있으며, 이는 보통 분기별로 기록된다는 것이다. 또한 발표 및 후속 수정과 관련해 상당한 시차가 발생하는 경우가 많다. 따라서 GDP 데이터가 발표될 무렵에는 실제로 측정 중인 관련 기간이 몇 달 후가 될 수 있다. 만약 우리가 더 시기적절한 척도로 해외 GDP를 대용할 수 있다면, 우리는 큰 시차 없이 이번 분기의 해외 성장률을 추정할 수 있을 것이다(즉, 적시 나우캐스팅). GDP의 한 가지 대용은 PMI 서베이를 사용하는 것이다(12장 참조). 여기서 대안적인 접근법에 대해 논의할 것이다.

Nie와 Oksol(2018)은 위성 이미지를 해외 GDP의 대용물로 사용해 해외 미국 수출 성장의 대용물로 사용하는 것에 대해 논의한다. 그들은 위성 사진으로부터 야간 조명을 측정하는 것에 초점을 맞춘다. 그 근거는 비교적 직관적이다. 우리는 한 나라가 더 부유해지고 더 많은 경제 활동이 있을 때, 더 많은 야간 조명을 사용할 것이라고 예상한다. 그들은 NOAA(미국 해양 대기국)의 지구 관측 그룹을 통해 공개적으로 사용 가능한 이미지의 데이터셋을 사용한다. 구름과 같은 특정 "잡음"에 대해 필터링된다.

이미지의 각 픽셀은 약 1평방킬로미터의 영역을 나타낸다. 이러한 유형의 해상도는 자동차나 건물과 같은 특정 물체를 측정하기에 불충분할 수 있다. 그러나 여기서 초점은 단순히 상대적으로 큰 영역의 빛 강도에 있다. 각 픽셀은 0에서 63 사이의 야간 강도를 나타내는 값을 갖는다. 특정 지리적 영역이 확인되면 도시, 국가 또는 다른 지역 등 해당 영역의 광도를 측정하기 위한 지표를 작성할 수 있게 된다.

Nie와 Oksol이 주목하는 GDP를 대용하는 이 방법은 공식 국가 통계가 덜 신뢰할 가능성이 있는 신흥 시장에서 특히 유용하다. 표 13.1에서 수출 성장률과 야간 조명 증가율, 수출 성장률과 GDP 성장률, GDP 성장률과 빛 성장률에 대한 1993년부터 2013년까지의 상관관계 결과를 제시한다. 선진국에서는 수출 증가와 GDP 성장 사이에 더 강한 상관관계가 있는 것으로 보인다. 그러나 개발도상국의 경우 이러한 상관관계가 약하다. 저자들은 개발도상국에 비해 선진국에서 GDP가 더 잘 측정되기 때문이라고 추측한다.

표 13.1 수출, 야간 조명과 GDP 간의 연간 상관관계

변수	선진국	개발도상국
수출 성장률과 조명 증가율	0.29	0.28
수출 성장률과 GDP 성장률	0.79	0.49
GDP 성장률과 조명 증가율	0.17	0.14

출처: 캔사스시티 연준, 헤이버 어낼리틱스

나중에 Nie와 Oksol은 분기별 모델을 구성해 현재 분기의 수출 성장을 추정한다. 즉 랜덤 워크 모델, GDP 모델 및 조명 기반 모델이다. 그들은 GDP 데이터가 분기별로만 제

공되지만, 최근 몇 년 동안 조명 데이터는 월 단위로(그리고 2017년부터 일 단위로) 사용할 수 있게 됐다는 점에 주목한다. 따라서 그들은 수출 증가를 추정하기 위해 월별 랜덤 워크 모델과 월별 조명 모델에 대한 연습을 반복한다.

그런 다음 표 13.2에 나와 있는 모델 추정치와 실제 데이터 사이의 평균 백분율 도출을 계산한다. 월별 조명 모델이 모든 경제에서 미국의 수출 증가를 예측하는 데 있어 다른 모든 모델을 능가한다는 것은 주목할 만하다. 이는 야간 조명 데이터가 특히 GDP 데이터가 뒤처진 상황에서 적시에 수출 성장을 추정하는 데 도움이 되는 유용한 방법이 될 수 있음을 시사한다.

표 13.2 분기별 및 월별 빈도의 평균 백분율 도출을 통한 모델 예측 비교

모델 사양	전체	선진국	개발도상국
랜덤 워크: 분기별	2.2	3.23	4.13
GDP: 분기별	2.89	3.06	4.06
조명: 분기별	3.06	4.05	3.11
랜덤워크: 월별	2.28	2.14	3.27
조명: 월별	1.33	1.28	2

출처: 캔자스시티 연준, 헤이버 어낼리틱스

13.3 소매업체를 위한 자동차 수 및 주당 이익

당신이 특정 상점의 소매 판매 또는 특정 식당을 자주 찾는 식당의 수를 이해하고 싶다고 상상해보자. 아이디어를 얻는 한 가지 방법은 가게나 식당 안에 들어가는 손님의 수를 세는 것이다. 상점에 하나의 진입 및 진출만 있는 경우 수동으로 이 작업을 수행할 수 있다. 하지만 입구 지점이 많고 전국 각지에 지점이 많은 대형 매장을 말한다면 결국 물류 악몽으로 끝난다. 만약 우리가 전체 소매업 부문을 추적하고 싶다면, 그러한 데이터를 소싱하고 배후 프로세스를 관리하는 것은 빠르게 매우 큰 사업이 될 것이다. 대안적인 방법으로 위성 이미지를 사용해 문제를 자동화할 수 있다. 이를 위해 매장에 붙어 있는 주차장의

위성 사진을 입력 데이터로 활용할 수 있다.

앞에서 여러 가지 기법을 사용해 이미지 또는 객체를 분류하는 것이 어떻게 가능한지에 대해 광범위한 용어(4.5절 참조)로 설명했다. 특히 우리는 컨볼루션 신경망을 사용하는 것이 더 전통적인 분류 기술을 능가한다는 것에 주목했다. 어떤 기법을 선택하든 목표는 이미지를 구조화하고 관련 정보를 추출하는 것이다. 이것은 일반적으로 컨볼루션 신경망과 같은 기술을 사용해 이러한 각 위성 이미지에서 자동차의 수를 식별하고 계산하는 것을 포함한다. 실험해야 할 가설은 한 번에 자동차의 수가 한 상점의 소매 활동이나 식당이 얼마나 바쁜지에 대한 대용물이 될 것이라는 것이다. 잠재적으로, 이것이 회사가 보고한 이익에 대한 좋은 지표가 될 수 있다고 기대할 수 있다. 이를 위해서는 충분히 고해상도의 위성 영상이 필요하다. 이는 저해상도 이미지를 사용해 가능할 수 있는 야간 조명 강도를 측정하는 이전의 예와 대조된다. 게다가 다른 위성 이미지와 마찬가지로 구름 덮개와 같은 요소들의 추가적인 복잡성이 있을 수 있으며, 이는 분석 및 이미지에서 도출된 결론에 영향을 미칠 수 있다.

물론 위성 이미지에서 고객 1인당 비용을 실제로 알 수 없다는 점을 감안할 때 차량 개수는 근사치에 불과할 것이다. 또한 이러한 접근법은 고객이 주로 자동차로 그곳에 운전하는 소매 아울렛에 가장 적합하다. 물론 우리는 소매 아울렛이나 레스토랑에 초점을 맞추고 있지만, 다른 소비자 지향적인 사업에도 그 기법을 적용할 수 있다.

이러한 차량 수를 유용하게 만들기 위해서는 주소 데이터와 같이 이미지에 포함되지 않은 추가 데이터가 필요한데, 이를 지리 공간 데이터와 결합할 수 있다. 특히 모든 이미지에서 각 주차장의 주소를 알게 되면, 특정 소매 아울렛과 인접한 주차장에 초점을 맞추고 다른 주차장은 무시할 수 있다. 이 데이터를 거래 목적으로 사용하는 것이 목표라면 엔티티 매칭entity matching이 필요하다. 다시 말해, 주차장의 다양한 소매 브랜드를 거래할 수 있는 기저의 주식과 일치시킬 수 있어야 한다. 실제로 이러한 유형의 다른 데이터셋과의 병합 및 엔티티 매칭은 3장에서 이미 설명했듯이 대부분의 대체 데이터 사용 사례의 공통 특성이다.

이 가설을 테스트하기 위해, 우리는 위성 이미지 데이터에서 파생된 Geospatial Insight 의 데이터셋을 사용한다. Geospatial Insight는 그들의 이미지를 수집하기 위해 궤도에 있는 250개 이상의 위성 네트워크에 접근한다. 그들은 주로 Digital Global Worldview 의 위성 네트워크를 사용한다. 이들 위성이 만들어내는 영상의 해상도는 특히 높다 (26~51cm). 이 수준의 세부 정보는 자동차의 식별은 가능하지만 번호판이나 사람의 식별은 불가능하다.

우리는 Geospatial Insight의 RetailWatch 데이터셋에 초점을 맞추고 있으며, 이를 통해 여러 유럽 소매업체의 회사 성과를 추정할 것이다. 그것은 유럽의 여러 소매 아울렛 근처에 주차된 차량 수로 구성돼 있으며, 정기적으로 관측이 스냅샷으로 촬영된다. 입력 이미지에 대해, 관심 있는 특정 소매업체의 주차장에 대한 지리적 경계 윤곽geofenced outlines으로 경계가 지정된 영역이 클리핑된다. 컨볼루션 신경망CNN은 작업으로 레이블이 붙여진 차량 위치의 대규모 데이터셋에 대해 훈련되며, 이러한 클리핑된 주차장 영역 내에서 차량의 가능한 위치를 예측한다. 그런 다음 후처리를 통해 개별 차량 위치를 추출하고 각 주차장 영역에 대해 차량 수를 구축한다. 프로세스가 자동화되는 동안 정확도를 확인하기 위해 수동 검사도 수행된다.

데이터셋은 현재 다수의 상장 거래 기업뿐만 아니라 다수의 추가 민간 기업을 추적한다. 월마트와 같은 미국에 기반을 둔 유사한 소매업체의 주차장에 대한 데이터셋이 몇 개 있지만, 작성 당시 유럽에 특별히 초점을 맞춘 데이터셋은 덜 일반적이었다. 분명한 이유 때문에 그러한 접근법은 순수하게 온라인에 초점을 맞춘 소매업자들에게는 유용하지 않을 것이다. 대신, 그러한 유형의 기업에는 소비자 거래 데이터를 조사하는 것과 같은 다른 접근법을 사용해야 한다.

우리 연구의 초점은 주식 시장에서 상장 거래되는 회사에 소속된 소매 아울렛에 맞춰질 것이다. Geospatial Insight가 제공하는 원시 데이터는 업체명, 관련주 블룸버그 티커, 소매 아울렛 주차장 이름과 위치 등으로 구성돼 있다. 각 관측치에 대한 타임스탬프가 있으며, 주차장의 면적과 차량 수가 계산된다. 데이터셋은 매일 관찰할 필요가 없기 때문에 상대적으로 희박하다. 우리가 위성 데이터에서 예상할 수 있듯이, 특정 날의 관측 결과가 모두 동시에 촬영(스냅샷)되는 것은 아니다. 위성이 하늘을 휩쓸고 있는 방식을 고려할 때, 그들은 다른 시간에 지구의 다른 부분을 커버할 것이다. 촬영된 주차장의 수가 언제든 크게 달라질 수 있는 경우이기도 하다. 구름 덮개와 관련된 문제도 있을 수 있다. 8장에서는 주차장의 위성 사진에서 결측된 점을 대체시키는 방법에 대한 사례 연구를 제시했다.

차량 수를 기준으로 지표를 계산하기 위해 몇 가지 단계를 거친다.

- 우리는 그 기간 동안 촬영된 총 면적과 자동차 수를 롤링 기준으로 계산한다.
- 특정 소매업체를 위해 촬영되는 주차장에 따라서 이미지가 달라질 수 있다는 점을 조정하기 위해, 우리는 자동차 수를 촬영된 총 주차 면적으로 나눈 비율을 계산한다. 만약 이것을 하지 않는다면, 더 많은 이미지들이 수집됐던 그날들을 오버카운트하게 될 것이다.
- 분명히 데이터를 결합하는 다른 방법들이 있다. 현재 우리는 매장별 차이를 무시하고 있으며, 대신 이러한 모든 관측치를 하나의 변수로 집계한다. 대신 먼저 매장 수준에서 차량 개수 데이터를 결합한 다음, 이들을 모든 모델에서 별도의 변수로 포함할 수 있다. 또한 주차장의 상대적 크기에 따라 매장을 분류하고 "소형", "중형" 및 "대형" 매장에 대해 집계해 이러한 차량 수를 모델에서 다른 변수로 사용할 수 있다.

현재 우리의 접근법은 각 매장에 대한 주차장의 상대적 크기를 고려한다(전체 주차 면적으로 대용됨). 그러나 위치와 같은 매장과 연관된 다른 메타데이터는 사용하지 않는다. 또한 주차장 크기와 같은 다른 측정 기준에 따라 특정 매장을 함께 버킷링하지 않는다. 매우 높은 세분성으로 집계할 때의 어려움은 데이터셋이 너무 희박해질 수 있다는 것이다. 따라서 모든 종류의 버킷은 이것을 고려해야 한다. 또한 스냅샷의 불규칙성이 문제를 일으킬 수 있다. 예를 들어 특정 매장을 매우 다른 시간에 촬영한 스냅샷과 비교하는 것은 좋은 방법이 아닐 수 있다. 구름 덮개와 같은 다른 문제들도 이러한 유형의 접근법에서 더 문제가 된다는 것이 증명될 수 있다.

자동차 수 데이터가 이익을 예측하기 위한 좋은 대용물이 될 수 있다는 가설을 고려할 때, 각 회사의 공식적 이익 발표와 일치하는 롤링 평균을 취할 수 있다. 또한 데이터의 희소성을 매끄럽게 하는 데 도움이 될 것이다. 일반적으로 상장된 회사는 분기별로 1년에 두 번 또는 1년에 한 번씩 이익 발표를 한다. 우리의 자동차 수 데이터셋의 이점은 공식 발표 훨씬 전에 기간이 끝나는 대로 그것을 가질 것이라는 것이다. 수십 년 동안 주식은 이익 발표 후 드리프트를 경험하기 때문에 이익이 예상보다 좋으면 일반적으로 즉시 주가가 상승하고 실망스러운 이익에 하락하는 것으로 잘 알려져 있다(Ball & Brown, 1968).

따라서 만약 우리의 자동차 수 척도가 이익 예측을 향상시키는 데 사용될 수 있다면, 잠재적으로 이익 발표를 중심으로 관련 주식을 거래할 수 있다. 시장 컨센서스보다 높은 이익을 예상하면 발표 전에 주식을 사고 이후 차익을 취한다. 그 대신 자동차 수 증가 이익 예측은 잠재적으로 횡단면 롱/숏 주식 바스켓의 추가적 팩터로 사용될 수 있다.

우리의 경우, 주차장 데이터셋 내의 유럽 소매업체는 일반적으로 반년마다 보고한다. 따라서 조정된 차동차 수 척도의 6개월 롤링 평균을 생성한다. 그런 다음 보고된 이익 기간에 해당하는 값을 추출할 수 있다. 자동차 수 데이터를 사용하는 주요 이점은 이익 기간이 끝나는 즉시 사용할 수 있다는 것이다. 이는 몇 주간의 시차가 있을 가능성이 높은 실적 보고와 대비된다. 실적 컨센서스는 실제 공식 이익 발표 이전에도 가능하다. 다만 애널리스트들의 추정치가 업데이트되면서 발표에 앞서 달라질 가능성이 높다. 따라서 이익 컨센서스 추정치는 순수하게 자동차 수를 기반으로 한 측정값만큼 이른 징후를 제공하지 않는다.

하지만 블룸버그가 집계한 것처럼 자동차 수 척도는 실제 주당 이익 발표 및 이익 합의와 관련이 있는가? 그림 13.2는 Marks & Spencer에 대한 자동차 수 척도와 발표된 주당 이익과 추정치를 보여준다. 적어도 이 양식화된 예에서, Marks & Spencer 주차장의 위성 이미지에서 파생된 우리의 자동차 수 척도는 컨센서스 추정치와 실제 발표 모두와 강한 상관관계가 있는 것으로 보인다. 인정하건대, 우리는 비교적 적은 역사적 데이터 포인트를 가지고 있다. 연구를 확장하는 데 도움이 되는 한 가지 방법은 더 많은 회사를 살펴보는 것인데, 나중에 그렇게 할 것이다.

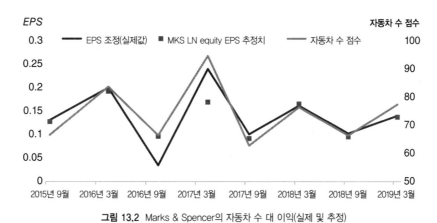

그림 13.2 Marks & Spencer의 자동차 수 대 이익(실제 및 추정)

출처: Geospatial Insights와 블룸버그의 데이터 기반

차동차 수 데이터를 사용하는 것이 컨센서스 데이터를 사용하는 것과 비교해 추가적인 통찰력을 제공하는가? 이것을 역사적으로 확인하기 위해, 블룸버그 컨센서스 데이터의 전체 세트를 포함하는 데이터셋 내의 여러 회사를 살펴본다. 종속변수인 주당 이익을 예측하는 데 도움이 되도록 몇 가지 전체 샘플 선형 회귀 분석을 작성한다. 첫 번째 회귀 분석에서는 컨센서스 데이터만 독립변수 x_1로 사용한다. 두 번째 회귀 분석에서는 자동차 수 점수 x_2를 독립변수로 사용한다. 마지막 회귀 분석에서는 컨센서스 데이터 x_1과 차동차 수 점수 x_2를 독립변수로 사용한다. 그림 13.3에서, 우리는 몇몇 영국 소매업체에 대한 이러한 회귀의 조정된 R^2를 보고한다.

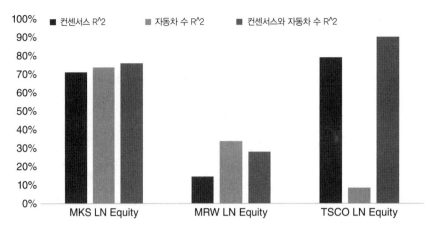

그림 13.3 2015년 9월부터 2019년 3월까지 기간 동안 주당 순이익에 대해 컨센서스와 자동차수 데이터를 회귀 분석한다.[1]
출처: 블룸버그, Geospatial Insight의 데이터 기반

우리는 모든 경우에 자동차 수 데이터를 컨센서스에 추가하는 것이 컨센서스를 단독으로 사용하는 것보다 조정된 R^2를 늘리는 데 도움이 된다는 것을 안다. 이는 수익을 예측할 때 컨센서스에 대한 추가변수로 자동차 수를 사용하는 것이 실제로 가치가 있을 수 있음을 시사한다. 물론 언급해야 할 몇 가지 경고 사항이 있다. 연구의 데이터 히스토리는 2015년부터 2019년까지 상대적으로 작다. 그림 13.3에서 오직 3개의 회사만 가지고 있다. 우리는 Geospatial Insight 데이터셋 내의 다른 회사를 연구에 추가하는 데 도움이 되도록 다른 출처의 컨센서스 추정치를 얻을 수 있을 것이다.

게다가 또 다른 주의 사항은 데이터를 사용해 소수의 포인트만 예측한 다음 매우 작은 샘플 세트로 샘플 내 회귀를 계산하려고 한다는 것이다. 하지만 히스토리가 축적됨에 따라, 이는 덜 문제가 될 것이다.

우리는 컨센서스 추정치에 자동차 수 데이터를 추가하는 것이 주당 이익을 설명하는 데 도움이 될 수 있다는 것을 봤다. 만약 우리가 자동차 수 척도를 뉴스와 같은 다른 대체 데이터셋과 결합하는 것을 탐구한다면, 이것은 자동차 수를 뉴스와 비교할 수 있게 할 것

---

1 MKS LN Equity, MRW LN Equity, TSCO LN Equity는 각각 Marks & Spencer, WM Morrison, Tesco의 블룸버그 티커다. – 옮긴이

이다. 자동차 수와 마찬가지로, 뉴스 기반 척도는 시차가 있거나 실제 이익 발표에 근접해야만 완전히 업데이트되는 것이 아니라 이익 기간이 끝나는 대로 이용할 수 있을 것이다. 이는 어닝 콜$^{earning\ call}$에 매우 근접해서 완전히 업데이트되는 컨센서스 데이터와 대조된다. 만약 우리가 수익에 대한 더 이른 예측을 원한다면, 우리는 실제 이익 발표 전에 이용할 수 있는 데이터셋에 초점을 맞출 필요가 있다.

뉴스 기반 조치의 경우, 우리는 블룸버그 뉴스의 뉴스 기사 수를 기록하는 지표를 사용해 상장된 주식 티커를 제공한다. 지표는 기업별로 발행되는 긍정 뉴스 기사와 부정 뉴스 기사 수로 나뉜다. 우리는 뉴스 감성 척도를 만들기 위한 보고 기간 길이에 해당하는 기간의 긍정적인 이야기 수에서 부정적인 이야기 수를 뺀 롤링 평균을 계산한다.

우리는 각 보고 기간이 끝날 때 롤링 뉴스 척도 지표의 값을 포착한다. 따라서 이 접근법은 우리가 자동차 수 척도를 다루는 방식과 다소 유사하다. 우라가 여기서는 사용하지 않았지만, Retail−Watch 데이터셋에서 공개적으로 거래되는 모든 기업, 심지어 우리가 전체 컨센서스 데이터를 가지고 있지 않은 기업까지 그 유니버스를 확장한다.

우리는 종속변수인 실제 주당 이익을 설명하는 데 도움이 되도록 몇 가지 전체 샘플 선형 회귀 분석을 다시 작성한다. 첫 번째 회귀 분석에서는 뉴스 지표만 독립변수 x_1로 사용한다. 두 번째 회귀 분석에서는 독립변수 x_1로 자동차 수만 사용한다. 마지막 회귀 분석에서는 뉴스 지표 x_1과 차동차 수 점수 x_2를 독립변수로 사용한다. 그림 13.4에서, 우리는 다수의 유럽 소매업체에 대한 이러한 회귀분석의 수정 결정계수 R^2을 보고한다. 우리는 Geospatial Insight가 출판된 이후 RetailWatch 데이터셋에 많은 수의 추가 티커를 추가했다는 점에 주목한다.

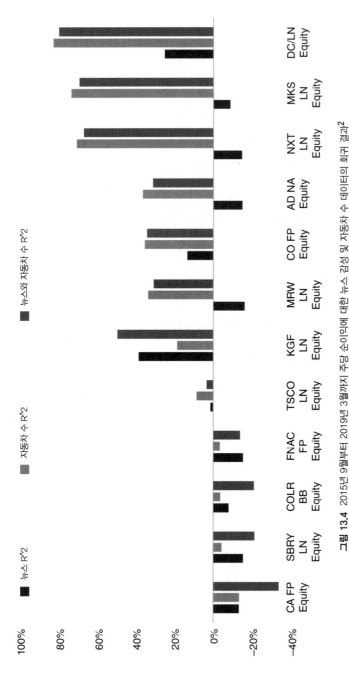

그림 13.4 2015년 9월부터 2019년 3월까지 주당 순이익에 대한 뉴스 감성 및 자동차 수 데이터의 회귀 결과[2]

출처: 블룸버그, Geospatial Insight의 데이터 기반

2 CA FP Equity(Carrefour), SBRY LN Equity(J Sainsbury), COLR BB Equity(Etablissementen Franz Colruyt), FNAC FP Equity(Fnac), TSCO LN Equity(Tesco), KGF LN Equity(Kingfisher), MRW LN Equity(Morrisons), CO FP Equity(Casino Guichard Perrachon), AD NA Equity(Koninklijke Ahold Delhaize), NXT LN Equity(Next), MKS LN Equity(Marks & Spencer), DC LN Equitys(Dixons Carphone)는 각각 괄호 안의 회사의 블룸버그 티커다. – 옮긴이

Carrefour(즉, CA FP Equity)와 같은 소수의 회사의 경우, 자동차 수와 뉴스 감성 지표 모두 조정된 R^2가 상당히 낮다. 이에 대한 많은 설명이 있을 수 있다. 대중교통을 이용해 매장을 찾는 고객이 많을 수도 있고, 뉴스 감성은 상대적으로 중립적이어서 방향성 신호를 빼내기가 쉽지 않을 수도 있다.

대부분의 경우, 각 변수를 주당 이익에 대해 별도로 회귀시킬 때, 자동차 수의 수정 R^2는 뉴스 감성의 수정 R^2보다 높다. 우리는 일반적으로 뉴스를 추가하는 것이 킹피셔[Kingfisher] (KGF LN Equity)를 제외하고 자동차 수의 수정 R^2만 늘리는 데 도움이 되지 않는다는 것을 발견했다. 이 책의 후반부에서 우리는 역사적 기반으로 시장, 특히 FX를 수익성 있게 거래하기 위해 뉴스를 사용할 수 있는 사례가 있다는 것을 보여줄 것이다. 그러나 이는 일반적으로 매우 긴 기간(6개월)에 걸쳐 뉴스를 보고 EPS를 예측하는 데 사용하기보다는 더 짧은 시간 범위에 뉴스를 집계하는 것이다.

요약하면 우리는 자동차 수 데이터를 집계하기 위해 비교적 간단한 기법을 사용했으며, 이러한 매우 몇 가지 기본적이고 직관적인 단계에도 불구하고 자동차 수 방법이 가능성을 보여준다는 것을 봤다. 추가 작업에는 예를 들어 동일한 기법을 사용하되 미국 및 캐나다와 같은 다른 선진국 경제를 다루는 다른 데이터셋에 사용하는 것이 포함될 수 있다. 또한 각 회사의 개별 주차장에 대한 데이터셋 보고서를 고려할 때, 특정 주차장이 더 광범위한 회사의 선도 지표로 작용하는지 조사할 가치가 있을 것이다. 우리는 또한 컨센서스 이익 추정치 또는 뉴스 감성 기반 지표와 같은 다른 지표로 자동차 수 지표를 증강시키면 특정 경우에 주당 이익을 이해하기 위한 전반적인 설명력이 증가할 수 있다는 점에 주목했다. 그러나 데이터셋에 풍부한 히스토리가 없기 때문에 당분간 강한 통계적 결론을 도출하는 데는 힘들다.

또한 컨센서스 이익 추정치가 소비자 거래 데이터나 휴대폰 위치와 같은 다른 대안 데이터셋(우리가 한 것과 같은 뉴스 외에)와 결합해 이익에 대한 더 정확한 예측을 만들 수 있는지 살펴볼 가치가 있다. 실제로 이 모든 척도들은 소비 지출 패턴이나 기업에 대한 일반적인 감성의 부분적인 샘플만을 취하고 있다. 따라서 더 많은 대체 데이터셋을 사용해 샘플의 크기를 늘림으로써, 샘플이 완전히 겹치지 않는다면 정확도를 높일 수 있을 것이다.

13.4 위성 데이터를 이용한 중국 제조업 PMI 측정

12장에서는 PMI 데이터에 대해 상세히 논의했는데, 이 서베이 기반의 "소프트" 데이터가 GDP의 선행 지표인 "하드 데이터"가 될 수 있다는 점에 주목했다. 묻고 싶은 한 가지 질문은 위성 이미지와 같은 다른 대체 데이터셋을 사용해 PMI 데이터에 대한 선행 지표를 만들 수 있는지 여부다. 이 같은 추정치는 PMI 데이터가 집계돼 발표되기 전에 가능할 것으로 보인다.

산업 활동과 같은 특정 유형의 경제 활동의 경우, 수익을 얻도록 활용할 수 있는 물리적 흔적이 남겨질 수 있다는 것은 직관적으로 보인다. 결국 제조 프로세스는 추적 가능한 완제품을 만들기 위해 원료를 사용해야 하며, 이는 비축될 가능성이 높다. 금융과 같은 산업과 대조되는데, 금융은 활동이 소진되면서 물리적 흔적을 남길 가능성이 적다. 또한 세계의 일부 지역에서는 공식적인 경제 데이터가 신뢰할 수 없거나 매우 큰 시차로 발표될 수 있다. 따라서 이러한 대안적 경제 활동 측정 방법은 우리가 이미 길게 논의한 바와 같이 특히 유용할 수 있다.

Eagle Alpha(2018)는 중국의 PMI 제조 데이터를 추정하기 위해 SpaceKnow의 위성 이미지 사용에 대해 논의한다. SpaceKnow는 신규 건설 현장 또는 재고 축적과 같은 산업 활동의 특정 징후를 추적한다. 14년 역사에 걸쳐 50만 평방킬로미터 이상의 면적에 걸친 데이터셋을 생성하기 위해 22억 개의 관측치가 수집됐디.

식물이 지구 표면을 얼마나 덮고 있는지를 파악하기 위해 정규화 차이 식생 지수[NDVI, The Normalized Difference Vegetation Index]가 작성됐다(Weier & Herring, 2000). 식생은 광합성에 사용하기 위해 가시광선 파장을 흡수하지만 과열 가능성을 줄이기 위해 적외선을 반사하는 경향이 있다. 대조적으로, 토양은 가시광선을 덜 흡수하는 경향이 있다. 분명히 결과적으로 식생은 육안으로는 더 밝게 보이는 반면 토양은 더 어둡게 보이는 경향이 있다. 향상된 식생 지수[EVI]는 비슷한 방식으로 작동하지만 공기 중의 입자로 인해 반사된 빛의 왜곡을 수정한다.

SpaceKnow는 식물이 아닌 인공 구조물의 범위를 식별하기 위해 그들의 알고리듬에 유사한 접근법을 사용한다. 그들의 알고리듬 뒤에 있는 일반적인 생각은 시멘트와 강철이 특정한 방식으로 다른 파장의 표면 빛에 반사된다는 것이다. 따라서 NDVI와 마찬가지로 얼마나 많은 표면이 시멘트 및 강철 구조물로 덮여 있는지 확인할 수 있다. 이 알고리듬은 또한 구름 덮개 또는 에어로졸과 같이 이미지에 영향을 미칠 수 있는 다양한 대기 요인에 맞게 조정된다. 이 알고리듬은 6,000개가 넘는 산업 시설의 이미지를 비교해 SpaceKnow의 위성 제조 지수^{SMI}를 만든다. 1개월 시차를 가지고 월별로 발표되는 공식 PMI와 차이신 PMI$^{Caixin\ PMI}$ 지수에 비해 SMI는 매 월, 수, 금요일에 10일 시차를 두고 발표된다.

중국의 공식 PMI 제조의 초점은 국영 기업을 포함한 대기업들이다. 반면 차이신의 PMI는 중소기업에 초점을 맞추고 있다. 그림 13.5는 SpaceKnow의 위성 제조 지수와 함께 중국의 공식 PMI 제조 지수인 차이신 PMI 제조 지수를 보여준다. 적어도 대충 보면, 소스 데이터가 매우 다르다는 사실에도 불구하고, SMI와 다른 PMI 사이에는 좋은 관계가 있는 것으로 보인다. 우리 샘플에서 SMI와 중국의 공식 PMI 제조 간의 상관관계는 64%이다.

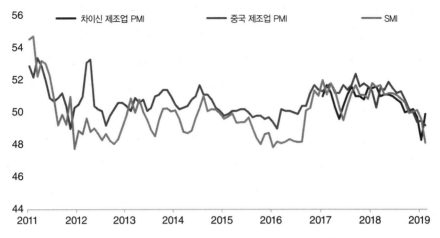

그림 13.5 중국 Space Know의 위성 제조업 지수(SMI) 대 공식 중국 제조업 PMI[3]과 차이신 제조업 PMI

출처: Bloomberg, SpaceKnow의 데이터를 기반으로 한다.

거래 관점에서, 만약 우리가 PMI와 같은 경제 지표를 예측하고 있다면, 우리는 블룸버그와 같은 기업들이 다수의 시장 경제학자들로부터 집계한 컨센서스 예측과 어떻게 비교하는지 이해하는 데 관심이 있을 수 있다.

적어도 단기적으로는 시장은 시장 예상과 다른 서프라이즈에 반응한다. 만약 시장이 이미 매우 나쁜 숫자를 예상하고 있고 출시가 정말로 매우 나쁜 숫자라면, 시장 반응은 무뎌질

---

3 차이신과 NBS 제조업 PMI 비교 – 옮긴이

구분	차이신 제조업 PMI	NBS(공식) 제조업 PMI
발표일	매월 20일경 당월 속보치 발표 매월 1일경 전월 확정치 발표	매월 1일 전월 확정치 발표
제공처	IHS Markit 차이신(재정 뉴스 신문사)	국가통계국(NBS) 중국물류구매연합회(CFLP)
세부 지표 수	11개	12개
조사 대상 기업 수	420개 내외	3,000개
변동폭/기준점	0~100 50을 넘으면 확장 50보다 낮으면 수축	0~100 50을 넘으면 확장 50보다 낮으면 수축

출처: Markit, NBS, 유안타 증권 리서치 센터

가능성이 높다. 우리는 이 점을 그림 15.5에서 설명하는데, 여기서 우리는 비농업 고용 지수의 서프라이즈에 대해 USD/JPY가 어떻게 반응하는지에 대한 예를 제공한다. 이 경우 단기 수익률과 서프라이즈 사이의 관계는 (적어도 상대적으로 작은 서프라이즈에 대해) 대체로 선형적이다. 따라서 데이터 서프라이즈의 성격을 이해할 수 있다면, 우리는 그것을 수익화할 수 있을 것이다.

SMI는 컨센서스 예측을 단독으로 사용하는 것과 비교해 더 많은 정보를 제공하는가? 실제 데이터와 블룸버그의 컨센서스 예측 모두에 사용할 수 있는 훨씬 더 긴 역사를 가지고 있다는 점을 감안할 때, 우리는 공식 중국 제조업 PMI 데이터셋을 예측하는 데 초점을 맞추고 있다.

우리의 질문에 답하기 위해, 우리는 하이브리드 모델을 만든다. 우리 모델은 확장 윈도우 expanding window를 가진 식(13.1)에서 볼 수 있듯이 롤링 선형 회귀 분석을 사용한다. 우리의 독립적인 변수는 컨센서스 예측 x_1과 SMI x_2이다. 우리의 종속변수는 실제 중국 제조업 PMI 제조 데이터 발표치이고, 0은 회귀상수 β이고, ε는 오차다. 따라서,

$$y = \beta_0 + \beta_1 x_1 + \beta_2 x_2 + \varepsilon \tag{13.1}$$

이 모델의 지난달 계수를 사용해 중국 제조업 PMI의 현재 달에 대한 예측을 만든다. 우리는 독립변수로 현재 월의 SMI 값과 컨센서스 예측을 사용한다.

그림 13.6에서는 2011년부터 2019년 초까지 진행되는 샘플에서 블룸버그, SMI 및 하이브리드 모델의 컨센서스와 비교해 중국 제조업 PMI의 서프라이즈를 그래프로 그렸다. 가장 성과가 나쁜 것은 SMI로, 평균절대오차는 1.05이다. 컨센서스 서프라이즈의 평균절대오차는 0.42로 하이브리드 모델과 사실상 동일하다.

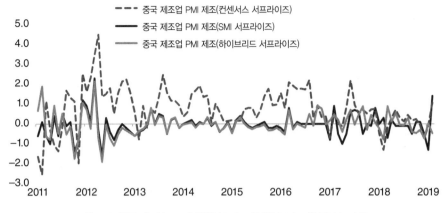

그림 13.6 중국 제조업 PMI 대 컨센서스, SMI 및 하이브리드에서의 서프라이즈

출처: Bloomberg, SpaceKnow의 데이터 기반

따라서 컨센서스 모델이 포함 여부에 관계없이 사실상 동일한 평균절대오차를 제공하는 경우 위성 데이터를 사용하는 이유에 대해 의문을 제기할 수 있다. 우리는 위성 데이터가 실제 중국 제조업 PMI 발표 10일 전에 사용할 수 있다는 점을 앞서 언급했다. 우리는 실제 발표 직전에 업데이트된 최종 컨센서스 수치를 사용했다. 경제학자들이 서베이에서 그들의 예측을 갱신함에 따라, 우리가 실제 경제 발표에 가까워짐에 따라 컨센서스 수치는 이따금 바뀔 것이다. 따라서 이벤트 10일 전에는 SMI 데이터 포인트를 갖는 반면, 완전히 업데이트된 컨센서스 수치를 갖지 못할 가능성이 높다. 또한 SMI 데이터는 매주 월요일, 화요일, 수요일마다 고빈도로 발표된다. 반면 중국 PMI는 한 달에 한 번만 발표된다.

또한 실제로 평균절대오차를 줄이기 위해 변수를 더 추가해 하이브리드 모델을 개선할 수 있다. 다시 말해, 기존 데이터셋을 대체하지 않고 기존 데이터셋에서 만든 관측치들을 증강하는 것이 가능할 수 있다. 물론 절대오차가 예측을 판단하는 유일한 지표가 돼서는 안 된다는 것을 경고할 것이다. 또한 SMI 지표를 기반으로 한 거래 전략을 그것의 가치를 시험하는 또 다른 방법으로 백테스트를 시도할 수 있다. 또한 SMI를 사용해 나중에 발표되는 다른 지표, 특히 하드 데이터를 모델링할 수 있다.

13.5 요약

위성 이미지와 항공 사진으로부터 파생된 데이터는 특히 군사 분야에서 오랫동안 사용돼 왔다. 최근 몇 년 동안 투자자를 위한 위성 및 항공 사진을 사용하는 대체 데이터셋이 개발됐다. 우리는 유럽 소매업체 주차장의 차량 대수에 대한 Geospatial Insight의 데이터셋을 포함해 몇 가지 데이터셋을 설명했으며, 이를 사용해 주당 익익을 추정했으며 좋은 결과를 얻었다. 또한 여러 데이터셋(예: 여기서는 동일한 소매업 주식에 대한 뉴스 감성 데이터)를 함께 사용하면 주당 이익을 추정하는 모델의 설명력을 향상시키는 데 어떻게 도움이 되는지 보여줬다.

이러한 모든 이미지 기반 데이터셋의 핵심은 효율적인 정형화 기법을 사용해 위성 이미지를 투자자가 더 쉽게 소비할 수 있는 더 사용 가능한, 일반적으로 수치 형태로 변환하는 것이다. 컨볼루션 신경망과 같은 기법은 이미지의 물체 감지와 같은 작업에 매우 효과적이라는 것이 입증됐다(이미지를 정형화하기 위해 머신러닝을 사용하는 것에 대한 자세한 설명은 4장 참조).

그러나 위성 데이터를 대체 데이터셋으로 사용하는 것은 꽤 최근의 현상이며, 따라서 짧은 길이의 데이터셋을 가진다. 물론 이 문제는 일시적이며 곧 통계적으로 강건한 모델과 결론을 내릴 수 있는 충분한 이미지 데이터를 갖게 될 것이다.

14

위치 데이터

14.1 서론

위성은 13장에서 논의된 것처럼 이미지를 생성하는 능력에 깊은 영향을 미쳤을 뿐만이 아니다. GPS와 Galileo와 같은 유사한 시스템을 사용해 우리의 위치를 더 쉽게 찾을 수 있게 해줬다. GPS 기능은 이제 휴대폰뿐만 아니라 자동차, 배, 비행기에 설치된 많은 장치에 내장돼 있다.

또한 휴대폰의 위치는 다른 휴대폰 송신기로부터의 휴대폰의 신호를 삼각측량해 추적할 수 있다. 이것은 GPS에 접근할 수 없는 건물 내에서 특히 중요할 수 있다. 휴대전화의 위치 데이터는 다양한 휴대전화 앱의 사용을 포함해 다양한 방법으로 수집될 수 있다.

위치 데이터가 투자자에게 어떻게 유용할 수 있는지에 대한 많은 예가 있다. 구체적으로 14장에서는 원유의 해상 수출을 감시하기 위한 선박의 이동에 관한 연구를 살펴볼 것이다. 나중에 우리는 휴대폰 위치 데이터를 소매 활동을 이해하는 데 어떻게 사용할 수 있는지에 대해 이야기할 것이다. FOMC 회의 즈음에 뉴욕 연준으로의 뉴욕시의 택시 승차 데이터를 조사하는 연구도 논의하고, 이 기간 주변의 시장 정보의 흐름을 조명할 것이다. 기업 제트 활동을 M&A 활동의 선행 지표로 활용하는 부분도 있다.

14.2 원유 공급량 추적을 위한 선적 데이터

UN Comtrade와 같은 출처나 국가 정부 통계 기관으로부터 세계 무역 통계를 얻을 수 있다. 그것들은 일반적으로 특정 규약을 사용해 표준화되므로, 우리는 모든 종류의 상품이나 상품에 대한 다양한 국가 간의 무역 흐름을 쉽게 측정할 수 있다. 원유와 같은 각 특정 유형의 무역에 대한 표준 코드가 있으며 이러한 코드 중 일부는 매우 세분화될 수 있다. UN Comtrade 및 유사한 기구에서 얻을 수 있는 무역 통계의 어려움은 그것들이 매우 자주 업데이트되지 않는다는 것이다. 따라서 통계 발표에 국가마다 상이한 큰 시차가 종종 발생할 수 있다. 한 가지 대안은 국가 간 상품이나 상품을 운반하는 선박의 항해를 살펴본 다음 이 데이터를 집계해 UN Comtrade 및 유사한 데이터셋의 대용물을 만드는 것이다. 역사적으로 이 정보는 보통 선박 중개업자들에 의해 수집됐지만 높은 빈도로 그것을 하는 것은 어렵다.

그러나 AIS^{Automated Identification System, 자동 식별 시스템}의 등장으로 선박 운항을 고빈도 모니터링하는 것이 더욱 실현 가능해졌다. Adland et al.(2017)은 원유의 흐름을 이해하기 위해 AIS 데이터를 사용하는 것에 대해 논의한다. 우리는 이 절에서 그들의 논문의 결과를 인용하고 그들의 결과를 요약할 것이다. 총 300톤 이상의 모든 선박과 모든 여객선에는 AIS 송신기가 있다. 이러한 AIS 메시지는 선박의 위치, 속도 및 현재 항로를 선박 이름, 선박 종류, 기항지, 현재 항해의 목적지 등 다양한 세부 정보와 함께 기록한다. 이러한 신호를 수집해 선박 이동의 히스토리를 만들 수 있다. 수신기는 육지 기반 신호기, 주기적으로 바다를 조사하는 항공 기반 신호기 또는 위성 기반 신호기일 수 있다. 수신기에 근접한 위치에 따라 선박의 위치를 추적하는 빈도에 분명히 차이가 있을 수 있다. 공해상에서 선박에 의해 보내지고 위성 AIS 수신기에 의해서만 추적되는 AIS 메시지는 몇 시간마다 수신될 것이다. 따라서 더 높은 빈도 기준으로 위치를 평가하는 유일한 방법은 운동 속도와 방향에서 마지막으로 사용 가능한 AIS 메시지에서 위치를 추론하는 것이다. 위성 AIS 수신기의 메시지 수신에 이처럼 큰 시차는 실시간으로 사정거리 내 선박의 신호를 포착할 수 있는 육상형 AIS 수신기와 대비된다.

원시 AIS 데이터셋은 매우 크고 해독하기 어려울 수 있다. 또한 현재 항해의 목적지와 같이 AIS 데이터의 특성 필드가 의도적으로 위조됐는지 여부를 이해하고자 하는 데도 어려움이 있다. 엔티티와 정확하게 일치해야 하는 약어가 사용될 수도 있다. Button(2019)은 R'dam, Rdam, Rotterdam 및 R-dam을 포함한 여러 가지 방법으로 Rotterdam을 쓰는 AIS 데이터의 사례가 있다고 지적한다. 요약하면, AIS 데이터는 해상의 상품 흐름을 계량화하는 것과 같은 질문에 답하기 위해 이들을 더 사용 가능한 형태로 변환하기 위해 많은 양의 정형화를 필요로 한다.

IHS Markit과 같은 많은 데이터 회사는 AIS 데이터를 기반으로 한 데이터 제품을 보유하고 있다. 일반적으로 데이터 회사는 트레이더의 관점에서 데이터셋의 가장 중요한 부분을 요약해 AIS 데이터를 정형화하는 데 많은 시간을 소비한다. 데이터 회사는 일반적으로 각 선박 항해에 대해 그들이 운반하는 상품 및 기타 많은 세부 정보와 함께 출발항과 도착항과 같은 태그를 추가한다. 이러한 세부 정보를 정기적으로(예: 매일) 이용할 수 있는 여러 레코드로 요약한다. 항구를 정의하려면 지도를 지오펜싱geo-fencing[1]해 이러한 영역을 지적해야 한다. 선적 데이터를 사용하고 각 상품의 상대적 밀도를 이해함으로써 선박이 운반하는 상품에 대해 합리적으로 추측할 수 있다.

유조선tanker은 원유를 운반하도록 특별히 설계됐으며 다른 물품은 운반할 수 없다. 마찬가지로 특정 유형의 선박만이 LPG액화석유가스를 운반할 수 있다. 건식 벌크선의 경우, 그들이 무엇을 운반하고 있는지(예: 석탄과 곡물) 알기가 더 어렵다. 선박이 하역하는 데 사용하는 정박지 유형을 기반으로 한 좀 더 세분화된 데이터가 필요하다. 항만 당국은 이 정박지 수준 데이터를 보유할 것이다. GPS 데이터는 어떤 정박지가 사용됐는지 정확하게 확인하기에는 충분하지 않을 수 있다(그리고 이를 위해 정박지 하나하나 모두를 지오펜싱해야 한다). 특정 정박지는 특정 유형의 상품만 수용할 수 있다.

---

1 지오펜스(Geofence)는 지리(Geography)와 울타리(Fence)를 결합한 단어로, 실제 위치에 기반해 가상의 경계나 구역을 만드는 기술이다. 지오펜스는 와이파이, 셀룰러 데이터 등의 네트워크나 비콘 등 다른 보조 기술과 결합해 사용자의 실시간 위치와 출입 정보를 기록할 때 활용된다. 위치 정보를 담은 모바일 기기가 지정된 구역에 들어오면, 조건에 따라 텍스트 메시지, 이메일, 앱 알림 등 미리 정해진 특정 동작을 실행하게 된다. 쉽게 말해 사용자의 울타리 내 출입 현황을 알려주는 것이 특징이다. 출처: https://kokoutgo.tistory.com/130 koutgo(티스토리) – 옮긴이

이 데이터는 항만 에이전트 보고서와 같은 다른 데이터셋과도 결합할 수 있다. 이 정형화된 데이터는 특정 상품과 상품에 대한 무역 흐름을 이해하기 위해 집계될 수 있다. 일반적으로, 최종 정형화된 선적 데이터셋은 수집된 원시 AIS 데이터보다 크기가 매우 작을 것이다.

이 접근법은 원유와 같이 일반적으로 선박에 의해 운반되는 상품에 특히 적합할 수 있다. 인정하건대, 이것은 다른 방법을 통한 무역 흐름을 포착하는 데 실패할 것이다. 여기에는 경로에 해상 항해 구간 없이 파이프라인에 의해 운반되는 원유가 포함될 것이다. 컨테이너에 들어 있는 것과 같이 여러 종류의 화물을 싣고 있는 선박은 정확한 내용이 신고되지 않은 경우 문제가 될 수 있다. 이러한 낮은 수준의 데이터는 때때로 제3자를 통할지라도 특정 경우에만 구할 수 있다는 점에 유의해야 한다. 예를 들어 미국에서는 Adland et al.(2017)이 지적한 대로 이 데이터가 선하 증권[Bill of Lading2]에 기록되지만, 다른 모든 국가가 동등한 데이터셋을 가지고 있는 것은 아니다. 바다와 바다 사이의 이동을 추적하는 것도 까다롭다.

IHS Markit의 원유 수송 데이터셋(IHS Markit, 2019)는 이러한 이전을 모델링한다. 그들의 데이터셋은 여러 개의 항해 구간[leg]이 있을 수 있는 여정을 고려한 선박의 활동과 그들의 여정을 보여준다. 그들은 육상에서 2,600개 이상의 AIS 탐지기를 사용하고 일부는 인공위성을 기반으로 항구와 특정 정박지의 위치 데이터와 결합된 선박의 움직임을 감시한다.

IHS Markit는 또한 원유 수출입 정보를 집계한다. 원유 흐름은 제품 유형(300개 이상)과 지리별로, 지역별로 분류된다. 언제든지 원유가 육지의 탱크에 저장될 수 있지만, 상당한 양의 원유가 바다에서 운반되고 있는 경우이기도 하다. 실제로 일부 선박은 본질적으로 부유식 저장고이기 때문에 이동을 멈췄을 수 있다. IHS Markit은 현재 바다에 있는 원유의 양을 나타내는 데이터를 제공한다. 그들은 또한 위성 사진을 포함한 많은 대체 데이터

---

2 송하인 또는 용선자(배를 빌려 운송을 하는 사람)가 운송물을 해상 운송인에게 인도한 경우 운송인 또는 선박 소유자가 발행하는 증권 – 옮긴이

셋을 기반으로 최대 5주 전에 원유 흐름에 대한 예측을 제공한다.

Adland et al.(2017)은 다른 회사인 Clipper Data가 집계한 원유 데이터를 사용한다. 그들의 데이터는 항만 에이전트 보고서(Inscape Shipping 서비스 제공)로 선박 항해에 대한 AIS 추적 데이터에서 파생된다. 국내 여행과 같은 특정 항해는 논문에서 고려 대상에서 제외된다. AIS 추정 수출이 얼마나 정확한지 측정하기 위해 Eurostat, OPEC, IEA 등 여러 출처에서 수집한 JODI Joint Organizations Data Initiative Oil World Database의 공식 석유 수출 데이터와 비교한다. AIS에서 파생된 수치와 JODI 수치 모두에 대해 그림 14.1에서 Adland et al.(2017)의 상위 20개 해상 원유 수출국의 원유 수출을 인용했다.

백만 배럴	AIS	2013 JODI	%차이	AIS	2014 JODI	%차이	AIS	2015 JODI	%차이
Saudi Arabia	2486	2753	−9.7	2326	2592	−10.2	2352	2698	−12.8
Russia	1360	1565	−13.1	1282	1640	−21.8	1393	1787	−22
UAE	835	945	−11.7	937	934	0.4	941	468	101.1
Iraq	688	867	−20.7	868	920	−5.7	980	1097	10.6
Venezuela	667	468	42.8	698	539	29.5	713	530	34.6
Nigeria	584	755	−22.6	729	765	−4.6	709	777	8.8
Kuwait	663	751	−11.8	672	730	−7.9	681	661	3
Angola	591	595	−0.8	572	577	−0.9	598	607	1.6
Iran	352	606	−42	422	506	−16.6	439	496	11.6
Mexico	417	464	−10.2	410	445	−7.9	413	455	9.3
Qatar	436	218	99.5	401	217	84.7	406	179	126.5
Norway	206	437	−52.9	373	439	−15	339	451	24.8
Turkey	292	−	249	−	368		−		
Oman	271	306	−11.4	280	294	−4.6	307	287	7
Egypt	266	35	657.7	253	43	492.4	281	57	396.7
Colombia	245	257	−4.6	267	264	1.2	263	156	68.8
UK	224	224	0.3	234	208	12.6	237	217	9.2
Brazil	133	133	−0.4	189	189	−0.1	228	269	15
Algeria	190	229	−17	170	206	−17.5	165	193	14.7
Neth. Antilles	142	−	161	−	189	−			
Total top 20	11,047	11,610	−4.8	11,493	11,506	−0.1	12,002	11,384	5.4

그림 14.1 AIS와 공식 원유 수출국의 비교

출처: Clipper Data JODI 데이터 기반

Adland et al.이 지적한 바와 같이, 다양한 국가에 걸쳐 데이터의 정확성에 큰 차이가 있다. 우리는 그들이 이것에 대해 제시하는 몇 가지 이유를 요약하려고 노력할 것이다. 예를 들어 그들은 원유 생산이 전혀 없는 일부 국가가 네덜란드 안틸레스^Antilles(석유 환적 및 저장의 주요 기지)처럼 석유 수출국으로 보인다고 지적한다. 캐나다 등 주로 송유관을 통해 석유를 수출하는 나라들은 우리가 예상할 수 있는 것처럼 전혀 나타나지 않는다.

종합해보면, 개별 국가들과 큰 차이가 있더라도 그 차이는 상대적으로 작다. 이는 AIS 기반 방법이 해상 방법에 의한 총 수출에 대한 아이디어를 얻는 데 좋을 수 있음을 시사한다. 물론 특정 국가 수출을 이해하려면 다른 데이터셋으로 보강해야 할 수도 있다.

무역 관점에서 볼 때, 원유 공급을 계량화하기 위해 고빈도 데이터를 갖는 것은 크게 뒤처진 UN Comtrade 데이터와 같은 데이터셋을 사용해야 하는 것에 비해 유리할 것으로 보인다. Adland et al.(2017)의 예는 원유에 초점을 맞추고 있지만, 유사한 접근법이 다른 상품에도 사용될 수 있을 것 같다. 특히 곡물, 철광석, 석탄과 같은 건식 벌크 상품은 파이프라인으로 운반할 수 없다는 점에서 이러한 유형의 분석에 더 적합할 수 있다.

여기서 우리의 초점은 원유 흐름을 이해하기 위해 운송 데이터를 사용하는 데 있었지만, AIS 데이터셋에 대한 다른 많은 잠재적 용도가 있다. 예를 들어 Clipper Data의 선적 데이터셋은 유조선의 미래 운임 예측에도 사용됐다(Olsen & Fonseca, 2017). 또한 Button(2019)은 Marine-Traffic의 AIS 파생 데이터셋을 사용해 화물용 특정 선박의 수급 불균형을 이해하는 방법을 논의하며, 이는 화물 운임 예측에 유용할 수 있다.

14.3 소매 활동을 이해하기 위한 휴대폰 위치 데이터

특정 위치에서 사람들을 추적하는 몇 가지 방법이 있다. 우리가 사람들을 물리적으로 추적하고 싶다면, 우리는 로컬에 센서를 설치해야 한다. 이것은 녹화된 비디오나 적외선 센서를 통해 자동화된 방식으로 사람들을 세는 CCTV 기반 솔루션이 될 수 있다. 만약 그러한 센서를 광범위하게 설치할 수 있다면, 매우 큰 샘플과 좋은 커버리지를 가질 수 있을 것이다. 그러나 모든 관심 장소를 소유하고 이러한 장치를 설치할 권리가 없는 한 이 접근법은 어려울 수 있다.

또 다른 접근법은 사람들이 휴대하는 장치, 일반적으로 그들의 휴대전화를 추적하는 것이다. 와이파이는 전화기에 아무것도 설치할 필요 없이 개인들을 추적하는 데 사용될 수 있다. 그러나 각 와이파이$^{\text{Wi-Fi}}$ 장치는 고유한 MAC 주소를 가지고 있으며 개인을 식별할 수 있기 때문에 잠재적으로 GDPR을 위배할 수 있다(Cobb, 2018). 이러한 추적은 특정 소프트웨어를 전화기에 명시적으로 설치할 필요가 없다. 따라서 사용자가 이러한 와이파이 추적을 명시적으로 옵트인$^{\text{opt-in}}$[3]하고 동의하기는 어려울 것으로 보인다.

우리는 휴대폰의 위치를 여러 가지 다른 방법으로 추적할 수 있다고 언급했다. 한 가지 방법은 위치 추적을 활성화한 상태에서 사람들이 휴대폰에 설치한 휴대폰 앱을 통해서이다. 사용자가 앱에서 옵트인을 명시적으로 수락한 경우 이 데이터를 기록할 수 있다. 위치는 이동전화 타워 및 와이파이 액세스 지점으로부터의 거리와 같은 다른 척도들과 함께 GPS를 사용해 측정할 수 있다. 분명히 그러한 접근법은 우리가 모델링하고자 하는 더 넓은 소비자 모집단을 대표할 수 있을 만큼 충분히 큰 샘플을 만들기 위해 충분한 수의 앱 설치를 필요로 한다. 또한 일부 사용자들이 추적을 선택하지 않을 것이라는 것을 고려해야 한다.

대부분의 대체 데이터셋과 마찬가지로, 그러한 데이터셋을 투자자가 사용할 수 있도록 하기 위해서는 많은 양의 정형화가 필요하다. 단순히 휴대폰에서 파생된 위치 데이터를 단독으로 보는 것만으로는 투자자들에게 많은 유용한 신호를 제공할 수 없을 것 같다. 위치 데이터를 포함하는 데이터셋을 비즈니스 주소의 데이터베이스와 결합할 수 있는 것이 중요하다. 또한 각 관심 주소에 대해 충분한 지오펜싱과 업무 시간과 같은 추가 메타데이터가 필요하다. 이를 통해 개인이 방문하는 위치를 식별할 수 있다. 지오펜싱은 또한 장소의 특성이 시간이 지남에 따라 변할 수 있기 때문에 특정 시점$^{\text{point-in-time}}$ 방식으로 기록

---

3 당사자가 개인 데이터 수집을 동의한 경우에만 데이터를 수집할 수 있는 방식으로, 데이터 수집에 동의하는 것을 의미한다. – 옮긴이

돼야 한다. 예를 들어 새로운 상점들이 문을 열거나 다른 상점들이 문을 닫을 수도 있다. 분명한 이유들로 사람들이 테마파크와 같은 넓은 지역에 비해 이웃 가게와 같은 더 작은 지리적 울타리로 둘러싸인^{geo-fenced} 장소를 방문했는지를 확인하는 것은 더 어려울 것이다. 또한 자동차나 도보 등 단순히 지리적 울타리가 쳐진 곳을 지나치는 개인은 제외시킬 필요가 있다.

투자자 입장에서는 특정 매장이 같은 브랜드의 다른 매장을 이끌고 있는지 관심을 가질 수 있다. 아니면 단순히 특정 상점 브랜드에 걸쳐 매장을 방문한 사람들의 수를 집계하고 싶을 수도 있다. 우리는 또한 우리가 거래하고자 하는 브랜드와 그들의 모회사들 사이의 엔티티 매칭과 관련된 티커를 해야 한다. 매장 방문 고객 수뿐만 아니라, 기록될 수 있는 위치 데이터로부터 관심 대상의 다른 변수는 그들이 그곳에서 보낸 시간, 소위 "거주 시간"을 포함한다. 만약 고객들이 다시 돌아와서 상점에서 더 많은 시간을 보내고 있다면, 수익 상승에 좋은 신호가 될 수 있다. 이와는 대조적으로 매장 방문 고객 수는 많지만 체류 시간은 최소인 경우, 고객이 재화나 용역을 구매하기 위해 충분한 시간을 소비하지 않고 있음을 시사한다.

다른 데이터셋과 마찬가지로 휴대전화 위치 데이터셋의 패널은 포괄적이지 않을 가능성이 높고 대신 샘플이라는 점에 유의해야 한다. 샘플이 대표적일 만큼 충분히 큰 것이 중요하다. 또한 관측치를 적절하게 정규화하는 것이 중요하다. 예를 들어 모든 방문 고객수 척도는 단순히 샘플 크기가 증가한다고 해서 증가해서는 안 되며 대신 패널 크기의 변화를 조정해야 한다. 또한 정규화는 다른 인구 통계학적, 지리적, 행동적 편견을 고려해야 한다.우리는 단순히 앱의 많은 사용자라는 이유로 더 많은 위치 데이터를 방출하는 개인을 과대계상하고 싶지 않다. 일반적으로 앱은 백그라운드에서 실행 중일 때보다 실제로 앱을 사용할 때 위치 정보를 더 자주 기록한다.

소매 트래픽에 대한 관찰을 상호 참조하기 위해 이러한 데이터셋을 다른 소매 대상 데이터셋과 결합하는 것도 가능하다. 예를 들어 이전에 논의한 위성 이미지에서 자동차 수를 포함할 수 있다. 또한 소비자 거래 데이터와 결합할 수 있으므로 방문자 1인당 실제 지출에 대해 더욱 세분화할 수 있다. 또한 조금 뒤에서 더 자세히 논의되는 것처럼 감성 관련 데이터셋도 결합할 수 있다.

분명히 그러한 데이터가 외부에 배포되기 전에, 충분히 익명화되고 집계돼야 한다. 투자자 입장에서는 어떤 경우든 집계된 데이터가 더 중요하다. 주요 초점은 소매업체에게 맞춰질 가능성이 높지만, 휴대전화 추적은 특정 시설에 진입하는 근로자 수와 같은 산업체 내 활동 추적과 같은 다른 목적으로 사용될 수 있다.

14.3.1 휴대폰 위치 데이터를 이용한 REIT ETF 거래

Thasos(2019)는 휴대폰 위치 데이터에서 수집된 고객 방문의 전년 대비 변화를 제공하고 매일 업데이트되는 Thasos Mall Foot Traffic Index에 대해 논의한다. 이 지수는 미국에서 가장 큰 소매 부동산 투자 신탁이 소유하거나 관리하는 약 4,000개의 부동산에 대한 방문을 조사한다. 첫 번째 단계로, 우리는 그림 14.2의 월간 공식 미국 소매 판매 YoY 경제 데이터에 대해 Thasos Mall Foot Traffic Index YOY(전년동기대비) 지수를 표시한다. 예상할 수 있듯이 두 데이터셋 사이에 상관관계가 있는 것 같다(21%). 그러나 Thasos Mall Foot Traffic 지수와 같은 척도를 사용하는 이점은 미국 소매 판매와 같은 공식 데이터에 비해 매우 시기적절하게 사용할 수 있다는 것이다.

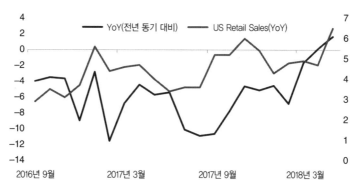

그림 14.2 Thasos Foot Traffic Index YoY(전년 동기 대비) 대 미국 소매 판매 YoY(전년 동기 대비)

출처: Thasos와 블룸버그 데이터 기반

XRT의 YoY 수익률과 Thasos Mall Foot Traffic Index(YoY)의 상관관계를 계산하면[4] 63%로 XRT는 Thasos Mall Foot Traffic Index에 의해 추적되고 있는 소매 부문에 대한 노출을 얻는 방법으로 볼 수 있다. Thasos는 이러한 상관관계 간의 차이가 Thasos Mall Foot Traffic YoY index가 직교 정보를 가지고 있음을 시사하며, 이는 미국 소매 판매 데이터에 포함되지 않은 XRT의 가격 움직임을 이해하는 데 유용하다고 지적한다. 이 논문은 나중에 XRT를 거래하기 위해 Thasos 지수를 사용하는 트레이딩 법칙을 제시한다.

우리는 XRT를 거래하기 위해 Thasos 지수에 기반한 트레이딩 법칙을 만들어 Thasos(2019)를 따른다. 그러나 우리의 경우, 다소 간단한 트레이딩 법칙을 만들고, 다음과 같은 트레이딩 법칙을 적용한다.

- Thasos YoY 지수가 20일 SMA[5] 이상일 때 XRT를 롱하라.
- Thasos YoY 지수가 20일 SMA 미만일 때 XRT를 숏하라.

그 이유는 고객 방문이 더 많으면 수익이 더 높아져 주가가 더 오를 수 있기 때문이다. 트레이딩하고 있는 것과 같은 마감 시간에 Thasos YoY 데이터를 사용할 수 있다고 가정한다. 그림 14.3에서 거래 비용을 포함한 그러한 트레이딩 전략에 대한 누적 수익률을 제시한다. 그러나 숏할 때 자금 조달과 같은 추가 비용은 포함하지 않는다. 이러한 적극적 트레이딩 전략과 함께, 우리는 롱-온리 XRT 포지션에 대한 수익률도 제시한다. 적극적 트레이딩 전략은 0.96의 정보 비율을 가지고 있고 롱-온리 전략은 0의 정보 비율을 가지고 있다. 게다가 수익률은 상당히 더 높고 적극적 Thsos 기반 전략의 경우 손실 낙폭이 훨씬 더 적다. 이는 적어도 역사적으로 휴대폰 위치 데이터에서 파생된 Thasos의 Mall Foot Traffic 지수가 XRT를 적극적으로 트레이딩하는 데 유용한 통찰력을 제공한다는 것을 시사한다.

---

4 SPDR S&P Retail ETF (XRT)는 미국의 대형 소매 부동산 투자 신탁으로 구성돼 있다.

5 Simple Moving Average, 단순 이동 평균 – 옮긴이

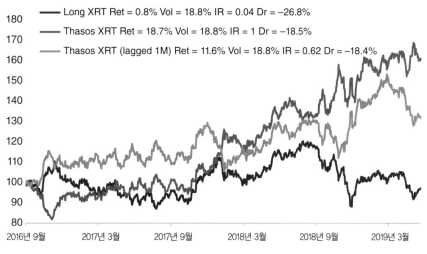

그림 14.3 Thasos Mall Foot Traffic index에 기반한 XRT 트레이딩

출처: Thasos와 블룸버그의 데이터 기반

실제로 데이터 처리 지연과 신호 생성에 걸리는 시간이 주어지면 신호를 지연시킬 필요가 있다. 하루의 트레이딩 시차를 도입하면 수익률이 6%대로 떨어지고 정보 비율은 0.35로 낮아진다. 우리는 또한 시장이 데이터를 가격에 통합하는 데 시간이 걸릴 수 있기 때문에 더 긴 시차가 필요하다고 주장할 수 있다. 한 달 정도 지연되면 정보 비율도 낮아진다(0.6). 그러나 이들 척도는 이러한 다양한 시차가 적용되더라도 여전히 롱-온리 벤치마크의 성과보다 상당한 양만큼 능가한다.

Thasos(2018)의 방문 데이터도 부동산 수준에서 이용할 수 있다. 이는 특정 부동산에 직접 투자하거나 해당 부동산에 투자하려는 사모투자자와 특히 관련이 있다. 또한 주식 투자자의 관점에서 볼 때, 우리는 특정 쇼핑몰이 업계의 더 광범위한 건전성을 위한 선도적인 지표라는 것을 발견할 수 있다. 따라서 더 세분화된 데이터를 보유하면 더 광범위한 추세를 더 잘 예측할 수 있다.

그림 14.4에서 우리는 센추리 시티와 웨스트사이드 파빌리온에 있는 캘리포니아에서 상대적으로 가까운 두 쇼핑몰에 대한 방문의 YoY 변화를 그린다. 이와 함께 다양한 대형 매장이 문을 열었을 때(1, 3과 4), 문을 닫았을 때(2, 3) 플래그를 표시한다. 센추리 시티에

새로운 대형 매장이 문을 열면서 방문객이 증가했음을 알 수 있다. 그러나 이 시기 이후 상승세가 주춤하기 시작했다. 대조적으로, 웨스트사이드 파빌리온에서는 같은 기간 동안 방문자가 감소하기 시작했고, 이어서 가게 문을 닫았다.

그림 14.4 특정 쇼핑몰 방문 비교

출처: Thasos

이 논문은 방문 데이터뿐만 아니라 방문객이 쇼핑몰로 이동하는 거리와 같이 모바일 위치 데이터에서 파생된 다른 척도들에 대해서도 논의하며, 이는 쇼핑몰이 얼마나 많이 고객을 끄는지의 지표로도 사용될 수 있다. 놀랄 것도 없이, 같은 기간 동안 센추리 시티를 방문하기 위한 평균 이동 거리가 증가한 반면, 웨스트사이드 파빌리온으로 떨어졌다.

14.3.2 휴대폰 위치 데이터로 주당 이익 추정

우리는 휴대폰 데이터가 REIT 기반 ETF를 거래하는 데 어떻게 사용될 수 있는지 보았다. 이 절에서는 휴대폰 데이터를 다시 사용할 것이다. 이 데이터는 특히 고객 거래의 상당 부분이 온라인과는 달리 직접 이뤄지는 기업에 적용된다.

이 경우 Thasos의 보다 세분화된 데이터셋을 사용하며, 이는 특정 미국 소매점 및 레스토랑 방문으로 나뉜다. 우리가 사용하는 데이터셋은 2016년과 2018년 사이의 일일 데이터로 구성된다. 이 회사들은 맥도날드와 월마트와 같은 유명한 소비자 회사들을 포함한다. 모든 경우에 이 회사들은 분기별로 이익을 보고한다. 우리는 이익 기간에 해당하는 각 분기별 Thasos 데이터의 일일 관측지 평균인 풋폴 점수footfall score, 방문 고객수 점수를 생성한다. 각 분기의 종료 시점은 회사마다 다르다. Thasos의 데이터는 위치 데이터에 존재할 수 있는 모든 다양한 편향을 고려하기 위해 여러 가지 방법으로 정규화됐다. 일반적으로 데이터셋의 패널은 전체 샘플의 작은 비율(즉, 어떤 매장을 방문하는 모든 개인)이다. 방문자의 연령이나 소득군 등 다양한 특성에서 패널이 대표성을 갖도록 정규화할 필요가 있다.

그림 14.5에서 우리는 실제 보고된 이익과 풋폴 점수에 대해 블룸버그 출처의 컨센서스 주당 이익 추정치를 보여주는 전형적 예를 보여준다. 우리는 풋폴 점수, 컨센서스 이익 추정치가 모두 실제 이익과 상관관계가 있는 것(각각 85%, 98%)을 본다. 적어도 이 예에서 풋폴이 주당 이익을 추정하는 데 유용한 척도가 될 가능성이 있는 것으로 보인다.

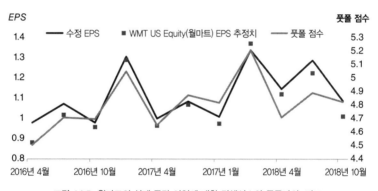

그림 14.5 월마트의 실제 주당 이익에 대한 컨센서스와 풋폴과의 비교

출처: Thasos, 블룸버그의 데이터를 기반으로 한다.

다음 단계는 데이터셋(2016~2018년)에서 모든 기업에 대해 유사한 행동을 보이는지 여부를 확인하는 것이다. 이를 테스트하기 위해 종속변수가 실제 주당 이익인 선형 회귀 분석을 여러 번 수행했으며, 독립변수는 다음과 같다.

- 컨센서스 추정치
- 풋폴 점수

- 컨센서스 추정치와 풋폴 점수

세 회귀 분석 각각에 대해 수정된 R^2를 보고하고 이러한 결과를 그림 14.6에 보인다. 수정 R^2는 각 회귀 분석 및 데이터 포인트의 변수 수를 조정하기 위해 사용된다. 우리는 Darden Restaurants (DRI US Equity)와 같은 일부 회사의 경우 컨센서스 추정치가 매우 높은 조정 R^2를 나타내므로 시장이 이러한 숫자를 매우 잘 예측한다는 것을 시사한다. 한 가지 가능한 설명은 컨센서스 추정치의 기여자 중 많은 수가 예측을 생성하는 데 도움이 되는 대체 데이터셋을 사용하고 있다는 것일 수 있다. 회귀 분석에 풋폴을 추가해도 수정 R^2는 크게 변경되지 않는다. 컨센서스 수치는 실제 주당 이익을 설명하는 데 매우 좋은 것으로 보이지만 위성 데이터에 대해 13장에서 언급했듯이 실제 이익 발표에 훨씬 더 가까워질 때까지 모든 기여자에 의해 완전히 업데이트되지는 않을 것으로 보인다. 이는 분기말 및 공식 실적 발표 훨씬 전에 최소한의 시차로 이용할 수 있는 휴대폰 위치 풋폴 데이터와 분명히 대비된다.

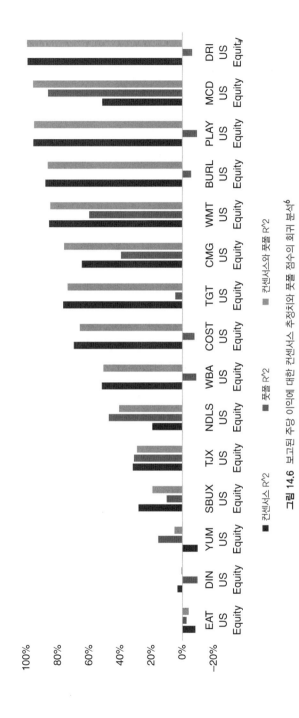

그림 14.6 보고된 주당 이익에 대한 컨센서스 추정치와 풋풋 점수의 회귀 분석[6]

■ 컨센서스 R^2   ■ 풋풋 R^2   ■ 컨센서스와 풋풋 R^2

6   EAT US Equity(Brinker International), DIN US Equity((Dine Brands Global), YUM US Equity(Yum! Brands), SBUX US Equity(Starbucks), TJX US Equity(TJX), ND_S US Equity(Noodles & Company), WBA US Equity(Walgreens Boots Alliance), COST US Equity(Costco Wholesale), TGT US Equity(Target), CMG US Equity(Chipotle Mexican Grill),WMT US Equity(Wallmart), BURL US Equity(Burlington Stores), PLAY US Equity(Dave & Buster's Entertainment), MCD US Equity(McDonald's), DRI US Equity(Garden Restaurants)는 각각 괄호 안 회사의 블룸버그 티커다. – 옮긴이|

매우 일찍 사용할 수 있는 다른 대체 데이터셋을 사용해 풋폴 회귀 분석의 수정 R^2를 개선할 수 있는 방법이 있는가? 그렇다면 이는 이러한 다른 대체 데이터셋과 풋폴의 설명력을 비교하고, 공식 발표에 가까운 컨센서스 추정치가 업데이트되기 전에 좋은 가시성을 얻을 수 있도록 할 것이다.

13장에서는 개별 주식에 대한 뉴스 기사에서 파생된 뉴스 감성 데이터를 사용해 유럽 소매업체를 위한 자동차 수 데이터와 어떻게 비교되는지 살펴봤다. 우리는 보고된 양의 긍정 및 부정 기사를 사용했고, 각 이익 기간 동안 이러한 기사를 평균해 뉴스 점수로 삼았다. 우리는 뉴스 점수로 우리의 풋폴 점수를 증강시키면서 여기서 같은 접근법을 시도할 것이다. 또한 각 기업에 대한 긍정 트윗과 부정 트윗의 수를 보여주는 데이터도 살펴볼 것이다. 트위터 점수는 뉴스 점수와 동일한 방식으로 구성되며 해당 이익 기간 동안 평균 긍정 및 부정 트윗을 취한다.

뉴스, 풋폴 및 트위터 데이터를 결합해 실제 이익 수치를 설명하는 것이 얼마나 유익한지를 이해하기 위해 몇 가지 회귀 분석을 수행하겠다. 이전의 회귀와 마찬가지로, 종속변수는 보고된 주당 이익이다. 우리의 다섯 가지 회귀 분석에는 다음과 같은 독립변수가 있다.

- 뉴스 점수
- 풋폴 점수
- 트위터 점수
- 풋폴 및 뉴스 점수
- 풋폴, 뉴스 및 트위터 점수

우리는 우리의 데이터셋에 있는 모든 미국 회사에 대해 이러한 5개의 회귀 각각에 대해 수정된 R^2를 그림 14.7에 보고한다. 월마트$^{WMTUS\ Equity}$와 맥도날드$^{MCDUS\ Equity}$와 같은 일부 기업의 경우, 수정 R^2는 보고된 EPS와 풋폴 사이에 강한 관계를 보여준다. 대부분의 경우, 뉴스의 추가 및 트위터 기반 출처는 조정된 R^2를 늘리는 데 도움이 되지 않는 것으로 보인다.

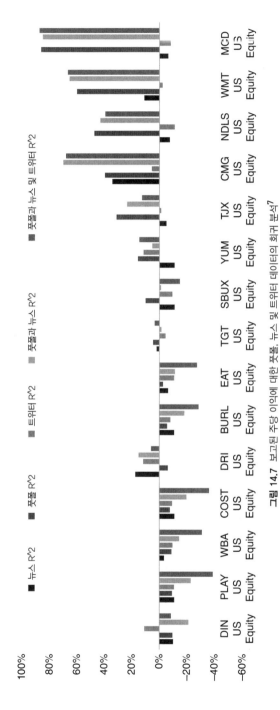

그림 14.7 보고된 주당 이익에 대한 풋콜, 뉴스 및 트위터 데이터의 회귀 분석[7]

출처: Thasos와 블룸버그의 데이터를 기반으로 한다.

---

7 EAT US Equity(Brinker International), DIN US Equity((Dine Brands Global), YUM US Equity(Yum! Brands), SBUX US Equity(Starbucks), TJX US Equity(TJX), NDLS US Equity(Noodles & Company), WBA US Equity(Walgreens Boots Alliance), COST US Equity(Costco Wholesale), TGT US Equity(Target), CMG US Equity(Chipotle Mexican Grill),WMT US Equity(Walmart), BURL US Equity(Burlington Stores), PLAY US Equity(Dave & Buster's Entertainment), MCD US Equity(McDonald's), DRI US Equity(Carden Restaurants)는 각각 괄호 안 회사의 블룸버그 티커다. – 옮긴이

우리 연구에서 다른 회사의 경우, 다양한 대체 데이터셋을 사용할 때, 수정 R^2 값이 유의하지 않다는 것을 발견했다. 우리는 이 책의 후반부에서 역사적으로 일반적으로 수익성이 있었던 뉴스 및 소셜 미디어 데이터의 다른 사용 사례를 살펴볼 것이라는 점에 주목해야 한다. 일반적으로, 이것들은 알파 감쇠alpha decay에 덜 취약한 훨씬 더 짧은 시간 프레임을 보는 것을 포함하는 경향이 있다.

실무적으로, 이들 관측치로부터 거래 가능한 전략을 만들어내기를 원한다면 전체 샘플 회귀 분석을 사용하지 않을 것이다. 대신 우리는 어떤 종류의 확장 윈도우(또는 롤링 회귀)을 사용해 계수를 추정해야 할 필요가 있을 것이다. 또한 어떤 트레이이딩 환경에서 EPS를 모델링하기 원한다면, 대체 데이터를 별도로 사용하는 대신 대체 데이터로 기존 모델을 증강할 것이라는 점도 유의해야 한다. 이 소매업체 풋폴 데이터를 사용해 앞서 살펴본 REIT 기반 법칙과 유사한 더 고빈도의 트레이딩 법칙을 시도할 수 있을 것이다.

14.4 택시 승차 데이터 및 뉴욕 연방 회의

택시는 위치 추적을 위한 GPS 장치를 장착하는 경우가 많다. 이 데이터가 함께 집계될 때 시장 참여자에게 유용할 수 있을까? 한 가지 쉽게 무료로 구할 수 있는 택시 승차 데이터의 소스는 뉴욕 택시 및 리무진 위원회다. 이 데이터는 일반 택시와 뉴욕시의 우버Uber와 리프트Lyft와 같은 서비스에 대한 긱 개별 승차에 대한 세부 사항을 나열한다. 각 레코드에는 픽업/드랍 지점, 각 시간 및 승객 수와 같은 필드가 포함된다. 이 자료는 또한 매년 발표되기 때문에 단기 트레이딩에 대한 통찰력을 제공하는 데는 유용하지 않을 것으로 보인다. 더 단기의 트레이딩의 한 가지 분명한 사용 사례는 리프트와 같은 회사의 주식을 거래하거나 택시 승차 통계를 전체 경제 활동 추정치에 대한 입력으로 잠재적으로 사용하는 것일 수 있다. 그러나 발표의 상대적으로 뒤처진 특성에도 불구하고 데이터셋은 예를 들어 우버나 리프트와 같은 서비스가 택시에 미치는 영향을 이해하기 위한 장기적인 분석을 수행하는 데 유용할 수 있다.

Finer(2018)는 다소 다른 목적으로 동일한 뉴욕시 택시 및 리무진 위원회 승차 데이터셋을 사용한다. 여기서의 목표는 언론과 시장 참가자들 사이의 FOMC 회의 날짜를 둘러싼 정보 흐름을 이해하는 데 사용하는 것이다. 이 논문은 2009년부터 2014년까지의 기간 동안 뉴욕의 주요 은행 근처와 뉴욕 연준 근처 지역 사이의 이 데이터셋에서 택시 승차량을 조사한다. 이 택시 승차들은 시장 참여자들과 뉴욕 연준 간의 회의에 대한 대용물로 사용된다. 설령 그 가설이 그럴듯해 보인다 하더라도 이 장소들 사이의 모든 택시 승차들이 그러한 회의에 매핑될 수 있다고 확실하게 말하는 것은 불가능하다.

이 논문은 FOMC 회의 날짜, FRB 소통 차단 기간 이후, 점심 시간 및 늦은 밤 시간대를 전후해 주요 은행 인근 지역과 뉴욕 연준 주변 지역을 오가는 택시 승차 횟수가 증가하고 있다고 지적했다.

Fed 소통 블랙아웃 기간(또는 조용한 기간)은 FOMC 회의를 앞두고 관료들이 통화 기간에 대해 공개적으로 언급할 수 없는 기간이다. 이러한 택시 여행의 대부분이 연준 관리들과 시장 참여자들 사이의 사적인 회의로 귀결된다고 가정하더라도, 이러한 회의 동안 정보 흐름을 정확히 파악하는 것은 불가능하다. 더욱이, 그러한 접근법은 다른 운송 수단에 의해 이뤄지는 여행을 포착하지 못할 것이다.

14.5 기업 제트 위치 데이터 및 M&A

요즘은 전화로든 화상회의를 통해서든 가상으로 많은 미팅이 이뤄진다. 고속 통신은 통화를 선명하게 만들 수 있으며 화면과 미디어를 공유하는 것도 가능하다. 그러나 실제로는 아무리 많은 기술이라도 비즈니스 미팅을 위해 출장을 갈 필요가 없어질 것 같지는 않다. 이것은 특히 매우 중요한 거래의 경우 사실이다. 고위 경영진의 출장을 추적할 수 있다면, 이는 그들이 계획하고 있는 거래에 대한 통찰력을 제공할 수 있을 것이다. 고위 간부들이 종종 전용기를 타고 여행할 수 있다는 점을 감안할 때, 특히 그들이 비교적 특이한 장소를 방문하고 있다면, 이는 더욱 더 이러한 유형의 활동을 추적할 수 있는 능력을 제공할 수 있다.

Kamel(2018)은 기업 제트기의 활동을 추적하는 Quandl의 기업 항공 인텔리전스^{Corporate} ^{Aviation Intelligence} 데이터셋을 논의한다. 항공기 위치 데이터의 원시 데이터 집합을 사용할 수 있게 하려면 많은 양의 엔티티 일치가 수행돼야 한다는 점에 주목한다. 사실 다양한 개인 제트기를 그들의 회사 소유주에게 매핑한 다음 그 회사의 거래 가능한 티커에 매핑할 필요가 있다. 기업 제트기의 소유 구조가 복잡할 수 있다는 점을 감안할 때, 그것은 간단한 연습이 아니다. 항공기는 기업이 직접 소유하지 않을 수 있지만, 대신 임대하거나 부분적으로 소유할 수 있다. 더 나아가서 회사의 티커를 특정 제트 여정에 매핑하기 위해 추가 매칭을 수행해야 한다.

Adams-Heard와 Crowley(2019)는 어떻게 개인 제트기의 이러한 기업 여행 활동이 M&A 활동의 선도적인 지표가 될 수 있는가에 대한 Quandl의 데이터셋에서 파생된 구체적인 예를 제공한다. 그 예로 2019년 4월 말 워런 버핏의 자택이자 버크셔 해서웨이의 본사인 오마하에 있는 옥시덴탈 페트롤리엄 코퍼레이션^{Occidental Petroleum Corp.} 소속 전용기를 보여준다. Gordon Haskett Research Advisor LLC의 연구원들은 그 항공기가 왜 오마하에 있었는지 확실히 알 수 있는 방법이 없다는 것을 인정하면서 데이터를 인용했다. 문제의 거래는 옥시덴탈이 아나다르코 석유회사^{Anadarko Petroleum Corp.}를 인수할 가능성이 있는 것이었다. 나중에 버핏이 그 거래에 실제로 관여했다는 것이 확인됐다.

Strohmeier et al.(2018)은 항공기에 대한 위치 데이터를 가지고 있는 OpenSky 네트워크의 데이터를 사용한다. 그런 다음 다양한 메타데이터와 결합해 항공기 유형 및 소유권에 대한 데이터셋과 같은 추가 컨텍스트를 제공한다. 덕분에 상용 항공기와 같은 것은 제외할 수 있다. 그러나 지적했듯이 이러한 데이터셋은 상당히 잡음이 많으며 이는 기업 소유자에 대한 항공기 매칭의 어려움에 대해 Kamel(2018)이 앞서 언급한 점을 암시한다. 그들의 연구의 일부는 정부 간의 관계를 이해하기 위해 정부 항공기에 의한 활동을 조사한다. 또 다른 부분에서는 M&A 거래 예측에 대해 논의하고 있으며, 그것이 초점이다.

Strohmeier et al.은 소유권 측면에서 비교적 쉽게 상장된 유럽 또는 미국 대기업과 일치할 수 있었던 88개 기업 제트기의 활동을 자세히 설명하는 데이터셋으로 작업한다. 이러한 제트기의 대부분에 대해서 2016년 1월부터 2017년 6월 사이의 샘플 기간 동안 OpenSky 데이터셋에서 항공이 관찰됐다. 각 제트기는 91회의 항공을 완료했다. Strohmeier et al.의 초점은 OpenSky 데이터셋의 특성을 고려할 때 M&A를 위한 유럽 인수 대상 기업에 맞춰졌다. 이 결과, 7건의 M&A 사례를 확인할 수 있었다. 비교를 위한 대조 그룹control group으로 항공을 사용한 31개 회사를 포함했다. Strohmeier et al.의 표는 그림 14.8에 나타나며, 이 7건의 M&A 사례 각각에 대해 인수 대상으로의 항공 수를 상세히 설명한다.

방문 수	월별 평균 12-2개월 전	월별 평균 2개월 전	전월	다음달	월별 평균 6개월 후	발표 전 마지막 관측(일)	결합 주가 변화율(%)
Case 1 (EU/EU)	0.11	1	0	2	0.67	50	6.71
Case 2 (EU/EU)	2.56	2.5	2	0	0.75	25	1.1
Case 3 (EU/EU)	0	1	2	4	1.56	20	1.96
Case 4 (US/EU)	0	2.5	3	0	0	8	1.83
Case 5 (US/EU)	0.11	0	0	0	0	325	0.2
Case 6 (US/EEA)	0.22	6	12	2	5	1	20.29
Case 7 (US/EU)	0.29	1	2	0	1	1	23.18
평균	0.47	2	3	1.14	1.28	61.43	7.9
대조 그룹	0.14	0.33	0.4	0.42	0.34	–	–

그림 14.8 인수 대상 기업 항공기 방문

출처: Strohmeier, Smith, Benders 및 Martinovic(2018)의 데이터를 기반으로 한다.

각 사례에 대해 Strohmeier et al.은 M&A 세부 사항의 한 달 전과 한 달 후, 그리고 최대 1년 전에 M&A 대상으로 가는 항공 횟수를 계산했다. 그들은 착륙을 인수 목표에서 100km 이내의 착륙으로 정의했다. 인정하건대 본 연구의 초점은 쉽게 식별할 수 있는 기업 항공기에 집중돼 있고 분석이 비교적 짧은 기간(1.5년)에 걸쳐 있다는 점을 고려할 때 세부적인 M&A 샘플은 매우 작다. 그러나 이들의 분석에 따르면 인수 전 한 달 동안 인수 대상이 없는 대조 집단에 대해 평균 0.40이었던 것에 비해 인수 대상에 대한 방문은 평균 3건 정도인 것으로 나타났다.

분명히 이러한 유형의 분석에는 몇 가지 경고 사항이 있다. 즉, 위의 예와 같이 공항 근처를 방문한 정확한 회사를 확실히 아는 것은 불가능하다는 것이다. 따라서 모든 종류의 기업 제트 데이터는 더 완전한 그림을 구축하기 위해 (아마도 뉴스를 기반으로 한) 다른 관찰 또는 데이터셋과 함께 이상적으로 사용돼야 하는 것이 타당해 보인다. 이는 사후 판단의 이점 없이 실제 투자 시나리오에서 "거짓 긍정"의 가능성을 줄이는 데 도움이 될 것이다. 게다가 기업 제트 활동에 대한 이러한 분석은 "비정상적" 위치에 있는 기업들에게 더 적합할 가능성이 있다. 그 이유는 이들을 만나기 위해 방문한다는 것은 이들이 잠재적 인수 대상의 훨씬 더 좁혀진 최종 리스트에 속할 가능성이 훨씬 더 크기 때문이다. 이와 같은 분석의 또 다른 어려움은 경영진이 인수 대상을 방문하는 상업용 제트기 여행을 포착하지 못한다는 것이다.

14.6 요약

최근 몇 년 동안 위치 추적을 활성화하는 장치가 크게 증가했다. 이 데이터가 충분히 집계되고 정리되면 투자자에게 유용한 통찰력을 제공하는 데 사용될 수 있다. 현재 많은 데이터 공급 업체는 위치 데이터를 기반으로 제품을 구축하고 있다.

위치 데이터의 사용 사례는 선박 추적에서 전 세계 상품의 공급에 대한 이해, 소매점 근처의 휴대폰 위치 데이터를 집계해 같은 회사의 주당 이익을 예측하는 데 도움이 될 수 있다.

우리는 개인 제트기와 같은 위치 데이터를 포함하는 훨씬 더 새로운 데이터셋에 대해 논의했고, 과거에 이것이 가능한 M&A 활동에 대해 합리적으로 추측하기 위해 어떻게 사용됐는지에 대한 예를 제공했다.

텍스트, 웹, 소셜 미디어 및 뉴스

15.1 서론

텍스트 기반 데이터가 금융 시장을 거래하는 데 유용하다는 개념은 특이한 개념이 아니다. 결국 뉴스는 수세기 동안 트레이더 행동과 가격의 주요 원동력이었다. 최근 몇 년 동안 변화한 것은 특히 웹의 출현으로 인한 트레이더가 살펴봐야 할 텍스트 기반 데이터의 엄청난 양이다. 어떤 인간도 읽고 해석하기에는 단순히 너무 많은 텍스트가 너무 많다. 우리는 투자 프로세스에 사용할 수 있도록 이 방대한 양의 텍스트에서 가치를 추출하는 것을 돕기 위해 머신에 의존할 필요가 있다.

15장에서는 웹 데이터를 읽는 방법을 살펴본 후 투자자 관점에서 텍스트에 대한 많은 사용 사례를 제공한다. 소셜 미디어를 살펴보고 그것이 시장 감성과 같은 아이디어를 이해하고 미국의 비농업 고용 변화를 예측하는 데 어떻게 사용될 수 있는지 보여준다. 추후 뉴스와이어 데이터를 중심으로 FX 시장에 활용, 시스템 트레이딩 법칙을 개발할 예정이다. 또한 미국 국채 수익률의 움직임을 이해하기 위해 Fed 통신을 집계하고 NLP를 적용하는 방법에 대해 논의할 것이다. 마지막으로 온라인 소매업체의 웹 소스 데이터를 활용해 CPI를 추정하는 것에 대해 이야기할 것이다.

15.2 웹 데이터 수집

웹은 팀 버너스 리[Tim Berners-Lee]가 CERN에서 일하던 1989년에 발명했다. 분명히 30년이 지난 오늘날, 웹에서 이용할 수 있는 콘텐츠의 양은 급증했다. 웹은 뉴스, 소셜 미디어, 블로그, 기업 데이터 등과 같은 콘텐츠를 포함할 수 있지만 이미지, 오디오 및 비디오와 같은 텍스트 이외의 콘텐츠도 포함한다. 그중 일부는 무료로 이용할 수 있고, 다른 부분들은 콘텐츠 유료화[paywall] 뒤의 신문과 같이 접근이 제한된다. 웹상의 콘텐츠는 매우 많은 상이한 출처에서 비롯되기 때문에, 대부분 정형화되지 않은 형태이고 일부 표준화된 형식에 맞지 않는다는 것은 놀랄 일이 아니다. 따라서 우리가 많은 수의 웹 기반 소스로부터 데이터를 집계하기를 원한다면, 상이한 소스를 정형화하기 위한 상당한 노력이 필요하다. 방대한 양의 텍스트를 사용할 수 있다는 것은 진정한 의미를 포착하기 위해서는 데이터를 수집하는 것뿐만 아니라 그 의미를 해독하는 자동화된 방법을 사용해야 한다는 것을 의미한다.

웹에서 텍스트 콘텐츠를 수집하기 위해서는 자동화된 프로그램, 웹 페이지를 체계적으로 탐색해 콘텐츠를 다운로드하기 시작하는 웹 크롤러[web crawler](또는 스파이더[spider])를 사용할 수 있다. 물론 웹 전체를 탐색하기에는 너무 많은 웹사이트가 있으므로 일반적으로 웹 크롤링을 인도해야 한다. 웹 크롤러를 사용하는 검색엔진(상당한 계산 및 대역폭 자원으로 웹을 인덱싱하려는 검색엔진)도 전체 웹을 카탈로그화할 수 있을 것 같지 않다. 또한 콘텐츠 소유자는 웹 크롤러의 액세스를 제한하도록 선택할 수 있으며 자동화된 프로세스를 제한하는 사용 조건을 가질 수 있다. 3장에서는 웹에서 데이터를 수집하는 것에 관한 몇 가지 법적 요점에 관해 논의했다.

관심 있는 특정 웹 페이지를 찾았으면 다음 단계는 내용을 이해하는 것이다. 특정 웹 페이지에서 콘텐츠를 가져오려면 일반적으로 다음을 포함하는 "웹 스크래핑[web scraping]"을 사용한다.[1]

---

1 스크래핑의 법적 위험에 대한 자세한 내용은 3.1절을 참조하라.

- 웹 페이지의 내용을 원시 형식으로 다운로드
- 웹 페이지를 스크래핑한 시간에 대한 시간 스탬프 할당(만약 가능하면 콘텐츠가 작성된 시간에 대한 또 다른 시간 스탬프도 할당)
- HTML 태그 제거
- 페이지 제목, 하이퍼링크 등과 같은 메타데이터 식별
- 페이지 본문 포착
- 멀티미디어 콘텐츠 가져오기(예: 이미지)

그런 다음 이러한 각 콘텐츠 요소를 데이터베이스의 단일 레코드에 있는 다른 필드에 저장할 수 있다. 각 데이터베이스 레코드를 웹 페이지 내용의 요약으로 볼 수 있다. 실제로 우리는 데이터를 더 정형화하고 콘텐츠를 설명하기 위해 추가 메타데이터 필드를 추가하기를 원할 가능성이 높다. 텍스트 콘텐츠의 경우 많은 양의 자연어 처리가 수반된다.

물론 웹 이외에도 텍스트의 가능한 출처가 많이 있다. 이들 중 일부는 뉴스 와이어 및 책과 같이 공개적으로 사용 가능한 소스일 수 있다. 이메일, 문자 메시지 및 대화 내용 등 개인 데이터의 텍스트 소스도 많다. 일반적으로 금융 회사에서 이러한 민간 텍스트 소스는 거래 감시 또는 가격 데이터 수집과 같은 작업(예: 상대방 간의 채팅 대화 내용)과 특히 관련이 있을 것이다.

아마도 최초의 소셜 미디어는 우리 선조들이 동굴에서 휘갈겨 쓴 것이거나, 고대 로마 벽에 쓴 낙서였을 것이다(Standage, 2014). 오늘날 인터넷에는 소셜 미디어를 위한 많은 사이트들이 있다. 물론 트위터, 페이스북, 인스타그램과 같은 몇몇 사람들은 매우 잘 알려져 있고 전 세계적으로 많은 사용자를 가지고 있다. 그들은 광범위한 청중을 가지고 있고, 이로 인해 그것에 대해 논의되는 주제들이 있다. Stocktwits와 같은 다른 것들은 더 전문화된 소셜 미디어 네트워크이며 사용자 기반은 시장에 훨씬 더 집중돼 있다. 많은 소셜 미디어 사이트는 종종 머신이 사용자가 게시한 메시지를 읽을 수 있도록 하는 API를 가지고 있으며, 그 자체에는 이미 일부 정형화 요소가 포함돼 있다. 부분적으로 정형화된 이러한 메시지들은 일반적으로 누가 게시했는지와 위치 같은 다른 메타데이터뿐만 아니

라 그들과 연관된 시간 스탬프를 갖는다. 그러나 일반적으로 이러한 메시지 스트림은 주제나 감성을 나타내지 않는 원시 텍스트를 포함한다.

15.3 소셜 미디어

일반적으로 소셜 미디어 스트림 위에 이러한 정형화된 서비스를 제공하는 무수한 공급 업체(Social Media Analytics 등)가 있지만, 공교롭게도 추가 분석은 API 스트림의 소비자의 몫으로 맡겨진다. 이러한 추가 분석은 트위터 및 Stocktwits와 같은 소셜 미디어 사이트의 원시 스트림을 소비하고, 스트림을 정형화하는 추가 분석을 적용해 주제 및 감성과 같은 추가 메타데이터를 제공한다.

앞서 언급했듯이 텍스트를 이해하려는 것은 매우 어려울 수 있다. 소셜 미디어는 전통적인 뉴스 와이어에 비해 의미를 가늠하는 것을 더 어렵게 만드는 추가적인 과제를 가지고 있다. 뉴스 와이어에서 파생된 텍스트(보통 일관된 스타일로 작성됨)와 달리, 소셜 미디어에 게시된 메시지는 훨씬 더 시끄럽고 이해하기 어려운 경향이 있다. 소셜 미디어 게시물은 일반적으로 일반적인 뉴스 기사보다 훨씬 짧으며 트위터와 같은 플랫폼의 경우 명시적인 문자 제한이 있다. 또한 소셜 미디어에서 사용되는 언어는 훨씬 덜 형식적인 경향이 있고 종종 속어와 약어를 포함한다. 빈정대는 것sarcasm은 소셜 미디어의 또 다른 주요 문제다. 한 가지 구체적인 예는 트위터에서 볼 수 있는데, 여기서 "금 매수"에 대한 언급은 종종 금을 매수하려는 작성자의 진정한 견해보다는 황금충 부류의 사람들에 대한 빈정대는 말일 수 있다, 또한, #chartcrime과 같은 특정한 의미를 가진 해시태그가 있을 수 있다. 이 경우 #chartcrime은 트윗된 시장 분석에서 매우 오해의 소지가 있는 부분을 의미한다.

소셜 미디어를 해석하는 데 있어서도 많은 맥락 의존성이 있다. 해시태그는 때때로 주제를 나타내는 데 사용되지만, 종종 생략된다. 따라서 단일 트윗을 단독으로 이해하는 것은 이따금 어려울 수 있다. ECB 미팅과 같은 이벤트 주변의 트윗을 예로 들어보자. 사람들은 그럴 때쯤 "정말 비둘기파dove2야!"라고 트윗을 할 것이다. ECB 회의가 동시에 있다는 것을 알시 못하면, 그러한 트윗은 해독하기가 매우 어렵고 모호할 것이다. 결국 그것은 많은 중앙은행의 "비둘기파적" 정책을 언급하는 것일 수도 있고, 실제로 완전히 다른 것, 또는 실제 새를 언급하는 것일 수도 있다. 컨텍스트를 추가하는 한 가지 방법은 소셜 미디어를 뉴스 와이어의 정형화된 데이터와 같은 또 다른 소스와 결합하는 것이다. DePalma(2016)는 소셜 미디어 버즈buzz, 즉 특정 주식과 관련된 소셜 미디어의 메시지 양을 동일한 자산의 머신 판독 가능한 뉴스에 대한 감성과 결합하는 방법을 논의한다. 그 논문의 아이디어는 소셜 미디어 버즈를 투자자들의 관심을 대신하는 것으로 사용하는 것이다. 자세한 내용은 DePalma(2016)를 참조하라.

15.3.1 헤도노미터 지수

많은 조치들은 우리에게 경제가 어떻게 돌아가고 있는지에 대한 아이디어를 준다. 하지만 사람들의 행복을 측정해보는 것은 어떨까? 이를 위한 한 가지 시도는 미국 버몬트대학교에서 개발한 헤도노미터Hedonometer3 지수다(구성은 버몬트대학교(2013)에서 자세히 설명해놓았다). 트위터에 게시된 원시 데이터 트윗으로 사용하며, 매일 게시된 트윗의 약 10%를 무작위로 선택하는데, 이는 처리할 약 100GB의 rawJSON 메시지다. 이 메시지에서 영어로 된 단어에는 "행복" 점수happiness score가 할당된다. 그들의 말뭉치에는 행복 점수가 할당된 약 5,000개의 공통 단어가 있다. 이러한 행복 점수는 아마존 메카니컬 터크 Mechanical Turk4에서 도출됐으며, 이는 본질적으로 대규모 커뮤니티로부터 작업을 크라우드소싱하는 서비스다. 이 경우 기본적으로 대규모 서베이라고 볼 수 있다. 그 단어들은 1에서 9 사이의 등급을 받는다. 그림 15.1은 헤도노미터의 데이터베이스에서 가장 기쁘고 슬픈 단어 중 일부를 보여준다(버몬트대학교. 2013). "웃음"과 같은 단어들은 매우 높은 점

---

2 온건파 – 옮긴이

3 헤도노미터(Hedonometer)는 단어가 가지고 있는 감성을 수치화하는 측정 도구다. 글을 입력하면 행복 점수를 자동으로 계산하며, 1부터 9까지 나타내고 9에 가까울수록 행복도가 높다고 할 수 있다. – 옮긴이

4 https://www.mturk.com

수를 받는 반면, "전쟁"과 같은 단어들은 예측 가능하듯이 매우 낮은 점수를 받는다. 그러나 버몬트대학교(2013)가 지적한 바와 같이, 그들의 상대적 행복에 대해 의견이 일치하지 않는 단어들이 있다. 이 단어들은 "무시$^{tune\ out}$"한다.

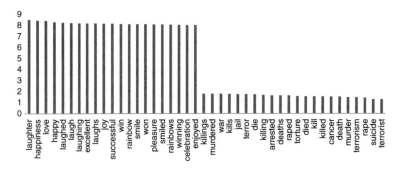

그림 15.1 헤도노미터의 말뭉치에서 가장 기쁘고 슬픈 단어

출처: 헤도노미터의 데이터 기반

물론 이 접근법은 트윗하는 사람들, 특히 영어로 트윗하는 사람들을 측정하는 것일 뿐이므로, 많은 수의 사람들을 포함하더라도 일반 모집단 샘플을 완전히 대표하지는 않을 것이다. 그러나 우리는 그것이 매우 정기적으로 그리고 시차 없이 업데이트된다는 이점을 가지고 있다고 주장할 것이다.

그림 15.2는 2018년 후반과 2019년 초에 대한 헤도노미터 지수를 나타낸다. 가장 낮은 시점은 2018년 10월 라스베이거스에서 발생한 총기 난사 사건이다. 대조적으로 행복 기간은 크리스마스, 새해, 그리고 추수감사절 전후였는데, 이것은 직관적으로 보인다.

트위터에 대한 평균 행복

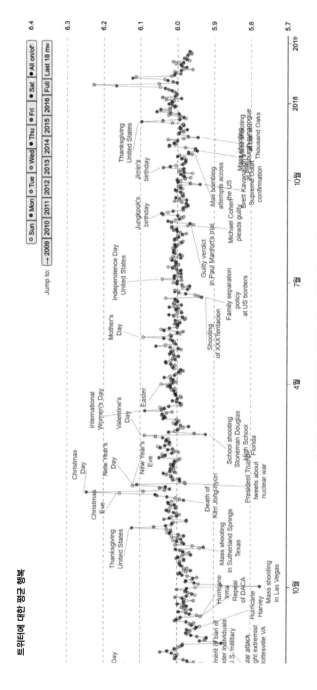

그림 15.2 2018년 후반부터 2019년 초까지의 헤도노미터 지수

출처: 헤도노미터의 데이터 기반

헤도노미터 데이터셋에서 어떤 다른 관측치를 수집할 수 있는가? 시도할 수 있는 한 가지 간단한 방법은 요일별 평균 점수를 받는 것이다. 그림 15.3은 이러한 평균 점수를 나타낸다. 아마도 예상할 수 있듯이, 사람들의 행복은 월요일이나 화요일의 주 초반부에 가장 적고 토요일로 갈수록 주 내내 증가하는 것으로 보인다. 물론 투자자 관점에서 이 구체적인 관찰은 수익화하기가 어렵다. 그러나 이것은 매우 큰 원시 트윗 데이터셋에서 매우 직관적인 결과로 보이는 결과를 도출할 수 있는 방법을 보여준다.

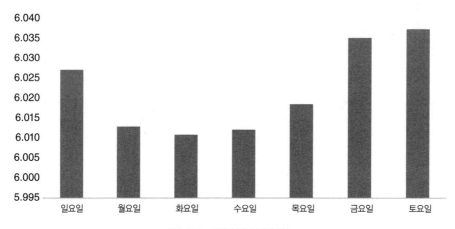

그림 15.3 요일별 평균 행복 점수

출처: 헤도노미터의 데이터 기반

행복과 시장을 연결할 수 있을까? 결국 우리는 전반적인 소비자 신뢰도가 행복과 연결된다고 생각할 것이고, 따라서 그것은 위험 심리에 대한 합리적인 지표가 될 수 있다. 이를 위해 우리는 헤도노미터 지수로 행복 감성 지수HSI, Happiness Sentiment Index를 만들었다. 이 첫 번째 단계는 주말이 거래되지 않는 날이라는 점을 감안해 주말을 제거하는 것이다. 또한 특이치 일(즉, 0.05보다 큰 움직임으로 정의한 헤도노미터 지수에 유의한 점프가 있는 경우)을 제외한다. 게다가 사람들이 일반적으로 더 행복할 가능성이 높은 미국의 휴일을 제외한다. 그렇지 않으면 우리의 모델은 다른 이유보다는 휴일 때문에 좋은 시장 분위기를 제안하는 데만 치우칠 것이다. 실제로 이미 주말 동안 헤도노미터 지수가 가장 높다는 것을 관찰했다.

444

그런 다음 지수를 평활화^{smooth}하기 위해 1개월짜리 SMA를 적용한다. 마지막으로 점수는 0과 1 사이에서 표준화되며, 2개월 윈도우가 있는 롤링 백분위수 순위를 사용한다. 그림 15.4는 S&P 500 최근 월 선물에서 1개월 동안의 변화에 대한 HSI를 나타낸다. 적어도 이 구체적인 예에서, S&P 500에서의 움직임과 어느 정도 관계가 있는 것으로 보인다. 샘플(2009년 2월~2019년 7월) 동안 S&P 500에 대해 HSI를 회귀시키면 베타 계수의 T-통계량은 7.7(p 값은 $2.13*10^{-14}$)이며, 이는 S&P 500과 HSI 사이의 통계적으로 유의한 관계를 보여준다. 이는 HSI가 잠재적으로 거래하는 시장의 지표로 사용될 수 있음을 시사한다. 물론 실제로 그것은 뉴스 감성이나 시장 포지셔닝을 포함하는 많은 다른 시장 감성 척도와 결합될 수 있다.

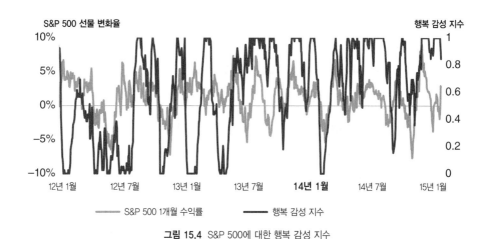

그림 15.4 S&P 500에 대한 행복 감성 지수

출처: Hedonometer와 블룸버그 데이터 기반

15.3.2 미국 비농업 고용 변화를 예측하는 데 도움이 되는 트위터 데이터 사용

우리는 트위터 사용자의 트윗에서 트위터 사용자의 행복을 나타내는 지표를 도출할 수 있다는 것을 봤다. 시장을 이해하는 것을 돕기 위해 트위터를 사용할 수 있는 매우 구체적인 방법이 있을까? 소셜 미디어는 우리에게 사람들이 특정한 순간에 무엇에 대해 이야기하고 있는지에 대한 아이디어를 준다. 따라서 그들이 우리에게 특정 시기에 경제에 대

한 통찰력을 줄 수 있을 것이라고 가정하는 것이 타당해 보인다. 가장 절실히 기다려지는 경제 발표 중 하나는 미국 고용 상황 보고서인데, 보통 동부 표준시로 오전 8시 30분 미국 노동 통계국BLS에서 매월 첫째 금요일에 발표된다. 그 보고서는 전월의 고용 시장과 관련이 있다. 그것은 보통 그 달에 실제 "하드" 미국 경제 데이터를 공식적으로 발표하는 첫 번째이다. 그 이전에, 많은 데이터는 경제에 대한 사람들의 기대를 바탕으로 한 조사나 "소프트" 데이터인 경향이 있다. BLS 자료보다 먼저 발간되는 민간 편찬 ADP 고용 보고서도 있지만, 시장에서는 그 발표에 무게를 덜 두는 경향이 있다.

미국의 고용상황보고서에는 노동 시장과 관련된 다양한 통계가 다수 포함돼 있으며(노동통계국, 2019), 약 6만 가구를 대상으로 한 가계 서베이와 기업체 설립 서베이(약 14만 2,000명)이 두 부분으로 나뉜다.

시장과 가장 관련성이 높은 통계는 전국 실업률(가계 서베이)과 전국 비농업 고용의 월별 변동(기업 서베이)이다. 비농업 노동에 대한 시장의 기댓값은 일반적으로 대형 금융기관에서 일하는 미국 경제학자들에 대한 컨센서스 서베이(블룸버그 서베이 등)에 의해 결정된다.

이름에서 알 수 있듯이, 비농업 노동은 농업 노동자를 생략한다. 역사적으로 농업 노동의 척도는 미국 농무부의 농업 인구 조사에 의해 수집된다. 미국 고용상황보고서 발표에는 기존 추정치 수정은 물론 평균 근로 시간, 소득, 참여율 등 다른 통계도 다수 포함돼 있다. 많은 경우, 기초 통계에서 상당한 양의 세분성을 사용할 수 있으며, 때로는 주 수준 및 하위 섹터까지 세분화할 수 있다. 실제로 이 책의 출판 당시 ALFRED(n.d.)[5]는 가구 조사 출처로부터 8,500개 이상의 시계열과 기업 서베이 출처로부터 811개 이상의 시계열을 보유하고 있다.

통상 비농업 고용 지수 변화에 대한 서프라이즈와 미국 국채 수익률의 움직임과 미국 달러화의 움직임 사이에는 매우 강한 관계가 있다. 경제지표가 더 강해질 때 FOMC가 매파적 톤을 채택하고 이를 반영해 채권 수익률이 더 높아질 가능성이 높다는 것이 근거다.

데이터가 더 약할 때는 그 반대가 마찬가지로 성립한다. 전형적으로 미국 달러도 이런 식으로 반응하며, 강력한 데이터 후의 미국 국채 수익률에 따라 움직인다. 그러나 과거에 금융 위기 이후 매우 열악한 노동 지수가 발표된 뒤 실제로 달러가 강세를 보인 적이 있다. 이에 대한 한 가지 논리는 투자자들이 주요 준비 통화로서의 지위를 감안한 안전 자산 선호 거래로 달러 쪽으로 몰렸다는 것이었다.

이를 설명하기 위해 그림 15.5에서는 2011년부터 2016년 사이에 비농업 고용 지수의 서프라이즈와 미국 고용 보고서 발표 후 1분 동안의 USD/JPY 수익률의 차이를 보여준다. 서프라이즈는 단순히 실제 발표된 수치에서 컨센서스 수치를 뺀 것이다. 우리는 매우 큰 서프라이즈에서 반응이 비선형적인 경향이 있다는 것에 주목한다. 서프라이즈가 긍정적일 때는 USD/JPY가 더 높게 움직이는 경향이 있고, 부정적일 때는 더 낮게 움직이는 경향이 있는데, 이는 우리가 논의한 이유들로 인해 상당히 직관적으로 보인다.

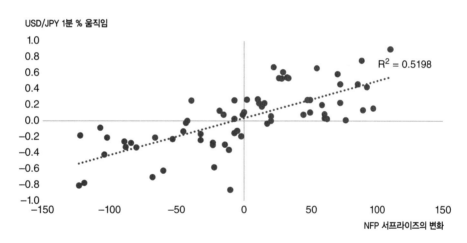

그림 15.5 비농업 고용 지수의 서프라이즈 대 발표 후 1분 USD/JPY 움직임

출처: 블룸버그 데이터 기반

따라서 컨센서스보다 비농업 고용 지수의 '실제' 변화를 더 잘 예측할 수 있다면, 미국 고용 상황 보고서 당일 오전 8시 30분 이전에 거래로 진입했다가 잠시 후 종료함으로써 잠재적으로 수익을 올릴 수 있다. 즉, 우리의 더 정확한 예측이 컨센서스보다 높다면 우리

는 달러를 살 것이고, 반대로 우리의 예측이 낮다면 우리는 달러를 팔 것이다. 트레이더로서 우리의 목표는 예측의 표준 오차를 최소화하는 것이 아니라, 대신 예측에서 알파를 생성하는 것이다. 예측이 더 작은 표준 오차를 갖지만, 이벤트 서프라이즈의 방향을 잘못 판단한다면, 종종 그것은 트레이더에게 덜 유용할 것이다.

우리는 발표 직후 가장 먼저 거래하려는 일종의 시차 이점을 이용하려는 것이 아니라는 점에 유의하라. 그 당시에는 유동성이 거의 없을 가능성이 높으며, 더 나아가 우리는 이러한 유형의 시차 차익 거래에 참여할 수 있는 매우 정교하고 값비싼 기술을 보유해야 할 것이다. 그렇다면 노동 지수에 대한 더 정확한 예측을 얻으려면 어떻게 해야 할까? 한 가지 접근법은 노동 지수 예측에 사용하는 기존 변수들(일반적으로 기존 노동 시장 데이터를 사용하는 변수와 관련됨)을 증강하는 것이다. 우리의 경우, 우리는 노동 시장에 대한 잡담과 관련된 트윗에서 파생된 데이터를 우리의 모델을 증강하기 위한 추가적인 트위터 변수로 사용하려고 시도할 것이다. 그림 15.6은 비농업 노동 지수의 첫 번째 발표와 블룸버그의 경제학자 추정치에 대한 컨센서스 서베이와 함께 트위터로 증강된 노동 지수 모델 예측을 보여준다. 우리의 모델 기반 나우캐스트는 고빈도 기반으로 트위터 데이터에 액세스할 수 있다는 점에서 매일 사용할 수 있다. 우리의 샘플은 2011년 초부터 2016년 여름까지다. 우리는 모델 기반 나우캐스트가 서베이 수치가 크게 떨어져 있음에도 불구하고 2014년 초와 같이 실제 NFP 수치를 매우 잘 포착한 특정 기간이 있음을 알 수 있다. 그러나 순수하게 이 그림에서 당신이 우리의 모델 NFP 예측을 수익성 있게 거래할 수 있는지 총체적으로 말하기 어렵다. 그것을 이해하기 위해서는 우리는 더 많은 일을 하고 트레이딩 전략을 백테스트할 필요가 있다.

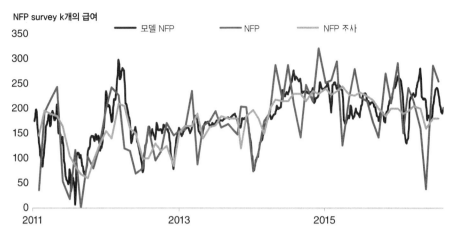

그림 15.6 트위터에 기반한 비농업 급여의 미국 변화에 대한 예측과 실제 발표 블룸버그 합의 조사

출처: 트위터, 블룸버그의 데이터 기반

기본적으로, 이 개선된 나우캐스트는 비농업 고용 지수를 거래하는 사람에게 얼마나 유용한가? 이전에 설명한 매우 간단한 트레이딩 법칙을 사용해 백테스트를 수행해 이를 역사적으로 체크할 수 있다.

- 추정치가 컨센서스보다 더 좋거나/높을 때 USD 매수
- 추정치가 컨센서스보다 더 나쁘거나/낮을 때 USD 매도

그림 15.7에서 우리는 향상된 예측을 사용해 고용 지수 발표 주변에 일중 기반으로 EUR/USD 및 USD/JPY를 거래한다. 즉, 데이터 발표 몇 분 전에 거래를 시작하고 몇 분 후에 거래를 종료한다. 연간 평균 수익률은 USD/JPY의 경우 119bps, EUR/USD의 경우 59bps이다. EUR/USD와 USD/JPY의 동일 비중 포트폴리오의 평균 수익률은 88 bps이다. 우리의 표본이 상대적으로 작다는 점을 고려할 때, 분명히 이러한 유형의 분석에 대한 몇 가지 주요 주의 사항이 있다. 실제로 우리의 샘플에는 68개의 데이터 발표만 있다. 게다가 그러한 전략을 실행하기 위해 좋은 유동성에 접근할 필요가 있다는 것을 명심해야 한다. 스프레드가 더 넓어지면 그러한 트레이딩 법칙으로 돈을 벌기가 어려울 것이다.

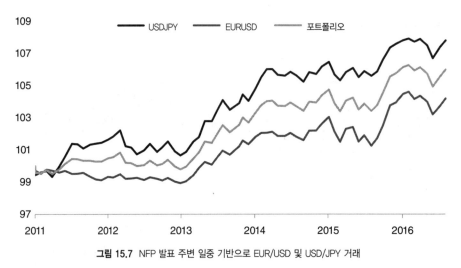

그림 15.7 NFP 발표 주변 일중 기반으로 EUR/USD 및 USD/JPY 거래

출처: 트위터, 블룸버그의 데이터 기반

15.3.3 FOMC에 대한 주식 시장 반응을 예측하기 위한 트위터 데이터

우리는 트위터가 비농업 노동 지수에 대한 예측을 개선하는 데 사용될 수 있다는 것에 주목했다. 하지만 다른 방법으로 사용될 수 있을까? Azar와 Lo(2016)는 FOMC 주변의 선물 수익률을 예측하기 위해 트윗을 사용하는 방법을 논의한다. 이 접근법은 FOMC 회의를 앞두고 트윗을 필터링해야 하며, 구체적으로 "FOMC"와 "Federal Reserve"라는 용어와 2007~2014년의 역사적 샘플(즉, "Bernanke", 나중에 "Yellen" 등) 동안 연준 의장의 이름을 필터링해야 한다. 기본 감성 분석은 각 트윗에 적용됐고, "패턴"이라고 부르는 결정론적 알고리듬을 사용해 −1에서 +1 사이의 점수를 줬다. 또한 형용사와 부사를 사용해 점수를 "증강"하거나 "감쇠"하는 것도 고려한다. 따라서 '좋지 않다not good'는 부정적인 정서를 나타낸다는 것을 포착해야 한다. 그런 다음 이러한 점수는 사용자 트윗의 팔로워 수에 의해 가중된다. 이러한 가중 점수는 일일 감성 점수로 집계된다. 실제로 2007년과 2009년 사이에 샘플에서 상대적으로 적은 양의 트윗을 감안할 때, 역사적 샘플은 2009~2014년으로 축소됐다. 저자들은 트윗의 이러한 감성 정보를 통합한 다음 시장 벤치마크 포트폴리오와 비교하는 다양한 포트폴리오를 구성한다. 그들은 특히 FOMC 회의 직전에 이

러한 트윗을 포함하는 모델이 잘 작동한다는 점에 주목한다. 미국의 고용 상황에 적용되는 트레이딩 빕칙을 보여주는 예시와 마찬가지로 샘플에 FOMC 회의가 상대적으로 적다는 점에 유의할 필요가 있다. 잠재적으로 샘플 공간을 늘리는 한 가지 방법은 ECB 또는 BoJ와 같은 다른 중앙은행에 동일한 접근법을 적용하고 트윗이 채권 및 주식과 같은 국내 자산의 반응을 위한 정보 콘텐츠를 제공하는지 여부를 조사하는 것일 수 있다. 우리가 아는 한 이는 아직 시도되지 않았다.

15.3.4 소셜 미디어로부터의 유동성 및 감성

우리는 이미 왜 감성을 이해하는 것이 거래의 중요한 구성 요소인지에 대한 몇 가지 예를 제시했다. 감성이 부정적이고 따라서 시장이 더 위험 회피적이 될 때, 우리는 유동성이 더 제한될 것으로 예상할 수 있다. 본질적으로 시장 조성자는 트레이더들이 위험 노출을 축소하는 환경에서 유동성을 제공하는 것에 대해 보상받을 필요가 있다. 대조적으로 감성이 좋을 때, 우리는 유동성이 더 풍부할 것으로 기대할 수 있고 거래가 더 쉽다는 것을 발견해야 한다. Agrawal, Azar, Lo, Singh(2018)는 소셜 미디어 감성과 주식 시장 유동성 사이의 관계를 논의한다. 소셜 미디어 감성을 측정하기 위해, 그들은 트위터와 스톡트윗의 데이터를 기반으로 주식과 관련된 일련의 감성 점수를 제공하는 PsychSignal의 피드를 사용한다. 그들은 이것을 RavenPack의 뉴스 데이터셋의 감성 점수 피드와 비교한다. 소셜 미디어를 기반으로 한 부정적 정서가 긍정적 정서보다 유동성에 더 큰 영향을 미치는 경향이 있음을 보여준다. 그들은 높은 모멘텀 이후 매우 비정상적인 소셜 미디어 감성이 따르는 경향이 있고, 이후 평균 회귀의 기간이 뒤따른다는 것을 발견했다. 이러한 관찰 중 일부를 사용해 소셜 미디어를 입력으로 사용하는 그들의 벤치마크를 능가하는 주식 기반 트레이딩 전략을 개발하는데, 상대적 고빈도의 이 전략은 낮은 거래 비용에 액세스할 수 있는 사람에게만 적합할 것이라 그들은 경고한다.

추가 연구의 측면에서, 그들은 전반적으로 연구에서 인과 관계의 방향을 식별하는 것이 어려울 수 있다는 것에 주목한다. 가격 움직임이 소셜 미디어를 움직이는가, 아니면 그 반대인가? 그들은 또한 모든 소셜 미디어 사용자가 동일한 영향을 미치는 것은 아니며,

특히 팔로워와 일반적인 영향의 차이를 고려할 때 완전히 직관적으로 보인다.

15.4 뉴스

뉴스는 항상 시장에 영향을 미쳐왔고 그것은 매우 전통적인 정보의 원천이다. 하지만 달라진 점은 뉴스의 양이 해를 거듭할수록 크게 늘었다는 점이다. 그림 15.8에서, 우리는 텍스트가 S&P 500을 포함하는 블룸버그 뉴스의 기사 수에 대해 S&P 500을 그림으로써 이를 예시한다. 우리는 1990년대 후반, 기사의 수가 현재의 절반에도 미치지 못했다는 것에 주목한다. 이 예시에서 단지 하나의 뉴스 출처(블룸버그 뉴스)를 검사하고 있다. 최근 몇 년 동안 뉴스 출처의 수도 크게 증가했는데, 주로 웹 덕분이다. 한 사람이 시장에 대해 출판된 모든 뉴스 기사를 읽는 것은 분명히 불가능하다. 하지만 만약 그 뉴스 독자가 사람이 아니었다면 어땠을까?

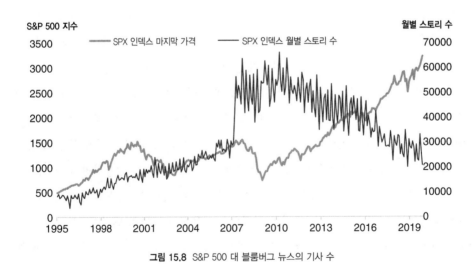

그림 15.8 S&P 500 대 블룸버그 뉴스의 기사 수

출처: 블룸버그 데이터 기반

최근 블룸버그 뉴스와 같은 독점 애플리케이션을 통해 트레이더들이 전통적으로 컴퓨터로 읽던 뉴스 와이어가 머신이 읽을 수 있는 형태로 배포되기 시작했다. 이름에서 알 수

있듯이 머신이 읽을 수 있는 형태의 뉴스는 컴퓨터로 해석할 수 있다. 일반적으로 뉴스 와이어에 이해 발행되는 머신 판독 가능한 뉴스는 이미 많은 양의 구조를 가지고 있기 때문에 그 안의 내용을 더 쉽게 식별할 수 있다. 또한 공급 업체는 일반적으로 뉴스 기사의 주제, 감정, 텍스트에서 언급된 엔티티와 같은 상당한 양의 메타데이터를 추가한다. 게다가 그것은 비교적 일관된 문체로 쓰여질 것이다.

많은 양의 뉴스는 전통적인 뉴스 매체와 블로그와 같은 다른 형태로 웹에도 분명히 게시된다. 우리는 또한 많은 소셜 미디어 자체가 뉴스 기사에 의해 알려지고 있다고 주장할 수 있다. 실제로 서로 다른 소스로부터 수집된 웹 기반 콘텐츠는 트레이더가 사용할 수 있는 형태로 만들기 전에 적절하고 일관된 형태로 상당한 양의 구조를 필요로 한다. 시장에 대한 텍스트 데이터의 다른 중요한 출처에는 기업 통화 내역 및 인터뷰와 같은 기업이 자신에 대해 게시한 자료가 포함된다.

고빈도 트레이더의 경우 컴퓨터가 인간보다 훨씬 빠르게 텍스트를 구문 분석하고 해석할 수 있으므로 더 빨리 반응한다. 장기적인 전략의 경우도 자동 파싱은 함께 집계될 수 있는 방대한 양의 뉴스를 파싱해 언론에 보도되는 내용에 대해 더 종합적인 견해를 제공할 수 있다는 점에서 유용하다.

15.4.1 FX 거래 및 FX 변동성 파악을 위한 머신 판독 가능한 뉴스

우리는 시장을 이해하고 예측하기 위해 머신 판독 가능한 뉴스를 사용하는 일반적인 이유에 주목했다. 본 절에서 살펴볼 활용 사례는 방향적 관점에서 FX 거래 신호를 생성하기 위해 뉴스에서 감성을 추출하는 방법이다. Amen(2018)은 블룸버그 뉴스(2009~2017년 뉴스 와이어)의 머신 판독 가능한 뉴스를 사용해 G10/개발 시장 통화에 대한 감성 점수를 생성하는 방법을 논의한다. 우리는 여기서 논문의 간략한 요약과 그 결과를 설명할 것이다. 머신이 읽을 수 있는 뉴스를 사용하는 이유는 역사적으로 뉴스는 항상 트레이더의 의사결정 과정의 핵심 부분이었기 때문이다. 데이터셋은 각 레코드가 주제 및 티커 태그와 같은 다른 필드뿐만 아니라 각 뉴스 기사의 타임스탬프를 갖도록 구성된다. 그런 다음 데이터셋은 각 개발된 시장 통화와 관련된 기사만 읽는 방식으로 필터링된다. 그림 15.9 에서, 우리는 신문에서 각 통화의 하루 평균 뉴스 기사 수를 제공한다. 우리는 EUR과 USD와 같이 가장 많이 거래되는 통화들이 우리가 예상했던 것보다 더 많은 뉴스 기사를 가지고 있다는 것에 주목한다.

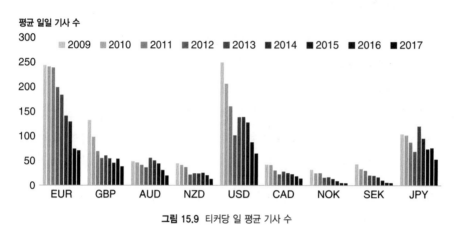

그림 15.9 티커당 일 평균 기사 수

출처: Cuermacro와 블룸버그의 데이터 기반

Amen(2018)은 감성 점수를 확인하기 위해 이러한 각 기사에 자연어 처리를 적용한다. 우리는 FX호가 관행을 이해하는 데 신중할 필요가 있으며, 이는 때때로 우리가 점수를 뒤집어야 할 수 있다. JPY에 대한 감성을 포착하고 통화 쌍이 USD/JPY로 호가되는 경우 점수를 뒤집어야 한다. 우리는 매일 EST 오후 5시에 컷오프 포인트를 만들고 지난 하루 동안 해당 통화에 대한 모든 감성 점수의 동일한 가중 평균을 계산해 일일 감성 점수를 계산한다. 그런 다음 일일 관측치(μ_t)의 평균을 빼고 일일 관측치의 표준편차(σ_t)로 나누어 각 일일 관측치(d_t)에 대한 Z 점수(Z_t)를 구성한다. 일일 관측치의 평균 및 표준편차는 롤링 윈도우를 통해 계산된다. Z 점수는 서로 다른 통화 간의 감성을 정규화한다.

$$Z_t = \frac{d_t - \mu_t}{\sigma_t} \qquad (15.1)$$

우리는 이제 각 통화에 대한 점수를 가지고 있다. 특정 통화 쌍에 대한 점수를 구성하기 위해 우리는 단순히 다른 통화 쌍에서 하나를 빼면 된다. 예를 들어 USD/JPY 점수는 단순히 USD − JPY이다. 우리는 이 특정 척도를 주간 수익률과 함께 그림 15.10에 그린다.

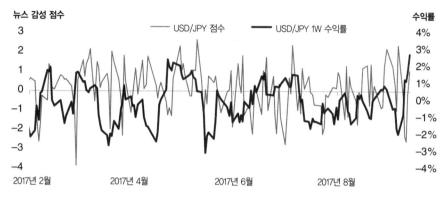

그림 15.10 USD/JPY 뉴스 감성 점수 대 주간 수익률

출처: Cuemacro와 블룸버그의 데이터 기반

우리는 이제 기저의 뉴스 데이터에서 특별히 개발된 시장 통화 쌍에 대한 감성을 식별하는 방법을 가지고 있다. 우리는 감성이 긍정적일 때 그 통화 쌍을 사고 부정적일 때 파는 간단한 트레이딩 법칙을 적용할 수 있다. 물론 뉴스의 단기적인 모멘텀으로 거래하는 이러한 접근법은 뉴스 데이터를 사용하는 하나의 접근법에 불과하다. 또 다른 접근법은 장기간에 걸쳐 뉴스 데이터를 볼 때, 극단적인 뉴스가 소멸되는 것에 관련된다. 장기간에 걸쳐 매우 좋은 소식이 있을 때, 시장은 그것에 조건화하는 경향이 있을 것이다. 그런 시나리오에서 시장은 기본적으로 이미 "좋은 소식"을 가격에 반영했을 것이다. 그러므로 일반적으로 시장은 그것에 대해 그렇게 긍정적으로 반응하지 않을 것이다. 만약 반대로 극도로 나쁜 소식과 비슷한 것을 본다면, 잠시 후에 시장은 그것에 익숙해지고 가격에 반영했을 것이다. 따라서 그것은 더 이상 부정적으로 반응하지 않는다. 심지어 시장이 반등하는 것을 볼 수도 있다.

여기에 설명된 것과 같은 단기 뉴스 모멘텀 트레이딩 법칙이 실제로 효과가 있을까? 역사적 데이터를 사용해 이 트레이딩 법칙을 다시 테스트할 수 있다. 각 통화 쌍에 대한 이

트레이딩 전략에 대한 위험 조정 수익률(즉, 정보 비율)은 FX 트레이더들이 역사적으로 사용한 전형적인 전략 중 하나인 가격 데이터에 대한 일반적인 추세 추종trend following 전략에 대한 수익률과 함께 그림 15.11에 제시돼 있다. 우리의 샘플에서 추세 추종이 저조한 성과를 거뒀지만, 뉴스 기반 접근법은 수익성이 있다는 것을 알 수 있다. 그림 15.12에서 우리는 각 통화 쌍에 대한 이 두 전략의 수익률 간의 상관관계를 그림으로 그렸다. 우리는 뉴스에서 추출하는 요소가 가격에 대한 추세 추종 전략에 가치를 더한다는 것을 시사하는 일관된 패턴이 없다는 점에 주목한다.

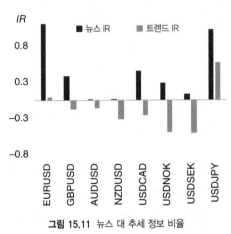

그림 15.11 뉴스 대 추세 정보 비율

출처: Cuemacro와 블룸버그의 데이터 기반

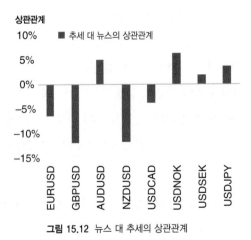

그림 15.12 뉴스 대 추세의 상관관계

출처: Cuemacro와 블룸버그의 데이터 기반

또한 뉴스 기반 트레이딩 법칙과 추세 추종 트레이딩 법칙을 모두 사용해 이 모든 통화 쌍의 바구니를 구성할 수 있다. 그림 15.13에서 우리는 이 바스켓의 수익률을 보여준다. 이전의 통화 쌍별 사례에서 예상할 수 있듯이, 뉴스 기반 바스켓은 추세(위험 조정 수익 0.6 대 −0.3)를 능가한다. 그림 15.14에서 우리는 두 바스켓의 전년 대비 수익률을 보여준다. 대부분의 해에 뉴스는 추세 추종을 크게 능가하는 2010년을 제외하고 더 큰 성과를 낸다.

그림 15.13 뉴스 대 추세 모델 수익률

출처: Cuemacro와 블룸버그의 데이터 기반

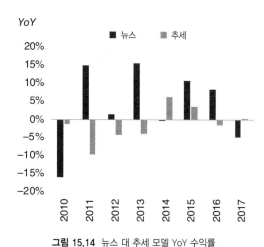

그림 15.14 뉴스 대 추세 모델 YoY 수익률

출처: Cuemacro와 블룸버그의 데이터 기반

뉴스 데이터에서 가치를 추출할 수 있는 또 다른 방법은 FX 변동성을 이해하는 데 어떻게 뉴스 데이터가 사용될 수 있는지 이해하는 것이다. Amen(2018)은 또한 특정 자산에 대한 뉴스량news volume이 해당 자산의 변동성과 어떻게 강한 동시적 관계를 가질 수 있는지 보여준다. 그림 15.15에서 우리는 뉴스량 점수에 대해 표시된 USD/JPY의 뉴스량을 볼 수 있는데, 이는 기본적으로 블룸버그 뉴스BN 뉴스 와이어에 USD/JPY와 관련해 태그된 기사의 뉴스량과 관련된 표준화된 척도다. 적어도 이 단일 그림에서, 뉴스량과 변동성 사이에는 어느 정도 연관성이 있는 것으로 보인다. 이는 물론 직관적이다. 보다 변동성이 큰 가격 작용을 보이는 자산에 대해 더 많은 뉴스가 작성된다는 것이다.

그림 15.15 USD/JPY 뉴스량 대비 1개월 내재 변동성

출처: Cuemacro와 블룸버그의 데이터 기반

그림 15.16에서 우리는 2011~2017년 동일한 역사적 샘플을 사용해 동일한 통화 쌍에 대한 뉴스량 척도에 대한 일일 수익률 회귀 분석을 보고한다. 우리는 (USD/NOK를 제외한) 모든 경우에서 T-통계량이 통계적으로 유의해 변동성과 뉴스량이 강하게 연관돼 있다는 직관을 확인했다. 모든 p-값이 0.05(USD/NOK, 0.27 제외)를 훨씬 밑돌고 있어 통계적으로 유의함을 알 수 있다.

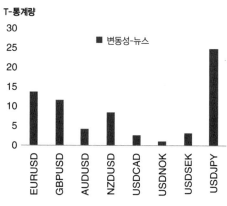

그림 15.16 뉴스량 대 1M 내재 변동성의 회귀

출처: Cuemacro와 블룸버그의 데이터 기반

뉴스량이 변동성과 관련이 있다는 관측을 활용할 수 있는 잠재적인 다른 방법이 있을까? 한 가지 방법은 FOMC와 ECB 회의 등 예정된 주요 이벤트를 둘러싼 변동성을 이해하는 것이다. 예정된 경제 이벤트 전에 확실히 결과에 관한 것은 아니지만, 우리는 적어도 그 시기를 알고 있다. 따라서 이러한 회의에 앞서 변동성 트레이더들은 일반적으로 이러한 이벤트에 대한 실현 변동성realized volatility이 높아질 것이라는 기대를 고려할 때 내재 변동성implied volatility의 호가를 올릴mark up 것이다. 이러한 추가 마크업은 일반적으로 이벤트 부가 변동성volatility add-on으로 알려져 있으며 오버나이트 변동성overnight volatility으로 표현된다. 중앙은행 회의와 같은 이벤트의 경우 이벤트 부가 변동성이 상당할 수 있다. 더 작은 이벤트의 경우는 이벤트 부가 변동성이 무시될 수 있다.

그림 15.17에서는 다른 모든 날을 무시하고 FOMC 회의 직전에 EUR/USD에 대한 오버나이트 내재 변동성을 그린다(따라서 옵션은 FOMC 직후에 만료된다). 또한 단순한 모델에 의해 생성된 EUR/USD ON(오버나이트)과 관련된 추가 변동성add-on만을 그린다. 이와 함께 FOMC 날짜에 후속의 실현 변동성과 단순히 내재 변동성에서 실현 변동성을 뺀 변동성 위험 프리미엄VRP, Volatility Risk Premium도 그린다. 우리의 첫 번째 관찰은 내재 변동성이 거의 항상 FOMC날에 실현 변동성보다 크다는 것이다. 트레이더들이 "보험"을 매도한 것에 대해 보상받을 필요가 있다는 것을 고려할 때 그다지 놀랄 일이 아니다. 일반적으로 옵션

매수가 수익성이 있는 시기는 이벤트 시기와 성격 모두 전혀 예측할 수 없는 블랙 스완 Black Swan 이벤트 기간이다. 따라서 적어도 시기를 알고 있다는 점에서 FOMC와 같은 이벤트는 실제 블랙 스완 이벤트가 아니라고 주장할 수 있다. 추가 변동성은 일반적으로 약 4변동성 퍼센트 포인트다. 즉, FOMC 회의 직전 EUR/USD의 오버나이트 내재 변동성이 약 4퍼센트 포인트 높다.

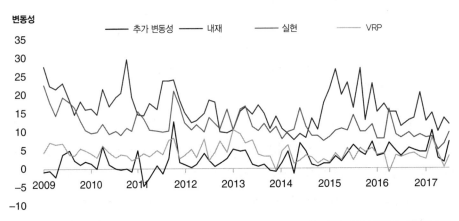

그림 15.17 FOMC일에 EUR/USD 오버나이트 추가 변동성, 내재 변동성, 실현 변동성, 및 변동성 위험 프리미엄(VRP)
출처: Cuemacro와 블룸버그의 데이터 기반

그러나 FOMC 회의 전에 뉴스가 하룻밤 사이에 내재 변동성에 대해 우리에게 알려줄 수 있는 것은 무엇인가? 이를 볼 수 있는 한 가지 방법은 FOMC 회의를 앞둔 며칠 동안 블룸버그 뉴스에서 정규화된 FOMC 기사량을 살펴보는 것이다(FOMC 이후 작성된 뉴스 기사는 분명히 무시한다). 그림 15.18에서, 우리는 FOMC 회의 직전에 이 정규화된 뉴스량 척도에 대해 EUR/USD 오버나이트 내재 변동성을 그림으로 그렸다. 적어도 정형화된 기준으로 보면 회의 전 FOMC의 뉴스량과 변동성 트레이더들이 내재 변동성의 가격을 매기는 방법 사이에 일종의 관계가 있는 것으로 보인다. 이것은 직관적으로 보인다. 특정 FOMC 회의에 대한 잡담이 많다면 상당한 정책 변화(따라서 변동성)에 대한 기대가 더 크다. 반대로 잡담이 거의 없을 때는 FOMC 회의가 비교적 조용할 가능성이 높음을 시사한다.

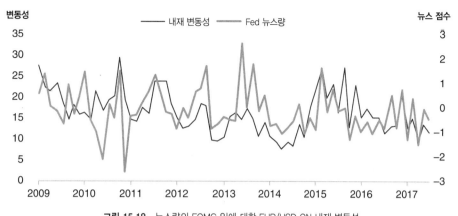

그림 15.18 뉴스량의 FOMC 일에 대한 EUR/USD ON 내재 변동성

출처: Cuemacro와 블룸버그의 데이터 기반

산포도를 사용해 다른 방법으로 데이터를 볼 수 있다(그림 15.19 참조). 이 차트는 EUR/USD의 추가 변동성, 내재 변동성 및 실현 변동성에 대한 정규화된 FOMC 기사량을 보여준다. 또한 이러한 회귀식의 R^2을 보고한다. R^2은 모든 경우에 작지 않다. 이는 뉴스량을 지표로 잠재적으로 사용하는 것이 주요 예정된 이벤트에 대한 변동성을 모델링할 때 유용한 추가 변수가 될 수 있음을 시사한다.

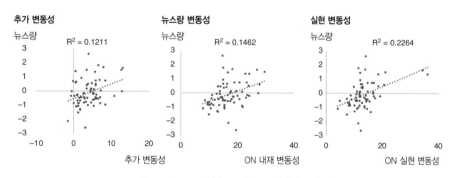

그림 15.19 FOMC일의 EUR/USD 오버나이트 변동성

출처: Cuemacro와 블룸버그의 데이터 기반

이 연습은 ECB 회의 전에 EUR/USD 오버나이트 변동성을 조사하는 것으로 반복할 수 있다(그림 15.20 참조). 우리는 FOMC에서 했던 것과 비슷한 그림을 본다.

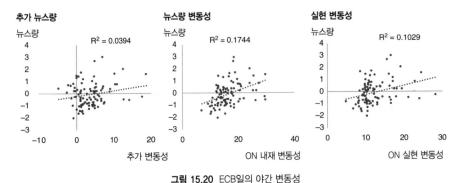

그림 15.20 ECB일의 야간 변동성

출처: Cuemacro와 블룸버그의 데이터 기반

15.4.2 연방준비제도 소통과 및 미국 국채 수익률

역사적으로 중앙은행들이 항상 운영 방식에 개방적인 것은 아니었다. 실제로 Bernanke (2007)는 1921년부터 1944년까지 잉글랜드 은행의 총재였던 몬터규 노먼^{Montagu Norman}이 개인적인 좌우명을 가지고 있었다고 지적한다. "절대로 설명하지 말고, 변명하지 마라." 그러나 전체적으로, 중앙은행들은 그 시대 이후 수십 년 동안 훨씬 더 개방적으로 변했다. 버냉키가 강조하듯이 궁극적으로 중앙은행가들은 공무원이고 그들의 결정은 사회에 큰 영향을 미칠 수 있다. 따라서 그들은 그들의 결정 뒤에 있는 근거를 설명할 책임이 있다.

연방준비제도이사회는 다양한 방식으로 소통한다. FOMC^{Federal Open Markets Committee}는 연준 정책에 투표하는 12명의 위원으로 구성돼 있다. 7명의 연방준비제도 이사회 멤버와 뉴욕 연방준비은행 총재는 모두 FOMC 상임이사국이다. 나머지 4명의 대체 회원국은 1년 교대로 재임하는 다른 11명의 준비은행 총재 중에서 선택된다. 9장에서 언급했듯이, 투표하지 않은 준비은행 총재들은 여전히 FOMC 회의와 연준 정책에 관한 모든 다양한 토론에 참여하고 있을 뿐만 아니라 연준의 경제 상황을 평가하는 데 기여한다.

FOMC로부터의 통신에는 통화 정책 변경이 가능한 FOMC 회의(매년 8회)마다 수반되는 성명 및 기자회견이 포함될 수 있다. 또한 각 회의 후 몇 주 후에 발표되는 의사결정 과정에 대한 추가 통찰력을 제공하는 더 자세한 회의록이 있다. FOMC 회의의 녹취록은 몇 년 후에 출판된다. 그들은 시장 관점에서 관련이 없을 수 있지만 그럼에도 불구하고 연준이 일반적인 작동 원리를 조명했다. FOMC의 투표 위원들과 비투표 위원들은 또한 정기적으로 대중에게 연설을 하는데, 때로는 통화 정책 및 규제와 같은 연준의 소관에 속하는 여러 다른 주제에 대해 연설하기도 한다. 또한 정기적으로 TV, 라디오, 언론에서 미디어에 등장하고 때로는 자신의 소셜 미디어 계정에서 트윗을 하기도 한다. 일반적으로 시장 참여자들은 연방준비제도이사회Fed의 소통을 연준 연설Fed speak이라고 통칭한다.

만약 연준이 기준 금리를 인상해야 할 수도 있다는 점을 시사하며 더욱 매파적으로 변한다면, 미국 국채 곡선의 단기 부분front-end 수익률이 상승할 것으로 예상할 수 있다. 반대로 만약 그들의 의사소통이 성장에 대해 비관적이고 인플레이션이 하락할 것으로 예상해 더 비둘기적인 전망을 제시한다면, 우리는 단기 부분 수익률이 하락할 것으로 예상할 수 있다. 어떤 의미에서 우리는 채권 수익률 특히 미국 국채 수익률과 같이 신용 노출이 크지 않은 수익률은 통화 정책 기대의 대용물로 볼 수 있다. 최근 몇 년 동안 양적 완화를 통해 연준은 수익률 곡선을 따라 더 긴 영역에 대해서도 큰 영향을 미쳤다.

결과적으로 시장 실무자들에게 연준이 경제를 어떻게 보고 있는지 이해하고 미래 통화 정책을 어떻게 보고 있는지에 대한 이해가 중요하다. 역사적으로 경제학자들은 그들이 미래 정책에 대한 아이디어를 얻을 수 있는지 보기 위해 연준의 소통을 자세히 살펴봤다. 궁극적으로 연준은 다른 모든 사람들과 마찬가지로 완벽한 선견지명으로 미래를 볼 수 없다. 하지만 연준은 통화 정책을 바꿀 힘이 있다.

FOMC의 연간 소통량은 많은 페이지의 텍스트를 포함할 수 있지만, 궁극적으로 몇 메가바이트에 편안하게 들어갈 수 있는 "작은 데이터"다. 따라서 이론적으로, 경제학자가 "연준 감시자"라면 이 텍스트를 많이 읽는 것이 가능하다. 그러나 실제로 많은 시장 참여자들은 기껏해야 적은 수의 소통만 훑어볼 가능성이 높다.

많은 양의 FOMC 소통은 다양한 연준 웹사이트에서 이용할 수 있지만, 일부는 다양한 뉴스 기관 구독자만 이용할 수 있다. 따라서 우리는 많은 웹사이트를 구문 분석paring해 FOMC 통신의 합리적인 말뭉치를 얻을 수 있다. 이 작업을 수행하려면 어떤 단계를 수행해야 할까?

실제로 우리는 우선 상당한 양의 일을 해야 한다. 우리는 연준 소통이 가능한 특정 웹 페이지를 식별할 필요가 있다. 다운로드한 원시 텍스트를 정형화해야 하므로 HTML 태그 등은 생략하고 기사의 본문 텍스트만 포착한다. 일단 원시 텍스트를 추출하면, 우리는 그것을 연사와 소통의 타임 스탬프와 같은 메타데이터와 함께 제시할 수 있다. 추가 단계로, 우리는 각 통신에 대한 감성과 관련된 추가 메타데이터를 사용할 수 있다. 마지막 단계로, 우리는 다양한 감성 점수의 인덱스를 만들 수 있다. 이는 장기적인 트레이딩 관점에서 유용할 수 있는 연준 소통의 일반적인 경로에 대한 아이디어를 제공할 것이다.

우리는 본질적으로 연준 소통을 트레이더들이 더 쉽게 해석할 수 있는 시계열로 "정형화"하고 있다. 그래서 이 모든 작업을 끝낸 후에 그러한 지수가 실제로 미국 국채 수익률의 움직임을 이해하는 데 도움이 될까?

그림 15.21에서 우리는 2015년과 2017년 사이에 Cuemacro의 연준 소통 지수를 표시했는데, 이는 우리가 설명한 방법으로 주로 구성됐으며, 채권 수익률, 주식 움직임 등과 같은 다른 시장 변수는 사용하지 않았다. 연준 연설의 모든 예를 완전히 포함하는 것은 아니지만, 특히 다양한 성명, 기자회견 및 회의록과 많은 연설의 많은 부분을 포착한다. 지수와 함께, 우리는 또한 미국 10년 국채 수익률의 1개월 변화를 그렸다. 우리는 9장에서 연준 소통의 다양한 측면에 대해 많은 세부 사항을 논의했다. 특히 Cuemacro의 연준 소통 지수에 사용되는 연준 소통 데이터셋의 예비 버전에서 이상치를 탐지하는 방법에 대해 논의했다는 점을 상기하라.

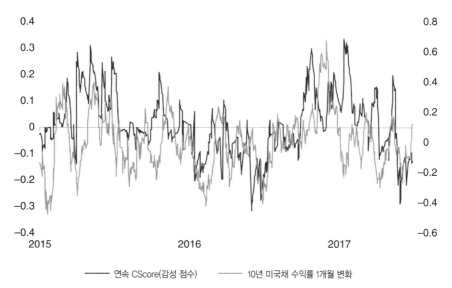

연속 CScore(감성 점수) —— 10년 미국채 수익률 1개월 변화

그림 15.21 2015년에서 2017년까지의 월별 FOMC 감성 지수와 10년 미국채 수익률 변화

출처: Cuemacro와 연준(Federal Reserve)의 데이터 기반

우리는 대부분의 경우, 적어도 정형화된 관점에서 두 시계열 사이에 관계가 있는 것으로 보인다는 것에 주목한다. 2013년과 2019년 사이에 샘플을 사용해 연준 소통 지수와 미국 국채 10Y 수익률의 1개월 변화를 선형 회귀 분석하면, 회귀의 베타 T-통계량은 p-값 $1.2*10^{-6}$으로 4.8에 가까우며, 둘 사이에 통계적으로 유의한 관계를 시사한다. 이 표본의 상관관계는 약 11%이다.

물론 앞서 논의한 이유로 연준의 감성과 UST 10년 수익률의 움직임 사이에 관계가 있다는 것은 직관적이다. 우리는 여기서 연준 소통 지수와 UST 10Y 수익률의 움직임 사이에 상당한 차이가 있는 기간이 있다는 것을 주목한다. 특히 2016년 11월 동안 UST 10Y 수익률이 지수 움직임과 반대로 크게 상승했다. 이 경우 채권 수익률은 연준의 근본적인 메시지보다는 도널드 트럼프의 당선과 '리플레이션'이라는 전체 주제에 더 많은 반응을 보이고 있었다. 물론 이것은 시장이 다양한 이유로 움직이며, 항상 가격 행동을 유도할 단일 요인을 분리하기 어렵다는 것을 보여준다.

15.5 기타 웹 소스

웹은 분명히 뉴스나 소셜 미디어에 속하지 않는 많은 정보를 포함하고 있다. 블로그 등 개인이 웹에 게재하는 콘텐츠도 상당하다. 또한 기업 기관은 자신을 홍보하고 온라인 소매업체와 같은 고객과의 상호작용을 위해 많은 양의 데이터를 일상 업무의 일부로 게시한다. 웹에서 사용할 수 있는 엄청난 양의 데이터를 고려할 때, 우리는 그것으로부터 비교적 독특한 데이터셋을 구성할 수 있을 것이다.

우리는 금융 시장에 대한 통찰력을 얻기 위해 이러한 다른 형태의 웹 데이터를 사용할 수 있다. Import.io 및 ThinkNum과 같이 웹에서 트레이더와 관련된 데이터를 정형화하는 데 중점을 둔 데이터 공급 업체가 많다. 우리는 웹에서 일자리 데이터를 도출할 수 있다. 기업 웹사이트에서 현재 구인 데이터를 모니터링해 기업별 채용에 대한 구체적인 그림을 얻을 수 있다. 확대되는 기업일수록 채용 공고가 늘어날 가능성이 높다. 회사의 건전성은 웹 데이터로부터 파생될 수 있는 가게의 개점 및 폐점을 추적해 측정할 수도 있다. 포럼 게시물을 보면 브랜드에 대한 소비자 심리를 가늠할 수도 있다.

많은 섹터에 대해 "전통적 데이터셋"가 없을 수 있으므로, 유일한 방법은 웹 소스 데이터셋을 사용하는 것이다. 예를 들어 호텔 산업과 관련해 게시된 지표가 있으며, 이를 통해 하루 평균 요금, 사용 가능한 객실당 매출, 재고 등을 파악할 수 있다. 그러나 최근 에어비앤비^{Airbnb} 등 기업들에 의해 대중화되고 있는 장소 대여에 대해, 그러한 정보를 제공하기가 어렵다. 한 가지 해결책은 웹 데이터에서 이러한 척도들을 도출하는 것이다.

다음으로 우리는 온라인 소매업체에서 파생된 데이터를 사용해 고빈도 인플레이션 척도를 생성하는 것에 대해 논의한다. 인플레이션 외에도 온라인 소매업체를 위한 웹사이트에서 많은 다른 데이터셋을 도출할 수 있다. 또한 그들이 입고한 제품의 실시간 재고에 대한 아이디어를 얻을 수 있다. 이는 유사한 기존 데이터셋이 없는 상품 부문에서 그리고 특히 데이터가 있어도 시기적절하지 않은 부분에 대해서 유용할 수 있다. 시간 경과에 따라 데이터 기록은 이러한 많은 웹 소스 척도의 시계열을 구성하기 위해 구축될 수 있다. 시계열이 더 길면 신호의 유효성을 역사적으로 이해하고 백테스트하는 데 도움이 될 수 있다.

15.5.1 소비자 물가 상승률 측정

Cavallo와 Rigobon(2016)은 소비자 인플레이션에 대한 이해를 개선하기 위해 온라인 가격을 사용하는 것에 대해 논의하며, 이를 "10억 개의 가격 프로젝트The Billion Price Project" 라고 불렀다. 소비자 물가 지수는 일반적으로 월간 또는 격월 단위로 국가 통계에 의해 계산해왔다. 그것은 상품 바스켓의 가격을 모니터링하고 그것의 변화를 기록하는 것을 포함한다. 이 데이터는 국가 통계 기관의 사람들이 수백 개의 상점을 방문하는 것에 의해 수동으로 수집된다. 시간이 지남에 따라 소비자 선호도가 변화함에 따라 바스켓이 바뀐다. 이 데이터는 소비자 물가 지수로 집계된다.

오늘날 많은 수의 소비자 거래가 온라인에서 일어난다. Cavallo와 Rigobon(2016)이 아르헨티나의 2007~2015년 대부분에 대해서 언급했듯이, 특정 국가에서는 공식 인플레이션 데이터가 매우 신뢰할 수 없거나 단순히 공개되지 않을 수도 있다. 따라서 소비자 물가 상승률을 측정할 수 있는 대안을 찾는 것이 중요할 수 있다. 데이터가 정기적으로 공개되고 시장 참여자에 의해 신뢰할 수 있다고 간주되는 국가에 대해서도 우리는 더 높은 빈도의 측정을 원할 수 있다. 그것은 또한 인플레이션 데이터의 공식 발표를 추정하는 데 유용할 수 있고 트레이딩 결정에 도움이 될 수 있다.

소매업체들이 판매하는 제품의 가격은 가게를 방문하는 전통적인 수동 프로세스와 달리 비교적 자동화된 방식으로 스크래핑scrape할 수 있어 미시적인 수준에서 훨씬 더 큰 가격 변동 샘플을 제공한다. 이는 시간이 지남에 따라 항목이 비교적 일관성이 있다는 것을 조건으로 한다. 예를 들어 우리는 브랜드가 제품의 가격을 동일하게 유지하면서도 품질이나 크기를 줄이는 상황을 겪을 수 있다. 이것의 한 예는 같은 가격을 유지하면서 초콜릿 바의 크기를 줄이는 것이다.

그런 다음 이 데이터는 많은 공식 시계열과 밀접하게 일치하는 더 높은 빈도의 소비자 인플레이션 지수로 집계될 수 있다. 소비자 물가 지수 자체로는 비교할 수 없는 유사 제품의 미시 수준 정보를 서로 다른 집계를 통해 국가별로 상대적인 물가 수준을 파악할 수도 있다. 저자들은 애플Apple, 이케아IKEA, 자라ZARA, H&M과 같은 전 세계적으로 이용 가능한 제품의 구체적인 예를 제시하는데, 이는 다른 나라들에 걸쳐 그러한 소비재 바스켓을 만드는 데 사용될 수 있다. 이코노미스트가 발행하는 빅맥 지수Big Mac Index는 이와 유사한 것을 시도하지만 물론 저렴한 맥도날드 빅맥McDonald's Big Mac이라는 단일 항목을 조사하는 것만으로 통화의 장기 가치를 추정하기 위한 PPPPurchasing Power Parity, 구매력 평가 예시 목적의 모델이다. "10억 가격 프로젝트"는 현재 스테이트 스트리트State Street가 소유하고 있는 상업적 실체인 프라이스스태츠PriceStats로 발전해 이 온라인 접근법을 사용해 생성된 소비자 인플레이션 지수를 매일 배포한다.

15.6 요약

우리는 트레이더들의 결정을 돕기 위한 텍스트의 사용이 새로운 것이 아니라는 것에 주목했다. 하지만 새로운 것은 투자자들이 이용할 수 있는 텍스트의 양이 최근 몇 년 동안 급증했다는 것이다. 이는 대부분 웹의 출현에 의해 주도된다. 텍스트는 뉴스 와이어 스토리부터 소셜 미디어, 그리고 기업의 웹 페이지를 포함한 다른 형태들로 나올 수 있다. 이 엄청난 양은 모든 것을 이해하려면 자동화된 기술이 필요하다는 것을 의미한다. 일단 정형화되고 집계되면 이 텍스트 데이터[6]은 트레이더의 결정에 도움이 되는 정보를 제공할 수 있다. 우리는 노동 시장 주변의 소셜 미디어 잡담을 사용해 미국의 비농업 노동 지수의 변화를 예측하는 것과 같은 구체적인 텍스트 예를 보여줬다. 우리는 소셜 미디어 게시물의 톤을 사용해 S&P 500(헤도노미터 지수)의 움직임을 이해하는 방법을 보여줬다. 또한 뉴스 와이어 소스의 더 전통적인 데이터셋은 FX 시장의 감성을 이해하고 변동성을 이해하는 데 도움이 될 수 있다. 우리는 또한 미국채 수익률의 움직임을 이해하기 위해 Fed 소통을 수집하고 NLP를 적용하는 것이 어떻게 가능한지 논의했다.

---

6 인간의 언어를 이해하는 데 사용할 수 있는 자연어 처리에 대한 논의는 4장을 참조하라.

16

투자자 관심

16.1 서론

논의한 바와 같이, 뉴스량^{news volumn}은 시장, 특히 시장 변동성을 이해하는 데 사용할 수 있는 중요한 지표가 될 수 있다. 그러나 궁극적으로 언론인(즉, 뉴스 제작자)은 투자자가 읽을 것으로 믿는 뉴스를 작성하고 있다는 점에 유의해야 한다. 기사가 작성되기 때문에 투자자들의 관심을 끌고 소비되는 것은 아니다. 따라서 우리는 뉴스량을 투자자의 관심을 위한 광범위한 대용물로 볼 수 있지만, 여기에는 명백한 주의 사항이 있다.

잠재적으로 투자자의 관심에 대한 좀 더 가까운 대용물은 투자자들이 뉴스 기사의 독자 수 수준이나 웹 검색 활동과 같은 정보를 실제로 소비하는 방법에서 찾을 수 있다. 투자자 관심에 대한 다른 척도는 또한 웹 트래픽 및 페이지 뷰의 양을 포함할 수 있다. 16장에서는 고용 관련 뉴스 기사의 독자층을 조사하는 것부터 검색 데이터 트래픽 살펴보는 것과 인베스토피디아^{Investopedia}, 투자자 불안을 이해하는 것에 이르기까지 투자자 관심의 몇 가지 구체적인 척도 예를 제시한다. 우리는 또한 온라인 관심의 척도와 뉴스량을 결합한 EMFX에 대한 트레이딩 전략을 만들 것이다.

16.2 투자자의 관심을 측정하기 위한 고용 보고서 독자 수

정기적으로 일어나는 많은 시장 이벤트가 있다. 이러한 반복된 사건 중 가장 중요한 것은 미국 고용 보고서다. 비농업 고용 통계의 변화를 발표하며, 이미 여러 번 논의했다. 반복되는 예정된 이벤트이긴 하지만 분명히 보고서의 일부 발표가 다른 것보다 더 중요하다. 첫 번째 문제는 "중요하다^{important}"를 어떻게 정의하느냐다. 한 가지 척도는 데이터 발표에 대해 미리 작성된 뉴스 기사의 수다. 그러나 이미 확립했듯이 단지 뉴스가 작성됐다고 해서 그것이 항상 관심을 받는 것은 아니다. 또 다른 중요성의 척도는 고용에 관한 뉴스 기사의 독자 수 통계와 관련이 있을 수 있다.

Benamar, Foucault와 Vega(2018)는 비농업 고용 지수 발표 전에 정보의 수요를 측정하는 것이 어떻게 가능한지 논의하고 이 척도를 사용해 시장 반응을 이해하는 데 도움을 준다. 그들의 데이터셋은 Bitly 링크를 클릭하는 것으로 구성된다. Bitly는 긴 URL을 짧은 URL 형태로 변환하는 서비스를 제공한다. 단축된 형태는 종종 게시할 수 있는 문자의 수가 엄격한 제한(예: 트위터의 280자)을 가진 곳에서 더 쉽게 공유할 수 있다. 클릭 수, 클릭하는 사용자의 지리적 위치 등과 같이 Bitly 단축 링크와 관련된 통계를 추적하는 것이 가능하다. Benamar, Foucault와 Vega(2018)는 100억 번의 클릭과 관련된 약 10TB의 클릭 기반 데이터셋을 조사했다. 실제로 많은 경제적 발표가 있지만, 그들은 연구의 복잡성을 줄이기 위해 고용에 관한 연구로 그들의 연구를 제한했다. 그들은 "payroll^{고용}"이라는 단어가 포함된 URL에 대한 클릭을 필터링했다. 이는 2011년 1월부터 2016년 6월까지 약 40,000개의 클릭을 발생시켰다. 매주 또는 매일 사용할 수 있는 Google Trends와 같은 다른 "관심" 측정값과 달리, 이러한 클릭 기반 측정값은 고빈도로 사용할 수 있다는 점에 주목하라. Benamar, Foucault와 Vega(2018)는 미국 고용 보고서 요일의 'payroll' 기사에 대한 평균 독자 클릭 수를 시간대별로 계산한다(그림 16.1 참조). 그들은 미국 고용 보고서 발표 시간인 동부 표준시 오전 8시 30분에 명백한 폭등을 주목한다.

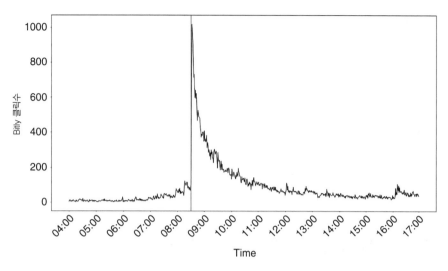

그림 16.1 미국 고용 보고서일의 "Payroll" 클릭 수

출처: 연방준비제도이사회, bitly

또한 이 논문의 후반부에서 뉴스 기사의 공급을 통제하는 것에 대해 논의하고 (레이븐팩 RavenPack 뉴스 데이터셋에서 측정된 바와 같이) 고용에 대한 뉴스량과 고용에 대한 Bitly의 클릭 독자 수 데이터 사이의 상관관계가 약 13%라는 점에 주목한다. 그러므로 뉴스 공급과 수요는 관련이 있을 수 있지만 확실히 동일하지는 않다. 논문의 주요 논의 중 하나는 고용 클릭과 비농업 고용 수의 변화에 대한 미국 재무부 채권 선물 시장의 반응 사이의 관계를 중심으로 한다. 이런 맥락에서 서프라이즈는 실제 고용 발표 수와 그 이전의 전문 예측가의 중간 예측 사이의 차이로 정의된다. 일반적으로 이러한 컨센서스 예측은 블룸버그와 같은 기업에 의해 작성된다. 부정적인 서프라이즈는 일반적으로 국채 수익률 하락(즉, 채권 가격 상승)과 관련이 있는 반면, 긍정적인 서프라이즈는 수익률 상승(즉, 채권 가격 하락)과 일치하는 경향이 있다. 이것은 물론 직관적이다. 경제 데이터가 더 강할 때(더 많은 일자리의 경우) 시장이 더 긴축적인 연준 정책을 기대하기 때문에 수익률이 더 높아질 것으로 예상할 수 있다. 반대로 빈약한 데이터는 더 비둘기파적인 연준의 신호로 여겨진다.

고용 Bitly의 클릭 수가 많을 때 미국채 선물 가격 반응이 거의 두 배라는 것을 보여준다. 고용 클릭 수가 적을 때 시장 반응은 더 조용해진다. 따라서 고용에 대한 정보의 수요가 증가하면 실제 사건보다 먼저 수요가 발생할 때도 시장의 반응 함수에 놀라운 영향을 미칠 수 있다.

16장의 후반부에서 유사한 개념을 사용해 블룸버그 뉴스에 게시된 유사한 주제에 대한 기사량으로 측정되는 뉴스 공급과 함께 웹 트래픽을 기반으로 하는 다양한 Predata 데이터셋에서 온라인 관심을 조정한다.

16.3 시장 테마 측정을 위한 구글 트렌드 데이터

인터넷 검색 트래픽에 대해 일반적으로 사용되는 한 가지 척도는 구글 트렌드^{Google Trends}다. 그림 16.2는 미국의 "월드컵^{world cup}" 검색량의 예를 보여준다. 우리는 피파 월드컵^{FIFA World Cup}과 일치하는, 매 4년마다의 분명한 급증을 본다. 분명히 이것은 그리 놀랍지 않다. 그러나 이러한 유형의 인터넷 검색 데이터셋이 금융 시장에서 사용될 수 있을까? 우리가 무언가를 알고 싶다면, 일반적으로 첫 번째 기항지는 잠재적으로 행동 전에 인터넷 검색이다. 새 차를 사고 싶다고 하자. 그렇게 하기 전에 다양한 자동차 브랜드에 대해 인터넷에서 조사를 할 것이다. 따라서 인터넷 검색 데이터가 사람들이 어떤 주제에 대해 생각하고 있는지 이해하는 데 유용할 수 있으며, 특히 그것이 선행 지표가 될 수 있다고 추측할 수 있다. 만약 우리가 자동차 주식을 거래한다면 이것은 잠재적으로 유용한 정보원이 될 수 있다.

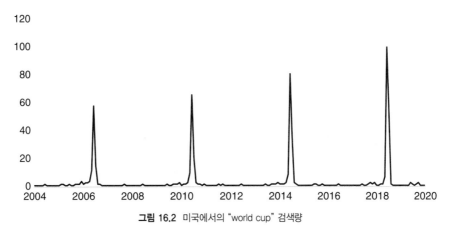

그림 16.2 미국에서의 "world cup" 검색량

출처: 구글

그림 16.3은 S&P 500의 전년 대비 수익 대비 구글 국내 트렌드 지수의 전년 대비 선형 회귀 분석을 보고하는 Amen(2013)의 차트다. 일부 검색 지수는 "기업과 산업Business & Industrial"과 같이 통계적으로 유의미한 양의 상관관계를 가지고 있다. 파산bankrupcy과 실업unemployment과 같은 다른 것들은 부정적인 상관관계를 가지고 있는데, 이러한 주제들에 대한 우려가 경기 침체와 연관돼 있고 따라서 주식의 하락과 관련이 있을 가능성이 높다는 점을 감안할 때 놀랍지 않다.

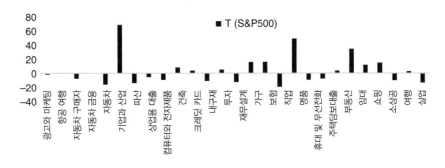

그림 16.3 구글 국내 트렌드 지수의 회귀 결과(T 통계량)

출처: Thalesians와 구글의 데이터 기반

그런 다음 Amen(2013)은 특히 파산 및 실업과 관련된 (역) 검색을 사용해 구글 충격 감성 지수Google Shock Sentiment Index의 생성을 논의한다. 그림 16.4에서 2005년과 2013년 사이의 시계열로 S&P 500의 전년 대비 변화에 대해 그리고 같은 기간 동안의 산점도로서 그림 16.5에 이를 그림으로 그렸다. 이 변수들을 회귀시키는 R^2는 41%로, 이 변수들 사이에 강한 관계가 있음을 시사한다. 이후 Amen(2013)에 따르면, 구글 충격 감성 지수는 위험 자산, 즉 S&P 500과 G10 FX 이월 거래에 대한 노출을 필터링하는 데 사용된다. 저자는 충격 지수로 측정되는 높은 충격 기간 동안 이러한 자산에 대한 노출을 줄이는 것이 롱-온리 전략에 비해 위험 조정 수익률을 개선하는 데 도움이 된다는 것을 보여준다. 구글 트렌드의 데이터를 사용하는 것에 대한 주의 사항이 있으며, 특히 어떻게 계산됐는지 확인하기 어렵다는 점이 있다. 또한 실제로 과거 데이터는 시간이 지남에 따라 변경될 수 있으며, 이는 시점 데이터를 보유하는 어려움을 고려할 때 백테스트를 어렵게 할 수 있다. 독감의 확산을 예측하기 위해 구글 검색어를 사용한 구글 독감 트렌드의 주목할 만한 사례도 있었다. 샘플 내에서는 효과적으로 작동하는 것처럼 보였지만 샘플 외에서는 실패로 판명됐다(Salzberg, 2014). 그러나 더 큰 어려움은 "독감flu"을 찾기 위해 웹 검색을 하는 많은 사람들이 실제로 독감에 걸리지 않고 효과적으로 자신을 오진할 수 있다는 것이다.

그림 16.4 S&P 500 대 구글 충격 감성 지수

출처: Thalesians와 구글의 데이터 기반

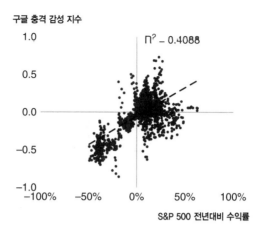

그림 16.5 S&P 500 대 구글 충격 감성 산점도

출처: Thalesians와 구글의 데이터 기반

인베스토피디아Investopedia는 시장과 경제가 어떻게 돌아가는지에 대한 엄청난 양의 정보를 담고 있는 대형 금융 교육 웹사이트다. 구글에서 일반적인 금융 용어(예: "채권 시장")를 검색하면 인베스토피디아의 페이지가 상위 결과 중 검색에 나타날 것이다. 구글 검색의 초기 예와 같이, 인베스토피디아에 종착하는 웹 검색의 양이 우리에게 실행 가능한 시장 통찰력을 제공할 수 있을까? 인베스토피디아는 그들의 웹사이트의 특정 페이지에 도달하는 검색 트래픽을 구체적으로 수집하는 투자자 불안 지수IAI, Investor Anxiety Index를 만들었다. 이 페이지들은 특히 투자자들의 불안investor anxiety과 관련이 있으며, "공매도", "파산", "채무불이행"과 같은 주제를 포함한다. Amen(2016)은 IAI에 대해 자세히 논의한다. IAI와 명백히 유사한 것은 여러 S&P 500 옵션에 대한 내재 변동성을 측정하는 VIX이며 일반적으로 월가의 "공포 게이지fear gauge"로 알려져 있다. 이 샘플에서 IAI 레벨에 대한 VIX 레벨의 상관관계는 30%이고 R^2는 약 9%이다(그림 16.6 참조). 그림 16.7에서 우리는 VIX에 대한 IAI를 그림으로 표시했고, 양자가 서로를 추적한다는 것을 발견했는데, 이는 대체로 직관적인 결과인 것 같다.

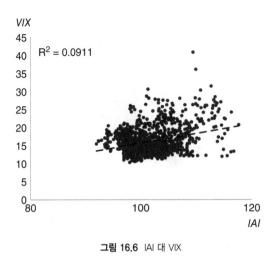

그림 16.6 IAI 대 VIX

출처: Cuemacro와 Investopedia 데이터 기반

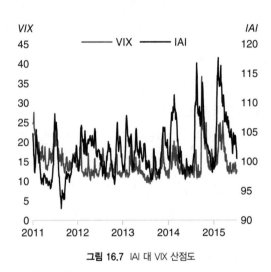

그림 16.7 IAI 대 VIX 산점도

출처: Cuemacro와 Investopedia 데이터 기반

본 논문은 이후 IAI를 긴 S&P 500 전략을 위한 필터로 사용하는 것에 대해 다음과 같이 논의한다. 트레이딩 전략은 IAI가 상승할 때 S&P 500 포지션을 청산하는 것이 포함된다. 투자자들의 불안감이 클 때는 투자자들이 주식을 멀리해야 한다는 취지다. 투자자들이 불안해할 때 주식을 청산하고 현금 등 안전한 자산으로 쏠릴 가능성이 높다는 가설이다.

IAI가 급증하지 않을 때, 우리는 S&P 500에서 롱 포지션을 유지한다. 투자자들이 안정된 시기에는 주식 등 위험 자산에 투자하거나 안전성보다 수익률을 우선시할 용의가 있다는 게 그 근거다.

이 논문은 또한 이 트레이딩 전략을 순수하게 VIX 스파이크를 기반으로 하는 전략 및 벤치마크로서의 롱 온리 S&P 500 전략과 비교한다. 전통적으로 VIX는 월스트리트의 "공포" 지수[fear index]로 불리며, 투자자들의 불안을 대신하는 수단으로 자주 사용된다. VIX는 다양한 S&P 500 옵션의 내재 변동성으로 구성된다. 투자자들이 불안해짐에 따라, 그들은 기초 자산 현물 포지션을 헤지하기 위한 옵션을 구입할 가능성이 있으며 이는 더 높은 수준의 VIX로 나타날 것이다.

그림 16.8에서 우리는 논문의 세 가지 전략의 누적 수익률을 보여준다. 우리는 우리의 샘플에서 위험 조정 수익률이 가장 낮은 전략이 S&P 500에 대한 롱 온리 노출 전략이라는 것을 알 수 있다. 액티브 필터(VIX 및 IAI)는 모두 장기 S&P 500보다 성능이 우수하다. 우리는 IAI 기반 필터가 세 가지 전략 모두 중에서 위험 조정 수익률이 가장 높고 손실낙폭이 가장 낮다는 것에 주목한다. 이는 IAI를 VIX를 사용하는 것에 비해 투자자들의 공포를 나타내는 지표로 활용하는 데 부가적인 가치가 있음을 시사한다.

그림 16.8 IAI 대 VIX를 사용한 S&P 추적

출처: Cuemacro와 Investopedia 데이터 기반

다음 몇 절에서는 웹 기반 트래픽 데이터를 사용해 금융 시장에 대한 트레이딩 신호를 생성하는 이 주제를 계속 진행하며, 이번에는 위키피디아^{Wikipedia}의 페이지 뷰를 살펴볼 것이다.

16.5 위키피디아를 사용한 암호화폐의 가격 행태 이해

주제를 연구할 때 우리가 착수하고 싶은 첫 번째 작업 중 하나는 웹 검색이다. 이는 크라우드소싱된 백과사전인 위키피디아의 한 페이지를 보게 된다. ElBahrawy, Alessandretti, Baronchelli(2019)는 가격 행태를 이해하기 위해 암호화폐에 대한 위키피디아 페이지와 관련된 데이터를 사용한다. 특히 이들 기사의 편집 이력^{edit history}과 페이지 뷰^{page view}를 살펴본다. 편집 이력은 뉴스량 및 정보 생성에 대한 대용물로 볼 수 있다. 이는 비전문가 청중을 위한 주제에 대한 관심의 대용물이라고 볼 수 있는 페이지 뷰와 대조된다.

그들은 위키피디아의 일일 페이지 뷰 수와 비트코인 가격 사이에 상당한 상관관계(42%)가 있으며, 이러한 상관관계는 시간이 지남에 따라 견고하다는 점에 주목한다. 대체로 암호화폐 페이지를 편집하는 개인은 상대적으로 적고 편집자도 역시 편집하는 영역의 유사한 페이지 수로 미루어 해당 분야의 전문가인 것으로 보인다. 따라서 저자들은 이들 암호화폐 페이지 시청자의 청중은 이 콘텐츠를 만드는 사람들과 다를 가능성이 높다는 점에 주목한다.

저자들은 높은 빈도로 얻을 수 있는 페이지 뷰와 달리 편집이 상당히 산발적인(대략 10일마다) 경향이 있다는 점을 감안해 페이지 뷰를 사용해 트레이딩 전략을 개발하는 데 초점을 맞추고 있다. 그들은 비교적 고빈도 트레이딩 법칙을 사용하는데, 페이지 뷰의 일일 변화 내용을 검사해 트레이딩 법칙을 트리거한다. 위키피디아 트레이딩 법칙은 순수하게 가격을 입력으로 조사하는 기준 전략^{baseline strategy}과 랜덤 전략을 능가한다. 그러나 저자들은 백테스트된 결과에 거래 수수료가 포함돼 있지 않다는 점에 주목한다. 거래 비용의 도입은 상대적으로 높은 빈도의 트레이딩 법칙의 수익률에 상당한 영향을 미칠 것이다. 한 가지 방법은 거래 비용의 영향을 줄이는 것은 거래 빈도를 줄이는 것이다. 19장에서는

Refinitiv의 데이터셋을 사용해 FX 시장의 유동성 주제를 어느 정도 심도 있게 탐구한다. 다음으로, 온라인 관심이 EMFX 시장을 이해하는 데 어떻게 사용될 수 있는지 평가한다.

16.6 EMFX 트레이딩에 정보를 제공하는 국가에 대한 온라인 관심

이제 투자자들이 특정 고용 지수 발표에 집중하거나 암호화폐의 가격 움직임을 이해하고자 하는 경우 웹 트래픽이 어떻게 이를 이해할 수 있는 길이 되는지 살펴봤다. 이에 대한 근거는 페이지 뷰와 같은 척도가 특정 주제에 대한 우려 또는 "관심^{attention}"을 측정하는 방법이 될 수 있다는 것이다. 이 절에서는 의사결정을 알리기 위해 "관심"을 사용하는 아이디어를 확장한다. Predata는 웹에서 파생된 트래픽 데이터를 분석한다. 특히 그들은 전문가와 학자들이 가장 밀접하게 따를 가능성이 있는 특정 하위 섹터에 대해 이 데이터를 필터링한다.

그런 다음 이러한 하위 섹터에 대한 관심을 나타내는 시계열이 구성된다. 예를 들어 특정한 날에 그 나라의 전반적인 온라인 관심에 대한 아이디어를 제공하는 국가에 대한 시계열들이 있는데, 이것은 우리가 여기서 초점을 맞추고 있는 것이다. 그림 16.9는 터키에 대한 Predata 지정학적 변동성 지수와 USD/TRY 1M 내재 변동성 지수를 나타낸다. Predata 지정학적 변동성 지수는 정치 상황과 관련된 웹 트래픽에 대한 온라인 관심을 기반으로 한다. 이 정형화된 예에서, 때때로 이들 척도 사이에 어떤 관계가 있는 것을 볼 수 있다. Predata 지수의 점프는 때때로 내재 변동성의 점프를 동반한다는 것에 주목한다. 하지만 그것은 보편적이지는 않다. 실제로 지정학적 우려의 급증이 항상 시장에 반영되지 않는 경우가 있다. 이것은 시장이 항상 순수하게 지정학적 관심사에 의해 움직이는 것이 아니라 다른 요인들에 의해서도 움직일 수 있다는 사실을 반영하는 것일 가능성이 높다. 그러나 이 사례는 시장과 온라인 관심 사이의 관계를 더 깊이 연구할 가치가 있음을 시사한다.

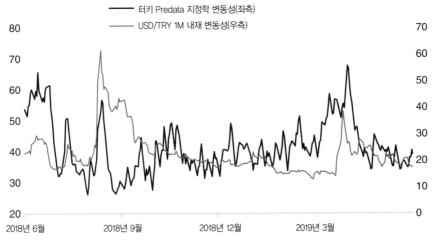

그림 16.9 터키 PVIX 지표와 USD/TRY 1M 내재 변동성

출처: Predata와 Investopedia 데이터 기반

지금부터는 좀 더 세분화된 온라인 관심 데이터를 살펴본다. 각 나라에는 분석가와 전문가에 의해 큐레이션된 다양한 하위 섹터가 있다. 이러한 하위 섹터에는 거시경제, 미시경제, 외교정책 또는 군사 등과 관련된 "관심"이 포함될 수 있다. 그러나 모든 하위 섹터가 모든 국가에 대해 추적되는 것은 아니다. "테러"라는 하위 섹터는 역사적으로 터키의 중요한 관심 영역이었다는 점에서 터키에 대해 추적된다. 역사적으로 큰 이슈가 되지 않았다는 점에서 '테러' 하위 섹터가 없는 한국과 대조적이다. 다양한 Predata 지표를 구축하는 데 사용되는 웹 소스에는 각국의 공용어와 영어도 포함된다.

그림 16.10에서 우리는 영어 콘텐츠와 포르투갈어 콘텐츠를 기반으로 브라질에 대한 거시경제 하위 섹터를 표시한다. 데이터 집합은 0과 1 사이에서 정규화된다. 비교를 위해 블룸버그 뉴스에 뉴스 공급과 관련된 브라질을 언급한 기사도 다수 포함시켰다.

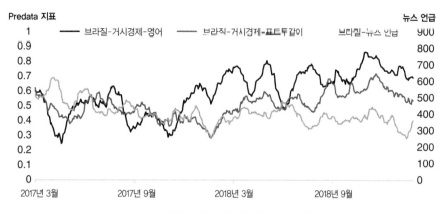

그림 16.10 영어 관심과 브라질에 대한 로컬 콘텐츠 비교

출처: Predata와 Investopedia 데이터 기반

데이터(주말 데이터 제외)를 원활하게 하기 위해 20일 SMA(단순 이동 평균)를 적용했다. 우리는 하위 섹터들이 어떤 종류의 관계를 가지고 있는 것처럼 보이지만, 약간의 차이가 있다는 것을 알 수 있다. 그 근거는 영어가 더 국제적인 기반에서 관심을 끌 가능성이 높은 반면, 포르투갈어는 분명히 지역적 관심을 더 대표할 가능성이 높다는 것이다.

우리는 뉴스 언급에 대한 척도가 우리가 예상할 수 있는 것처럼 두 Predata 지표와 모종의 관계가 있는 것처럼 보이지만, 다시 차이가 있다는 것을 알 수 있다. 고용 기사 독자 수에 관한 절에서 언급했듯이, 정보의 공급과 정보의 수요는 서로 다른 수량이 될 수 있다. 어떤 내용이 쓰여졌다고 해서 반드시 독자들의 관심을 사로잡을 것은 아니다.

우리는 정보에 대한 수요와 쓰여진 뉴스의 양 사이의 차이를 조사함으로써 이 아이디어를 더 탐구할 수 있다. 이를 위해 같은 국가의 거시경제와 뉴스 언급에 대한 관심 비율을 계산해 지표를 구성한다. 우리는 블룸버그 뉴스를 뉴스의 출처로 사용한다. 따라서 이 비율은 한 국가가 이용할 수 있는 뉴스량에 대해 정규화된 관심을 제공할 것이다. 우리는 이 비율을 트레이딩 법칙의 기준으로 사용할 것이다. 우리는 여러 지역에 걸쳐 있는 여러 신흥 시장 통화에 다음 법칙(IDR, INR, BRL, TRY, MXN 및 RUB)을 적용할 것이다.

- 뉴스 언급이 시사하는 것보다 관심이 더 크면(즉, 비율이 20일 SMA 이상) 해당 국가의 통화를 미국 달러 대비 매수한다.

- 뉴스 언급이 시사하는 것보다 관심이 적을 때(즉, 비율이 20일 SMA 미만일 때) 해당 국가의 통화를 미국 달러 대비 매도한다.

그 아이디어는 우리가 순수하게 뉴스 공급에 의해 주도됐을 관심의 일부를 제거할 수 있다는 것이다. 따라서 뉴스 공급을 조정하고도 여전히 관심이 많을 때는 강세장일 가능성이 높다. 반대로 이용할 수 있는 뉴스량을 고려할 때, 관심 부족은 약세장일 가능성이 있다.

그림 16.11에는 2016~2019년 사이에 이러한 '관심' 기반 트레이딩 전략을 바탕으로 활발한 거래가 이뤄진 IDR, INR, BRL, TRY, MXN, RUB 바스켓의 누적 수익률을 제시하며, 캐리 및 거래 비용이 포함된다. 또한 각 통화 쌍에 걸쳐 동등하게 가중된 개념을 가정한다. 벤치마크로서, 장기 전용 EM 대 USD 바스켓의 누적 수익률이 함께 그려져 있다.

그림 16.11 거시경제 '관심'을 이용한 EM 통화 바스켓 거래

출처: Predata와 Investopedia 데이터 기반

적극적 전략과 롱-온리 벤치마크의 수익률은 전체 표본에 비해 상대적으로 유사하다. 그러나 적극적 전략의 정보 비율은 상당히 높다. 게다가 변동성과 마찬가지로 활발하게 거래되는 전략에 비해 벤치마크의 손실낙폭은 상당히 높다. 따라서 전반적으로 고빈도 관심 기반 전략을 채택할 때 위험 조정 수익률이 훨씬 높다. 역사적으로 신흥 시장 통화를

거래하는 데 "관심" 척도가 유용했음을 시사하는 것으로 보인다.

국가 기반 관심 척도가 통화 변동성을 이해하는 데 유용할 수 있는지 조사하기 위한 추가 작업이 수행될 수 있다.

16.7 요약

투자자의 관심을 추적하는 것이 시장을 주도하는 것이 무엇인지 이해하는 데 도움이 될 것이라는 것은 직관적으로 보인다. 투자자 관심의 개념은 뉴스량과 미묘하게 다르다. 실제로 16장에서 논의한 바와 같이 뉴스 수요는 뉴스 공급과 다르다. 기자들은 읽힐 것 같은 것을 쓰려고 노력하겠지만, 독자 수가 항상 이것과 일치하는 것은 아니다.

16장에서는 검색 데이터 해독, 구글 트렌드 데이터 뷰, 인베스토피디아와 관련된 검색 트래픽과 같은 투자자 관심을 이해하는 여러 가지 상이한 방법에 대해 논의했다. 뒷부분에서 우리는 암호 화폐의 맥락에서 위키피디아의 페이지 뷰와 편집을 검토했다. 우리는 뉴스 공급(블룸버그 뉴스량)과 온라인 관심(예: Predata 데이터셋 기반)에 대한 다양한 데이터셋을 결합해 EMFX를 역사적인 기반으로 수익성 있게 거래하는 데 어떻게 사용할 수 있는지 보여줬다.

17

소비자 거래

17.1 서론

무수한 회사들이 소비자들에게 직접 영합한다. 이 회사들은 소매, 기술, 레저 분야를 포함한 많은 산업에 존재한다. 대체 데이터를 통해 이들 기업의 소비자 지출을 이해할 수 있다면, 이는 상대적으로 높은 빈도로 이들 기업의 재무 건전성에 대한 통찰력을 제공할 수 있다. 이는 상장 기업이 발행하는 분기별 실적 발표에 의존하는 기존 방식과 대조적이다. 소비자 거래 데이터를 더 깊이 파헤치면 기업의 수익 발표보다 소비 행태에 대해 더 세밀한 정보를 제공할 수 있기 때문에 더 많은 통찰력을 제공할 수 있다.

투자자는 특정 분야의 다른 회사들의 소비자 지출 패턴을 비교하기를 원할 수 있다. 그 대신에, 경제학자들은 거시적인 수준에서 경제를 더 잘 이해하기 위해 소비자 지출을 전체적으로 볼 수 있다. 모든 소비자 거래 데이터셋이 모든 소비자를 포함할 가능성은 극히 낮다. 이는 풋폴^{footfall, 방문 고객 수} 데이터와 같은 소비자 활동을 측정하려는 다른 데이터셋에도 해당된다. 대신 그것들은 우리가 조사하고 있는 모집단의 샘플일 뿐이다. 따라서 그러한 데이터셋에 사용되는 소비자 패널이 더 많은 인구를 대표하도록 하는 것이 중요하다. 예를 들어 만약 우리가 미국에서 소비자 지출을 측정하려고 하고 있고 우리의 패널이 뉴욕과 로스앤젤레스와 같은 해안 도시들로 크게 구성돼 있다면, 우리의 데이터셋은 진정으로 미국 전체를 대표할 것 같지는 않다. 패널은 또한 연령, 성별, 소득 등과 같은 인구 통계를 중심으로 적절하게 균형을 이뤄야 한다. 또한 시간이 지남에 따라 패널이 제대로 유지되도록 하기 위해서는 상당한 시간이 소요될 수 있다. 패널이 균형이 맞지 않고 특정 편향을 포함하고 있으면, 더 넓은 모집단으로 관측치를 확대 적용하기 어려울 것이다.

다른 많은 대체 데이터셋과 마찬가지로 엔티티 매칭entity matching은 여기서도 우리가 논의하고 있는 맥락에서 핵심 문제다. 특히 소비자 거래 자료에 언급된 회사명을 거래 가능한 자산으로 매핑할 필요가 있다. 여러 브랜드가 종종 거래된 기업인 동일한 모기업 아래에 함께 존재한다는 점을 고려할 때, 이것은 많은 다른 상이한 섹터에 대해서 특히 어려울 수 있다. 실제로 이러한 매핑은 시간이 지남에 따라 크게 변경될 수 있으므로 매핑을 지속적으로 유지해야 한다. 고객이 대부분 다른 비즈니스인 기업의 경우, 소비자 거래 데이터셋이 덜 관련성이 있을 수 있다.

17장에서는 공식 소매 판매 데이터를 대리하기 위해 신용카드 데이터를 사용하는 방법에 대한 예를 제시하겠다. 훗날 소비자 영수증 데이터에 대해 자세히 탐구할 것이며, 이를 통해 어떻게 아마존 이익을 이해하고 유사한 회사(이 경우 헤드폰 제조업체 Sennheiser and Shure)의 상대적 성과를 비교하는 데 사용될 수 있는지를 보여줄 것이다.

17.2 신용 및 직불 카드 거래 데이터

Gerdes, Greene과 Liu(2019)는 미국의 비현금 지급 패턴을 논의한다. 그들은 최근 몇 년 동안 카드 결제 건수와 가치가 각각 10.1%, 8.4% 증가했다고 지적한다. 직불카드 결제는 2017년 전체 카드 결제의 66.9%를 차지했다. 하지만 가치 측면에서 신용카드는 실제로 절반 이상을 차지했다. 2017년 미국에서 신용카드 결제액은 평균 88달러로 평균 35달러인 체크카드 결제액보다 더 높았다.

2017년 카드 대면 결제in-person payment 건수는 75.3%였다. 가치별로 분류하면 53.7%로 절반을 조금 넘는 데 그쳐 원격 결제remote payment가 더 높은 가치로 대표되는 것으로 나타났다.

원격 결제에는 전화, 온라인 및 모바일 기기(예: Apple Pay)를 통한 결제가 포함된다.

Kumar, Maktabi, Ob'Brien(2018)은 미국의 소비자 거래를 다른 관점에서 바라보는데, 현금도 포함된다. 또한 일반적으로 담보 대출과 같은 항목에 대한 전자 지불electronic payment을 포함한다. 항상 그래왔듯이 2017년에는 현금 결제 건수가 더 많았다. 그들은 현금이 일반적으로 더 낮은 가치의 품목에 어떻게 사용되는지에 주목한다. USD 9.99까지의 품목은 2017년 소비자 구매의 55%에 현금이 사용됐다. 그러나 이 비율은 더 큰 가치가 있는 항목의 경우 빠르게 감소한다. 100달러 이상 구매 시 현금은 전체 소비자 거래의 7%에 불과하다. 2017년 거래 총액을 보면 현금 거래 가치는 신용카드, 직불카드의 절반에도 미치지 못했다.

이 두 보고서 모두 카드 결제가 소비자 거래에서 큰 비중을 차지하고 있음을 시사한다. 카드 결제가 성행하고 있는 점을 감안할 때 소비자들이 신용카드와 직불카드로 결제한 데이터를 활용해 경제를 이해하는 것이 타당해 보인다. 카드 거래는 현금 거래보다 추적이 쉽다는 장점이 있다. 현금의 사용 방식의 성격이 다르기 때문에 카드 거래만 보면 일부 저가 항목을 소홀히 할 수 있다는 점에 유의해야 한다. 만약 우리가 고액 거래에 가장 관심이 있다면, 이것은 중요하지 않을 수 있다. 그러나 제과 회사의 매출을 이해하기 위해 저가 품목을 추적하는 경우 대표적인 거래 집합을 반드시 포착하지는 않을 수 있다.

신용카드 및 직불카드 거래 데이터에 대한 다양한 출처가 있다. 몇몇 데이터 상품들은 카드사로부터 직접 구할 수 있다.[1] 이것들은 보통 그들의 고객들에 의한 거래로부터 수집됐다. 또한 많은 다른 제3자의 신용카드 데이터를 집계하는 회사도 있다. 신용카드 거래 데이터의 한 예로 국가 차원의 소비자 수준의 신용카드 거래 데이터를 사용해 소매 판매 통계를 작성하는 마스터카드의 스펜딩펄스SpendingPulse 지수를 들 수 있다. 이 데이터셋의 장점은 일반적으로 공식 데이터에 비해 상대적으로 짧은 시차로 사용할 수 있다는 것이다.

---

1 3장에서 언급한 바와 같이 세분화된 소비자 거래 데이터를 구입하는 것은 비자발적인 개인 정보를 획득할 수 있는 법적 위험을 가릴 수 있으며, 이는 준법 문제로 이어질 수 있다.

미국 외에도 스펜딩펄스는 호주, 브라질, 캐나다, 홍콩, 일본, 남아프리카공화국, 영국에 대한 데이터도 포함한다. 또한 데이터셋은 식료품이나 의류와 같은 특정 섹터에 대해서 도 데이터 접근이 가능하므로 보다 세분화된 수준에서 사용할 수 있다. 그림 17.1에서 우리는 신용카드 거래의 스펜딩펄스에 의해 집계된 데이터와 비교해 브라질의 공식 소매 매출 YoY 데이터를 보여준다. 우리는 스펜딩펄스 데이터가 적어도 장기적으로 공식 데이터에 상대적으로 잘 적합하다는 것을 알 수 있다. 우리는 공식 데이터가 일반적으로 더 불안정하다는 것에 주목한다.

그림 17.1 브라질 전년 동기 대비 소매 판매 변화율 대 시출 필스 브라질 전년 동기 대비 소매 판매 변화율

출처: 블룸버그, 마스터카드의 데이터 기반

17.3 소비자 영수증

전자 영수증e-receipts/소비자 데이터에 대한 여러 가지 출처가 있다. 전자 영수증 데이터 는 종종 구매 품목에 대한 세부 정보를 포함하기 때문에 구매에 대한 많은 세부 정보를 제공할 수 있다. 이는 구입한 것과 달리 구입한 상점의 이름과 금액만 있을 가능성이 높은 신용카드 거래 자료와 대비된다. 때로는 신용카드 거래 데이터에서 보다 세분화된

정보를 원할 경우, 상점 위치와 같은 누락된 필드를 추론하기 위해 모델을 구축해볼 수 있다.

어떤 경우, 이메일 제공자들은 사용자 서비스 계약의 일부로 이메일을 읽을 수 있는 능력을 갖게 될 것이다. 사용자는 추가 기능을 제공하기 위해 이메일을 "읽을" 수 있는 제3자 추가 기능add-in 사용 권한을 부여하도록 선택할 수 있다. 예를 들어 이메일 구매 영수증을 읽어 지출 요약 정보를 제공하는 회계 도구가 있다. 일반적으로 우리가 온라인으로 구매한 후 확인용으로 이메일 영수증이 우리에게 발송된다.

분명히 이메일 영수증은 많은 대면 거래를 포착하지 못할 것이다. 이러한 경우 대부분의 소비자들은 종이 영수증을 받기 때문이다(가끔 애플 스토어와 같은 경우 이들이 이메일 기반일 수도 있다). 집계된 익명화된 전자 영수증을 사용해 특정 항목과 같은 매우 낮은 수준에서, 또한 전체 기업에 대해 더 높은 수준에서 매출을 이해하는 것이 가능하다. 계산대의 POS$^{Point-of-Sale}$ 장치는 상점에서 구입한 물품을 기록하는 데 사용될 수 있다. 닛케이 POS$^{Nikkei POS}$와 같은 데이터셋은 이 데이터를 집계한다. POS에서 파생된 데이터셋도 현금 지급을 추적할 수 있게 된다.

Quandl은 수백만 개의 익명화된 전자 영수증을 함께 수집하기 위해 소비자 전자 메일을 볼 수 있는 여러 회사와의 파트너십으로부터 수집된 데이터를 데이터 플랫폼에 가지고 있다. Thomas(2016)는 Quandl의 소비자 거래 데이터셋을 아마존 수익을 예측하는 데 어떻게 사용할 수 있는지에 대한 예시와 함께 논의한다. 분기별 수익은 10Q 공시로 제공되지만, 물론 사전에 예측할 수 있는지 확인하는 것이 좋다. 이 접근법은 현재 분기와 이전 분기에 아마존에서 지출한 적이 있는 소비자 그룹을 선택한 다음 해당 기간 동안의 지출 변화를 계산하는 것을 검토한다. 데이터셋은 2014~2016년 2분기 데이터를 사용한다.

언급된 한 가지 주의 사항은 거래 데이터를 사용하는 이러한 접근법은 고객이 비즈니스인 기업과는 달리, 주로 소비자에게 직접 사업을 하는 기업에만 해당된다는 것이다. 따라서 그것은 아마존과 같은 회사에 이상적이며, 이익은 소비자 주도 구매와 밀접하게 연결돼 있다. 그림 17.2에서 Quandl의 모델에 따라 암묵적 이익 변화를 보여준다. 물론 상대적으로 적은 수의 점이 있다는 점에 유의해야 하지만 데이터 점 사이에 적합도가 있는 것으로 보인다. 이것은 분기별 데이터를 다룰 때 종종 발생하는 문제이며, 분기별 데이터는 태생상 상대적으로 희소하다.

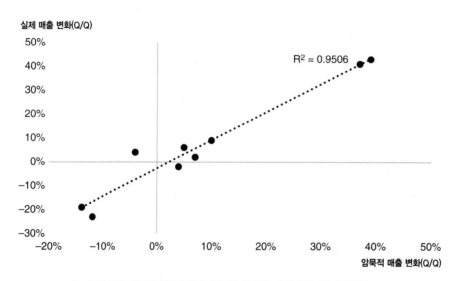

그림 17.2 아마존 매출에 대한 대체 데이터 예측 대 실제 분기별 매출 변동

출처: Quandl의 데이터 기반

분명히 소비자 지출 패턴은 크리스마스까지의 기간과 1월까지의 기간을 비교한다면 다를 것이다. 따라서 Quandl 모델은 달력 효과calendar effect와 계절성seasonality을 설명하는 데 도움이 되는 다른 변수도 포함한다.

물론 이러한 접근법이 반드시 아마존 웹 서비스AWS의 이익을 포착하지는 않을 수 있다. AWS는 소비자 거래가 아닌 사업비 부담으로 나타날 가능성이 높기 때문이다. Thomas(2016)는 이것이 최적 적합선이 원점을 통과하지 않는 이유를 설명할 수 있다고 제안하고 지도 수치guidance figures와 같은 다른 변수를 모델에 포함하는 것이 유용할 수 있다고 제안한다. 실제로 13장에서 우리는 정확도를 높이기 위해 컨센서스 추정치와 함께 (중국 제조업 PMI에 대한) 대체 데이터셋을 증강하는 유사한 접근법을 채택했다.

소비자 영수증의 세분화된 특성 데이터는 또한 데이터셋이 순수하게 소비자가 지출한 평균 금액이 아니라 평균 항목의 비용과 같은 척도를 이해하는 데 사용될 수 있음을 의미한다. Thomas(2016)는 소비자 영수증 데이터를 사용해 다른 브랜드에 대한 상대적 소비자 지출을 이해할 수 있는 방법의 예를 제시한다. 그림 17.3에서는 아마존 시장에서 서로 다른 헤드폰 브랜드인 Sennheiser와 Shure의 월별 변화율[MOM]을 비교한 결과를 인용한다. 이 경우 두 회사 모두 비상장이므로 이러한 유형의 분석이 반드시 상장 기업에만 국한될 필요는 없음을 보여준다. 20장에서는 사모 투자자들이 기업의 투자 목표를 파악하고 성과를 평가하기 위해 대체 데이터를 어떻게 사용할 수 있는지 논의한다.

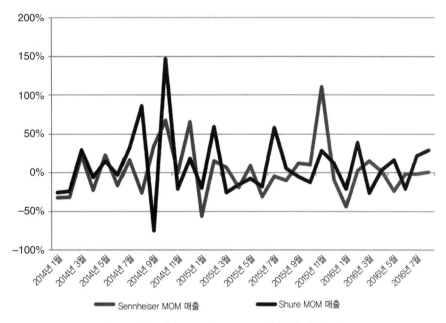

그림 17.3 아마존에서 Shure 대 Sennheiser 월별 지출 변화율 비교

출처: Quandl의 데이터 기반

17.4 요약

소비자 거래 데이터는 더 광범위한 소매 데이터를 이해하는 데 도움이 될 수 있으며 또한 공식 데이터 발표보다 시기적절하게 개별 회사에 지출하는 데 이익이 될 수 있다. 일반적으로 이 데이터는 신용카드 및 직불카드 거래에서 사용할 수 있으며, 이는 지출 패턴에 대한 광범위한 통찰력을 제공할 수 있다. 우리는 마스터카드에서 파생된 데이터가 훨씬 나중에 발표되는 경향이 있는 브라질의 공식 소매 판매 데이터를 어떻게 추적할 수 있는지 보여줬다.

예를 들어 제품 수준에서 소비자가 무엇을 구입하고 있는지에 대한 더욱 세부적인 정보를 얻으려면 소비자 영수증이 유용하다. 이러한 정보는 이메일과 같은 출처에서 파생될 수 있으며, 이는 온라인 거래를 추적하는 데 도움이 될 것이다. 한편 소매업체의 구내에 있는 POS 장치는 직접 거래를 추적할 수 있다. 17장에서는 투자자가 소비자 영수증 데이터를 어떻게 사용할 수 있는지에 대한 예를 제시했다. 그리고 아마존의 분기별 수익 변화를 추정하기 위해 소비자 영수증을 사용하는 예를 보여줬다. 또한 소비자 영수증의 데이터셋이 다른 브랜드의 헤드폰에 대한 소비자 지출 패턴을 이해하는 데 어떻게 사용될 수 있는지에 대한 예를 제공했다.

정부, 산업과 기업 데이터

18.1 서론

정부와 기업은 정기적으로 많은 양의 데이터를 공개한다. 사실상 기업, 개인 및 정부의 일상적인 활동에서 파생된 잔해 데이터^{exhaust data}다. 이 중 일부는 대체 데이터로 간주되지 않을 것이다. 예를 들어 노동 시장, 성장률 및 인플레이션에 대한 헤드라인 데이터는 시장 참여자들이 많이 사용해왔다. 상장 기업은 매 분기마다 이익과 사업과 관련된 다양한 통계를 보고해야 한다.

실제로 정부 및 기업의 이러한 "공통" 데이터셋 중 상당수는 매우 낮은 빈도로 발표된다. 한 예로 GDP 데이터가 있다. 이는 다양한 추정치의 형태로이지만, 일반적으로 대부분의 국가에서 분기별로 발표된다. 대부분의 경제 데이터셋은 월 단위로 발표되며, 매우 가끔 매주(예: 미국 실업수당 청구 데이터) 발표된다.

이 데이터의 많은 양이 공개되기 때문에 실제로 많은 시장 참여자에 의해 대부분의 데이터가 전체적으로 검토되는 경우는 거의 없다. 미국의 노동 보고서를 예로 생각할 수 있다. 시장 참여자들은 헤드라인 수치를 중요시하지만 보고서 대부분의 기본 데이터는 시장에서 무시된다. 이러한 덜 일반적으로 사용되는 데이터 통계 중 일부를 대체 데이터로 고려할 수 있다. 이러한 데이터셋 중 일부를 새로운 방식으로 집계하는 인덱스는 때때로 대체 데이터의 형태로 간주될 수 있다.

실제로 18장에서 어떻게 정부 데이터가 기업의 혁신성을 추정하는 데 사용될 수 있는지를 보여주는 몇 가지 예를 논의할 것이다. 또한 이 공간에서 거시 투자자를 위한 몇 가지 대체 데이터셋에 대해 논의할 것이다. 하나는 FX 위험을 계량화하는 반면 다른 하나는 FX 시장에 대한 중앙은행의 개입을 고빈도 기준으로 추정하려고 한다. 또한 정부 및 기업에서 내부적으로 사용하지만 일반적으로 외부에서 사용할 수 없는 데이터셋도 많다.

또한 기업은 "공통" 데이터(즉, 분기별 공식 실적 발표) 외에도 훨씬 더 세분화된 대량의 공개 데이터를 자사 웹사이트에 정기적으로 게시한다는 점에 주목할 필요가 있다. 이 데이터는 투자자의 관점에서 유용할 수 있다. 한 예는 구인 공고^{job postings}다. 장점은 더 고빈도로 구할 수 있다는 것이다. 또한 이러한 데이터는 상장 기업뿐만 아니라 비상장 기업에 대해서도 구할 수 있다(사모 투자회사의 대체 데이터 활용에 대해서 논의하는 20장 참조).

18.2 주식 거래를 위한 혁신 척도 사용

헤드라인 경제 데이터에 관해 말하자면 이러한 데이터셋은 수년 동안 시장 참여자들이 사용해왔다. 그러나 경제 데이터 외에도 정부가 발표한 방대한 양의 데이터가 투자 목적에 유용할 수 있다는 점에 유의해야 한다.

앞서 우리는 기업이 보유한 데이터의 가치를 측정하기 어려울 수 있다는 점에 주목했다. 이것은 기업의 우수한 무형자산에도 해당된다. 혁신 주도 분야의 기업에게 이것은 상당히 문제가 될 수 있다. 단순히 기업의 공개된 재무 공시자료를 보는 것만으로는 기업의 혁신 가치를 완전히 파악할 수 없다. 혁신을 측정할 수 있는 더 나은 방법이 있을까? 회사가 출원한 특허의 수를 조사하는 것도 한 가지 방법이 될 수 있다. 그러나 어떤 종류의 조정 없이는, 이것은 정확히 혁신이라는 것의 역학을 포착하지 못할 수 있다. 기업들은 단순히 너무 많은 특허를 출원할 수 있으며, 그중 많은 특허는 가치가 거의 없다. 따라서 특허에서 파생된 모든 척도를 조정해야 할 것이다. 이러한 조정은 기업의 규모에 따라 이뤄질 수도 있고 출원된 특허의 수를 R&D 지출로 조정함으로써 이뤄질 수도 있다. 이마저도 R&D 비용이 많이 드는 기업의 비중이 낮아질 수 있기 때문에 불완전할 수 있다.

Jha(2019)는 기업 내 혁신을 측정하기 위해 출원된 특허만을 검토하지 않는 대안적 방법을 제안한다. 이 논문은 회사 재무제표를 검토하는 대신 ExtractAlpha의 ESGEvents 라이브러리를 살펴본다. 데이터셋은 규제 기관을 포함한 여러 정부 기관에서 수집한 기업에 대한 데이터를 수집한다. 그 출처에는 소비자 금융 보호국[CFPB, Consumer Financial Protection Bureau], 환경 보호국[EPA, Environmental Protection Agency], 산업 보건 안전국[OSHA, Occupational Health and Safety Administration], 소비자 제품 안전 위원회[CPSC, Consumer Product Safety Commission], 미국 상원, 연방 선거 위원회[FEC, Federal Election Commission], 노동부[DOL, Department of Labor], 미국 재무부 금융서비스국[US Treasury Bureau of the Financial Service], 그리고 미국 특허상표청[USPTO, US Patent and Trademark Office]을 포함한다.

예상할 수 있듯이 기업들은 종종 다양한 출처에서 서로 다른 회사 이름으로 기록된다. ExtractAlpha는 모든 엔티티를 관련 상장 증권에 매핑된 공통 참조 데이터 형식으로 매핑했다. Jha(2019)는 노동부[DOL]의 특별한 데이터셋에서 "기업에서의 혁신"을 대용하기 위해 ESGEvent 라이브러리의 부분집합을 살펴보는데, 이는 특히 다음과 관련된 것이다.

- 회사가 전년도에 H1B 비자를 신청한 총 근로자 수
- 회사가 전년도에 신청한 영구 H1B 비자 수

두 번째 출처는 미국 특허상표청[USPTO]에서 제공하는 다음 정보다.

- 전년도 기업 특허 출원 건 수
- 전년도 회사에 승인된 특허 수

따라서 척도들은 특허 출원과 승인된 것뿐만 아니라, H1B 비자를 필요로 하고 연구 개발을 수행할 수 있는 고도로 숙련된 사람들의 수를 포함한다.

데이터를 샘플링하는 방법에는 몇 가지 큰 차이가 있다. DOL 데이터는 분기별로 공개되

며 USPTO 데이터는 매주 공개된다. 이 때문에 두 경우 모두 데이터셋이 적용되는 기간 동안 즉시 사용할 수 없다는 점을 감안할 때 모든 백테스트 중에 적절한 시차를 적용해야 한다. 연구에 사용된 기업은 미국 시장에서 상장돼 있고 시가총액이 1억 달러 이상이고 충분한 거래량을 기반으로 하는 주식이다.

앞에서 언급한 이 네 가지 지표 각각은 유니버스에 있는 각 기업의 수준과 전년 동기 대비 변화 측면에서 기록되며, 그 결과 8가지 지표가 도출된다. 그런 다음 특정 산업의 모든 회사에 대해 이러한 지표를 집계해 업계 수준의 척도를 만든 다음 시가총액으로 조정한다. 그런 다음 이 8가지 지표 각각이 모든 산업에 걸쳐 순위가 매겨진다. 그런 다음 롱 온리 산업 포트폴리오가 구축된다. 더 높은 지표에 의해 측정되는 혁신 점수가 더 높은 산업들은 더 높은 가중치를 갖는다. 대조적으로, 혁신 점수가 가장 낮은 산업은 가중치가 0이다. 가중치는 합이 1이 되도록 조정된다. 그림 18.1에 2003년에서 2015년 사이의 샘플 추출 기간 동안의 거래 비용을 차감한 백테스트 결과가 나와 있다.

팩터		초과 수익률	정보 비율
수준	H1B 비자	0.45%	0.17
	영주권	0.39%	0.14
	특허 출원	0.46%	0.28
	특허 승인	0.53%	0.3
YoY 변화율	H1B 비자	0.29%	0.2
	영주권	−0.78%	−0.47
	특허 출원	−0.02%	−0.02
	특허 승인	0.61%	0.5

그림 18.1 비자와 특허 데이터로부터 도출한 롱 온리 포트폴리오

출처: ExtractAlpha의 데이터 기반

대부분의 위험 조정 수익률은 긍정적이다. 그러나 주된 예외는 영주권 신청의 전년 동기 대비 변화율이다. 한 가지 설명은 비자 신청은 이미 직원 수의 변화에 반영돼 있다는 것이다. 따라서 전년 대비 변화를 취하는 것은 필요하지 않을 수 있다. 그리고 난 뒤 이 논문은 종합 혁신 지표의 구축에 대해 논의한다. 종합 지표는 47bps, 정보 비율은 0.21의

초과 수익률을 보인다. 그림 18.2는 각 지표, 샘플 내, 샘플 외 및 전체 샘플 동안의 위험 조정 수익률에 대한 결과를 보여준다. 결과는 샘플 외에서도 수익성이 있다. 특히 이 논문은 2009년 이전에는 더 많은 혁신 산업과 덜 혁신적인 산업 모두 큰 차이가 없었지만, 2013년 이후에는 혁신 산업이 더 나은 성과를 거뒀다고 지적한다.

팩터		샘플 내 (2003–2015)		샘플 외 (2016–2018)		전체 샘플 (2003–2018)	
		초과 수익률	정보 비율	초과 수익률	정보 비율	초과 수익률	정보 비율
수준	H1B 비자	0.45%	0.17	1.86%	0.66	0.71%	0.27
	영주권	0.39%	0.14	2.12%	0.76	0.72%	0.26
	특허 출원	0.46%	0.28	1.32%	0.68	0.62%	0.36
	특허 승인	0.53%	0.3	1.17%	0.6	0.65%	0.37
YoY 변화율	H1B 비자	0.29%	0.2	0.89%	0.41	0.40%	0.25
	영주권	−0.78%	−0.47	0.25%	0.15	−0.58%	−0.35
	특허 출원	−0.02%	−0.02	1.49%	1.02	0.26%	0.19
	특허 승인	0.61%	0.5	1.21%	1.22	0.73%	0.61
종합 혁신 점수		0.47%	0.21	2.00%	0.87	0.75%	0.34

그림 18.2 비자와 특허 데이터로부터 도출된 롱 온리 포트폴리오(샘플 내와 샘플 외)

출처: ExtractAlpha의 데이터 기반

나중에 이 논문은 산업 수준에서가 아니라 산업 내에서 개별 주식을 거래하기 위해 혁신 척도를 사용하는 것에 대해서도 논의한다. 그러나 위의 결과에서 볼 수 있듯이, 그러한 척도들은 산업 수준에서 적용할 때 더 효과적이라고 제안한다. 특히 산업 수준에서 트레이딩 전략을 구현하는 것은 ETF를 사용해 더 저렴하게 구현될 수 있다. 18장의 나머지 부분에서는 단일 주식에서 매크로 자산으로 이동할 것이다. 아울러 정부 및 공식 기관에서 발표한 매크로 데이터와 시장 데이터를 혼합해 구축한 매크로 대체 데이터셋에 초점을 맞출 것이다.

18.3 통화 위기 위험 계량화

단일 주식보다 통화의 변동성이 낮은 경향이 있다. 그러나 통화가 크게 움직일 수 있는 시기가 있으며, 변동성의 구조 변화structural break를 관찰한다. 통화 위기의 가능성을 이해하는 것은 투자자와 위험 관리자 모두에게 중요하다. 우리는 통화 위기를 통화에 대한 투기적 공격으로 정의한다. 이 공격은 그 통화의 빠른 매도를 초래한다. 이는 매우 전형적으로 중앙은행들이 외화 매도를 통해 통화를 방어하고, 또한 국내 금리 인상을 통해 통화를 공매도short하는 것이 투기꾼들에게 징벌적으로 만들도록 하는 결과를 낳는다. 자본 통제의 도입과 같은 정책 전환으로 이어질 수도 있다. Glick과 Hutchinson(2011)은 이러한 투기적 공격이 성공하지 못하더라도 이에 대한 방어에는 여전히 높은 비용이 들 수 있다는 점에 주목하면서 통화 위기를 다소 상세하게 논의한다. 여기에는 외환 보유액의 고갈과 매우 높은 금리가 국내 성장에 미치는 부정적인 영향이 포함된다. 주목할 만한 예로는 1992년 ERM에서 탈퇴했을 때 파운드화가 평가 절하된 것과 1997~1998년 아시아 위기를 들 수 있다. 글로벌 금융 위기에서도 역시 투자자들이 미국 달러, 일본 엔화 등 안전 자산safehaven 통화로 몰리면서 다수의 통화에 있어 가치가 큰 폭으로 하락하는 것을 동반했다. 최근 몇 년 동안 더 국가에 특화된 이유들이긴 하지만 큰 통화 가치 하락을 겪은 RUB와 TRY의 사례들을 봤다.

Glick과 Hutchinson(2011)은 여러 세대의 모델을 통해 통화 위기에 대한 문헌과 그것들을 모델링하는 방법을 서베이했다. 그들은 모든 종류의 예측은 몇 가지 구성 요소를 필요로 한다고 제안한다. 첫째, 정확히 통화 위기가 무엇인지 정의가 있어야 한다. 다시 말해서, 어떤 크기의 움직임에 플래그를 붙이고 싶은가? 그런 다음 이러한 급격한 통화 가치 하락과 연관될 가능성이 있는 변수를 선택해야 한다. 마지막으로, 통계 모델이 구축돼야 한다.

Sleptsova, Tukker와 Fennessy(2019)의 경험적 분석에 따르면 통화 위기 가능성을 추정하는 데 사용할 수 있는 몇 가지 공통 요인이 있다. 하나는 신용 과열뿐만 아니라 높은 금리 차이이다. 또 다른 요인은 쌍둥이 적자, 즉 예산 적자와 경상수지 적자가 모두 있을 때

이다. 그들은 또한 외환 위기 동안 완충 역할을 할 수 있는 F 수출과 FX 보유고 대비 높은 수준의 단기 부채를 인용한다. 그러나 이 변수들의 가중치가 이렇게 결정되는가는 기본 통화 체제(현재 변동 통화, 관리 통화 또는 고정 통화인가)를 포함한 몇 가지 요인에 따라 달라진다. 그들은 선진 및 신흥 시장 공간 모두에서 166개의 통화를 다루는 옥스퍼드 이코노믹스의 FX 위험 도구를 개발하며, 이는 시장 데이터에서 공식 매크로 데이터 발표에 이르기까지 많은 수의 서로 다른 원시 데이터셋에서 집계된 대체 데이터셋이다. 이 지표는 매달 업데이트되며 1에서 10까지의 스케일을 가진다. 여기서 10은 통화 위기에 대한 가장 큰 취약성을 나타낸다. 그림 18.3에서 위험 점수가 높은 통화가 역사적으로 더 많은 통화 위기를 겪었음을 보여주는 그들의 분석을 인용한다. 그들의 샘플 외 결과는 또한 고 위험 점수와 통화 위기 또는 급격한 매도 가능성 사이의 높은 상관관계를 시사한다.

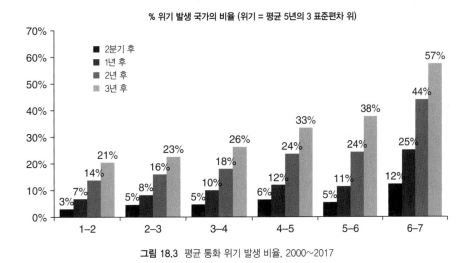

그림 18.3 평균 통화 위기 발생 비율, 2000~2017

출처: 옥스퍼드 이코노믹스 데이터 기반

예상할 수 있듯이 FX 위험 점수와 실현 변동성 사이에는 높은 양의 상관관계가 있다. 투자자의 관점에서, 통화 위기를 예측하는 방법을 갖는 것은 그러한 통화에 노출되지 않도록 하는 데 분명히 도움이 된다. 예를 들어 FX 캐리 바스켓에서는 매도 가능성이 가장 높은 통화에 대한 가중치를 줄일 수 있다. 우리는 또한 매도 가능성이 낮은 통화에 대한 가중치를 높일 수 있다. 일반적으로 FX 캐리 바스켓에서 가장 높은 (금리) 수익률을 가진 통화를 매수하고 이의 자금을 가장 낮은 (금리) 수익률을 가진 통화를 매도함으로써 조달한다. 그러나 언급했듯이, 수익률이 가장 높은 통화는 일반적으로 매도에 가장 취약한 통화이기도 하다. 따라서 핵심은 높은 수익률과 매도 위험이 낮은 이상치 통화[outlier currencies]를 찾는 것이다. 우리는 또한 위험을 줄이는 대가로 더 낮은 수익률을 받아들이면서 두 요소 사이의 트레이드오프를 찾고자 할 수 있다.

본질적으로는 금리 차이뿐만 아니라 통화 순위를 매기는 또 다른 방법으로 "위험성[riskness]"을 사용할 것이다. 일반적으로 위험을 고려하면서 캐리 바스켓에 포함하기 위해 통화 순위를 매기는 데 사용되는 한 가지 접근법은 각 통화 쌍에 대한 내재 변동성에 대한 캐리 비율을 조사하는 것이다. 여기에 FX 위험 지수를 포함하면 시장에서 가져온 내재 변동성 호가로 완전히 통합되지 않을 수 있는 펀더멘털로부터 추출된 추가 정보를 제공할 수 있다. 더 많은 위험을 회피하는 투자자들은 그들의 모델에서 수익률 차이보다 위험성 요소를 더 크게 가중할 수 있다.

또한 FX 위험 지수는 투기적 관점에서 통화 위기를 겪을 가능성이 가장 높은 것으로 표시된 통화를 매도(숏)하는 데 유용할 수 있다. 물론 우리는 이것을 할 때 높은 캐리 통화를 숏하는 것과 관련된 비용을 염두에 둘 필요가 있다. 위험 관리자의 관점에서 FX 위험 점수는 위험 가치[VaR]를 향상시키기 위해 변동성을 예측하는 추가 요인이 될 수 있다. 일반적으로 VaR 추정치는 좀 더 근본적인 데이터셋의 통찰력으로 이를 증강하지 않고 과거 시장 데이터만 고려한다.

18.4 통화 시장에 대한 중앙은행의 개입 모델링

우리는 잔해 데이터가 정부 활동에서 파생될 수 있다는 것에 주목했다. 시장 참여자들이 특히 관심을 갖는 분야 중 하나는 중앙은행의 행동을 이해하는 것이다. 우리는 앞서 15장에서 중앙은행들이 연방준비제도이사회[FRB]의 커뮤니케이션을 통해 미국 국채 수익률의 움직임을 이해하는 데 어떻게 활용할 수 있는지 주목했다. 중앙은행들은 분명히 그들의 미사여구와 시장에 대한 직접적인 개입을 통해 채권 시장에 큰 영향을 미친다. 이것은 단기적 채권 상품에서만 발생하는 것이 아니라 (상식 환화 때문에) 중앙은행들이 더 장기이 많은 채권 상품들에 걸쳐 시장에 영향을 미친다. 그러나 중앙은행들이 채권 시장에서만 적극적인 것은 아니다.

중앙은행들은 외환 시장에서도 거래한다. 이것은 그들의 통화 보유고를 관리하는 것의 일부일 수 있다. 외환 보유액 중 가장 큰 비중을 차지하는 통화는 일반적으로 달러로 보유하지만 가치 평가 효과뿐만 아니라 중앙은행이 적극적으로 포트폴리오 구성을 변경함에 따라 다양한 통화 간의 금액은 시간이 지남에 따라 변화한다. 중앙은행들은 또한 변동성을 관리하고 통화를 유지하기 위해 미국 달러 또는 통화 바스켓에 대한 특정 한도 내에서 자국 통화에 개입할 수 있다. 전형적으로, 신흥 시장의 중앙은행들은 그들의 통화가 자유롭게 변동하도록 허용하는 경향이 있는 선진 시장의 중앙은행들에 비해, 시장 개입에 더 적극적일 것이다. 이것의 주요 예외 중 하나는 SNB가 2015년 1월 정책을 포기하기 전에 반복적인 개입을 통해 몇 년 동안 EUR/CHF에 하한을 설치했던 CHF이다. 역사적으로 일본은행은 선진국 시장의 다른 중앙은행들보다 외환 개입에 더 적극적이었다.

그림 18.4는 IMF가 전 세계 중앙은행 데이터에서 집계한 이 분야에서 일반적으로 사용되는 데이터셋의 예로서 분기별 COFER^{Currency Composition of Official Foreign Exchange Rates, 공식 외환보유액의 통화 구성} 데이터를 나타낸다. COFER는 FX 보유고의 글로벌 구성이 시간에 따라 어떻게 변화했는지 보여준다. COFER를 구축하는 데 사용되는 국가별 세분화된 데이터는 철저히 기밀이며 중앙은행이 COFER 데이터셋에 포함되는 것은 자발적이다. FX 시장 내에서 중앙은행의 행동을 이해하려고 할 때 어려운 점은 COFFER와 같은 데이터가 크게 시차를 가지는 경향이 있고 세분성이 상당히 부족하다는 것이다. 제공된 FX 보유고 데이터의 세부 수준은 공식 데이터에서 여러 중앙은행에 따라 크게 다를 수 있다. 공식 데이터의 공백을 메우는 한 가지 방법은 모델을 구축하는 것이다.

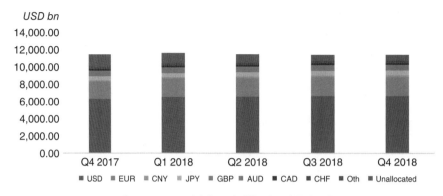

그림 18.4 COFER 데이터: 공식 외환 보유고의 통화 구성

출처: IMF 데이터 기반

시장에서 가장 널리 관심을 가지는 관리 통화 중 하나는 CNY(중국 위안화)이며 PBoC는 종종 시장에 개입한다. 투자자들에게 특별히 중요한 한 가지 의문은 외환 시장에 BoC이 개입할 때와 개입시 개입 규모를 이해하고자 하는 것이다. 만약 PBoC가 CNY에 대해 많은 양의 외화를 매도한다면 그들의 외환 보유고가 감소되는 것을 기대할 것이다. 반대로 PBoC가 CNY에 대해 외화를 매수한다면, 외환 보유고는 분명히 늘어날 것이다. 우리는 중국의 공식 외환 보유고 발표에서 이 정보 중 일부를 얻을 수 있을지도 모른다. 하지만 이 자료는 몇 개월 시차를 가진 것만이 구할 수 있다. 이 시차를 가진 데이터를 기다릴 필요 없이 개입을 추정할 수 있는 방법이 없을까?

Exante 데이터(2018년)는 고빈도 기반으로 CNY에의 PBoC 개입 활동을 추정하기 위해 모델을 구축했다. 우리는 여기서 모델에 대한 높은 수준의 개요를 제공한다. 모델 배후의 주요 논리는 PBoC에 의한 개입 활동은 측정할 수 있는 시장 영향을 가질 것이라는 것이다.

Exante 데이터는 이를 위해 두 개의 분리된 모델을 사용한다. 첫 번째 모델은 PBoC 활동의 결과일 가능성이 큰 유별나게 큰 거래로부터 시장에서 이상 징후를 감지한다. 두 번째 모델은 한편 다른 많은 시장으로부터 가격과 거래량 데이터를 조사해 가격 행태에서 PBoC의 흔적을 식별한다. 두 경우 모두 일일 데이터가 입력으로 사용된다. 최종 신호는 두 모델의 평균이다.

그림 18.5에서 우리는 Exante 데이터 개입 추정치의 월별 집계를 공식 중국 데이터에서 계산된 측정치와 비교한 결과를 보여순다. 우리는 일반적으로 모델 기반 추정치가 힐씬 후에 발표되는 공식 데이터를 기반으로 하는 추정치와 상당히 가깝다는 것을 알 수 있다. 여기에서는 데이터가 월 단위로 표시되지만 모델 기반 접근법을 사용해 고빈도 기준으로 외환 보유고를 추정할 수 있다는 점도 주목할 필요가 있다.

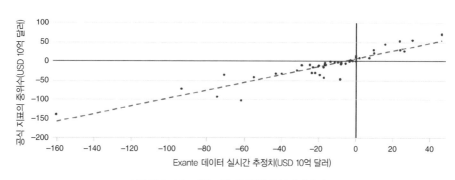

그림 18.5 CNY 개입 모델 추정치와 공식 데이터 비교

출처: Exante Data, Macrobond, Thomson Reuters, PBoC, SAFE

이 예는 특히 CNY에 대한 PBoC 개입을 모델링하기 위한 것이지만, 자신의 통화 시장에 정기적으로 개입하는 다른 중앙은행에도 유사한 접근법이 사용될 수 있다고 추측하는 것이 타당해 보인다.

18.5 요약

투자자들은 정부와 기업이 발행하는 헤드라인 데이터를 검토하는 경향이 있다. 그러나 이들이 발표하는 보다 세분화된 데이터의 풍부한 정보가 있으며, 이는 투자 프로세스에서도 활용할 수 있다. 우리는 18장에서 정부, 산업 및 기업의 공개 데이터를 검사할 수 있는 새로운 방법이 있음을 살펴봤다.

우리는 비자 신청에 대한 정부 데이터와 관련 데이터를 사용해 기업들이 얼마나 혁신적인지 이해하는 것을 도울 수 있다는 점을 관찰했다. 그러한 혁신 척도가 주식 거래에 어떻게 사용될 수 있는지에 대한 ExtractAlpha의 연구를 인용했다. 거시적인 측면에서, 우리는 한 국가가 국가 부도에 얼마나 취약한지와 통화 위기의 잠재력에 대한 아이디어를 주기 위해 많은 경제 변수를 결합하려는 옥스퍼드 이코노믹스가 만든 FX 위험 지표를 살펴봤다. 또한 적시에 중앙은행의 FX 개입을 추정하는 Exante Data의 데이터셋을 설명했다.

19

시장 데이터

19.1 서론

시장 데이터를 "대체 데이터"로 포함하는 것은 이례적일 수 있다. 결국 우리가 일일 종가와 같은 시장 데이터를 고려한다면 대부분 경우 구글 파이낸스나 야후 파이낸스 같은 웹사이트에서 무료로 투자자들에게 널리 이용 가능하다. 그러나 더 깊이 연구하면 다양한 자산 클래스, 데이터 빈도 및 세분성 간에 큰 불일치가 있음을 알 수 있다. 매우 고빈도의 시장 데이터, 특히 거래하고자 하는 다양한 물량에 대한 호가(즉, 시장 깊이)에 대한 아이디어를 제공하는 데이터를 원한다면, 이 데이터는 훨씬 더 비싸다. 게다가 그러한 데이터셋의 크기는 매우 작으므로, 그것들을 소비하기 더 어렵게 만든다.

매우 드물게 거래되는 유동적이지 않은 자산 클래스의 경우, 단순히 일일 시계열을 얻는 것도 불가능에 가까울 수 있다. 매우 유동적인 자산 클래스의 경우에도 정보의 범위는 다양할 수 있다. 주식에서는 거래량과 같은 데이터가 매우 흔하다. 하지만 이는 주로 OTC 시장이며 포괄적인 거래량 데이터를 수집하기가 더 어려운 FX와 대비된다.

19장에서는 FX의 시장 데이터에서 도출된 두 가지 대체 데이터셋의 예에 대해 이야기할 것이다. 먼저 CLS에서 수집한 집계된 FX 플로우 데이터에 대해 이야기하고 FX를 거래하기 위한 체계적인 트레이딩 법칙을 만드는 데 어떻게 사용될 수 있는지 보여준다. 이후,

고빈도 FX 틱 데이터를 사용해 유동성이 수년간 어떻게 변화했는지와 시간대별로 어떻게 변화하는지 그림을 작성한다.

19.2 기관 FX 플로우 데이터와 FX 현물의 관계

우리는 FX 현물 시장이 대부분 OTC 기준으로 거래된다는 점에 주목했다. 거래소의 거래량은 비교적 적다. 거래할 수 있는 일부 베뉴venue는 시장 관계자만 이용할 수 있다. 이와는 대조적으로, 다른 베뉴들은 모든 참여자들에게 열려 있다(이른바 올투올 베뉴all-to-all venue). 많은 거래는 가격 수용자price taker와 시장 참여자market maker 사이에서 쌍방적으로 이뤄진다. 따라서 시장이 상당히 파편적이라는 점을 고려할 때 FX 현물 시장에 대한 포괄적인 거래량과 플로우 데이터를 얻는 것은 매우 어려울 수 있다.

CLS 그룹은 FX 거래와 관련된 많은 기업들 간의 협력의 결과로 2002년에 설립됐다. CLS 그룹은 이들이 베뉴에서 거래되든 쌍방 기준으로 거래되든 FX 현물 시장에서 많은 수의 거래를 결제한다. 이들이 결제하는 통화 쌍의 경우 비중이 시장의 50%를 넘는다. 그 결과, 그들은 일상 업무 수행의 일환으로 많은 FX 현물 거래 데이터를 수집한다. 지난 몇 년 동안 그들은 이 FX 현물 거래 데이터에서 집계된 데이터셋을 배포하기 시작했다. 이러한 데이터셋에는 FX 거래량 및 FX 플로우에 대한 정보가 포함돼 있으며, FX 시장에 대한 비교적 높은 빈도의 그림을 제공하기 위해 매시간 버킷으로 분할됐다. CLS-IDHOP 데이터셋은 1시간 미만의 비교적 짧은 시차로 공개된 시간당 FX 플로우 데이터로 구성된다. 한편, 유사한 데이터로 구성된 CLS-HOF 데이터셋은 하루의 공개 시차를 갖는다. 플로우 데이터는 기업, 펀드 및 비은행 금융 계정으로 분할된다. 비은행 시장 관계자뿐만 아니라 모든 계정을 포함하는 바이 사이드 표시buy-side designation도 있다. Amen(2019)은 데이터셋을 자세히 논의하며, 먼저 이러한 계정의 일일 거래량의 특성에 대한 몇 가지 일반적인 결과를 검토한 다음 역사적 플로우 데이터를 기반으로 트레이딩 전략을 개발한다. 우리는 이 결과 중 일부를 인용하면서 그 논문을 요약하려고 노력할 것이다. Ranaldo와 Somogyi(2019), Hasbrouck과 Levich(2018), Gargano, Riddiough와

Sarno(2019) 등 CLS FX 데이터에 대한 다른 논문들도 다수 있다.

그림 19.1은 2012년부터 2018년까지 EUR/USD를 거래하는 네 가지 유형의 계성의 일일 평균 거래량을 보여준다. 그림 19.2에서, 우리는 평균 절대 순플로우를 보여준다. 우리는 일반적으로 바이 사이드 플로우가 해당 계정의 일일 물량에 비해 상대적으로 적은 일일 절대 순플로우로 판단해 많은 양방향 플로우로 구성됨을 알 수 있다. 대조적으로 펀드 거래의 절대 순플로우는 전체 거래량에서 차지하는 비중으로 상대적으로 높다. 따라서 그들은 그룹으로서 더 많은 그룹 같은 행동을 보일 수 있다.

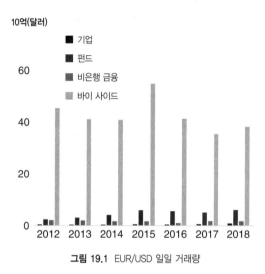

그림 19.1 EUR/USD 일일 거래량

출처: Cuemacro, CLS의 데이터 기반

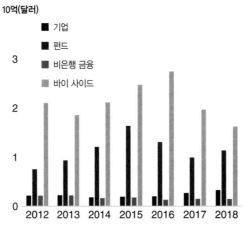

10억(달러)

■ 기업
■ 펀드
■ 비은행 금융
■ 바이 사이드

그림 19.2 EUR/USD 일일 절대 순 플로우

출처: Cuemacro, CLS의 데이터 기반

그림 19.3에서 우리는 각 통화 쌍에 대한 각 유형의 계정의 플로우의 해당 통화 쌍의 수익률에 대한 다중 회귀에서 나온 T-통계량을 보여준다. 우리의 회귀 샘플은 2012년부터 2018년까지다. 우리는 일반적으로 계수가 펀드 및 비은행 금융 계좌에 대해 양수인 경향이 있다는 것을 발견했다. 우리는 펀드 및 비은행 금융 계좌가 현물 수익률에 양의 기여를 하는 경향이 있다는 것을 추론할 수 있다. 이는 음의 기여를 하는 기업 및 바이 사이드와 총체적으로 대조된다. 물론 상수 항이 상당히 크다는 점에서 이 분석에 대한 몇 가지 주의 사항이 있는데, 이는 많은 양의 가격 행태가 플로우 데이터만으로는 설명될 수 없음을 시사한다.

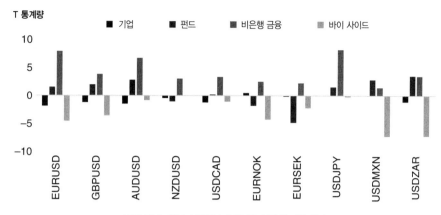

그림 19.3 현물 수익률과 순플로우 사이의 다중 회귀

출처: Cuemacro, CLS, Bloomberg의 데이터 기반

펀드 계정의 플로우 데이터가 상당히 방향성 경향을 가지고, FX 현물 수익률에 긍정적 기여를 하는 경향이 있다는 점을 고려할 때, 이 지표를 기반으로 트레이딩 법칙을 만드는 것이 합리적인 접근법으로 보인다. 본질적으로 본 논문에서 사용되는 트레이딩 법칙은 다음을 포함한다.

- 자금 흐름이 매우 긍정적일 때 통화 쌍을 매수한 다음, 그것이 더 중립으로 바뀔 때까지 보유하는 것.
- 자금 흐름이 심하게 부정적일 때 통화 쌍을 매도한 다음, 더 중립적으로 변할 때까지 보유하는 것.

펀드의 FX 플로우를 측정하기 위해 우리는 표준화된 점수를 생성하는데, 이는 우리가 그림 19.4에 나타낸 것과 함께 거래 포인트 트리거를 나타내는 상한선과 하한을 포함한다.

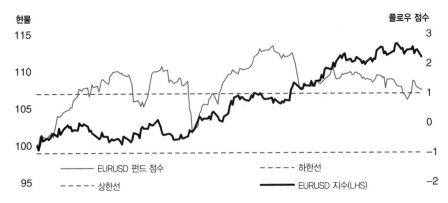

그림 19.4 EUR/USD 지수 대 EUR/USD 자금 플로우 점수

출처: Cuemacro, CLS, Bloomberg의 데이터 기반

물론, 다른 접근법을 사용해 극단적 플로우나 포지션을 찾을 수 있다. 하지만 포지션이 장기간 극단적으로 유지될 수 있다는 점에서 실제로 그러한 시점을 맞추는 것은 매우 까다로울 수 있다. 그림 19.5에서 우리는 다수의 G10과 EM 통화 쌍에 대한 이러한 트레이딩 법칙에 대한 위험 조정 수익률을 제시한다. 비교를 위해 일반적인 추세 추종 법칙에 대한 위험 조정 수익률도 보여준다.

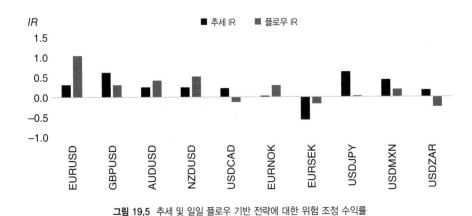

그림 19.5 추세 및 일일 플로우 기반 전략에 대한 위험 조정 수익률

출처: Cuemacro, CLS, Bloomberg의 데이터 기반

이 논문은 이 일일 플로우 기반 트레이딩 법칙이 역사적으로 USD/CAD, EUR/SEK 및 USD/ZAR에서 손실을 입었지만 대부분의 경우 수익성이 있음을 보여준다. 추세 추종 전략은 EUR/SEK를 제외한 대부분의 사례에서 수익성이 있는 것으로 보인다. 그림 19.6에서 이러한 법칙을 기반으로 바스켓을 만든다. 우리는 일일 플로우 바스켓이 추세 바스켓보다 위험 조정 수익률이 더 높다는 것을 발견했다. 그러나 두 가지를 결합하면 위험 조정 수익률이 가장 높기 때문에 이미 추세 추종 접근법을 사용하는 트레이더의 경우 플로우 데이터를 추가하면 적어도 역사적 수익률을 볼 때 수익률을 어느 정도 분산하는 데 도움이 될 수 있다.

그림 19.6 일일 플로우 및 추세 수익률

출처: Cuemacro, CLS, Bloomberg의 데이터 기반

이 논문은 또한 나중에 FX 플로우 데이터를 사용해 더 많은 유동성을 가진 통화 쌍에 대한 시간당 트레이딩 전략을 구성하는 것에 대해 논의한다. 시간당 FX 플로우 데이터 바스켓의 위험 조정 수익률은 0.92로 추세 전략이나 일일 플로우 트레이딩 법칙보다 높다. 우리는 FX 플로우 데이터를 사용해 시스템 트레이딩 법칙을 만드는 데 중점을 두었지만, FX 거래량과 같은 관련 데이터셋은 유동성 및 체결 비용을 이해하는 데 중요하다. 다음 절에서는 FX 데이터셋을 사용해 시장 유동성과 거래 비용을 계량화하는 것에 초점을 맞추는데, 이는 재량적 트레이더discretionary trader와 시스템 트레이더system trader 모두에게 관련이 있다.

19.3 고빈도 FX 데이터를 이용한 유동성 이해

대체 데이터에 대한 많은 초점은 전략의 알파를 높이기 위해 어떻게 사용할 수 있는지에 있다. 그러나 우리가 알파를 추구할 수 있을 때는 언제나, 실행 비용은 거래의 걸림돌로 작용하고 특히 더 고빈도의 전략의 경우 거래 전략 능력에 영향을 미칠 수 있다는 것을 주목할 필요가 있다. 더 큰 규모의 명목 금액의 경우 실행 비용도 상당하다.[1]

따라서 거래 비용과 시간이 지남에 따라 유동성이 어떻게 변화하는지, 그리고 그것이 우리의 전체 수익률에 어떤 영향을 미칠 수 있는지 이해하는 것이 필수적이다. 특정 유동성 공급자들은 전형적으로 다른 사람들보다 우리에게 더 많은 비용을 부과하고 있는가? 유동성이 가장 나쁜 시간이 하루 중 특정 시간대가 있는가? 특정 이벤트가 시장 유동성에 미치는 영향을 이해할 수 있는가? 실제로 거래 비용 분석[TCA, Transaction Cost Analysis]의 전체 영역은 이러한 문제를 해결하는 데 도움이 되도록 성장했다. 이러한 많은 질문에 답하기 위해서는 체결된 거래에 대해 비교하는 벤치마크 역할을 할 수 있는 고빈도 시장 데이터가 필요하다. 또한 고빈도 시장 데이터는 시장 유동성을 더 폭넓게 이해하는 데 사용될 수 있다.

고빈도 시장 데이터는 대체 데이터로 엄격하게 인식되지 않을 수 있지만, 일일 데이터와 같은 다른 형태의 시장 데이터보다 훨씬 적게 사용된다. 한 가지 이유는 그것의 규모를 고려했을 때 작업하기가 훨씬 더 어렵기 때문이다. 또 다른 이유는 일반적으로 이러한 데이터셋이 훨씬 더 비쌀 수 있기 때문이다. 이는 특히 시장 깊이를 제공하는 데이터(즉, 최상의 매수/매도 호가보다는 여러 수준과 규모에서의 호가, 즉 호가창)를 보는 경우에 해당된다.

이 절에서는 FX 시장의 유동성 변화를 이해하기 위해 고빈도 틱 데이터를 어떻게 사용할 수 있는지 살펴본다. 분석을 위해 Refinitiv의 예비적[indicative] 틱 데이터를 사용하며, 2005년과 2017년 사이에 가장 많이 거래된 두 통화 쌍인 EUR/USD와 USD/JPY에 대한 최상의 매수/매도 예비적[indicative] 호가에 초점을 맞춘다. 실행 가능한 데이터를 사용할 경우

---

1 거래 전략의 능력에 대한 논의는 1장을 참조하라.

서로 다른 결과를 얻을 수 있고 스프레드가 더 촘촘할 수 있다. 유동성을 나타내는 간단한 방법으로 매수/매도 호가 스프레드를 베이시스 포인트(bp, 1/10,000)로 계산할 것이다. 그림 19.7은 샘플에서 모든 크리스마스와 새해를 제외하고 시간 경과에 따른 일일 평균 EUR/USD 매수/매도 호가 스프레드를 나타낸다. 우리는 정점이 브렉시트 투표일 직후인 2016년 6월 24일임을 알 수 있다. 그 이벤트를 앞두고 스프레드가 확대된다. 스프레드의 확대는 또한 큰 금융 위기와 리먼 파산 기간 동안 빠르게 일어났다.

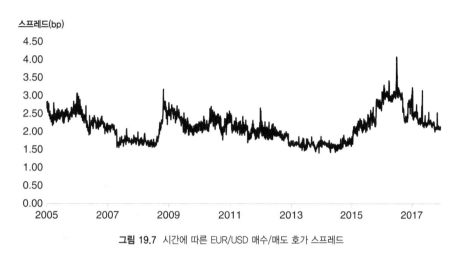

그림 19.7 시간에 따른 EUR/USD 매수/매도 호가 스프레드

출처: Refinitiv의 데이터 기반

이제 런던 시간으로 하루의 각 시간에 대한 평균 매수/매도 호가 스프레드를 계산해본다. 그런 다음 전체 샘플에서 하루 평균 시간별 스프레드를 취한다. 이 작업은 EUR/USD와 USD/JPY 모두에 대해 수행하며, 결과를 그림 19.8에 나타난다. 우리는 두 쌍 모두 하루 중 가장 유동적이지 않은 시간이 뉴욕 오후 시간이라는 것에 주목한다. 대조적으로 가장 유동적인 시기는 런던과 뉴욕의 데스크가 모두 활동적인 때다. 아시아 시간은 비교적 유동적이지 않은 경향이 있다. USD/JPY에 대한 매수/매도 호가 스프레드는 런던과 아시아 시간 간의 변동이 적다. 아시아 시간 동안 일본 엔화를 활발하게 거래하는 현지 일본 계정이 더 있을 가능성이 높다는 점을 감안할 때 이는 놀라운 일이 아닐 것이다. EUR/USD에 대해서는 대조적으로 아시아 시간은 미국과 유럽 투자자와 기업이 가장 활

동적일 가능성이 높은 유럽과 미국 시간대를 모두 벗어난다.

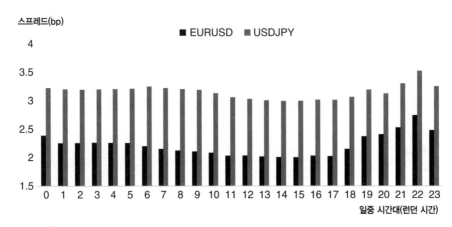

그림 19.8 일중 시간별 EUR/USD와 USD/JPY 매수/매도 호가 스프레드

출처: Refinitiv 데이터 기반

그러한 유동성 프로파일을 갖는 것은 트레이더들이 하루 중 어떤 시간이 더 나은 유동성을 제공할 수 있는지를 이해하는 데 유용할 수 있다. 실제로 유동성을 예측했다면 비농업고용 지수나 FOMC 회의와 같은 예정된 경제 발표에 대한 이벤트 일정도 고려해야 한다. 분명히 트레이더들이 앞다퉈 반응함에 따라 유동성에 심각한 영향을 미칠 수 있는 뉴스 전선을 가로지르는 정치인들의 예정되지 않은 진술과 같은 예정되지 않은 이벤트를 고려하는 것은 불가능할 것이다. 이러한 예들은 비교적 간단하지만 그럼에도 어떻게 덜 사용된 데이터셋이 거래 비용과 관련된 수익률 저하를 줄이는 데 유용할 수 있는지에 대한 통찰력을 얻었다.

19.4 요약

시장 데이터는 많은 형태가 매우 상업화돼 있기 때문에 "대체 데이터"로 생각되지 않는다. 그러나 실제로 훨씬 더 드물고 비싼 경향이 있는 시장 참여자의 거래에서 도출된 일부 데이터셋이 있다. 우리는 포괄적인 FX 플로우 및 거래량 데이터셋의 상대적 희소성에 대해 논의했다. FX는 매우 파편적인 시장인 경향이 있기 때문에 시장 전반에 걸쳐 거래되는 플로우와 양을 완전히 이해하는 것이 꽤 어렵다. 우리는 FX 플로우에 대한 집계된 뷰를 제공하는 CLS의 특정 FX 플로우 데이터셋을 검토하고 이를 사용해 몇 가지 FX 트레이딩 전략을 만들었다. 또한 틱 데이터가 시장 깊이 정보나 실제 거래를 포함할 때, 틱 데이터를 대체 데이터로 고려할 수 있는 방법에 대해 이야기했다. 우리는 FX 공간의 틱 데이터셋이 트레이더의 핵심 고려 사항인 시장 유동성을 이해하는 데 어떻게 유용할 수 있는지 보여줬다. 시장 유동성에 대한 이해가 부족하면 거래 비용에 심각한 영향을 미칠 수 있으며 따라서 고객에게 전달되는 최종 수익률에 영향을 미칠 수 있다. 거래 비용 분석에 관심이 있는 독자를 위해 저자 중 한 명이 파이썬 기반 TCA 라이브러리인 tapy를 작성했다. 이것은 깃허브(https://www.github.com/cuemacro/tcapy)에서 다운로드할 수 있다.

20

사모 시장의 대체 데이터

20.1 서론

대체 데이터에 대한 많은 초점은 공개 시장에서의 사용에 있었다. 기업이 상장된 경우 이익 공개와 연차 보고서 등 상당한 양의 정보를 공개해야 한다. 거시 거래 자산의 경우 국가 통계 기관의 데이터 발표를 얻는다. 이미 여러 번 언급했듯이 대체 데이터는 갭을 메우는 데 도움이 될 수 있으며 분기별이 아닌 일일 및 주간과 같은 훨씬 더 높은 빈도로 기업 또는 전체 경제의 상태에 대한 아이디어를 제공할 수 있다. 대체 데이터는 또한 "공식" 데이터와 관련된 시차를 줄이는 데 도움이 될 수 있다. 그러나 이 두 경우 모두 종종 "진실ground truth"이 무엇인지에 대한 공식적인 잣대를 가지고 있다. 우리는 미리 정해진 간격으로 회사의 이익이 얼마나 되는지 알고 있다. 우리는 실업 데이터가 매달 발표될 것이라는 것을 알고 있다.

비상장 기업을 이해하는 데 있어 우리가 '진실'을 정립할 수 있는 자료가 적다. 비상장 기업에 요구되는 공개 수준은 상장 기업에 요구되는 것보다 훨씬 적다. 영국과 같은 일부 국가에서는 적어도 Companies House와 같은 공공 소스에서 사용할 수 있는 회사의 연간 계정이 있을 수 있다. 그러나 다른 많은 국가에서는 비상장 기업의 재무와 관련해 이 수준의 세분화가 없을 수 있다. 거시적 수준에서 공식 경제 데이터의 유효성은 특히 일부

저개발 국가의 경우 일관성이 없다. 비상장 기업의 "근거 진실"은 계량화하기가 훨씬 더 어렵다. 이는 투자자가 투자를 결정할 때 비상장 기업에 대한 실사를 하는 것이 상장 기업에 비해 더 어렵게 만든다.

20장에서는 사모펀드와 벤처캐피털이 하는 일을 설명하는 것으로 시작할 것이다. 나중에 우리는 이러한 기업의 성과를 추적하는 데이터셋에 대해 이야기한다. 또한 대체 데이터가 투자자들이 민간 기업에 대한 실사의 공백을 메우고 몇 가지 활용 사례를 제공하는 데 어떻게 도움이 될 수 있는지 논의할 것이다.

20.2 사모펀드 및 벤처캐피털 기업의 정의

일반적으로 사모펀드는 유한책임 파트너LP로 이뤄져 있는데, 이들이 지분의 대부분을 소유하고 있고 이들은 연기금이 될 수 있다. 대조적으로 펀드의 무한책임 파트너GP는 매우 적은 지분(1% 정도)을 소유하고 있다. 하지만 그들은 그 펀드를 운용하고 투자를 선택할 책임이 있다. 그림 20.1은 가장 큰 GP의 현재 AUM(운영 자산 규모)을 나타낸다.

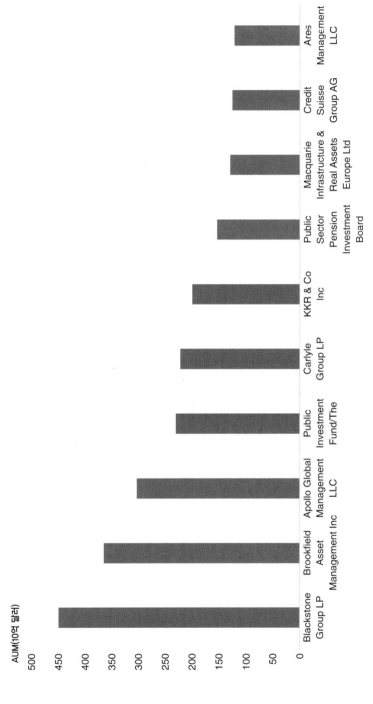

AUM(10억 달러)

그림 20.1 최대 GP(무한 책임 파트너) 운용 자산 규모(단위: 10억 달러)

출처: 블룸버그 데이터 기반

GP는 관리 수수료management fee와 성과 보수료carried interest를 받는데, 성과 보수료는 헤지펀드가 부과하는 성과 수수료와 비슷하다. 사모펀드의 지분은 상장돼서 거래되지 않는다. 따라서 이러한 펀드의 시장은 유동성이 낮은 경향이 있고 가격 발견이 더 어렵다.

사모 주식 투자에서 사용되는 접근법은 매우 다양하다. 여기에는 부채와 주식 자금의 조합으로 회사를 인수하는 레버리지 매수가 포함된다. 그런 다음 부채 자금은 회사로부터의 미래 소득 흐름에 따라 담보된다. 대상 기업은 종종 비상장 기업이지만, 거래를 통해 다시 비상장 기업으로 되돌아가는 상장 기업일 수도 있다. 부실 기업 펀딩distressed funding은 종종 파산 상태에 있는 재무적 스트레스를 받고 있는 회사를 인수하는 것을 포함한다. 일반적으로 몇 가지 목표가 있다. 한 가지 목표는 운영 방식을 개선해 (종종 IT 관리 방식 변경) 비즈니스를 구조하고, 그 후 매각해 이익을 취하는 것이다.

또는 기업의 자산을 가장 높은 가격에 매각하는 것, 즉 자산 매각을 포함할 수 있다. 자산 탈취asset stripping는 심각한 일자리 손실을 초래할 수 있다는 점을 감안할 때 훨씬 더 논란이 많은 전략이다.

또한 벤처 캐피털은 기업가들과 그들의 스타트업에 자금을 지원하는 또 다른 형태의 사모 주식 펀드다. 어떤 의미에서 우리는 벤처 캐피털 펀딩을 스타트업의 아주 깊은 외가격 콜 옵션way-out-of-the-money call option으로 볼 수 있다. 대부분 그 옵션은 가치가 없는 상태로 만료된다. 하지만 그것이 엄청나게 내가격으로 만료되는(엄청난 이익을 내는) 경우들이 있을 것이다. 결과적으로 벤처 캐피털 회사는 많은 수의 투자를 할 필요가 있다. 대부분의 투자가 실패할 수 있지만, 모든 실패를 상쇄하고 투자자에게 상당한 수익률을 전달하기 위해서는 소수의 "성공한" 스타트업만 있으면 된다는 것이 그 근거다.

스타트업의 시딩 이전 단계pre-seed stage는 창업자 자신(친구와 가족도 포함)의 자체 자금 조달에 의존하는 경우가 많다. 그러나 좀 더 빠르게 확장하기 위해, 외부 자금 조달은 보통 여러 라운드에 걸쳐 모색된다. 초기 자금 조달 단계는 스타트업이 덜 확립됐다는 점을 고려할 때 분명히 훨씬 더 위험하다. 하지만 이면은 가치 평가가 훨씬 더 낮다는 것이다. 시딩 단계 이후의 다양한 자금 조달 라운드는 시리즈 A, 시리즈 B 등으로 알려져 있다.

엔젤/시딩^{angel/seeding} 자금 조달 단계는 외부 자본의 첫 번째 유입인 경향이 있다. 이 단계는 활발한 연구를 통해 제품 개발과 제품의 시장이 무엇인지 이해하는 데 초점을 맞출 수 있다. 초기 라운드^{early-round} 자금 조달은 일반적으로 더 크며, 사업이 더 많은 관심을 끌게 되면서 일어난다. 후기 단계^{later-stage} 자금 조달은 이미 성공한 사업을 확장하기 위한 모든 것이다.

20.3 사모펀드 데이터셋

공개적으로 거래되는 자산의 경우 시장 데이터를 쉽게 이용할 수 있다. 따라서 배당금, 자금 조달 비용 등을 감안한다면, 주식 투자에서 얻을 수 있었던 역사적 수익률을 이해하는 것이 가능하다. 사모펀드의 경우 주식의 유동성이 더 높고 공개적으로 거래되지 않는다는 점에서 "가격 데이터"는 본질적으로 이해하기 더 어렵다.

Kaplan과 Lerner(2016)는 사모펀드, 특히 벤처 캐피털과 관련된 데이터셋을 논의한다. 그들은 벤처 캐피털 기업이 일반적으로 뮤추얼펀드와 달리 SEC 및 기타 감독 당국에 많은 정보를 공시할 필요가 없다는 점을 고려할 때 구할 수 있는 정보가 더 적다는 점에 주목한다. 결과적으로 벤처 캐피털 거래에 대해 구할 수 있는 데이터가 더 적은 경향이 있다. 따라서 벤처 캐피털에 대한 연구는 독점 데이터셋에 더 의존해왔다.

캐플런과 러너가 지적하듯이 벤처 캐피털에 대해서 구할 수 있는 가장 오래된 데이터는 IPO를 통해 상장한, 따라서 IPO 사업 설명서^{prospectus}를 작성한 회사들을 중심으로 한다. 그러나 이러한 유형의 접근법은 기업 공개 단계에 도달하지 못하는 대다수의 스타트업을 무시한다. 궁극적으로, 만약 우리가 새로운 투자를 할 때 우리의 의사결정 과정에 정보를 제공하기 위해 역사적인 사모펀드 거래 데이터베이스를 사용하고 있다면, 단순히 스타트업이 매우 성공한 드문 경우만을 가진 것만으로는 충분하지 않다. 우리는 또한 회사의 실패가 데이터셋에 포함되기를 원한다. 이 문제는 또한 생존 편향이 모든 종류의 역사적 연구 또는 백테스트에 영향을 미칠 수 있다는 점에서 상장회사의 데이터베이스에도 영향을 미친다.

벤처 캐피털 거래를 차트화한 가장 오래된 데이터베이스 중 두 개는 1961년으로 거슬러 올라가는 역사를 가진 VentureXpert(Refinitiv)와 1994년에 시작하는 VentureSource(Dow Jones)이다. 저자들은 두 데이터셋의 몇 가지 문제점에 주목한다. 이는 폐업한 기업의 수를 이해하는 것을 포함한다(폐업은 생존 편향을 도입하며, 이는 실패한 기업이 데이터셋에서 사라지고, 이로 인해 수익률을 상방으로 편향을 줄 수 있다). 또한 데이터셋 간에 약간의 불일치가 있을 수 있다. 그러나 프리킨^{preqin}, 캐피털 IQ$^{Capital IQ}$, 피치북^{Pitchbook} 등 사모펀드 거래에 대한 최근 데이터셋도 있다. 이러한 데이터셋은 유한책임 파트너^{LP}의 공개, SEC 공시자료 및 공개적으로 사용 가능한 데이터와 같은 다양한 소스를 사용한다. 벤처 캐피털 서클에서 자주 사용되는 또 다른 데이터 소스는 크런치베이스^{Crunchbase}다. 최대 데이터 제공업체 측면에서 블룸버그와 팩트셋^{FactSet}은 사모 주식 거래 데이터도 제공한다는 점도 주의할 필요가 있다.

사모펀드의 성과를 측정하는 데 있어서는 버기스 프라이빗 I$^{Burgiss Private I}$, 캠브릿지 어소시에이츠$^{Cambridge Associates}$와 프리킨^{Preqin} 등 다수의 제공자가 있다. 벤처 캐피털 성과 데이터에 관해서는 여러 가지 편향이 있을 수 있다. 연기금이 LP로부터 벤처캐피털 투자 실적을 데이터 제공업체에 공개하지 말라는 압력에 직면할 수 있기 때문에 데이터의 완성도도 부족할 수 있다. 또한 새로운 벤처 캐피털 회사에 대한 데이터가 부족할 수 있고, 실적이 저조한 펀드는 보고하지 않는 것을 선호할 수 있다. 또한 가치 평가와 같이 GP와 LP가 데이터 공급 업체에 보고하는 데이터에는 편향이 있을 수 있다. 각 데이터 공급 업체가 데이터셋을 보고하는 방식에도 차이가 있을 수 있다.

20.4 비상장 기업의 성과 이해

과거에 "성공적인" 사모 투자의 특성을 찾기 위해 사모펀드에 대한 역사적 거래 데이터셋을 사용했다고 가정해보자. 이 접근법이 스타트업이든 더 크고 더 확립된 비상장 기업이든 새로운 사모 투자 대상을 좁히는 데 도움이 될 수 있다는 것을 발견할 수 있을 것이다. 그러나 과거 거래 데이터를 기반으로 한 높은 수준의 선별 접근법 외에 비상장 기업에 대한 추가 연구 측면에서 우리가 할 수 있는 것은 무엇인가? 앞서 언급했듯이, 비상장 기업은 일반적으로 상장 기업만큼 많은 데이터를 공개할 필요가 없다. 이는 과제를 훨씬 더 어렵게 만든다. 한 가지 접근법은 공개 시장에서 같은 섹터의 대용 기업proxy companies을 이용하는 것이다. 예를 들어 (피자헛과 켄터키 프라이드 치킨과 같은 브랜드를 보유하는) 염 브랜드Yum Brands와 맥도날드와 같은 상장 기업을 조사함으로써 IPO에 들어가기 전에 쉐이크 쉑Shake Shack의 성과를 대용하려고 시도할 수 있었다. 이는 적어도 비상장회사 실적에 대한 일종의 한도를 줄 수 있다. 한 분야에서 비교할 만한 기업이 극히 적은 상황이라면 국가 등 다른 특성도 살펴볼 수 있다. 실제로 이 동료 중심peer-driven 접근법을 사용해 특정 기업의 특성을 제대로 파악하지 못할 수 있다.

반면 비상장 기업들이 공개적으로 거래되는 기업들만큼 많은 정보를 보고하는 것이 요구되지 않고, 무엇이 "근거 진실"인지 알기 힘든 반면, 대체 데이터는 여전히 일종의 대용물을 만들 수 있도록 도울 수 있다. 상장 기업처럼 비상장 기업들은 여전히 그들의 고객과 외부 거래 상대방과 상호작용할 필요가 있으며, 이는 잔해 데이터를 남긴다. 이것은 신용카드 거래, 웹 트래픽, 위성 이미지 등과 같은 데이터를 생성할 수 있다. 따라서 비상장 기업을 더 깊이 분석하기 위해 상장 기업들의 실적을 추적하는 데 우리가 사용할 것과 동일한 접근법을 사용할 수 있다.

우리는 13장에서 상장 기업에서 했던 것처럼 주차장에서 자동차 수를 포착하는 위성 이미지 데이터셋에 비상장 소매업체를 포함할 수 있을 것이다. 따라서 우리는 이 접근법을 사용해 비상장 기업의 이익이 어떻게 변화하고 있는지 파악할 수 있으며, 또한 매장별로 어떻게 다른지에 대해 좀 더 세분화된 분석을 할 수 있다. 비상장 회사의 연간 회계 계정으로부터 이러한 자세한 정보를 얻는 것은 가능하지 않을 것이다. 더욱이 많은 데이터셋이 상장 기업들을 위해 설계됐기 때문에 이들 데이터셋이 단순히 비상장 기업들을 생략할 수 있다는 점도 문제를 제기한다.

Thomas(2016)는 미국의 소비자 영수증 데이터를 이용해 우버가 상장 기업이 되기 전의 실적을 추적한 사례를 제시한다. 우버 서비스는 종종 지역 당국에 의해 도시에서 금지됐다. 많은 경우, 이러한 금지는 취소됐다. 이러한 금지가 이 도시들에서 우버의 이익에 어떤 영향을 끼쳤는가? Thomas는 2015년 우버가 6개월간 금지됐던 샌안토니오에서 우버 거래에 소비자 영수증을 사용한다. 자료에 따르면 금지는 성장 경로에 영향을 미치지 않았다. 금지의 영향이 일시적이었음을 암시한다.

또한 상장 기업과 비상장 기업 모두의 기업 웹사이트에 게시된 채용 공고를 추적해 그들이 어떻게 성장하고 있는지 그리고 그들이 어떤 기술을 찾고 있는지에 대한 이해를 구할 수 있다. ThinkNum 및 LinkUp과 같은 기업은 이러한 종류의 기업 웹 활동을 추적하기 위한 데이터 제품을 보유하고 있다.

20.5 요약

비상장시장을 이해하는 것은 상장시장을 이해하는 것보다 훨씬 더 어려울 수 있다. 역사적으로 사모펀드와 벤처캐피털의 성과를 이해할 수 있는 데이터셋은 적다. 우리는 그러한 데이터셋 간의 차이점 중 일부에 대해 논의했다.

사모펀드와 벤처 캐피털 회사는 비상장 기업에 투자한다. 상장 기업과 달리 이들 비상장 기업은 자신에 대한 많은 정보를 공개적으로 공개할 필요가 없다. 상장된 동료 기업을 조사함으로써 그들의 성과를 추적할 수 있다. 그러나 이러한 비상장 기업을 보다 직접적으로 추적하기 위해 대체 데이터를 사용할 수도 있다. 우리는 우버가 상장하기 전에 소비자 영수증 데이터가 우버의 소비자 시술을 이해하기 위해 어떻게 사용되는지에 대한 예를 들었다.

| 결론 |

마지막 몇 마디

이 책은 투자자들을 위한 대체 데이터 주제에 대한 소개를 제공하려고 노력했다. 이것은 새롭고 빠르게 성장하고 있는 주제이며, 우리는 확실히 자체적인 책이 필요하다고 믿었다.

1부에서는 보다 일반적인 관점에서 그 영역을 살펴봤다. 1장에서는 대체 데이터가 무엇인지 정확하게 정의하고 나아가 투자자 커뮤니티 내에서 대체 데이터 사용에 관한 몇 가지 통계를 정의하고자 했다. 그리고 2장의 대체 데이터를 어떻게 평가해야 하는지, 이것이 판매자와 구매자 간에 어떻게 다를 수 있는지 어려운 질문에 초점을 맞췄다. 3장에서는 대체 데이터와 관련된 다양한 위험, 특히 대체 데이터셋을 검토할 때 질문해야 하는 몇 가지 법적 질문에 관해 논의했다. 엔티티 매칭과 정형화와 같은 대체 데이터와 관련된 많은 과제도 3장에서 논의했다.

또한 4장에서 머신러닝 분야의 최근 발전 덕분에 대체 데이터에서 수익성 있는 정보를 추출할 수 있게 됐다고 설명했다. 하지만 이러한 발전만으로는 대체 데이터를 기반으로 한 성공적인 투자 전략에 충분하지 않다고 주장했다. 이것이 바로 5장에서 대체 데이터 기반 전략을 위해 설정해야 하는 프로세스를 살펴본 이유다.

2부에서는 대체 데이터의 실용적인 적용에 대해 논의했다. 6장에서는 팩터 투자를 소개하고 이러한 맥락에서 대체 데이터를 사용할 수 있는 방법을 탐구했다. 그런 다음 7~9장에서 결측 데이터와 이상치 탐지를 처리하는 방법에 대해 논의했다. 그런 다음 이 책의 나머지 부분은 다양한 범주의 대체 데이터 및 여러 자산 클래스에 걸쳐 도출된 투자자, 트레이더 및 위험 관리자를 위한 사용 사례와 함께 특정 대체 데이터셋에 초점을 맞췄다.

10장에서는 대체 데이터가 팩터 기반 투자자에게 어떻게 사용될 수 있는지에 대한 구체적인 예를 제시하기 위해 자동차 데이터를 사용해 자동차 주식을 거래하는 방법을 보여 줬다. 11장에서는 서베이 데이터와 크라우드소싱 데이터에 대해 이야기했다. 12장에서는 PMI가 이제 발표되는 빈도가 낮아지고 있는 국내 총생산 데이터를 나우캐스팅하는 데 어떻게 유용할 수 있는지 보여줬다.

13장에서는 주차장의 자동차 수 데이터를 사용해 유럽 소매업체의 주당 이익 지표를 이해하기 위한 예를 포함해 위성 이미지의 사용 사례를 제공했다. 이어 14장에서는 미국 소매업체를 대상으로 휴대전화 위치 데이터를 이용해 비슷한 분석을 실시했다. 소셜 미디어 사용에서 웹 및 뉴스 와이어 데이터에 이르기까지 텍스트 데이터 투자의 전체 주제는 15장의 주제였다. 우리는 FX를 거래하기 위해 블룸버그 뉴스 데이터를 사용하는 것에 이르기까지 급여 예측을 향상시키는 데 도움이 되는 트위터 데이터를 사용하는 것을 포함하는 많은 사용 사례를 제공했다. 16장에서는 뉴스 수요와 공급의 상이한 (그러나 연관된) 개념에 대해 이야기했다.

소비자 거래 데이터셋은 소매업 주식을 추적하는 분석가들 사이에서 인기를 끌게 됐고, 17장에서 이를 논의했다. 18장에서는 취업 비자 신청 등 정부 데이터를 기반으로 한 혁신 방안에 기반한 주식 거래 아이디어를 포함해 정부, 산업, 기업 데이터를 활용한 활용 사례를 다수 제시했다. 19장에서 플로우 데이터와 틱 데이터를 포함한 FX 시장에 대한 더 많은 시장 데이터 지향 대체 데이터셋을 다시 살펴봤다. 사용 사례의 마지막 장인 20장에서는 모투자를 위해 대체 데이터를 사용할 경우의 이점을 다뤘다. 전통적으로 사모시장에서 사용할 수 있는 데이터가 훨씬 적은 경향이 있으므로 대체 데이터가 이 영역의 데이터 갭을 줄이는 데 도움이 될 수 있을 것이다.

투자자를 위한 대체 데이터 사용과 관련된 어려움이 있을 수 있다. 우리는 이 책 내내 이러한 문제들을 상세히 논의해왔다. 비교적 짧은 히스토리에서부터 비용, 인시 데이터 구조의 어려움까지 다양한 문제가 있다. 그러나 투자 과정에 대체 데이터를 통합할 때 이러한 도전과 위험을 완화할 수 있는 방법들 역시 존재한다. 팀은 또한 이러한 장애물을 극복하는 것을 돕기 위해 구성될 수 있다. 궁극적으로 시간이 지남에 따라 금융 시장의 더 많은 참여자들은 아마도 그들의 프로세스 내에서 대체 데이터를 사용해 우위를 점하고 빠른 알파 감쇠에 덜 취약한 전략을 찾기 시작할 것이다. 대체 데이터 사용이 늦은 투자자들은 뒤처질 위험에 직면할 수 있다. 현시점에서는 여전히 대체 데이터를 채택하는 비교적 초기 단계에 있다. 아직 따라잡을 수 있는 시간이 있다!

참고문헌

Adams-Heard, R., & Crowley, K. (2019, April 29). *Occidental Jet Flew to Omaha This Weekend, Flight Data Shows*. Retrieved from Bloomberg: https://www.bloomberg.com/news/articles/2019-04-29/occidental-jet-flew-to-omaha-over-the-weekend-flight-data-shows

Adland, R., Jia, H., & Strandenes, S. P. (2017, March 28). Are AIS-based trade volume estimates reliable? The case of. *Maritime Policy & Management, 44*(5), 657-665. Retrieved from http://dx.doi.org/10.1080/03088839.2017.1309470

Agrawal, S., Azar, P., Lo, A. W., & Singh, T. (2018, July 12). *Momentum, Mean-Reversion and Social Media: Evidence from StockTwits and Twitter*. Retrieved from SSRN: https://papers.ssrn.com/sol3/papers.cfm?abstract_id=3197874

Alberg, J., & Lipton, Z. C. (2018, April 26). *Improving Factor-Based Quantitative Investing by Forecasting Company Fundamentals*. Retrieved from arxiv: https://arxiv.org/abs/1711.04837

ALFRED. (n.d.). *Categories*. Retrieved from ALFRED: Archival Economic Data - St Louis Fed: https://alfred.stlouisfed.org/categories

alternativedata.org. (2019). *Alternative Data Statistics*. Retrieved from alternativedata.org: https://alternativedata.org/alternative-data/

Amen, S. (2013, September 4). *Read All About It: Bloomberg News and Google Data to Trade Risk*. Retrieved from SSRN: https://papers.ssrn.com/sol3/papers.cfm?abstract_id=2439858

Amen, S. (2016, October 25). *Trading Anxiety*. Retrieved from Investopedia: https://i.investopedia.com/downloads/anxiety/20160921_cuemacro_trading_anxiety_index.pdf

Amen, S. (2018, January 2). *Robo-news reader - Using machine-readable Bloomberg News to trade FX*. Retrieved from Bloomberg: https://www.bloomberg.com/professional/blog/machines-can-profitably-read-news/

Amen, S. (2019, May 10). *Going with the FX flow*. Retrieved from Cuemacro: https://www.cuemacro.com/2019/05/10/going-with-the-fx-flow/

Azar, P., & Lo, A. (2016, March 31). *The Wisdom of Twitter Crowds: Predicting Stock Market Reactions to FOMC Meetings via Twitter Feeds*. Retrieved from SSRN: https://papers.ssrn.com/sol3/papers.cfm?abstract_id=2756815

Ball, R., & Brown, P. (1968). An empirical evaluation of accounting income numbers. *Journal of Accounting Research, 6*(2), 159-178.

Banker, R. D., Khavis, J., & Park, H.-U. (2018, March 25). *Crowdsourced Earnings Forecasts: Implications for Analyst Forecast Timing and Market Efficiency*. Retrieved from SSRN: https://papers.ssrn.com/sol3/papers.cfm?abstract_id=3057388

Benamar, H., Foucault, T., & Vega, C. (2018, May 3). *Demand for Information, Macroeconomic Uncertainty, and the Response of U.S. Treasury Securities to News*. Retrieved from SSRN: https://papers.ssrn.com/sol3/papers.cfm?abstract_id=3162292

Bernanke, B. (2007, November 14). *Federal Reserve Communications*. Retrieved from Board of Governors of the Federal Reserve System: https://www.federalreserve.gov/newsevents/speech/bernanke20071114a.htm

Bird, S., Klein, E., & Loper, E. (2009). *Natural Language Processing with Python*. Retrieved from NLTK: http://www.nltk.org/book_1ed/

Blei, D., Ng, A. Y., & Jordan, M. I. (2003, January). *Latent Dirichlet Allocation*. Retrieved from Journal of Machine Learning Research: http://www.jmlr.org/papers/volume3/blei03a/blei03a.pdf

Bojanowski, P., Grave, E., Joulin, A., & Mikolov, T. (2016, June 7). *Enriching Word Vectors with Subword Information*. Retrieved from arxiv: https://arxiv.org/abs/1607.04606

Briscoe, T. (2013, October 8). *Introduction to Linguistics for Natural Language*. Retrieved from Cambridge University: https://www.cl.cam.ac.uk/teaching/1314/L100/introling.pdf

Bump, P. (2017, April 21). *Here's why the resolution of satellite images never seems to improve*. Retrieved from The Washington Post: https://www.washingtonpost.com/news/politics/wp/2017/04/21/heres-why-the-resolution-of-satellite-images-never-seems-to-improve

Bureau of Labor Statistics. (2019, February 1). *Employment Situation Technical Note*. Retrieved from Bureau of Labor Statistics: https://www.bls.gov/news.release/empsit.tn.htm

Button, S. (2019, February 18). *Freight trading with MarineTraffic*. Retrieved from MarineTraffic: https://www.marinetraffic.com/blog/freight-trading-with-marinetraffic/

Cable, S. (2015, June 30). *Aerial photography and the First World War*. Retrieved from National Archives: https://blog.nationalarchives.gov.uk/blog/aerial-photography-first-world-war/

Cavallo, A., & Rigobon, R. (2016). The Billion Prices Project: Using Online Prices for Measurement and Research. *Journal of Economic Perspectives, 30*(2), 151–178.

Chapados, N., & Bengio, Y. (2007). *Forecasting and Trading Commodity Contract Spreads with Gaussian Processes*. Retrieved from: http://www.iro.umontreal.ca/~pift6266/A07/documents/gp_spreads_cef07.pdf

Cobb, J. (2018, October 10). *People Counting & Customer Tracking: Counters vs Wifi vs Apps*. Retrieved from crowdconnected: https://www.crowdconnected.com/blog/people-counting-customer-tracking-counters-vs-wifi-vs-apps/

Condon, S. (2019, September 9). *Appeals court: LinkedIn can't block public profile data scraping*. Retrieved from ZDNet: https://www.zdnet.com/article/appeals-court-linkedin-cant-block-public-profile-data-scraping/

Deloitte. (2017). *Alternative data for investment decisions*.

DePalma, E. (2016, June 15). *News & Social Media Analytics for Behavioral Market Mispricings*. Retrieved from Thomson Reuters: http://sanfrancisco.qwafafew.org/wp-content/uploads/sites/9/2016/07/QWAFAFEW.15Jun2016.ElijahDePalma.pdf

Devlin, J., Chang, M.-W., Lee, K., & Toutanova, K. (2018, Oct 11). *BERT: Pre-training of Deep Bidirectional Transformers for Language Understanding*. Retrieved from arXiv: https://arxiv.org/abs/1810.04805

Drogen, L., & Jha, V. (2013, October 10). *Generating Abnormal Returns Using Crowdsourced Earnings Forecasts from Estimize*. Retrieved from SSRN: https://papers.ssrn.com/sol3/papers.cfm?abstract_id=2337709

Dumoulin, V., & Visin, F. (2018, January 11). *A guide to convolution arithmetic for deep learning*. Retrieved from arxiv: https://arxiv.org/abs/1603.07285

Eagle Alpha. (2018). *Alternative Data Use Cases Edition 6*. Eagle Alpha.

ElBahrawy, A., Alessandretti, L., & Baronchelli, A. (2019, April 1). *Wikipedia and Digital Currencies: Interplay Between Collective Attention and Market Performance*. Retrieved from SSRN: https://ssrn.com/abstract=3346632

Exante Data. (2018). *Exante China FX Intervention Models*.

Finer, D. A. (2018, March). *What Insights Do Taxi Rides Offer into Federal Reserve Leakage?* Retrieved from Chicago Booth: https://research.chicagobooth.edu/-/media/research/stigler/pdfs/workingpapers/18whatinsightsdotaxiridesofferintofederalreserveleakage.pdf

Fortado, L., Wigglesworth, R., & Scannell, K. (2017, August 28). *Hedge funds see a gold rush in data mining*. Retrieved from FT: https://www.ft.com/content/d86ad460-8802-11e7-bf50-e1c239b45787

Gargano, A., Riddiough, S. J., & Sarno, L. (2019, April 18). *Foreign Exchange Volume*. Retrieved from SSRN: https://papers.ssrn.com/sol3/papers.cfm?abstract_id=3019870

Gerdes, G., Greene, C., & Liu, X. (. (2019, January 18). *The Federal Reserve Payments Study - 2018 Annual Supplement*. Retrieved from Federal Reserve: https://www.federalreserve.gov/paymentsystems/2018-December-The-Federal-Reserve-Payments-Study.htm

Ghoshal, S., & Roberts, S. (2016). *Extracting Predictive Information from Heterogeneous Data Streams using Gaussian Processes*. Retrieved from arxiv: https://arxiv.org/abs/1603.06202

Glick, R., & Hutchinson, M. (2011, September). *Currency crises*. Retrieved from Federal Reserve Bank of San Francisco: https://www.frbsf.org/economic-research/files/wp11-22bk.pdf

Greene, S. (2008, April 27). *Capturing ideas for the good of all*. Retrieved from FT: https://www.ft.com/content/220cbac0-12f1-11dd-8d91-0000779fd2ac

Greenwich Associates. (2018, December 6). *Alternative Data Going Mainstream*. Retrieved from Greenwich Associates: https://www.greenwich.com/blog/alternative-data-going-mainstream

Guida, T. (2019). *Big Data and Machine Learning in Quantitative Investment*. Wiley.

Hasbrouck, J., & Levich, R. M. (2018, March 2018). *FX Market Metrics: New Findings Based on CLS Bank Settlement Data*. Retrieved from SSRN: https://papers.ssrn.com/sol3/papers.cfm?abstract_id=2912976

Hastie, T., Tibshirani, R., & Friedman, J. (2009). *The Elements of Statistical Learning: Data Mining, Inference, and Prediction, Second Edition*. Springer.

Hirschberg, J. (2018). *Truth or Lie? Spoken Indicators of Deception in Speech*. Retrieved from EMNLP: https://emnlp2018.org/downloads/keynote-slides/JuliaHirschberg.pdf

IHS Markit. (2019, March). *Commodities at Sea: Crude Oil*. Retrieved from IHS Markit: https://cdn.ihs.com/www/pdf/0319/CommoditiesAtSeaCrude-Brochure.pdf

Jame, R., Johnston, R., Markov, S., & Wolfe, M. (2016, March 24). *The Value of Crowdsourced Earnings Forecasts*. Retrieved from SSRN: https://papers.ssrn.com/sol3/papers.cfm?abstract_id=2333671

Jha, V. (2019). *Innovation and industry selection*. ExtractAlpha.

Jia, Y., & Weiss, R. (2019, May 15). *Introducing Translatotron: An End-to-End Speech-to-Speech Translation Model*. Retrieved from Google AI Blog: https://ai.googleblog.com/2019/05/introducing-translatotron-end-to-end.html

Jones, C.I., and Tonetti, C. (2019). *Nonrivalry and the Economics of Data. No. w26260. National Bureau of Economic Research, 2019.*

Jurafsky, D., & Martin, J. H. (2019). *Speech and Language Processing* (3rd ed.).

Kamel, T. (2018, April 24). *Corporate Aviation Intelligence: The Sky's the Limit*. Retrieved from Quandl: https://blog.quandl.com/corporate-aviation-intelligence

Kaplan, S. N., & Lerner, J. (2016, August). *Venture Capital Data: Opportunities and Challenges*. Retrieved from NBER: http://www.nber.org/papers/w22500

Kolanovic, M., & Krishnamachari, R. T. (2017). *Investing, Big Data and AI Strategies: Machine Learning and Alternative Data Approach to.* JPMorgan.

Kumar, R., Maktabi, T., & O'Brien, S. (2018, November 15). *2018 Findings from the Diary of Consumer Payment Choice.* Retrieved from Federal Reserve Bank of San Francisco: https://www.frbsf.org/cash/publications/fed-notes/2018/november/2018-findings-from-the-diary-of-consumer-payment-choice/

Lassen, N. B., Madsen, R., & Vatrapu, R. (2014, December). *Predicting iPhone Sales from iPhone Tweets.* Retrieved from ResearchGate: https://www.researchgate.net/publication/282180382_Predicting_iPhone_Sales_from_iPhone_Tweets

LeCun, Y., Bengio, Y., & Hinton, G. (2015, March 15). *Deep learning.* Retrieved from Nature: https://www.cs.toronto.edu/~hinton/absps/NatureDeepReview.pdf

Lehalle, C.-A. (2019, January). *Some Stylized Facts On Transaction Costs And Their Impact on Investors.* Retrieved from CFM: https://amf-france.org/technique/multimedia?docId=e1841a80-2bce-4d6c-837a-f238626d192a

Lopez de Prado, M. (2016, July 17). *Building Diversified Portfolios that Outperform Out-of-Sample.* Retrieved from SSRN: https://papers.ssrn.com/sol3/papers.cfm?abstract_id=2708678

Mikolov, T., Chen, K., Corrado, G., & Dean, J. (2013, September 7). *Efficient Estimation of Word Representations in Vector Space.* Retrieved from arxiv: https://arxiv.org/abs/1301.3781

Mikolov, T., Sutskever, I., Chen, K., Corrado, G., & Dean, J. (2013, October 16). *Distributed Representations of Words and Phrases and their Compositionality.* Retrieved from arxiv.org: https://arxiv.org/abs/1310.4546

Montjoye, Y.-A. d., Hidalgo, C. A., Verleysen, M., & Blondel, V. D. (2013, March 25). *Unique in the Crowd: The privacy bounds of human mobility.* Retrieved from Scientific Reports: https://www.nature.com/articles/srep01376

Murphy, K. P. (2012). *Machine Learning: A Probabilistic Perspective.* MIT Press.

Muschalle A., Stahl, F., Löser, A., Vossen, G. (2013). *Pricing Approaches for Data Markets. In: Castellanos M., Dayal U., Rundensteiner E.A. (eds) Enabling Real-Time Business Intelligence.* BIRTE 2012. Lecture Notes in Business Information Processing, vol 154. Springer, Berlin, Heidelberg.

Naili, M., Chaibi, A. H., Hajjami, H., & Ghezala, B. (2017, Sep 6). *Comparative study of word embedding methods in topic segmentation.* Retrieved from ScienceDirect: https://www.sciencedirect.com/science/article/pii/S1877050917313480

NASA. (2009, August 20). *First Picture from Explorer VI Satellite.* Retrieved from NASA: https://web.archive.org/web/20091130171224/http://grin.hq.nasa.gov/ABSTRACTS/GPN-2002-000200.html

Ng, A. Y., & Jordan, M. I. (2001). On Discriminative vs. *Generative Classifiers: A comparison of logistic regression and naive Bayes. Advances in Neural Information Processing Systems 14.* Retrieved from https://papers.nips.cc/paper/2020-on-discriminative-vs-generative-classifiers-a-comparison-of-logistic-regression-and-naive-bayes

Nie, J., & Oksol, A. (2018). Forecasting Current-Quarter U.S.Exports Using Satellite Data. *Federal Reserve Bank of Kansas City* (Q II), 5-24. Retrieved from Federal Reserve Bank of Kansas City: https://ideas.repec.org/a/fip/fedker/00065.html

Norges Bank Investment Management. (2018). *Responsible Investment.* Retrieved from Norges Bank Investment Management: https://www.nbim.no/contentassets/e1632963319146bbb040024114ca65af/responsible-investment_2018.pdf

Olsen, M. F., & Fonseca, T. R. (2017). *Investigating the predictive ability of AIS-data: the case of arabian gulf tanker rates.* Retrieved from Semantic Scholar: https://www

.semanticscholar.org/paper/Investigating-the-predictive-ability-of-AIS-data-%3A-Olsen-Fonseca/e5499c28fc1c4189a282b8f0d862614115586c3c

Pardo, F. D. (2019, August 22). *Enriching Financial Datasets with Generative Adversarial Networks*. Retrieved from TUDelft: https://repository.tudelft.nl/islandora/object/uuid:51d69925-fb7b-4e82-9ba6-f8295f96705c?collection=education

Passarella, R. (2019, May 1). *If Data is the new Oil - we should think about the industry as: Upstream - Exploration & Production, Mid-Stream - Transport & Storage, & Down Stream - Refining & the Customer … this way we know where the players fit*. Retrieved from Twitter: https://twitter.com/robpas/status/1123658427056705536?

Pearl, J. (2009). *Causal inference in statistics: An overview*. Statist. Surv. *3*, 96-146.

Petkar, H. (2016, October). A Review of Challenges in Automatic Speech. *International Journal of Computer Applications, 151*(3), 23-26.

Ranaldo, A., & Somogyi, F. (2019, April 19). *Heterogeneous Information Content of Global FX Trading*. Retrieved from SSRN: https://papers.ssrn.com/sol3/papers.cfm?abstract_id=3263279

Rasmussen C. E. (2004). *Gaussian Processes in Machine Learning. In: Bousquet O., von Luxburg U., Rätsch G. (eds) Advanced Lectures on Machine Learning. ML 2003*. Lecture Notes in Computer Science, vol 3176. Springer, Berlin, Heidelberg.

Refinitiv. (n.d.). *I/B/E/S Estimates*. Retrieved from Refinitiv: https://www.refinitiv.com/en/financial-data/company-data/institutional-brokers-estimate-system-ibes

Rocher, L., Hendrickx, J. M., & Montjoye, Y.-A. d. (2019, July 23). *Estimating the success of re-identifications in incomplete datasets using generative models*. Retrieved from Nature: https://www.nature.com/articles/s41467-019-10933-3/

Saacks, B. (2019, March 14). *Hedge funds closely watching LinkedIn lawsuit on web scraped data*. Retrieved from Business Insider: https://www.businessinsider.com/hedge-funds-watching-linkedin-lawsuit-on-web-scraped-data-2019-3

Salahat, E., & Qasaimeh, M. (2017, March 17). *Recent Advances in Features Extraction and Description Algorithms: A Comprehensive Survey*. Retrieved from arxiv: https://arxiv.org/abs/1703.06376

Salzberg, S. (2014, March 23). *Why Google Flu Is A Failure*. Retrieved from Forbes: https://www.forbes.com/sites/stevensalzberg/2014/03/23/why-google-flu-is-a-failure/#5613adcf5535

Schaffer, C. (1994). *A conservation law for generalization performance*. International Conference on Machine Learning, H. Willian and W. Cohen, Editors. San Francisco: Morgan Kaufmann, pp. 259–265.

Sleptsova, E., Tukker, M., & Fennessy, R. (2019, May 3). *A new tool for managing currency risk*. Retrieved from Oxford Economics.

Sugiyama, M., Suzuki, T., & Kanamori, T.. (2012). *Density Ratio Estimation in Machine Learning*. Cambridge University.

Standage, T. (2014). *Writing on the Wall: The Intriguing History of Social Media, from Ancient Rome to the Present Day*. Bloomsbury Paperbacks.

Strohmeier, M., Smith, M., Lenders, V., & Martinovic, I. (2018, April 24). *The Real First Class? Inferring Confidential Corporate Mergers and Government Relations from Air Traffic Communication*. Retrieved from IEEE: https://ieeexplore.ieee.org/document/8406594

TensorFlow Tutorials. (n.d.). *Vector Representations of Words*. Retrieved from TensorFlow: https://www.tensorflow.org/tutorials/representation/word2vec

Thasos. (2018). *Redefining Key Performance Indicators for Retail REITs*.

Thasos. (2019). *Trading SPDR S&P Retail ETF (XRT) Using Thasos Mall Foot Traffic Index*.

The Economist. (2017, June 6). *The world's most valuable resource is no longer oil, but data*. Retrieved from The Economist: https://www.economist.com/leaders/2017/05/06/the-worlds-most-valuable-resource-is-no-longer-oil-but-data

Thomas, A. (2016, October 13). *Email Receipts used to Forecast Amazon and Uber Revenues*. Retrieved from Quandl: https://blog.quandl.com/alternative-data-action-email-receipts

University of Vermont. (2013). *Hedonometer*. Retrieved from Hedonometer: https://hedonometer .org/about.html

Vapnik, V. (2000). *The Nature of Statistical Learning Theory*. Springer-Verlag.

Weier, J., & Herring, D. (2000, August 30). *Measuring Vegetation (NDVI & EVI)*. Retrieved from NASA: https://earthobservatory.nasa.gov/features/MeasuringVegetation/measuring_ vegetation_1.php

Wolpert, D. H. (2002). *NThe Supervised Learning No—Free—Lunch Theorems. In: Roy R., Köppen M., Ovaska S., Furuhashi T., Hoffmann F. (eds) Soft Computing and Industry*. Springer, London.

Wolpert, D. H., & Macready, W. G. (1996, Feburary 23). *No Free Lunch Theorems for Search*. Retrieved from Santa Fe Institute: https://pdfs.semanticscholar.org/8bdf/dc2c2777b395 c086810c03a8cdeccc55c4db.pdf

Young, T., Hazarika, D., Poria, S., & Cambria, E. (2018, November 25). *Recent Trends in Deep Learning Based Natural Language Processing*. Retrieved from arXiv.org: https://arxiv.org/abs/ 1708.02709

Zuckerman, G. (2019). *The Man Who Solved the Market: How Jim Simons Launched the Quant Revolution*. Penguin.

찾아보기

unstructured 40
USPTO 데이터 496

V

Validity 41
Value 41
value index 206
value-of-information 305
Variability 41
variational inference 164
variety 25
Variety 40
Velocity 25, 40
VentureSource 522
VentureXpert 522
venue 506
Veracity 41
Verb-Subject-Object 158
VIX 475
volatility add-on 459
Volume 25, 39
VRP, Volatility Risk Premium 459
VSO 158

W

way-out-of-the-money call option 520
web crawler 438

web paring 299
web scraping 438
weights 129
Wi-Fi 421
Wilcoxon signed rank test 224
WinMICE 234
Wishart 249
word2vec 161
word corpus 166
word embedding 160

X

XRT 424

Y

Yellen 302

번호

2부 요금제 모델 68
3V 39
7V 41, 42

금융 대체 데이터

투자자, 트레이더, 리스크 매니저를 위한 안내서

발 행 | 2023년 1월 31일

옮긴이 | 이 기 홍
지은이 | 알렉산더 데네브 · 사이드 아멘

펴낸이 | 권 성 준
편집장 | 황 영 주
편 집 | 김 진 아
　　　　임 지 원
디자인 | 윤 서 빈

에이콘출판주식회사
서울특별시 양천구 국회대로 287 (목동)
전화 02-2653-7600, 팩스 02-2653-0433
www.acornpub.co.kr / editor@acornpub.co.kr